Gotthold Ephraim Lessing / Eva König
Briefe aus der Brautzeit
1770–1776

VERLAG HERMANN BÖHLAUS NACHFOLGER WEIMAR
1624

Gotthold Ephraim Lessing / Eva König

Briefe aus der Brautzeit
1770–1776

Mit einem einleitenden Essay
von Walter Jens

Neu herausgegeben und kommentiert
von Wolfgang Albrecht

2000
Verlag Hermann Böhlaus Nachfolger Weimar

Die Deutsche Bibliothek – CIP-Einheitsaufnahme

Lessing, Gotthold Ephraim:
Briefe aus der Brautzeit 1770–1776 /
Gotthold Ephraim Lessing/Eva König.
Mit einem einl. Essay von Walter Jens.
Neu hrsg. und kommentiert von Wolfgang Albrecht.
– Weimar : Verlag Hermann Böhlaus Nachfolger, 2000
ISBN 3-7400-1111-4

Gedruckt auf chlorfrei gebleichtem, säurefreiem
und alterungsbeständigem Papier

ISBN 3-7400-1111-4

www.boehlausnf.de
info@boehlausnf.de
Umschlaggestaltung: Ise Billig
Umschlagmotiv: Anton Graff, *Gotthold Ephraim Lessing*, 1771.
Foto: Bildarchiv Preußischer Kulturbesitz, Berlin.
George Desmarées, *Eva König*. 1771.
Foto: Herzog August Bibliothek Wolfenbüttel: B 78
Satz: Johanna Boy, Brennberg
Druck und Bindung: Franz Spiegel Buch GmbH, Ulm
September/2000
Printed in Germany

Inhalt

Walter Jens

»Ich umarme Sie tausendmal in Gedanken und sehne mich recht sehr nach dem Tage, da ich es wirklich tun kann.«

Eva König und Gotthold Ephraim Lessing

»Ich bin den ganzen Tag unruhig, wenn ich nach Hamburg schreibe, und drei Tage vergehen, ehe mir alles hier wieder so recht gefällt, als es mir gefallen soll. (...) Es ist alles itzt so weitläufig und öde um mich, dass ich zu mancher Stunde gern viel darum geben wollte, wenigstens von meinen kleinen Gesellschaftern in Hamburg etwas um mich zu haben. (...) Leben Sie recht wohl, meine liebe Freundin; und bedenken Sie fein, dass der Mensch nicht bloß von geräuchertem Fleisch und Spargel, sondern, was mehr ist, von einem freundlichen Gespräche, mündlich oder schriftlich, lebet.« Das sind Sätze aus Lessings erstem Brief an Eva König; Sätze, die, ein halbes Jahr nach Evas Verwitwung (ihr Mann, der Seiden- und Tapetenfabrikant Engelbert König, war im Dezember 1769 in Venedig gestorben), den späteren Bräutigam (im September 1771 ist Verlobung) und Ehemann (die Hochzeit findet, nach Jahren des Fernseins, der Krisen und des Beinahe-Abschieds, im Oktober 1776 statt) ... Sätze, die Eva Königs Freund, Geliebten, Partner, Vertrauten und, auch dies, geheimen Kontrahenten in seiner Doppeltheit zeigen: Lessing ist einsam und sehnt sich zugleich nach Dialog, Austausch und einem Gespräch, das für ihn zeitlebens spirituell *und* amüsant, hochfahrend *und* lustig sein musste.

Er war nicht ungern allein, liebte die Klause mit mönchischer Meditation unter Büchern, aber zu gleicher Zeit verlangte ihn nach Unterhaltung am Spieltisch und Amüsement beim Entwurf von Nummern-Kombinationen für die Hamburger Lotterie: *Wann ist Ziehung?* Diese Frage war für ihn wichtiger als: *Wann ist Audienz beim regierenden Herrn?* Es musste, neben der Kärrner-Arbeit in der Bibliothek und am Schreibtisch, alleweil etwas los sein in Lessings Leben; Langeweile war ihm – wie seinem Nachfahren Bert Brecht – von Herzen verhasst. Parlieren, Einsätze wagen, ins Theater gehen, Schulden machen: das war seine Passion. Von Melancholie gezeichnet, sehnte er sich nach Unterhaltung bei Lichterglanz und abendlichem Betrieb: hinaus aus der Tagesfron – an den Spieltisch, auf die Bühne!

Aber schon nach kurzer Zeit begannen ihm die Zerstreuungen schal und öde zu werden, und er kehrte zurück in die Einsamkeit, die er brauchte und doch verfluchte: »Dabei sitze ich hier allein«, schrieb er, am 8. September 1770, nach dem Tod seines Vaters an Eva, »von allen Menschen verlassen, und habe mich in eine Arbeit verwickelt, die nichts weniger als angenehm ist. Wahrlich, ich spiele eine traurige Rolle in meinen eignen Augen. Und dennoch (...) wird sich und muss sich alles um mich herum wieder aufheitern, ich will nur immer vor mich weg und so wenig als möglich hinter mich zurücksehen. Tun Sie ein Gleiches, meine liebste Freundin, und lassen Sie so viel Entschlossenheit und Mut, als Sie sonst in Ihrer ganzen Aufführung bezeigen, nicht verloren sein.«

Gotthold Ephraim Lessing und Eva König (*er*, als man sich kennen lernte, schon über vierzig, *sie* dreiunddreißig): Das ist ein Geschwisterpaar aus dem Kreis der Saturnier, beide melancholisch – oder, wie man im 18. Jahrhundert sagte: geschlagen mit Hypochondrie –, beide am Rand einer bösartigen und langandauernden Depression, beide deshalb um die Seelenlage des anderen wissend und beide entschlossen zu hilfreicher Tröstung. Wer gerade besser dran war, hatte dem Partner Mut zuzusprechen: »Ich will (...) Sie (...) inständigst bitten«, schrieb Eva Ende Januar 1773 an Lessing, »dieser höchst beschwerlichen Krankheit in Zeiten Einhalt zu tun, ehe sie zu tiefe Wurzeln fasst. Verlassen Sie ihr altes Schloss lieber auf einige Zeit ganz, und gehen Sie nach Braunschweig, wo Sie denn doch mehr Gelegenheit sich zu zerstreuen finden, als auf dem verwünschten Schlosse, und überhaupt in Wolfenbüttel. Hören Sie, bester Freund, folgen Sie mir, und sagen Sie mir es recht bald, dass Sie mir gefolgt, und dass Sie die beste Wirkung davon spüren. Gott gebe, dass Sie mich dessen mit Wahrheit versichern können!«

Da helfen sich zwei Schwermütige, die sich sehr genau in die Lage des andern versetzen, einfühlsam und phantasievoll: zwei Melancholiker, die ihren Seelenzustand, das Leiden an der »fatalen Hypochondrie«, mit hoher Präzision analysieren – wobei, das ist das Faszinierende im Verhältnis dieser intelligenten Personen, Eva *noch* zupackender und akribischer schreibt als ihr Partner.

»Alles wäre noch erträglich«, heißt es in einem Brief nach Wolfenbüttel aus der Vor-Verlobungszeit, »wenn ich munter wäre; ich bin aber so niedergeschlagen, dass ich nicht im Stande bin, mich zum Lachen nur zu zwingen, um nicht sonderbar zu scheinen, ob ich gleich hier unter besonders lustigem Volke bin. Ich bin schon zufrieden, wann ich es so weit bringe, dass ich nicht weine; was das Ärgste ist, so scheinet mir alles, was ich tue, nicht recht getan zu sein, in dem Augenblicke bereue ich, was ich den vorhergehenden getan habe. Mit einem Worte, ich bin nicht mehr dieselbe.«

Wo andere Liebesleut schwärmen und in brieflichen Umarmungen, erotischen Geständnissen und wilden Küssen schwelgen – auf dem Papier, versteht sich –, sind Eva und Gotthold dabei, einander ihr Vertrauen durch eine möglichst freimütige, konkrete und nichts beschönigende Beschreibung ihrer Stimmungen zu beweisen – und zwar in einer Schreibweise, die, bei aller Genauigkeit, nicht pedantisch und definitiv, sondern schwebend-offen ist, immer darauf abzielend, dem Partner Einspruchs-Gelegenheiten zu schaffen, Abhilfen zu ersinnen (auch wenn's nur eine Brunnenkur ist ...) und mit Ratschlägen zur Stelle zu sein.

So trist die Lage der beiden auch ist – *er*: immer in Geldnot, *sie*: in Atem gehalten durch eine schier endlose, von Hoffnungen, Verzweiflungen, neuen Hoffnungen bestimmte Liquidation der Königschen Samt-, Tapeten- und Seidengeschäfte auf der Wieden zu Wien –, so desolat, von höfischen Kabalen und finanziellen Pressionen bedroht, die Situation sich in Wolfenbüttel, Wien und Hamburg auch ausnimmt: von Sentimentalität und Wehleidigkeit ist nie die Rede in den Briefen Evas und Lessings.

Man flucht, weint, verzweifelt, versinkt für ein paar Tage in Hypochondrie; rappelt sich aber rasch wieder hoch – die Frau immer viel schneller als der Mann – und formuliert, mitten in der großen Tristesse, seine von Courage und Lebenswillen zeugenden Bonmots: »Ich bin andern zur Last, und mir selbst«, so Eva am 5. Dezember 1772. »Wenn ich mir ja noch einige ruhige Stunden machen kann, so sind es die, wenn ich für mich allein bin. (...) Um den verdrießlichen Grillen auszuweichen, habe ich ein Paar seidene Strümpfe für Sie angefangen. Lachen Sie mich aber ja nicht aus! ich will es Ihnen nicht raten. Die Strümpfe kosten mich mehr, als Sie glauben! Eine Menge Lügen! Denn wer mich daran sticken sieht, will wissen, für wen sie sind.«

Seltsam, höchst seltsam: Da enthüllen zwei Menschen einander, präzise und witzig, ihre geheimen Gedanken, Ängste, Befürchtungen – und geben sich gleichwohl in der Öffentlichkeit nicht als Paar zu erkennen. Waren sie einander am Ende nicht sicher? Fürchteten sie sich, vor die Welt hinzutreten, solange sie einander nur flüchtig, für ein paar Besuchstage, in Gasthöfen trafen, weit voneinander entfernt waren, und das nicht nur räumlich, sondern in langer Verlobungszeit auch spirituell?

Man stelle sich einen Bräutigam vor, der seiner Verlobten während des ganzen Jahres 1774 nur einen einzigen Brief schreibt! In der Tat, das muss schon ein seltsames Paar gewesen sein, diese Eva und dieser Gotthold. Er in Wolfenbüttel, sie in Wien; er in Italien, sie in Hamburg; für Stunden zusammen, und schon wieder getrennt. Auseinandergerissen durch Geschäfte, die nicht aufschiebbar waren, oder durch eine Laune der großen Herren: Als man endlich zusammen ist, 1775 in Wien, und der berühmte Dramatiker aus Deutschland sich von den Damen und Herren der Gesellschaft umschwärmt sieht – als man, fast schon am Ziel, Pläne für eine gemeinsame Heimreise macht –, da wird Lessing befohlen, sich als Reisebegleiter des Prinzen Leopold von Braunschweig nach Süden, Richtung Padua zu begeben, auf eine Reise, die Eva Station für Station in Gedanken verfolgt, voll Sorge und Bangen ... und das zu Recht.

Ihre Briefe erreichen den Reisenden nicht, worauf der ärgerlich wird und sich für Monate in Schweigen hüllt, um am

Ende, als sich alles aufklärt (österreichische Schlamperei war schuld gewesen, dass die Schreiben aus Hamburg nicht an die rechte Adresse gelangten) … um am Ende zu erklären, er habe, nach so langem Schweigen, seine Braut wenn nicht für tot, so doch für schwerkrank gehalten.

Ein seltsames Paar, nochmals, die zwei mit ihrer verschwiegenen Liebe, mit den Missverständnissen, Egoismen und höchst persönlichen Launen: Da vertrauen zwei Menschen einander, bauen auf eine gemeinsame Zukunft, machen Pläne fürs Morgen und Übermorgen – und verfolgen im Hier und Jetzt ihre Eigeninteressen.

Statt sich – Geschäft hin, Geschäft her – mit raschem Entschluss auf die Socken zu machen und dem zaudernd-morosen Gotthold die Pistole auf die Brust zu setzen – *jetzt wird geheiratet, Monsieur, oder wir machen Schluss* –, kümmert sich Eva, ohne Gewissensbisse, drei volle Jahre lang in Wien um ihren maroden Betrieb, kehrt die Geschäftsfrau heraus, verhandelt mit Kreditoren und Geldbeschaffern, Gaunern und Helfern, berechnet den Wert ihrer Lager, wartet auf günstige Konditionen, hofft auf die Hilfe des Hofs, versucht die Seidenfabrik zu verkaufen, da sie nichts einbringt, und die Tapetenfabrik, die gewinnträchtig arbeitet, um jeden Preis zu behalten, kümmert sich um ihre Angestellten, 27 Gesellen, 8 Lehrjungen, 18 Seidenweberinnen, denkt viel an die Firma und den »Krebsgang« der Aufträge und wenig an ihre vier Kinder, die sie in guter Hut zurückgelassen hat … und Lessing? Lessing ist weit, und die Firma ist nah … genauso wie für Gotthold, als der Hof ihn nach Italien in Marsch setzte, die gerade erst wiedergewonnene Braut fern und Italien nah war – Italien, wo der Herr Antiquar weniger die Bauwerke, die Landschaftsschönheiten und die Menschen als die alten *codices* in phantastischen Bibliotheken interessieren.

Kein Wunder, so betrachtet, dass diese beiden lang Verlobten, die sich kaum sehen und gelegentlich, durch Missverständnisse befördert, monatelang miteinander nicht einmal korrespondieren … kein Wunder, dass sie sich vor der Welt nicht zueinander bekannten. Nur fein stille, hieß zumal Lessings Devise, ein verschwiegenes Gesuch an den Herzog, man möge ihm das Salär erhöhen, damit er heiraten könne, eine

Haustrauung unter Freunden ... nur kein Aufwand, nur kein Spektakel!

Und trotzdem kamen sie nicht voneinander los, Eva und Gotthold, fingen immer wieder an, überbrückten die Intervalle, steigerten die Förmlichkeit, die zumal in der zweiten Hälfte der Verlobungszeit dominierte, zu frischem Enthusiasmus, wurden einander neu geschenkt und blieben bei all dem zwei nüchterne Menschen: Statt, wie's zeitüblich war, den Busen drängen, das Herz klopfen und die Sinne rasen zu lassen, unterhielten sich Monsieur L. und Madame K. lieber über Erbsen und Linsen, über Zinsen (»Interessen«) und einen geliehenen Pelz, über Geschäftsbücher und Porzellan. Lessing, der ein Büchernarr war und durch Italien mit Pergamenten und Papyri vor den Augen pilgerte, realitätsfern und an nichts als Geschriebenem interessiert ... Lessing war gleichwohl kein Stubengelehrter, sondern kannte sich zumal in der Haushaltswelt aus, wurde, als Eva, nunmehr Frau Lessing, endlich nach Wolfenbüttel zog, ein prächtiger Stiefvater und kundiger Hausmann, der eine Portion handfester Lebensklugkeit in die Ehe einbrachte: »Der Kitt zum Porzellan«, belehrte er, im Mai 1771, seine Braut, die sich aufs Reparieren von Geschirr nicht verstand (desto besser auf den Preis von Seide und Samt), »besteht aus geronnener Milch und gelöschtem Kalk; nur muss jene ganz ohne Rahm sein, und durch ein Tuch rein ausgedrückt werden. Sodann nehmen Sie *drei* Teile dieser geronnenen Milch und *ein* Teil von dem gelöschten Kalke, streichen es mit der Messerspitze gut durcheinander, und leimen damit, was Sie leimen wollen. – Wenn es so lange hält, als unsre Freundschaft halten soll, so ist es ein Kitt, den wir loben wollen.«

Echt Lessing! Zuerst die pedantisch genaue Beschreibung und dann die Wendung ins Große und Weite, von Kitt und Porzellan zu einer Freundschaft, die mehr war als Liebe. Ungeachtet aller Entfremdung, dem Seiltanz am Rande des Abgrunds, der auf dem Egoismus zweier erwachsener Leute beruhte, gab es, noch in den bittersten Krisen, wo man einander fremd wurde, ja aus den Augen verlor, immer einen Grund von Vertrautheit, der nicht zerstört werden konnte.

Sie waren nicht verliebt, die beiden, schäkerten, kosten und herzten sich nicht, sondern ließen die Vernunft sprechen, die ihnen mehr gab als blinde Leidenschaft und kalte, vom Verstand bestimmte Interessengemeinschaft. *Cœur* und *raison* gingen, im Sinne Pascals, bei Eva und Gotthold eine Ehe ein, die auf gemeinsamen Neigungen, gemeinsamen Empfindungen und, dies vor allem, einem gemeinsamen Sinn für sprachliche Raffinessen, colloquiale Aperçus (man schreibt einander lang und breit, warum man so wenige Briefe wechselt) und amüsant-plastische Darstellungen fußte – wobei fraglich ist, wer besser schrieb, Madame oder Monsieur. Nach meiner Ansicht: Madame; denn die poetischsten, treffsichersten, unterhaltlichsten Passagen des Briefwechsels sind von Eva geschrieben, einer Frau, die über jene Eigenschaft verfügte, die das 18. Jahrhundert *Witz* nannte: Scharfsinn, gepaart mit Amüsement, Logik in der Sprache des Herzens.

Nicht nur das »Was«, sondern auch das »Wie« spielte seine Rolle, im Briefwechsel zwischen dem Schriftsteller von Profession und seiner hochbegabten Partnerin: »Mein lieber Herr Lessing«, heißt es in Evas erstem Brief, »bald mögte ich Ihnen nicht antworten, ob mir gleich Ihr Brief überaus angenehm war. Warum nennen Sie mich eine fertige Briefschreiberin? Ohnmöglich wollen Sie mich zum besten haben. Viel lieber will ich glauben: dass sie diesesmal in den Ihnen ganz ungewöhnlichen Komplimententon gefallen sind. Er kleidet Sie nicht; drum hüten Sie sich inskünftige davor.«

Keine fertige Briefschreiberin? Eva irrte: Sie, die so natürlich wie Goethes Bettschatz Christiane Vulpius und so geistreich wie Marianne von Willemer zu formulieren verstand, war eine der wenigen großen Epistolographinnen im Aufklärungs-Deutschland. Zumal ihre Detailschilderungen sind Kabinettstücke schriftlichen Parlandos, einerlei, ob es um eine betrunkene Zofe, einen besoffenen Postillion oder einen im Stil des großen Lawrence Sterne beschriebenen Straßenunfall geht: die mit einer hinreißenden Pedanterie beschriebene Malaise einiger Postkutscher, an deren Tête sich, auf der Höhe von Rattelsdorf, zwei Pferde selbständig machten. (»Mein lieber Freund, von einem Dorfe, das sich Rattelsdorf nennt, haben Sie wohl in ihrem Leben nichts gehört? Auf dem sitzen wir nun beinahe vierundzwanzig Stunden, und wer weiß, ob wir nicht noch einmal vierundzwanzig Stunden hier aushalten müssen.«)

Wenn Eva den auf die Pferde eindreschenden Postillion, die ins Wasser sinkende Chaise oder ihre im Rausch eingeschlummerte Zofe beschreibt, wird sie zu Lessings kongenialer Partnerin. Es ist ein Vergnügen hohen Ranges zuzuschauen, wie die Briefschreiber einander die Bälle zuwerfen, wie sie klatschen und hecheln und sich belustigen, wenn es um Lotteriegewinne geht: »O weh, schon wieder falsch gesetzt! Es ist verflucht, wir werden einfach nicht reich! Trotzdem: nicht nachgelassen, liebe Freundin! Auf ein neues, mein Freund: Sie sollen sehen, gemeinsam schaffen wir's schon!«

Und dann die Sottisen über Frau Senior Goeze, die sich nach dem Amtsverzicht ihres Gatten nicht damit abfinden könne, statt »Frau Senior« wieder »Frau Pastorin« zu heißen, und schließlich, das Wichtigste, die Überlegungen, die dem Elend und Glanz der Schaubühnen gelten – Überlegungen, die sich meist an Evas Beschreibungen von Theater-*événements* anschließen und am liebsten mit der beiden Partnern gemeinsamen Formel beginnen: »Um von der Kirche aufs Theater« oder: »um von der Geistlichkeit auf die Komödie« zu kommen, ein Satz, der auch umgekehrt werden kann: »Auch das, meine liebe Freundin, lobe ich sehr, dass Sie in Wien fleißiger in die Kirche gehen als ins Theater. Denn ich glaube in allem Ernste, dass es (...) für jeden guten Menschen, der nicht ganz undenkend ist, in den Wiener Kirchen mehr zu lachen geben muss, als in dem Wiener Theater. Gott verzeihe mir die Sünde, wenn es nicht wahr ist, und wenn ich Unrecht tue, dass ich mir die Österreichischen Prediger noch elender vorstelle, als die Österreichischen Poeten und Komödianten.«

Noch elender, wohlgemerkt, da die Schauspieler, wie Evas Bericht über die schauerliche Darbietung der *Emilia Galotti* beweist, schon schlecht genug waren: »Ich kann sagen, dass ich meinem Leben in keiner Tragödie so viel habe lachen hören, zuweilen bei Stellen, wo, meiner Meinung nach, eher hätte sollet geweinet, als gelacht werden (...) Stephanie (als Odoardo Galotti) wird (...) täglich unerträglicher, besonders in seinem stummen Spiele. Was tut er zuletzt in Ihrem Stücke? Er reißt sein ohnedem großes Maul bis an die Ohren auf, streckt die Zunge langmächtig aus dem Halse, und leckt das Blut von dem Dolche, womit er Emilia erstochen hat.«

Gestern Hausfrau, heute Theaterkritikerin, morgen Journalistin auf Reisen und übermorgen ein Weib, das dem Herrn Verlobten eine Standpredigt hält: Eva brilliert in den mannigfaltigsten Rollen – und zwar so perfekt, dass Lessing, so ist zu vermuten, sich bisweilen eingeschüchtert sah, *die* Frau *war ihm über* – und schwupp! versteckte er sich, stellte sich tot, schwieg monatelang, brachte, außer der dringenden Dienstpost, keine Zeile zustande, an Eva nicht und keinen anderen, und provozierte so den Zorn und die Enttäuschung einer Partnerin, die in jedem Punkt mithalten konnte und alles andere war als eine Frau, die zufrieden war, wenn sie, im Angesicht des großen Lessing, ihren Nebenpart spielen durfte. »Mein lieber Freund«, beginnt ein Brief vom 16. bis 18. November 1772, »Sie haben wohl Ursache, sich selbst zu wundern, dass Sie mich unter denen Umständen, worin ich mich jetzo befinde, vier Monate lang haben vergessen können. Denn gestehen Sie es nur! Sie haben mich entweder wirklich vergessen, oder haben wenigstens versucht, mich zu vergessen. Aus ihrem eigenen Brief schließe ich das. Sie sind, sagen Sie, schlimmer als krank gewesen: missvergnügt, ärgerlich, wild; wider sich und wider die ganze Welt aufgebracht; mich allein ausgenommen. Alles will ich Ihnen glauben, nur nicht das Letztere. (...) wie wäre es möglich, dass in der langen Zwischenzeit auch nicht einmal ein Funken von Mitleid Sie angefacht hätte, mir einige Nachricht von sich zu geben.«

Nein, eine zweite Rolle hat Eva König gewiss nicht gespielt, in ihrer Verbindung mit Lessing, eher den Primpart; wenn einer Protagonist war, dann *sie*, die zwar erklärte: »Ich bin kein Lessing«, aber doch zumindest ein Stück von ihm war – *sie*, die mitspielte bei den phantastischen Plänen, die, sechs Jahre lang, die Funktion hatten, eine immer trister werdende Realität zu übertünchen; *sie*, die den Freund zurückriss, wenn der, bei Hof gedemütigt und entwürdigt, endgültig den Bettel hinschmeißen wollte; *sie*, die ihn warnte, sich, da er trotz aller Versprechungen immer noch nicht Hofarchivar geworden sei, unbesonnen von Wolfenbüttel zu trennen, um als freier Schriftsteller sein Leben zu fristen: »So kann ich es doch nicht lassen, Sie nochmals zu bitten, es wohl zu überlegen« – Brief vom 4. August 1773 –, »ob Sie sich nicht dadurch noch ein weit unangenehmeres Leben zubereiten würden, als Sie jetzt führen. Gewiss würden Sie das; und zwar in mancherlei Betrachtung, oder Sie müssen aufhören, der Mann zu sein, der Sie stets gewesen sind. Liebster Freund! lassen Sie uns unser Schicksal so geduldig wie möglich abwarten, und unserm Glücke ja keine neue Hindernisse in den Weg legen. Dann, werden Sie sehen, gehet alles gut.«

So schrieb eine Frau, die, nicht anders als Lessing, im Ungewissen lebte: heute von Verzweiflung über den unaufhaltsamen Bankrott, morgen von neuer und begründeter Hoffnung auf den Erhalt der Firma und die Rettung der Arbeitsplätze erfüllt; eine Frau, die Lessings Spekulationen auf eine Anstellung in Wien oder Mannheim, auf einen Hauptgewinn in der Lotterie oder auf ein Wunder am Hofe zu Braunschweig mitzumachen bereit war, solange die Träume das kleine Glück im Hier und Jetzt nicht zerstörten ... eine Frau aber auch, die einschritt, sobald ihr Freund nicht nur sein *eigenes*, sondern auch ihrer beider *gemeinsames* Leben bedrohte, an dem sie, mehr noch als Lessing, festhielt, ja, das sie ersehnte – leidenschaftlich (auch im Erotischen), konsequent und entschlossen. »Guten Morgen, mein Lieber«, heißt es unmittelbar vor der Vermählung, »ich kann mir (...) nicht helfen; mein Blut ist in solcher Wallung, dass mir die Hände wie ein Espenlaub zittern. Ich bin jetzo eine fatale Kreatur, die nicht viel ausrichten kann. (...) Meine Kinder küssen Ihnen die Hand, und ich umarme Sie tausendmal in Gedanken, und sehne mich recht sehr nach dem Tage, da ich es wirklich tun kann.«

... es wirklich zu tun: Es ist bewegend zu sehen, wie im Augenblick unmittelbar vor der Erfüllung die Schleusen sich öffnen, nie geäußerte Wünsche sich plötzlich in leidenschaftlicher Rede artikulieren, so als bedürfe das lang lang Angestaute *einmal*, schon im Zeichen des Glücks, einer gewaltigen Eruption, in der nicht mehr die Partnerin, nicht mehr die Protagonistin, nicht mehr – auch das war Eva gewesen – eine zweite Mutter, sondern die *Frau* spricht.

Eva Lessing, verwitwete König, geborene Hahn, pochte *einmal*, ein einziges Mal, auf ihr Glück, auf Liebeserfüllung im Ambiente eines freundlichen Bürgerhaushalts. Sie wollte, nicht anders als Lessing, endlich auch einmal sorgenlos leben: aber sie hoffte vergebens.

Fünfzehn Monate nach ihrer Hochzeit ist Eva im Kindbett gestorben, am 10. Januar 1778, und Lessing war wieder allein. »Meine Frau ist todt: und diese Erfahrung habe ich nun auch gemacht. Ich freue mich, dass mir viel dergleichen Erfahrungen nicht mehr übrig seyn können zu machen; und bin ganz leicht.«

Dies hat ein Mann geschrieben, der die lange Verbindung mit einer Gleichrangigen und sein kurzes Glück im Kreis der Familie teuer bezahlte. Nach dem Januar 1778 lag, wie seine Freunde berichten, eine *gewaltige Schwermut* auf ihm. Kaum, dass seine alte Leidenschaft bei Debatten erwachte, fiel er in seinen *tiefen Seelenschlaf* zurück und war, bevor sein treuester Gefährte, der Zorn, ihn wieder zum Leben erweckte, wochenlang unfähig, eine Zeile zu schreiben: »Nach dem, was Lessing mir versprochen hat«, schrieb der Verleger Boie an Bürger, »werde ich wohl eine Zeitlang umsonst aussehen müssen, er hat erst sein Kind und jetzt auch seine Frau durch den Tod verloren und ist in Schmerz versunken.«

Beide, Eva und Lessing, wollten es auch einmal so gut haben wie andere Menschen; aber es ist ihnen schlecht bekommen. Beiden, wohlgemerkt, Lessing *und* Eva.

DER BRIEFWECHSEL

1 *Wolfenbüttel, den 10. Juni 1770*

Meine liebste Madam!

Sie sind allzugütig, und ich danke Ihnen tausend, tausendmal. – Unser V. [Vetter] hätte mich lieber gar beredet, dass alle meine Freunde in Hamburg auf mich ungehalten wären, weil ich noch fast an keinen geschrieben. Zwar wäre dieses Ungehaltensein nun eben nicht das Schlimmste für mich; und weit schlimmer wäre es, wenn sich kein Mensch darum bekümmerte, ob ich schriebe oder nicht schriebe. Aber demohngeachtet weiß ich auch, dass es so arg nicht sein kann, als es der V. [Vetter] macht. Sie schmähen alle auf meine Nachlässigkeit, Faulheit, Unhöflichkeit, oder wie sie es sonst nennen mögen: im Grunde aber denkt keines ein Haar schlechter von mir, als es gedacht hätte, wenn ich noch so fleißig schriebe.

Sie am allerwenigsten, meine liebe Freundin, machen mir ein Verbrechen aus etwas, was ich Ihnen nur recht erklären dürfte, wenn Sie mir sogar ein Verdienst daraus machen sollten. Ich bin den ganzen Tag unruhig, wenn ich nach Hamburg schreibe, und drei Tage vergehen, ehe mir alles hier wieder so recht gefällt, als es mir gefallen soll. Sie dürfen zwar nicht meinen, als ob ich nicht vergnügt hier wäre. Nur wenn man sich erinnert, dass man anderswo oft sehr vergnügt gewesen, kann man sich kaum überreden, dass man es noch ist. – Sie, mit Ihrer Familie befinden sich doch wohl? und recht wohl? Was macht Malchen, und was macht mein Pate? Es ist alles itzt so weitläuftig und öde um mich, dass ich zu mancher Stunde gern wie viel darum geben wollte, wenigstens von meinen kleinen Gesellschaftern in Hamburg etwas um mich zu haben.

Ich gehe nun schon heute den ganzen Abend in Gedanken mit Ihnen spazieren: und wenn es wirklich geschähe, was hätte ich Sie da nicht alles zu fragen! Ungefähr können Sie es erraten, und von so einer fertigen Briefschreiberin, als Sie sind, kann ich es schon verlangen, dass sie mir ein Langes und Breites auf die erratenen Fragen antwortet. Eine davon wäre auch diese: reisen Sie noch diesen Sommer? Ich käme Ihnen fünfzig Meilen nach, wenn Sie hier durchreiseten, und ich unglücklicherweise nicht hier wäre. Denn eine kleine Ausflucht nach Göttingen oder Berlin muss ich doch wohl bald machen, so wenig ich meinen hiesigen Aufenthalt auch schon überdrüssig bin.

Zachariä empfiehlt sich Ihnen, und so auch der Hr. K. [Kammerherr] v. K. [Kuntzsch]. Vermutlich werden sie mich morgen besuchen, und Sie erraten wohl, worauf ich vornehmlich traktieren werde.

Können Sie glauben, dass Ackermann nun auch in Wolfenbüttel spielen will? Übermorgen fängt er hier an; das Theater ist auf dem Schlosse, und ich habe es so nahe, als ich es noch nie gehabt habe. Mir ist es gar nicht gelegen, und ich glaube, der Teufel hat sein Spiel, dass mir die Komödie immer auf den Hacken bleibt. Eher noch freue ich mich auf Ihre Italiener in Hamburg, die, wie ich höre, der Herzog zur Messe kommen lässt. Ackermann speiet schon Gift und Galle, und vielleicht, dass ihn dieses ganz von uns degoutiert, und Sie ihn künftig, Jahr aus Jahr ein, in Hamburg behalten.

Leben Sie recht wohl, meine liebe Freundin; und bedenken Sie fein, dass der Mensch nicht bloß von geräuchertem Fleisch und Spargel, sondern, was mehr ist, von einem freundlichen Gespräche, mündlich oder schriftlich, lebet.

Dero ganz ergebenster

Lessing

2 *Hamburg, den 12. Juni 1770*

Mein lieber Herr Lessing!
Bald mögte ich Ihnen nicht antworten, ob mir gleich Ihr Brief überaus angenehm war. Warum nennen Sie mich eine fertige Briefschreiberin? Ohnmöglich wollen Sie mich zum besten haben. Viel lieber will ich glauben: dass Sie diesesmal in den Ihnen ganz ungewöhnlichen Komplimententon gefallen sind. Er kleidet Sie nicht; drum hüten Sie sich inskünftige davor.

Da Ihnen der V. [Vetter] gesagt hat, dass einige von Ihren Freunden böse auf Sie gewesen sind, so hätte er Ihnen auch billig sagen müssen: dass Ihr erster Brief schon alles wieder gut gemacht hat. Ich hätte fast Lust zu verraten, dass er ein bisschen mit auf Sie losgezogen hat, wenn ich ihm nicht so sehr gut wäre. Warum? raten Sie wohl nicht. Ich muss Ihnen nur geschwind aus dem Traume helfen. Er begleitet mich nach Pyrmont, wo ich meinen Bruder treffe, der nun schon bei mir wäre, wenn ihn nicht eine schwere Krankheit aufgehalten hätte. Er wird den 20ten abreisen, und ich denke, ihn den 25ten in Pyrmont zu empfangen. Wollen Sie sehen, wie ausschweifend ich in der Freude bin? So begleiten Sie uns dahin, oder kommen Sie wenigstens nach Hannover. Wenn Sie erst da sind, will ich Sie wohl überreden: dass Ihnen der Brunnen gesund ist. Der V. [Vetter] sagt: über Braunschweig machten wir einen zu großen Umweg. Dass das alte Wolfenbüttel auch just so aus dem Wege liegt! Wäre mein Glaube stark genug, dass ich Berge versetzen könnte, so wollte ich Ihrem verwünschten Schlosse bald eine andere Stelle anweisen. Ohnmöglich machen Sie mich glauben: dass Sie dorten vergnügt sind; noch weniger, dass es Ihnen unangenehm ist, den Herrn Ackermann mit seiner Gesellschaft so nahe zu bekommen. – Oder ist Madam Schuch nicht mehr bei ihm? Er tut wohl, wenn er vor der Hand nicht hieher kommt. Wenigstens würden seine Operetten wenig Beifall finden. Denn wirklich sind unter unsern Italienern recht gute Leute. Unter andern ein Tenorist, der nicht allein sehr brav singt, sondern auch mit vielem Anstand agiert. Ich kann Ihnen keine größere Idee von ihm beibringen, als wenn ich sage: dass er das Glück hat, fast allen Damen zu gefallen. Man findt ihn süß und allerliebst. Werden Sie nicht eifersüchtig, wenn Sie etwan erraten, wo ich hinaus will.

Es ist wohl Zeit, dass ich Ihre Frage beantworte. Sie wollen wissen, ob ich wohl bin? leider bin ich es nicht, sonst hätte ich längst meine Wiener Reise angetreten, wozu ich noch fest entschlossen bin, wenn mir der Brunnen mehr Kräfte gibt. Meine Kinder sind wohl, und Ihr Pate ist ein schöner und munterer Junge. Was Sie mit den Fragen wissen wollen, die ich erraten soll, weiß ich nicht. Doch eine glaube ich zu beantworten, wenn ich Ihnen sage: dass die Sache noch ihren alten Gang gehet, doch gibt der Sommer Gelegenheit, dass unser Freund nicht so viel Argwohn schöpfen kann. Sie scheint nun auch heiter zu sein, ich sehe sie zwar wenig (ob sie gleich die Einzige ist, so ich besuche), weil ich fast nicht aus dem Hause komme. Wollen Sie mehr wissen? So fragen Sie mich deutlich. Sie merken doch wohl, dass ich Ihnen Gelegenheit lassen will, mir bald wieder zu schreiben? Noch lieber will ich Ihnen alles mündlich erzählen, reisen Sie nur mit nach Pyrmont. So sind Sie ein braver Mann, und ich bin

Dero ergebene Dienerin

E. C. König

3 *Hamburg, den 8. August 1770*

Mein lieber Herr Lessing,

Von meinem Bruder, der mich vorigen Donnerstag schon wieder verlassen hat, habe ich den Auftrag, Ihnen vielen Dank zu sagen für die uns erwiesenen Höflichkeiten. Den meinigen will ich mündlich abstatten, jetzt bin ich nicht dazu aufgelegt. Der Abschied von meinem Bruder ist mir noch ganz neu, und der, so ich von meinen Kindern nehmen muss, so nahe, dass Sie leicht erraten werden, wie mir zumute ist. – Ich reise vielleicht den Freitag, sonst ganz gewiss den Sonnabend von hier, und bin also den Sonntag abends in Braunschweig. Vielleicht weil es Messe ist, finde ich Sie da, sonst habe ich das Vergnügen, Sie bei meiner Durchreise in Wolfenbüttel zu sehen. – Sagen Sie niemand, dass ich komme. Wenn Sie aber Gelegenheit haben, mir ein Stübchen in der Rose bestellen zu lassen, so erzeigen Sie mir einen Gefallen. Herr Professor E. [Ebert] glaubt, dass ich sonst schwerlich unterkomme, wegen der vielen Fremden, die da sind.

Mein Schwager empfiehlt sich, und ich bin mit der vollkommensten Hochachtung

Dero ergebene Dienerin

E. C. König

4 *Haselfeldt, den 15. August 1770*

Mein lieber Herr Lessing,

Mein Reisegesellschafter, der Schaffer von Blankenburg, muss sich hier eine Stunde aufhalten, um seinen Wagen umzupacken. Diese Zeit wüsste ich nicht besser anzuwenden, als Ihnen zu sagen: dass ich die erste Station über den Harz glücklich passiert, und also in Haselfeldt bin, es ging nahe dabei her, so hätte ich die Vorderachse zerbrochen. –

Den Nürnberger Boten traf ich noch vor Hessen an, er hat die lächerlichste Gesellschaft, die Sie sich nur gedenken können, und die mich gestern Abend nicht wenig belustigte. Monsieur G. der naseweise Junge und sein Pedant sind mit dabei. – Eine Unterredung von drei Bauern und einem alten Weibe, die B. [Bode] anhören müsste, hindert mich, weiter zu schreiben. – Ich danke Ihnen für alles Gute, hauptsächlich für den Pelz, der mir überaus gute Dienste leistet.

Leben Sie wohl! Bleiben Sie mein Freund, so wie ich bin
Dero ergebene Dienerin

E. C. König

5 *Ilmenau, den 17. August 1770*

Mein lieber Herr Lessing!

Ich bin unschlüssig: ob ich an Sie schreiben, oder mich mit dem Postmeister zanken soll? Das Eine geschieht auf Ihre Unkosten, das Andere auf meine. Ich will diesesmal eigennützig sein und Ihnen lieber einige Minuten verderben, als meiner Gesundheit schaden; zudem ist der Postmeister so freundlich, dass man ihm nicht ankommen kann. Es ist aber doch verzweifelt arg, dass er mich schon sieben Stunden hier sitzen lässt, und dass ich jetzo noch nicht sehe, wie ich fortkommen werde. Man erwartet die Pferde erst von einer Station zurück. – Wäre ich vernünftig und nicht so unruhig, so legte ich mich zu Bette; denn seit ich aus Braunschweig bin, habe ich ohngefähr drei Stunden geschlafen. Die gestrige Nacht hatte ich zum Ausruhen bestimmt; allein ich traf in Gotha so höchstgefällige Leute, die mich erst mit Gewalt nach ihrem Garten schleppten und nachher noch so bescheiden waren, mir ihren Besuch bis elf Uhr zu gönnen, ohnerachtet ich ihnen verschiedene Male sagte, dass ich müde wäre. Da sie eben weg waren, kam der Bote, dem ich vorgefahren war, um eine Nacht zu schlafen. Der Endzweck war aber verfehlt, und ich musste fort. Bedauren Sie mich nur nicht zu sehr, ich bin, ungeachtet aller Fatiguen, ziemlich wohl, nur nicht heiter genug zu den Geschäften, die ich noch vor mir habe.

Die Wege habe ich ganz abscheulich gefunden! so grundlos, dass es ein wahres Wunder ist, dass meine Chaise ganz geblieben ist. Die auf dem Rückweg kann ich mir nun deutlich vorstellen, doch wäre ich nur erst so weit! Das Heimweh stellt sich nun schon ein; es muss sich aber wieder verlieren, sonst geht es nimmer gut. Hier will ich abbrechen, ich mögte sonst wunderliches Zeug sagen, und mir fällt die Erinnerung ein, so Sie mir gaben: dass man sich nicht vorstellen müsste, was man nicht erfüllt zu sehen wünschte.

Ich denke, ich lege mich zu Bette, denn noch ist kein Pferd zu sehen, und am Ende mögte ich doch noch Lust kriegen, mich mit dem Postmeister zu zanken. – Schlafen Sie wohl! und bitten Sie den Himmel, dass ich inskünftige geschwinder befördert werde, so bleiben Sie von meinen Briefen verschonet.

Dero ergebene Dienerin

E. C. König

6 *Wolfenbüttel, den 19. August 1770*

Meine liebste Madam!

Hoffentlich werden Sie itzt, da ich dieses schreibe, an dem ersten Ruhepunkt Ihrer Reise glücklich angelangt sein. Wenigstens können Sie nicht mehr weit davon entfernt sein, und mein Brief wird Sie in Nürnberg gesund und vergnügt antreffen, oder alle meine Wünsche sind vergebens gewesen. Unmöglich können Ihre Postillone so oft geklatscht haben, als ich an Sie gedacht und Ihnen in Gedanken guten Weg und gute Fahrt nachgerufen habe.

Ich danke Ihnen für die erste Nachricht, dass Sie wohlbehalten über den Harz gekommen sind. Es ist recht gut, dass Sie so lächerliche Reisegesellschaft gefunden haben. Das Lächerliche ist meistens das einzige Vergnügen, das man sich auf der Reise machen kann. Nehmen Sie es ja überall mit: denn das Lachen erhält gesund und macht, wie man sagt, sogar fett. Fett rate ich Ihnen nun zwar nicht zu werden; und fetter wird

Sie ohnedem schon der Pyrmonter machen. Diese Wirkung haben Sie von ihm noch zugute.

Aus Hamburg habe ich gestern vom V. [Vetter] einen Brief erhalten. Es stehet da noch alles gut. An eben dem Tage, da Sie aus Braunschweig reiseten, hat der König von Dänemark dieser seiner lieben ehemals erbuntertänigen Stadt, nebst seiner Gemahlin, zu Pferde, einen Besuch gegeben, und ist abends in der Komödie gewesen, um wenigstens Seylern einen guten Tag zu machen, wenn er sonst auch keinem Menschen einen gemacht hätte. Der V. [Vetter] schreibt, dass der *Triumph der guten Frauen* des Morgens angeschlagen gewesen, dass aber der Hof die *Minna* zu sehen verlangt, welche denn auch recht gut gespielt worden. Ich weiß nicht, der V. [Vetter] schreibt so viel Gutes von Seylern und seiner Truppe, dass es wohl unmöglich bloßes Mitleid sein kann. Ich denke, Madame H. [Hensel] oder sonst eine Theaterschöne, hat sich mit ihm ausgesöhnt. Das Merkwürdigste ist noch dieses, dass Seyler auf dem Ackermannischen Theater diesen Abend gespielt, welches man in Gutem nicht eröffnen wollen, so dass es auf Befehl des Bürgermeisters mit Gewalt erbrochen werden müssen. Wie ich höre, soll Ackermann Gift und Galle darüber speien.

Aber Schade auf das ganze Theater! Ich habe Ihnen noch etwas Besseres zu schreiben. Professor M. [Mayer], mit seinem Gefährten Pater St. [Stahl], haben mich heute besucht. Haben Sie nicht auch in der Meinung gestanden, dass er schon längst wieder zurück wäre? Er hat es recht sehr bedauert, dass er Sie in Hamburg nicht getroffen. Er ist mit seiner Reise, was die Absicht derselben anbelangt, sehr wohl zufrieden: nur von den Russen hat er eine sehr schlechte Idee mitgebracht. Er versicherte mich, dass er seinen Weg bloß meinetwegen über Wolfenbüttel genommen, da er sonst über Hannover gehen wollen. Ich bin dem Manne recht sehr gut, ob er gleich ein Jesuit ist.

Nun, meine liebste Madam, lassen Sie mich bald von Nürnberg von Ihnen etwas hören. Ich habe mich niemals mehr gesehnet, dem Herrn von M. [Murr] in Nürnberg meine persönliche Aufwartung machen zu können, als itzt. Sie brauchen ihn aber deswegen nicht von mir zu grüßen, wenn Sie ihn etwa sehen sollten.

Leben Sie recht wohl. Ich bin mit aller Hochachtung und Freundschaft, und was Sie noch hinzusetzen wollen,

Dero ergebenster

Lessing

N.S. Dass Sie mir ja den Pelz nicht wiederschicken, sondern hübsch wiederbringen!

7 *Augsburg, den 30. August 1770*

Mein lieber Herr Lessing!

Eben habe ich Ihren Brief erhalten und muss Sie auch sogleich um Entschuldigung bitten über die Vorwürfe, so ich Ihnen gemacht, und das Vornehmen, so ich schon gefasst hatte, keine Zeile in meinem Leben wieder an Sie zu schreiben. Wenigstens werden Sie meine Aufrichtigkeit bewundern, wenn ich Ihnen sogar sage, dass ich einen Brief, so ich in Nürnberg an Sie geschrieben hatte, zerrissen habe. Bin ich nicht ein wahres Frauenzimmer? Nun im Ernste, Letzteres ist zwar wahr, allein ich zerriss den Brief nicht, weil ich empfindlich gewesen, sondern weil ich den Abend einen starken Ansatz von Hypochondrie hatte, und der Brief so lang geraten war, dass ich befürchtete, er möchte Ihnen Langeweile machen. Es wäre vielleicht ebensogut, wenn ich außer den hypochondrischen Stunden auch so dächte. Doch nein, warum sollte ich mich Ihrer Briefe berauben, die ich mit so vielem Vergnügen lese, da ohnedem wenig Dinge mehr in der Welt sind, die mir welches geben können. Ich danke Ihnen recht sehr, dass Sie mir so bald geschrieben, und bin nur böse, dass der Brief schon drei Tage hier gewesen, ehe ich ihn bekommen habe. Er war an einen Mann geschickt, der glaubte, man könnte anderswo nicht als in der Traube logieren. Wie er mich da nicht traf, so suchte er mich auch nicht weiter; zum Glück hörte er heute von ohngefähr, dass ich hier wäre, sonst hätte ich ihn gar nicht bekommen.

Von Ilmenau werden Sie meinen Brief erhalten haben? wo ich endlich des Nachts um zwölf Uhr wegkam, mit einem besoffenen Postillon und einem Halbblinden, der mir leuchtete, der aber nach einer Viertelstunde kein Licht mehr hatte; und just im Thüringer Walde, wo man auf zwei Meilen keine Hütte antrifft und wo solche Wege sind, die man am Tage mit Lebensgefahr passiert. Nun glauben Sie, dass mir der Mut gefallen sei? Wahrhaftig nicht! ich stieg aus, und suchte Tannenzapfen, die steckten wir an, und so halfen wir uns fort. – Einer großen Gefahr bin ich noch entgangen: hinter Bamberg fuhren wir einen hohen, steinigten und sehr steilen Berg hinauf; wie der Postillon die Pferde antrieb, um oben über zu lenken, so merkte ich, dass die Chaise wich. Ich rief dem Postillon stille zu halten; wie wir nachsahen, so war der Nagel heraus, und die Chaise lag noch eben einen Strohhalm breit auf der Vorderaxe. Ich kann es keinem Andern, als Ihrem Gebete zuschreiben, dass ich allen den Gefahren so glücklich entkommen bin. Wenn Sie reisen, so sollen Sie auch meine besten Wünsche begleiten. – In Nürnberg habe ich mich in den fünften Tag aufgehalten; man wollte mir den Herrn von M. [Murr] zur Gesellschaft bitten, weil er aber nie in dem Hause gewesen war, so verbat ich es, und habe also auch nicht das Vergnügen gehabt, ihn kennen zu lernen. Er ist Waag-Amtmann geworden, eine Stelle, die ihm 300 fl. einbringt. Dieses, und dass ich den Preißlerischen Kupferstich von Doktor Luther gesehen (welcher meinem Dünken nach sehr gut gestochen ist), ist alles das Neue, so ich Ihnen von Nürnberg sagen kann; ich mögte denn hinzusetzen, dass ich da so aufgenommen worden bin, dass ich die Nürnberger fast *süße* Leute nennen mögte. Es waren mir zwei Herren und eine Dame bis Erlangen entgegen gekommen, die sich vergebens zwei Nächte da aufgehalten, und mit der größten Besorgnis drei Stunden, ehe ich da eintraf, wieder zurückgekehrt waren mit dem Vorsatz: Einer davon sollte mir den andern Tag so weit entgegen reiten, bis er mich anträfe. Alles dieses erzählte mir der Postmeister mit so vieler Lebhaftigkeit, dass ich meinen Vorsatz änderte, die Nacht in Erlangen zu bleiben, um die Leute den andern Morgen nicht wieder zwei Meilen machen zu lassen. Es war ein rechter Nürnberger Einfall, den Abend zurückzugehen und den andern Morgen wieder denselben Weg machen zu wollen. Sie können denken, was das für gute Leute sein müssen, demohngeachtet bin ich froh, dass ich von Ihnen und hier bin, wo ich ebenfalls von allen überaus freundschaftlich begegnet werde. Ich stehe nicht dafür, dass ich nicht sehr aufgeblasen und stolz zurückkomme, wenn ich überall so aufgenommen werde wie bisher. Ich denke, Sie beten nun, dass ich gedemütigt werden möge; denn nun fehlt es mir nicht an guten Wegen, und den Nagel an der Chaise habe ich mit einer Feder machen lassen.

Fahren Sie fort, mir die Neuigkeiten von Hamburg mitzuteilen, die Ihnen nicht fehlen können, wenn Sie die Korrespondenz mit dem V. [Vetter] unterhalten. Habe ich es Ihnen nicht schon gesagt, dass er unter Seylers Gesellschaft eine Amourette haben müsste, ich glaube, es ist die B. [Boeck oder Brandes]; denn er hat mir von ihrer Tugend so viel vorgesagt. –

Ich würde für den König von Dänemark ganz eingenommen sein, wenn ich wüsste, ob Er die *Minna* vorher je gelesen oder aufführen gesehen. – Was kommen nicht alles für Leute zu Ihnen? Nun haben Sie auch den Pater M. [Mayer] gehabt, den ich längst zu Hause glaubte.

Seit Sonntag abends bin ich hier, den Freitag gehe ich nach München, wo ich mich vielleicht einige Wochen aufhalte. Ich weiß noch nicht, wie ich meine weitere Tour einrichte: ob ich zu Wasser oder zu Lande nach Wien gehe. Ich hätte Lust zu Wasser; die meisten raten es mir aber ab. Wollen Sie mir Ihren Rat mitteilen, so tun Sie es unter Adresse von Gebrüder Nocker in München.

Leben Sie recht wohl! und zweiflen Sie nicht, dass ich mit aller Hochachtung und Freundschaft stets sein werde

Dero ergebene Dienerin

E. C. König

Nachts um zwei Uhr. Schmälen Sie nicht; ich hätte Ihnen sonst nicht schreiben können.

8 *Wolfenbüttel, den 8. September 1770*

Meine liebste Madam!

Ich verzeihe Ihnen den angewandelten Zorn, in Ihrem Leben keine Zeile mehr an mich zu schreiben, von Herzen gern.

Aber wenn ich ihn durch nichts anders verdienen kann als dadurch, was Sie besorgten, so ist mir nicht sehr bange davor.

Schade, dass ich nicht auch nach Augsburg soll an Sie schreiben können! Ich hatte noch nie dahin geschrieben und werde nun wohl auch nie dahin schreiben.

Aber nach München habe ich schon geschrieben; denn eben finde ich, dass der Pater St. [Sterzinger], von dem ich Ihnen gesagt habe, nicht in Heidelberg, sondern in München ist. Sehen Sie, so gut behalte ich meine Korrespondenten, wenn es weiter nichts als meine Korrespondenten sind! Ich habe ihm ongefähr vor zehn Wochen auf einen Brief geantwortet, und ich will hoffen, dass er meine Antwort erhalten hat.

Wie wird es indes mit der Adresse an Sie nach München werden? Mündlich gaben Sie mir eine, an einen Herrn von Thiereck, und in Ihrem Brief erhalte ich eine an die Gebrüder – Nocker – Naker – Noter – Nater –. Wahrlich, ich kann den Namen nicht lesen, so gut ich auch Ihre Hand sonst lese, die deutlich und schön ist. Was schadet es? Ich will Ihre Züge auf dem Kuvert so gut nachmalen als möglich: was ich hier nicht zusammen buchstabieren kann, werden die Postboten in München schon können.

Was ich Ihnen aber nicht verzeihe, liebste Madam, ist, dass Sie nicht vergnügt sind. Sie können es, und müssen es wieder werden. Alles in der Welt hat seine Zeit, alles ist zu überstehen und zu übersehen, wenn man nur gesund ist. Und dass Sie gesund sind, daran lässt mich Ihr Brief wenigstens nicht zweifeln.

Ich selbst bin itzt nichts weniger als vergnügt. Mein alter Vater ist gestorben. Er konnte freilich, nach dem Laufe der Natur, nicht lange mehr leben; und ich musste seinen Tod alle Tage erwarten. Aber gleichwohl geht es mir so nahe, als ob er mir noch so frühe entrissen worden. Ich bin seit sechs Tagen, dass ich diese Nachricht erhalten, zu allem ungeschickt. Dabei sitze ich hier allein, von allen Menschen verlassen, und habe mich in eine Arbeit verwickelt, die nichts weniger als angenehm ist. Wahrlich, ich spiele eine traurige Rolle in meinen eignen Augen. –

Und dennoch, bin ich versichert, wird sich und muss sich alles um mich herum wieder aufheitern, ich will nur immer vor mich weg und so wenig als möglich hinter mich zurücksehen. Tun Sie ein Gleiches, meine liebste Freundin, und lassen Sie so viel Entschlossenheit und Mut, als Sie sonst in Ihrer ganzen Aufführung bezeigen, nicht verloren sein. –

Aus Hamburg habe ich neuerlich keine Nachricht. Denn ich muss Ihnen nur gestehen, dass ich dem V. [Vetter] auf sein Letztes noch nicht geantwortet habe. Sie werden indes hoffentlich von Ihrer Familie gute Nachricht haben und desfalls ruhig sein können. Das Heimweh wird Ihnen am ersten vergehen, wenn Sie sich nur recht oft sagen, dass Sie diese beschwerliche Reise ja nur zum Besten Ihrer Familie tun.

Herr C. [Calau] hat sein Bestes getan. Ich bin so ziemlich mit ihm zufrieden; vielleicht weil ich immer besorgte, dass ich es ganz und gar nicht sein würde. Wie viel ich aus meiner Imagination zu seiner Geschicklichkeit hinzutun muss, kann ich eigentlich nicht sagen. Aber auch das ist schon genug, dass meine Imagination seiner Geschicklichkeit zustatten kommen *kann*; denn wenigstens muss seine Geschicklichkeit meiner Imagination nicht hinderlich sein. Bei Lichte zwar, und einer Partie Wisque mögte ich das Bild freilich nicht untersuchen lassen: wenn man keine Honneurs in der Hand hat, ist einem in dem Augenblicke nichts recht. – Vergessen Sie nur den Maler in München nicht, damit wir etwas zu vergleichen haben, wenn ich das Vergnügen habe, Sie wieder hier zu sehen.

Wegen Ihrer weitern Reise rate ich Ihnen freilich, auch lieber zu Lande als zu Wasser zu gehen. Die Reise auf einem Flusse ist bei schlechtem Wetter eine klägliche Reise: und so gut als ich mir die Wege dort habe beschreiben lassen, werden Sie es in der Chaise auch gerade ebenso kommod haben. Nicht zu vergessen, dass eine Reise zu Wasser immer ungesünder ist als eine zu Lande.

Eine Nachricht aus Hamburg hätte ich bald vergessen, Ihnen mitzuteilen, die ich aus einem Brief von B. [Bostel] an den H. K. von K. [Kuntzsch] habe. Nämlich, dass die Lotterie daselbst bei der letzten Ziehung mehr als hunderttausend Mark verloren. Die Herren Pächter sollen ganz allen Mut verlieren.

Und damit ich unsers guten v. K. [Kuntzsch] nicht vergebens gedacht habe: so muss ich Ihnen zugleich melden, dass er in die bewusste Person so toll, so rasend verliebt ist, dass ich besorge, er begeht eine Torheit. Der Alte soll schon ganz laut und zu allen Leuten sagen, dass er mit seiner Tochter versprochen sei. Was sagen Sie dazu?

Oder vielmehr, was sagen Sie dazu, dass ich Sie mit solchen Possen unterhalte? Wer nicht sehen will, mag fühlen; der Mann dauret mich indes; und ich weiß, das wird er Sie auch.

Nun leben Sie recht wohl, meine liebste Madam; und schreiben Sie mir bald wieder. Wenn Sie noch keinen Brief von mir haben, so denken Sie nur immer, dass einer unterwegs ist. Sie werden sich meistens nicht irren: und sollte es ja kein Brief sein, so sind es doch meine Gedanken und Wünsche, die gewiss den Weg Ihnen nach nicht leer lassen. Ich bin

Ihr ganz ergebenster

Lessing

9 *[Regensburg, Mitte September 1770]*

Mein lieber Herr Lessing!

Auf zwei Briefe, aus Ilmenau und Augsburg, müsste ich eigentlich erst Antwort erwarten, ich denke aber, wir nehmen es so genau nicht. Sie wollen ja nur wissen, wie ich mich befinde? und dieses hätte ich Ihnen schon von München aus gesagt, wenn ich nicht so stolz wäre zu glauben, es sei besser, Sie ohne Nachricht zu lassen, wenn ich Ihnen nicht gute von mir geben kann. In München war ich einigemal so übel, dass ich befürchtete, gar bettlägerig zu werden. Den weißen Pulvern danke ichs, dass es nicht so weit gekommen. Hätte ich nur Ihrem Rate gefolgt und mehrere mitgenommen! Denn so ganz recht bin ich noch nicht. Mit Kolik wache ich auf und gehe damit zu Bette; ich bin froh, dass ich den Tag über davon befreit bin, um meine Geschäfte verrichten zu können. Alles wäre noch erträglich, wenn ich munter wäre; ich bin aber so niedergeschlagen, dass ich nicht im Stande bin, mich zum Lachen nur zu zwingen, um nicht sonderbar zu scheinen, ob ich gleich hier unter besonders lustigem Volke bin. Ich bin schon zufrieden, wann ich es so weit bringe, dass ich nicht weine;

was das Ärgste ist, so scheinet mir alles, was ich tue, nicht recht getan zu sein, in dem Augenblicke bereue ich, was ich den vorhergehenden getan habe. Mit einem Worte, ich bin nicht mehr dieselbe.

Wie kommt es, mein lieber Freund, dass man so sehr zurückfallen kann? Zwar bei mir ist diese Frage sehr überflüssig, und ich brauche mich nicht noch an die Ursachen zu erinnern, wann ich anders einmal aufhören will, von ein und derselben Materie zu reden. –

Ehegestern und gestern hat dieser Brief schon weggehen sollen: allein hier stiehlt man einem die Zeit. Ich habe alles anwenden müssen, um es so weit zu bringen, dass ich morgen fortkomme. Gottlob! nun sind die Pferde auf morgen früh um vier Uhr bestellt. Ich nehme einen kleinen Umweg über Straubingen, dann gehe ich nach Salzburg, und so auf Passau, Linz und Wien. – Es wird wohl noch ziemlich lange dauern, ehe ich was von Ihnen höre. Es wäre denn, Sie hätten mir nach München geschrieben, so wird der Brief mir nachgeschickt. Sie wundern sich wohl, dass ich so geschwind von München abgereist bin? Ich selbst hätte nicht gedacht, unter drei Wochen wegzukommen; und wenn ich bedenke, was ich da alles ausgerichtet, so ist es mir unbegreiflich.

Zwei ganzer Tage habe ich nichts als Exzellenzen aufgewartet. Sie lachen und denken, dass ich mich dazu nicht schicke. Glauben Sie es nicht; ich habe meine Sache recht gut gemacht. Wenn Sie aber glauben, dass es meine Lieblingsbeschäftigung nicht ist, so haben Sie vollkommen recht. Noch eins müssen Sie wissen, ich habe mich malen lassen, von einem 73jährigen Mann; ich wünschte, dass er sich so verjüngen könnte, wie er mich verjüngt hat. Außerdem sagt alle Welt, dass es mir vollkommen ähnlich sieht, und ich glaube es auch. Denn so oft ich das Porträt sah, so freute es mich in der Seele, weil ich meine Amalia zu sehen glaubte. Ihr habe ich es auch bereits in meiner Schreibtafel vermacht, und allenfalls können Sie es nun bezeugen, wenn es ihr etwa streitig gemacht werden sollte.

Ich habe noch Vieles in Ordnung zu bringen und auch noch den Koffer zu packen. Ordentlich soll ich auch zu Bette gehen, das wollen Sie ja haben. So muss ich also schließen, vorher Ihnen aber doch noch sagen, dass die Briefe nun zwölf Tage zu laufen haben. Schieben Sie also die Antwort drei Wochen auf, so erhalte ich kaum einen Ihrer Briefe nach Wien. Leben Sie recht wohl! bleiben Sie hübsch gesund, damit Sie mit den Pulvern auskommen, und erinnern Sie sich zuweilen an

Dero etc.

Tinte, Feder und die Eile sind schuld, dass Sie Mühe haben werden, diesen Brief zu lesen.

10 *Wolfenbüttel, den 20. September 1770*

Meine liebste Madam!

Allerdings habe ich Ihnen nach München geschrieben, und mein Brief muss nunmehr in Ihren Händen sein, oder meine nachgemalte Adresse hat ihn verunglücken lassen.

Jetzt will ich nur eilen, damit Sie diesen Brief, wo möglich bei Ihrer Ankunft in Wien, schon vorfinden. Denn sehen Sie nur, was ich Ihnen schicke! Wenn Ihnen die Pulver nur ein einziges Mal wieder Erleichterung verschaffen, so sind sie das Postgeld hundertfältig wert.

Aber warum wollen Sie nicht lieber, meine beste Freundin, ohne die Pulver gesund sein? Wahrlich, Sie dürfen nur vergnügt sein, und die Gesundheit findet sich von selbst. Und vergnügt wird man unfehlbar, wenn man sich nur immer vorsetzt, vergnügt zu sein. Folgen Sie dem Rate, den ich Ihnen in meinem Vorigen gegeben, und alles wird gut gehen. Sollte denn nichts in der Welt sein, was Ihnen das Leben von neuem angenehm machen könnte? Und wenn so etwas noch ist, so denken Sie nur an das, und Sie werden vergnügt und werden gesund sein.

Was schreibe ich Ihnen nun noch geschwind? Denn die Post geht in einer halben Stunde ab, und ich will schlechterdings mit dieser ersten Post, nach Erhaltung Ihres Briefes aus Regensburg schreiben. Sie müssen zu den Exzellenzen in Wien gesünder kommen als zu denen in München.

Was in Hamburg Neues vorfällt, wird Ihnen ja wohl Ihr Herr Schwager melden, z. E. dass Götze sein Senoriat niedergelegt; dass der Rat erst Ulbern und hernach Winklern das Senoriat wieder übertragen wollen, beide aber es ausgeschlagen, und dass endlich Herrnschmidt Senior geworden. Nach meiner Denkungsart ist das der empfindlichste Streich, den Götze unserm ehrlichen Alberti hätte versetzen können.

E. [Ebert] ist wiedergekommen, und hat alles beim Alten verlassen: außer Madam K. [Knorre] bei etwas Jungen. S. [Schmidt] hat in der letzten Ziehung eine Terne von 2500 Mark gewonnen, und das ist mir wahrlich so lieb, als ob ich sie selbst gewonnen hätte. Ackermann ist nun hin, und ich wollte, dass er nie wieder nach Braunschweig käme. Sein kleinäugigtes Dortchen ist mir durch den Zufall mit K. [Kuntzsch] herzlich fatal geworden. Denn Zufall, blinder Zufall kann es doch nur sein, wenn man in so ein Ding verliebt wird. – – Aber ich muss schließen.

Leben Sie recht wohl! Und in Ihrer Antwort auf diesen Brief nur keine Spötterei über die Pulver!

Dero ergebenster

Lessing

11 *Salzburg, den 21. September 1770*

Mein lieber Herr Lessing!

Alles ist gepackt, und die Pferde auf morgen früh um vier Uhr bestellt, allein der Himmel weiß, ob ich wegkomme. Eine ganz eigene Fatalität, die Sie in Verwunderung setzen wird, könnte mich aufhalten. Mein Mädchen hat sich in Gesellschaft des Kammerdieners eines Grafen, der mir gegenüber logiert, so entsetzlich besoffen, dass sie schon die ganze Nacht nichts tut als sich erbrechen. Ich bin ihre Wärterin; denn ich habe es zu spät gemerkt, da schon alles zu Bette war. Eine angenehme Beschäftigung! da ich ohnedem vor nichts in der Welt mehr Abscheu habe als vor einem Betrunkenen. Eben ist sie eingeschlafen, ich wünsche nur, dass sie beim Erwachen sich so befindet, dass wir abreisen können. Was das Schönste ist, so habe ich mir die größten Sottisen von ihr müssen vorsagen lassen. Denn ehe ich wusste, wie es mit ihr stand, hatte ich ihr wegen ihrer gar zu großen Nachlässigkeit einen Verweis gegeben, dessen erinnerte sie sich im Rausche, und sie hat, wie es scheint, einen bösen Rausch. – Dies Einzige hat mir noch gefehlt, um alle möglichen Beschwerlichkeiten auf dieser Reise zu versuchen. – Sie brauchen deswegen nicht zu denken, dass ich des Reisens müde bin; nein, ich treffe überall so viel gute Leute, die mich alles wieder vergessen machen. Hier, wo ich sie gar nicht gesucht hätte, habe ich die meisten getroffen und habe mich eben darum ganze acht Tage aufgehalten, doch hauptsächlich wegen meiner Gesundheit, die sich auch um ein Merkliches gebessert hat, wenn ihr diese Nachtkampagne nicht wieder einen Stoß gibt. Dem vorzukommen, beschäftige ich mich auf die angenehme Art, mich mit Ihnen, mein lieber Freund, zu unterhalten. Bald hätte es mir aber an Mitteln dazu gefehlt; denn weil ich nur zwölf Meilen bis Passau reise, so habe ich mein Papier eingepackt. Dieses Quartblatt fand ich noch zum Glück in meiner Brieftasche. Ehe es voll geschmiert ist, muss ich Ihnen erzählen, dass hier eine Komödie ist, die recht gut sein soll. Wie der Direkteur heißt, will mir eben nicht beifallen. Die Salzburger machen Anspruch auf den guten Geschmack, und es dienet zum Beweis, dass sie ihn wirklich haben, weil man Ihre *Minna* sechsmal hintereinander gegeben hat, wo es allemal gepfropft voll gewesen sein soll. Hätte man sie diese Woche aufgeführt, so wäre ich nicht von hier gereist, ohne die Komödie zu sehen, so aber war ich nicht neugierig, den *Freigeist* von Brave und den *Medon* von Clodius zu sehen. Die Anzeige von der Letzteren sollen Sie haben; sie wird Sie zu lachen machen. – Ob ich gleich nicht in der Komödie gewesen bin, so habe ich doch in keiner Stadt all das Merkwürdige und die Gegenden so gesehen wie hier, man hat mich dazu gezwungen. An andern Orten hat man mir mehr Freiheit gelassen, und sobald ich meinen Willen habe, so suche ich die Einsamkeit. Sie hingegen, mein Freund, werden sich nun in der Wolfenbüttelschen großen Welt verbreitet haben. Erzählen Sie mir doch etwas von Ihren neuen Bekanntschaften; wie Sie sich unterhalten? ob die schönen Wissenschaften blühen? und wenn Sie mir von dem allen nichts sagen wollen, so sagen Sie mir wenigstens: ob Sie meine Briefe, wovon dies der sechste ist, erhalten haben? Doch wer weiß, ob ich nicht alle diese Fragen in Wien beantwortet finde. – Eben beim Schluss fällt mir ein, dass ich kein Kuvert zu diesem Blatt habe. Wann also der Rausch ausgeschlafen wird und wir morgen reisen, so nehme ich es mit auf Passau und erzähle Ihnen noch das Ende der traurigen Geschichte. Möchten Sie so gut schlafen, als ich wache! Ich bin immer dieselbe.

E. C. König

Die Betrunkene ist erwacht und hat versprochen, sich zu bessern, ich stelle ihr aber nicht viel Glauben zu.

12 *Wien, den 30. September [1770]*

Mein lieber Herr Lessing!

Endlich bin ich, wo ich sein wollte. Ehegestern kam ich um vier Uhr hier an, doch nicht vor halb acht in mein Quartier; weil mein Brief an Hornbostel, der zwei Tage vor mir kommen sollte, mit mir zugleich kam. Die verwünschte Maut, so lange hielt sie mich auf! In langer Zeit war ich so vergnügt nicht, als wie ich erst allein in meinem Zimmer war, das nicht groß, nicht prächtig, aber ganz nach meinem Geschmack ist. Den Abend hatte ich die angenehmste Beschäftigung, indem ich vier Briefe von Haus mit dem Ihrigen vorfand, der mir nicht am wenigsten angenehm war. – Nur mag ich nicht hören, dass auch Sie missvergnügt sind. Ich hoffe, Sie sind es schon nicht mehr, und wenn Sie es ja noch wären, so sagen Sie mir es um des Himmels willen nicht, wenn Sie nicht meine Schwermut vergrößern wollen.

Ihr Verlust ist mir um so näher gegangen, da ich mir mit der angenehmen Hoffnung schmeichelte, Ihren Vater bei meiner Rückreise kennen zu lernen. Geben Sie sich zufrieden, mein lieber Freund! Sie haben ein Glück gehabt, das wenig Menschen zuteil wird: Ihren Vater so lange zu behalten, bis es nach dem Lauf der Natur fast nicht mehr möglich war. Ich Unglückliche! habe den meinigen gar nicht gekannt. Ich muss nur hiervon abbrechen. Denn seitdem ich hier bin, bin ich wieder in derselben Gemütsverfassung wie in Pyrmont. So wie mich einer anredet, habe ich Tränen in den Augen; was mich besonders gestern, da ich bei Herrn von Wagener speisete, nicht wenig verlegen machte. Wie kann es aber anders sein? Alles erinnert mich an meine vergangne Glückseligkeit. Sogar die Fabrik, wie ich die heute besuchte, statt dass sie mich hätte freuen sollen, weil sie völlig gut und aufs beste eingerichtet ist, hat mich niedergeschlagen gemacht. – Sie haben völlig Recht, alles hat seine Zeit; allein steht es bei uns, diese Zeit zu bestimmen? Glauben Sie nur, dass ich mir alle Mühe gebe, mich aufzuheitern. Was vermag ich weiter?

Das Übrige von Ihrem Brief zu beantworten, muss ich auf eine andere Zeit versparen, weil die Post sogleich abgeht. Ich glaubte, sie ginge zwei Stunden später. – Nun wissen Sie doch, dass ich an Ort und Stelle bin. Wohin Sie die Briefe hierher adressieren, wissen Sie auch. Einer ist hoffentlich unterwegs; denn mit Ihrem an mich Denken allein bin ich nicht zufrieden, dies ist zu ungewiss.

Leben Sie recht wohl, und werfen Sie die unangenehme Arbeit auf die Seite, damit Sie am Ende nicht gar hypochondrisch werden. Diesen Rat gibt Ihnen Ihre beste Freundin und

ergebene Dienerin

E. C. König

13 *Wien, den 4. Oktober 1770*

Mein lieber Herr Lessing!

Werden Sie nicht böse, dass ich Ihnen schon wieder schreibe. Ich arme Frau! was soll ich machen? In Gesellschaft zu gehen, hbe ich heute keine Lust, und meine Bücher habe ich auch noch nicht; die liegen auf der Maut. Morgen soll ich sie erst holen lassen, und doch ist es noch ungewiss, ob ich eines davon wieder kriege. Es versteht sich, solange ich hier bin; denn wenn ich verreise, bekomme ich sie alle wieder. Doch warum entschuldige ich mich? Ich habe Ihre Briefe nicht halb beantwortet, und hauptsächlich die Kritik nicht, über meine undeutliche Schreiberei, die Sie so fein mit einer Schmeichelei einzukleiden wussten. Mein lieber Herr Lessing! ob Sie mir vorsagen: ich schreibe schön, oder ich sei schön, ich glaube eins so wenig als das andere. Ich schreibe viel zu flüchtig, um schön oder gut schreiben zu können. – Aber meine Hand wissen Sie ganz vollkommen nachzumalen. Wahrhaftig! ich hätte geschworen, dass ich den Namen Nocker selbst geschrieben hätte. Lassen Sie sich nicht einfallen, falsche Wechsel unter meinem Namen auszustellen, ich müsste sie ohne Gnade und Barmherzigkeit einlösen. – Damit Sie aber nicht glauben, ich wisse nicht, was ich tue, so muss ich Ihnen noch sagen, warum ich eine andere Adresse ausgegeben habe: weil ich damals schon zweifelte, ob mich der Brief in München mehr treffen würde, und ich den Herren Vons ebensowenig Akkuratesse als den Herren Gelehrten zutraue; also bloß aus Besorgnis, Ihren Brief nicht etwan einige Tage später zu erhalten.

Was Sie mir von dem H. K. v. K. [Kuntzsch] erzählen, ist mir bis jetzo noch unglaublich. Sie wissen, der Vater tut gerne groß und ist ziemlich voreilig, sich Sachen einzubilden, woraus meistens nichts wird. Hat er doch auch mit Gewissheit erzählt, er sei mit zwölftausend Taler in B. [Braunschweig] engagieret. Und wenn es denn nun so wäre, was läge daran? warum wollten Sie Ihren Freund vor der Zeit bedauern? Mich däucht, Ihr Mitleiden geht noch weiter als das meinige beim Nachtwächter. Dessen Frau und Kinder waren wirklich unglücklich. Hier ist noch die Frage: ob er nicht recht zufrieden mit ihr leben würde? denn sie scheint mir einen sehr guten Charakter zu haben. Ein Unglück könnte ihm wohl bevorstehen, weil sie ziemlich verschieden im Alter sind. Das begegnet aber so vielen ehrlichen Männern, dass es kaum mehr eines zu nennen ist.

Eher bedaure ich die armen Unternehmer der Hamburger Lotterie, hauptsächlich den Herrn H. [His], der bloß durch seine schwachen Einsichten hineingezogen worden ist. Die allerletzte Ziehung soll denn doch gut für sie ausgefallen sein. Für mich war keine günstig; sie werden auch keinen Pfennig mehr von mir bekommen. – Wie geht es denn mit Ihrer Lotterie? kommt es zustande?

Weil ich einmal beim Fragen bin, so möchte ich auch gerne wissen, wie Sie mit C. [Calau] so ziemlich zufrieden sein können? Er muss ein Gesicht gemalt haben, das die Ehre hat, Ihnen zu gefallen, das meinige hat er, nach der Anlage zu rechnen, gewiss nicht getroffen; wenigstens wenn das Münchner ähnlich ist, kann das seinige unmöglich ähnlich sein. Hierbei erinnere ich mich an Ihr Versprechen: der Mademoiselle S. [Schwalb?] Ihr Porträt einhändigen zu lassen. Sie haben es doch wohl nicht vergessen? Sie muss es haben, ehe ich wiederkomme; sonst bringe ich es ihr mit. Wie ich das machen will, gebe ich Ihnen zum Rätsel auf.

In diesem Augenblick hatte ich eine Erscheinung; Herr von Th. [Thiereck] besuchte mich, der mir verschiedene Kommissionen auf hier gegeben hatte. Wegen großen Mangels an Rocken in Bayern hat er den Auftrag, die Ausfuhr einer gewissen Quantität aus Ungarn zu bewirken, und ich bin dadurch von einer sehr lästigen Korrespondenz befreiet.

Sie erwarten wohl, dass ich Ihnen von Ihrem Freund, dem Herrn von S. [Sonnenfels], etwas erzähle? Ich habe ihn aber noch nicht besucht, weil ich bisher alle Tage engagiert war. Allein in der Komödie bin ich schon gewesen und habe *Soliman den Zweiten* gesehen, der hier zum ersten Male im Deutschen aufgeführet wird und den sie wohl sechs oder achtmal hintereinander geben werden, weil er viel Beifall hat. Vor dem entsetzlichen Klatschen konnte man das Wenigste verstehen, besonders ich: weil ich zu spät kam, so hatte ich einen schlechten Platz. Ich glaube nicht, viel dabei verloren zu haben; denn wie mich däucht, so ist die Übersetzung schlecht, und die Akteurs und die Aktricen waren auch nicht viel besonders. Die Roxellane machte es noch so ziemlich. Wer sie war, weiß ich nicht; es war eine Neue. Weder Stephanie noch die Huberin agierten mit. Die Mademoiselle Kurzin machte die Zirkasserin, und sang einige italienische Arien überaus gut; allein umso schlechter war ihre Aktion. Ich möchte wohl wissen, wer sie mir für eine so sehr gute Aktrice beschrieben hat. Sind Sie es gewesen, so widerrufe ich mein Urteil.

Eben komme ich nach Hamburgischer Art um halb eins aus der Gesellschaft und finde Ihren Brief, den ich eilfertig erbreche, und ganz erstaunt werde, wie ich die Pulver sehe, über die Sie keine Spötterei zur Antwort erwarten durften, wenn Sie mich kennen: vielmehr bin ich Ihnen sehr verbunden. Ist was, das zu meiner Ermunterung, die Sie mir so fleißig empfehlen, beitragen kann, so ist es die Aufmerksamkeit, die Sie mir beweisen. – Eines von den Pulvern ist schon verschluckt;

denn durch das lange Sitzen war mir heute Abend nicht ganz wohl. Sonst habe ich mich seit einigen Tagen besser als auf der ganzen Reise befunden.

Sie haben doch wohl Götzen nicht geraten, sein Senoriat niederzulegen? Sagen Sie mir doch um des Himmels willen, wie ist er auf den Einfall gekommen? Freilich konnte er Alberti keinen ärgeren Streich spielen. Ist neuerdings dann wieder was unter ihnen vorgefallen? Wo Sie was wissen, so schreiben Sie mirs. Der Schwedische Prediger möchte gern davon unterrichtet sein. Er scheint mir mehr Götzen als seinem Gegner, Recht zu geben, und ist also wohl Ihr Mann?

Von der Geistlichkeit kann man ja wohl auf die Komödie kommen? Mir ist recht lieb, dass Sie sie so nahe haben. Sie kämen endlich in meinen Orden, wenn Sie immer allein blieben. Der H. K. v. K. [Kuntzsch] wird sie wohl fleißig besuchen; und es finden sich wohl auch in der Gesellschaft nicht lauter kleinäugigte Dortchen. Schmälen Sie weiter nicht so sehr auf dieses gute Mädchen. Warum sollte sie nicht so gut einem ehrlichen Mann gefallen dürfen als eine andere?

Weil ich gleich morgen früh und den ganzen Tag beschäftigt bin, so schließe ich diesen Brief heute, der schon angefangen wurde, wie der letzte von hier eben abgegangen war. Denn ich muss die Zeit nehmen, wie ich sie finde.

Leben Sie recht vergnügt! Ich bin mit der aufrichtigsten Freundschaft

Dero ergebene Dienerin

E. C. König

14 *Wien, den 5. Oktober 1770*

Mein lieber Freund!

Wie ich mich recht erkundige, so höre ich, dass die Post erst morgen abgeht; und da ich eben die Anzeige von Medon zu Gesicht kriege, muss ich sie versprochenermaßen beilegen. Der ganze Zettel ist das Postgeld nicht wert, er ist von der Bodenburgischen Gesellschaft.

Heute habe ich die Ehre gehabt, dem Herrn Professor S. [Sonnenfels] aufzuwarten, und besonders freundschaftlich von ihm aufgenommen zu werden. Ich widerrufe nicht gern, sonst wollte ich Ihnen sagen, was ich von ihm denke.

Ich bin
Dero ergebene Dienerin

E. C. König

15 *Wien, den 14. Oktober 1770*

Mein lieber Herr Lessing!

Wenn Ihnen nicht etwa der Gedanke gekommen ist, an Ihre abwesende Freundin zu schreiben, ohne erst Briefe von ihr zu erwarten: so vergehen noch viele Tage, ehe ich was von Ihnen höre, ob ich gleich den zweiten Tag nach meiner Ankunft geschrieben habe. Sehen Sie, so verlange ich nach Ihren Briefen, dass ich dieses wünsche. Doch bin ich auch so bescheiden, es nicht zu erwarten, weil ich weiß, dass Sie bessere und nützlichere Beschäftigungen haben. – So gewissenhaft bin ich aber wieder nicht, dass ich Ihnen nicht einige Minuten mit Durchlesung meines Briefes verderben sollte, da ich Ihnen ohnedem ganz was Nagelneues zu erzählen habe. Der Herr von S. [Sonnenfels] hat die Zensur verloren und von der Kaiserin den Befehl erhalten, sich bei Verlust seines Dienstes weiter nicht in Theatralsachen zu mengen. Es soll ihm gesteckt gewesen sein und er deswegen ein Memorial überreicht haben, worin er gebeten, man möchte ihm die Zensur abnehmen. Dieses hat er aber versiegelt zurück erhalten nebst dem Befehl der Kaiserin. *Soliman* hat zum Vorwand gedient. Ob es gleich dreimal aufgeführt worden, so ist es doch nun verboten. Erst fand man nur das Schnupftuch anstößig, und der Sultan musste der Roxellane dafür einen Spiegel geben. Erklären Sie mir doch, wie durch diesen Tausch das Anstößige gehoben ist. Wollte ich ja welches darinnen suchen, so würde ich es nicht in dem, was er ihr gibt, sondern in der Absicht, warum er es ihr gibt, suchen. Seit *Soliman* verboten, der unterdessen dem Unternehmer vieles eingebracht, ist viermal hintereinander ein neues Stück von Stephanie dem Ältern (*Die Liebe in Korsika*, oder welch ein Ausgang!) aufgeführt worden. Mit so vielem Beifall, dass die dritte Repräsentation, die allezeit für Stephanie, wenn er ein neues Stück liefert, ihm 2000 fl. eingebracht haben soll. Meines Erachtens wäre es mit weniger bezahlt; ich gönne es ihm aber, weil er durchgehends den Ruhm eines braven Mannes hat. Durch sein Spiel bin ich zwar noch nicht außerordentlich für ihn eingenommen. Vermutlich, weil ich mir zu viel von ihm vorstellte.

Die Bekanntschaft des S. [Sonnenfels]schen Hauses habe ich noch nicht weiter kultiviert und bin seitdem nicht wieder da gewesen. Denn ich bin so wenig Herr über meine Zeit, dass das Vornehmen, so ich etlichemal gefasst, einen Tag einmal für mich zuzubringen, noch immer vereitelt worden. Ehe ich michs versehe, werde ich da und dorthin abgeholt. – Unter allen Plaisirs, die man mir bisher zu machen gesucht, hatte ich gestern das größte. Ich war in der Weinlese, doch merkte ich an, dass die Arbeiter lange nicht so vergnügt als in meinem Vaterlande waren. Als man mir sagte, es wäre ein herrschaftlicher Weinberg, so brauchte ich nicht weiter nach der Ursache zu fragen. Ich hatte die Satisfaktion, dass meine Anmerkung das Mitleid eines Herrn aus unserer Gesellschaft rege machte, dass er sie alle beschenkte. Nun hätten Sie die heitern Gesichter sehen sollen. Ich hätte den Mann, ob er gleich sechzig Jahr alt ist, umarmen mögen, dass er uns dies angenehme Spektakel verschaffte. – Nun muss ich Ihnen noch im Vorbeigehen sagen, dass Ihr Chevalier Riccaut de la Marliniere dicht bei mir an logiert. Sie dächten wohl nicht, dass ich ihn hier getroffen hätte? Ein andermal mehr von ihm. Heute hat er mich so sehr ennuyiert, dass ich nichts weiter von ihm reden mag. – Kommt Klopstock? Viele hier wollen es behaupten. Wenn es wäre, so könnten Sie ihn ja wohl begleiten, und wir könnten die Rückreise zusammen machen. Überlegen Sie es.

Ich bin Ihre Freundin und
ergebene Dienerin

E. C. König

Die Nachricht von S. [Sonnenfels] lassen Sie nicht von mir auskommen.

16 *Wolfenbüttel, den 25. Oktober 1770*

Meine liebste Freundin!

Gott gebe, dass Sie ja geglaubt haben, es müsse ein Brief von mir unterwegs sein: denn sonst kann ich erst in einundzwanzig Tagen wiederum etwas von Ihnen hören. Das hässliche Wien, dass es so weit ist! Auf alle meine Briefe haben Sie mir nun geantwortet: und es kommt darauf an, ob Sie mir einen aus freiem Willen schreiben. Einen wohl zwar – denke ich –, aber den zweiten doch gewiss nicht.

Ich freue mich recht sehr, dass Sie glücklich in Wien angekommen sind und alles daselbst nach Wunsch gefunden haben. An Freunden und Zerstreuung und Beschäftigung wird es Ihnen nicht fehlen; und ich kann daher ein großes Teil für Sie nun ruhiger sein, als ich während der Reise sein durfte, wo Sie Ihrer eigenen Gesellschaft überlassen waren. Denn Ihr Mädchen war so gut als keine, wo nicht gar noch schlimmer als keine. Zwar, wer weiß? Am Ende ist es doch wohl besser gewesen, dass das Kreatürchen seine eigenen Angelegenheiten hatte, dass es liebte und trank, den ersten den besten Kerl und Wein – als wenn es ein gutes empfindliches Ding gewesen wäre, das seine Frau nicht aus den Augen gelassen und um die Wette mit ihr geweint hätte. Durch jenes wurden Sie Ihren eigenen Gedanken entrissen: durch dieses wären Sie in Ihrem Kummer bestärkt worden. Sie werden sagen, dass ich eine besondere Gabe habe, etwas Gutes an etwas Schlechtem zu entdecken. Die habe ich allerdings; und ich bin stolzer darauf als auf alles, was ich weiß und kann. Sie selbst, wie ich oft gemerkt habe, besitzen ein gutes Teil von dieser Gabe, die ich Ihnen recht sehr überall anzubringen empfehle; denn nichts kann uns mit der Welt zufriedner machen als eben sie.

Ho! ho! Ich fange gar an zu moralisieren: ich bitte Sie recht herzlich um Verzeihung. – Seit einigen Tagen denke ich mir Ihren Aufenthalt in Wien angenehmer als jemals; und fange fast an zu zweifeln, ob man eben in Wien mehr als an andern Orten Gelegenheit hat, die nur gedachte Gabe, an dem Schlechten etwas Gutes aufzusuchen, in Ausübung zu bringen. Es mag wohl, denke ich nun, in Wien ebenso viel gute und vortreffliche Leute geben, als irgend anderswo: die wenigstens, die gut da sind, können vielleicht recht sehr gut sein.

Sehen Sie, was ein paar Beispiele vermögen! Zwei Wiener Grafen und Kaiserliche Kammerherrn, von *Wilczek* und von *Chotek*, haben sich auf ihrer Durchreise einige Tage hier aufgehalten, und außer dem Beifall, den sie bei Hofe erhalten – Sie wissen wohl, wie weit der Beifall bei Hofe her ist – *uns alle* in Erstaunen gesetzt. Sie wissen ebensowohl, wen ich unter *uns allen* verstehe; die *alle*, welche ein Reisender nur einigermaßen dem Namen nach kennen kann. Sie haben jeden von diesen besucht; und von ungefähr war ich eben zu Braunschweig und logierte in meiner Rose – in eben dem Zimmer, wo Sie logiert haben –, und glücklicherweise mussten diese Herren ebenfalls da einkehren. Es sind wirklich ein Paar vortreffliche Leute, voller Kenntnis und Geschmack. Sie sind auf ihrer Rückreise nach Wien, und werden zu Ende künftigen Monats da eintreffen. Erzählen Sie es ja in allen Gesellschaften, wie sehr sie hier gefallen haben, damit ihr guter Ruf ihnen zuvorkomme. E. [Ebert] machte ihnen das Kompliment, *dass sie eine sehr merkwürdige Ausnahme von ihren Landsleuten wären*. Das Kompliment war nicht das feinste; aber die Antwort, die ihm der jüngere, welches der Graf Chotek ist, darauf erteilte, war desto feiner: *wir schämen uns, wenn wir es sind.* Der andere ist schon ein Mann und hat Güter in Italien, bei Mailand, wo er sich auch seit neun Jahren aufgehalten, in welcher Zeit er in Wien gar nicht gewesen, so dass ihn vielleicht auch da niemand kennt.

Ich darf nicht besorgen, dass Sie mich fragen: was gehen mich die Leute an? denn, wie gesagt, es sind recht sehr gute Leute; und alle guten Leute gehen einander an. Und nicht wahr, aus der nämlichen Ursache sind Sie und der Schwedische Gesandtschaftsprediger auch um meinen ehrlichen *Götzen* so sehr besorgt? Mich wundert nur, dass man Ihnen aus Hamburg nichts davon geschrieben. Der letztvergangene Bußtag in Hamburg ist es gewesen, an welchem die Mine gesprungen. Götze fragte bei dem Magistrate an, wie es mit dem streitigen Gebete gehalten werden sollte, und bekam zur Antwort, dass es beiseite gelegt und ein anders dafür gewählt werden sollte. Voller Verdruss hierüber bat er um Erlassung von seinem Senoriate und erhielt sie sogleich. Man erzählt, seine Frau sei darüber vor Schrecken in Ohnmacht gefallen, und will daraus schließen, dass ihm selbst die gesuchte Erlassung über alles Vermuten gekommen. Aber nicht wahr, das ist daraus nicht zu schließen? Sondern alles, was daraus zu schließen ist, ist dieses, dass sich natürlicherweise eine Frau über den Verlust eines Titels nicht so leicht trösten kann als der Mann. Wenn die Frau Seniorin auf einmal wieder Frau Pastorin werden soll, das ist keine Narrensposse! Meinen Sie nicht? Jetzt sollen die abscheulichsten Pasquille wider diejenigen in Hamburg herumgehen, die Götzen zu diesem Schritte gezwungen: und wenn diese nichts helfen, so bedauert er es am Ende doch wohl selbst, dass er das Heft aus den Händen gegeben.

Von andern Neuigkeiten aus Hamburg weiß ich, so zu reden, gar nichts. Denn ich muss es zu meiner Schande bekennen, dass ich in zwei Monaten an keinen Menschen dahin geschrieben. Meine verzweifelte Arbeit hat mich daran verhindert. Aber Gott sei Dank, nun bin ich damit zu Stande; und in dem nächsten Wiener Verzeichnisse von verbotenen Büchern werden Sie den Titel wohl angezeigt finden. Sie glauben nicht, in was für einen lieblichen Geruch von Rechtgläubigkeit ich mich dagegen bei unsern lutherischen Theologen gesetzt habe. Machen Sie sich nur gefasst, mich für nichts Geringeres als für eine Stütze unserer Kirche ausgeschrien zu hören. Ob mich das aber so recht kleiden möchte und ob ich das gute Lob nicht bald wieder verlieren dürfte, das wird die Zeit lehren.

Das Wenige, was Sie mir von dem Wiener Theater melden, würde meine Neugierde eben nicht sehr reizen, wenn ich nicht kürzlich in verschiedenen Zeitungen gelesen hätte, dass nun bald das deutsche Theater in Wien allen Theatern in der Welt trotzen würde, nachdem der Herr von S. [Sonnenfels] die Aufsicht darüber erhalten. Besuchen Sie es doch also ja fleißig, und verschweigen Sie mir keines von den Wundern, die darauf erscheinen. Es soll mich sehr freuen, wenn S. [Sonnenfels] in Wien mehr Gutes stiftet, als mir in Hamburg zu stiften gelingen wollen. Aber ich sorge, ich sorge, es wird dort auch zu nichts kommen. Schon des Herrn von S. [Sonnenfels] allzustrenger Eifer gegen das Burleske ist gar nicht der rechte Weg, das Publikum zu gewinnen. Wenn er indes Ihnen, meine liebe Freundin, nur recht viel Freundschaft in Wien erweiset: so will ich ihm von Herzen gern alle Fehler vergeben, die er in seiner Theater-Verwaltung machen dürfte.

Von den Theologen kam ich auf das Theater; nunmehr von dem Theater auf die Lotterie und wir sind mit allem fertig, was in diesem und jenem Leben frommen und vergnügen kann. Die Hamburger Lotterie soll in den beiden letzten Malen sehr glücklich gewesen sein. Sie glauben nicht, wie ansehnliche Einsätze sie auch von hier erhält. Demohngeachtet zaudert und zaudert man, die hiesige zustande zu bringen. Ich kann nicht begreifen, woran es liegt. Aber es gibt ja auch in Wien eine solche Lotterie? Haben Sie da noch nicht eingesetzt? Wollen wir wohl auf folgende fünf Nummern zusammen einsetzen?

9. 13. 21. 57. 88.

Aber nicht höher als einen Louisdor, welchen Sie nach Ihrem Belieben verteilen mögen. Wenn wir in Wien darauf nichts gewinnen: so will ich es sodann in Hamburg damit versuchen. Oder bestimmen Sie fünf Nummern, auf die wir in Berlin zusammen einsetzen wollen. –

Und nun ist ja wohl mein Brief lang genug. Sagen Sie mir aufrichtig, wieviel Mal Sie ihn weggeworfen haben, ehe Sie bis hierher gekommen? Aber rächen Sie sich auch zugleich, indem Sie mir ebenso weitläuftig antworten. Leben Sie recht wohl, meine Beste. Ich bin

Ihr ganz ergebenster

Lessing

17 *Wien, den [12. und] 17. November 1770*

Mein lieber Herr Lessing!

Endlich erhalte ich gestern eine Antwort; ich weiß nicht – ob auf zwei oder drei Briefe, die aber schon am 25ten geschrieben sein soll, und also siebenzehn Tage unterwegs gewesen wäre. Wenn Sie sich im Datum nicht geirrt, so verstehe ich nicht, wo der Brief so lange gelegen sein mag. Dem sei, wie ihm wolle, ich freue mich, dass ich ihn habe und dass er mir sagt: dass Sie wohl und vergnügt sind. Denn vergnügt müssen Sie sein, da Sie eine Arbeit vollbracht, die, nach Ihrem Vorhergehenden, eben nicht die angenehmste Beschäftigung für Sie gewesen, und für die Sie doch jetzo mit Beifall belohnt werden, und noch dazu mit dem Beifall der Theologen.

Hätten Sie doch Ihren zwei bewunderungswürdigen Grafen ein Exemplar für mich mitgegeben. Niemals hätten Sie eine größere Neugierde gestillt; denn der Sie kennt, sollte der nicht neugierig sein, etwas Geistliches von Ihnen zu lesen? Zudem habe ich jetzt am Geistlichen mehr Geschmack als an allem andern. Eben darum könnte ich Ihnen mehr von den hiesigen Predigten als vom Theater erzählen, welches ich seitdem nur einmal besucht und kaum noch einmal besuchen werde. Sie möchten denn Stücke aufführen, die mich mehr unterhalten als die bisherigen. Den *Brutus* habe ich versäumt, worinnen, wie Herr von S. [Sonnenfels] sagt: alle Akteurs in der größten Vollkommenheit spielen. Außerdem haben sie nichts als hiesige Originalien gegeben, worunter die *Hausplage* ist, die nun schon drei Tage hintereinander aufgeführt wird und den größten Beifall hat. Ich urteile daraus, dass die hiesigen Weiber recht gut sein müssen. Wie würde sonst die Vorstellung der Schlimmen so viel Zulauf haben? – Sie, die nun so gut von den Wienern denken, werden leicht mit mir einerlei Meinung sein; denn wo die Männer gut sind, versteht sichs, dass die Frauen auch gut sind. Mein Urteil über hiesige Nation will ich bis aufs Mündliche versparen und bis dahin sie besser kennen lernen. Jetzo möchte sich noch zu viel Eigenliebe darunter mischen. Denn wenn ich sie nach der Begegnung gegen mich beurteilen sollte, so müsste ich sagen, dass es ganz außerordentlich gute Leute sind. – Ihrem Lob hingegen traue ich vollkommen, und daher lasse ich mir es recht angelegen sein, den guten Ruf der beiden Herrn überall zu verbreiten. Sogar werde ich nun dem Vater des Grafen von Chotek die Visite machen, was ich bisher versäumt, da er doch ein großer Freund und Gönner von meinem seligen Manne war. Wenn ich die aber alle hätte besuchen wollen, so hätte ich noch ein halbes Jahr nichts als Visiten zu geben. Sie glauben nicht, welch einen guten Namen er hier hinterlassen. Doch, warum sollten Sie es nicht glauben? Sie haben ihn ja gekannt.

Indem ich jetzt überlese, was ich vorigen Posttag geschrieben, finde ich, dass es ein Glück für Sie ist, dass ich verhindert worden, weiter zu schreiben. Ich hätte Sie auf die langweiligste Art unterhalten; denn ich war nicht allein übel disponiert, sondern auch gar nicht wohl. Heute ist mir wieder besser, doch bin ich nie vollkommen wohl; und eben deswegen denke ich täglich auf die Rückreise, die ich doch vor drei Wochen nicht werde antreten können. Es wird also wohl bis Ende Januar dauern, ehe ich wieder zu Hause komme. Das Verlangen, meine Mutter noch einmal zu sehen, ist so groß, dass es mich wohl zu dem Entschluss bringt, durch die Pfalz zu reisen. – Bei der Pfalz fällt mir ein: Es geht hier die Rede, als hätte der Kurfürst 500,000 fl. zu einem deutschen Theater ausgesetzt und Seyler würde dahin kommen. Wissen Sie was davon? Wenn es wahr wäre, so bin ich versichert, dass es dorten eher zur Vollkommenheit kommt wie hier. Denn S. [Sonnenfels] mag mir sagen, was er will, er wird mich nicht überreden, dass man vom guten Geschmacke nicht noch weit entfernt ist; fast so weit als wir von dem Gewinn, den wir von Ihren aufgegebenen Nummern erwarten können. Demohngeachtet werde ich diese oder andere mit einem Louisdor besetzen, wiewohl ich es nicht tun sollte. Denn wissen Sie wohl? dass ich Ihnen die Kompagnie in Braunschweig anbot, und Sie schlugen sie aus. Sehen Sie hieraus, dass ich vergebe, aber nicht vergesse. – Wollen wir in Hamburg auf folgende fünf Nummern einsetzen:

19. 36. 45. 47. 69.

aber auch nicht höher, als einen Louisdor, so tun Sie es in der nächsten Ziehung. – Dies gibt Ihnen zugleich Gelegenheit dahin zu schreiben, und die bittern Klagen über Sie hören auf. Selbst hier muss ich sie hören. Lesen Sie Folgendes und raten Sie, wer es geschrieben? »Wenn Sie unsern lieben Lessing wieder sehen, so machen Sie ihm tausend Komplimente von mir. Ich muss ihn immer noch bei unsern Freunden verteidigen, welche alle über ihn klagen, dass er nicht schreibt und nicht antwortet. Bedenken Sie selbst, was mich das für Atem kostet!« Ich habe diesen Auftrag lieber schriftlich als mündlich überbringen wollen; denn hätte ich es bis aufs Mündliche verspart, so würden ihn vermutlich meine eignen Vorwürfe begleitet haben. Dass Sie drei Briefe von mir in Händen und den vierten, wo nicht gar noch den fünften unterweges vermutet haben, zeigt dies nicht ein wenig zu viel Stolz? Leider! war der vierte schon unterwegs; ich hätte ihn gerne mit dem Louisdor, der fürs Lotto bestimmt ist, zurückgekauft. – Wenn Sie mich ja in dem Irrtum lassen wollen, dass meine Briefe Ihnen angenehm sind, so antworten Sie mir geschwinder. Antworten Sie aber auch Ihren Freunden, damit die ganze Welt so gut von Ihnen redet, als ich dem allen ohngeachtet von Ihnen denke. Leben Sie recht wohl! Ich bin

Ihre ergebene Dienerin

E. C. König

18 *Wolfenbüttel, den 29. November 1770*

Meine liebste Madam!

Ich kann nicht begreifen, wie mein letzter Brief so lange unterwegs sein können: aber doch muss er es gewesen sein. Ich weiß zwar selten, wie ich in der Zeit lebe: aber eben dadurch wird mein Datum so viel zuverlässiger, weil ich jedesmal erst in den Kalender sehen muss. Ich will nicht hoffen, dass Sie so schlimm sind und glauben, ich könnte mich wohl mit Fleiß geirrt haben? Ich hatte die Tage fleißig gezählt, nach welchen ich eine Antwort von Ihnen erhalten könnte. Da diese aber so lange über die Zeit ausblieb, so fing ich an zu vermuten, dass Sie wohl schon gar von Wien wieder abgereiset wären. Und bloß diese Vermutung ist Schuld, dass ich keine neuen Briefe nachgeschickt. Ich erschrecke, wenn ich bedenke, was Sie für einen Rückweg in dieser Jahreszeit zu machen haben: und noch wollen Sie ihn gar mit einem Umwege machen! Doch dieser Umweg dürfte bei alledem recht gut sein, und ich verspreche mir davon für Ihre Zufriedenheit und Heiterkeit recht viel. Die uns am nächsten angehen, behalten doch immer den meisten Einfluss auf uns.

Auch das, meine liebe Freundin, lobe ich recht sehr, dass Sie in Wien fleißiger in die Kirche gehen als in das Theater. Denn ich glaube in allem Ernste, dass es freilich für jeden guten Menschen, der nicht ganz undenkend ist, in den Wiener Kirchen mehr zu lachen geben muss als in dem Wiener Theater. Gott verzeihe mir die Sünde, wenn es nicht wahr ist, und wenn ich Unrecht tue, dass ich mir die österreichschen Prediger noch elender vorstelle als die österreichschen Poeten und Komödianten.

Als ich Ihren vorletzten Brief erhielt, hatte ich eben in der *Erfurter Gelehrten-Zeitung*, welche die Posaune des Herrn von S. [Sonnenfels] ist, eine sehr prächtige Ankündigung gelesen, was man sich unter seiner Aufsicht nunmehr alles für Wunder von dem Wiener Theater zu versprechen habe. Ich weiß nicht, ob ich mehr lachte, oder mich mehr ärgerte, als ich aus Ihrem Briefe ersahe, dass seine Aufsicht so geschwind ihre Endschaft erreicht habe. Doch will ich hoffen, dass er darum seine Hand nicht ganz abziehen wird. Dem Stücke, welches ihm diese kleine Kränkung verursacht hat, bin ich selbst nicht gut. Ich würde es kaum auf einem deutschen Theater dulden, wenn Roxellane auch eine Deutsche wäre: nun aber gar in der vermeinten Hauptstadt von Deutschland – denn dafür will S. [Sonnenfels] Wien mit aller Gewalt gehalten wissen – den Triumph einer Französischen Stumpfnase auf die Bühne zu bringen, ist schlechterdings unerträglich. Ich will auch hoffen, dass es mehr dieser Umstand als das Schnupftuch oder Spiegel ist, welcher die Dame oder die Damen in Wien bewogen hat, das Stück verbieten zu lassen. An dem neuen Stücke, *Die Hausplage*, so gut es sonst sein mag, finde ich den Titel sehr zu tadeln. Als ob die Hausplage nicht ebensowohl vom männlichen als weiblichen Geschlechte sein könnte! Und ich muss mich nur über Sie, meine liebe Freundin, wundern, dass Sie mir davon sprechen, als ob es sich schon von selbst verstünde, dass es von nichts anderm als einer bösen *Frau* handeln könne. Ihre Anmerkung übrigens, dass die Weiber da sehr gut sein müssen, wo es sich der Mühe verlohnt, eine Böse auf das Theater zu bringen, finde ich sehr richtig: und wo nur nicht gar eine solche Vorstellung mehr Schaden als Gutes stiftet! Viel Weiber sind gut, weil sie nicht wissen, wie man es machen muss, um böse zu sein.

Dass man an dem Pfälzischen Hofe auf die Errichtung eines deutschen Theaters denke, höre ich von Ihnen zuerst. Ich wünsche sehr, dass etwas daran sein möge. Aber an dem Umstande ist wenigstens noch vors erste nichts, dass Seyler dahin kommen solle. Er selbst weiß so wenig davon, dass er sich recht ernstlich um andere Aussichten bewirbt. Er möchte gern hierher nach Braunschweig, und ich hoffe, dass wir es ihm auswirken wollen. Nur kann er selbst vor dem März nicht kommen, weil er ein Abonnement nach Osnabrück angenommen hat, wohin er in kurzem geht.

Schlimm genug, dass Sie zu meinen überschriebenen Nummern so wenig Zutrauen haben. Ich habe auf die Ihrigen desto mehr. Ich sehe es ihnen an, dass wir wenigstens eine Terne darauf gewinnen werden. Wohin soll ich Ihnen den Anteil Ihres Gewinnstes übermachen? Oder soll ich ihn so lange in Verwahrung behalten, bis Sie ihn selbst bei mir abfordern? Wagen Sie das nicht; denn ich könnte ihn dann sehr leicht in andern Lotterien wieder verspielt haben. Das Billett habe ich bereits; auf den Montag wird gezogen; auf den Donnerstag erhalte ich Nachricht, und auf den Freitag überschreibe ich Ihnen die Nachricht, sie mag nun gut oder schlecht klingen.

Aber des Billetts wegen habe ich eben nicht dürfen nach Hamburg schreiben. Es sind in Braunschweig Kollekteurs für die Hamburger Lotterie die Menge. – Doch habe ich nach Hamburg nunmehr wieder geschrieben; und ich hoffe, dass Sie in langer Zeit keine Klagen weiter hören werden. Wer die Freundin ist, die Ihnen den Verweis an mich aufgetragen, bedarf wohl keines langen Ratens. Ich wette, es ist eben die, von der ich heute einen Brief bekommen habe. Nun raten *Sie*; wenn Sie nicht glauben, dass ich es getroffen habe.

Aber lieber lassen Sie uns die Briefe einander nicht so zuzählen. Sonst setze ich mich einmal hin und zähle nicht Ihre Briefe, sondern die Worte Ihrer Briefe. Dann wollen wir sehen, wer von uns beiden dem andern im Reste ist. Sie haben von jemanden schreiben gelernt, der das Papier nicht zu schonen brauchte. Wir Schriftsteller aber müssen ganz klein schreiben lernen, sonst kriegen wir auch nicht einmal das Papier bezahlt.

Nun leben Sie recht wohl, meine liebste Freundin, und vergessen Sie nicht, wenn man Ihnen in Wien recht viel Gefälligkeit und Freundschaft erweiset, dass Sie an jedem andern Orte das Nämliche zu erwarten Recht haben. Ich bin

Ihr ganz ergebenster

Lessing

19 *Wolfenbüttel, den 15. Dezember 1770*

Meine liebste Madam!

Ich weiß zwar nicht, ob ich es wagen darf, noch einmal nach Wien an Sie zu schreiben. Denn wenn Sie zu Ende des Januars wieder in Hamburg sein wollen, so kann Sie dieser Brief unmöglich mehr in Wien antreffen. Doch was wagen? Alles Unglück, was daraus erfolgen kann, ist, dass man Ihnen den Brief nachschickt.

Ich bin vorige Woche auf die unangenehmste Weise abgehalten worden, Ihnen von dem Ausfalle unsers Lotteriegeschäfts zu Hamburg Nachricht zu geben. Schließen Sie aus dieser Verzögerung aber nur ja nicht, dass es schlecht müsse abgelaufen sein. Nichts weniger, als schlecht; wir haben sehr viel gewonnen: denn wir haben nichts verloren. Ich hatte das Billett so eingerichtet, dass wir auf einen simpeln Auszug schadlos wären, und den haben wir auf Nummer 19 bekommen; gerade auf der Nummer, auf der ich mir am wenigsten etwas versprochen hätte, weil sie in den vorhergehenden sieben Ziehungen bereits dreimal herausgekommen war. Damit Sie sehen, dass ich in wichtigen Angelegenheiten ein ordentlicher Mann bin, so lege ich Billett und Ziehungsschein mit bei. Ich denke auch, dass ich Ihre Einwilligung haben werde, unser Glück auf der nächsten Ziehung noch einmal zu versuchen. Das Billett ist schon genommen, und zwar auf die nämlichen Nummern, nur Nummer 19 nicht, wofür ich 7 gewählt habe: denn 19 wird doch nicht des Henkers sein, und sich wieder herausziehen lassen!

Wenn wir alle fünf Quaternen, und was denen anhängig, gewinnen: so komme ich Ihnen bis Mannheim entgegen. Aber ich traue der Hamburger Lotterie nun vollends nicht, seitdem ich weiß, dass unser V. [Vetter] eine Aktie darin hat. Wann habe ich gegen den jemals einen Heller gewinnen können? Es zeigt sich auch schon: denn alle Ihr mitverbundenes Glück hat gerade nur machen können, dass wir nichts verloren haben. Zwar wenn S. [Schmidt?] recht urteilt, so ist es unserm V. [Vetter] bei dieser Entreprise nicht sowohl um das Geld als um etwas anders zu tun. Denn Sie wissen doch wohl, dass auch in Hamburg eine jede Nummer mit einem Mädchen besetzt ist, das gern heiraten will? Und auf diese, versichert S. [Schmidt], hätten sich die Aktionisten den Vorkauf bedungen. V. [Vetter] aber habe sich mit den andern Aktionisten abgefunden, und beschicke die fünf glücklichen Mädchen alle drei Wochen allein.

Was für ein abscheuliches Wetter ist heute hier um den Blocksberg! Wenn es da, wo Sie jetzt sind, nicht besser ist: wie sehr beklage ich Sie, dass Sie reisen müssen. So sehr ich mich auf Ihre Rückkunft freue: so wünschte ich doch, Sie kämen erst in den schönsten Frühlingstagen zurück! Kommen Sie nur ja gesund und vergnügt.

Mehr schreibe ich Ihnen dasmal nicht: denn es könnte doch leicht geschehen, wenn Sie schon unterweges wären, dass Ihnen mein künftiger Brief eher zu Händen käme als dieser.

Leben Sie recht wohl, meine beste Freundin: und wenn Sie an einen Menschen denken wollen, der Ihnen auf das aufrichtigste ergeben ist: so denken Sie an mich.

Dero

Lessing

20 *Wien, den 19. Dezember 1770*

Mein lieber Herr Lessing!

Sie sitzen also immerweg in Ihrem lieben Wolfenbüttel? Ich dachte, Sie wollten den Winter über in Braunschweig sein? Und täten Sie nicht besser? oder haben Sie einige Bekanntschaften gemacht, die Ihnen die langen Winterabende verkürzen helfen? Wenn Sie es nicht getan haben, so tun Sie es doch noch. Sie werden sonst wahrhaftig hypochondrisch. Und diese Krankheit wollte ich meinem Feinde nicht wünschen, seitdem ich sie kenne, wie ich sie leider! kenne. Sie nimmt täglich bei mir zu, so sehr ich mich dagegen wehre. Die Nachhausreise wird mich noch wieder etwas davon heilen; denn da wird es Stöße genug setzen. Sie können mich immerhin bedauren; ich werde viel ausstehen. Demohngeachtet verlange ich herzlich darnach. Ich wäre auch schon auf der Reise, wenn nicht ein gewisser Herr von M. abwesend wäre, den ich gerne sprechen wollte. Und dorten möchte ich mich gar nicht aufhalten; ich bleibe also bis nach den Feiertagen hier, und vielleicht bis ins andere Jahr. Dass Sie mir ja unterdessen nicht nach Hamburg reisen! Aber dass Sie ja alsdenn mit mir reisen! Sie wissen doch wohl, was Sie versprochen haben? Und wer weiß, warum ich meine Reise so lange hinausschiebe? Indessen so mag die Ursache sein, welche sie will, so viel ist gewiss, wenn ich mein langes Außenbleiben vorher gesehen, so hätte ich nimmermehr Ihren Pelz mitgenommen. Es macht mich öfters recht unruhig. Sie würden mich ordentlicherweise verbinden, wenn Sie einen für meine Rechnung kauften; denn dieser wird doch völlig ruiniert. Sie können es mit gutem Gewissen tun; der alte hat mir so gute Dienste geleistet, dass er zehnmal einen neuen wert ist. Ohne ihn wäre ich noch hier erfroren, weil die Betten ganz elend sind.

Doch der Pelz wird nicht in Anschlag kommen, wenn wir erst unsern Gewinnst haben. Ich wenigstens verspreche mir nicht weniger als eine Quaterne; wo nicht gar alle fünf Nummern herauskommen. Mit Amben halte ich mich schon nicht mehr auf. Denn in den letzten zwei Ziehungen habe ich auf dieselben Nummern jedesmal eine Ambe gewonnen. Die Ternen will ich gern überspringen, nicht wahr: Sie sind auch damit zufrieden? viel oder nichts! Der Wunsch ist bei der hiesigen Einlage erfüllt; denn wir sind ganz leer ausgegangen. Hier haben Sie die Zettel, wie ich gesetzt, woraus Sie sehen werden, dass ich Ihren Nummern den Vorzug gegeben. Hätte ich nun nicht besser getan, ich hätte die fünf andern genommen, die herausgekommen sind? Wenn ich noch einmal setze, so bleiben Sie Kompagnon. Ich glaube aber schwerlich! Denn ich habe eine so zuversichtliche Ahndung, dass ich mein Glück in der Lotterie nicht machen, sondern vielmehr zur Arbeit bestimmt bin, und mit diesem Los bin ich völlig zufrieden, wenn es mit der Gesundheit begleitet ist. – Ehe ich die Lotterie verlasse, muss ich noch eins erinnern. Halten Sie es ja geheim, wenn wir die Quaterne gewinnen. Sonst macht der V. [Vetter] eine expresse Reise zu Ihnen, und niemandem würde ich es weniger gönnen als ihm. Geben Sie mir lieber das Geld; ich bezahle Ihnen jährlich fünf Prozent dafür.

Unsere verratene Freundin wird nun böse auf mich sein; denn ich bin ihr auf drei Briefe die Antwort schuldig. Ich kann mir nicht helfen, seit vier Wochen mag ich keine Feder ansetzen, wenigstens auf solche muntere Briefe, wie die ihrigen sind, zu antworten. – Unter andern erzählt sie mir: wie vieles Aufsehn ihre schöne Frau Nichte gemacht. Greise und Jünglinge sind für sie eingenommen; das ganze weibliche Geschlecht äußerst über sie aufgebracht. Um ihrer Freundinnen willen sei ihrs lieb, dass sie in einigen Tagen verreiste: *ihretwegen* möchte sie sonst immer bleiben. Ich wünsche, dass dies so wahr sein mag, als ich daran zweifle. Mir sollte es zwar sehr angenehm sein, wenn sie anfinge, so ruhig zu werden. Denn über Dinge, die nicht zu ändern sind, ist es Narrheit, sich zu beunruhigen. Dies sehe ich recht schön ein; allein dennoch begehe ich diese Torheit alle Tage, ja wohl gar alle Stunden. Nicht wahr? Dann ist es aber keine Torheit, wenn man es einsieht, und sich so viel möglich davon loszumachen sucht? – Noch eine Neuigkeit von unserer Freundin, die Sie vielleicht nicht wissen? G. hat wegen der Affäre mit St. [Steinbrück?] 1000 Taler Strafe bezahlen müssen. Ich komme nicht leicht in Versuchung, mich über den Schaden meines Nächsten zu freuen; aber hier gewiss.

So gewiss, wie sich die ganze Stadt Wien freut, wenn der Herr von S. [Sonnenfels] gekränkt wird. Sie können nicht glauben, was der Mann für Feinde hat. Eben seine Feinde, und nicht die Roxellane – haben ihn so herunter gebracht; denn dieses Stück ist seitdem wieder aufgeführt worden. Wie stark irren Sie sich, mein lieber Freund, wenn Sie glauben, dass man hier bei Beurteilung der Stücke in das Feine geht. Sollten Sie die Urteile öfters anhören, würden sich krank lachen, oder ärgern. – Doch wieder auf den Herrn von S. [Sonnenfels] zu kommen. Je näher ich den Mann kennen lerne, je weniger wundre ich mich, dass er so bald von seiner Höhe wieder herunter gesunken. Sein Stolz und Eigenliebe überschreiten alle Grenzen. Vielleicht, dass diese kleine Demütigung ihn bessert, was ich von Herzen wünsche; um so mehr, da er sehr mein Freund zu sein scheint und mir alle nur erdenkliche Höflichkeiten zu erzeigen sucht, von denen ich aber bis jetzo noch wenig profitiert habe, weil mir die Zeit dazu fehlt.

In der Komödie bin ich kürzlich zweimal gewesen. Das erste Mal gaben sie den *Krummen Teufel* von Bernardon, von dessen Façon ich doch auch was sehen wollte. Was Abgeschmackters und Langweiligers können Sie sich nicht vorstellen als dieses Stück und das Spiel vom Autor, dem man doch schon Beifall entgegenklatscht, wenn man ihn nur eben sieht. Vielleicht geschieht es aus Erkenntlichkeit, weil er in jüngern Jahren das Publikum amüsiert hat. Wiewohl ich es kaum glaube; dann wäre doch wohl ein kleiner Rest übrig geblieben. – Von den beiden andern Stücken – die Witwe und das Lotto –, will ich gar nichts sagen; denn wie mir die F. [Frau] v. S. [Sonnenfels] erzählt, so sagt der Herr Staatsrat Gäbeler, von dem sie sind: er habe diese Stücke für die Logen geschrieben. Und ich wollte nicht gern auf die Galerie plaziert werden. – Alle diese schönen Sachen werde ich Ihnen mitbringen; denn dabei können Sie ihre Gaben, am Schlechten was Gutes aufzusuchen, recht anbringen. – Nichts ärgert mich mehr, als dass ich Ihre *Minna* habe versäumen müssen, die sie, nach aller Sage, außerordentlich gut gespielt haben. Man hat mir versprochen, es ehestens wieder zu geben. Jetzo ist das Theater geschlossen. Den zweiten Feiertag wird es aber mit dem *Hausvater* wieder eröffnet.

So geht es, wenn man zu viel begehrt! Eine Terne wollte ich nicht haben, nun kriegen wir gar nichts. Eben erhalte ich die Nummern, die bei der letzten Ziehung herausgekommen. O Glück! wie blind bist du, rief ich aus, dass du zwei so braven Leuten nicht holder bist. Geduld! es schämt sich wohl einmal.

Wenn Sie die Worte in unsern Briefen zählen, so möchte mir ein zu großer Saldo von Briefen bleiben, den man auch nicht mit Exekution von Ihnen ganz beitreiben würde; voraus bedungen, dass Sie nicht das Gewicht der Worte zu Hilfe nehmen. Dann wäre ich freilich Schuldnerin! Lassen Sie uns lieber den Handel aufheben.

Leben Sie recht wohl! und bleiben Sie immerhin in der Meinung, dass ich rechtschaffener Leute Freundschaft verdiene. Sie geben mir dadurch ein Recht auf die Ihrige, die mir unschätzbar ist. Ich bin

Ihre ergebene Dienerin

E. C. König

Wenn ich nicht wüsste, dass Sie so gute Augen hätten, so wollte ich den Brief umschreiben. Denn beim Anfange hatte ich so elende Tinte, dass es kaum leserlich ist. Überhaupt ist mein Schreibzeug immer in Unordnung, und die Schreiberin taugt auch nicht viel. So kann nichts Gescheites heraus kommen.

21 *Wien, den 1. Jänner 1771*

Mein liebster Freund!
Wie mich bei meiner jetzigen Gemütsverfassung alles beunruhigt und in Zweifel setzt, so war ich auch kürzlich in einer solchen Lage. Ich wusste mir nicht zu helfen; setzte mich also nieder und fragte Sie um Ihren Rat. Glücklicherweise ging denselben Abend die Post nicht ab. Denn ich hätte um Vieles nicht gewollt, dass Sie den Brief erhalten hätten. *Bedauern* oder *verlachen* hätten Sie mich müssen. Wohl überlegt, befürchtete ich das *Letztere* und beantwortete mir also lieber die Frage selbst. Hatte ich nicht Recht? Doch ich stehe nicht dafür, dass ich nicht noch einmal irre gemacht werde, und dass ich alsdenn weder Verlachen noch sonst was scheue, und mich an Sie wende.

Ihr Brief, den ich diesen Augenblick erhalte, berechtigt mich umso mehr dazu. Sie erlauben mir, Sie unter meine aufrichtigsten Freunde zu zählen, was ich ohnehin schon getan habe, und was ich stets tun werde; Sie müssten denn aufhören, Lessing, und ich – ich selbst zu sein; und das verhüte der Himmel! So wie er geben möge, dass wir die fünf Quaternen und was denen anhängt – weil Sie es nicht minder tun wollen – gewinnen mögen, damit Sie mir in Mannheim entgegen kommen. Ich war zwar nicht willens, nach Mannheim zu gehen, aber alsdenn gehe ich dahin. Warum mir eben jetzo das Sprichwort *point de bonheur pour des honnetes gens* einfällt, weiß ich nicht; es mag aber wohl wahr werden; besonders weil sich V. [Vetter] mit ins Spiel gemischt hat. Keinen bessern Teilnehmer hätten sie bei dem Lotto wählen können. Denn nun setze ich Zehn gegen Eins: dass niemals ein großer Gewinn heraus kommt. – Wenn es wahr ist, was S. [Schmidt] schreibt, dass er bei allen Mädchen das Herrenrecht verwalten muss; so wünsche ich, dass ehestens meine alte Köchin herausgezogen werde. Sie hat auch eine Nummer. Eine zu große Strafe möchte es zwar für ihn nicht sein; denn er ist gewohnt, mit schmutzigen Karten zu spielen.

Wann wir wieder unser Geld kriegen – denn mehr erwarte ich nicht – so lassen Sie ja Nummer 19 dabei. Zu dieser habe ich ein vorzügliches Zutrauen.

Heute ist ein solches Gerassel von Wagen, und die Straßen so voller Menschen, dass einer dem andern kaum ausweichen kann. Der einzige Galatag im ganzen Jahr ist der Neujahrstag, wo alle Fremde sich versammeln, um ihre Pracht sehen zu lassen. Man hat mir eine solche Beschreibung davon gemacht, dass meine Neugierde hätte gereizt werden müssen, wenn mir nicht die ganze Welt so gleichgültig wäre, wie sie mir wirklich ist. Die Güte meiner Freunde ging so weit, dass sie mir Kleider und Juwelen ins Haus geschickt – weil es sich nicht schickt, diesen Tag in Trauer zu erscheinen, und ich keine farbigen Kleider bei mir habe. – Allein ich habe mich nicht entschließen können, einen Schritt aus dem Hause zu tun. – Eine solche wunderliche Frau bin ich nun: ich will es Ihnen nur vorher sagen, damit Sie sich nicht wundern, wenn Sie mich und meinen Humor so sehr verändert finden. – Noch weiß ich nicht, wenn ich von hier gehe. So wenig ich Lust habe, hier zu bleiben, ebensowenig Lust habe ich zum Abreisen, ehe es gefroren ist. Alle Reisende sagen, dass die Wege elend sind. Die Tage sind auch kurz, und des Nachts habe ich versprochen, stille zu liegen. So brächte ich gewiss sechs Wochen auf der Reise zu. Lieber will ich noch einen Monat hier bleiben. – Ich hoffe, dass Sie mir noch geschrieben haben, und will bitten, mir so lange auf hier zu schreiben, bis ich Ihnen meine Abreise anzeige.

Ihr guter Gönner und Freund, der Herr von S. [Sonnenfels] – denn der ist er, sonst wäre ich ihm weniger gut – ist mir ganz böse, dass ich den *Hausvater*, der schon zweimal aufgeführt worden, nicht gesehen habe. – So was habe ich nicht gesehen und werde es nie sehen, wenn ich es hier versäume. Denn seiner Meinung nach findet man auf keinem Theater, außer Wien, einen Akteur oder Aktrice, die Anstand haben. Hierüber mag er sich mit unserm K. [Kuntzsch] vergleichen. Im

Vorbeigehen muss ich doch fragen: wie geht es mit der Amourette? ist das Feuer gedämpft? Ich denke, ja, weil Sie mir nichts weiter davon schreiben. Die Abwesenheit ist meistens die beste Kur für Verliebte. Und wie ich glaube, so ist Ackermann noch in Hamburg. Ich schließe es daraus, weil Sie mir neulich schrieben, Sie hofften Seylern nach Braunschweig zu bringen. Warum Sie dieses hofften und wünschten, wäre eine Frage, die ich gerne getan, wenn sie mir nicht zu neugierig geschienen hätte.

Von Bode hatte ich kürzlich Briefe, worin er mir anzeigt, dass er mit Anfang dieses Jahres eine neue Zeitung herausgibt. Wissen Sie es schon? so wissen Sie auch vielleicht, wer die Entreprise mit ihm macht? und wer sie schreibt? – Ich kann mich auf den Namen des launigen Menschen nicht besinnen, der bei Leisching war. Auf den bin ich verfallen. – Ich wünsche ihm viel Glück! – An Flüchen wird es ihm so nicht fehlen: denn unsere schönen Damen werden nun alle übrige Galle über ihn ausschütten.

Für heute kann ich Ihnen nicht mehr schreiben, weil ich noch viele Neujahrsbriefe abzufertigen habe. Sie kommen mir so hart an, dass ich sie immer bis auf die Letzt verschiebe. Doch ist dieses nicht die Ursache, warum Sie keinen von mir kriegen; sondern weil ich es für überflüssig halte, Ihnen am Neujahrstage mit einigen Worten etwas zu sagen, von dem Sie lange überzeugt sind; nämlich, dass ich bin

Dero Freundin

E. C. König

Lassen Sie Ihre Briefe lieber über Breslau oder Nürnberg gehen. Über Prag laufen sie alle in den 16ten Tag.

22 *Wolfenbüttel, den 13. Januar 1771*

Meine liebste Freundin!

Ich habe mir die vierzehn Tage her Gewalt antun müssen, Ihnen nicht zu schreiben. Denn ich glaubte Sie, Ihren letzten Nachrichten zufolge, schon unfehlbar unterwegs und hoffte alle Tage von Ihnen zu hören, wo am nächsten mein Brief Sie wieder treffen würde. Sie haben aber recht sehr wohl getan, dass Sie noch nicht abgereist sind. Nur wenn sie auf *Frost* gewartet haben, der die Wege besser machen sollte: so mögen Sie nunmehr auch nur auf gelinden Frost warten; denn wenigstens hier ist es so strenge kalt, dass ich nicht einmal gern an das Fenster trete.

Was für eine seltsame Besorgnis hat mich um das Vergnügen gebracht, von Ihnen um Rat gefragt zu werden! Sie fürchten, dass ich *Sie bedauern* oder *verlachen* würde. *Bedauern*, das wäre möglich gewesen: und ich danke Ihnen, dass Sie mir keine missvergnügte Stunde mehr machen wollen. Aber *verlachen*? Wie fingen Sie es denn an, dass ich Sie *verlachen* könnte? Mit einem lachen, mit einem zugleich über eine Verlegenheit lachen, aus der er sich selbst nicht geschwind genug helfen kann, das ist ja nicht das, was das hässliche *Verlachen* sagen will, sondern ist eine unschuldige Lust, die sich Freunde einander nicht versagen sollten. Sehen Sie also, dass Sie Unrecht haben; und wenn man Sie wiederum irre machen sollte: so hoffe ich wenigstens, dass Sie nicht zum zweiten Male werden Unrecht haben wollen. Freilich haben Sie einen weit bessern Ratgeber ganz in der Nähe, als ich größtenteils zu sein das Unglück habe. Aber demohngeachtet können Sie meinen Rat doch immer hören: wäre es auch nur um zu erfahren, ob Ihnen nicht etwa mein Rat wegen Ihrer Besorgnis Genugtuung machte; ich meine, ob er Ihnen nicht etwa Gelegenheit schaffte, vielmehr mich zu *bedauern* oder zu *verlachen*.

Ich komme auf unser gemeinschaftliches Projekt, *glücklich* – wollte ich sagen, *reich* zu werden. Wahrlich, Sie sind, sehe ich, eine Frau, mit der man schlechterdings nichts verlieren kann. Wir sind wiederum, in der neunten Ziehung, mit einer Nummer herausgekommen; wie Sie aus beigehendem Ziehungsscheine sehen werden. Nämlich mit Nummer 69. Ich habe auch schon dafür ein neues Billett auf die zehnte Ziehung genommen: nur ist mir leid, dass es schon ausgefertiget war, als ich Ihren letzten Brief erhielt, und Nummer 19 diesesmal noch nicht wieder an seine Stelle kommen können. Für Nummer 69 habe ich 77 genommen, und unser Billett lautet nun zusammen, auf 7. 36. 45. 47. 77. Noch etwas Besonders dabei muss ich Ihnen melden. Auch in Stralsund hat man nunmehr ein Lotto, und vor kurzem ist die erste Ziehung geschehen. Hätten wir da mit unserm Billett eingesetzt gehabt – was meinen Sie, dass wir gewonnen hätten? – Leider doch auch nur eine Ambe. Und was ist uns mit einer Ambe gedient? Alles oder nichts. K. [Knorre] und Kompagnie soll unsere Louisdor haben: oder wir ihre sechzigtausend Taler. Wer weiß, ob dieses nicht der einzige Weg für mich sein sollte, mich an dem V. [Vetter] zu erholen; und ich denke, es ist eine schlimme Vorbedeutung für ihn, dass er, um Geld parat zu haben, immer im Voraus seinen Garten verkauft hat. Ich bin meiner Sache so gewiss, dass ich Ihnen fast raten möchte, nicht eher von Wien abzureisen, als bis Sie meine Nachricht von der zehnten Ziehung erhalten haben. Denn es ist nur wegen des Entgegenkommens; und damit wir einander nicht fehl reisen.

Dass der Herr von S. [Sonnenfels] mein guter Gönner und Freund sein will, muss ich mir gefallen lassen. Er hat es durch seine unerträglichen Großsprechereien von seiner vermeinten Hauptstadt des deutschen Reichs und durch seine Freunde, die Herren Klotz, Riedel und Sch. [Schmid] ziemlich bei mir verdorben. Wer sich an solche elende Leute hängen kann, der muss um ein bisschen Lob sehr verlegen sein. Es kann ihm gar nicht schaden, wenn man ihn in Wien ein wenig demütigt. Versäumen Sie es doch aber ja nicht, ihm seinen Willen zu tun und den Hausvater zu sehen. Ich bin sehr begierig zu wissen, ob er in Wien besser gespielt wird, als wir ihn in Hamburg gesehen haben. Vor einigen Tagen trug man sich hier mit der Nachricht, dass Ackermann tot sei und dass Mamsell mit ihrem Bruder nach Wien gehen würde. Ob nun aber auch Mamsell das Muster sein könnte, das S. [Sonnenfels] wegen des Anstandes unserer hiesigen Akteurs zu widerlegen geschickt wäre, möchte ich eben nicht sagen. – Was zum Henker nur will denn der Mann mit seinem Anstand überhaupt? Wenn seine Akteurs nichts wie Anstand haben, so können sie noch sehr, sehr elende Akteurs sein.

Mit unserm K. [Kuntzsch] haben Sie es erraten. Die Abwesenheit *scheint* ihn wenigstens kuriert zu haben. Er ist jetzt auf seinem Gute und kommt erst zur Messe wieder. Es wird aber darauf ankommen, ob sein Feuer nicht wieder aufflammt, wenn er den Gegenstand wieder vor Augen bekommt. Alsdenn gebe ich aber auch nicht einen Heller um seine Seele; denn bei solchen Krankheiten sind die Rezidive das Gefährlichste.

Ich kann nicht schließen, ohne mich noch ein wenig wegen Ihrer fortdaurenden Schwermut zu zanken. Ich muss Ihnen nur sagen, dass ich die Schwermut für eine sehr mutwillige Krankheit halte, die man nicht los wird, weil man sie nicht los werden will. Nur darum wünsche ich Ihre Zurückkunft: denn ich glaube doch, dass Sie in Hamburg noch eher Gelegenheit haben, sich aufzuheitern und sich aufheitern zu *wollen* als in Wien.

Leben Sie wenigstens nur sonst recht wohl.

Dero ergebenster Freund

Lessing

23 *Wien, den 26. Jänner 1771*

Mein lieber Herr Lessing!

Von allen meinen Freunden werde ich angegangen, meine Reise noch aufzuschieben, und bessre Wege und Wetter abzuwarten. Wie lange müsste ich aber dann warten? Es scheint, diesen Winter will keine Kälte anhalten; wenigstens hier. Zwei Tage friert es, und den dritten taut es wieder auf. Ganz strenge Kälte haben wir gar nicht gehabt. Da also nichts Bessers zu hoffen: so werde ich, sobald meine Geschäfte zu Ende, ohne mich an irgend was zu kehren, den Reißaus nehmen. Es wäre denn, dass ich mich gegen dem nicht besser befände als jetzo. Seit drei Tagen habe ich ein Fieber. Wenn es nicht die Folge eines *Falles* ist, den ich vor zwölf Tagen getan, so fürchte ich nichts. Allein ich muss es fast vermuten; denn seit der Zeit ist mein ganzer Körper in Unordnung, und hauptsächlich leide ich am Kopfe, woran ich den härtesten Stoß erlitten. – Eine Entdeckung habe ich dabei gemacht, dass ich nicht hypochondrisch bin; sonst hätten mich die vielen Erzählungen, was alles für Unglück aus so einem Falle entstehen könne, ohnmöglich so gleichgültig gelassen. Ich habe einen Mann gekannt, den sie lange ins Grab gebracht hätten; und mich haben sie noch nicht dahin bringen können, einen Chirugum um Rat zu fragen. Doch, damit ich mir nicht wieder einen Verweis von Ihnen zuziehe, wenn Sie etwan glaubten, dass ich mich mit Fleiß vernachlässigte, so will ich Ihnen sagen, dass, wenn diese Nacht das Fieber wiederkommt, ich morgen einen Doktor holen lasse.

Wäre van Swieten zu sprechen, so hätte ich mich schon an ihn gewandt; der liegt aber auf den Tod krank. Man hat ihn selbst heute schon tot gesagt. Sie wissen doch, dass er es ist, der die Zensur hat? Alles ist neugierig, wer sie wieder erhält. Viele befürchten, dass sie in die Hände der Geistlichen kommt.

Mag sie bekommen, wer da will, nicht wahr? wenn nur unsere fünf Nummern herauskommen. Und dieses wünsche ich bloß, um Sie zum Reisegefährten zu bekommen. Denn ich baue fest darauf, dass Sie Wort halten. Täten Sie es nicht: so wünsche ich zum Voraus, dass alles verloren gehen möge! Denn so sehr ich das Geld brauche und nützen kann, so trägt es doch wenig zu meinem Vergnügen bei. Ich rede so ernsthaft über diese Sache, dass Sie fast vermuten können, als ob ich schon Rechnung auf die 60,000 Rtl. machte. Sein Sie unbesorgt, ich erwarte sie so wenig, als ich glaube, dass es heute Gold regnen wird.

Die Stelle in Ihrem Brief, wo Sie sagen: dass ich mir durch Ihren Rat vielleicht Gelegenheit verschafft hätte, vielmehr Sie zu *bedauern* oder zu *verlachen* – hat meine Aufmerksamkeit weit mehr an sich gezogen als der Lottogewinnst. Ich hoffe ja nicht, dass Sie Ursache haben, missvergnügt zu sein. Befreien Sie mich von der Besorgnis, indem Sie mir ausdrücklich sagen, dass Sie vergnügt und glücklich sind. Seit gestern, da ich Ihren Brief erhielt, hat es mich hundertmal gereut, dass ich von der Verlegenheit, worinnen ich gewesen, Erwähnung getan; denn im Grunde war es nichts. Man wollte mir eine Gewissenssache aus etwas machen, wobei ich just ganz gewissenlos gehandelt hätte, wenn ich nachgegeben. Wie ich also bei kaltem Blute nachdachte, so war wohl nichts natürlicher, als dass ich mir vorstellte: Sie würden mich verlacht, doch aber auch vielleicht bedauert haben, wenn ich Ihnen zugleich erzählte, wie mir diese Sache vielleicht einen meiner besten Freunde kosten können. Denn Sie wissen wohl, dass die besten Leute oft die Eigensinnigsten sind; besonders wenn sie ins Alter kommen. Diese Besorgnis ist gottlob nicht eingetroffen, sondern alles ist beim Alten, und dabei soll es auch bleiben!

Gerade den Tag vor meinem Falle habe ich den *Hausvater* spielen gesehen. Dieses Stück hat mich mit der hiesigen Schaubühne ausgesöhnt: die Mannspersonen spielen alle darinnen besonders gut, die Frauen nur sehr mittelmäßig. Was mich am meisten freute, war: dass von den niedrigsten Plätzen, die besten Stellen mit Beifall bemerkt wurden. Vermutlich haben Sie schon in den Zeitungen gelesen, dass die Kaiserin, die seit Ihres Gemahls Tod kein Spektakel besucht, im *Hausvater* gewesen und sehr zufrieden, sowohl mit dem Stükke als der Vorstellung, gewesen sein soll. Wenigstens hat Sie den Akteurs und Aktricen 400 Dukaten zum Präsent geschickt, die aber noch nicht verteilt sind, weil der, so den Auftrag davon hat, nicht schlüssig werden kann, ob das Französische Theater nicht auch was abhaben muss, weil den Abend auf dem Französischen Theater gespielt worden. Zuletzt wird es nichts als Zank und Streitigkeiten setzen. In Parenthesi: dieses Stück ist von vielen besucht worden, weil Ihr Name auf dem Zettel stand, und sie also Sie für den Autor hielten.

Verwichene Woche ist auf dem Theater in der Leopoldstadt eine neue Komödie aufgeführt worden; wie mir die Schwiegerin von S. [Sonnenfels] sagt, eine Satire auf ihren Schwager. Anfangs war sie betitelt: *Der gelehrte Narr*. Der Zensor hat es aber nicht passieren lassen. Nun heißt sie: *Der Geschmack der Komödie ist noch nicht bestimmt*. Noch habe ich sie nicht gelesen; denn ich glaube, sie wird kaum zu lesen sein. Indessen soll sie viel eingebracht haben und wird noch viel einbringen. Viele haben es nicht gewusst, obgleich der *draußige* Direkteur allen und jeden gesagt haben soll: er führe eine Satire auf S. [Sonnenfels] auf. – Den Mann muss es erstaunend kränken, dass er von seiner Höhe so herunter gesunken. Ehedem hätte ich es keinem raten wollen, ihn so öffentlich anzugreifen.

Seit einigen Minuten meldet sich mein Fieber. Ich habe zum Doktor geschickt. Wenn er kommt, ehe der Brief fort muss, so sage ich Ihnen seine Meinung; sonst nächste Post.

Denn, wie Sie wohl wissen, ich halte mich nicht lange beim Kranksein auf.

Ich bin

Dero aufrichtigste Freundin

E. C. König

24 *Wien, den 30. Jänner 1771*

Mein lieber Herr Lessing!

Am vorigen Sonnabend konnte ich meinem Briefe weiter keine Zeile beifügen. Es wurde zu spät, so dass ich ihn versiegeln musste, ehe der Doktor kam. – Ich musste den Abend noch zur Ader lassen; wobei ich zum ersten Mal in meinem Leben ohnmächtig ward. Dieses schwächte mich so, dass ich eine sehr unruhige Nacht hatte; den andern Tag fand ich mich aber schon erleichtert, und nun geht es immer besser. Seit gestern ist keine Spur vom Fieber mehr da.

Mein Doktor – der zugleich Hofchirurgus ist – gibt mir die heiligste Versicherung, dass im Kopfe nichts verletzt sei. Ich glaube es auch; sonst hätten die Schmerzen sich nicht gelegt, sondern vielmehr zugenommen.

Ich kann Ihnen heute nicht mehr schreiben. Meine Kräfte lassen es nicht zu, wenn ich auch gleich das Verbot nicht respektieren wollte: weder zu lesen, noch zu schreiben. Sie wissen wohl, dass ich leicht von Kräften komme, sie aber auch bald wieder gewinne.

Sagen Sie mir ja bald recht viel Gutes von sich, denn nimmt jemand Anteil an Ihrem Wohlergehn, so ist es

Dero ergebene Freundin

E. C. König

25 *Wolfenbüttel, den 12. Februar 1771*

Meine liebste Freundin!

Ich bin gestern von Braunschweig zurückgekommen, wo ich mich länger aufgehalten, als ich willens war. Ich hatte nicht befohlen, mir die eingehenden Briefe einzuschicken, und fand also Ihr letztes Schreiben vom 26. Jänner, das leicht schon seit vier oder fünf Tagen angekommen sein mochte.

Aber in welche Unruhe setzt mich dieses Schreiben! Sie sind krank, und von einem sehr gefährlichen Falle krank – Wenn Sie nicht Wort gehalten, und mir gleich den nächsten Posttag darauf wieder geschrieben, so werde ich glauben, dass Sie nicht schreiben können – Doch wer martert sich im Voraus? und wer sollte nicht immer das Beste hoffen? Sie sind schon völlig wieder hergestellt, und ich denke mir Sie, nach dem Ausbruch und der Hebung einer kleinen Krankheit, die Ihnen längst in den Gliedern gesteckt, gesünder, als Sie noch jemals in Wien gewesen.

Und auf diesen Fuß will ich Ihnen auch schreiben: ein Gesunder an eine Gesunde, ein Vergnügter an eine Vergnügte. Wahrhaftig, wenn man das Erste ist, so muss man auch das Andere sein, und kann es sein, wenn man nur will. Besorgen Sie meinetwegen also nur nichts: ich habe es mir zum Gesetz gemacht, vergnügt zu sein, wenn ich auch noch so wenig Ursache dazu sehe; und so wie ich hier lebe, wundern sich mehr Leute, dass ich nicht vor Langerweile und Unlust umkomme, als sich wundern würden, wenn ich wirklich umkäme. Freilich kostet es Kunst, sich selbst zu überreden, dass man glücklich ist: aber welches Glück besteht denn auch in etwas mehr als in unserer Überredung? – Nicht wahr, ich philosophiere Ihnen hier etwas sehr Tröstliches vor? Aber ich will Sie auch bloß meinetwegen beruhigen; und ich wünschte sehr, Sie könnten mich ebenso leicht auch Ihretwegen beruhigen. Was Sie in meinem letzten Briefe für eine Klage angesehen haben, mag es im Grunde freilich wohl gewesen sein, aber doch sollte es sich eigentlich nur auf den Rat beziehen, den Sie im Begriffe gewesen, von mir einzuholen. Ich weiß, dass ich ein sehr elender Ratgeber bin; und gerade gegen meine Freunde noch wohl oben drein ein sehr eigennütziger. Hätten Sie also nicht Anlass genug bekommen können, über mich zu *lachen*, oder auch mich zu *bedauern*? Und nun nur noch ein Wort über diese unterlassene *Zurateziehung*: wenn das Gewissen wiederum einmal dabei in Anschlag kommen sollte, so möchte ich Ihnen lieber gleich im Voraus raten, andere *ehrliche* Leute ein wenig mehr zu hören als sich selbst. Denn ich habe immer gemerkt, dass Sie geneigter sind, Ihr Gewissen zu überspannen, als ihm viel nachzulassen. – Vor allen aber hören Sie nunmehr Ihre dortigen Freunde, wenn sie verlangen werden, dass Sie Ihre Rückreise noch aufschieben sollen. Die Krankheit, von der Sie sich eben itzt erholen, macht es schlechterdings notwendig, und wenn es auch bis mitten in den Frühling damit anstehen müsste. Sie sind ja doch einmal bei Ihrem vornehmsten Geschäfte; und Ihre Familie, wissen Sie, ist in guter Aufsicht. Was könnte Sie also hindern, nicht liber bessere Wege und bessere Witterung abwarten zu wollen? Wenn ich für mein Anteil, Sie darüber später wieder zu sehen bekomme: so will ich suchen, Sie sodann desto länger wieder zu sehen und Ihnen vielleicht nach Hamburg folgen.

Denn mit dem Entgegenkommen wird es immer misslicher. In der zehnten Ziehung hat uns endlich der hässliche V. [Vetter] ganz durchfallen lassen; und ob ich es gleich in der elften Ziehung mit einer Kleinigkeit aufs Neue versucht habe, wobei ich, um desto sicherer zu gehen, alle Ihre vorgeschriebenen Nummern wieder nahm, so hat es doch auch da nicht glücken wollen; und am besten, wir geben alle weiteren Versuche auf. Ich soll durch Glücksfälle ebensowenig reich werden als Sie, meine liebe Freundin: und wenn ich es recht überlege, so ist diese Art, reich zu werden, auch weder Ihrer noch meiner würdig. Ich mag sie nicht, sagte der Fuchs; und was tut das, wenn seine Entschließung auch nur daher kam, dass er sie nicht haben konnte?

Gern möchte ich Ihnen noch was Neues, das Sie recht herzlich zu lachen machte, schreiben können. – Sie wissen doch, dass K. [Klopstock] in Hamburg ist. Sie wissen auch, wie sehr er sich mit den Damen abgeben kann. Ich weiß nicht, wie viel Frauen und Mädchen er schon beredet haben soll, auf den Schrittschuhen laufen zu lernen, um ihm Gesellschaft zu leisten. Aber das ist noch gar nichts gegen eine Lesegesellschaft, die er bei der Frau von W. [Winthem] errichtet hat und von der alle unsere Freundinnen sind. Doch man wird Ihnen ohne Zweifel schon von Hamburg aus davon geschrieben haben; und ich möchte nur gern von Ihnen wissen, ob Sie es nicht, wenn Sie nach Hamburg zurückgekommen, Ihr Erstes werden sein lassen, ein Mitglied von dieser empfindsamen Gesellschaft zu werden? – Ich hätte große Lust, Ihnen immer im Voraus das Patent nach Wien zufertigen zu lassen; wenn ich nur erst gewiss wüsste, dass Sie schon wieder völlig gesund wären oder es auch dadurch werden könnten.

Inzwischen macht diese Ungewissheit, dass ich an nichts anders denken kann und mag. Schreiben Sie mir ja, liebste Madam, gleich nach Empfang dieses, auch nur ein paar Zeilen, wenn Sie es nicht schon getan haben. Daraus allein will ich erkennen, ob Ihnen an dem Anteil, welches ich an allem nehme, was Sie betrifft, das Geringste gelegen ist.

Dero ergebenster Freund

Lessing

26 *Wien, den 15. Februar 1771*

Mein lieber Herr Lessing!

Wenn ich Ihnen sage, dass ich auf dem Absprung bin, so versteht es sich von selbst, dass es sich mit meiner Gesundheit wieder gebessert hat. Künftigen Montag reise ich von hier. Ich denke ja, dass ohnerachtet des großen Schnees man doch wird durchkommen können. Es wäre sonst spaßhaft, wenn ich wieder zurückkehren müsste. Zwar ehe ich das täte, eher wagte ich alles. Mein Verlangen nach Hause ist viel zu groß. – Wie werde ich, wie werden meine Kinder sich freuen! wenn wir uns wieder sehen. Der Gedanke wird mich aufrichten müssen, wenn ich die elende Reise überstehen soll. Denn in dieser Jahreszeit eine Reise von etlichen hundert Meilen zu machen, ist keine Narrenposse; besonders allein mit einer besoffenen Urschel, meinem Mädchen. Man kann nicht übler dran sein als ich bin. Ich hätte einen Bedienten genommen, allein ich mag das Kreatürchen nicht sitzen lassen, sonst ist sie völlig verloren; und nehme ich neben ihr einen Bedienten und treffe nicht einen besonders guten Kerl, so bin ich verraten und verkauft. Es wird ja wohl alles gut gehen. So vieler Freunde Gebet begleitet mich, worunter vermutlich auch das Ihrige ist.

Ihre Nachricht wegen des Lotto brauche ich nicht abzuwarten. Ich weiß schon, dass es ganz garstig für uns abgelaufen ist und dass also aus dem Entgegenkommen nichts wird. Bis ich zwar nach Heidelberg komme, können Sie noch einigemal die 60,000 Rtl. gewinnen. Denn ich halte mich in München, Augsburg und Nürnberg auf. Wenn es geschieht, so überraschen Sie mich nur nicht, sondern schreiben Sie es mir vorher. Ein so großes Vergnügen möchte ich nicht ertragen können, denn ich bin des Vergnügens entwöhnt.

Nun hat doch endlich K. [Koes] das Dänische Lotto erhalten. Ob aber S. [Schmidt] noch dabei interessiert ist, weiß ich nicht. Mein Schwager schreibt mir nichts davon; überhaupt schreibt er von S. [Schmidt] immer mit so vielem Kaltsinn, dass ich fast fürchte, es muss was wieder unter ihnen passiert sein. Vermutlich ist die Pferde-Geschichte wieder aufgewärmt worden. – Die gute Madame S. [Schmidt] bedaure ich. Alle ihre Kinder haben die Blattern. Das mag ein schönes Lazarett sein!

Sie schreiben mir doch wohl nach Augsburg, unter Adresse Herrn Ebertze und Kompagnie, und nach Heidelberg, unter Kuvert von Herrn Hahn? Wann Sie nach Augsburg schreiben, so müssen Sie es nicht lange aussetzen; denn ich werde meine Reise so viel möglich beschleunigen, und doch werden wohl sechs Wochen hingehen, ehe ich das Vergnügen habe, Sie zu sehen. Sie kommen doch wohl nach Braunschweig, wenn ich Ihnen den ohngefähren Tag bestimme? Denn ich komme nun nicht über Wolfenbüttel; wenigstens glaube ich es nicht, dass die Straße von Kassel dahin führet. Kämen Sie aber auch nicht nach Braunschweig, so glaube ich doch nicht, dass ich Ihnen so nahe sein könnte, ohne Sie zu besuchen. Sie zweifeln wohl selbst daran, nicht wahr? Je nun, muss ich denn nicht mein Porträt abholen? muss ich den Pelz nicht überliefern? und mich schön dafür bedanken?

Ein unangenehmer Abschiedsbesuch stört mich im Schreiben. Bis er die Treppe herauf steigt, kann ich Ihnen wenigstens noch sagen, dass ich bin, und stets mit der größten Aufrichtigkeit sein werde

Dero Freundin

E. C. König

27 *Wolfenbüttel, den 5. März 1771*

Meine liebste Madam!
Wie sehr freue ich mich, dass Ihre Unpässlichkeit von keinen Folgen gewesen und dass Sie sich frisch und gesund wirklich auf der Rückreise befinden. Noch mehr werde ich mich freuen, wenn ich Sie endlich vollkommen so gesund und vergnügt wiedersehe, als ich mir Sie wünsche. Wenn an beiden noch etwas fehlen sollte, glauben Sie mir nur, das wird sich alles finden, wenn Sie nur erst wieder in Hamburg bei Ihren Kindern und Freunden sind. Wien und die Wiener mögen wohl recht gut sein, wenn man nichts Bessers kennt.

Ich bin einige Tage abgehalten worden; und nunmehr darf ich es wohl nicht mehr wagen, Ihnen nach Augsburg zu schreiben. Ich tue es also nur gleich nach Heidelberg, wo Sie mein Brief gewiss nicht am missvergnügtesten treffen wird. Ich beurteile Sie hierin nach mir: denn unmöglich, denke ich, würde ich bei meiner alten Mutter und an dem Orte, wo ich meine Jugend vergnügt zugebracht, missvergnügt sein können. Es mengen sich da zu viel angenehme Ideen der Erinnerung in die gegenwärtigen Empfindungen: und im Grunde ist es immer eins, ob man sich über das Gegenwärtige oder über das Vergangene zu freuen hat; wenn man sich denn nur freuet.

Freilich hätte ich es Ihnen doch nicht geglaubt, wenn Sie mir gedroht hätten, diese Gegend vorbeizureisen, ohne mich zu besuchen. Ich weiß nicht anders, als dass der Weg von Kassel allerdings bei Wolfenbüttel vorbeigeht: und ich will Ihnen vor dem Tore schon aufpassen lassen, wenn ich nur erst den Tag Ihrer Durchkunft ungefähr weiß. Wenigstens hoffe ich doch, dass sich Ihre Verrichtungen in Braunschweig unterdessen so werden gehäuft haben, dass Sie wenigstens derenwegen einige Tage daselbst bleiben müssen. Aber in der *Rose* müssen Sie da nicht wieder logieren, sondern gleich daneben im *Sterne.* Das ist jetzt mein Absteigequartier, und Zimmer und alles ist da besser.

Aus meinem Letzten werden Sie sonst wohl gesehen haben, dass ich die Hoffnung aufgegeben, Ihnen entgegen zu kommen. Wenn es zwar wahr wäre, was man erzählt, dass vorige Woche der Teufel selbst, in höchsteigener Person, des Nachts in Hamburg die Lotterie gezogen habe; dass eine von den gezogenen Nummern einem Nachtwächter auf den Kopf gefallen, welcher darüber an dem Tode liege; dass sechs andere Teufel dabei die Deputierten vorgestellt und mit feurigen Krausen auf dem Gerüste gesessen: wenn das alles wahr wäre, so hätte ich doch fast Lust, mein Heil noch einmal zu versuchen. Denn ohne Zweifel würde sich der dumme Teufel, der sonach die Direktion von der Lotterie bekommen, einbilden, dass mir vieles Geld gar nichts nütze, dass ich nichts wie Böses damit stiften würde, und würde mir es also zuschanzen. Aber hätte ich es denn nur einmal; wäre jemals der Teufel betrogen worden, so sollte er es von mir werden!

Wer mir das Historchen aus Hamburg geschrieben hat, ist Madame Sch. [Schmidt]; und ich hätte sie mögen dabei lachen hören. Auch sie wird sich sehr auf Ihre Zurückkunft freuen; und es sollte mir leid tun, wenn der Kaltsinn, der zwischen Ihrem Herrn Schwager und dem K. [Kommissions] R. [Rat Schmidt] gegenwärtig ist, auch auf Sie beide Einfluss haben sollte. Sie sind zwar beide unfähig, ihre Freundschaft eines fremden Zanks wegen aufzuheben: aber es könnte doch leicht geschehen, dass Sie einander darüber seltner zu sehen bekämen.

Die Sache mit dem Dänischen Lotto, wie mir K. [Knorre] wenigstens schreibt, soll so richtig noch nicht sein. Denn der König habe noch einmal Bericht darüber verlangt, und Iselin in Kopenhagen, auf welchen bei der Entreprise am meisten gerechnet worden, wolle nun nichts damit zu tun haben. Auf allen Fall aber, weiß ich wohl, hat K. [Koes] Sch. [Schmidt]en die General-Kollekte in Hamburg versprochen.

Eben besinne ich mich, dass Sie itzt in der Nähe von unserm Pater Mayer sind; vielleicht, dass Sie ihn wohl gar zu sprechen bekommen. Wenn dieses geschehen sollte: so haben Sie doch die Güte, ihm meinen Empfehl zu machen und ihn zu erinnern, was er mir für die Fürstliche Bibliothek versprochen: nämlich seine Werke, die er in Petersburg drucken lassen. Er soll Ihnen wenigstens nur sagen, ob sie in Mannheim wo zu kaufen sind: und alsdenn haben Sie ja wohl die Güte, die Auslage dort zu tun und mir sie mitzubringen.

Recht viel Neues von dem Wiener Theater bringen Sie mir ohnedem mit: aber Sie sind selbst schuld, wenn ich mich nicht eben besonders auf diese Neuigkeiten freue, – sondern nur auf das, was Sie mir dabei zu erzählen haben werden. Wenn Sie aber auch nur selbst das Theater fleißiger besucht hätten! In Heidelberg werden Sie denn auch wohl hören, was an der Rede gewesen oder noch ist, dass der Pfälzische Hof selbst ein deutsches Theater haben wolle.

Nun leben Sie recht wohl, meine liebste Freundin, und setzen Sie Ihren Weg recht glücklich fort. Gott wolle nur nicht, dass in diesem Monat wiederum ein solcher Schnee einfällt als vor dem Jahre, wozu es hier wenigstens ziemlich das Ansehen gewinnen will. Doch möchte es doch, wenn Sie nur erst in Braunschweig wären, und von da aus nicht weiter fortkommen könnten!

Ich rechne darauf, dass Sie mir von Kassel oder Nürnberg aus noch einmal schreiben: denn von da aus werden Sie wohl ziemlich den Tag Ihrer Ankunft bestimmen können. Ich bin voller Verlangen nach dieser,

Dero ganz ergebenster Freund und Diener

Lessing

28 *[München, etwa 10. März und] Augsburg, den 16. März 1771*

Mein lieber Herr Lessing!

Sie wissen, dass ich abreisen wollte, aber noch wissen Sie nicht, dass ich wirklich abgereiset bin und bereits 63 Meilen zurückgelegt habe. Wetter und Wege sind bisher ziemlich gut gewesen, allein während den acht Tagen, die ich mich hier aufgehalten, hat beides sich so verschlimmert, dass kaum durchzukommen sein soll. Alles achte ich nicht, wenn ich nur gesund bleibe! Die Hoffnung, meine nächsten, meine besten Freunde zu sehen, erleichtert mir alle Beschwerden, und lässt keinem Gedanken von Furcht Raum.

Ihr Brief, und folglich auch der Rat, mich noch in Wien zu verweilen, kam zu spät; denn erst heute habe ich ihn erhalten; und wäre er auch früher gekommen, so hätte ich ihm doch nicht folgen können, weil meine Rückreise platterdings notwendig war. Diese frühere Zurückkunft muss aber Ihren Entschluss nicht ändern, mir nach Hamburg zu folgen, sonst halte ich mich lieber noch etwas unterwegs auf. Ich werde so unter vier Wochen nicht nach Hause kommen; denn in Augsburg, Nürnberg und Heidelberg halte ich mich noch auf, doch so kurz wie möglich.

Aus Ihrem Entgegenkommen wird also nichts, weil das böse Lotto nicht hat vorspannen wollen. Ihnen gratuliere ich deswegen; Sie ersparen böse Wege und langweilige Gesellschaft. Ich arme Frau! verliere allein. Die bösen Wege muss ich machen und vermisse zugleich die angenehmste Gesellschaft, um die ich gerne den stolzen Gedanken hätte fahren lassen, als ob die Art, durch das Lotto reich zu werden, meiner nicht würdig wäre. Es stehet mir so nicht an, dass Sie diesen Ausspruch getan haben. Denn ich denke, ehestens eine Quaterne zu gewinnen; und ich sage Ihnen zum Voraus, dass ich sie annehme, so gern ich auch in einer Reihe mit Ihnen bliebe.

Die Klopstockischen Schrittschuhe- und Lesegesellschaften haben mich herzlich zu lachen gemacht. Meine Imagination stellte mir gleich den ganzen Kreis von Damen vor und ihn mitten darinnen voller Entzückung, indem er bei einer rührenden Stelle die Tränen von den Wangen seiner Zuhörerinnen herunter rollen sah. Was ich aber befürchtete, war, dass er einigen nach Hause folgen und da Entdeckungen machen möchte, die seine Zufriedenheit stören könnten. Was sagen Sie dazu, hatte ich Recht? Und habe ich Recht, wenn ich Sie bitte, sich um kein Patent für mich zu bemühen? Es würde Sie viel kosten; denn Klopstock nimmt gewiss lauter hübsche Frauen auf – und am Ende möchte ich doch nur eine schlechte Rolle unter ihnen spielen.

So weit aus München, woher Sie diesen Brief hätten erhalten sollen, wenn ich nicht durch unvermutete Geschäfte wäre verhindert worden. Ich bin herzlich froh, dass ich aus Bayern bin. Dieses sonst so gesegnete Land zeiget einem nun nichts als Jammer und Not. Auf einer Station von München auf hier schlossen gewiss achtzig Bettler einen Kreis um mich, in dem ich vielleicht noch stünde, wenn der Postillon nicht die Peitsche gezeigt hätte. Dies war auf einem elenden Dorfe, Sie können denken, wie es in Städten ist. In München laufen einem ganze Familien nach und schreien, man möchte sie doch nicht verhungern lassen.

Ich hatte mir vorgenommen, Ihnen recht Vieles zu schreiben; allein ich muss abbrechen, wenn ich den Brief von hier schicken will. Ich halte mich aller Orten nur kurz auf und habe überall so viele Personen zu besuchen, dass ich abends so müde wie ein Holzhacker bin. Bedauern Sie mich aber nicht: diese Bewegung erhält mich noch. – Vermutlich schreibe ich Ihnen von Heidelberg. – Indes danke ich Ihnen für den Anteil, den Sie an meiner Gesundheit nehmen, die, wie ich hoffe, täglich besser werden soll. – Nicht weniger schmeichle ich mir, mit Ihrer Überredung, als ob ich glücklich wäre, zu Stande zu kommen. Doch muss ich zu meiner Schande bekennen, dass ich noch ziemlich weit davon entfernet bin. Es freuet mich, dass Sie es so weit gebracht haben. Noch lieber wäre es mir, wenn Sie mich versicherten: dass Sie so vergnügt und so glücklich wären, als Sie es verdienen, und als es diejenige wünscht, die stets ist

Dero ergebenste Freundin

E. C. König

Von Nürnberg aus wird an den Rosenwirt in Braunschweig ein Verschlag kommen, den er bis zu meiner Ankunft in Verwahrung halten soll. Wenn Sie ihn sprechen, so haben Sie die Güte und sagen ihm, dass er Sorge trägt, dass nichts auf den Verschlag gesetzet wird.

29 *Frankfurt, den 19. April 1771*

Mein lieber Herr Lessing!

Morgen reise ich von hier und habe also künftigen Mittwoch oder Donnerstag das Vergnügen, Sie in Wolfenbüttel zu besuchen. Es könnte zwar sein, dass ich in Braunschweig Briefe vorfände, die meine Nachhausreise pressierten, und da müssen Sie verzeihen, wenn ich Sie diesesmal nicht besuchte. Ich will es denn doch nicht hoffen, und daher die Beantwortung Ihres Briefes auf das Mündliche versparen. Viele Freunde, die mich besuchen, und mein Koffer, der noch nicht gepackt ist, erlauben mir nicht weitläuftiger zu sein. – Sie reisen doch wohl mit mir nach Hamburg? Sie sind mir ja drei Gegenvisiten schuldig, die Sie doch wohl einmal abtragen können.

Leben Sie wohl! Ich bin
Dero ergebene Dienerin

E. C. König

30 *Wolfenbüttel, den 1. Mai 1771*

Meine liebste Freundin!

Meine besten Wünsche haben Sie vergebens begleitet, wenn Sie nicht den Sonntag bei guter Zeit gesund und munter in Hamburg angekommen sind; wenn Sie Ihre Kinder nicht ebenso gesund und munter nach so langer Zeit wieder umarmt haben; wenn Sie nicht alles in Ihrem Hause und in Ihren Geschäften so gefunden haben, als Sie es sich nur immer wünschen können. Ohne Zweifel fangen Sie nun auch an, sich von Ihren Fatiguen zu erholen. Aber dass Sie ja nicht auf einmal sich zu bewegen aufhören! Laufen Sie, und fahren Sie ja noch alle Tage wenigstens zwei Meilen, bis Sie der völligen Ruhe wiederum gewohnt werden. Es könnte Ihrer Gesundheit sehr nachteilig sein, wenn Sie plötzlich mit eins gänzlich stille sitzen und wenig oder gar nicht aus Ihrem Hause kommen wollten. Doch ich verlasse mich desfalls auf alle unsere Freunde, die so erfreut sein müssen, Sie wieder zu haben, und sich zuverlässig die ersten Wochen nicht wenig um Sie reißen werden. Wenn ich wenigstens nur die Woche einmal mit dabei sein könnte! In Gedanken werde ich es oft genug sein, aber wahrlich in Gedanken Sie mir doch lieber allein, als in Gesellschaft aufsuchen. Schenken Sie mir nur auch in Hamburg manchmal eine Viertelstunde, um mir zu antworten. Denn nur das kann mich versichern, dass Sie meine Besuche in Gedanken nicht verschmähen, sondern erwidern.

Der K. v. K. [Kuntzsch] empfiehlt sich Ihnen auf das angelegentlichste nochmals. Wahrlich, sein Auftrag ist Scherz, aber sehr ernstlicher Scherz. Wann Sie nur wollen, so ist seine Sache auch in sehr guten Händen; und mit Hilfe von Madam St. [Steinbrück] sollten ja wohl noch andere Dinge möglich werden können. Sie brauchen sich dabei auch nicht so genau an Ordre zu binden: denn ist es nicht *die*, so ist es eine andere. Nur muss *das*, was Sie wissen, immer das Nämliche sein.

Ich bin wahrlich begierig, von Ihnen zu erfahren, ob Sie das Herz haben, zu so einer Angelegenheit die Hand zu bieten. Ich werde sicherlich eine ganze Menge Schlüsse darauf bauen, und Sie müssen es erraten können, was ich am liebsten daraus schließen möchte. –

Dieser Brief ist sehr kurz: aber er soll auch eigentlich weiter nichts, als Sie nur in Hamburg willkommen heißen.

Leben Sie recht wohl, meine liebste Freundin. Ich bin mit der aufrichtigsten Ergebenheit

Dero beständigster Freund und Diener

Lessing

31 *Hamburg, den 4. Mai 1771*

Mein lieber Freund!

Ich verlange ebenso gern in Hamburg zu wissen, was Sie machen, als in Wien, und darum werden Sie verzeihen, wenn ich mich eher darnach erkundige, als Sie zu vermuten, ich will nicht sagen, zu wünschen schienen. Bald kam es mir doch so vor. Denn Sie forderten, außer einer Nachricht, die sich noch sehr in die Länge ziehen kann, keine Briefe von mir. Wenn Sie also weiter welche von mir haben wollen, so müssen Sie mir erst diesen Verdacht benehmen, und ist er ungegründet, so schreiben Sie ihn meinen hypochondrischen Umständen zu, die mich sehr oft täuschen. – Eben diese fatale Hypochondrie hat mich diesmal abgehalten, mich nicht noch einige Tage in Braunschweig zu verweilen, wie ich wirklich willens war, wenn ich keine Briefe vorfände, die mich pressierten. Es reute mich schon, wie ich nur eine halbe Stunde von Braunschweig war, und nun verdrießt es mich umso mehr, weil ich glaube, ich hätte mich durch einige Tage Ruhe besser erholt und wäre dann nicht krank auf hier gekommen. Seitdem ich hier bin, befinde ich mich nicht wohl. Ich habe auch noch keinen Schritt vor die Türe getan. Doch habe ich alle meine so genannten Freunde und Freundinnen – außer Madam Z. [Zinck] und Herrn Z. [Zinck] – schon gesehen, und mir manch Neues von ihnen erzählen lassen. Die Hauptstoffe sind nun das Lotto und die Lesegesellschaften. Die, so an beiden keinen Anteil haben, räsonnieren über beide, und der, so Anteil an einem hat, striegelt das andere durch. – Niemand macht sich über die Lesegesellschaft so lustig wie Madame B. [Borgeest]. Man hat sie zum Mitglied wählen wollen, sie hat aber zur Antwort gegeben, sie sei aus den Zeiten Molières, wo die Weiber zu nichts anders als zum Nähen und Spinnen angeführt worden wären. Das Letztere könne sie nicht einmal. Aber unsere Madam K. [Knorre], meinten Sie doch, wäre nicht Mitglied. Sie ist es nicht nur von der deutschen, sondern auch von der französischen.

Herrn K. [Knorre] fand ich ganz verändert. Gezwungen und stille. Sie wissen, wie er sonst gleich so viele Neuigkeiten auszukramen hat; nun keine einzige. Der *Lottologist* hat ihn vermutlich ein bisschen gedemütigt. Ich schicke Ihnen das Blatt, wenn Sie es etwan noch nicht gelesen hätten. Man sagt, er habe sich schrecklich darüber geärgert, und Sch. [Schmidt]en in Verdacht gehabt; der sich darüber mit ihm explizieret hätte, aus Furcht, es möchte beantwortet werden. Sie sehen, die Médisance nimmt in Hamburg nicht ab, sondern immer zu. Wann ich erst alles erzählen würde, so würden Sie erstaunen, und dann brauchte ich nicht aus unserm Zirkel zu gehen.

Herr E. [Ebert] ist glücklicher als Sie dachten. Madam H. [Hensel] ist nicht hier, sondern wird erst im August erwartet. Es ist bloß zum Spaß in den Torzettel gesetzt worden, um die galanten Herren auf die Beine zu bringen. – Es soll auch reüssiert sein. Denn des andern Tages sind viele in der Stadt herumgelaufen, um sich nach ihrem Logis zu erkundigen.

Was wird der August für ein angenehmer Monat werden! Die Damen freuen sich auf Herrn Lessing und die Herren auf Madam H. [Hensel]. Sie halten doch gewiss Wort? Sie müssen, wenn Sie mich nicht zu Schande machen wollen. Ich habe es viel zu gewiss versichert. Was noch besser wäre: Sie kämen einen Monat früher, und wir tränken zusammen den Pyrmonter. Ich wollte ihn dann zum Voraus besorgen. Ich wäre gewiss, dass er mir in keiner Gesellschaft besser bekäme, und Sie müssen ihn so Ihrer Augen wegen trinken. Warum wollten Sie das Übel einreißen lassen, da Sie ihm zuvorkommen können?

Sagen Sie, mein lieber Freund, gefällt Ihnen der Anschlag? so setze ich meinen Brunnen so lange aus.

Wenn Sie den K. [Kammerherrn] v. K. [Kuntzsch] sprechen, so sagen Sie ihm: ich würde mir seinen Auftrag angelegen sein lassen. Noch habe ich Madam St. [Steinbrück] nicht gesehen; aber die erste Visite, so ich mache, soll zu ihr sein.

Leben Sie recht vergnügt und lassen Sie sich keine so finstern Gedanken mehr kommen, wie im vorigen Winter, und wenn sie ja wieder kommen sollten, und es fällt Ihnen kein Freund ein, so begnügen Sie sich mit einer Freundin, und erinnern sich an

Dero ergebene Dienerin

E. C. König

32 *Hamburg, den 7. Mai 1771*

Mein lieber Freund!

Sie müssen keinen Kalender haben, der Ihnen richtige Posttage angibt; denn alle Ihre Briefe laufen länger als sie sollten, und dies gerade gegen meinen Wunsch: lieber eher als später! Vorzüglich wäre mir daran gelegen gewesen, den letztern um einen Tag früher zu erhalten, so hätten Sie den hässlichen Fehler nicht entdeckt, dass ich misstrauisch bin. Ich bin umso mehr gedemütigt und beschämt, da Sie mir gar mit Schreiben zuvorkommen. Doch hierin sollen Sie nichts zum Voraus behalten. Ich hätte Ihnen wirklich mit der ersten Post geschrieben, wenn ich wohl gewesen wäre, und außerdem nicht so viel zu schreiben gehabt hätte; wäre es auch nur geschehen, um zu fragen, ob Sie weitere Briefe von mir erwarteten. Indem ich so weit komme, fange ich an, diesen Verdacht für keinen Fehler mehr zu halten, sondern für eine ungegründete Mutmaßung. Was wäre natürlicher, als wenn Sie, der Sie so gut schreiben und außerdem so viel schreiben, gern eine so elende Korrespondentin aufgäben? Ich, wahrhaftig, wundere mich eher, wann Sie es nicht tun, als wenn Sie es täten. – Was mir aber am liebsten ist, lasse ich Sie erraten. Darauf verstehn Sie sich so weit besser als ich. Denn ohnerachtet ich mir den Kopf schon fast zerbrochen, kann ich doch nicht einen von denen

Schlüssen erraten, worauf Sie bauen wollen, wenn ich mir die Sache von dem K. [Kammerhern] v. K. [Kuntzsch] angelegen sein lasse.

Sie mögen nun aber sein, welche sie wollen, so sehen Sie, dass ich mich auch selbst durch diese Drohungen nicht abschrecken lasse. Denn heute war mein erster Ausgang bei Madam St. [Steinbrück], und zwar bloß in der bewussten Absicht: ich traf sie aber nicht, und daher kann ich Ihnen also auch noch nichts Eigentliches sagen. – So viel ist gewiss, mit ruhigem Herzen unternehme ich die Sache nicht. Ich schätze unsern K. [Kammerherrn] v. K. [Kuntzsch] zu hoch, und traue seinem Charakter mehr zu, als dass *das* allein ihn glücklich machen könne. Wenn ich also die Hand in dieser Sache biete, so geschiehet es bloß, um mein Wort zu erfüllen, ohne zu wünschen, dass sie mir gelingen möge.

Ihre Wünsche sind erfüllt. Ich bin den Sonntag bei guter Zeit nach Hamburg gekommen und habe meine Kinder in dem besten Wohlsein getroffen. Sie waren mir entgegen gegangen, und schon wieder trostlos zu Hause gekommen, dass sie auch diesen Tag ihre Mutter vergebens erwartet hatten. So überraschte ich sie – denn ich war an des Nachbars Hause abgestiegen. Nun stellen Sie sich unsere Freude vor. Denn die lässt sich nur empfinden, aber nicht beschreiben. Für Malchen war sie fast zu stark, und ich befürchtete üble Folgen. Sie ward blass wie der Tod, zitterte an Händen und Füßen und konnte kein Wort reden. Hingegen Engelbert äußerte sein Vergnügen ganz laut; und was mich am meisten wunderte, Fritzchen erkannte mich gleich, und ich würde ihn, unter welcher Verkleidung es auch gewesen wäre, auch gleich wieder erkannt haben; denn nun er rote Backen hat, ist er vollends seines Vaters Ebenbild.

Heute habe ich den halben Tag dazu angewandt, um meinen Freunden die Gegenvisite zu machen. Es kam mir aber so sauer an, dass ich wohl schwerlich vor vierzehn Tagen wieder auskommen werde. Denken Sie nur nicht, dass mir das schadet. Ich habe so viele Beschäftigungen, dass ich zu Hause weniger Zeit habe, an mich zu denken als in Gesellschaft, und wann ich nur diesem ausweichen kann, so habe ich schon viel gewonnen.

Über die Sch. [Schmidtsch]en Kinder habe ich mich gefreut, besonders über Louischen. Diese wird die Schönste und Artigste unter allen. Karoline hat durch die Pocken etwas gelitten. Vielleicht gibt es sich wieder, wenn die Geschwulst erst völlig weg ist. Ob Madam Sch. [Schmidt] Sie besuchen wird, soll mich verlangen. Ich wünsche es; noch mehr aber wünschte ich, dass sie *Sie* bereden könnte, mit ihr auf hier zu kommen. Das müssen Sie aber ja tun und bei mir das Logis nehmen, sonst kriegte ich Sie wenig oder gar nicht zu sehen: denn unser Zirkel hat sich durch Noblesse und Magistrats-Personen so erweitert, dass ich mich wohl schwerlich mit darunter mengen werde.

Sie wissen doch, dass der alte Borgest tot ist? Ich fürchte, unser guter Alberti folget ihm nach. Er geht zwar noch aus; allein er sieht so elend aus, dass man ihn ohne Empfindung nicht ansieht. Madam Schl. sieht auch sehr übel aus, wenigstens ist sie um die Hälfte magerer geworden. Dies hat aber eine gute Ursache; sie soll in Wochen.

Wenn Sie mir antworten, so sind Sie wohl so gütig, und sagen mir, wie man den Kitt, um das Porzellan zu leimen, macht? Was man hier reparieren lässt, hält nicht.

Leben Sie wohl! und zählen Sie mich immer unter Ihre aufrichtigsten Freundinnen. So werden Sie nicht zweifeln, dass ich Ihre Besuche in Gedanken öfters erwidere. Ich bin

Dero ergebene Dienerin

E. C. König

33 *[Braunschweig, den 12. Mai 1771]*

Meine liebste Freundin!

Unsere Briefe sind einander begegnet. Aber ohne dass ich wissen konnte, was der Ihre enthalte, wird meiner so gut als eine Antwort darauf gewesen sein. Ist es nur möglich, dass Sie mich so falsch verstehen können? Ich sollte keine Nachricht von Ihnen erwarten, keine Nachricht von Ihnen wünschen – als nur über den einen Punkt? Und warum sollte mich denn dieser *eine* Punkt interessieren, wenn mir nicht jede Kleinigkeit, die Sie betrifft, ebenso interessant wäre? –

Doch Sie erklären Ihren Argwohn selbst für einen hypochondrischen Einfall, und in eben dem Augenblicke erhalte ich auch Ihren zweiten Brief, in welchem Sie mir etwas mehr Gerechtigkeit widerfahren lassen. Nur bei weitem noch nicht *alle*, die ich verlangen kann. Ich habe freilich, leider, Briefe genug zu schreiben, und würde deren noch viel mehr zu schreiben haben, wenn ich es meinen Korrespondenten nicht allzuoft zu verstehen gäbe, wie ungern ich überhaupt Briefe schreibe, sobald Briefe etwas anders sein sollen als freundschaftliche Plauderei mit einem Abwesenden. Den meisten von den Herren, denen ich antworten muss, wenn wir an einem Orte zusammen lebten, würde ich vielleicht nicht Jahr und Tag unter die Augen kommen: was kann ich für Lust haben, an Leute zu schreiben, mit denen ich nur sehr selten Lust haben würde zu sprechen? Wie wenig aber das mein Fall mit Ihnen ist, das müssten Sie ja wohl von Ihrem Aufenthalt in Braunschweig wissen, wenn Sie es auch sonst nicht wissen könnten. Wie sehr habe ich Sie immer da belagert gehalten? Und immer ist es mir zu spät eingefallen, dass ich Ihnen überlästig sein müsse.

Ich sehe es voraus, wenn ich diesen Sommer nach Hamburg komme, dass ich es nicht besser machen werde. Ich werde sicherlich nur allzuoft um Ihnen sein. Aber eben daher erlauben Sie mir auch, dass ich mich Ihres gütigen Anerbietens, das Logis bei Ihnen zu nehmen, nicht bediene. Sie würden keinen Augenblick vor mir Ruhe haben: und ich will überhaupt keinem meiner Freunde die geringste Unruhe verursachen. Ich will in meinem alten schwarzen *Adler* wieder absteigen, wo ich niemanden belästige, und wo ich umso viel mehr Herr von meiner Zeit und von meinen Besuchen bleibe. Desto schlimmer, wenn sich unser Zirkel so sehr erweitert hat. Besser ist er dadurch gewiss nicht geworden, und weder der hamburgische Adel noch die hamburgischen Ratsverwandten sind jemals sehr nach meinem Geschmacke gewesen. Am besten also, wir machen sodann einen ganz kleinen Ausschuss von unserm alten Zirkel und bleiben unter uns.

Auf Madam Sch. [Schmidt] habe ich sechs Tage in Braunschweig gewartet, und ich würde sie sicherlich noch länger erwartet haben, wenn sie mir es nicht endlich abgeschrieben hätte. Ich hätte es voraus wissen können, dass aus ihrer Durchkunft nichts werden würde, da sie mit einem so ungefälligen Peter reisete. Reisen Sie, meine liebe Freundin, immer lieber ganz allein, wenn Sie ja einmal wieder reisen müssen! Zwar wenn ich bedenke, dass es nicht immer ungefällige Reisegefährten sind, dass es öfters auch das eigene Hypochonder sein kann, welches die besten Anschläge zunichte macht. – Wahrlich, Sie sind sehr grausam, dass Sie mir es nun erst hinten nach bekennen, es sei Ihr Wille gewesen, sich einige Tage länger in Braunschweig aufzuhalten! Und was trieb Sie denn also? An meinen Bitten hätte es gewiss nicht fehlen sollen, wenn ich nicht um etwas zu bitten gefürchtet, was ganz wider Ihren Willen sei. Gleichwohl werde ich mich desfalls an Ihnen nicht rächen, sondern ich werde sicherlich bis auf den letzten Augenblick in Hamburg bleiben, als ich nur immer bleiben kann.

Mit künftiger Post muss ich schon einmal wieder an den V. [Vetter] schreiben; denn wenn ich es, wie wir ausgemacht haben, nicht wenigstens immer auf seinen zweiten Brief tue, so bekomme ich nie einen wieder von ihm. Gänzlich mich aber um seine Korrespondenz zu bringen, möchte ich nicht gern. Sie ist so lehrreich, so erbaulich. – Wenn ihn nur nicht der verdammte Lottologist um alle seine gute Laune gebracht hat. Doch ich hoffe, er wird auch das bald abgeschüttelt haben; um so mehr, da ich sehr gewiss zu sein glaube, dass man ihm von Str. [Stralsund] aus nichts vorzuwerfen haben kann. Ihm aber das Schicksal seines Bruders mit aufzumutzen, das ist niederträchtiger als beißend. Und auch daher schon halte ich es nicht für möglich, dass Sch. [Schmidt] an solchen Nichtswürdigkeiten Teil haben sollte.

Dass aber sein liebes G. [Gustavchen] doch nun auch von der Lesegesellschaft ist, das muss er mir zu verschweigen seine Ursachen gehabt haben. Nun will ich auch gern um so viel weniger von der Gesellschaft selbst anders als mit der größten Hochachtung sprechen. Ehe ich mir es versehe, sind Sie, meine liebe Freundin, wohl auch selbst davon? Und warum sollten Sie nicht? Lassen Sie sich von der alten B. [Borgeest] nicht abhalten. Die bei Klopstocks *Messias* Nase und Maul aufsperren zu sehen, würde mir selbst lächerlich vorkommen. Aber ich wette was, dass doch ihre Tochter Madam B. [Bostel] unter die Mitglieder gehört: denn ihr Mann selbst ist eine viel zu große Stütze des Parnasses. Folgen Sie also immer dem Exempel der Tochter und lassen Sie die Mutter schmähen.

Der Kitt zum Porzellan besteht aus geronnener Milch und gelöschtem Kalk; nur muss jene ganz ohne Rahm sein, und durch ein Tuch rein ausgedrückt werden. Sodann nehmen Sie *drei* Teile dieser geronnenen Milch und *ein* Teil von dem gelöschten Kalke, streichen es mit der Messerspitze gut durcheinander, und leimen damit, was Sie leimen wollen. – Wenn es so lange hält, als unsre Freundschaft halten soll, so ist es ein Kitt, den wir loben wollen.

Leben Sie recht wohl, meine Beste; und Gott sei Dank, dass unsere Briefe nicht mehr vierzehn Tage laufen dürfen!

Dero etc.

Wolfenbüttel! – – – wegen des Datums. Ich datiere immer recht. Aber der Fehler kann manchmal darin sein, dass meine Briefe in Braunschweig liegen blieben, weil ich nur immer nachsehe, wenn die Briefe von Braunschweig abgehen, und öfters vergesse, dass ich sie einen Tag vorher dahin abschicken muss. – Geschrieben also auch diesen Brief – zwar wirklich den 12. Mai. Doch stehe ich nicht dafür, dass Sie ihn nicht eher erhalten, als ob er einen Posttag später geschrieben wäre.

34 *Hamburg, den 19. Mai 1771*

Mein lieber Freund!

Ich kann Ihnen wohl keinen größern Beweis geben, wie angenehm mir Ihre Briefe sind, als den, dass ich Ihnen denselben Posttag antworte. Heute zwar geschieht es mit aus einem andern Grunde. Ich will meine Ehrlichkeit nicht auf die Probe setzen. Da ich ins Lotto auf

4. 8. 23. 31. 45.

für unsre gemeinschaftliche Rechnung gesetzt habe, und keine Post vor der Ziehung mehr abgeht, so möchte ich nachher verleitet werden, den Gewinnst für mich allein zu behalten.

Dieses allein will ich mir vorbehalten, Sie sollen nicht wissen, wie viel wir gewinnen können, bis ich Ihnen die baren Louisdor einschicke. Denn dass wir wenigstens eine Quaterne bekommen, bin ich so viel als gewiss. Was wird der V. [Vetter] für rote Bäckchen kriegen! Ohnerachtet sie bis jetzo nichts als glückliche Ziehungen gehabt haben, ist er doch noch unzufrieden, und versichert, dass das lange nicht übrig bliebe, was man sich vorstelle. Freilich läuft ihnen mancher mit einem Pöstchen weg, so wie Herr St. [Steinbrück], der nicht allein einige tausend Taler Kollektengelder unterschlagen haben soll, sondern er hat auch sogar Scheine, die er in Verwahrung hatte, an Juden versetzt. Wie ich heute höre, ist er arretiert und wird auf den Staubbesen angeklaget.

An den V. [Vetter] schreiben Sie nur bald, wenn Sie haben wollen, dass er aufhören soll zu schmälen. – Lehrreich und erbaulich mag seine Korrespondenz eben nicht sein, aber dass sie einem zum Lachen Stoff gibt, das glaube ich wohl.

Ich habe noch keine Gelegenheit gehabt, mit ihm wegen Sch. [Schmidt] zu sprechen; allein ihr habe ich recht derb die Wahrheit gesagt. Sie soll hauptsächlich schuld an dem Verdacht sein. Sie scheint es aber auch nun zu bereuen. Indes ist es nun zu spät. Ich glaube nicht, dass Sch. [Schmidt] jemals wieder Umgang mit ihnen hält, und er hat Recht. Wäre der Bruder nicht mit angeführt worden, so ließ ich es noch hingehen, aber diese Niederträchtigkeit einem ehrlichen Manne aufzubürden, wäre für mich ebenfalls unvergesslich. Dies sagte ich auch dem lieben G. [Gustavchen], und es freut mich, dass ich nun sehe, dass Sie mit mir einerlei Meinung sind.

Die gute Madam Sch. [Schmidt] dauert mich. Sie hat es erst bei ihrer Zuhausekunft erfahren und kränkt sich noch täglich darüber. Sonst ist sie gesund und munter. Seit sie hier ist, däucht mich erst, dass ich in Hamburg bin, ob ich sie gleich nur zweimal gesehen habe. – Morgen werde ich zum erstenmal aus, und zwar bei ihr speisen, in Gesellschaft des Altonaer Lottos; wenigstens hat sie mich darauf bitten lassen. Was das für Gesichter sein werden? Vermutlich ist R. [Rantzau?] mit dabei. Den Ehrenmann kennen Sie ja wohl? Man sagt: seit er die Entreprise mit der Lotterie gemacht habe, sei er sehr fromm geworden.

Sie wissen doch wohl, dass nun auch in Eutin ein Lotto errichtet wird? Wissen Sie denn auch, wer die Octroy hat? Der Chevalier, der uns in Altona mit Limonade und Butterbrot bewirtete. Seinen Namen weiß ich nicht.

Nun genug vom Lotto! Ich habe Sie noch von was Wichtigers zu unterhalten, ich meine von der Heirat unsers Herrn K. [Kuntzsch]. Madame St. [Steinbrück] glaubt, dass die Sache nicht möglich zu machen wäre. Die Frau wäre zu sehr mit ihrer Familie umgeben, als dass ein Fremder, der ihr nicht bekannt ist, den Zutritt bei ihr erlangen könne. Sie wenigstens weiß keine Anleitung zu geben; denn sie hält keinen Umgang mit ihr. Ich bin aber auf der Spur, mir durch einen andern Weg ihre Bekanntschaft zu verschaffen. Bringe ich es dahin, so schreibe ich es gleich, damit K. [Kuntzsch] herüber kommt. Denn ohne seine Gegenwart unternehme ich nichts.

Ackermann hat eine vortreffliche Akquisition an dem neuen Akteur – dessen Name mir nun nicht beifällt – gemacht. Sein Spiel gefällt, noch mehr aber seine Person, weil er einem Herrn gleich sehen soll, der den hiesigen Damen gefallen hat. Ich sage, gleich sehen soll, denn ich finde nicht die mindeste Ähnlichkeit, wenigstens bis jetzo noch, und wenn ich diese Ähnlichkeit in der Zukunft nicht bemerke, so behaupte ich, dass sie nicht ist und nicht sein kann. Wissen Sie nun noch nicht, wer der Herr ist? Ich dächte ja.

Ich bin schon dreimal gerufen, um mit auf die Rabe zu gehen, ich muss also wohl schließen.

Leben Sie wohl, und schreiben Sie mir bald wieder. Ich bin Dero aufrichtige Freundin

E. C. König

Sehen Sie! Ihr Brief ist wieder sieben Tage gelaufen.

Den Brunnen wollen Sie also nicht trinken, und bei mir logieren wollen Sie auch nicht? Ich mag Sie nicht noch einmal darum ersuchen. Wenn es Sie aber nicht geniert, mich genieren Sie gewiss nicht.

35 *Braunschweig, den 23. Mai 1771*

Meine liebste Freundin!

Ich danke Ihnen recht sehr, dass Sie Ihr Glück noch einmal mit mir versuchen wollen. Wenn Sie aber Ihrem eignen Glücke dadurch nur nicht im Lichte stehen. Indes will ich Ihnen bei der Gelegenheit nur auch sagen, dass ich ebenfalls die Nummern 19. 36. 45. 47. 69., welche Sie mir einmal aus Wien überschrieben, zeither, aber ganz sachte an, auf gemeinschaftlichen Gewinn kontinuiert habe. Noch hat meine Ehrlichkeit keine Gefahr gelaufen, noch habe ich Ihnen nichts zu verschweigen gehabt; es wäre denn der simple Auszug von voriger Ziehung, auf den ich den Einsatz wieder bekam. Aber wahrlich, ich sehe nicht, was für Recht ich habe, mir mehr zuzutrauen, als Sie sich zutrauen.

Damit auch ich ehrlich teilen *muss*, so wissen Sie nun hübsch, ob und wenn Sie auf Teilung zu dringen haben. Das Liebste wäre mir, wenn es gleich diesmal geschehen könnte. Denn Sie wissen es nun schon, welche Quaterne wir auf die Nummern gewonnen haben: wir aber erfahren es *hier* erst morgen.

Hier, in Braunschweig; denn ich schreibe diesen Brief aus Braunschweig, wo ich seit gestern bin; erstlich, um das Geld sogleich in Empfang zu nehmen, und zweitens, um beiher der Herzogin von Weimar meine Cour zu machen. Nicht wahr, Sie müssen lachen, wenn Sie mich und Cour machen zugleich denken? Ich gehe auch dazu, als ob ich dazu geprügelt würde.

Dem K. [Kuntzsch] habe ich seine Interims-Sentenz vorgelesen. Aber die Sache scheint sich nun ins Weite zu ziehen, da Madam St. [Steinbrück] sich nicht zugleich damit abgeben kann. Tun Sie indes Ihr Bestes: er ist bereit, bei der geringsten anscheinenden Hoffnung in Person überzukommen, und ich habe ihm versprochen, ihn zu begleiten, es sei auch, wenn es wolle. Und wenn es auch noch vor dem August wäre, da ich ohnedem in Hamburg sein will. Doch denke ich nicht, dass mir mein Ziel durch diese Sache sehr soll verrückt werden.

Warum ich unmöglich eher in Hamburg sein kann, habe ich Ihnen, meine liebste Freundin, glaube ich, schon mündlich gesagt. Ich muss, zu Ausgang des Julius, noch erst einen Besuch aus Leipzig abwarten, der zwar nicht eigentlich mir, sondern der Bibliothek gilt, dem ich aber eben auch darum um so weniger aus dem Wege reisen darf. Wie ungern schlage ich das Vergnügen aus, den Brunnen in Ihrer Gesellschaft zu trinken! Ihn aber so lange zu verschieben, das ist auf keine Weise ratsam, weder für den Brunnen noch für den, dem er helfen soll. Fangen Sie also immer je eher je lieber damit an, und ich will auf meinem Wolfenbüttelschen Schlosswall ein Gleiches tun. Werden Sie nur dadurch so gesund, als ich zu werden denke, so können wir das Wasser, das wir miteinander *nicht* getrunken haben, miteinander in Wein nachholen. Nicht wahr, das ist gerade eine Partie, wie man sie einer Dame vorschlagen muss? Doch es ist so böse nicht gemeint; denn ich will Ihnen bei dieser Gelegenheit nur sagen, dass ich mir den Wein ganz und gar abgewöhne; und dass ich also schon einen Ort weiß, den ich in Hamburg nicht wieder besuchen werde, den *Keller*.

Es wäre denn, dass ich mich einmal von dem V. [Vetter] dahin schleppen ließe, um die skandalöse Chronik des Jahres meiner Abwesenheit mit ihm durchzublättern – und um ihm zugleich den Text zu lesen, wegen seines Betragens mit Sch. [Schmidt]. Dieses ist sehr unartig; und wenn sich die dadurch verursachte Trennung indes nicht wieder zusammen zieht, so habe ich in Hamburg ein Vergnügen weniger, worauf ich mit gerechnet hatte. Aber ich kenne jemand, der mich auch dafür schadlos halten soll.

Es ist eine verfängliche Sache, wenn man auf sich selbst raten soll; es sei im Guten oder im Bösen. Indes weiß ich nicht, wer es mir schon gesagt hatte, dass ich in leibhafter Person auf dem Theater in Hamburg seit einiger Zeit spielen solle. Nun ist es mir umso viel lieber, von Ihnen zu hören, dass es doch in so gar leibhafter Person nicht ist. Denn wahrlich, ich möchte meine Person doch lieber ganz und gar für mich behalten; mag sie doch sein, wie sie will. Zwar, wenn dieser mein Repräsentant *gefällt*, so bin ich eitel genug zu wünschen, dass Sie nicht unter allen allein das schärfste und beste Auge gehabt hätten. Denn es ist eine schlimme Sache, mit so scharfen und guten Augen zu tun zu haben. Und wiederum so gar schlimm doch auch nicht. Schlimm aber, oder nicht schlimm: wenn Sie nicht bald finden, dass ich ihm ähnlich sehe, so mag ich ihm auch nicht ähnlich sehen.

Bei Gelegenheit der Ähnlichkeit! Ich habe hier Ihr Porträt nicht zu sehen bekommen. Haben Sie aber doch auch das nicht gesehen, was ich habe. Und mag Ihres doch auch noch so ähnlich sein; ich weiß mir meines ganz gewiss noch weit ähnlicher zu machen.

Leben Sie recht wohl, meine liebste Freundin. Ich bin ganz der Ihrige

Lessing

36 *Wolfenbüttel, den 3. Juni 1771*

Meine liebste Freundin!

Eben erhalte ich einen Brief von Madam Sch. [Schmidt], aus welchem ich sehe, dass Sie schon wieder einen schlimmen Fall getan haben. Aber was heißt denn das, dass Sie so oft fallen? Und warum setzen Sie mich selbst nicht geschwind aus der Unruhe, in der ich mich wegen dieser Nachricht befinden muss? Ich will nicht hoffen, dass Folgen dieses Falles Sie daran verhindern. Das wäre allzu arg; und so arg macht es mir Madam Sch. [Schmidt] doch nicht, wenn sie mir anders das Schlimmste nicht lieber hat verschweigen wollen.

Sie waren so geschwind, mir zu melden, dass Sie ein Glück mit mir teilen wollten. Wenn die weit langsamere Meldung, dass sie keines mit mir zu teilen haben, nicht Ihre Unpässlichkeit zum Grunde hat, so danke ich Ihnen auch dafür. Und doch würde mir die eben so geschwinde Versicherung, dass Sie mich eben darum für kein Unglückskind halten, weil man in meiner Gesellschaft sein Geld verspielt, nicht weniger willkommen gewesen sein.

Eine einzige Zeile, meine liebste Freundin, so bald es Ihnen möglich ist! Ich bitte Sie recht sehr darum. Die Weimarische Herrschaft kommt diesen Nachmittag, die Bibliothek zu besehen: und ich wollte, dieser Besuch wäre schon vorbei. Es ärgert und kränkt mich jetzt ohnedem schon so Vieles, dass ich, um fremden Leuten ganz unausstehlich vorzukommen, nicht noch nötig habe, Sie krank zu besorgen. Aber Sie sind es auch nicht. Nicht wahr, Sie sind es nicht?

Dero ergebenster

Lessing

37 *Hamburg, den 7. Juni 1771*

Mein lieber Freund!

Der Fall, den ich getan habe, war nicht gefährlich, aber er hat mir undenkliche Schmerzen verursacht, die, wie ich fürchte, noch lange anhalten werden. Sie sind denn doch schon leidlicher. Ich kann wieder einige Stunden schlafen, da ich sonst nicht eine Viertelstunde Ruhe hatte. Sie müssen aber doch wissen, wie ich gefallen bin. Rücklings die Treppe herunter. Eben die Schmerzen im Rücken erlaubten mir nicht, zwei Minuten auf einer Stelle zu liegen oder zu sitzen, und dies ist die Ursache, warum ich nicht schreiben konnte, und warum ich Ihren Brief nicht beantwortet habe: nicht das garstige Lotto, von dem verspreche ich mir so nichts, es mag in oder außer Ihrer Gesellschaft sein. Hätte ich denn doch gewusst, dass Madam Sch. [Schmidt] meiner erwähnen würde, so hätte ich geschrieben, es möchte mir noch so sauer angekommen sein.

Hundertmal habe ich bedauert, dass dieser Zufall mich so lange Ihrer Briefe berauben würde. Umso angenehmer war mir der heute erhaltene. Ich danke Ihnen recht sehr dafür und für den Anteil, den Sie an meiner Gesundheit nehmen. Aber glauben Sie nur, dass ich ebensoviel Anteil an allem nehme, was Sie betrifft, und daher nicht wenig unruhig bin, weil Sie mir in Ihrem letzten Brief so missvergnügt schienen. Was kränkt, was ärgert Sie? Wenn Sie wirklich so sehr mein Freund sind, als ich es wünsche und mir vorstelle, so sagen Sie es mir. Ich will mir indessen, wo möglich, einbilden, dass es die Grille einer einsamen Stunde gewesen ist – denn dass Sie deren machen, habe ich bei unserer letzten Unterredung erfahren. – Umso mehr würde ich mich freuen, wenn Sie mich überzeugten, dass ich es erraten hätte.

Die Hauptsache ist: Sie sind nicht gesund. Sie werden es aber ganz gewiss werden, wenn Sie mit Ordnung den Pyrmonter trinken. Ich nenne dies nicht Ordnung, sich des Weines ganz zu entwöhnen. Dies müssen Sie ja nicht tun; es könnte Ihnen mehr schädlich als nützlich sein. Doch, ich denke, die Warnung ist überflüssig. Kommen Sie nur erst hieher. Der V. [Vetter] wird Sie schon zu überreden wissen, so dass Sie leider! keine Schadloshaltung für seine Gesellschaft brauchen werden. Aus dem *Leider* sehen Sie meine Eitelkeit, dass ich mir wohl gar vorstelle, zu der Schadloshaltung was beitragen zu können. Im Grunde weiß ich zwar noch nicht, ob ich just diese Stelle ersetzen wollte.

Das weiß ich wohl, dass ich des Herrn P. [Prof.] B. [Büsch] Stelle gerne einnehmen möchte, der diesen Abend nach Braunschweig und zu *Ihnen* reiset. Mit ihm reist Ratsherr R. [Rücker] und Ratsherr D. [Dimpfel] mit ihren Weibern und Kindern; so wird Sie eine ganze Hamburger Pastete besuchen und Ihnen vermutlich unser Herr P. [Prof.] B. [Büsch] – so angenehm sein wie der Fürstliche Besuch.

Eben hat mir Herr W. [Wurmb] erzählt: der Fürst von Dessau habe Basedow engagiert, um in Dessau ein Seminarium zu errichten. Es würde schon in seinem Hause alles zusammen gepackt, und er käme zu Ende künftiger Woche, um seine Familie zu holen. Sind wir nicht bedauernswürdig, da wir diesen berühmten Mann aus unserer Nachbarschaft verlieren!

Gestern war meine erste Promenade in den Jungfernstieg, und just traf ich Ihren so genannten Repräsentanten. Ob nun gleich Madam Sch. [Schmidt] bei jedesmaliger Begegnung ausrief: Mein Gott, welche Ähnlichkeit, so war ich doch nicht vermögend, auch nur die geringste Spur von Ähnlichkeit zu entdecken. Ich bleibe also dabei: er siehet Ihnen nicht ähnlich, es mögen meine scharfen oder blöden Augen die Ursache sein; ich denke aber keines von beiden, sonst sollte es mich verdrießen.

Bei der Ähnlichkeit fällt mir mein Porträt ein. Noch habe ich es nicht. Vermutlich ist es aber nun in Braunschweig, und ich habe meinem Bedienten Frederking, der in einigen Tagen in Braunschweig eintreffen wird, aufgetragen, es mit auf hier zu nehmen. Sollten Sie ihn von ohngefähr antreffen, so könnten Sie es noch sehen, wenn Sie Lust dazu hätten, und ihm dann auch zugleich das mitgeben, was Sie haben. Was tun Sie damit, wenn es niemand anders ähnlich sieht als mir?

Unser K. [Kammer] R. [Rat] F. [Faber] ist hier, und bleibt so lange, dass Sie ihn noch antreffen, wenn Sie Wort halten, dass Sie im August hier sind. Ich mag es mir noch nicht für ganz gewiss denken. Denn was ich mir fest vorstelle, muss eintreffen oder ich leide zu viel dabei; darum zweifle ich gewöhnlich an dem, was ich wünsche. Dann genieße ich aber auch die Freude doppelt.

Sagen Sie mir recht bald, dass Sie recht vergnügt sind und dass Ihnen der Brunnen wohl anschläget. Wann mir das Schreiben künftige Woche nicht mehr so mühsam ist, so kriegen Sie einen Brief von mir; der trifft Sie aber wohl nicht in Wolfenbüttel? Sie besuchen ja wohl B. [Büsch] in Braunschweig? Grüßen Sie bei der Gelegenheit Herrn Z. [Zachariä] und K. [Kuntzsch] von mir. An die Heirat habe ich nun nicht denken mögen und können, ich werde es aber tun.

Leben Sie wohl, und bleiben Sie der Freund
Ihrer aufrichtigen Freundin

E. C. König

38 *Hamburg, den 15. Juni 1771*

Mein lieber Freund!

Alles, was ich verspreche, halte ich so genau, dass ich auch das Versprechen, Ihnen diese Woche zu schreiben, erfüllen will, wären es auch nur einige Zeilen, weil die Post in einer halben Viertelstunde abgehet. Ich kann wieder schreiben; ich habe aber heute so viel zu schreiben gehabt, und zwar über recht unangenehme Materien, dass mir die Finger stumpf sind, und der Kopf ganz verkehrt steht.

Künftige Woche will ich mich, wo möglich, aufheitern und den Brunnen anfangen. Wollten Sie mir doch Gesellschaft leisten! Ich weiß noch nicht, wo ich ihn trinken werde. Ich denke, im Jungfernstieg. Es fehlet mir nur da ein Haus, wo ich im Fall der Not einkehren kann. Sch. [Schmidt] hat mir heute eines nachgewiesen, an dem ein Schild hängt, worauf stehet: *hier speiset man für Geld*. Vielleicht, dass man mich da aufnimmt. Madam Sch. [Schmidt] ist schrecklich hypochondrisch. Ich will nicht hoffen, dass Plaudereien, so in der Stadt herum gehen, ihr zu Ohren gekommen sind.

Schreiben Sie mir recht bald, dass Sie munter und vergnügt sind, und wiederholen Sie in jedem Briefe, dass Sie gewiss kommen. Ich zweifle noch immer daran, und bringe ich dieses Jahr nicht noch einige Wochen in Ihrer Gesellschaft zu, so kann ich gewiss in vielen Jahren nicht darauf rechnen. Doch, auch noch so entfernt, werde ich stets sein

Ihre aufrichtige Freundin

E. C. König

39 *Wolfenbüttel, den [24. bis] 29. Juli 1771*

Meine liebste Freundin!

Ich habe mir sehr lange das Vergnügen, an Sie zu schreiben, versagen müssen. Aber schmeichle ich mir nicht zu viel, wenn ich glaube, dass Sie die Ursache davon zu wissen verlangen?

Ich bin in allem Ernste seit sechs Wochen so krank gewesen, als nur immer ein Mensch sein kann, der nicht im Bette und nicht auf den Tod liegt. Besonders ist es mir bei meinem ganz unerklärlichen Zufalle schlechterdings unmöglich gewesen, das Geringste zu schreiben. Bei jeder Zeile, die ich anfing, trat mir der Angstschweiß vor die Stirne, und ich verlor alle Gedanken. Ich könnte Ihnen mehr wie einen Brief an Sie mit beilegen, die ich alle auf der ersten halben Seite wieder abbrechen müssen. Nach dem Pyrmonter Brunnen, den ich gestern beschlossen, nachdem ich ihn 18 Tage getrunken, scheint mir ein wenig besser zu werden. Aber doch nur ein wenig, und Sie sehen es diesem Anfange eines Briefes wohl nicht an, dass ich schon länger als eine halbe Stunde darauf zubringe. Nach jeder halben Zeile fast muss ich einmal aufspringen, um – frisch Atem zu holen.

– So wie [ich] es auch bei diesem Striche tun musste. Nur dass ich leider wieder eine sehr lange Pause machen müssen. Denn es war den 24. dieses, als ich mit Mühe und Not bis an diesen Strich geschrieben; und heute ist der 29te, da ich es versuchen will, weiter fortzufahren. – Es wäre kein Wunder, ich verlöre alle Geduld. Das Einzige, was mich noch in der Fassung erhält, ist, dass es mit meiner Reise nach Hamburg demohngeachtet sein Bewenden behält. Mein Arzt dringt darauf, mir eine Veränderung zu machen, und glaubt, dass meine Umstände nichts als eine Folge von meiner zeitherigen Lebensart sind, die von meiner vorigen allzusehr abgefallen. Aber ich muss mich schämen, so viel Geschwätz von mir selbst zu machen. – Statt alles Mitleids, meine liebste Freundin, bitte ich Sie um baldige Nachricht, dass Sie sich um so viel besser befinden als ich.

Wenn ich diese Nachricht länger entbehren könnte, so würde ich Ihnen auch noch diesen Brief nicht schreiben. Ich würde es eher darauf ankommen lassen, dass Sie mein Stillschweigen erklärten, wie Sie wollten, als dass ich Ihnen einen Brief schreibe, der Ihnen ebenso verwirrt vorkommen muss, als sauer er mir geworden. Aber ich sehe wohl, ich muss Ihnen diesen Brief schreiben, wenn ich anders einen Buchstaben von Ihnen noch vor meiner Abreise erhalten will. Und den muss ich doch noch haben; denn ich glaube, weder sicher noch ruhig reisen zu können, wenn Sie mir es nicht nochmals versichern, dass ich Ihnen noch immer ebenso willkommen sein werde, als Sie mich es in Ihren Briefen dann und wann hoffen lassen. – Eben, da ich dieses schreibe, fällt mir ein, ob meine jetzigen Umstände auch wohl Hypochonder sein sollten? Aber das habe ich ja niemals gehabt: und ich wüsste gar nicht, wie ich nun erst dazu käme? – Ich habe die Zeit über, da ich glaube, dass Sie den Brunnen getrunken, zwanzigmal des Tages an Sie gedacht. In dem Jungfernstiege, und bei so unangenehmer Witterung! Wenn er Ihnen denn nur recht bekommen ist. Aber Sie werden fragen, ob ich nicht noch öfters bei der großen Wassergefahr an Sie gedacht, in der Hamburg gestanden? Zu meinem Glücke habe ich erst vor einigen Tagen etwas davon erfahren; denn ich lese keine Zeitung. Wahrlich, da muss doch keine angenehme Zeit in Hamburg gewesen sein! Und wie traurig muss es noch um Hamburg aussehen! Der liebe E. [Ebert] will deswegen dieses Jahr gar nicht hinkommen. Er denkt mit traurigem Herzen an die Gärten, in welchen er dasmal doch nicht traktieret werden könnte. – Ebenso glücklich, wer gar keinen Garten hat! Aber Schelmenglück muss der haben, der seinen Garten so zu rechter Zeit noch verkaufen können, als unser V. [Vetter]. Denn ich denke doch, dass sein gewesener Garten auch ganz artig unter Wasser wird gestanden haben.

Ich danke Ihnen recht sehr für das Neue vom Jahre. Aber wie angenehmer würde es mir gewesen sein, wenn wenigstens nur die Adresse von Ihrer eignen Hand gewesen wäre. Denn freilich, dass Sie es auch mit ein paar Worten begleiten sollen – das war zu viel verlangt, da ich Ihnen noch auf zwei Briefe Antwort schuldig war. Sie sind eine harte schlimme Frau!

Auch Madam Sch. [Schmidt] hat mir ein gleiches Präsent zu schicken die Güte gehabt, wofür ich ihr meinen Dank noch schuldig bin. Haben Sie die Freundschaft, mich deshalb bei ihr zu entschuldigen. Es soll in der ersten guten Stunde geschehen, die ich nun wieder haben werde. Heute ist mir es unmöglich: und Gott sei Dank, dass ich nur mit diesem Briefe so weit gekommen. Ich weiß es vollkommen wohl, wie geschwind ich darauf Antwort haben kann. So viel Posttage, als Sie mich länger darauf warten lassen, so viel Posttage, werde ich denken, ist Ihnen mein Brief auch noch immer zu früh gekommen. Wollen Sie mich das wirklich denken lassen?

Leben Sie recht wohl, meine beste Freundin. Ich bin auf immer

Dero ergebenster Freund und Diener

Lessing

40 *Hamburg, den 3. August 1771*

Mein lieber Freund!

Wie kommen Sie zum Krankwerden? oder vielmehr zu der Einbildung, als wären Sie krank? Doch, ich befürchtete es immer, die gar zu abstechende Lebensart werde Sie unter die Zahl der Hypochondristen bringen, und darunter sind Sie nun leider. Es hat aber nichts zu bedeuten. Sie werden bald davon geheilt werden. Kommen Sie nur geschwind auf hier. Nachdem Sie den Pyrmonter Brunnen getrunken, verschafft Ihnen diese Reise gewiss die völlige Genesung. Allein im Gasthofe können Sie nun, da Sie nicht wohl sind, unmöglich logieren, sondern Sie müssen bei mir abtreten. Ich kann Ihnen zwar nur eine ganz schlechte Stube anbieten; dafür sollen Sie aber alle möglichen Bequemlichkeiten haben und mit einem Herzen aufgenommen werden, das Sie besser schätzen würden, wenn Sie es recht kennten. Dieses zur Antwort auf die Frage: ob Sie mir willkommen sein werden, und auf den Vorwurf, ich wäre eine harte und schlimme Frau. Ich bin keines von beiden. Bei

Absendung der Heringe wurde ich vom Schreiben abgehalten. Nachher habe ich aber gewiss zehn Briefe an Sie geschrieben. Warum ich keinen abgeschickt habe, kann ich selbst nicht erklären.

Jedesmal befiel mich eine andere Idee, die mich auf die aller *kränkendeste* führte, besonders seitdem ich von B. [Bode? Bostel? Büsch?] hörete: er habe Briefe, Sie seien wohl. Hätte ich wissen können, dass Sie krank wären und meine Briefe wünschten, Sie sollten jede Woche viere erhalten haben. Nun wollen wir es gut sein lassen. Ich verzeihe Ihnen, und Sie verzeihen mir umso leichter, wann ich Ihnen sage, dass ich nun die Probe ausgehalten, dass ich nicht böse, aber wohl empfindlich auf Sie werden kann.

Lassen Sie immer E. [Ebert] zurück, wenn er nicht unsertwegen, sondern unserer Gärten und Essens wegen kömmt. Er hat Recht, die Gärten, so er gemeiniglich besucht, sind noch alle unter Wasser. Niemand ist mehr dabei zu bedauern, als Alb. [Albaum], der auf dem Punkt war, seinen Garten zu verkaufen, und nun wohl kaum die Halbscheid dafür bekömmt. Bis jetzo stehet noch das Wasser in seinem Garten, bis an den zweiten Stock des Hauses. –

Wohl hat unser V. [Vetter] Schelmenglück. Nur schade, dass diesmal sein Glück das Unglück eines andern ist, den es sehr derangiert. Der Mann, so ihn gekauft, hat nur eben sein Auskommen.

Es hat erbärmlich bei uns ausgesehen, und siehet noch nicht viel besser aus, doch ist die größte Gefahr überstanden; denn das Wasser fällt nun täglich. – Das Elend hat unsere Herzen erweicht, und Feinde versöhnt. Sch. [Schmidt] und K. [Knorre] sind nun wieder auf einem guten Fuße miteinander. Ich habe gestern das Eis gebrochen, und sie zusammen allein mit F. [Faber] zu mir gebeten. Heute sind wir bei K. [Knorre]; was ich abgeschlagen hätte, wann ich nicht die Versöhnung ganz hätte wollen zu Stande haben. – Sie können einen großen Teil dieses guten Werks auf Ihre Rechnung schreiben. Erwarteten wir Sie nicht, so wäre Sch. [Schmidt] lange so biegsam nicht gewesen.

Ich hätte Ihnen recht viele Neuigkeiten zu erzählen, die ich aber der Feder nicht anvertrauen mag. Eine wichtige müssen Sie doch wissen. Man sagt: Z. [Zinck] habe Hoffnung zu einem zweiten Erben. Ich prophezeihete es sogleich, als ich die Inokulation der Liebe von Thümmel las. Der gute Thümmel lässt sich wohl nicht träumen, dass er bei einer so schönen Frau so viel Gutes stiftet.

Mit der heutigen Post schicke ich Ihnen Ihren Pelz, den ich lange genug vergessen habe. In denselben habe ich eine Schachtel mit Pulver gewickelt. Folgen Sie mir, und brauchen Sie anders nichts als täglich einige von diesen Pulvern. Sie werden sehen, dass sie Ihnen gut bekommen. Und sein Sie ja hübsch munter. *Die Schwermut ist eine mutwillige Krankheit*, sagten Sie ja einmal zu einer Frau. Ist sie dieses bei einem so schwachen Geschöpfe, was sollte sie denn nicht bei einem Mann von Ihrer Art sein.

Ohne dass Sie mich darum gebeten, hätte ich Ihnen mit der ersten Post geantwortet. Ob Sie mir aber meine Bitte gewähren, mir vor Ihrer Abreise noch zu schreiben, um mir den Tag Ihrer Ankunft zu bestimmen, will ich abwarten und es für das größte Zeichen Ihrer Freundschaft aufnehmen.

Leben Sie wohl, bester Freund, und glauben Sie nur, dass Sie nie mit größerer Sehnsucht sind erwartet worden, als nun, von

Dero aufrichtigsten Freundin

E. C. König

Bei Madam Sch. [Schmidt] habe ich Sie entschuldigt. Sie schreibt Ihnen vermutlich heute selbst. Ihr Vorschlag war: wir sollten es zusammen tun, und zwar recht munter. Allein, Sie krank zu wissen und munter zu sein, wäre wohl für mich eine wahre Unmöglichkeit. Sie sollen aber hinfüro nicht krank sein, damit ich munter sein kann.

41 *Hamburg, den 10. August 1771*

Mein lieber Freund!

Wenn meine besten Wünsche nicht vergebens gewesen sind, so trifft Sie dieser Brief so gesund, als Sie ehedem waren, wie Sie über zu viel Gesundheit klagten. Noch lieber wäre mir, er träfe Sie gar nicht, und Sie wären schon unterweges auf hier. Machen Sie, dass Sie bald kommen, sonst kommt eine ganze Ladung *Frauenzimmer*, um Sie abzuholen. Ich denke, dies ist die härteste Drohung, die ich Ihnen machen kann. Denn eben lege ich Ihre *Sinngedichte* aus den Händen und bin in meiner längst gehegten Meinung – Sie seien ein *Erzweiberfeind*, nun völlig bestärket. Ist es aber nicht recht gottlos, dass Sie uns bei allen Gelegenheiten so herunter machen! Sie müssen an verzweifelt böse Weiber geraten sein. Ist dieses, so verzeihe ich Ihnen; sonst aber müssen Sie wahrhaftig! für alle die Bosheit, so Sie an uns ausüben, noch gestrafet werden. Das Mädchen, das Sie sich wünschen, sollen Sie wenigstens nie finden.

Aber nun im Ernste. Wann kommen Sie denn? Sie müssen es mir wirklich schreiben. Ich verspreche Ihnen nicht entgegen zu kommen, wenn Sie es nicht haben wollen, und es auch keinem Menschen zu sagen. Ich wollte es nur wissen, um mich auf den gewissen Tag recht freuen zu können. – Ob Sie bei mir logieren wollen, stelle ich in Ihren Willen. Sie können Ursache haben, warum Sie es nicht tun wollen. Ich habe keine, die mich abhält, es zu wünschen.

Nur logieren Sie nicht auf dem Eimbeckischen Hause. Das Haus ist noch neu. Wenn Sie also nicht völlig wohl wären, so könnte dies Sie vollends krank machen.

Ein Besuch von Madam S. [Schmidt?] hält mich ab, Ihnen mehr zu sagen, als dass ich Ihre Briefe, noch mehr aber Ihre Ankunft, mit Ungeduld erwarte.

Leben Sie recht wohl! Ich bin
Dero aufrichtigste Freundin

E. C. König

42 *Braunschweig, den 22. August 1771*

Meine liebste Freundin!

Nur erst gestern bin ich meinen Besuch aus Leipzig losgeworden, der mir fast ein wenig zu lange dauren wollen, so lieb er mir auch sonst gewesen. Und nun denke ich an nichts als an meine Abreise nach Hamburg, die jedoch, so sehr ich sie auch beschleunige, nicht eher als künftigen Mittwoch, welches der 28. dieses sein wird, vor sich gehen kann. Und auch dann noch muss ich noch erst nach Hannover, von wannen ich weiter, mit der daselbst neu angelegten Postchaise, über Celle nach Hamburg abzugehen gedenke. Schwerlich also dürfte ich noch diesen Monat in Hamburg eintreffen; aber die ersten Tage des folgenden ganz unfehlbar. Das ist es alles, was ich Ihnen Zuverlässiges von meiner Ankunft jetzt melden kann. Wenn Sie aber erlauben, so melde ich Ihnen den eigentlichen Tag derselben noch aus Hannover. Haben Sie die Güte, unserer lieben Sch. [Schmidt] dieses auch zu sagen, und mich zu entschuldigen, dass ich ihr wiederum nicht antworte. Die Versöhnung zwischen ihrem und dem K. [Knorre]schen Hause ist mir recht sehr angenehm, und ich hoffe, dass der V. [Vetter] auf die Zukunft artiger sein wird.

– In einer Stunde soll ich noch nach Vechelde zu dem Herzog Ferdinand. Ich schreibe dieses aber in Braunschweig, wo ich gestern der ersten Ziehung des Lotto beigewohnet habe. Und wissen Sie schon, dass wir auf unser Billett, das Sie mir aus Wien übermacht, eine Ambe gewonnen haben? Nämlich auf 69 und 47. Schade nur, dass ich sie so lumpicht besetzt. Indes ist doch auch diese Kleinigkeit gut, den Spaß wieder eine Weile mit ansehen zu können.

Leben Sie recht wohl, meine liebste Freundin. Sie glauben nicht, wie sehr ich mich auf Sie freue.

Dero ganz ergebenster

Lessing

43 *Braunschweig, den 30. August 1771*

Meine liebste Freundin!

Die Gesellschaft, mit der ich vorgestern über Hannover nach Hamburg reisen wollte, hat sich zerschlagen. Ich reise also erst morgen von hier ab; aber nunmehr auch den geraden Weg, und bin künftigen Dienstag bei Ihnen. Wünschen Sie mir gutes Wetter; guten Weg zu wünschen, wäre doch nur vergebens. Hier regnet es Tag vor Tag; und wenn Braunschweig den Regen über Hamburg bekommt: so ist das eine nasse Aussicht für mich. Aber das Vergnügen, Sie zu sehen, wird mich für alles schadlos halten.

Leben Sie bis dahin noch recht wohl.

Dero ganz ergebenster

L.

44 *Hamburg, den 18. September 1771*

Mein liebster Freund!

Sie können nicht anders, als glücklich gereiset sein, denn meine besten, meine eifrigsten Wünsche haben Sie begleitet; obgleich Sie es nicht verdient hätten. Unmöglich können Sie mich so sehr lieben, oder Sie hätten mich nicht zu einer Zeit verlassen können, da mir eine so höchst traurige Nachricht bevorstand, und es von Ihrer Willkür abhing, die Reise noch einige Tage aufzuschieben.

Leider! ist diese traurige Nachricht eingetroffen. Meine Mutter ist tot, und mein Schmerz über diesen Verlust ist unbeschreiblich groß.

Mehr kann ich Ihnen heute nicht sagen; vielleicht schreibe ich Ihnen aber noch einmal. – Lassen Sie die vielen Zerstreuungen mich nicht aus Ihrem Gedächtnis verjagen; denn keine aufrichtigere und treuere Freundin finden Sie in der ganzen Welt nicht, als

Dero

E. C. König

45 *Hamburg, den 24. September 1771*

Liebster Freund!

Sagten Sie nicht: ich sollte es nicht so genau nehmen, und Ihnen doch schreiben, wenn Sie mir gleich nicht schrieben? Sie sehen, dass ich es tue. Dafür erwarte ich ein andermal gleiche Gefälligkeit. Dass ich heute schreibe, müssen Sie mir besonders hoch anrechnen; denn ich bin so melancholisch, als ich in meinem Leben nie gewesen, und noch dazu krank. Kommen Sie ja gewiss und bald wieder, sonst finden Sie mich nicht mehr.

Seit Sie weg sind, habe ich nicht einen Schritt vor die Türe gesetzt; und mich noch dazu mit lauter verdrießlichen Dingen beschäftiget.

Ich wünsche, dass Sie umso vergnügter gewesen sein mögen. Dieses zu hören, kann allein mich aufmuntern. Sie haben mir doch wohl geschrieben? Ich darf daran nicht zweifeln, wenn ich mich nicht in einen noch unerträglichern Zustand versetzen wollte. Vielmehr stelle ich mir für gewiss vor, dass ich mit nächster Post recht viele gute Nachrichten von Ihnen höre.

Was machen Herr und Madam K. [Knorre]? – Ich habe von F. [Faber] den Auftrag, Sie zu bitten: dass Sie die beiden hartherzigen Leute dahin vermögen, dass sie St. [Steinbrück] los geben. Die Eltern, die hier im äußersten Elend leben, wollten gerne nach einem wohlfeilern Orte ziehen; sie wollen aber Hamburg nicht verlassen, bis sie ihren Sohn frei haben. Ich bin gewiss, wenn einer sowohl Herrn als Madam K. [Knorre] gewinnen kann, so sind Sie es. Eben so gewiss bin ich, dass Sie diesen Auftrag mit Vergnügen befolgen; und Sie desfalls um Entschuldigung zu bitten, könnte Sie beleidigen.

Allein meiner schrecklichen Schmiererei wegen muss ich Sie wohl um Nachsicht bitten. Wenigstens verderbe ich Ihnen eine halbe Stunde, bis Sie diesen Brief durchbuchstabieren. Wer weiß aber, ob Sie die halbe Stunde zu was Bessers angewandt hätten.

Schreiben Sie mir ja den Tag Ihrer Ankunft, damit ich mich zum Voraus freuen kann. Bin ich gegen die Zeit etwas klüger, so komme ich Ihnen einige Meilen entgegen. Ich bin

Dero ergebenste Freundin

E. C. König

An Herrn und Madam K. [Knorre] meine Empfehlung. Ihre Kinder sind alle wohl. – Sagen Sie nicht, dass ich die Fürsprecherin von St. [Steinbrück] bin.

46 *Berlin, den 29. September 1771*

Meine liebste, beste, einzige Freundin!

Das Herz blutet mir, wenn ich bedenke, in welcher Betrübnis Sie sich wegen des Absterbens Ihrer Mutter befinden. – Aber nicht befinden *sollten*. Dieser Schlag war Ihnen so vorhergesehen, ist dem Laufe der Dinge so gemäß. – Doch ich bin nicht klug, Sie mit kalten Betrachtungen trösten zu wollen. Wollte nur der Himmel, dass Ihnen die Versicherung, bei dem allen noch *eine* Person in der Welt zu wissen, die Sie über alles liebt, zu einigem Troste gereichen könnte! Diese Person erwartet alle Glückseligkeit, die ihr hier noch beschieden ist, nur allein von Ihnen, und sie beschwört Sie, um dieser Glückseligkeit willen, sich allem Kummer über das Vergangene zu entreißen, und Ihre Augen lediglich auf eine Zukunft zu richten, in welcher es mein einziges Bestreben sein soll, Ihnen neue Ruhe, neues von Tag zu Tag wachsendes Vergnügen zu verschaffen. Machen Sie ja, meine Liebe, dass ich Sie nicht niedergeschlagener finde, als ich Sie verlassen habe! Wie gerne wäre ich eher wieder bei Ihnen gewesen; wie gerne wäre ich bei Ihnen geblieben, wenn diese Berlinische Reise nicht so notwendig gewesen wäre, und meine Rückkunft von mir allein abgehangen hätte. Aber es gefällt dem V. [Vetter] hier, und er will mit Gewalt eine Lottoziehung hier abwarten. Diese geschieht morgen, und gestern sind wir bereits acht Tage hier gewesen.

Unsere Meinung ist, sogleich nach der Ziehung abzureisen: aber wenn wir über Potsdam gehen, und uns da noch einen Tag aufhalten, wenn der V. [Vetter] gar darauf bestehet, den Weg über *Ludwigslust* im Meklenburgischen zu nehmen: so werden wir schwerlich vor künftigem November in Hamburg wieder eintreffen. Wie sehr wünschte ich, dass mir alles, was mir in Hamburg lieb und wert ist, in Ihnen entgegen kommen wollte! Ich werde Ihnen, von Potsdam oder Ludwigslust aus, den Tag unserer Ankunft noch positiver melden. –

Aber, dass ich nicht eher an Sie geschrieben habe? Wahrlich, ich bin den ganzen Tag immer so belagert, und des Abends so lange in Gesellschaft gewesen, dass dieses der erste freie Augenblick ist, den ich auf meines Bruders Stube ohne Zeugen zubringen kann, um mich ganz dem Vergnügen, mich mit Ihnen zu unterhalten, zu überlassen. An Sie gedacht habe ich stündlich, und Sie würden mich auf das äußerste betrüben, wenn Sie daran zweifeln wollten.

K. [Knorres] empfehlen sich Ihnen. Die Vorsprache wegen St. [Steinbrück] will ich bis nach Hamburg, aus guten Ursachen, versparen.

Leben Sie indes recht wohl! Ich umarme und küsse Sie tausendmal, meine liebste, beste, einzige Freundin!

Lessing

47 *Hamburg, am Montag den 28. oder 29. Oktober 1771*

Bester, liebster Freund!

Ich bin Ihrentwegen in der größten Unruhe. Warum haben Sie doch unsern Bitten nicht Gehör gegeben und sind wenigstens nur bis Mittewoch noch hier geblieben? So hätten Sie vermutlich den abscheulichen Sturm, in dem Sie vorige Nacht die Elbe passieren mussten, nicht auszuhalten gehabt. Ich mache mir tausend Vorwürfe, dass ich mit Ursache bin, dass Sie diese Route genommen. Keine Vorstellung kann mir eine ruhige Viertelstunde Schlaf verschaffen. Ich hoffe aber, alle meine Sorgen sollen vergebens sein, und Sie werden morgen Abend glücklich und vergnügt in dem lieben Braunschweig eintreffen. Dann so könnte ich den Donnerstag schon einen Brief von Ihnen haben, wenn Sie mir gleich geschrieben hätten. Dies haben Sie doch wohl gewiss getan? O ja, Sie haben es getan. Sie wissen ja, dass meine ganze Ruhe davon abhängt. – Nicht wahr? Sie sind überzeugt, ob Sie gleich zuweilen daran zu zweifeln scheinen, dass ich Sie über alles liebe, über alles hochschätze, und kein Glück mehr für mich in der Welt ist, wenn ich es nicht mit Ihnen teilen soll. Möchten doch alle die Hindernisse, die uns trennen, gehoben werden können, wie wollte ich der Vorsehung mit freudigem Herzen danken!

Ich hoffte, der Salzburger Brief sollte hierzu den Weg bahnen. Allein statt dass man darauf denken sollte, mir das Wiener Werk abzukaufen, rät man mir, es noch eine Weile anzusehen, indem, wann es bei dem *Mandat* bliebe, dass keine Fremden mehr in den K. K. Landen handeln dürften, der Abzug bei meiner Fabrike natürlicherweise sehr zunehmen müsste. Der

Mann hat Recht. Wenn ich ihm nur folgen könnte, ohne zu riskieren, und das Wenige, was mir übrig ist, noch zuzusetzen! Am Ende verfehle ich mit aller meiner Sorge und Müh doch meinen Endzweck. Bin ich nicht in einer fatalen Lage? Und noch dazu von allen Freunden entfernet, die mir mit Einsicht raten könnten!

Mein S. [Schwager] scheint es näher zu geben. Er fing heute von selbst an, mir zu sagen, dass aus der B...schen Entreprise wohl nichts werden möchte. Wir wurden unterbrochen, sonst hätte er sich vielleicht deutlicher erklärt.

Herr Sch. [Schmidt] ist den Abend Ihrer Abreise so übel an Krämpfen gewesen, dass er zu sterben glaubte. Gottlob! heute ist er wieder wohl.

Unter denen vier Leuten, so vom Lotto arretiert worden, ist ein Franzos, dessen Sie sich erinnern werden. Er stand hinter uns, als wir das Lotto ziehen sahen, und hörte auf alles, was wir sagten, mit vieler Aufmerksamkeit. Auch ging er hinter uns den ganzen Weg von Harvestehude. Er ist schon ein Mann von fünfzig Jahren, und doch fand man in seiner Tasche zwei Liebesbriefe von zwei verschiedenen Mätressen, wovon die eine ihre Niederkunft anzeigte. Es muss überhaupt ein großes Genie sein; denn man hat auch falsche Karten bei ihm gefunden.

Die zwei ersten Seiten dieses Briefes hatte ich gestern geschrieben. Eben da ich zu Bette gehen wollte, fiel mir ein, dass morgen früh die Post abgeht. Ich schließe diesen Brief also in der Nacht um zwölf Uhr, wo ich Sie mir ermüdet von der Reise, im tiefsten Schlaf gedenke, und Ihnen von ganzem Herzen die angenehmste Ruhe wünsche; mir aber die baldige Versicherung, dass Sie sich, von den Fatiguen der Reise erholt, recht gesund und vergnügt befinden. Sie können dem noch wohl was hinzufügen, was mir eben nicht zuwider sein wird. Aber! aber! es müssen lauter Worte sein, die aus Ihrem Herzen kommen, so wie es diejenigen sind, mit welchen ich Ihnen sage, dass ich bin, bester, liebster Freund!

Dero aufrichtigste Freundin

E. C. König

Um eines bitte ich Sie; lassen Sie mir in der Antwort auf meines Bruders Brief die Gerechtigkeit widerfahren, dass ich gleich aufrichtig gegen Sie gewesen bin.

48 *Braunschweig, den 31. Oktober 1771*

Meine Liebe!

Ich bin glücklich und gesund, obwohl erst am Dienstage früh, in Braunschweig angekommen. Nass bin ich zwar nicht geworden, aber von dem kalten stürmischen Winde habe ich die erste Nacht mehr ausgestanden, als ich mich je in dem härtesten Winter ausgestanden zu haben erinnern kann. Bald hätte ich es bereuet, dass ich gereiset war. Aber nun ist alles überstanden; und ich bin versichert, dass es Ihnen und unsern Freunden nunmehr selbst angenehm ist, dass ich nicht erst noch reisen muss. Ich bleibe bis morgen noch hier in Braunschweig; und alsdenn willkommen in mein liebes einsames Wolfenbüttel! wo immer mein dritter Gedanke, Sie wissen schon, wer sein wird. Möchte ich jetzt diesen Augenblick, da ich Ihnen mein Befinden melde, nur auch wissen, wie Sie sich befinden! Wohl, recht wohl: das wünsche ich, und hoffe ich. Lassen Sie mich ja von Ihnen alles – Wichtiges und Unwichtiges – wissen. Doch nichts ist mir unwichtig, was Sie angeht. Vor allen Dingen lassen Sie mich nie hören, dass Sie krank oder traurig sind. Nicht dass Sie mir es verschweigen sollen, wenn Sie es wirklich sind – denn das würde für mich eine Kränkung mehr sein – sondern, dass Sie es in der Tat nie sein *wollen*. Ich Ich sage *wollen*; weil wirklich bei beiden Punkten mehr auf unser *Wollen* ankömmt, als man sich öfters einbildet. Wie schön wäre es, wenn ich meine Gesundheit und meinen Leichtsinn mit Ihnen teilen könnte! – Ich sage Ihnen von unsern eigentlichen Angelegenheiten nichts; und werde Ihnen auch in meinen folgenden Briefen nur wenig davon sagen. Sie glauben nicht, wie viel ich auf ein einziges Wort von Ihnen baue, und wie überzeugt ich bin, dass so ein einziges Wort bei Ihnen auf immer gilt. Bleiben Sie dieses auch nur von mir überzeugt, und ich bin gewiss, es wird sich endlich alles nach unsern Wünschen bequemen.

Nächster Tage, meine Liebe, ein Mehreres! – Empfangen Sie noch meinen Dank für alle das Gute, womit Sie mich in Hamburg überschüttet – ob ich schon weiß, dass Sie mir diesen Dank gern schenken. – Meinen besten Empfehl an alle unsere Freunde, denen ich aber nicht eher als aus Wolfenbüttel schreiben kann. – Ich bin mit Empfindung der aufrichtigsten Zärtlichkeit

ganz der Ihrige

Lessing

N.S. Noch eine Kleinigkeit! Ich habe mich unterweges erinnert, den Fuhrmann für die letzte Stunde, die ich Abschied zu nehmen herumgefahren, in meinem Quartier nicht bezahlt zu haben. Es kann höchstens zwei Mark betragen. Haben Sie die Güte, meine Liebe, und senden Sie diese zwei Mark in meinem Namen in den schwarzen Adler: Sie sollen sie bei mir zugute haben. – Weiße Bohnen habe ich für Sie bereits.

49 *Wolfenbüttel, den 3. November 1771*

Meine Liebe!

Mein vorläufiger Brief aus Braunschweig wird Sie wegen meiner Überkunft beruhiget haben. – Aber Sie sollen sich meinetwegen nie beunruhigen. Als ob Sie der Sorgen und Unruhe nicht ohnedem schon genug hätten! Sie sollen an mich nur immer mit den heitersten zufriedensten Vorstellungen gedenken. – Ich bin nicht allein in Braunschweig glücklich angekommen, sondern sitze nun auch schon wieder seit zwei Tagen auf meiner Burg in Wolfenbüttel, und bin gesund und vergnügt. Freilich würde ich unendlich vergnügter sein, wenn meine Einsamkeit durch den Umgang der einzigen Person belebet würde, nach deren beständigem Umgang ich jemals geseufzet habe. Aber schon die Hoffnung, dass mir dieses Glück noch aufgehoben, macht mich vergnügt; und soll man darum missvergnügt sein, weil man nicht so vergnügt ist, als man zu sein wünschet?

Meine Liebe, erhalten Sie sich ja bei Ihrem alten Mute. Es wird gewiss noch alles für Sie so gehen, als Sie es verdienen.

Es wird sich eine Schwierigkeit nach der andern verlieren, und mich dünkt bereits die erste in der Äußerung Ihres Schwagers gehoben zu sehen. Da er Ihnen einmal bekennt, dass es mit seiner Frankfurtschen Hoffnung nichts ist, so sein Sie gegen ihn nicht zu kalt und zurückhaltend. Dringen Sie nun in ihn, wie Sie in ihn zu dringen Recht haben. Er ist doch immer ein Mann, der Ihres Vertrauens wert ist, und der vielleicht nur zweifelt, ob Sie ihn wirklich dafür halten.

Die Antwort aus Salzburg hätte freilich für die nähere Erfüllung unserer Wünsche besser ausfallen können. Aber ohne Grund mag sie doch wohl nicht sein. Mein Rat kann in dieser Sache so viel als nichts gelten: und gleichwohl dünkt mich auch, dass Sie ein Geschäfte nicht so platterdings abgeben müssen, welches Ihnen so viel Mühe und Sorge gekostet, wenn es sich anders anlässt, diese Sorge und Mühe einmal zu belohnen. Sich weiter derangieren müssen Sie freilich nicht; Sie müssen nicht noch mehr hineinstecken: aber es auf den Fuß zu kontinuieren, auf dem es sich bereits befindet, das sollte ich meinen, müsste doch möglich und vorteilhaft sein. Es kömmt alles darauf an, dass Sie einen Mann finden, der Ihnen die Arbeit dabei erleichtert; und ich hoffe, dass Ihnen der in Ihrem Schwager nun schon gewiss ist.

Wie sehr wünschte ich, dass ich es selbst sein könnte, der Ihnen alle diese Lasten abzunehmen im Stande wäre! Oder noch mehr; dass ich Sie antreiben könnte, alle diese Lasten nicht abzulegen, sondern abzuwerfen, in der Versicherung, Sie dafür schadlos zu halten! –

Ich denke auf Neues, was ich Ihnen zu unserer beider Zerstreuung schreiben könnte. – Herr W. [Wurmb] ist hier ganz durchgefallen. Er schmeichelt sich vergebens, wenn er sich die geringste Hoffnung macht, dass seine Vorschläge wegen einer Bank noch stattfinden werden. Sie sind lediglich von ihm selbst und den mit ihm verwandten Familien in Braunschweig gekommen; und der Hof hat sich ganz leidend dabei verhalten. Ich will wünschen, dass ihm andere Projekte besser gelingen mögen. Wegen seiner Akademie hat er, ich weiß nicht ob im Spaße oder Ernste, Zachariä Vorschläge getan, und ihm die Direktion davon mit 1000 Dukaten angetragen, wenn er zugleich eine Art von Protektion von Seite des Hofes dafür auswirken könnte. Schreiben Sie mir doch, ob es sich bestätiget, dass er sie demohngeachtet nun will auffliegen lassen. –

Oder schreiben Sie mir lieber, was mich mehr interessieret. Denn was gehen uns fremde Angelegenheiten an? Sie können mir es nicht oft genug schreiben, dass Sie mich lieben, und sich von meiner Liebe überzeugt halten. Die Antwort auf den Brief Ihres Herrn Bruders lege ich das nächstemal bei. Leben Sie indes recht wohl. Ich umarme Sie tausendmal und empfinde in Gedanken alle diese Umarmungen erwidert.

Dero getreuester

Lessing

50 *Hamburg, den 6. November 1771*

Mein lieber Freund!

Mit tausend, tausend Vergnügen habe ich Ihre glückliche Ankunft und zugleich Ihr Wohlsein vernommen. Ich danke Ihnen, dass Sie mich so bald aus der Sorge, in der ich Ihretwegen gewesen bin, gerissen haben. Schreiben Sie mir nur auch künftighin recht oft. Denn allein Ihre Briefe können mich aufheitern, wenn ich auch noch so niedergeschlagen wäre, und das bin ich leider! jetzt immer. Sie verlangen, ich soll auch in diesem Stück aufrichtig gegen Sie sein; sonst wäre ich es gerne nicht. Ich weiß doch wohl, dass ich einen Verweis zu erwarten habe, weil Sie glauben, dass es von unserm *Wollen* abhängt, gesund und munter zu sein. Bedenken Sie aber nur, dass alle Menschen keine *Lessinge* sind, und dass ich nur eine *Frau* bin, und nehmen Sie dann meine Lage mit dazu, so werden Sie mir leichter verzeihen, dass ich Ihren Rat nicht besser befolge. Wenn Sie wirklich die Eigenschaft besitzen, unter lauter traurigen Aussichten vergnügt zu sein, so teilen Sie sie mit mir; nennen Sie sie aber ja nicht Leichtsinn, sonst schicke ich Ihnen die ganze Hälfte wieder zurück. Er erhält gesund, das gebe ich zu; er passt nicht zu jedermanns Umständen, am wenigsten zu den meinigen.

Gestern habe ich Sch. [Schmidts] und K.s [Knorr]es seit Ihrer Abreise zum erstenmale gesehen. Sie freueten sich, wie sie hörten, dass Sie glücklich angekommen wären, und empfehlen sich Ihnen. Das Neue, was mir Madam Sch. [Schmidt] erzählte, war: dass wieder ein neuer Zwist zwischen G. [Grund] und B. [Behn] entstanden sei. Was er zum Grunde hat, wusste sie nicht, und was liegt uns daran? Wenn wir uns nur nicht zanken! und das werden wir ja wohl in unserm ganzen Leben nicht.

Eine Nachricht, die für mich interessant ist, ist diese: dass W. [Wurmb] in der größten Verlegenheit war, aus der er auch noch nicht ganz ist. Die Wechsel, so auf ihn laufen und teils verfallen sind, betragen über 20,000 Mark B. Nun ist zwar Schw. [Schwalb] gekommen und hat für alles hinlängliche Sicherheit, es ist aber noch die Frage: ob so viel Banko-Geld hier zu erheben sein wird. Ich wünsche es um seinet- und meinetwillen.

Wie glücklich sind Sie, dass Sie in Ihrem einsamen Wolfenbüttel sind; und wie glücklich würde ich mich schätzen, wenn ich auch erst da wäre oder wenn ich nur wenigstens hoffen könnte, einmal dahin zu kommen; aber auch die Hoffnung verlässt mich sehr oft.

Es mag indes kommen wie es will: bleiben Sie nur mein Freund, so werde ich mein Schicksal, es sei wie es will, weit leichter ertragen.

Eben wird mir erzählet: dass Ws. [Wurmbs] Sache gut geht, und dass Professor B. [Büsch] mit Anfang künftiger Woche die Akademie übernehmen soll. Wenn der gute Mann sich nur nicht in einen Embarras setzet, dem er seiner schwächlichen Gesundheit wegen nicht gewachsen ist.

Für heute kann ich Ihnen nicht mehr schreiben, weil ich mit der Wiener Post zu viel zu tun habe. Ich will Sie nur noch bitten, mir ja bald zu sagen, wie Sie sich in Ihrer Einsamkeit befinden, und dass Sie sich der Einsamkeit nicht so sehr überlassen sollen, damit Ihre Gesundheit nicht leidet.

Sie werden mir diese Bitte gewähren, sobald Sie das Vertrauen in mich setzen, welches Sie in Ihrem Briefe äußern. Zumal da ich Sie auf das teuerste versichern kann, dass ich dieses Vertrauen verdiene, und dass ich Sie unaufhörlich mit dem aufrichtigsten Herzen lieben und hochschätzen werde.

E. C. König

Dem Kutscher habe ich die Kleinigkeit gleich am Sonnabend bezahlt.

51 *Hamburg, den 14. November 1771*

Mein liebster Freund!

Sie können mir nichts Angenehmers sagen, als wenn Sie mich immerwährend versichern: dass Sie gesund und vergnügt sind. Wenn ich denn auch keine heitern Tage hätte, so wären es die, welche mir diese Nachrichten mitbrächten. – Außer denen werde ich auch wohl wenige haben. Statt dass sich Schwierigkeiten heben sollten, äußern sich immer neue. Die wegen meines Sch.s[Schwagers] wäre nun wohl wahrscheinlicher Weise gehoben; allein der Herr von W. [Wagener] schreibt mir kürzlich: da seine Sozietät sich im Junius kommenden Jahres auseinandersetze und gefolglich die ganze Handlung sich aufhübe, so müsse er nun schon sorgen, den Fond zusammenzuschaffen; er rechnete also auch auf das, was ich ihm schuldig wäre. – Da dieses Haus eine große Stütze von meinem Wiener Werke gewesen, auf das ich bei Beibehaltung desselben notwendig musste rechnen können, so bin ich nun schlechterdings gezwungen, es zu verkaufen, was ich ihm auch deutlich geschrieben, wobei ich es ihm selbst zugleich angetragen habe. Wollte Gott! er übernähme es, und würde reich dabei. Ich wollte gerne in dem elendesten Winkel der Welt Wasser und Brot essen, wenn ich nur aus dem Labyrinth einmal heraus wäre!

Sehen Sie, mein Freund, ob ich wohl nicht Ursache habe missvergnügt zu sein, und dass ich es nicht deswegen bin, weil ich nicht ganz vergnügt sein kann, sondern weil ich auch nicht eine angenehme Aussicht habe! Ermüden Sie nur nicht bei allen diesen Klagen! Warum haben Sie von mir gefordert, dass ich aufrichtig sein soll? Ich hätte Sie sonst lieber damit verschont; ob es mir gleich ein wahrer Trost ist, wenn ich mein Herz gegen Sie entlade. Nur muss es Ihre Ruhe nicht stören. Dies müssen Sie mich versichern, sonst höre ich lieber auf, Ihnen die geringste Nachricht von mir zu geben. Deswegen sollte unser Briefwechsel doch nicht aufhören. Er sollte umso angenehmer für Sie sein, denn alle Neuigkeiten, um die ich mich nur wenig bekümmere, würde ich alsdenn mit Mühe aufsuchen und Ihnen mitteilen.

So wie ich mich denn nun auf einige besinne, um nicht wieder auf mich selbst zu kommen. – Ackermann, unser guter Ackermann! hat endlich seine Hauptrolle gespielet. Gestern Abend ist er gestorben. Doktor Daal hat sich viel Mühe gegeben, ihn zu überreden, sich das Bein abnehmen zu lassen, weil er ihn dann gewiss zu retten glaubte; er hat es aber durchaus nicht gewollt.

W.s[Wurmbs] Projekt muss noch nicht ganz und gar verworfen sein, wie Sie glaubten. Er hat eine Staffette aus Braunschweig gekriegt, worauf er gleich dahin abgereiset ist; und zwar in Gesellschaft von B. [Bostel]. Doch, warum schreibe ich Ihnen das? Sie haben sie vermutlich schon gesehen?

Die Akademie hat B. [Büsch] bereits übernommen. Heute sind die jungen Leute umgezogen, nach dem Hause, so Bk. kürzlich verlassen hat. Allein in B.s[Büschs] Hause werden sie speisen. Eine große Last, so Madam B. [Büsch] sich aufbürdet, die sie vermutlich bald müde sein wird, wenn es nicht recht gut lohnet. Und daran zweifle ich. K. [Knorre] hat seine Söhne wieder bei sich, und ist fest entschlossen, sie um Ostern nach Wolfenbüttel zu bringen.

Hier hat mich Madam B. [Büsch] unterbrochen. Ich war erstaunt, sie in der Nacht um halb neun zu sehen. Sie ist recht vergnügt und so voll von ihrer neuen Einrichtung, dass sie wohl gar das Lomber drüber vergisst.

Ich muss schließen, weil ich noch viele andere Briefe zu unterschreiben und nachzusehen habe. Nächstens mehr; aber nicht eher wieder was von mir und meinen Umständen, bis ich Antwort auf diesen habe. Ich bin mit den aufrichtigsten Gesinnungen

ganz die Ihrige

E. C. König

Dass Sie diesen Brief ja wohl verwahren!

52 *Braunschweig, den 15. November 1771*

Meine Liebe!

Ich bin seit drei Tagen in Braunschweig, wo ich allerlei zu tun habe, so dass ich Ihnen schwerlich von hier aus schreiben würde, wenn mir nicht etwas auf dem Herzen brennte, das ich unmöglich länger für mich behalten kann und das ich Ihnen notwendig mit ein paar Worten melden muss.

Man lässt sich, über Berlin, durch den Kanal des P. [Professor] S. [Sulzer] und des jungen B. von Sch. [Baron van Schwieten], welcher, wie Sie wissen, Kaiserlicher Gesandte in Berlin ist, bei mir erkundigen, ob ich wohl geneigt wäre, unter vorteilhaften Bedingungen nach Wien zu kommen. Näher will man sich darüber nicht auslassen, bis ich mich vorläufig erkläret, ob man überhaupt auf mich rechnen könne oder nicht.

Ich antworte mit heutiger Post, wenn der Vorschlag nicht das Theater beträfe, so könne man auf mich rechnen. Nur mit dem Theater möchte ich nichts zu tun haben, wenigstens so lange nicht, als es unter einem Impresario stehe, und nicht unmittelbar von dem Hofe abhänge. Doch ich glaube auch nicht, dass der Vorschlag das Theater betrifft, sondern dass etwas ganz anders im Werke ist.

Habe ich recht geantwortet, meine Liebe? – Ich will es hoffen, und Sie begreifen leicht, was meine liebste Aussicht dabei sein kann. Was geschehen soll, weiß die Vorsicht am allerbesten zu lenken. – Wenigstens sehe ich doch aus dieser Anfrage, dass man in Wien an mich denkt – an dem Orte, von welchem Sie so gern los sein möchten, und von welchem Sie vielleicht nie loskommen sollen. – Wenn Sie doch dieser Gedanke nur im Geringsten aufheitern könnte! Sie glauben nicht, wie viel ich leide, wenn ich mir Sie niedergeschlagen denken muss!

Nähestens, sobald ich wieder in Wolfenbüttel bin, ein Mehreres. Sein Sie indes wenigstens gesund! Mit der Versicherung meiner innigsten Liebe brauche ich hoffentlich keine Zeit zu verlieren. Ich schreibe Ihnen heute nur, um Ihnen etwas Neues zu melden; nicht aber, um Ihnen etwas Altes zu wiederholen. Ich bin, meine liebste, beste Freundin,

ganz der Ihrige

L.

53 *Wolfenbüttel, den 20. November 1771*

Meine Liebe!

Ich würde mit der Nachricht, die ich Ihnen in meinem Letzten überschrieben, nicht so geeilet haben, wenn ich hätte vermuten können, was für eine Nachricht indes in Ihrem Briefe an mich unterwegs wäre. Wahrlich, eine unangenehme Nachricht! – Aber ist denn das eben dieser W. [Wagener], von dessen Freundschaft gegen unsern seligen Freund Sie mir wohl sonst so viel Rühmens gemacht haben? So will er Ihnen diese Freundschaft noch nach seinem Tode sehr teuer bezahlen lassen. Denn es ist natürlich, dass Sie sehr viel verlieren müssen, wenn er Sie zwingt, das Werk so auf den Plotz, vielleicht für das erste beste Gebot, zu verkaufen. – Indes, meine Liebe, Sie müssen auch schon dieses über sich ergehen lassen. Halten Sie sich an Ihrem Troste, dass Sie an all dem Unglück nicht Schuld sind. Erhalten Sie sich nur heiter, um sich gesund erhalten zu können; verlieren Sie, was Sie verlieren müssen; erhalten Sie für *Ihre Kinder* so viel, als Sie erhalten können, und überlassen Sie ruhig alles Übrige der Vorsicht. – Wenn *Sie* weiter in Wien nichts zu suchen haben, wenn *Sie* nichts mehr nötigt, vielmehr da, als an einem andern Orte zu leben: so ist auch *mir* Wien ein sehr gleichgültiger Ort, den ich, unter den allervorteilhaftesten Bedingungen von der Welt, nicht mit meinem gegenwärtigen Aufenthalte vertauschen wollte. Ich werde also sicherlich alle Vorschläge dahin ablehnen, und keinen weitern Gebrauch davon machen, als dass ich mir hier damit, womöglich, irgendeine Verbesserung zu verschaffen suche. Und alsdenn, meine Liebe, können Sie weiter keine Ausflucht haben, mir Ihr Wort zu halten. Wenn Sie lieber in dem elendsten Winkel, lieber bei Wasser und Brot leben wollten als länger in Ihrer gegenwärtigen Verwirrung: so ist Wolfenbüttel Winkels genug, und an Wasser und Brot, auch noch an etwas mehr, soll es uns gewiss nicht fehlen. –

Fahren Sie indes ja fort, mich in Ihren Briefen vornehmlich von Ihren Umständen zu unterhalten. Bloße Neuigkeiten aus Hamburg können mir andere schreiben, für die ich weniger empfinde. Durch die Widerwärtigkeiten, welche Ihnen zustoßen, kann meine Liebe unmöglich erkalten. Eher, fühle ich, dass sie das könnte, wenn Sie sehr glücklich wären. –

Der gute Ackermann! – er tut mir leid. Bst. [Bostel] hatte die Nachricht mitgebracht, dass er sich das Bein wirklich abnehmen lassen oder doch fest entschlossen gewesen, es tun zu lassen. Man fragte mich schon, ob er mit dem Stelzfuße auch noch den Wachtmeister spielen könnte? Aber mir war um die Franziska bange, so viel ich ihrer Zuneigung auch sonst trauen würde. –

Ich glaube es nicht, dass W. [Wurmb] in Angelegenheiten der Bank hier gewesen. Denn er hat in Braunschweig niemanden gesprochen, als die Familien, mit welchen er sich versteckt hat. Ich will wünschen, dass auch Sie mit ihm aufs Reine sein mögen.

Vor einigen Tagen habe ich hier einen Besuch gehabt von dem W. [Wagener], den Bb. [Bubbers] nach Wien geschickt hatte, um ihm das bewusste Privilegium auszuwirken. Er sagte mir, dass ihm Bb. [Bubbers] die ganze Sache nunmehr abgetreten habe, und dass er auf Ostern wieder nach *Snoim* reisen werde, um die Fabrik auf einem nicht weit davon gelegenen Schlosse des Fürsten von Lichtenstein einzurichten. Ich glaube aber, es ist lauter Wind: denn eigentlich reiset dieser W. [Wagener] für die E.sche[Eutinische] Lotterie. –

Ich bedaure, meine Liebe, dass ich das Verlangte noch nicht absenden können. Um die Linsen und Erbsen recht gut zu haben, versprach mir der G. K. v. H. [Geheime Kammerrat von Hoym], sie mir von seinem Gute kommen zu lassen. Ich sehe ihnen alle Tage entgegen. –

Auch habe ich Malchen nicht vergessen: aber ich habe nicht nötig, die Salbe erst zu schicken; Sie können sie leicht selbst machen. Die Hauptsache kömmt darauf an, dass sie sich an den erfrornen Fingern recht oft mit ganz kaltem Wasser oder lieber mit Schnee wäscht und sodann die Hände mit der Salbe überstreicht und Handschuh darüber zieht. Die Salbe ist nichts, als Provenzeröl mit weißem Wachs über einem gelinden Kohlfeuer gut vermischt. –

Ist die kleine Kiste mit den Büchern bereits abgegangen? Es sind einige darin, die ich bald brauchen dürfte.

Leben Sie recht wohl, meine liebste, beste Freundin. Ich gehe jetzt des Abends manche schöne halbe Stunde auf meinem Zimmer auf und nieder, und denke an nichts, als an Sie. Mit meinen Augen will es so recht doch noch nicht fort; und ich kann sie auf keine bessere Weise schonen, als wenn ich

mich, anstatt sie anzustrengen, in Gedanken mit Ihnen unterhalte. Malchen, Engelbert und Fritz sind doch wohl und munter? Ich umarme Sie mit ihnen allen tausendmal, und bin
ganz der Ihrige

Lessing

54 *Hamburg, den 20. November 1771*

Liebster Freund!
Ich habe Ihnen sehr Unrecht getan! – Sie erinnern sich doch wohl, dass ich immer sagte, außer Wolfenbüttel dächten Sie schwerlich an mich – Nun denken Sie nicht allein an mich, sondern geben mir auch den größten Beweis Ihrer Freundschaft, durch das Vertrauen, so Sie in mich setzen; indem Sie mir so geschwinde eine Nachricht mitteilen, die, wie Sie voraussehen konnten, mir überaus angenehm sein musste.

Allerdings wollte ich Ihnen raten, eine Stelle in W. [Wien] anzunehmen, sobald sie so wäre, dass Sie sie mit Vergnügen begleiteten, und wäre sie auch beim Theater. Sie dürften sich ja nur ausbedingen, unmittelbar vom Hofe abzuhängen. Sie würden dort mit ungleich mehrerm Agrement leben als in Wolfenbüttel, wo Sie außer der Bibliothek nichts verlassen würden, was Sie attachieret; und diese würde Ihnen auch wieder ersetzt. Alsdann würden Sie finden, wie allgemein Sie dorten beliebt sein würden; denn bei persönlicher Bekanntschaft leiden Sie keine Gefahr. Und man ist jetzt schon so sehr für Sie eingenommen, was wird man dann nicht sein! Wenn es die Vorsehung so lenkte, dass ich mein W. [Wiener] Geschäft beibehalten könnte! – – Doch ich will nichts wünschen; es wird ohne mein Wünschen alles so kommen, wie es kommen soll.

Überhaupt will ich Sie heute mit etwas anders als von mir und meinen Umständen unterhalten, und wann Sie wollen, so will ich ganz aufhören, Ihnen Dinge mitzuteilen, die Sie beunruhigen.

Die außer mir nehme ich aus, sonst würde ich Ihnen nicht erzählen, dass Madam Z. [Zinck] dem Tode nahe ist. Im Ernste: Sie ist sehr krank an einem Brustfieber, und ihr Bruder glaubt, dass eine Zehrung daraus entstehen könne. Was würde aus dem armen Z. [Zinck] werden! Sie müssten wahrhaftig herüber kommen und ihn trösten. Den Ort, wo er am ersten zu trösten wäre, hätte ich, wie ich glaube, schon ausgefunden. Und diesen Ort haben Sie doch bei Ihrem Hiersein zu wenig besucht. Dies könnten Sie bei dieser Gelegenheit wieder gut machen. Man sagt so, Sie machten sich hierüber Vorwürfe, und hätten bloß deswegen mit Bst. [Bostel] wollen auf hier reisen. Ist es wahr, so wünschte ich, dass Ihr Gewissen Ihnen ein bisschen mehr zugesetzet hätte. Diese und folgende Neuigkeiten habe ich heute von Madam Sch. [Schmidt].

Basedow ist verreist, das wissen Sie; aber er soll sich vor der Abreise bei *Götzen* zum achtenmal haben melden lassen, endlich habe er ihn angenommen, nachdem er ihn eine halbe Stunde vor der Türe hätte halten lassen. Wie ihre Unterredung ausgefallen, ob sie Herzensfreunde geworden, oder Erzfeinde geblieben sind, weiß man noch nicht.

Was mich gewundert hat und Sie gewiss auch sehr wundern wird, ist das, dass Alberti und Kl. [Klopstock] wieder ausgesöhnet sein sollen. Alberti hat, wie man erzählet, an Kl. [Klopstock] Abbitte getan, und unter andern soll er sich bei Madam von W. [Winthem] damit entschuldigt haben: dass er das Nachteilige, so er von ihr gesagt, gegen niemand als ihre Freunde gesagt habe. Eine seltsame Rechtfertigung! die mich eher mehr erbittert, als besänftiget hätte. Ich glaube es auch nicht und zweifle noch dazu an der Aussöhnung. Mich däucht, die kann von Kl.s[Klopstocks] Seite so leicht nicht geschehen; es möchte denn der Menschenfreund Gr. [Graf] B. [Bernstorf] sich die Sache angelegen sein lassen.

Ich vermute fast, dass Ihnen diese Neuigkeiten alt sein werden, wenn Sie sich lange in Braunschweig aufgehalten haben oder wohl gar noch da sind. So sehr ich mich freue, wenn Sie so vergnügt leben, als Sie können; ebensosehr wünschte ich, dass Sie sich diesmal nicht so lange da verweilen mögen, weil ich weiß, dass ich von daher weiter keinen Brief erwarten soll. Sie denken denn doch an mich, davon bin ich nun überzeuget, so wie Sie hoffentlich überzeugt sein werden, dass niemand Sie aufrichtiger lieben kann, als

Dero ergebene

E. C. König

Haben Sie die Rezension von Claudius über Klopstocks Oden noch nicht gelesen, so schicke ich sie Ihnen. Schicken Sie mir bald davor die Erbsen und Linsen etc.

55 *Hamburg, den 25. November 1771*

Mein liebster, bester Freund!
Die ganze verflossene Zeit meines Lebens kann ich ruhig zurückdenken bis auf den Augenblick, worin ich schwach genug war, eine Neigung zu gestehen, die ich zu verbergen so fest beschlossen hatte; wenigstens so lange, bis meine Umstände eine glückliche Wendung nähmen. Ich bin überzeugt, Sie würden dennoch einen freundschaftlichen Anteil an allem genommen haben, was mir begegnet wäre; allein Sie hätten nicht meine Angelegenheiten zu Ihren eigenen gemacht, wie Sie jetzt tun; ob Sie es gleich nicht sollten. Denn der Vorsatz bleibt unumstößlich: bin ich unglücklich, so bleibe ich es allein, und Ihr Schicksal wird nicht mit dem meinigen verflochten. Meine Gründe hierüber wissen Sie, noch mehr, Ihre Aufrichtigkeit erlaubte Ihnen nicht, sie zu missbilligen; nennen Sie also nicht *Ausflüchte* – das Wort *Ausflucht* hat mich gekränket. – Fragen Sie Ihr Herz, ob es in dem nämlichen Fall nicht so handeln würde, und antwortet es Ihnen Nein, so glauben Sie nur, dass Sie mich nicht halb so sehr lieben, als ich Sie liebe. Das Einzige, warum ich Sie bitten will, ist, dass Sie sich durch mich in Ihrem Plan nicht irre machen lassen, sondern eben das tun, was Sie getan hätten, wenn Sie mich nicht kennten.

Wann man Ihnen von W. [Wien] wirklich vorteilhafte Anträge macht, so würde ich es Ihnen sehr verdenken, sie so schlechterdings auszuschlagen. Wenn ich mir vorstelle, dass Sie es in die Länge in Wolfenbüttel nicht aushalten, so glaube ich doch, dass Sie Ihr Leben in W. [Wien] angenehmer zubrächten, als in einem Kl. [Kloster] in Italien. Ich weiß nicht, ob die Furcht, Sie möchten diesen Entschluss fassen, oder eine Ahndung, dass mein Aufenthalt noch einmal in W. [Wien] sein wird – unerachtet es keinen großen Anschein dazu hat –, mich wünschen macht, dass Sie den Beruf dorthin annehmen mögen; genug, ich wünsche es. Und doch schwöre ich Ihnen, wenn ich die Wahl hätte, würde ich lieber in Wolfenbüttel, als in W. [Wien] mit Ihnen leben.

Bevor ich nicht mit der hiesigen Handlung zu Stande bin, ändere ich in W. [Wien] nichts, wenn ich nicht notwendig muss; und bis dahin wird man schon deutlicher erkläret haben, was man mit Ihnen im Sinne hat. Wären Sie geneigt, dahin zu ziehen, so dächte ich die Tapeten-Fabrik zu behalten, wenn ich sie nicht beide, durch Zuziehung eines bemittelten Kompagnons, beibehalten könnte. Überhaupt lässt sich hierin nichts Eigentliches bestimmen. Die Zeit wird lehren, was geschehen kann und muss. Auf die Antwort des Herrn von W. [Wagener] wird vieles ankommen. Es ist derselbe, dessen Freundschaft ich Ihnen so sehr angerühmt. Er war nicht nur der Freund meines Mannes, sondern auch mein Freund, der mich bei der Abreise mit Tränen versicherte, dass er alles, was in seinem Vermögen stünde, lebenslang für mich tun würde. Es ist mir noch dazu von vielen, und unter andern von seiner eignen Frau gesagt: er habe meinem Manne mehr Verbindlichkeit, als er nimmermehr ersetzen könne; weil er ihn durch einen Vergleich von einem Prozess gerettet, der ihn sein Vermögen gekostet haben würde. Nun ich das alles bei kaltem Blute überdacht habe, scheint es mir unmöglich zu sein, eine schlechte Begegnung von ihm erwarten zu dürfen; zumal ich ihn immer für einen sehr rechtschaffenen Mann gehalten habe.

Ich weiß nicht, bin ich seit einigen Tagen gesünder, wenigstens bin ich ruhiger, ob sich gleich Verdrießlichkeiten über Verdrießlichkeiten bei mir häufen – wozu Herr Wb. [Wurmb] auch das Seinige mit beiträgt. Sie wissen doch, dass ich noch mit 1200 Mk. für ihn verbürgt bin? und vermutlich wird er in dieser oder der andern Woche zu Rate einkommen müssen, und wie er selbst gesagt haben soll, etwa 5 bis 10 Prozent anbieten. Erzählen Sie es noch niemanden. Vielleicht führet ihm sein altes Glück jemand zu, der ihm heraus hilft.

Ihre Kiste mit Büchern ist den Tag, da Sie abreiseten, zugleich an die Herrn Friedrich Anton To der Horst Witwe seligen Erben abgeschickt, mit dem Auftrag, sie sogleich an Sie nach Wolfenbüttel zu schicken. Ich weiß also nicht, woran es liegt; ich erkundige mich desfalls heute, und wann Sie sie noch nicht haben, werden Sie sie ehestens Tages kriegen.

Meine Kinder sind alle wohl und erinnern sich Ihrer sehr oft. Sie empfehlen sich Ihnen, und Malchen dankt ergebenst für die Sorge, so Sie für sie tragen. Sie leidet sehr am Frost; ich wünsche nur, dass die Salbe ihr helfen mag. Die Linsen und Erbsen haben so große Eile nicht; wann Sie sie nur nicht ganz vergessen wollen.

Wenn W. [Wagener] expresse zu Ihnen gekommen ist, so glaube ich, dass er nur hat hören wollen, ob ich meine Fabrik behalte, oder angebe. Ich glaube, P. hätte wohl Lust dazu. Dass er eine neue anlegt, davor ist mir nicht bange. Er hat sich die Finger zu hässlich verbrannt.

Was ich neulich von Alberti und Kl. [Klopstock] schrieb, ist nicht an dem. Sie sind noch auf dem alten Fuß. Ich glaube, an der Nachricht von Basedow und Götze ist ebensowenig was dran.

Allein, Madam Z. [Zinks] Krankheit ist wirklich ernsthaft. Ich erschrak, wie ich sie gestern besuchte, dass ich sie so abgemattet und ausgezehret fand, und machte mir Vorwürfe, neulich darüber gescherzt zu haben. W. [Woodford], der alle mögliche Sorgfalt für sie hat, dringet darauf, sie soll einen andern Doktor nehmen, weil er glaubt, ihr Bruder vernachlässige sie. Ich hoffe, dass sie sich nicht dazu bereden lässt; denn ihr Bruder versöhnte sich in ihrem Leben nicht wieder mit ihr.

Und Sie klagen wieder über Ihre Augen! Waschen Sie sie fleißig mit kaltem Wasser, und brauchen Sie ja nicht alle die Mittel, die man Ihnen anrät, so wie Sie gewöhnlich tun. Wollte der Himmel, ich könnte Ihnen die Abende nicht durch Gedanken, sondern persönlich verkürzen helfen! Alle meine Wünsche wären erfüllt. Ich denke noch immer, sie sollen erfüllt werden. Nach solchen traurigen Tagen, wie ich nun habe, müssen wieder heitere kommen, und die können nicht wieder kommen, wenn ich nicht wenigstens das Glück habe, mit Ihnen an einem Ort zu leben.

Leben Sie wohl, mein teurer und redlicher Freund! Ich bin Ihre ganz ergebenste Freundin

E. C. König

56 *Braunschweig, den 6. Dezember 1771*

Meine Liebe!
Ich habe einen Posttag überschlagen, weil ich noch erst einen Brief von Berlin in der bewussten Sache abwarten wollte. Und bald überschlüge ich auch den zweiten; denn ich bin schon wieder in Braunschweig, wo ich allerdings nicht so leicht zum Schreiben kommen kann. Doch ich habe den Brief von Berlin erhalten, und muss Ihnen, wenn es auch noch so wenige Worte werden sollten, notwendig schreiben. – Der Vorschlag nach W. [Wien] betrifft das Theater nicht; und da es doch so ganz ausgemacht noch nicht ist, dass Sie sich von W. [Wien] gänzlich trennen müssen: so bleibt es bei meinem ersten Gedanken, und ich habe nochmals geäußert, dass ich mir die Veränderung wolle gefallen lassen. Man hat meinen Entschluss sogleich nach W. [Wien] gemeldet, und in einigen Wochen kann ich mich von dorther der völligen Erklärung gewärtigen. Vorläufig versichert man nur, dass ich auf zweitausend Taler Rechnung machen könnte; und diese, denke ich, werden in W. [Wien] doch wenigstens immer so gut sein, als sechs- oder achthundert Taler allhier. Es ist gewiss, und ich fange es wieder sehr deutlich an zu empfinden, dass, so einsam und verlassen ich jetzo da leben muss, mein Aufenthalt ohnedem von Dauer daselbst nicht mehr sein würde: und da ich voraus sehe, dass ich doch, über lang oder kurz, mich nach einer Veränderung sehnen würde, so wäre es töricht, wenn ich diese Gelegenheit wollte aus den Händen gehen lassen. Besonders bei der so weit aussehenden Hoffnung, die Sie mir auf Wolfenbüttel machen können: da es hingegen ungleich wahrscheinlicher ist, dass wir eher an jenem dritten Orte uns wieder zusammen finden können. Möchte es doch nur so bald als möglich geschehen! Sie glauben nicht, wie sehnlich ich dieses wünsche, und wie vergnügt es mich macht, dass ich versichert sein kann, dass Sie es auch ein wenig wünschen. Die böse Zwischenzeit! wer diese nur erst überstanden hätte! Doch, wenn wir sie nur gesund überstehen, das Andere wird sich auch finden.

– Und Sie sind doch noch gesund, meine Liebe? Ich will hoffen, dass ich morgen die Versicherung davon erhalte. Denn Sie werden doch nimmermehr so grausam gewesen sein, und auch nicht geschrieben haben? – Die gute Z. [Zinck]! wahr-

lich, sie dauert mich; aber ich denke, es wird so gefährlich noch nicht sein. Wenn es eine hitzige Krankheit ist, so bleiben Sie aber lieber von ihr weg. – Eben werde ich durch einen überlästigen Besuch gestöret. Ich umarme Sie tausendmal, meine liebste Freundin, und bin von ganzer Seele
ganz der Ihrige

Lessing

57 *Hamburg, den 10. Dezember 1771*

Mein lieber Freund!

Ich habe Ihnen keine so angenehme Nachricht zu geben, als ich von Ihnen erhalten. Denn meine Aussichten sind sehr zweideutig; allein zu den Ihrigen kann ich Ihnen von ganzem Herzen Glück wünschen. Allerdings können Sie in W. [Wien] mit 2000 Rtl. besser leben, als irgend an einem Orte. Kein Reichshofrat hat mehr denn viertausend Gulden, und hält dafür Equipage mit zwei Bedienten.

Der Eingang wird Sie neugierig gemacht haben, ich will deswegen gleich meine traurige Geschichte anfangen. – Kaum waren Sie acht Tage verreist, so kriegte ich die Wiener Papiere – die im Februar schon unterweges gewesen, und mit der bei Regensburg spoliierten Post verloren gingen. Sogleich setzte ich mich dabei, und zog meine vorjährige Bilanz, die ich mir eben nicht zum Besten vorgestellt hatte. Natürlicherweise beunruhigte mich dies nicht wenig. Ich schickte die Bilanz meinem Bruder – der ohnedem mein größter Kreditor ist – und schrieb ihm, er würde aus der Bilanz ersehen, dass mein Fleiß nicht gesegnet sei und wenn ich auf den Fuß fortführe ich in Sorgen und Kummer das Meinige bald vollends zusetzen würde. Ich müsste machen, dass ich von hier käme; dieses könnte aber nicht ohne noch eine Unterstützung von 15 000 Mark geschehen, wenn ich nicht mein hiesiges Lager verschleudern wollte. Ich überließ es seiner Beurteilung, ob er mich noch damit unterstützen könnte und *wollte*. Mich däuchte aber, dass, da auch der Herr von W. [Wagener] vielleicht auf seiner Forderung bestünde, und mich die Holländischen Tratten so viel kosteten, ich nicht besser tun könne, als wenn ich meinen Statum meinen Kreditoren vorlegte, und mir einige Frist von ihnen ausbäte, bis ich mich mit dem Wiener Werk arrangiert hätte. Ich sähe voraus, dass durch diesen Schritt mein kleines Vermögen auf der Waage stünde, wenn meine Gläubiger indiskret wären; allein bei der Möglichkeit, durch Zaudern in der Folge nicht allein mein Vermögen, sondern auch Anderer ihres aufs Spiel gesetzt zu sehn, hieße mich meine Denkungsart diesen Schritt wählen. Meinen Schwager, dem ich an den Mienen ansehen konnte, dass er mich beinahe für unklug hielt, und diesen Weg gar nicht billigte, doch aber keinen andern anzugeben wusste, als meine Freunde zu belästigen, bat ich auch, seine Meinung meinem Bruder zu überschreiben. Dies tat er. Mein Bruder stimmte mir bei, doch schrieb er: weil Herr K. [König] ganz anders urteile, so riete er, einen redlichen Freund zu Rate zu ziehen. Hierzu ward aber nicht allein ein redlicher, sondern auch ein einsichtsvoller und verschwiegner Mann erfordert. Die Schwierigkeit war: wo finden wir den? Endlich fiel mir ein Mann ein, der hier, auswärts, und besonders am Wiener Hofe, dafür passieret; ich kannte ihn aber nicht einmal von Person. Doch wagte ich es, und ersuchte ihn schriftlich um seinen Beistand. Sogleich bestimmte er mir eine Stunde, worin er zu mir kommen wollte. Er nahm Einsicht von allem, und fragte mich alsdann, was ich zu tun gedächte. »Einen jeden bezahlen, und wenn auch das Unglück wollte, dass bei der Wiener Fabrike mein ganzes Vermögen verloren ginge. Sie können zwar nicht leicht denken, dass, wenn sich ein Mittel treffen lässt, dieses zu erhalten, und doch meine Gläubiger völlig zu befriedigen, dass es mir allerdings lieber wäre.« Es ward beschlossen, meinen Gläubigern, deren etwa hier viere sind, die Bilanz zu zeigen, um sie zu beruhigen, und sie um sechs Monat Frist zu bitten. Da sie wohl einsahen, dass ich keine andere Absicht habe, als mit Ruhe meine Sache arrangieren zu können, so willigten sie sogleich ein, ohne dass sie ein Buch zu sehen begehrten.

Indessen haben diese Auftritte – an die ich nicht gewöhnet bin – mich dermaßen geschwächt, dass ich nicht auf den Füßen stehen kann, und noch gestern ganz gedankenlos war. Heute erst bin ich wieder erträglich. Bedauern Sie mich aber nur nicht zu sehr. Das Unglück hat auch seine angenehme Seite.

Diese Epoche hat mir einen aufrichtigen Freund erworben, der mit solchem Eifer für mich sorget, dass er gestern halb elf in der Nacht noch einen Weg von einer halben Stunde in meinen Angelegenheiten machte. – Gegen Sie kann ich ihn nennen, sonst will er noch nicht genannt sein – es ist Herr Johannes Schuback.

Nun muss entweder mein Schwager oder ich binnen kurzer Zeit nach Wien, um entweder die Fabrike zu verkaufen oder durch einen vermögenden Kompagnon zu unterstützen. Herr Schuback sähe gerne, dass ich die Reise machte; ich habe sie aber mit aller Macht von mir abgelehnet. Will es mein Bruder gerne haben, so tue ich sie, doch so ungern wie möglich.

Ihre Reise gehet wohl so bald nicht vor sich? sonst könnte mein Schwager Gesellschaft mit Ihnen machen. Dies würde mir umso lieber sein, weil er dann einen vernünftigen Ratgeber bei sich hätte.

Bald, bald wird es entschieden sein, ob wir uns an jenem dritten Orte wieder sehen. Ich glaube es kaum. Dann aber müssen Sie sich nicht so weit entfernen, ohne von mir Abschied zu nehmen. Es kann zwar sein, dass, wenn ich auch gleich nicht nach Wien gehe, ich doch vorher zu Ihnen komme. Mein ältester Bruder liegt mir an, zu ihm zu ziehen; ich habe aber immer eine Abneigung für meine Vaterstadt gehabt. Wer kann wissen, ob mir eine Wahl übrig bleibt?

Es ist Zeit, dass ich schließe, sonst komme ich auf Ideen, denen ich gerne ausweiche.

Ich wünsche, dass Sie so viel Ursachen hätten, vergnügt zu sein, als ich leider Ursachen habe, es nicht zu sein. – Lassen Sie sich doch nicht das böse Braunschweig am Schreiben hindern, und antworten Sie mir bald. Nichts kann mich aufmuntern, als Ihre Briefe; doch muss ich Ihnen gestehen, der letzte traf mich in einer Verfassung, worin mir alles gleichgültig war, so dass ich auch Ihren Brief wohl zwei Stunden uneröffnet liegen ließ. Sie können denken, dass es arg gewesen sein muss. Doktor M. [Matsen] könnte Ihnen dieses am besten schildern. Er war gegenwärtig, und hat manche Träne um mich vergossen.

Leben Sie wohl, mein bester Freund! Ich bin
Ihre aufrichtige Freundin

E. C. König

58 *Hamburg, den 11. Dezember 1771*

Mein lieber Freund!

Eigentlich weiß ich nicht, was ich Ihnen gestern geschrieben. Ich befürchte, ängstlicher, als ich nun tun würde, da ich mich schon mehr erholet. Mein Mut, alle mir sonst eigene Standhaftigkeit war weg; aber nur auf vierundzwanzig Stunden. Mein Bruder, der Professor, hatte mit den besten Absichten mehr dazu beigetragen, als alle andere. Er sprach von Armut, von der Unterstützung, die er lebenslang seiner Schwester reichen wollte. Sie urteilen leicht, was für Eindruck solche Reden auf mein ohnedem schon niedergeschlagnes Gemüt machen mussten. So wie ich aber nur erst wieder denken konnte, so konnte es mir an Trost, an Ermunterung nicht fehlen; und es wird mir umso weniger daran fehlen, wenn ich erst wieder recht gesund bin. – Dieses schreibe ich zu Ihrer Beruhigung. Weiter kann ich Ihnen für heute nichts sagen, weil die Post in einigen Minuten abgehet. Nur dieses füge ich hinzu, dass ich lebenslang sein werde

Ihre aufrichtige Freundin

E. C. König

Bedauern Sie die arme Z. [Zinck]. Ihr Kind liegt ohne Hoffnung, und sie ist auch noch sehr schwach.

59 *Wolfenbüttel, den 11. Dezember 1771*

Meine Liebe!

Ich werde sobald keinen Posttag wieder überschlagen; denn ich sehe, Sie lassen die Strafe zu geschwind nachfolgen. Doch können Sie nicht auch Abhaltungen oder andere Ursachen gehabt haben, ohne mich eben strafen zu wollen?

Mein voriger Brief war abermals aus Braunschweig. Sie werden nicht wissen, was ich so oft in Braunschweig mache. Ich will Ihnen also nur die Wahrheit gestehen, dass ich diesesmal bloß der Komödie wegen da war. Döbbelin mit seiner Truppe hatte schon vierzehn Tage gespielt, und ich musste ihn doch wohl einmal sehen. Er hatte sich ohnedem schon eingebildet, dass ich etwas gegen ihn hätte, weil ich zu keinem von den

Stücken hereingekommen war, die er von mir aufgeführet. Und doch würde ich mir den Weg um ihn auch noch nicht gemacht haben, wenn er mich, nebst seiner Frau, nicht ausdrücklich selbst abgeholet hätte. Nun habe ich ihn dreimal spielen sehen und bin wieder hier. Seine Frau ist hübscher als die Ackermannin, und doch will ich die Ackermannin unendlich lieber sehen.

A propos der Komödie! Sie versprachen mir ja, sie dort fleißig zu besuchen, und mir alle die neuen Stücke zu melden, die Ackermanns aufführen würden. Das ist kein einziges Mal geschehen, und ich will doch nicht hoffen, dass Sie seitdem auch kein einziges Mal wieder hineingekommen? Auch nicht einmal Brockmannen zu Gefallen? –

Künftige Woche, die ersten Tage, schicke ich den Vorrat, den ich für Sie bereits eingekauft habe, teils morgen oder übermorgen noch erhalte, unfehlbar ab. Wenn ich es auf dem Markte hätte wollen einkaufen lassen, so würde ich schlechte Ehre damit eingelegt haben. So aber, denke ich, sollen Sie zufrieden damit sein. Ich will das Fass, worein ich es packe, von hier nach To der Horsts in Braunschweig schicken, die es dann weiter expedieren mögen. Ich will ihnen aber schon dabei schreiben, dass sie es nicht so damit machen sollen, als mit meiner Kiste, die sie so lange in Braunschweig liegen lassen. Gut nur, dass ich sie doch endlich habe, und die Bücher von der Nässe nicht gelitten haben.

Von meiner Wiener Angelegenheit erwarte ich das Nähere täglich. Auch bestärkt sich mein Vorsatz immer mehr und mehr, diese Gelegenheit nicht aus den Händen gehen zu lassen. Besonders da ich nun auch ungefähr weiß, worauf es ankömmt.

Es kömmt doch zustande, wovon man schon vor zwei Jahren in Hamburg gesprochen; dass nämlich der Kaiser eine Akademie der Wissenschaften in Wien anlegen will. Und ich höre schon von einigen andern, die er gleichfalls berufen lässt.

Ist es wahr, was man hier erzählt, dass Mamsell Ackermann ihrem Vater eine so schöne und herzbrechende Parentation auf dem Theater gehalten, dass man die Wirkung, die sie auf die ehrlichen Hamburger gehabt, des andern Tages an der Einnahme sehr merklich gespüret hätte? Es sind doch sonderbare

Leute, die Hamburger, die lieber jeder andern Ursache wegen in die Komödie gehen wollen, als des Geschmacks wegen!

Und Madam Z. [Zinck] befindet sich besser? – So schreibt mir wenigstens Madam Sch. [Schmidt], von der ich eben einen Brief erhalten, den ich den nächsten Posttag beantworten will. Sie sprechen sich jetzt wohl weniger, als jemals?

K. [Knorre] klagt, dass es mit der Lotterie nicht so recht fort wolle; und dass sie seit kurzem über 150,000 Mk. verloren hätten. Ob es wohl wahr ist? Ich sehe aus seinem Brief zugleich, dass der arme W. [Wurmb] nun auch seinen Posten bei dem Lotto verloren hat. Aber haben sie ihm diesen denn so nehmen können? Wenn mir recht ist, so hörte ich einmal, dass Ihr Herr Schwager von dem Eintrage desselben noch seinen Anteil gehabt. Es sollte mir leid tun, wenn er nun auch darum mit ihm wäre! Sie, meine Liebe, werden mit ihm wohl gleichfalls hängen geblieben sein? K. [Knorre] schreibt mir, dass er noch gut weggekommen. Er wird also auch schon damals seinen Rückenhalter gehabt haben, als Sie sich wunderten, dass er so viele Wechsel für ihn girieret hätte. –

Wenn ich Ihnen sage, meine Liebe, dass ich dieses bei Licht in der Stunde der Mitternacht schreibe; so werden Sie mir verzeihen, dass es so unleserlich geschrieben ist. Ich kann es kaum selbst erkennen, was ich geschrieben habe; so wenig will es mit meinen Augen wieder fort. Und doch brauche ich ganz und gar nichts, als liebes kaltes Wasser.

Ich bin diesen ganzen Abend bei Ihnen gewesen, und nun will ich mich mit Gedanken an Sie niederlegen.

Leben Sie recht wohl, meine beste, meine liebste Freundin.

Der Ihrige

L.

60 *Hamburg, den 13. [bis 14.] Dezember 1771*

Mein lieber Freund!

Kommen Ihnen meine Briefe zu häufig, so denken Sie sich die Lage, in der ich bin: dass ich ohne den Trost, mich mit einem wahren Freunde darüber zu unterhalten, unfehlbar erliegen müsste. Ich suche mich zwar aller traurigen Gedanken zu entschlagen, allein mein Körper – hauptsächlich der Kopf – ist noch zu schwach, um anhaltend meiner Meister sein zu können. Nie habe ich Gott mit munterem Eifer gedankt, als für den Freund, den er mir in Herrn Schuback zuwies. Er ist der edelste, der rechtschaffenste Mann; allein so sorglich, so nachdenkend, wie ich leider! selbst bin. Alle möglichen Unglücke, die nur kommen können, sagt er mir vor. Er fürchtet, dass das Kapital in der Wiener Fabrik wie im Lotto lieget und dass ich also nicht allein alle das Meinige – mein Erbteil mit eingerechnet – verlieren, sondern auch meine Gläubiger zu kurz kommen können. Für mich, die das Werk kennet, ist zwar wenig Wahrscheinlichkeit, dass diese betrübte Prophezeiung in Erfüllung kommen könne, oder werde; allein denken Sie selbst, wenn einem so was so öfters wiederholet wird, so wird man zuletzt betäubt, und trauet seinem eigenen Urteile nicht mehr. Am Tage bin ich meiner mächtig; wenn ich aber in der Nacht auf einen solchen Gedanken komme, so weiß ich mich nicht wieder herauszufinden. Wenn ich nur erst wieder gesund wäre, so würde ich gewiss keinen Augenblick unruhig sein. Denn weder mein Herz noch mein Gewissen machen mir einen einzigen Vorwurf; vielmehr geben sie mir das Zeugnis, dass ich in allen Stücken so gehandelt, wie ich habe handeln müssen. Gottlob! dass ich die, an denen mir gelegen, hiervon nicht erst überführen darf. Unter diese zähle ich Sie. Nicht wahr, ich darf es kühnlich tun? Mein Schicksal mag also noch so hart sein, so kann ich ihm getrost entgegen sehen. Die Vorsehung, die es über mich verhängt, wird es mich auch gewiss ertragen lehren.

Ich wünschte nichts mehr, als wenn Sie doch nach W. [Wien] reisen sollten, Sie mit meinem Schwager zugleich reisen könnten. Sie würden ihm sehr nützlich sein können. Denn er weiß sich in wenig Umständen des Lebens zu raten. Ich würde deswegen lieber die Reise selbst tun; nicht, dass ich mir für mich allein mehr zutraue; sondern mit Hilfe guter Freunde glaubte ich mehr bewirken zu können; allein ich darf es nicht wagen, und das aus vielen Gründen nicht.

Die gute Madam Z. [Zinck] beklagen Sie wohl auch mit mir. Sie hat ihre Tochter verloren, und ist selbst noch sehr elend.

Sie hat die Bräune. Ob diese gleich ansteckend ist, so hätte ich sie zu anderer Zeit demohngeachtet besucht; aber jetzt ist mir mein Leben zu lieb. Meine Kinder konnten mich ehemals eher entbehren, als jetzt, da ihnen vielleicht nichts übrig bleibt, als der Trost, noch eine Mutter zu haben, die wenigstens alles anwenden wird, für ihre Erziehung zu sorgen.

Verzeihen Sie, wenn ich Sie wiederholt bitte, diese Briefe wohl zu verwahren. Auf die Verschwiegenheit kömmt es hauptsächlich an, sonst bin ich gewiss verloren.

Von Herrn von W. [Wagener] habe ich noch keine Antwort. Aber H. [Hornbostel] schreibt, wenn v. W. [Wagener] nur erst Briefe von mir hätte, so würde er gleich beruhigt sein. Dieser gab mir überhaupt gute Nachrichten; dass der Absatz sich ansehnlich vergrößert, und alles Übrige gut geht.

Sie sehen hieraus, dass der Schritt, den ich getan, aus bloßer Vorsicht geschehen, damit die Meinigen mir nicht den Vorwurf machen können, dass ich das Gewisse Fremden gegeben, und das Ungewisse für sie übrig gelassen hätte; weil sie denn doch das Wiener Werk für so sehr ungewiss halten.

Wenn die morgende Post was Neues mitbringt, so gebe ich diesem Briefe noch einen Anhang. Ich habe ihn heute geschrieben, weil ich nicht weiß, ob ich morgen dazu geschickt sein würde. So viel weiß ich, dass ich unter allen Umständen, sie mögen kommen, wie sie wollen, unverändert von ganzem Herzen sein werde

Ihre ergebene Freundin

E. C. König

Ich befinde mich heute ungleich besser als gestern, und so wird es alle Tage besser werden. Wenn ich nur beständig höre, dass Sie wohl sind und dass Sie mein Freund sein und bleiben wollen.

Die heutige Post hat mir keine Wiener Nachrichten, aber doch eine angenehme Nachricht gebracht, nämlich diese: – dass 1500 Gulden, die ich bei einem Augsburger Hause, so kürzlich falliert, zu verlieren geglaubt, glücklich gerettet sind. Wollte Gott, alles andere wäre auch so weit! Es wird aber auch wohl dazu kommen. An allem, was ich dazu beitragen kann, werde ich es nicht fehlen lassen, das Übrige will ich der Vorsehung anheim stellen. Das Angenehmste für mich ist, dass diejenigen, so auf mich hätten können böse werden, meine besten Freunde gewesen sind.

Leben Sie wohl, bester Freund, und schreiben Sie mir ja recht bald. Wenn Sie erst wissen, zu was man Sie in W. [Wien] destiniert, so sagen Sie's mir.

61 *Wolfenbüttel, den 16. Dezember 1771*

Meine Liebe!

Ihr Brief vom 10ten setzte mich in die äußerste Bekümmernis; mehr wegen Ihrer Gesundheit, als wegen alles andern. Ich erkenne es daher mit tausend Dank, dass Sie unverzüglich ein paar Zeilen nachfolgen lassen, die mich wieder beruhigen sollen; aber noch lange nicht mich beruhiget haben. Denn auch nach diesen sind Sie nicht völlig wohl – und wenn nur nicht schlimmer, als Sie mir melden mögen! O, meine Liebe, lassen Sie sich ja Dinge nicht so nahe ans Herz gehen, die nun einmal nicht zu ändern sind. Bedenken Sie, dass Ihre Gesundheit das Kostbarste ist, was Sie Ihren Kindern erhalten können.

Sonst ist ja der Schritt, den Sie getan haben, recht gut, so sauer er Ihnen auch geworden. Sie haben Luft, und können Ihre Anordnungen mit Gemächlichkeit machen. Auch ist es allerdings ein Glück, dass Sie in allen Fällen einen einsichtsvollen, ehrlichen Mann nunmehr zu Rate ziehen können.

Ich hoffe, es wird alles noch besser gehen als Sie glauben. Wenn aber in kurzem Ihr Herr Schwager oder Sie nach Wien müssen: so wünschte ich doch, dass Sie selbst die Reise dahin täten; versteht sich, wenn es Ihre Gesundheit erlaubt, und es bis zum Frühjahr verschoben werden könnte. Denn ich denke, dass Sie selbst mehr ausrichten würden, als jede andere Mannsperson, auch außer Ihrem Schwager. – Und dann wünschte ich dieses auch meinetwegen. Ich fände Sie sonach wohl schon in Wien, und – doch, ich will mir mein Glück nicht gar zu gewiss vorstellen. Lassen Sie uns ruhig sein, und das Beste hoffen, und jeden Augenblick nur immer das tun, was Rechtschaffenheit und Klugheit für das Gegenwärtige von uns fordern.

Rechtschaffenheit und Klugheit – beide zugleich, meine Liebe! Ich fürchte, ich fürchte, dass Sie bei der gegenwärtigen Lage Ihrer Sachen nur allzu geneigt sind, die erstere zu überspannen. Auch daher ist mir es lieb, dass sich nun ein Mann dabei interessiert, der hoffentlich von dieser Seite mehr Kaufmann ist, als Sie. Ich wollte Ihnen um alles in der Welt nicht raten, sich eine unredliche oder auch nur zweideutige Handlung zu erlauben, wenn Sie auch, ich weiß nicht was, damit retten oder gewinnen könnten. Ich wäre es wert, mich um alle Achtung damit bei Ihnen zu bringen. Aber ich sorge nur, dass Sie sich über Dinge Bedenklichkeiten machen könnten, nicht, weil sie Ihnen unredlich, sondern weil sie Ihnen nur nicht uneigennützig genug vorkommen.

– Schreiben Sie mir ja bald wieder, meine Liebe, wenn es auch nur ein Wort sein sollte. – Mein voriger Brief reuet mich. Denn so viel ich mich erinnere, habe ich Ihnen nichts als Torheiten darin geschrieben, die Ihnen ganz zur Unzeit werden gekommen sein. Ich glaubte Sie ebenso ruhig als mich. – Ich muss Sie noch auf unsere gute Z. [Zinck] verweisen! Wollten Sie mit ihr tauschen? Wollten Sie lieber ein einziges Kind verlieren, als in der Verwirrung noch einige Zeit fortleben, in der Sie sich jetzt befinden? – Denken Sie daran, meine Liebe, und leben Sie recht wohl.

Der Ihrige

L.

62 *Hamburg, den 19. Dezember 1771*

Mein bester Freund!

Ich sehe, Sie kennen mich besser als einer. Sie haben Recht, ich verfalle leicht in den Fehler, vor dem Sie mich warnen. Indem ich ihn begehe, fällt mir oft ein, neunundneunzig würden in dem Fall anders handeln; doch hält es mich nicht ab. Sie müssen aber wissen, dass ich so handeln muss, wenn ich glücklich sein will. Doch glaube ich auch, dass ich bei dem Schritte, den ich getan, nicht allein die Rechtschaffenheit, sondern auch die Klugheit zu Rate gezogen habe. Was hätte es mir genutzt, wenn ich alles erschöpft hätte, um die paar Hiesigen zu befriedigen, welches nicht ohne Hintansetzung meines Vorteils hätte geschehen können, und nun in der Verwirrung nach Wien gegangen wäre? Zu nichts! Im Gegenteil hätte ich mir den Hass meiner Verwandten mit Recht aufgebürdet, wenn die dortigen Anstalten nicht so einschlügen, wie sie zwar nun das Ansehen haben. Sie haben mich zu treulich unterstützet, als dass ich undankbar gegen sie sein könnte; und würden mich noch jetzo unterstützen, wenn ich es ernstlich begehrte. Mein ältester Bruder hat, so wie ich ihm schrieb, dass ich für dieses Jahr um einige tausend Mk. zu kurz käme, mir sie übermacht; ich habe sie aber zu seiner Disposition gelassen. Dieser Bruder, den ich nie so sehr geliebt habe, als die beiden anderen, wird mir nun der schätzbarste. Sie glauben nicht, was er alles für mich tut! Er nimmt nun auch Theodorn auf einige Jahre zu sich, weil mir die Pension zu kostbar, und er mir noch zu jung ist, um ihn unter ganz Fremde zu tun. Der Professor lobt ihn außerordentlich, dass er ein ganz umgewandter und fleißiger Bursche geworden wäre.

Ob ich mit der Z. [Zinck] tauschen wollte? Nein, und wären auch meine Aussichten noch trauriger! Allein sie würde gewiss auch nicht mit mir tauschen. Wie ich höre, erträgt sie den Verlust mit vieler Gelassenheit. So wie ihr Kind tot war, sprach sie von nichts als standesmäßiger Beerdigung, verordnete alle den Putz, und ließ ihn vor ihr Bett bringen. Ich begreife es nicht. Ihr Bruder nennt es Philosophie. Wenn dies Philosophie ist, so wünschte ich mir wohl ein kleines Teilchen. – Dann würde ich die Reise nach Wien selbst machen; aber so kann ich sie nicht wohl unternehmen, und zwar hauptsächlich aus dem Grunde, der mich in glücklichern Tagen bewogen hätte, sie unter keiner Bedingung einem andern zu überlassen; und dann so muss diese Reise spätestens binnen einem Monat geschehen, und ist mit Umwegen verknüpft, weil ich mein Warenlager zugleich dadurch anzubringen gedenke. Diese Fatiguen würde ich schwerlich aushalten können. Ich bin zwar nicht krank, allein ich bin matt, und kann des Morgens vor vier, fünf Stunden nicht zu mir selbst kommen. Ich denke aber, wenn das kontinuiert, dass ich ruhig schlafe, wie ich vorige Nacht getan, so kann ich mich bald erholen. Sie sehen, dass ich Ihnen ganz aufrichtig sage, wie ich mich befinde. Nun müssen Sie auch keinem Andern hierin glauben. Ich befürchte, Madam Sch. [Schmidt] habe Ihnen mehr von mir erzählt, als ich wünschte; mich däucht, ich kann es aus Ihrem vorletzten Briefe schließen. Sie ist mir in meinem Leben nicht so ungelegen gekommen, als just den Tag, da ich am schlimmsten war, wo ich wohl glaube, dass ich ihr lauter verkehrte Antworten gegeben habe.

W. [Wurmb] ist nicht allein zu Rate eingekommen, sondern auch sein alter Schwiegervater, und der junge T. H. [To der Horst]. Dessen arme Frau ist zu beklagen, weil sie die Erbschaft von ihrem Onkel noch nicht eingezogen hat, die nun unter die Gläubiger verteilt wird, und ihr Väterliches schon durchgebracht ist. – Wie geht es denn mit den Braunschweigern? Es wird gesagt, sie hätten ein Moratorium. Ist es wahr? Bei dem auf der Höhe habe ich auch noch einen kleinen Posten zu fordern; ich denke denn doch nicht, dass er eben verloren ist. – An W. [Wurmb] bin ich mit 1200 Mk. hängen geblieben, wofür mein Schwager haftet, und der hat, nach *seiner Sprache*, nun gute Aussichten bei dem Ulmer Lotto, wovon Y. die Oktroy hat. Wenn es nur nicht wieder vereitelt wird, wie das Frankfurter. Noch 800 Mk. stehen durch sein Verschulden auf der Wippe. Nicht wahr, Sie dächten, dass er dadurch angespornt würde, recht viel Aufmerksamkeit für mich zu haben, mich zu unterstützen, wo er nur könnte? Nein, keineswegs. Er bemühet sich nicht einmal, dieses Geld einzutreiben. Ich war auch schon einige Mal nahe dabei, alle Contenance zu verlieren, und wäre es wohl ein Wunder, wenn ich sie verlöre?

K. [Knorre] beklaget sich wohl mit Unrecht über Verlust bei dem Lotto; denn ich habe nicht gehöret, dass ein Mensch was Beträchtliches gewonnen hätte. Dass so viel nicht mehr eingesetzet wird, mag wahr sein; dies haben sie sich aber selbst zu verdanken, weil sie die Kollekteurs zu sehr einschränken. – W. hat sein ihn überall begleitendes Glück gerettet. Mit dem Rückhalt, den er hatte, wäre er schlecht weggekommen: dieser war der alte T. H. [To der Horst], und bei dem sollen die Umstände so schlecht, wie bei W. [Wurmb] sein.

Ich sehe ihn und alle meine Bekannten jetzt fast gar nicht. Doch vorigen Sonntag ließ Herr Sch. [Schmidt] nicht nach, ich musste ihn besuchen, da traf ich K. [Knorre], und weil ich gehört hatte, dass St. [Steinbrück] los sei, so fragte ich ihn darum. Er wich der Frage aus. Heute Abend sagte mir M. [Matsen]: St. [Steinbrück] sei gestorben, und Ratsherr Vogt hätte ihn verpflegt, und ließ ihn auch begraben. Vogt ist doch ein braver Mann! Ich habe ihn allemal dafür gehalten, und verteidigt, wenn man sich über seine nicht ganz feinen Sitten lustig gemacht hat; dies freuet mich nun doppelt.

Vom Ratsherrn Vogt kann ich leicht auf die Komödie kommen; denn er ist ein fleißiger Komödienbesucher. Ich muss gestehen, dass seit Ihrer Abwesenheit ich sie nur einmal besucht habe, und das Ihrer *Miß Sara* zu Gefallen. Ich bereute es aber, weil ich diesen Tag in solcher Verfassung war, dass ich weder *Miß Sara*, noch sonst ein Stück von Ihnen hätte sehen sollen.

Ob Mamsell Ackermann die herzbrechende Narration gehalten hat, weiß ich nicht; so viel kann ich Ihnen aber sagen, dass ich selbst Brockmann nicht mit einem Auge gesehen habe. In *Miß Sara* spielt er nicht. – Besuchen Sie den guten Döbbelin umso fleißiger. Was wollen Sie im Winter in Wolfenbüttel machen, da Sie doch nicht in der Bibliothek arbeiten können? Ihre Augen müssen Sie nun gar nicht anstrengen, da Sie die weite Reise vorhaben. A propos, haben Sie K. [Knorre] was davon geschrieben? Aus seinen Reden muss ich es schließen. – Sagen Sie mir doch, wer mehr berufen ist? Wieland ist wohl mit darunter.

Ich denke, es ist Zeit, dass ich schließe. Die Glocke schlägt zwei. Ich bin schon einmal zu Bette gewesen und bin wieder aufgestanden, weil ich nicht schlafen konnte; und weil mir einfiel, dass morgen früh eine Post abgeht, so schrieb ich diesen Brief. Ihren vorletzten Brief hatte ich nicht auf meiner Schlafstube. Ich denke denn doch, dass ich alles beantwortet habe. Ich bin

Dero ergebenste

E. C. König

63 *Hamburg, den 20. Dezember 1771*

Mein liebster Freund!

Es gehet mit meiner Gesundheit immer besser. Heute ist der erste Tag, an dem ich es fühle; ich schreibe diese Wirkung einem gestern gemachten Spaziergange zu, zu dem mich unser ehrlicher Doktor endlich, unter den schärfsten Bedrohungen, gebracht hat. Nun soll er diese anzuwenden nicht mehr brauchen; wenn nur das Wetter mich nicht abhält, so soll mich nichts abhalten, alle Tage eine Stunde auszugehen. Könnten Sie doch mein Begleiter sein! nicht just alle Tage, das hieße Ihnen zu viel zumuten, einmal in der Woche nur!

Eben ward mir eine Nachricht erzählet, die mich nicht angehet und die denn doch das bisschen Gesundheit, worüber ich mich freute, wieder sehr erschüttern kann. S. [Schmidt] steht um siebentausend Mark Banko auf der Pfändung. Sie erinnern sich der Wechsel? Die hat F. [Faber] in L. [Leipzig] eingelöset, und S. [Schmidt] hat ihn vermutlich nicht wieder remboursieren können, hat ihm also Wechsel auf sich ausgestellt, die sind hier eingeklagt, und der sie in Händen hat, hat zugleich Ordre, auf keine Art nachzugeben. Ich hoffe noch immer, dass nicht Mangel von Suffisance der Grund ist, sonst bedauerte ich unsere arme S. [Schmidt], die ganz ruhig noch alle Tage dem Vergnügen nachgehet und also vermutlich von nichts weiß.

Ich zitterte nicht umsonst, wie ich meinen Namen auf die Wechsel schrieb. Gottlob! dass er ausgestrichen ist. – Außer Ihnen würde ich keinem Menschen in der Welt diese Erzählung machen. Und vielleicht wissen Sie mir wenig Dank dafür. Denn es geht Ihnen gewiss so nahe wie mir; wenn ich es Ihnen aber nicht erzählte, so würde ich noch viel beklommner bleiben. Was mir das Bedenklichste ist: F. [Faber] würde nicht in ihn dringen, wenn er nicht zu riskieren glaubte; noch viel weniger würde er so in seinen Briefen auf ihn schimpfen, wie er tut. Es ist ein Glück, dass S. [Schmidt], der von meiner Lage nichts weiß, nicht zu mir gekommen; ich hätte ihm mit einem Teil helfen können, und es gewiss getan; denn seine Umstände hätte ich mir nie schlecht vorgestellt, und mag sie mir auch jetzt noch nicht schlecht vorstellen.

Ich hatte, und wollte Ihnen so vieles erzählen, nun bin ich aber nicht im Stande dazu. Dies, was ich Ihnen erzählet, ist nur zu wahr; nur wünsche ich, dass der Ausgang besser sein möge, als zu hoffen stehet. – Am Ende werden Sie meine Briefe gar nicht mehr erbrechen, weil der Inhalt immer so traurig ist. Nur Geduld! es kommt schon wieder eine bessere Zeit, wo ich Ihnen zum Ersatz lauter angenehme Dinge erzählen werde.

Dero ergebenste

E. C. König

Kommen Sie doch die Feiertage herüber. Wenn ich inkognito reisen könnte, käme ich zu Ihnen, ich träfe Sie aber wohl nicht in Wolfenbüttel.

64 *Hamburg, den 21.–23. Dezember 1771*

Mein liebster Freund!

Noch weiß ich nicht, wie sich die Sache, so ich Ihnen gestern schrieb, auflösen wird; allein da dieser Brief erst übermorgen abgehet, so hoffe ich bis dahin Nachrichten einzuziehen, die Sie und mich beruhigen. – Unterdessen will ich mich mit Ihnen von etwas anderm unterhalten, was mir sehr am Herzen liegt.

Je mehr ich Ihren letzten Brief überlese, je mehr werde ich überzeugt, dass Sie mich für eine Schwärmerin halten; Sie können mir aber wahrhaftig glauben, wenn ich Ihnen sage, dass ich nichts weniger bin als das. Es ist wahr, ich handle gern aufrichtig und redlich, meinem Charakter, meinen Grundsätzen gemäß; doch dass ich in dem Fall, worin ich jetzt bin, meinem Vorteil entgegen stehen sollte, bloß um den Schein der Eigennützigkeit zu vermeiden, keineswegs! Es würde mir leicht sein, Ihnen hiervon den deutlichsten Beweis zu geben, durch einen Vorfall, der mir erst kürzlich vorgekommen; und ich würde es tun, wenn ich nicht dabei Personen nennen müsste, die ich zu hoch schätze, als dass ich sie, um einer einzigen Unbilligkeit willen, in Ihren Gedanken heruntersetzen möchte. Doch etwas kann Ihnen erzählen, das Sie einigermaßen überführen wird. Unter meinen vier hiesigen Gläubigern ist der Jude P. [Poppert?], der, wie Sie wissen, ein schwerer reicher Mann ist, also die Forderung, so er an mir hat, für eine große Kleinigkeit ansieht, und überdies ein gutherziger Mann sein soll. Dieser erbot sich gleich gegen Schuback, er wollte mir 40 Prozent nachlassen, und mit den übrigen 60 Prozent so lange warten, als alle andere, wenn er oder ein Anderer ihm Bürge würden. So wie ich dies nur hörte, sagte ich: der Jude muss für sein Misstrauen gestraft werden. Wenn es Herr Schuback zufrieden – ohne den ich in dieser Sache nichts tue –, so nehme ich sein Anerbieten an, und zwar so, dass er auf keinen Fall weiter was von mir bekömmt. Bleibt mir nicht so viel übrig, dass ich leben kann, so will ich es mir zueignen; sonst soll es so verwandt werden, dass es P. [Poppert?] gewiss nicht besser wird verwenden können. – Die Sache liegt noch so, weil Herr Schuback mich gebeten, sie nicht abzumachen. Ich merke wohl, dass ein kleiner Eigensinn hierin herrschet, und dass, wenn P. [Poppert?] ins Reine mit mir will, er noch mehr verlieren muss, oder Sch. [Schuback] stimmt nicht mit ein. Nicht etwan, weil Sch. [Schuback] Bürgschaft leisten müsste; nein, ich würde ihn gleich bezahlen, sondern weil er ohnedies P. [Poppert?] nicht gut ist. Ich hingegen bin ihm recht gut; denn er führet sich gegen mich außerordentlich gut auf. Er hat Wechsel in Händen, so er von mir, auf das in Augsburg gebrochene Haus, gekauft, die folglich mit Protest zurückgekommen. Noch hat er mir nicht einmal den Protest vorzeigen lassen, und ich verdiente es doch, weil ich ihn so herumziehe. Er muss aber schon die Ursache wissen. Denn er hat mir einige Mal durch meinen Schwager sagen lassen: er wollte lieber die Sache mit mir abmachen, Sch. [Schuback] wäre ein viel zu hitziger Mann.

Glauben Sie noch, dass ich zu uneigennützig bin? Nicht wahr? Sie finden mich nun vielmehr eigennützig; besonders wenn ich Ihnen sage, dass, je mehr P. nachlässt, je angenehmer wird es mir sein, und warum nicht? er tut es ja freiwillig, und muss es also gemächlich tun können.

Hier ward ich ehegestern durch Madam Sch. [Schmidt] unterbrochen, die, weil alle ihre Vorstellungen nichts fruchten wollten, mich endlich durch einen Brief von Ihnen, den sie mir vorlas, stehenden Fußes zur Entschließung brachte, mit auf den Wall, und dann nach ihrem Hause zu gehen. Ich danke Ihnen für die Sorgfalt, so Sie für mich tragen, dass Sie sogar meine Freunde aufmuntern, mich nicht zu vergessen. Den

Nachmittag wäre ich bei Madam Sch. [Schmidt] recht vergnügt gewesen, denn sie war außerordentlich munter; ich hätte aber nicht wissen müssen, dass sie nicht heiter sein würde, wenn sie ihre Umstände kennte. Ich schwöre Ihnen, dass jedes laute Lachen, das sie tat, mir durch die Seele ging, vollends wie ihr Mann erst dazu kam, dem man, bei aller erzwungenen Freundlichkeit, den Kummer auf dem Gesichte las. Ich bin nicht unterrichtet, wie die Sache seitdem gelaufen, weil ich den Mann nicht wieder gesprochen, der sie mir erzählte. Ich hoffe, gut, und denke noch immer, dass es an der Disposition und an weiter nichts gelegen; denn für jemand, der in Hamburg von Renten lebt, muss dies eine große Kleinigkeit sein.

Sie werden sich wundern, dass ich mich bei anderer Leute Sorgen aufhalte, da ich deren selbst genug habe; ich muss Ihnen aber sagen, dass das eben das Mittel ist, mir die meinigen auf einige Zeit aus dem Gedächtnis zu schlagen. Ob ich zwar bei dem Tausche nicht viel gewinne, so bin ich schon damit zufrieden, dass ich mich wieder für Andere interessieren kann, da ich mich kaum mehr für mich selbst interessieren konnte.

Vielleicht sehe ich Sie gar bald, wo nicht noch in diesem Jahre, doch in den ersten Tagen des künftigen Jahres. Es kommt mir vor, als ob Herr Schuback lieber sähe, wenn ich die Reise selbst machte; spricht mich also mein Bruder nicht davon frei, so muss ich sie wohl tun. Ich für mich würde sie niemals unternehmen; bürden sie mir Andere auf, so mag der Ausgang sein, wie er will, dann habe ich ihn nicht zu verantworten. Ist es nicht so?

Ist es denn wahr, dass Professor Riedel, Gott weiß! was für ein Rat in Wien geworden, und die Religion verändert hat? Hier wird es durchgehends erzählet. – Von Ihnen und Andern, die dahin berufen werden sollen, weiß man noch nichts; wenigstens habe ich noch nichts davon gehört.

K. [Knorre] ist unterdessen in großer Verlegenheit, bis er weiß, ob Sie bleiben. Im Fall Sie weggehen, will er seine Söhne nicht nach Wolfenbüttel tun; und nach seiner Frauen Reden zu schließen, so schickt er sie doch nicht hin, wenn Sie auch da bleiben, weil das, was man für sie begehrt, ihm zu viel däucht. Er wird so ökonom, dass ich fast glaube, dass das, was er Ihnen vom Lotto geschrieben, wahr sein müsse. Doch der

Geiz wächst auch oft mit dem Gelde! – – In der vorigen Ziehung haben sie durch Nummer 11 viel verloren, doch nichts über den Einsatz.

Sie verzeihen, dass dieser Brief auf so schlechtes Papier geschrieben, (wie ich ihn anfing, hatte ich kein anderes bei der Hand), und dass er noch dazu auf der andern Seite überwischt ist. Dies hat Fritze getan, der ihn, nach seiner Sprache, mit einem nassgemachten Papier scheuern wollte. Strafen Sie mich dafür, und schicken Sie mir einige Ihrer Stücke, ohne sie ins Reine zu schreiben. Sie erinnern sich doch wohl, dass Sie mir es ohnedies versprochen haben? Keine Seele soll jemals erfahren, dass ich sie gelesen habe; noch viel weniger eine Silbe davon zu lesen bekommen. Dies trauen Sie mir ohne Beteurung wohl zu?

Das Kästchen, so ich mit der heute abgegangenen Post an Sie abgeschickt, werden Sie wohl erhalten; da aber der Adressbrief verloren gehen könnte, so muss ich anmerken, dass der Brief so mit der Aufschrift: an die Frau von D. [Döring] darinnen liegt, nicht an dieselbe, sondern an *Sie* ist.

Ich wünsche Ihnen vergnügte Feiertage! Alles Vergnügen, was ich in denselben erwarte, ist ein Brief von Ihnen; ich denke nicht, dass der morgen ausbleiben wird. Es sind ja schon vier Posttage verstrichen, ohne dass ich einen erhalten. Nehmen Sie dies nicht als einen Vorwurf an. Ich müsste die unbescheidenste Person von der Welt sein, wenn ich die Absicht hätte, Ihnen einen Vorwurf machen zu wollen. Der Fehler liegt nicht an Ihnen, nur an mir. Sie schreiben fleißig genug; ich aber kann Ihre Briefe nicht genug zu lesen bekommen; und Sie täten nicht übel, wenn Sie mich nachgerade davon entwöhnten. Es wird doch leider! bald eine Zeit kommen, wo ich lange, lange werde warten müssen, ehe ich was von Ihnen höre.

Es ist wohl Zeit, dass ich schließe; doch ehe ich schließe, muss ich Sie bitten, sich durch die Entdeckung, so ich gemacht – dass Sie mich für eine Schwärmerin halten – nicht abschrecken zu lassen. Sagen Sie mir bei allen Gelegenheiten, worin ich fehle, und fehlen könnte. Sie werden mich nicht allein verpflichten, sondern auch bessern.

Dero ergebenste Freundin

E. C. König

65 *Wolfenbüttel, den 23. Dezember 1771*

Meine Liebe!

Ich hatte diesen Morgen das Vergnügen, zwei Briefe zugleich von Ihnen zu erbrechen. Aber wie gern hätte ich Ihnen den einen geschenkt: die Nachricht von Ihrer Gesundheit darin ausgenommen. – Sie glauben nicht, wie sehr mir der Unfall des C. R. S. [Schmidt] durch die Seele geht. Umso mehr, da ich glauben muss, dass es allerdings Unvermögen ist, was ihm denselben zugezogen. Gott, wie soll es der armen Frau gehen? und einer so zahlreichen unerzogenen Familie! Wenn sie von ihren Freunden noch etwas zu erwarten hat, so werden sie es ihr sauer genug machen und ihr sicherlich den Schritt, den sie wider ihren Willen getan, auf jedem Bissen vorwerfen. Das ist das Schrecklichste, was ich mir denken kann. – Ich bin ihm, S. [Schmidt], noch einige hundert Mark schuldig. Ich will mein Möglichstes tun, sie ihm nächstens zu übermachen. Ich weiß wohl, dass ihn diese Lumperei nicht retten kann; aber ich mag ihm doch auch unter diesen Umständen nicht länger schuldig sein. Ich muss ihm die Gerechtigkeit widerfahren lassen, dass er immer sehr freundschaftlich gegen mich gewesen, und mir es ausdrücklich überlassen, ihm das, was ich ihm bei meiner Verlassung seines Hauses schuldig blieb, nach meiner Bequemlichkeit abzutragen. Ich habe es auch zum Teil getan; würde aber doch emsiger darin gewesen sein, wenn ich mir seine Verlegenheit so dringend vorgestellet hätte. Ich glaubte, bei meiner letzten Ausflucht von Hamburg nach Berlin, ihn ganz befriedigen zu können; aber es schlug mir fehl, und was ich damals dort einzubekommen hoffte, bekomme ich nun erst dieses neue Jahr, und wer weiß auch, ob noch alles. –

Ich gehe morgen nach Braunschweig; und ich schreibe Ihnen von da aus den nächsten Posttag ausführlicher. Ich habe diesen nur nicht vorbeilassen wollen, ohne Ihnen zu bezeugen, wie sehr mich die guten Nachrichten von Ihrer sich wieder einstellenden Gesundheit erfreuen. Ganz gewiss wird sich auch alles Übrige finden. – Leben Sie indes recht wohl, meine Beste.

Dero ergebenster

L.

66 *Wolfenbüttel, den 26. Dezember 1771*

Meine Liebe!

Ich wollte gestern nach Braunschweig, bin aber nicht weiter, als bis auf das Weghaus gekommen. Da fand ich Zachariä, aß mit ihm zu Mittage und Abend, plauderte mich mit ihm aus, und fuhr glücklich wieder nach Wolfenbüttel. Denn eigentlich wollte ich doch in Braunschweig nichts, als mich einmal zerstreuen; und da ich diese Zerstreuung auf halbem Wege fand, so hatte ich dort weiter nichts zu suchen.

Was ich mit dem ersten Posttage von dort aus tun wollte, tue ich also von hier – an Sie schreiben, meine Liebe. Und damit will ich mir den zweiten Feiertag recht angenehm vertreiben. Freilich wäre ich lieber eine Stunde bei Ihnen! Die Sonne hat gestern und heute so schön geschienen, und es ist so angenehmes Wetter gewesen, dass wir, wenn es bei Ihnen auch so ist, sicherlich einen Spaziergang auf den Wall gemacht hätten. Aber Sie haben ihn doch auch gewiss ohne mich getan? Halten Sie ja heilig, was Sie dem Doktor versprochen, und Ihrer eigenen Gesundheit so schuldig sind! Ich bin versichert, dass, wenn es nur erst mit der wieder recht gut steht, alles Übrige Ihnen ein Spiel sein wird; – ein Spiel, obschon nicht mit den besten Karten, doch aber immer noch gut genug, die Partie hinzuhalten. Endlich kommen denn wieder einmal gute Karten; und die Erinnerung ist angenehm, auch einmal unglücklich gespielt zu haben.

Ich habe die Tage her Sch.s [Schmidts] nicht eine Stunde aus den Gedanken verlieren können; und mich verlangt äußerst, aus Ihrem nächsten Briefe zu ersehen, ob und wie dieses Ungewitter vorübergegangen. Ich denke, dass F. [Faber] noch Geduld haben wird. Lieb ist mir dabei, dass das Lotto-Comtoir unter M. [Mannes'] Namen geht: denn ich habe dieses den Interessenten der hiesigen Lotterie, an die Stelle des jungen T. H. [To der Horst], bestens empfohlen, und es ist mir noch Hoffnung gemacht, dass es die dortige General-Kollekte für Braunschweig erhalten soll. Wenn es aber nur nicht auch mit auffliegt! Denn in Hamburg weiß es doch jedermann, wer eigentlich der Unternehmer davon ist, und es kann leicht, wenigstens dort, an seinem Kredit vieles verlieren.

In meiner Wiener Sache, schreibt man mir aus Berlin, habe ich nun nächstens unmittelbar von dorther Briefe zu erwarten.

K. [Knorre] habe ich nur so viel davon geschrieben, dass eine Veränderung mit mir im Werke sei; ohne die geringsten weitern Umstände. Ich war dieses schuldig zu tun, weil er sonst mit seinen Söhnen, die er auf die Schule anher nach Wolfenbüttel tun wollte, auf mich gerechnet hätte; und es wäre unartig gewesen, wenn ich ihn bis auf die letzte Stunde in seiner Meinung, dass ich hier bliebe, gelassen hätte. Ich hoffe, dass er auch nur gegen Sie so indiskret wird gewesen sein, sich von der Sache etwas merken zu lassen. Ich habe ihn ernstlich gebeten, keinem Menschen etwas davon zu sagen, und es wäre mir sehr unangenehm, wenn öffentlich in Hamburg davon gesprochen würde. Zwar stehet von dem Vorhaben des Kaisers selbst bereits etwas in verschiedenen politischen und gelehrten Zeitungen, wo auch einer und der andere namhaft gemacht wird, der in dieser Absicht nach Wien berufen worden. Ich wollte aber dennoch, dass meiner dabei so spät als möglich gedacht würde; und ja nicht eher, als bis ich hier selbst dem Herzoge davon hätte Meldung tun können. Aus Berlin hat man den Professor Sulzer, und einige andere von der Akademie, dahin verlangt, und aus Leipzig einen gewissen Professor Garve. Aber was mich wundert, so hat auch Professor Riedel aus Erfurt, ein sehr schlechter Mann, den Ruf dahin erhalten: dass mir also bange ist, die guten Wiener werden nicht immer die beste Wahl treffen. Erkundigen Sie sich doch, meine Liebe, bei dem Doktor M. [Mumsen], (Tobias, meine ich, denn der ist es doch wohl, den Sie brauchen?) ob an Klopstocken kein Antrag geschehen? Sie dürfen nur sagen, dass Sie in den Zeitungen davon gelesen.

Wenn etwas aus der Sache werden soll, so wissen Sie wohl, was ich zugleich wünsche, und ohne welches mir wenig oder nichts daran liegt. Wien muss Ihnen auf keine Weise ein fataler Ort geworden sein; und ich denke auch, dass er es nicht werden wird: ob ich schon aus Ihrem Widerwillen, selbst die Reise dahin zu tun, fast schließen sollte, dass er es bereits ist. Doch auch das gibt sich denn wohl wieder, und ich will mich in das Zukünftige nicht zu tief einlassen.

Bei Ihrem Hamburger Warenlager, meine Liebe, ist mir eingefallen, ob Sie nicht hätten versuchen sollen, es in das Östreichsche einführen zu dürfen. Ich glaube gewiss, man würde

Ihnen die Erlaubnis dazu, in Betrachtung der Fabrik, nicht versagt haben. Doch wenn es tunlich wäre, so würde es Ihnen schon längst eingefallen sein; und es ist nur lächerlich, wenn ich Ihnen in solchen Dingen einen Rat geben will.

Mit T. H. [To der Horst] auf der Höhe, glaube ich, mag es freilich wohl auch nicht zum Besten stehen. Doch weiß man von einem Moratorio, das sie erhalten hätten, in B. [Braunschweig] nichts.

Leben Sie recht wohl, meine Beste, und erfreuen Sie mich doch ja recht bald wieder mit guten Nachrichten von Ihnen. Das Beiwort *gut* geht lediglich auf Ihre Gesundheit. Ich bin auf immer

ganz der Ihrige

L.

67 *Hamburg, den 28. [bis 29.] Dezember 1771*

Mein lieber Freund!

Ich kann Ihnen die angenehme Nachricht geben, dass S. [Schmidt] geholfen ist. Hätte ich dieses nur vermuten können, so würde ich Ihnen kein Wort davon geschrieben haben; allein die Nebenumstände, die man mir dabei erzählte, mussten mich befürchten lassen, es sei notwendig, Sie zu dieser traurigen Geschichte vorzubereiten, die Ihnen doch nicht länger, als etwan acht Tage, unbekannt bleiben konnte. Gottlob! dass es anders gekommen. Es steht nun nur zu wünschen, dass die Hilfe aus rechter Quelle geflossen, und dass Ihre und meine nur allzu gegründeten Mutmaßungen, bloße Mutmaßungen bleiben mögen! – Sie tun wohl, wenn Sie ihm Ihre Schuld so bald als möglich abtragen. Ich würde mich offerieren, es vorläufig zu tun, wenn ich das Geld länger als drei, höchstens vier Wochen entbehren könnte. Dies kann ich aber bei der jetzigen Lage meiner Sachen nicht, weil ich nur den Hauptposten auf sechs Monat Frist gesetzet; die Nebenposten aber, und wo zu befürchten stünde, dass das Stillschweigen nicht beobachtet würde, zahle ich alle ab. Denken Sie nicht, dass ich in dem Wahne stehe, als hätten Sie dieses Begehren an mich machen wollen. Nein, ich kenne Sie zu gut, und weiß wohl, dass Sie dazu viel zu – – ich weiß nicht, wie ich mich ausdrücken soll – sind. Nur unsers Freundes wegen, dem gewiss damit gedient wäre, wünschte ich es tun zu können.

Bis auf einen noch, habe ich schon alle die Briefe, die ich mit Schrecken erwartete, weil ich glaubte, wenigstens einige würden mir empfindlich schreiben. Allein, just das Gegenteil. Sie sind alle voller Freundschaftsversicherungen, Bereitwilligkeit und Vertrauen.

Ihren Briefen sehe ich allemal mit großem Vergnügen entgegen; doch schenkte ich Ihnen den von Braunschweig aus versprochenen recht gern. Sie gehen dahin, um sich zu zerstreuen, und sollten also denen Gedanken ausweichen, auf die Sie natürlicherweise kommen müssen, wenn Sie meine Briefe beantworten, die zeither alle von so fatalem Inhalt gewesen.

Diesen Brief würde ich, wenn ich Ihr Logis wüsste, auf Braunschweig adressieren, weil ich denke, dass Sie das alte Jahr dort beschließen werden, und die Nachricht, so ich Ihnen gebe, trüge wohl vieles mit bei, dass Sie es um so vergnügter beschlössen.

Leben Sie wohl, bester Freund, und sein Sie mir nicht böse! Mich däucht, Sie waren es ein bisschen, als Sie den letzten Brief schrieben.

Ich bin
Ihre ergebenste

E. C. König

Da dieser Brief gestern liegen geblieben, und ich heute einen vom P. [Professor] H. [Hahn] erhalten, worin er einige flüchtige Anschläge macht, wegen der Einrichtung, so ich in der Folge etwan treffen könnte, so will ich Ihnen davon einen Auszug machen, darum, dass Sie mir Ihre Meinung darüber mitteilen können, doch so bald wie möglich; denn ich schreibe zwar unterdessen meinem Bruder, aber ohne mich genau zu explizieren.

»Nächst diesem wird man vornehmlich auf einen guten Plan, wegen der W. [Wiener] Anstalten, denken müssen. Und hier wird die Hauptfrage sein: ob Du Mut genug hast, selbst nach Wien zu ziehen, und Deiner Fabrik vorzustehen? Ich rede von dem Fall, wenn sie sich nicht verkaufen ließe. Hast

Du Mut und Lust dazu, so rate ich, Deine Amalia allein mitzunehmen, und die zwei jungen Knaben einem Prediger in der Pfalz in die Kost zu geben. Um den nötigen Fond zu erhalten, möchten wohl eingerichtete Aktien am dienlichsten sein. Der Herr Schuback wird hierin viel besser raten. Hätte die Deklaration in Hamburg so keine Eile gehabt, so hätte ich Dir den Vorschlag getan, die Hälfte der Wiener Anstalt zu kaufen, unter der Bedingung, dass Du selbst dorthin ziehest. Ich habe mit bekümmertem Herzen hundert Grillen und Pläne gemacht. Mein Schlaf ist durch diese Sorgen, die ich mit aller Anstrengung nicht abschütteln konnte, weggenommen, und meine Gesundheit ganz zerrüttet etc. etc.«

Der Anschlag, ihm nicht die Hälfte, sondern nur ein Drittteil abzustehen, leuchtet mir am meisten in die Augen, das andere Drittel behielte ich dann für mich und suchte zu dem dritten einen vermögenden Mann, der allenfalls, wenn es das Bedürfnis der Fabrik erheischte, – (denn so genau lässt sich der erforderliche Fond nicht bestimmen) – sich verbinden müsste, im nötigen Fall zu festgesetzten Interessen Vorschüsse zu machen. Was sagen Sie hierzu? Herrn Schub. [Schuback] habe ich darüber noch nicht gesprochen.

Sonst sagt er nicht, ob ich oder mein Schwager die Reise tun soll. Aus dem Auszuge, so ich Ihnen gemacht, ließe sich schließen: er sähe lieber, dass ich sie täte; er spricht aber übrigens verschiedene Mal von der Ruhe, so mein Körper nötig hätte, ohne die ich ohnmöglich gesund werden und bleiben könnte. – Adieu, liebster Freund!

68 *Braunschweig, den 2. Januar 1772*

Meine Liebe!

Ich habe zwei Briefe in den Händen, auf die ich Ihnen zu antworten schuldig bin; außer dem dritten, auf den ich Ihnen aber mit nichts, als mit meinem herzlichen Danke antworten kann. Sie sind allzu gütig, und ich würde mich schämen müssen, dass ich mit so gar nichts im Stande bin, Ihnen wieder eine Freude zu machen, wenn mich nicht Ort und Umstände von selbst deswegen bei Ihnen entschuldigten.

Aus meiner Reise nach Braunschweig zu den Feiertagen ward nichts, wie ich in meinem Letzten gemeldet. Aber zu dem neuen Jahr habe ich doch hingemusst, und es ist aus Braunschweig, dass ich Ihnen dieses schreibe.

Unterwegs auf dem Weghause hörte ich, dass man Bohnen an Sie abgeschickt; aber nur eine kleine Quantität, und die mit der Post, damit Sie mir schreiben können, ob sie Ihnen gut genug sind. Hier habe ich nur noch anderthalb Himten Erbsen, und ebensoviel Linsen, und die gehen morgen oder übermorgen unfehlbar mit einem Fuhrmann ab. Sie wären schon seit acht Tagen abgegangen, wenn die Erbsen nicht erst hätten müssen gelesen werden, die übrigens gut sein sollen. Wegen des Thüringschen Sauerkrauts hat Zachariä noch keine Antwort, ob es schon abgegangen oder nicht. Das Präsent an Madam v. D. [Döring] ist recht schön. Madam König versprach mir nichts dergleichen; aber wohl Madam K. [Knorre]. Ich denke, Madam K. [Knorre] wird ihres fertig machen, wenn ich wieder nach Hamburg komme.

Alles, was Sie mir von Ihren Angelegenheiten melden, beruhiget mich recht sehr; vornehmlich weil ich sehe, dass Sie nun mit mehr kaltem Blute daran arbeiten und sich es wenigstens vornehmen, keine Bedenklichkeiten da zu sehen, wo keine sind. –

Ich wollte Ihnen noch recht viel schreiben – aber das verwünschte Braunschweig, wo ich keine Viertelstunde allein sein kann! Wenn ich Ihnen noch mit der heutigen Post schreiben will, so muss ich schließen. Und das will ich doch lieber tun, als Ihnen ganzer acht Tage nicht gesagt haben, wie sehr ich Sie liebe! – Soll ich Ihnen noch zum neuen Jahr wünschen, oder vielmehr mir selbst wünschen, wovon Sie wissen, dass ich nicht aufhöre, es zu wünschen? Leben Sie recht wohl!

Dero ergebenster

L.

69 *Hamburg, den 3. Januar 1772*

Liebster Freund!

Ich danke dem Herrn Professor Zachariä, dass er Ihnen den ersten Feiertag hat vollbringen helfen; dass er Sie aber auch den Abend wieder von sich gelassen hat, ist mir nicht weniger angenehm. Vom Weghaus hätte ich doch wohl keinen Brief gekriegt? Ich bin erkenntlich, und wünsche, dass Sie den dritten Feiertag wieder dahin zurückgekehrt sein mögen, teils Herrn Zachariä wegen, noch mehr aber Ihrentwegen; denn das immerwährende Sitzen auf dem alten Schlosse taugt Ihnen im Grunde gar nicht. Ich glaube zwar, dass auch in Braunschweig nicht viel Vergnügen für Sie ist; indes sehen Sie doch da Menschen, und zerstreuen sich, das Sie in Wolfenbüttel nicht tun wollen. Die Fr. v. D. [Döring] besuchen Sie doch wohl? Machen Sie ihr ja bei erster Gelegenheit recht viele Komplimente von mir und Engelbert, der sich ihrer sehr oft erinnert, und noch heute seiner Schwester wünschte: sie möchte so schön werden, wie die Frau von D. [Döring].

Ich hingegen wünsche, dass Sie bald die angenehmsten Nachrichten aus W. [Wien] erhalten mögen; erwarten Sie sie aber doch nicht so geschwind. Es gehet dort etwas langsam zu, ehe ein Entschluss gefasst wird; zumal in der Sache, wowider noch immer, glaube ich, die Frau Mutter vieles einzuwenden hat. Wenn Riedel berufen ist, so schließe ich fast, dass S. [Sonnenfels] wieder am Brette ist; denn der ist sein großer Gönner. Wenn er zwar die Religion verändert hätte, so wäre dieses schon Empfehlung genug, und dies sagt man hier; noch mehr, man sagt: er sei bereits in Wien. M. [Mumssen] spreche ich nicht, und kann mich also wegen Klopstock nicht bei ihm erkundigen. Ich glaube aber nicht, dass ihm Anträge geschehen sind, sonst hätte er sich wohl was gegen mich merken lassen, da ich am dritten Feiertage bei Sch. [Schmidt], während dass alle Andern spielten, eine Stunde mit ihm plauderte.

K. [Knorre] hat sich, wie ich glaube, gegen niemand was merken lassen. Gegen mich hat er es wohl aus Neugierde getan, um mehr zu erfahren. Doch weiß es auch Sch. [Schmidt], dass Sie vielleicht Wolfenbüttel verlassen, vermutlich aber von Ihnen selbst.

Mein letzter Brief hat Sie schon überführet, dass ich keinen Widerwillen gegen W. [Wien] habe, weil ich Anschläge mache, das dortige Werk beizubehalten. Allein den Anschlag, den ich gemacht, verwirft Herr Schuback, mit dem ich mich heute lange unterhalten, und zwar verwirft er ihn aus vielen, alle auf meine Ruhe, auf meine Wohlfahrt abzielenden Gründen, die zu weitläuftig sind anzuführen. Dagegen rät er, das Werk in Aktien zu setzen; einige, doch nur wenige, für mich zu behalten, mir aber für die Aufsicht über die Fabrik ein Ansehnliches auszubedingen, und dieses wäre mir allerdings am zuträglichsten, wenn es dahin zu bringen ist. Schuback fragt: warum soll es nicht dahin zu bringen sein? und hierbei äußerte er seine Gedanken, dass er es schlechterdings für notwendig hielte, dass ich die Reise täte, doch aber, wegen meiner schwächlichen Gesundheit, in Begleitung meines Schwagers. Die einzige Schwierigkeit, so bei mir noch obwalte, sagte er, ist diese: Können Sie Ihrer Kinder wegen unbesorgt sein? Der Handlung wegen sollen Sie ganz ruhig reisen können, die nehme ich völlig über mich, und was Sie getan haben würden, werde ich tun. Ist das nicht ein redlicher Mann? Da die Vorsehung mich den hat finden lassen, so sehe ich, dass ich noch nicht von ihr verlassen bin. Er tut so viel für mich, dass er mich öfters vor Dankbarkeit stumm macht, und tut es so stille, dass ich erst, wenn die Sache entschieden ist, erfahre, dass er es getan.

Halb und halb bin ich also schon entschlossen, die Reise zu tun, obgleich allemal ungern. Das einzige Angenehme, was mir dabei bevorstehet, ist: dass ich Sie, wenn auch nur auf eine Stunde, spreche. Vor einem Monat kann sie aber nicht geschehen, wenn wir sie beide tun sollen. Unterdessen schreiben Sie mir noch recht fleißig.

Wegen meines Warenlagers habe ich bereits nach Wien geschrieben. Es einzuführen, will ich bald erhalten; aber es mautfrei einzuführen, wird etwas Mühe kosten.

Nun muss ich Sie doch noch fragen: woher Sie mir eine solche Unbeständigkeit zutrauen, dass ich unsern Doktor G. [Grund] mit M. [Mumssen] sollte vertauscht haben? Ich kann nicht begreifen, woher Sie auf den Einfall kommen, und bin gar besorgt, in meiner Verwirrung so geschrieben zu haben, als mir Madam Sch. [Schmidt] sagt, dass ich gesprochen hätte. Indem ich dieses schreibe, fällt mir ein: habe ich Ihnen vielleicht von Matsen was geschrieben? Den hat Schuback mit ins Geheimnis gezogen, nämlich den Doktor Matsen.

Es wird mich freuen, wenn doch T. [To der] H. [Horst] die General-Kollekte verlieren soll, dass sie Sch. [Schmidt] kriegt. Ich glaube, er hat desfalls auch an Zachariä geschrieben. Wenn der sie ihm verschaffen kann, so wollte ich Ihnen raten, befassen Sie sich nicht damit. – Was Ihnen angenehm, ist mir just sehr traurig, dass ein junger Mensch mit ins Spiel gezogen ist, der, wenn nicht Wunder geschehen, wahrscheinlicherweise für seine ganze Lebenszeit unglücklich wird. Sie können hieraus schließen, dass ich mehr weiß, als ich zu wissen wünschte, und als mir zuträglich ist, besonders bei meiner jetzigen Verfassung und Lebensart. Ich komme wenig aus; denn nach Gesellschaften frage ich nicht, und zum Spazierengehen haben wir seit vierzehn Tagen kein Wetter gehabt; es regnet beständig, und nun hänge ich noch dazu solchen traurigen Grillen nach. Es wird aber schon wieder anders werden, und diese Veränderung will ich so viel möglich mit Gedauld abwarten.

Leben Sie wohl, bester Freund! Ich bin ganz sicher
Ihre aufrichtigste Freundin

E. C. König

70 *Hamburg, den 7. Januar 1772*

Mein lieber Freund!

Ich bin den Braunschweigern schon verbunden, wenn sie Ihnen nur eine ruhige Viertelstunde lassen, um mich zu versichern, dass auch in der Zerstreuung Sie meiner nicht vergessen; ob ich gleich gewünscht hätte, dass Sie mir diesesmal etwas weitläuftiger hätten antworten können, um mir wenigstens Ihre Gedanken über das W. [Wiener] Werk zu sagen. Sie werden zwar freilich ebensowenig als die meinigen, etwas bestimmen, weil Umstände und Gelegenheit der Sache den Ausschlag geben müssen. Doch hätte ich Ihre Meinung gehört. Vielleicht teilen Sie mir sie in Ihrem Nächsten mit, sonst hole ich sie mündlich ab; wenn Sie nicht lieber sehen, dass ich den

Weg über Uelzen nehme. Ich muss Braunschweig nicht passieren, weil ich vermutlich über Leipzig gehe. Wollen Sie mich aber gern noch einmal sprechen, so sagen Sie mir zugleich Ihr Absteigquartier. Ist es ein Gasthof, so will ich da abtreten, weil ich mich doch nur einige Stunden aufhalten werde.

Sie werden sich über den geschwinden Entschluss wundern. Der ward gestern in einer Minute gefasst, so wie ich nur auf aller Gesichtern las, dass man es wünschte. Ich stellte ihnen die Gefahr vor, in die sie mich setzten, die dem Nutzen, den ich stiften könnte, gar nicht angemessen wäre; und dass gewiss aus diesem Grunde mein Bruder, der doch der größte Interessent wäre, mir die Reise nicht anmute, sondern vielmehr die äußerste Ruhe und Stille wiederholt angeraten hätte. Allein sie blieben dabei, dass es einen großen Unterschied machen würde, wenn ich mich dazu entschlösse. So habe ich mich entschlossen, mit Ende dieses Monats von hier zu reisen; und nun geht mir der Kopf rundum, alle die Anstalten zu machen, die ich nötigst machen muss, ehe ich von hier gehe. Ich hoffe, diese sollen mich zerstreuen, um nicht so oft an den Abschied von meinen Kindern zu denken, die diesmal ganz allein bleiben, weil mein Schwager die Reise mitmacht. Wenn es kein Aufsehen machte, nähme ich die armen Kinder mit, und brächte sie erst nach Heidelberg. So mag ich es aber nicht tun, besonders weil es Herr Schuback widerrät. Der ist mein Mentor, ohne den ich in dieser Sache keinen Schritt tue. Er hat sehr oft den Wunsch getan, mit mir reisen zu können. Dann wäre ich glücklich! Die Sache wäre alsdenn in vier Wochen zu Stande, die nun in vier oder acht Monaten kaum geendiget wird. Ich will Gott danken, wenn sichs anders findet: jetzt glaube ich wenigstens, dass ich ganz ungeschickt dazu bin, und dass meine Gegenwart Ursache ist, dass mein Schwager das nicht tun wird, was er anders seiner Ehre wegen hätte tun müssen. Er hat nun den Kopf mit seinen eignen Angelegenheiten voll, weil er im Begriff ist, ein Lotto-Comtoir zu errichten, nicht unter seinem, sondern unter eines andern Namen, und ich glaube, dass er den andern noch nicht hat, den er gern haben will, und doch will er nicht gern eher reisen, bis er damit zu Stande ist. – Von allem diesem schreiben Sie ja kein Wort an Niemanden, am allerwenigsten an Herrn Sch. [Schmidt].

Der gute S.Schmidt] wäre vorigen Sonntag beinahe gestorben, so elend war er wieder an seinen Krämpfen.

Die Bohnen habe ich erhalten und auch bereits gekostet. Sie sind recht gut; meine Haushaltung wird aber nun so klein, dass ich keiner größern Portion bedarf. Ich danke Ihnen für die Besorgung und bitte Sie, mir die Auslagen für Gesamtes umgehend anzuzeigen. Sie werden mich verbinden, wenn Sie es tun.

Die gute Z. [Zinck] ist nichts weniger, als getröstet. Ich besuchte sie vor einigen Tagen und fand sie sehr elend. Sie ist auf, und geht sogar aus; demohngeachtet fürchte ich, dass sie die Auszehrung hat. Er gleicht völlig einem Gerippe.

Unter die rührenden Neuigkeiten muss ich noch diese setzen: dass All. vorigen Freitag als Kurier nach Petersburg hat reisen müssen. Wenn er mir meine 2300 Mk. Banko mitbringt, so will ich mich darüber trösten.

Wie gehet es Döbbelin in Braunschweig? Die Ackermannsche Truppe soll sich in Schleswig schlecht stehen. Künftige Woche wird sie wieder herkommen und in einer Folge sechs neue Stücke geben, wovon ich keines sehen werde, wenn gleich Brockmann in allen Stücken Rollen hätte. – Ich bin der Welt abgestorben; doch noch nicht so, dass ich nicht dem Wunsch, den Sie sich und mir zum Neujahr machen, mit beistimme, und zwar von ganzem Herzen, wie ich stets sein werde

Ihre aufrichtige Freundin

E. C. König

Von meiner Reise sprechen Sie gegen niemand.

Der Hauptmann Sch. [Schröder] und von P. [Polentz] sind hier. Wenn sie aufs Handwerk reisen, so werden sie hier schlecht wegkommen. Bei der ersten Visite hat Sch. [Schröder] der Madame K. [Knorre] erzählt, welch ein gefährlicher Mann Sie wären. Es muss Sie sehr schmeicheln, dass er sich Ihrer so oft erinnert. Mit mir wollte er nicht anbinden; vermutlich hat ihn K. [Knorre] schon instruiert.

71 *Braunschweig, den 9. Januar 1772*

Meine Liebe!

Ich bin, seit meinem Letzten, leider! noch in Braunschweig, wo ich so lange auf Briefe aus Berlin gewartet, die ich nun eben erst erhalten, die mich aber demohngeachtet nötigen, noch einige Tage hier zu verweilen. Ich kann gar nicht sagen, dass mir dieser Aufenthalt angenehm sei, und ich wollte zehnmal lieber ganz einsam in meinem Wolfenbüttel sitzen, als alle die hiesigen Lustbarkeiten mitnehmen, die ohnedem schon so herzlich schal sind.

Ihr letzter Brief hat mir abermals keine geringe Freude gemacht, da ich sehe, dass unter dem Rate und Beistand des Herrn S. [Schuback] Ihre Sachen so einen guten Gang zu nehmen fortfahren. Was mir aber am angenehmsten zu vernehmen gewesen, können Sie leicht selbst ermessen: die Hoffnung, Sie bald zu sehen! Wenn ich nicht noch um Ihre Gesundheit besorgt wäre, so würde ich dieses Vergnügen mit der äußersten Ungeduld erwarten. Aber so mäßiget jene Besorgnis meine Ungeduld um ein Großes: und ich wünsche recht sehr, dass Sie sich wohl vorher prüfen mögen, ob Sie die Ungemächlichkeiten eines solchen Weges auszuhalten im Stande sind. –

Dieses macht mich an Ihren Doktor gedenken. Allerdings habe ich geglaubt, dass Sie dem *grund*gelehrten Mann, wie ihn K. [Knorre] nennt, seinen Abschied gegeben, und dafür M. [Mumssen] angenommen. Ich wollte auch wohl wetten, dass dieser Name in einem von Ihren Briefen vorkäme; die ich aber nicht bei mir habe, um jetzt nachzusehen. Doch kann es auch wohl sein, dass ich für Matsen Mumssen gelesen. Es wäre ganz natürlich, dass ich bei Ihren damaligen Umständen eben so geschwind an einen Doktor der Arznei, als an einen Doktor der Rechte gedacht hätte.

Indes ist es mir für S. [Schuback] selbst lieb, wenn Sie sich bei seinem Rate noch immer so befinden, dass Sie nicht nötig gehabt, zu einem andern Ihre Zuflucht zu nehmen. Nur besorge ich nunmehr, dass Sie es doch nicht täten, wenn Sie es auch nötig hätten. –

Ich fange nun auch an zu merken, dass man in Wien sich eben nicht zu übereilen pflegt. Ich habe noch von daher nichts, wohl aber mit voriger Post abermals über Berlin eine sonderbare Anfrage: ob ich nicht geneigt sei, auf Kosten des Kaisers, auch nur zum Besuche vors erste, nach Wien zu kommen, um mir selbst meine Bedingungen zu machen, und Verschiednes einrichten zu helfen. Was sagen Sie dazu? Ich habe fast empfindlich darauf geantwortet. Denn wie wäre es möglich, dass ich zu so einer Reise aufs Ungewisse, wie sie es doch immer bei allen möglichen Versicherungen scheinen würde, hier um Erlaubnis anhalten könnte? –

Sollte sich die nähere Aufklärung dieser Sache noch einige Zeit verschieben, und es käme zu Ihrer Reise, so hoffte ich von Ihnen, meine Liebe, manches zu erfahren, was ich sehr gerne wissen möchte. Besonders, was S. [Sonnenfels] daran für Anteil hat, oder mit der Zeit haben dürfte? Mir ist bange gewesen, dass sich auch Klotz mit in das Spiel mischen möchte: aber der Mann hat sich dasmal klüger erwiesen, als ich gedacht hätte, – er ist gestorben. Ich möchte gern über diesen Zufall lachen: aber er macht mich ernsthafter, als ich auch gedacht hätte.

Leben Sie recht wohl, meine beste Freundin. Mein Nächstes ist aus Wolfenbüttel, und um so viel klüger!

Dero ergebenster auf immer

Lessing

72 *Hamburg, den 14. Januar 1772*

Mein liebster Freund!

Ich würde mich mehr wundern, wenn Sie auf die letzte Anfrage, so man von W. [Wien] aus an Sie getan, gleichgültig hätten antworten können, als wenn Sie sie wirklich recht empfindlich beantwortet haben. Es ist das unbilligste Anmuten, das man sich gedenken kann. Auch unter den allervorteilhaftesten Anträgen wollte ich Ihnen nicht raten, aufs Ungewisse hinzugehen. Selbst wenn Sie beinahe gewiss wären, wie Sie es denn sein können, dass man Sie alsdenn zu behalten wünschen würde, werden Sie sich doch allemal besser stehen, wenn Sie Ihre Bedingnisse vorher festsetzen. Am Wiener Hof muss man seine Vorteile wahrnehmen, ehe sie einen haben; nachher hält es schwer, etwas zu erhalten, zumal da der Kaiser nichts weniger als genereux ist.

So wie ich nur von Riedel hörte, ward mir die ganze Sache etwas verdächtig, weil ich daraus schloss, S. [Sonnenfels] sei mit im Spiele; und ob der mir gleich verschiedene mal gesagt: er wünschte, dass man Sie, nebst einigen andern, nach W. [Wien] berufen möchte, so habe ich doch nie geglaubt, dass er es im Ernst so meinte, da es, seinem Charakter nach, fast unmöglich ist, dass er wünschen sollte, Sie an der Seite zu haben. So stolz er ist, fühlt er doch wohl den Unterschied zwischen sich und Ihnen.

Auf der andern Seite konnte ich mir aber auch nicht vorstellen, wie S. [Sonnenfels] aus der Tiefe, in die er gesunken war, sich wieder emporschwingen können. Wenigstens wüsste ich mir keine Hand zu denken, die sich ihm dargeboten hätte. – Pater D. [Denis], Hell, alle diese Leute schätzten ihn sehr wenig, und diese wird man allerdings bei der Sache zu Rate ziehen. Wenn Sie das wüssten, so könnten Sie voraus versichert sein, dass S. [Sonnenfels] nicht viel dabei zu sagen hat, und auch nie viel dabei zu sagen haben wird.

Es sollte mich nur einen Brief kosten, so wollte ich Ihnen die genauesten Nachrichten einziehen; allein ich habe Bedenklichkeiten, warum ich diesen Brief nicht gern schreibe. Doch wenn Ihnen sehr daran gelegen ist, so setze ich mich darüber weg. Sagen Sie mir nur, was Sie hauptsächlich zu wissen verlangen. Wenn es zwar bei meiner Reise bleibt, wie sie noch immer festgesetzt ist, nämlich zu Ende dieses Monats, so kann ich Ihnen die Nachrichten beinahe ebenso geschwind selbst geben.

Meiner Gesundheit wegen kann ich die Reise nun wohl unternehmen. Die Mittel von meinem Bruder, die ich seit vierzehn Tagen brauche, tun ordentlich Wunder. Schlaf, Appetit, alles hat sich wieder eingefunden, unerachtet ich nicht die mindeste Bewegung habe, die ich mir nicht machen kann, weil wir anhaltend schlechtes Wetter haben. Sie wissen, dass mein meister Ausgang zu Madam Sch. [Schmidt] ist. Die habe ich gestern in drei Wochen zum erstenmal besucht. Sie hat mir viele Komplimente an Sie aufgetragen. Sch. [Schmidt] scheint nun wohl, und auch zufrieden zu sein.

Was ist Klotzen angekommen, dass er so geschwind Reißaus genommen? Wie ich seinen Tod hörte, freute ich mich, dass Sie zu seiner Seligkeit noch vieles beigetragen haben möchten; weil Sie ihn wahrscheinlich zur Erkenntnis seiner selbst gebracht.

Nun, mein lieber Freund, wenn Sie sich doch nicht in Braunschweig amüsieren, so reisen Sie in Gottes Namen wieder nach Wolfenbüttel, damit ich nicht so lange ohne Briefe von Ihnen bleibe, und beantworten Sie mir von daher die Frage recht gewissenhaft: ob Sie meinen Besuch wünschen? Dass ich Ihnen den Besuch gern gebe, daran zweifeln Sie wohl ebensowenig als an den aufrichtigen Gesinnungen, mit denen ich stets bin und sein werde

Ihre ergebenste Freundin

E. C. König

Eben habe ich eine ganze Ladung Erbsen erhalten; wofür ich Ihnen danke. Sie sind nun so gütig und sagen mir, was Sie insgesamt für mich ausgelegt haben?

73 *Braunschweig, den 16. Januar 1772*

Meine Liebe!

Ich bin zu meinem großen Verdrusse noch in Braunschweig, und seit einigen Tagen an einer verzweifelten Kolik fast bettlägrig gewesen, die ich mir durch Erkältung zugezogen. Heute ist mir wieder ganz erträglich, und wenn es so anhält, so gehe ich morgen unfehlbar nach Wolfenbüttel, um von da auf die erste Nachricht von Ihrer Durchkunft, wieder anher zu kommen.

Sie glauben nicht, wie sehr ich mich auf diese Durchkunft freue, ob Sie mir gleich drohen, dass sie nur von wenig Stunden sein werde. Tag und Nacht müssen Sie wenigstens hier ausruhen: und überhaupt Ihre Reise so langsam und gemächlich einrichten, als es nur immer möglich sein will. Zwar werde ich auch so noch Ihrer Gesundheit wegen unendlich besorgt sein: und ich bitte Sie nochmals um alles, warum ich Sie bitten kann, ja auf diese mehr Rücksicht zu nehmen, als auf alle Vorstellungen Ihrer Freunde. Prüfen Sie sich noch ja wohl, und wenn Sie die geringsten Bedenklichkeiten bei sich spüren, so folgen Sie Ihrem eignen Gefühle, und unterlassen die ganze Reise. Was könnte es helfen, wenn Sie krank nach Wien kämen? – Doch vielleicht ist Ihnen die Reise auch selbst zuträglich: und Sie sehen wohl, wie sehr sich meine Besorgnis um Ihre Gesundheit, und mein Verlangen, Sie zu sehen, hier miteinander vermischen.

Wenn Sie nach Braunschweig kommen; – denn dass Sie über Braunschweig, und nicht über Uelzen gehen, das versteht sich doch wohl von selbst; nicht? – so steigen Sie, meine Liebe, nur immer wieder in dem Stern oder in der Rose, Ihrem vorigen Quartiere, ab. Denn das Haus, worin ich meine gewöhnliche Niederlage habe, ist zu schlecht, und in der Messe mit allerlei Leuten angefüllt.

Was ich von dem Gange, den Ihre Angelegenheiten itzt nehmen, überhaupt denke, habe ich Ihnen schon gesagt. Sicher genug scheinet Herr S. [Schuback] gehen zu wollen: aber mich dünkt nur, wenn man in solchen Sachen allzu sicher gehen will, so wird auf der andern Seite die Aussicht zum Verdienst so geringe, dass die Sorge und Mühe, die man darauf wendet, kaum mehr der Mühe lohnen. Ich darf mir in Handlungsgeschäften nicht die geringste Einsicht anmaßen: aber es könnte doch sein, dass sich auf das Fabriken-Wesen Herr S. [Schuback] auch eigentlich nicht verstünde; und da wünschte ich denn wohl, dass Sie sich mehr auf Ihre eignen Einsichten, als auf seine verließen.

Sie werden, meine Liebe, wenn Sie an Ort und Stelle sind, alles am besten übersehen können: auch sogar die Lage meiner Sache. Was ich in Ansehung dieser wünsche, und warum ich es wünsche, das wissen Sie am besten, und werden mir daher auch am besten raten können – bald hätte ich dazu gesetzt: wenn Sie wollen.

Doch ich bin es überzeugt, dass Sie wollen: – und mündlich davon ein Mehreres.

Sie schreiben mir doch gewiss vorher, ehe Sie abreisen? – wenn Sie anders noch abreisen. Ich möchte gern den Tag Ihrer Ankunft genau wissen, um jeden Augenblick von Ihnen zu genießen, ohne lange vergebens in dem elenden Braunschweig zu warten, wo ich nun auf lange Zeit nichts mehr zu tun habe.

Leben Sie recht wohl, meine liebste, beste Freundin. Aus Wolfenbüttel schreibe ich Ihnen, sobald ich da angekommen. Ich bin ganz

der Ihrige

L.

74 *Hamburg, den 17. Januar 1772*

Mein lieber Freund!

Man hat mich bis eben vor Abgang der Post aufgehalten. Unterdessen muss ich Ihnen doch heute sagen, wäre es auch nur mit wenig Worten, dass ich unser Glück noch einmal auf die Probe gestellt, doch leider! mit allzu wenig. Denn der ganze Gewinn von Ihrer Seite beträgt nicht mehr, als was ich von Ihnen zu fordern hatte, die paar Dukaten, so ich Ihnen hier gegeben, und die Rechnung, so hierbei folget.

Leben Sie wohl, bester Freund! Ich bin

Dero ergebenste

E. C. König

75 *Hamburg, den 21. Januar 1772*

Mein liebster Freund!

Ihr letzter Brief hat mich sehr besorgt gemacht, indem Sie mir sagen, dass Sie krank sind, und noch dazu an einer Kolik krank sind; eine Krankheit, die leicht gefährlich wird, wenn man sich dabei nicht in Acht nimmt. Und Sie wollten sogar des andern Tages nach Wolfenbüttel gehen, wo Sie vielleicht einen unwissenden Arzt, und noch eine schlechtere Verpflegung, als in Braunschweig, zu erwarten haben. Ich muss zu meiner Beruhigung hoffen, dass Sie geblieben sind, bis Sie völlig wieder wohl waren. Anders wäre ich noch trauriger, als ich wirklich bin; zwar, ich könnte es nicht viel mehr sein.

Wie dankbar würde ich Ihnen sein, wenn Sie mir gleich den folgenden Posttag wieder geschrieben hätten, und wie vergnügt, wenn Sie mir Ihre völlige Herstellung anzeigten! Bis dahin kann ich mich auch von gar nichts anderm mit Ihnen unterhalten.

Nehmen Sie mir eine kleine Erinnerung nicht übel, diese ist: wenn etwan noch Attacken der Kolik nachgeblieben, dass Sie nicht etwan durch starke oder alte Weine sich Linderung zu verschaffen suchen. Ich habe einmal die Probe gemacht, dass man sich damit dem Tode sehr nahe bringen kann, und man hat mich versichern wollen, dass unser seliger Freund den seinigen dadurch befördert habe.

Wenn Sie mich ein bisschen lieb haben, so sorgen Sie recht genau für Ihre Gesundheit, damit ich Sie vollkommen wohl finde. Krank möchte ich Sie auf so kurze Zeit nicht besuchen, und alsdenn so weit von Ihnen wegreisen. Es wird mir schon schwer genug werden, Sie gesund zu verlassen. – Vor künftigen Sonnabend über drei Wochen gehe ich nicht von hier. Die Ursache will ich Ihnen ein andermal sagen.

Leben Sie wohl, bester Freund, und wills Gott! auch gesunder Freund. Schreiben Sie doch unverzüglich, wenn Sie es noch nicht getan haben, an

Dero ergebenste

E. C. König

Sie haben noch zwei Briefe zu beantworten, nicht wahr?

76 *Wolfenbüttel, den 23. Januar 1772*

Meine Liebe!

Gott sei Dank, dass ich endlich wieder in Wolfenbüttel bin. Dasmal bin ich Braunschweig so satt geworden, dass nichts in der Welt mich so bald wieder hinbringen sollte, wenn Sie nicht wären.

Aber wie sehr freue ich mich nun, Sie bald da zu sehen! Und Sie gesund zu sehen! Wenn Sie von dieser Seite nichts zu befürchten haben: oh, so reisen Sie doch ja, und je eher je lieber! Ob ich Ihren Besuch wünsche? Diese Frage soll ich Ihnen vorher recht gewissenhaft beantworten? Ich bin weit gekommen, wenn Sie mir diese Frage noch im Ernste tun! Sollten

Sie meine Besorgnis um Ihre Gesundheit wohl übel verstanden haben? Wenn ich dieserwegen Ihre Reise nicht so schlechterdings wünschte: sollten Sie mir das wohl für Gleichgültigkeit ausgelegt haben? Demohngeachtet wiederhole ich es nochmals: Ihre Gesundheit geht mir über alles, und lieber will ich Ihren Anblick noch lange entbehren, als diese der geringsten Gefahr ausgesetzt wissen.

Doch ich bin desfalls nun durch Ihren letzten Brief völlig beruhiget. Wie gut ist es, dass sich Ihr Herr Bruder auch hier ins Mittel schlagen wollte! Ich danke ihm dafür mehr, als für alles andere, was er sonst für Sie getan. Denn mit unserm Freund G. [Grund] ist es doch so ganz richtig nicht; und ich möchte einen, der Gesundheit braucht, eben so wenig an ihn verweisen, als einen, der Geld sucht, an unsern Freund K. [Knorre].

Schrieb ich Ihnen nicht in meinem Vorigen, dass ich einige Tage mit einer Kolik geplagt gewesen? Ich habe sie glücklich mit nach Wolfenbüttel gebracht, aber mich mit einer Dosis Ipecacuanha auch schon wieder ziemlich davon kuriert. Wenn ich in meiner Ordnung bleiben kann, so bin ich der gesundeste Mensch von der Welt: und eben so gut, dass die geringste Unordnung gleich so einen empfindlichen Eindruck auf mich macht. Ich hatte mich in der Komödie erkältet, hatte darauf bis um Mitternacht Punsch getrunken, und war, ohne Pelz und alles, in der Kälte nach Hause gegangen, wo ich obendrein kein warmes Zimmer fand. Das soll mir nun gewiss nicht wieder begegnen.

In Wien, meine Liebe, erkundigen Sie sich schriftlich wegen meiner nur nach nichts. Ich möchte selbst gern nicht den geringsten Schritt tun, weder mittelbar noch unmittelbar. So viel schreibt man mir, dass Riedel ein bloßer Notnagel sei und dass weder er noch S. [Sonnenfels] auf die Sache einen großen Einfluss haben werden. Es ist am besten, ich warte es ruhig ab, bis Sie mündlich unter der Hand sich nach allem erkundigen können. Einen Brief an den Staatsrat Gebler will ich Ihnen mitgeben. Er hat sehr verbindlich an mich geschrieben und mir zwei neue Stücke geschickt. Indes Sie hinkommen, wird auch mein neues Stück gedruckt sein, welches Sie ihm mitbringen sollen.

Aber wie rechne ich denn auch? Wenn Sie zu Ende dieses Monats noch gewiss von Hamburg abreisen wollen: so wird Sie ja dieser Brief nur noch eben treffen. –

Und den Augenblick erhalte ich Ihr Letztes vom 17ten, das nach Wolfenbüttel gekommen, als ich noch nicht da war, und wieder nach Braunschweig geschickt worden, als ich eben von da weg war.

Auf dieses, meine Liebe, habe ich Ihnen nur wenig zu antworten.

Ich halte Sie für eine recht ehrliche Frau: aber dasmal denke ich doch, dass Sie mit Betrug umgehen, und dass Sie, nicht etwa mehr, sondern ganz und gar nichts in der Lotterie gewonnen haben. Gestehn Sie mir die Wahrheit! –

Da ich sonst in diesen Ihren letzten Zeilen nicht finde, wenn Sie von Hamburg abzugehen gedenken, so bilde ich mir ein, dass es doch so geschwind noch nicht geschehen wird. Ich werde Ihnen also auch noch schreiben können, und es ganz unfehlbar tun; denn ich bin nun wieder in Wolfenbüttel.

Leben Sie recht wohl, meine Liebe!

Ganz der Ihrige

L.

77 *Hamburg, den 28. Januar 1772*

Liebster Freund!

Ich freute mich ehegestern ganz außerordentlich, als ich einen Brief von Ihnen sah, auf den ich jeden Posttag mit so viel Sehnsucht lauerte. Meine Freude verlor sich aber ziemlich, als ich beim Durchlesen fand, dass Sie noch immer mit der fatalen Kolik geplagt sind. Sein Sie ja nicht nachlässig dabei, sondern brauchen Sie so lange und anhaltend, bis nicht die geringste Spur davon übrig bleibt. Und da Sie selbst finden, dass Ihnen die Ordnung besser bekömmt, als die Unordnung, so bleiben Sie hübsch bei der Ordnung und lassen Sie selbst meinen Besuch keine Gelegenheit geben, Sie in das schwirrige Leben wieder hinein zu setzen. Es kömmt bei der großen Reise auf einige Meilen Umweg nicht an. Ich sehe Sie ebensogerne in Wolfenbüttel als in Braunschweig, wo ich überdies gar nichts zu tun habe. Schreiben Sie mir aufrichtig, was Sie am liebsten wollen?

Auf den 15. Febr. ist die Reise noch immer festgesetzt: sonach käme ich den 16ten vielleicht in der Nacht nach Braunschweig; wenn ich allein bin, so bleibe ich wohl den folgenden Tag da; reiset aber mein Schwager mit, das noch ungewiss ist, so werden wir sehr eilen müssen, weil wenigstens er binnen sechs Wochen zurück sein will. Dies war eigentlich die Ursache, warum ich in Ihrem Quartiere abtreten wollte, weil ich sonst, wenn ich etwan spät ankäme, mich kaum eine Stunde mit Ihnen unterhalten könnte. Nun Sie mir es aber abraten, werde ich in der Rose abtreten.

Mein Schwager hätte mehr Lust, über Berlin zu gehen; allein daraus wird nichts. Wolfenbüttel liegt zu weit davon. Und ob ich zwar da auch einen Lessing fände, so wäre es doch nicht der, den ich am liebsten zu sehen wünschte.

Und diesen Lessing könnte ich der Etikette halber nicht einmal besuchen; denn er hat mich nicht besucht, und kennt mich noch obendrein gar nicht.

Durch den Brief an den Staatsrat G. [Gebler] können Sie mir einen wahren Dienst erweisen. Wenn ich am Hofe was suchen müsste, so könnte er mir sehr behilflich sein. Es schlägt ohnedem in sein Departement mit ein. Ich erfuhr es zu spät, sonst hätte ich das vorigemal schon seine Bekanntschaft gesucht. Ihre Bekanntschaft mit ihm ist aber wohl noch zu neu, als dass Sie ihn ausdrücklich ersuchen könnten, mir in meinen Angelegenheiten mit seinem Rate beizustehen? Nun, wenn Sie dies auch nicht gern tun wollen, so halten Sie mir doch gewiss den Brief parat: denn ich besorge, wenn ich ihn nicht fertig fände, dass er mir dann so bald nicht nachkäme. Ist es nicht so, dass Sie leicht so was vergessen? – Und da ich nun so viel später reise, so hoffe ich, wird auch Ihr neues Stück fertig sein? Ich wünschte es recht sehr. Denn wenn ich Geblern dies überbrächte, so brauchte ich keiner weitern Empfehlung. Ich mag Sie nicht fragen, was es für ein Stück ist? Wenn Sie es hätten sagen wollen, hätten Sie es ohnedies gesagt.

Ich bin heute zu nichts weniger aufgelegt, als zum Zanken, und mag mich auch nicht mit Ihnen überwerfen, bevor ich den Brief an Geblern habe. Sie haben mir aber zu viel Gelegenheit gegeben, dass ich nicht umhin kann, böse auf Sie zu sein. Ich muss es mir auf ein andermal vorbehalten. Sie erklären mich für eine Betrügerin und Lügnerin. Schämen Sie sich was! Es wäre wohl der Mühe wert, eines von beiden um diese Lumperei zu werden. Ich müsste im Traum geschrieben haben, wenn ich von der Lotterie Meldung getan hätte. Ich setze in keine, also kann ich auch in keiner was gewinnen. Allein genug, ich habe mit Ihnen in Kompagnie gespielet und habe so viel gewonnen. Sind Sie nun zufrieden, wenn ich Ihnen dies auf meine Ehre beteure? So bitten Sie mich im Herzen um Verzeihung; aber reden Sie ja in keinem Brief ein Wort mehr davon.

Der höchst betrübte Witwer, Herr B. [Behn], wird Ihnen schon seinen Verlust angezeigt haben. Ich glaube, er übersteht ihn. Was meinen Sie? Wenigstens beklagt ihn niemand; aber im Gegenteil schätzt man sie glückselig; denn man sagt, dass er ihr, seit des Vaters Tode, sehr schlecht begegnet habe, und zwar sagt es sein gewesener Busenfreund D. [Doktor] G. [Grund]. Dies kann nun wohl Rachsucht sein, weil sie ihn zuletzt nicht mehr als Medikus gebraucht haben. Doch wenn es wahr wäre, so sollte er die Frau nicht bekommen, die ich ihm wieder zugedacht habe, die Mamsell Al. [Alberti] meine ich.

Unser guter General gehet mir näher, als die B. [Behnin]; denn ich habe sie auf keiner Seite recht gekannt: aber an dem General, bin ich überzeugt, hat die Stadt einen ehrlichen Mann, und ich einen aufrichtigen Freund verloren. Ich denke, Sie lesen die Zeitung, sonst muss ich Ihnen noch sagen, dass er gestern, da er bei Herrn von Gros Visite machte, ganz plötzlich an einem Steckflusse gestorben ist.

Was sagen Sie denn zu den Veränderungen, die in Kopenhagen vorgefallen? Nun ist Sturz auch arretiert. Ich hoffe ja nicht, dass er in dem schwarzen Komplott mit gewesen ist.

W. [Wurmbs] Seele hat, seit wir die Nachrichten aus Kopenhagen erhalten, ganz neue Triebfedern bekommen. Ob es vielleicht auf seine Glücksumstände Einfluss haben kann? Das wünschte ich, und ich glaube es auch fast.

Dass aber unser süßer B. [Bernstorff] noch keine Stafette erhalten hat, darüber grübeln seine Anhänger sehr nach. Sie zucken die Achseln, und fürchten, dass die große nützliche Begebenheit eben nicht so nützliche Folgen nach sich ziehen möge, wie zu hoffen stünde, wenn das Ruder wieder in die rechten Hände käme. In diese Hände kommt es aber gewiss nicht wieder, so lange wenigstens R. [Rantzau] ein Wort zu sagen hat; denn der und B. [Bernstorff] sind zwei Leute, die gar nicht übereinkommen. – Cramer ist seit acht Tagen hier und logiert bei Gr. [Graf] Bernstorff.

Leben Sie wohl, liebster Freund, und sein Sie ja recht gesund. Hören Sie aber auch nicht auf, es mir zu sagen, bis ich Ihnen schreibe, dass ich keinen Brief mehr von Ihnen erhalten kann. Ich bin von ganzem Herzen

Ihre ergebenste Freundin

E. C. König

78 *Braunschweig, den 31. Januar 1772*

Meine Liebe!

Was meinen Sie? Ich schreibe Ihnen schon wieder aus Braunschweig, wohin ich so bald nicht wieder kommen wollte. Aus Ursachen – aber die Ursachen hiervon sind so mancherlei und so klein, dass es sich nicht der Mühe lohnet, einen Brief damit anzufüllen. Ich verspare sie also auf unsre mündliche Unterredung.

Wie sehr freue ich mich auf diese! Und möchte Ihr Schwager doch nur lieber bleiben, wo er ist, wenn er Ursache sein soll, dass Sie umso viel mehr eilen müssen. Was kann er Ihnen ohnedem auf so wenige Zeit in Wien nutzen? Und dann, meine Liebe, wäre es freilich besser, wenn Sie mich gerade in Wolfenbüttel besuchten. Aus dem Wege wäre es ja ganz und gar nicht. Denn von Braunschweig aus müssen Sie über Wolfenbüttel doch, Sie mögen auch für einen Weg nach Wien nehmen, welchen Sie wollen.

Das Einzige, warum ich doch wünschte, dass Ihr Schwager Sie begleiten möchte, sind die Ungemächlichkeiten der Reise selbst, von welchen er Ihnen wenigstens einen größern Teil könnte übertragen helfen, als wenn Sie wiederum bloß und allein mit Ihrem Mädchen reisen müssten, die auf nichts weiter denken würde, als ihre vorigen Bekanntschaften zu erneuern.

Ich sehe und spreche Sie nun aber allein, oder in Gesellschaft Ihres Schwagers, hier oder in Wolfenbüttel, so sehe und spreche ich Sie doch. Das ist das Einzige, woran ich itzt denke.

Den Brief an den Staatsrat G. [Gebler] sollen Sie gewiss finden. Und ob schon meine Bekanntschaft mit ihm noch ganz neu ist, so sehe ich doch nicht, warum ich ihm deswegen nicht Ihre Angelegenheiten empfehlen dürfte.

Meine neue Tragödie dürfte schwerlich um diese Zeit schon abgedruckt sein. Aber ich hoffe doch, sie Ihnen noch nachschicken zu können, ehe Sie in Wien angekommen sind.

Wegen meiner Gesundheit, meine Liebe, sein Sie nur ganz unbesorgt. Ich bin so gut als wieder hergestellt; und ich hatte sehr Unrecht, einer Kolik wegen ein Wort zu verlieren. Auf dem Wege, wie ich mir die zuzog, will ich mir gewiss in meinem Leben keine wieder zuziehen.

Aber wer sagt Ihnen denn, dass ich hier in Braunschweig zu schwirren pflege? Es fehlt nicht viel, dass ich hier nicht ebenso einsam lebe, als in Wolfenbüttel: und mein ganzes Schwirren ist, dass ich dann und wann mit Zachariä ein Glas Punsch trinke. Punsch aber, der Zitronen wegen, wird von allen Medicis als ein sehr gutes Präservativ gegen die hier im Schwange gehenden Krankheiten empfohlen.

Den Tod seiner Frau hat mir B. [Behn] selbst gemeldet: aber der Tod des General Janus war mir ganz etwas Neues und Unerwartetes. Ich hätte dem Manne, seinem Ansehen nach, doch auch ein längeres Leben gegeben. Seine Witwe wird indes wohl ungefähr ebenso betrübt sein, als jener Witwer. Spricht man denn schon davon, dass er auf die A. [Alberti] ein Auge hat? – Und lieber Gott! wie zerstört muss es in unserm ehemaligen Zirkel aussehen, wenn auch G. [Grund] und B. [Behn] nicht mehr zusammen halten.

Die Revolution in Kopenhagen ist besonders. Und so war es auch einzig und allein möglich, S. [Struensee] zu stürzen. Man sieht, man hat seinen Fall dem König abgezwungen: aber was man ihm denn nun, vor den Augen der Welt, zur Last legen wird, das bin ich sehr begierig zu erfahren. Freilich wird die Sache den Anhängern von B. [Bernstorff] nur halb recht sein, da dieser noch nicht zurückberufen worden. Gleichwohl hat es ja schon in der neuen Zeitung ausdrücklich gestanden, dass er eine Stafette erhalten, auf welche er unverzüglich nach Kopenhagen abgegangen: und ich sollte meinen, L. [Leisching] würde doch so etwas zuverlässig haben wissen können. Vielleicht hat er aber gemeinet, es könne gar nicht fehlen. – Ich will sehr wünschen, dass auch für W. [Wurmb] sich dabei eine gute Konjunktur äußern möge. So viel weiß ich, dass er mit R. [Rantzau] lange schon in Korrespondenz gestanden. – Niemanden bedaure ich dabei mehr, als Sturzen. Aber ich werde mich auch nimmermehr bereden, dass er sich in etwas sollte eingelassen haben, was unter keinerlei Umständen einem rechtschaffnen Manne geziemt. –

Nun leben Sie recht wohl, meine Liebe. Nicht wahr, Sie sind doch völlig gesund? Und die Arzneien Ihres Herrn Bruders fahren auch fort, die guten Wirkungen zu unterhalten? Ehe Sie abreisen, schreibe ich Ihnen gewiss noch mehr als einmal. – Wovon ich Ihnen nichts weiter schreiben sollen, davon schreibe ich Ihnen auch nichts weiter. Um Verzeihung habe ich Sie in meinem Herzen auch gebeten. Aber das Spiel möchte ich doch kennen, in welchem Sie mit mir in Kompagnie spielen könnten, wenn es nicht das Lotto wäre! – Leben Sie nochmals wohl. Ihre Familie ist doch auch recht wohl und munter? Ich bin auf immer

ganz der Ihrige

L.

79 *Hamburg, den 1. Februar 1772*

Mein liebster Freund!

Morgen hoffe ich zu hören, dass Sie wieder vollkommen wohl sind, und über vierzehn Tage denke ich mich augenscheinlich davon zu überzeugen. Denn meine Abreise bleibt noch immer auf den 15ten festgesetzt. Meine Geschwister sind zwar ganz und gar nicht damit zufrieden, dass ich mich in dieser Witterung wage; ich soll das Frühjahr abwarten; sie wissen aber nicht, wie einem zu Mute ist, der so im Ungewissen lebt, wie ich. Die Folter kann nicht peinigender sein. Zumal wenn man noch überdies täglich andre Kränkungen erfähret, von einer

Person, von der man nichts als Freundschaft hätte erwarten sollen. Ich könnte über diese Materie ganze Bogen voll schmieren; es würde aber zu nichts dienen, als meine Empfindlichkeit noch mehr zu reizen. – So viel ist gewiss, wäre Herr Schuback nicht mein so treuer Freund, ich überstünde diese Epoche nicht. Nur schade, dass ich diesen zu sprechen so selten Gelegenheit habe.

Eben den Augenblick erhalte ich wieder einen Brief vom Professor, worin er mich inständigst bittet, wenn es möglich sei, meine Reise noch aufzuschieben. Er denkt, dass durch diesen Aufschub ich mich nachher so einrichten könnte, dass ich nicht wieder nach Hamburg zurückkehren dürfte. Ich sehe aber nicht ein, wie das möglich zu machen, so sehr ich es selbst wünschte, und so vorteilhaft es wäre. Denn das ist gewiss, dass ich durch die Reise mein Vermögen vollends zusetze.

Ob aber ich oder ein anderer das Geld verreiset, ist im Grunde einerlei. Einer muss es tun, und dann so werde ich täglich mehr überzeugt, dass ich unbesonnen handeln würde, wenn ich meine Wohlfahrt in diejenigen Hände lieferte, denen ich sie anzuvertrauen willens war.

Um meine Gesundheit sein Sie nur ganz unbesorgt. Just die Reise wird mich wieder völlig herstellen. Ich werde zwar, außer dem Vergnügen Sie zu sehen, wohl nicht viel Freude auf der ganzen Reise haben; allein dieses Vergnügen ist auch so groß, dass es mich völlig schadlos hält. Sie glauben nicht, wie sehr ich mich freue, und wie sehr ich mich erst freuen werde, wenn ich Sie recht wohl finde. – Könnten Sie uns doch begleiten! – Ich sage uns, und weiß doch noch nicht, ob ich nicht allein reisen werde. Denn auch hier verlässt mein S. [Schwager] seine gewöhnliche Art nicht, unschlüssig zu sein. Und gehet der nicht mit, so nehme ich niemand mit, *Sie* möchten mich denn recht sehr darum bitten. Das täten Sie aber wohl so leicht nicht?

Alles Neue, was ich Ihnen heute schreiben kann, ist: dass unsere reiche W. gestorben ist. Sehen Sie, dass ich es nicht übel meinte, wenn ich sie Ihnen ehedem zufreien wollte? Und dann wäre sie wahrscheinlicherweise noch eher gestorben, da sie nun, wie gesagt wird, von Ärgernis gestorben sein soll, die ihr ihr Mädchen verursacht hat, der sie ein Paketchen mit 20 Dukaten gab, um es wohin zu bringen, und zugleich ein andres mit einigen Marken, um Mehl vom Kornhaus zu holen, wozu nur Arme berechtigt sind. Das Mädchen gab aus Versehen das Paketchen mit Dukaten für das Mehl, und hierauf wurde Inquisition angestellt, für wen sie das Mehl holte. Sie wusste sich nicht zu helfen, und gestund die Wahrheit; man gab ihr also kein Mehl, und behielt auch die Dukaten. Die Erben werden mit diesem Vorfall nicht übel zufrieden sein. –

Unser guter Bode wird sich ärgern, dass er nicht mehr unter ihre Erben gehört.

Mich ärgert in dem Augenblicke nichts, als dass nicht heute der 16. Februar schon ist. Wenn ich aber bedenke, dass der 17te dem 16ten so bald folget, so möchte ich fast bedauern, dass er so nahe ist.

Leben Sie wohl, und schreiben Sie mir ja noch fleißig. Vergessen Sie den Brief an den Staatsrat G. [Gebler] nicht, noch weniger

Ihre Freundin

E. C. König

80 *Hamburg, den 4. Februar 1772*

Mein lieber Freund!

Ich freue mich herzlich, dass meine Besorgnis wegen Ihrer Gesundheit durch Ihren letzten Brief gehoben wird. Erfüllen Sie nun auch den Vorsatz, und setzen sich dergleichen Beschwerlichkeiten durch eigne Schuld nicht mehr aus.

Da Sie nun wieder in Braunschweig sind, so denke ich, dass Sie sich so lange aufhalten, dass ich Sie dort treffe. Weil mein Schwager mich begleitet, so ist es misslich, ob ich Sie in Wolfenbüttel besuchen kann. Wenn ich über Leipzig gehe, so komme ich nicht auf Wolfenbüttel, und es ist noch nicht entschieden, ob ich nicht diesen Weg nehme, sondern hängt noch von einigen Umständen ab. – Auf allen Fall haben Sie die Gewogenheit, und schicken den Brief an den Staatsrat G. [Gebler] dem Herrn Zachariä, damit ich ihn gewiss mitkriege. Denn wenn ich ihn nicht gleich bei meiner Ankunft habe, so kann er mir nicht mehr viel nutzen. Dass ich ihn lieber aus Ihren Händen empfinge, brauche ich Ihnen wohl nicht zu sagen. Wenn Sie aber von Braunschweig schon wieder weg wären, so wollte ich Ihnen nicht zumuten, meinetwegen wieder dahin zu kommen.

Die Dänische Post ist gestern ausgeblieben, und darum haben wir auch keine Neuigkeiten daher. – Falkenschild ist an Sturz seiner Arretierung einzig und allein Schuld, weil er, indem man ihn arretierte, frug: ist Sturz auch schon arretieret? – Ich denke noch immer, dass er unschuldig sein wird, und wenn er das ist, wird er auch bald wieder frei sein. Haben sie doch Duval gleich wieder losgelassen.

Die Zeitung, worin B.s[Bernstorffs] Zurückberufung stand, ist hier gar nicht ausgegeben. L. [Leisching] hat sich diesmal übereilet. Vermutlich weil er glaubte, es könnte nicht anders sein, so ließ er den Artikel in die Zeitung setzen, ohne erst B. [Bernstorff] darüber zu sprechen. Wie er nun, nachdem er alle Posten expediert hatte, zu diesem kam, und B. [Bernstorff] ihm sagte, ihm wäre von alle dem, was er von ihm gemeldet, nichts bekannt, so wurden noch in derselben Nacht andre Zeitungen gedruckt. Indes mag sie's nicht wenig ärgern, hauptsächlich, weil die so ins Dänische gehen, auch bereits abgegangen waren.

Unser guter Z. [Zinck] hat vorige Woche eine Lähmung in der rechten Seite bekommen. Es bessert sich aber schon wieder. Der Grund zu dieser Besserung ist wohl der guten Verpflegung seiner Frau zuzuschreiben. In allem Ernste, sie verlässt ihn fast nie. –

Eben verlässt mich Herr Sch. [Schuback], der sich drei Stunden bei mir aufgehalten. Die Unterredung, in der er mich gestört, war allerdings angenehmer, als die, so ich mit ihm gehabt; denn diese läuft immer aufs Traurige hinaus. Er wird täglich mehr gegen die Wiener Fabrik eingenommen, und hat mir deswegen heute geraten, sie *coûte qui coûte* zu verkaufen. Ich sehe auch wohl ein, dass nichts anders herauskömmt, und wünschte daher nur, dass sie schon verkauft wäre, oder dass ich wenigstens nicht die Reise darum tun müsste. – Weil ich gerne die Wiener Bilanz vor meiner Abreise hätte, so habe ich eben mit Herrn Sch. [Schuback] abgeredet, mich noch etwan acht Tage länger darnach aufzuhalten; es könnte also sein, dass ich erst den 22ten von hier reisete.

Ich merke dieses an, damit Sie umso eher Ihrem Versprechen nachkommen, mir manchmal zu schreiben. Käme auch ein Brief nach meiner Abreise, so will ich wohl bestellen, dass er mir nachgeschickt wird.

Leben Sie recht wohl, bester Freund, und trinken Sie so viel Punsch, als nur immer nötig ist, um Sie vor allen übeln Zufällen zu bewahren. Ich bin

Ihre ergebene Freundin

E. C. König

81 *Braunschweig, 6. Februar 1772*

Meine Liebe!

Ich bin noch in Braunschweig; und da heute schon der 6te ist, so denke ich, dass ich eben so wohl tue, wenn ich nur gleich bis zum 15ten hier bleibe. So habe ich doch eine angenehme Ursache, die mich hier hält; und ich kann mir und andern sagen, dass, wenn ich kein Vergnügen hier habe, ich wenigstens Vergnügen hier erwarte.

Aber so sehr ich mich auf dieses Vergnügen freue, so viel Kummer machen mir auch die Sorgen und Verdrießlichkeiten, die Sie ohne Zweifel noch zu überstehen haben werden, ehe Sie sich werden ruhig in den Wagen setzen können.

Und wer ist denn der Mann, der Ihnen vorzüglich so viele Kränkungen macht? Ich will doch nimmermehr hoffen, dass es Ihr S. [Schwager] ist? Ich habe zwar die gute Meinung lange nicht mehr von ihm, die ich sonst von ihm gehabt habe. Aber das könnte ich mir doch auch nicht von ihm vorstellen, dass er, außer seiner Indolenz, Ihnen noch mutwillig Verdruss machen könne.

Allerdings haben Ihre Geschwister alle Ursache, bei einer so weiten Reise, zu einer solchen Jahrszeit, um Sie in Sorgen zu sein. Auch ich würde äußerst unruhig darüber sein, wenn ich mich nicht auf Ihre Versicherung verließe, dass es wirklich mit Ihrer Gesundheit gegenwärtig so wohl stehet, dass Sie hoffen dürfen, die Reise werde Ihnen zuträglicher, als nachteilig sein.

Mit meiner Gesundheit ist es ganz wieder bei dem Alten. Doch muss ich mich vor Erkältungen noch in Acht nehmen, und das tue ich. Einen ganz außerordentlichen Anstoß mit meinen Augen hatte ich vor einigen Tagen in der Komödie. Ich sahe auf dem Theater anstatt eines Lichts zwölfe, aber keine Personen. Sie werden denken, dass ich mich auch wohl mit meinen Augen da könnte versündiget haben, wo ich daran gestraft ward. Aber nein, meine Liebe, so etwas Außerordentliches war es nicht. Wie ich wieder in die frische Luft kam, war es vorbei, und die Ärzte raten mir bloß, je eher je lieber zur Ader zu lassen, welches auch morgen oder übermogen geschehen soll.

Ich schreibe Ihnen da mächtig wichtige Dinge. Aber ich habe Ihnen auch von mir nichts Wichtigers zu schreiben; so wie von fremden Neuigkeiten ganz und gar nichts.

Dass jedermann über die Messe hier klagt, das versteht sich von selbst. Gleichwohl ist die ganze Welt auf der Redoute gewesen; nur ich nicht. Wenn mancher darunter gewesen, der seine Grillen zu vertanzen gesucht: so habe ich sie doch noch lieber verschlafen wollen.

Ich wollte wohl, dass die *reiche* W. als meine Frau *gestorben* wäre; wenn sie anders gestorben, und nicht verreckt ist. Wahrscheinlich genug, dass sie bei mir auch früher davon gemusst hätte. Denn ich würde ohne Zweifel das Versehen ihrer Magd öfters begangen, und Dukaten anstatt Marken hingegeben haben.

In Ihrem nächsten Briefe, welchen ich heute oder morgen erwarte, hoffe ich die nochmalige Versicherung von Ihrer Ankunft zu finden. Sobald ich diese habe, will ich Ihnen Quartier, nicht in meinem elenden Wirtshause, auch nicht in der Rose, sondern in dem Sterne bestellen, wenn Sie nicht ausdrücklich etwas wider den Stern haben. – Aber ich will doch nimmermehr glauben, dass es Ihr guter Ernst ist, falls Ihr Schwager Sie nicht begleitet, ganz allein zu kommen? Das ist, auch sogar ohne Mädchen? Das wagen Sie doch ja nicht, meine Liebe; und wenn Sie auf voriger Reise auch noch so wenig Dienste von der Kreatur gehabt haben, so lassen Sie sie demohngeachtet nicht zurück. Hören Sie, tun Sie das ja nicht: sonst laufen Sie Gefahr, wenn Sie so ganz allein kommen, dass

Ich Sie bis nach Wien begleite. Denn ganz allein lasse ich Sie wirklich nicht weiter reisen. Machen Sie sich darauf nur gefasst: wenigstens bringe ich Sie bis vor die Tore von Wien: denn ganz herein zu kommen, würde mit meiner letzten Erklärung, die ich dahin schreiben lassen, nicht bestehen. Man möchte denken, ich hätte mich anders besonnen, und käme nun, es näher zu geben.

Leben Sie wohl, meine Liebe – bis auf noch einen, den ich Ihnen nach Hamburg schreiben kann.

Der Ihrige

L.

82 *Hamburg, den 8. Februar 1772*

Mein lieber Freund!

Ich schreibe bloß, um Ihnen zu sagen, dass ich heute über acht Tage gewiss abreise. Wo es nur immer möglich ist, so suche ich Sie in Wolfenbüttel heim, wenn ich Sie nicht in Braunschweig treffe. Doch ich denke, die Lustbarkeiten der Messe werden Sie da wohl so lange halten. – Sie gesund und vergnügt zu sehen, ist das Einzige, was mir die fatale Reise noch einigermaßen erträglich machen wird. Ich muss schließen, weil ich in dem Augenblick den Besuch von Herrn S. [Schuback] zu erwarten habe.

Leben Sie wohl! Ich bin

Dero ergebenste

E. C. König

83 *Braunschweig, den 10. Februar 1772*

Meine Liebe!

Eben wird Sie dieser Brief noch in Hamburg treffen können, um Ihnen glückliche Reise zu wünschen, wenn es bei dem ersten Entschlusse, den 15ten dieses abzureisen, anders noch geblieben. Doch ich denke, der Aufschub wird stattgefunden haben, und ich werde mich auf das Vergnügen, Sie zu sehen, acht Tage länger freuen müssen. In dem einen oder in dem andern Falle ist es aber nun schon beschlossen, Sie hier zu erwarten, ohne erst wieder nach Wolfenbüttel zurückzukehren. – Denn Sie wollen mir ja nicht zumuten, dass ich bloß Ihrentwegen nach Braunschweig käme. – Wissen Sie, meine Liebe, dass mich das fast verdrießen sollte?

Doch es mag so eigentlich nach den Worten nicht gemeinet sein! Denn wahrlich, sonst müsste ich Sie dabei halten. – Merken Sie nur, dass alle Komplimente in das Gleichgültige fallen.

Geschwind von etwas anderm, damit ich diese Idee verliere. – Das ist ja ein recht glücklicher Zufall für Z. [Zinck], der die Zärtlichkeit seiner Frau noch so spät für ihn anfeuert. Wenn dahinter nur nicht etwas anders steckt! Doch diese Anmerkung ist hämisch. Und warum sollte eine nicht ganz schlechte Frau, wenn ihr Herz durch Betrübnis weich gemacht worden, nicht das aus Mitleid tun, was sie nie aus Liebe tun wollen?

Ihr Freund, Herr S. [Schuback], ist unstreitig ein sehr ehrlicher und sehr einsichtsvoller Mann. Ich wünschte aber doch, dass er Sie mit allzu vielen Bedenklichkeiten itzt verschonte. Ich stelle mir vor, dass Sie eher keinen festen Entschluss fassen können, als in Wien. Der Verkauf ist freilich das Klügste, wenn Sie einen billigen machen können. Aber aus Furchtsamkeit, aus Kleinmut allzu viel aufopfern – –

Doch ich rede, wie der Blinde von der Farbe. Ich wollte, es beträfe eine Schwierigkeit, in die ich mich mischen könnte! – Nur eins möchte ich wissen: wenn dergleichen Fabriken in Wien nicht sollen Bestand haben, wo sollen sie ihn denn haben können? –

Nicht wahr, ich darf mit nächster Post ein paar Zeilen von Ihnen hoffen, die mir wegen Ihrer Ankunft das Gewisse melden? –

Und indes leben Sie wohl, meine liebste, beste Freundin. Ich schreibe Ihnen heute nur, um Ihnen geschrieben zu haben.

Ganz der Ihrige

L.

84 *Hamburg, den 12. Februar 1772*

Mein lieber Freund!

Ich stehe in dem stolzen Wahne, dass es Ihnen Unruhe verursachen könnte, wenn ich Sie nicht vorbereitete, mich einige Tage später zu erwarten. Einige kleine Hindernisse, von Seiten meines Schwagers, können veranlassen, dass ich erst den Montag oder Dienstag von hier gehe; doch kann es auch sein, dass es beim Sonnabend bleibt.

Ich danke Ihnen, dass Sie sich in Braunschweig nach mir aufhalten wollen. – Bestellen Sie das Quartier nur immer im Stern, wenn es einer Bestellung bedarf; oder wenn es vielmehr der Mühe wert ist, es zu bestellen, da ich noch nicht weiß, ob ich da übernachte.

Der Anstoß mit Ihren Augen war vielleicht wichtiger, als Sie ihn nehmen, und darum hätten Sie das Aderlassen gar nicht verschieben müssen. Ich hoffe nicht, dass Sie es am Ende ganz unterlassen haben.

Alles Übrige bis aufs Mündliche. Ich habe so abscheuliche Kopfschmerzen, dass ich mich den Augenblick zu Bette legen muss.

Leben Sie wohl! – Ich bin von ganzem Herzen
Ihre aufrichtige Freundin

E. C. König

Haben Sie den konfiszierten Text von Götze noch nicht gelesen, so schicke ich ihn hier.

85 *Braunschweig, den 24. Februar 1772*

Meine Liebe!

Ich verfolge Sie in den dritten Tag unablässig mit meinen Gedanken. Nun wird es Zeit sein, Sie auch mit meinen Briefen zu verfolgen, wenn Sie anders einer in Nürnberg treffen soll.

Endlich sind Sie doch da wohl und gesund angelangt? Und haben Ihren Weg so gut und glücklich zurückgelegt, als es bei der schlechten Witterung nur immer möglich gewesen? – Machen Sie ja, dass ich in den nächsten Tagen Versicherung davon erhalte. Sie glauben nicht, wie besorgt ich um Sie bin.

Mich hat die Nacht in meinem Bette gefroren, wenn ich aufwachte und mich besann, was Sie in diesem Augenblick vielleicht ausstehen müssten.

Wenn ich Sie nur erst über Nürnberg weiß, und zuverlässig glauben darf, dass Sie gesund sind!

Es wäre noch zu zeitig, etwas von dem schriftlich zu wiederholen, was wir einander mündlich versichert haben. Ich rechne auf Ihr gutes Gedächtnis, und weiß, dass das Gedächtnis noch einmal so gut ist, wenn ihm das Herz ein wenig einhilft.

Also wird dieser Brief auch ganz kurz sein; welches er schon deswegen sein müsste, weil die Post den Augenblick abgehet, wornach ich mich zu spät erkundigt habe. – Nur noch eine Neuigkeit. Eben als Sie weg waren, erfuhr ich, dass Bernstorff den 18ten in Hamburg plötzlich gestorben. Es ist doch sonderbar!

Nun leben Sie recht wohl, und reisen Sie glücklich weiter. Meinen vielfältigen Empfehl an den Herrn Schwager. Ich bin
ganz der Ihrige

L.

N.S. Itzt sehe ich erst, dass ich keine Adresse nach Nürnberg von Ihnen habe, sondern nach Augsburg, weswegen der Brief auch wohl noch einen Posttag liegen bleiben kann.

86 *Rattelsdorf, den 28. Februar 1772*

Mein lieber Freund!

Von einem Dorfe, das sich Rattelsdorf nennt, haben Sie wohl in Ihrem Leben nichts gehört? Auf dem sitzen wir nun beinahe vierundzwanzig Stunden, und wer weiß, ob wir nicht noch viermal vierundzwanzig Stunden hier aushalten müssen. Es kommt auf den Main an, ob der fallen will; so wie er jetzt ist, ist er nicht zu passieren, wenn man auch was wagen wollte. – So viele Hindernisse, wie wir auf dieser Reise angetroffen, mit solchen Beschwerden und Gefahren verknüpft, habe ich in meinem Leben nicht ausgehalten. Es lassen sich wenig Unfälle mehr denken, die uns nicht schon alle begegnet sind. In 36 Stunden haben wir zwei neue Achsen und zwei Stangen zerbrochen; die Pferde sind mit uns durchgegangen, und haben über solche Graben und Hügel gesetzt, dass wir nichts anders, als den schrecklichsten Tod vor Augen sahen, bis endlich, da sie eben wieder über einen tiefen Graben setzen wollten, die Stränge des einen Zugpferdes rissen. Zu unserm größten Glück! denn dadurch verloren sie die Macht über den Graben zu setzen, und kehrten auf die andere Seite um, wo uns Bauern zu Hilfe eilten, die sie auch glücklich erhaschten. Gestern sind uns zwei Pferde vor dem Wagen gefallen; bei dem ersten hielten wir uns vier Stunden auf, und versuchten alles, um es zu retten; allein es war umsonst, wir mussten es am Ende für den Scharfrichter des nächsten Dorfes liegen lasen. Für Yorik wäre dies eine vortreffliche Szene gewesen. Der Postillion war ein Original. So gut als dumm, beides im äußersten Grade. O Gott, o Gott! war alles, was er vier Stunden lang sagte, wobei er beständig fortarbeitete, um das Pferd auf die Beine zu bringen; es war aber so kraftlos, dass, wenn er es auch etwas in die Höhe hatte, es gleich wieder auf die Seite fiel, wobei er huntertmal in Gefahr war, sein Leben zu verlieren. Ich schrie in einem weg: Kerl, seid nicht rasend, das Tier ist hin, was wollt ihr euch denn auch noch unglücklich machen? Ei, was! gab er mir immer zur Antwort, da es mit meinem Pferde so ist, so mag es mit mir werden, wie es nur immer will. Ich sagte, er sollte fortfahren. – Nein, wenn Sie mich auch prügelten, so gehe ich nicht von meinem Pferde, solange ich noch Hoffnung habe; und dies hielt er auch ehrlich. Selbst, wie es schon krepiert war, mussten wir ihm noch verstatten, dass er es mit den andern Pferden auf einen Acker schleppte, aus dem nächsten Dorfe Stroh und Heu holte; das Stroh, um es damit zu decken, und das Heu, damit es, wenn es wieder auflebte, etwas zu fressen fände. Der Kerl dauerte mich, denn er war völlig abgemattet; und nun wollte vollends das Unglück, dass, als wir kaum eine Viertelstunde gefahren waren, ihm im Wasser das zweite Pferd auch fiel. Dies hat er denn doch noch gerettet, weil zum Glück Leute in der Nähe waren, die ihm zu Hilfe kamen. Für uns aber ward es schlimm. Wir waren zwar ausgestiegen; allein unser Wagen stand im Wasser, und diese Pferde konnten ihn nicht herausziehen. Wir mussten also drei Viertelstunden weit nach einem Dorfe gehen, durch einen solchen schrecklichen Weg, dass ich diese Stunde noch nicht begreife, wie ich durchgekommen bin. Bei jedem Schritt, den ich tat, musste ich die Beine mit Macht aus der Erde ziehen, und es regnete, dass ich keinen trocknen Faden auf dem Leibe behielt. Nun sagte ich zu meinem Schwager, wie wir wieder im Wagen saßen, für heute werden wir doch wohl genug Fatalitäten überstanden haben? Wills Gott! war seine Antwort; aber das Wills Gott traf nicht ein, denn wir mussten noch durch drei Gewässer, die alle drei in den Wagen kamen. Das letzte war so hoch, dass alles, was im hintern Chaisekasten lag, nass wurde. Dieses zu trocknen, war heute meine Beschäftigung.

So sind mir die paar angenehmen Tage, die ich mit Ihnen zugebracht, wieder vergället worden. Doch nein, das Vergnügen, Sie gesund gesehen zu haben, überwiegt alle das Unglück, und noch mehr. Ich bin seitdem weit heiterer und munterer, selbst bei alle den Beschwerden bin ich nicht einen Augenblick niedergeschlagen gewesen. – Dieses schreibe ich Ihnen allein zu; denn bei meiner Abreise von Hamburg war mir nicht so zu Mute, wie mir jetzt ist.

Ich will nur nicht hoffen, dass auch der Endzweck der Reise so übel ausfällt, wie bisher die Reise gewesen ist; sonst sähe es schlecht aus. Alsdenn würde ich Ihnen bei der Retour wohl schwerlich von Rattelsdorf aus schreiben können: ich sei vergnügt. Es gehört schon so viel dazu, wenn einem auch nichts im Wege steht, hier vergnügt zu sein; zumal wenn man so sehr nach Augsburg verlangt, wie ich. Dort hoffe ich doch gewiss einen Brief von Ihnen zu finden. Nicht wahr, Sie haben mir dahin geschrieben? Wenn Sie es nicht getan hätten? Das wollte ich um vieles nicht: denn so erhielt ich noch in drei Wochen keinen. So lange dauert es gewiss, bis wir nach Salzburg kommen. Dort treffe ich nun gewiss den Brief an den Staatsrat G. [Gebler]. Nicht so? Mein Schwager sagt mir eben: ich sollte Ihnen sein Kompliment machen, und zugleich sagen, dass wir bei unsern Unglücksfällen mehr an Sie gedacht hätten, als wir vielleicht getan haben würden, wenn es uns besser ergangen wäre. Seinerseits mag es wahr sein. Denn so wie ein Unglück kam, so sagte er: Herr Lessing hat Recht: es ist wahrhaftig ein hundsfüttisch Leben.

Es hätte besser gestanden, wenn ich mit dem Danke für die viele uns erwiesene Güte angefangen hätte, als eben beim Schluss des Briefes. Doch ich glaube, dass Sie mir ihn am Ende wohl ganz schenkten, ohne mich im Geringsten in Verdacht zu halten, ich sei unerkenntlich.

Leben Sie wohl, mein bester Freund! Ich bin von ganzem Herzen

Ihre ganz ergebene

E. C. König

Beim Datumschreiben fällt mir ein, dass heute Ihr Geburtstag ist. Feiern Sie ihn vergnügt!

87 *Rattelsdorf, den 2. März 1772*

Mein lieber Freund!

Noch sitzen wir in Rattelsdorf, zwei Meilen diesseits Bamberg, ohne zu wissen, ob wir heute, morgen oder übermorgen wegkommen. Beinahe ist meine Geduld alle erschöpft. Man kann sich nichts Unangenehmers denken, als an einer Stelle liegen bleiben zu müssen, wo man nichts zu tun hat, besonders auf dem Wege nach einem Orte, wo man so triftige Beschäftigungen vor sich hat. Und zum Unglück steht uns noch ein solcher Aufenthalt zwischen Bamberg und Nürnberg bevor. Denn bei Furchheim soll das Wasser ebenso angeschwollen sein.

Sind wir aber nur erst über Nürnberg, so wird es schon besser gehen. Das ist auch das Einzige, womit wir uns aufmuntern. Der beständige Regen wird zwar auch die guten Wege sehr verderben; so wie er uns hier beständig in der Stube hält. Zu einem ist es gut. Mein S. [Schwager] kommt dadurch in den Geschmack des Lesens. Ich wette, dass er in zehn Jahren nicht so viel gelesen hat, als in den paar Tagen. Ich glaube, wenn ich hier länger bliebe, so käme ich auch so weit, dass ich die Namen der Schiffer mit Lust lesen könnte. Gestern habe ich schon zur Veränderung bei den Zeitungen angefangen, die sonst meine Lektüre nicht sind. Einen Artikel aus der Frankfurter habe ich abgeschrieben, die Kritik über Münters Predigt. Vermutlich gefällt sie mir, weil ich eben das, bei Durchlesung der Predigt, dachte, was hier darüber gesagt wird. Ob ich recht gedacht habe, sollen Sie mir sagen. Zu diesem Endzweck will ich Ihnen die Abschrift mit beilegen.

Was mir den hiesigen Arrest am unerträglichsten macht, ist: dass ich so lange keine Nachricht von allen denen kriege, die mir nahe am Herzen liegen. Wenn sie denn nur umso besser sind! Das hoffe ich ja.

Halten Sie Ihr Versprechen, mir fleißig zu schreiben, und alle Hamburger Nachrichten mitzuteilen. Von Hamburg selbst möchte ich sie nicht so aufrichtig überschrieben bekommen. Selbst wenn es was Unangenehmes wäre, das mich beträfe, möchte ich Sie fast bitten, es mir gleich zu schreiben. Doch das wollen Sie wohl nicht tun? Und doch täten Sie mir einen großen Gefallen. Denn jede Sache würde mir gewiss nur halb so unangenehm sein, wenn ich sie von Ihnen hörte, weil sie stets mit dem Trost begleitet sein würde, der der Sache angemessen wäre.

Nun ich wohl bin, will ich Ihnen auch ausdrücklich sagen, dass ich es bin. In Coburg war mir sehr übel. Ich kriegte in der Nacht ein Erbrechen, und – dass meinem Schwager angst und bange wurde. Ich selbst glaubte nicht, dass ich mich so geschwind wieder erholen würde. Indes ist es besser gegangen, als wir beide dachten.

So gehet es öfters; die schlimmsten Aussichten haben öfters den besten Erfolg. Die Erfahrung hat mich dies so manchmal gelehrt, dass ich auch sehr oft böse auf mich bin, wenn ich diese Erfahrung nicht allezeit zu meinem Vorteil anwende.

Sein Sie zum letztenmal von Rattelsdorf aus gegrüßt; wenigstens für diesesmal. Es wird sich wohl niemals wieder fügen, dass von hier aus an Sie so viel gedacht wird, als diese Tage her an Sie gedacht worden ist.

Adieu, mein lieber Freund. Behalten Sie mich immer ein bisschen lieb,

Ihre aufrichtige Freundin

E. C. König

Von Nürnberg schreibe ich, dass man Ihnen das Porträt schickt. Ich habe noch den Vorwand nicht ausgedacht. Nichts fällt mir schwerer, als Lügen. Sie wissen wohl: ich bin ein altfränkisches Weib.

88 *Nürnberg am Freitag 1772 [den 6. März]*

Mein lieber Freund!

Endlich sind wir doch einmal von Rattelsdorf weggekommen, nachdem wir fünf Tage da gelegenhatten. Der Weg von da auf hier war wieder ganz abscheulich. Doch haben wir ihn glücklich passiert, und sind seit gestern Abend hier. Hier hören wir nun, dass die Salzburger Kaufleute, die wir vor allen Dingen sprechen müssen, binnen 10 bis 12 Tagen nach Grätz reisen. Wir müssen also unsre ganze Reise ändern, und statt erst nach Augsburg zu gehen, gerades Weges von hier nach Salzburg reisen. Der Umweg, den ich dadurch machen muss, verdrießt mich nicht so sehr, als dass ich so lange nichts von Ihnen höre noch sehe. Denn schwerlich treffe ich noch in Salzburg einen Brief von Ihnen; wohl aber wird einer in Augsburg liegen, um den ich morgen schreiben werde, dass er mir nachgeschickt wird.

Von Hause habe ich Briefe hier vorgefunden. Meine Kinder sind wohl, und alles steht gut. Herr S. [Schuback] nimmt sich meiner Geschäfte aufs eifrigste an.

Ich merke schon, dass ich nicht viel Nützliches, in Ansehung des Absatzes von dem Hamburger Lager, mir zu versprechen habe. Klagen über elende, nahrungslose Zeiten, ist das Einzige, womit man durchgehends unterhalten wird; und dies sind gewöhnlich Vorboten, die nicht viel gute Bestellungen versprechen.

Der schlechten Zeiten ungeachtet ist man hier noch immer sehr gastfrei. Sechsunddreißig Stunden bin ich hier, und komme diesen Augenblick von der dritten Mahlzeit zurück. Es ist unmöglich, davon abzukommen, sonst hätte ich die sechsunddreißig Stunden lieber ruhig in meinem Zimmer zugebracht. Ich hatte mirs so vorgenommen, nicht allein völlig hier auszuruhen, sondern auch was Rechtes zu brauchen, denn es will mit meiner Gesundheit noch keinen Bestand halten. In Bamberg habe ich wieder einen harten Anstoß gehabt. Nun ich aber so eiligst von hier muss, gehet es nicht an. Vielleicht dass die gute Witterung, die wir seit einigen Tagen haben, das bewirkt, was die Medizin bewirken sollte.

Was sagen Sie denn zu dem schleunigen Tode von Graf Bernstoft? – Es werden allerlei Arten von Tränen über ihn vergossen werden. – K. [Klopstock] wird auch nicht wenig bekümmert sein, und P. [Prof.] B. [Büsch] ist gewiss außer sich selbst gekommen; denn ich glaube nicht, dass er für einen Menschen in der Welt mehr eingenommen sein kann, als er, besonders zuletzt, für den Grafen eingenommen war. – Und unsre gute M. [Mumssen] ist auch Witwe geworden. Die Frau bedaure ich! Da sie keine Kinder hat, wird sie schlecht wegkommen.

Wenn Sie mir diesen Brief beantworten wollen, so können Sie es auf Regensburg tun, wohin ich zuletzt komme. Meine Adresse daselbst ist bei Herrn Glätzl im Adler. Ich werde Ihnen recht viel Dank sagen, wenn Sie es tun. Sie glauben nicht, wie leid es mir tut, dass ich Ihre Briefe nun schon so lange vermisse.

Eben schlägt es zwei Uhr; es ist also wohl Zeit, dass ich mich schlafen lege. Doch noch eins. Mein Porträt haben Sie wohl schon? Denn ich habe von Rattelsdorf aus deswegen geschrieben. Sagen Sie mir doch, ob man es recht verpackt hat, dass es nicht beschädigt worden? Mir ist nur bange, dass Sie sich an dem Porträt so satt sehen, dass Sie das Original nicht mehr sehen mögen.

Ihre ganz ergebenste

E. C. König

Wenn Ihr neues Stück noch nicht nach Salzburg abgegangen ist, so sein Sie so gut, und schicken es auch nach Regensburg.

89 *Salzburg, den 13. März 1772*

Mein lieber Freund!

Eben diesen Augenblick erhalte ich, was ich so sehnlich wünschte: den Brief, den Sie nach Augsburg geschrieben. Ich bat, von Nürnberg aus, mir ihn hierher zu schicken, und es ist mir umso lieber, dass ich es getan habe, weil der, den Sie hierher schreiben wollen, vermutlich kommen wird, wenn ich längst wieder weg bin. Die Geschäfte sind hier, wie aller Orten, von so wenigem Belang, dass man den Aufenthalt sehr abkürzen kann. Die hiesigen sind wirklich schon alle bestellt, und also reisen wir auch spätestens übermorgen früh von hier ab. Unsre Tour gehet nun über München, Augsburg nach Regensburg. Von da denken wir, die Donau herunter zu gehen.

Ich machte mir Hoffnung, einige Liebhaber zu der Wiener Fabrik zu finden; ich habe mich aber geirrt. Kein einziger hat Lust dazu, und es ist mir nur lieb, dass ich dies gleich aus ihren Reden schließen konnte, und sie also auch keinem angeboten habe. Ich fürchte, ich fürchte, dass es hart halten wird, ehe ich einen Liebhaber dazu finde, und dass es am Ende wohl niemand anders, als die Kaiserin selbst sein kann, die sie übernimmt; wenigstens wenn ich einigermaßen gut dabei stehen soll. Ich denke fast, dass es am besten sein wird, wenn ich den ersten Antrag darauf mache, und mein Schwager ist derselben Meinung. Wir müssen nur sehen, was uns die Freunde in Wien raten. – Ich wünsche, dass Sie den Brief an den Staatsrat G. [Gebler] nicht vergessen haben, und ich ihn wenigstens in Wien vorfinde. Das haben Sie gewiss nicht! Ist er der dienstfertige und rechtschaffne Mann, für den man ihn mir geschildert, so kann er mir mehr dienen, als alle die dreißig Leute, an die ich adressiert bin. Vergessen Sie ihn daher ja nicht; verzeihen Sie aber auch, dass ich Sie aus Besorgnis nochmals daran erinnert habe.

Die Reise von Nürnberg auf hier ist besser gegangen als die von Braunschweig auf Nürnberg. Auch hat sich meine Gesundheit um ein Merkliches gebessert. Sein Sie außer Sorgen um mich, liebster Freund! Wenn in Wien die Sache nur halb gut geht, so komme ich ganz gewiss mit einer dauerhaften Gesundheit zurück, und ist dies nicht – bald hätte ich was gesagt, worüber Sie gewiss geschmälet hätten.

Seit Montag ist man hier alle Tage mit der Wahl eines Erzbischofs beschäftiget. Keinem wollen so viele Stimmen zufallen, als er haben muss, um zu dieser Würde zu gelangen. Ich wünschte wohl, dass es ausginge, solange wir noch hier wären. Mir ist gesagt, dass, wenn es ein gewisser Graf von Zeil würde, um den das ganze Land bittet, so würden sich alle Untertanen, Männer und Weiber, besaufen. Der mir dieses erzählte, erzählte zugleich: seine erste Frau habe er auf diese Art verloren. Wie der letztverstorbne Erzbischof erwählt worden sei, so hätte sie sich so sehr gefreuet und zugleich so sehr berauscht, dass sie darüber den Tod bekommen. Nun so sind Sie wohl nicht dafür, dass der Graf von Zeil erwählt würde, weil es Ihrer jetzigen Frau ebenso gehen könnte, die für den Grafen so sehr eingenommen ist? fragt' ich ihn. Wie der liebe Gott will! war alles, was er antwortete. Es scheint also, dass er es dem lieben Gott nicht übel nähme, wenn er ihm mit jedem neuen Erzbischof eine neue Frau bescherte. Wer nur zum Lachen recht aufgelegt wäre, fände hier Stoff genug dazu. Es ist eine ehrliche und brave Nation, aber auch eine ganz sonderbare Art von Leuten.

Nehmen Sie nicht übel, dass ich Ihnen *Klotzen* zugeschickt habe. Er wurde mir, da ich in den Wagen steigen wollte, verehrt – dass Sie etwa nicht denken, dass ich so verschwendrisch mit dem Gelde umginge – und der Bote, der den andern Tag nach Hamburg abging, war eben da, ich wickelte also geschwind den Kupferstich zusammen, und indem ich die Adresse an mein Haus machen wollte, fiel mir ein, er würde besser bei Ihnen aufgehoben sein. Zwar das hämische Gesicht ist des Aufhebens nicht wert. Es hat mich schon gereut, dass ich ihn nicht Sonnenfelsen mitgebracht habe.

Sie haben einen Brief von mir unterwegs begehrt, und hier kriegen Sie den vierten. Von Wien aus werden Sie nicht so viele erhalten, es wäre denn, dass Sie mich durch fleißiges Antworten überführten, dass es Ihnen lieb ist, wenn ich Ihnen öfters schreibe.

Seien Sie indes tausend, tausendmal gegrüßt. Von meinem Schwager viele Empfehlungen. Ich bin auf immer

Ihre ergebenste Freundin

E. C. König

90 *Wolfenbüttel, dn 15. März 1772*

Meine Liebe!

Ich habe bereits drei Briefe; und selbst habe ich Ihnen erst ein einzigesmal geschrieben, nämlich nach Augsburg. Aber die beiden ersten waren aus dem verwünschten Rattelsdorf, wohin ich doch nicht antworten konnte. Gott sei Dank, dass Sie endlich einmal da weg sind! Und Gott gebe, dass Sie die Verdrießlichkeiten und das Unglück, welches Sie auf dieser Reise nun einmal haben sollen, auf dem Wege nach Rattelsdorf alles mit eins überstanden haben! Ihre Beschreibung davon würde mich äußerst beunruhigt haben, wenn sie nicht in einem noch so ziemlich lustigen Tone abgefasst gewesen wäre. Dafür aber bekümmert mich das, was Sie mir von Ihrer Gesundheit melden, umso viel mehr. Ich hoffe zwar, dass Ruhe und Pflege, die Sie sich wenigstens in Salzburg werden gegönnt haben, alles so ziemlich wieder gut gemacht haben wird.

Die eigentliche Ursache aber, warum Sie daselbst keinen Brief von mir werden gefunden haben, ist mein neues Stück, welches ich Ihnen durchaus mitschicken wollte. Erst gestern habe ich Exemplare davon erhalten; und ich wünsche sehr, dass beifolgendes Sie in Regensburg treffen möge, um es ohne Umstände nach Wien hereinbringen zu können. Der Brief an den Herrn von G. [Gebler] liegt darin, dem ich zugleich geschrieben, dass er das neue Stück von Ihnen erhalten werde. Wenn Sie es gelesen, so können Sie es ihm ja wohl geben: denn mehr als ein Exemplar zu schicken, würde sich mit der reitenden Post nicht haben tun lassen. Es ist am 13ten dieses, vorgestern, als an dem Geburtstage der regierenden Herzogin, in Braunschweig aufgeführt worden. Ich bin aber nicht bei der Aufführung gewesen; denn ich habe seit acht Tagen so rasende Zahnschmerzen, dass ich mich bei der eingefallenen strengen Kälte nicht herüber getraut habe. – Diesen Zahnschmerzen, meine Liebe, müssen Sie es auch zuschreiben, wenn ich Ihnen dasmal ein wenig sehr liederlich und verwirrt schreibe. – Morgen wird es zum zweitenmal gespielt, aber ich glaube schwerlich, dass ich es werde sehen können, ob ich schon ausdrückliche Einladung erhalten habe.

Ich denke doch, dass Sie den Brief an G. [Gebler] selbst übergeben, oder ihn doch wenigstens, nachdem Sie ihn abgeben lassen, besuchen werden. Denn ich bin sehr begierig, von Ihnen bald zu hören, ob Geblern oder Sonnenfelsen von meinem vorgewesenen Rufe etwas zu Ohren gekommen. Wenn Sie sich darnach erkundigen, so werden Sie es schon so zu machen wissen, dass es weder scheint, als ob ich gar zu begierig darnach, noch auch, als ob ich gar zu abgeneigt davon wäre.

Von Hamburg habe ich seit vier Wochen nicht die geringste Nachricht: welches aber an mir liegt. Morgen oder übermorgen aber schreibe ich gewiss an Sch. [Schmidt] und K. [Knorre], und was ich durch diese erfahre, will ich Ihnen alles melden.

Mit der Lotterie war es dasmal wieder nichts. Ich bekomme den Pelz auf keine Weise: denn es sind herausgekommen 1. 5. 31. 39. und 85., wovon Sie und Ihr Herr Schwager keine einzige Nummer haben; und wovon ich zwar 1. und 39. gewonnen, aber doch so wenig dabei profitiert habe, dass ich von dem teuren Pelze kaum zu ein Paar Handschuhen kaufen könnte.

In Kopenhagen werden die Inquisiten fleißig vernommen. Aber was man will, das sie gestehen sollen, oder was sie gestanden haben, davon erfährt kein Mensch etwas. Man kann aus den Nachrichten von daher gar nicht klug werden; aber so viel sieht man, dass sie selbst mit Struenseen etwas glimpflicher zu verfahren anfangen.

Ich wünsche nochmals, dass Sie dieser Brief in Regensburg noch treffen, und vornehmlich bei guter Gesundheit treffen möge. Meine Zähne wollen mir kaum erlauben, mehr zu schreiben. – Nur noch eins: Ihr Porträt, meine Liebe, habe ich nicht erhalten: aber wohl Klotzen seines. Wie kam Ihnen ein, mir das Fratzengesicht zu schicken? Und es mir, ohne ein einziges Wort von Ihnen, zu schicken?

Nun leben Sie, und reisen Sie weiter recht wohl. Sobald Sie in Wien glücklich angekommen: so melden Sie mir es doch gleich, nicht wahr? Meinen Empfehl an den Herrn Schwager. Freilich ist es ein hundsf– Leben, besonders wenn man Zahnschmerzen hat. Ich umarme Sie tausendmal, und bin

der Ihrige auf immer

L.

91 *Wien, den 1. April 1772*

Mein liebster Freund!

Am Freitag Abend bin ich glücklich und gesund hier angekommen. Ihr Brief und Ihr neues Stück kamen in einer Stunde mit mir zugleich an. Mein Regensburger Freund hat es dem Kondukteur des Postwagens mitgegeben, der es in der Tasche hereingebracht. Ich danke Ihnen, dass Sie mir es so geschwind haben schicken wollen, und kann Ihnen nicht sagen, mit wie viel Vergnügen ich es in der ersten Nacht durchgelesen habe, weil ich es gleich dem Staatsrat G. [Gebler] überliefern wollte, um mit meinem ersten Brief Ihnen einige Auskunft geben zu können. Es war demnach einer meiner ersten Besuche, die ich abstattete. Er hat mich sehr gut aufgenommen. Er erkundigte sich ganz genau nach Ihren Umständen, Alter, und ob Sie mit der Bedienung, die Sie nun begleiteten, vergnügt wären. Auf das Letztere antwortete ich ihm: ich wüsste nicht anders, indessen glaubte ich doch wohl, dass Wolfenbüttel der Ort nicht sein dürfte, wo Sie Ihr Leben beschließen würden. Hierauf sagte er: ich wünschte, dass Herr Lessing einmal hierher käme, weil ich überzeugt bin, dass sich dann gleich Gelegenheit zeigen würde, ihn auf die vorteilhafteste Art hier zu fixieren; ich werde es ihm auch schreiben. Aus seinen Reden überhaupt ließ sich abnehmen, dass er wusste, dass der Beruf an Sie ergangen, und er hätte sich hierüber wohl näher geäußert, wenn wir nicht durch einen fremden Besuch wären unterbrochen worden, wodurch das Gespräch auf andre Dinge gelenkt wurde. Ich glaube aber gewiss, dass er sich in seinem Brief ganz gegen Sie herauslassen wird.

Sonnenfels weiß gar nichts Gegründetes. Ich fragte ihn, zu welchem Endzweck man Riedeln berufen habe. Seine Bestimmung wisse noch niemand, gab er mir zur Antwort. Ich wüsste ja wohl, dass der Kaiser vorgehabt habe, eine Akademie zu errichten. Dazumal habe man an Sie und mehrere geschrieben, und auch an Riedel. Wer den mit eingeschoben hätte, wisse er nicht. Genug, *Sie* und Andre hätten, der Eine dies, der Andre jenes, geantwortet; Riedel hätte aber die Sache gleich ganz ernstlich genommen, und wäre nun wirklich auf der Reise. Was man aus ihm machen werde, verlange ihn selbst. Wie er sagt, haben die Geistlichen stark gegen ihn gearbeitet.

Sonst habe ich noch niemanden gesprochen, der was von dieser Sache wissen könnte. Meine ganze Beschäftigung war zwar bisher, Visiten zu geben; die schlagen aber ins Kommerz, und nicht in die Literatur.

Ich bin noch zu nichts bestimmt, und will auch die Sache erst reiflich überlegen, ehe ich mich zu was Gewissem bestimme. So viel werde ich immer mehr überzeugt, dass es ein Glück für mich sein wird, wenn ich die Seiden-Fabrik ohne großen Schaden los werde. Bei der Tapeten-Fabrik kann ich mein reichliches Auskommen haben, die werde ich also wohl suchen beizubehalten, wenn nicht diese Fabrik den Verkauf der andern wird fazilitieren müssen.

Ich logiere in der Vorstadt auf der Fabrik, demungeachtet habe ich schon dreimal von diesem Briefe abgehen müssen. Die verwünschten Zeremoniel-Besuche! wären sie nur erst vorbei!

Die Zahnschmerzen werden Sie hoffentlich verlassen haben, so dass Sie im Stande gewesen sind, die Vorstellung Ihres vortrefflichen Stücks mit anzusehen. Ich glaube zwar nicht, dass Sie mit der Vorstellung werden sehr zufrieden gewesen sein. Unmöglich, dass diese Leute es zu spielen wissen. Ich denke, dass es noch eher hier wird gut ausgeführt werden können. Es wird mich recht freuen, wenn sie es geben, solange ich hier bin. Jetzt ist das Theater geschlossen. – Madam Hensel hat hier nicht gefallen, und ich glaube es wohl: man hat sie in der Tragödie nicht debütieren lassen, sondern ihr lauter Nebenrollen gegeben, die sie unmöglich mit Lust spielen konnte. Sie gehet also wieder von hier, wie man vermutet, nach Braunschweig. Seyler ist noch immer ihr Begleiter.

Über Sonnenfels geht ein abscheuliches Pasquill herum. Es ist so meschant, dass ich unmöglich mehr als eine Seite haben lesen können. Neulich hat ein Akteur zum erstenmal auf dem hiesigen Theater gespielt, und so elend, dass alle Zuschauer seiner gleich überdrüssig waren, und ihn so lange auszischten und ausklatschten, bis er mitten in der Rolle aufhörte. Er nahm sich aber doch die Freiheit, bevor er abtrat, dem Publikum einige Sottisen zu sagen; dafür hatte er die Ehre, mit der Wache vom Theater abgeführt zu werden. Er muss denn doch Anhänger haben: denn hierauf geht das Pasquill. Man beschuldigt Sonnenfels: er habe den Lärmen erregt. Am Ende muss der arme Mann auch mehr über sich ergehen lassen, als er verdient. Merken Sie nicht, dass er mich sehr freundschaftlich aufgenommen hat? Das tat er in der Tat; noch mehr aber waren seine Frauenzimmer ganz außer sich vor lauter Vergnügen.

Nun, mein lieber Freund, für diesesmal nichts mehr. Der Brief muss noch in die Stadt, und wird so nur kaum fortkommen. Ich hoffe, dass ein Brief von Ihnen unterwegs ist, der mir sagt, dass Sie wieder vollkommen wohl sind. Wie kommen Sie nur zu den Zahnschmerzen? Doch dies ist wohl keine Frage. Sie nehmen sich nicht genug in Acht, erkälten sich immer, und daher leiden Sie zeither auch beständig an der verzweifelten Kolik. Werden Sie behutsamer, so bin ich überzeugt, dass Sie so leicht nichts überfällt. – Mein Schwager empfiehlt sich, und ich bin von ganzer Seele

Ihre aufrichtigste

E. C. König

Der Neapolitanische Gesandte hat die Nachricht, dass Struensee und Brand bereits öffentlich enthauptet sind. Ich bin begierig zu wissen, ob es wahr ist. Man urteilt hier, und fast aller Orten, über die Kopenhagner Sache, wie *Sie* darüber urteilen.

92 *Wolfenbüttel, den 10. April 1772*

Meine Liebe!

Gott sei Dank, dass ich Sie nun endlich gesund und wohl in Wien weiß. Denn eben erhalte ich Ihren Brief vom 1ten dieses; und ich will keinen Augenblick versäumen, darauf zu antworten. Warum ich Ihnen aber nicht schon längst wieder geschrieben? warum Sie keinen Brief in Wien von mir vorgefunden? daran ist dieses die Ursache: ich bin krank gewesen. Nicht eben so krank, dass ich durchaus keinen Brief hätte schreiben können: aber doch kränker, als dass ich Ihnen hätte schreiben können, ohne mir meine Krankheit merken zu lassen. Und was war das nötig? Itzt schreibe ich Ihnen umso viel lieber, dass ich mich recht wohl befinde, und dass ich mich nur besser befinden könnte, wenn ich bei Ihnen wäre. Ich wünschte sehr, Sie könnten und wollten mir das Nämliche antworten.

Aber leider! scheinen Sie mir, was die Hauptabsicht Ihrer Reise anbelangt, nur schlecht Hoffnung zu haben. Doch wer weiß, was sich indes ereignet hat. Ich will das Beste hoffen. Besonders verspreche ich mir dieses von dem Wege, den Sie in Ihrem Vorigen einschlagen zu wollen geneigt schienen: nämlich der Kaiserin selbst die Sache zu offerieren. Wenn es Ihnen gelingt, bei der einen guten Vorsprecher zu finden, so denke ich, kann es Ihnen nicht fehlen. Ein Partikulier wird Sie freilich bis auf das Äußerste dringen; und es wäre doch schade, wenn Sie, den Handel zu erleichtern, schlechterdings die Tapetenfabrik aufopfern müssten, mit welcher Sie so wohl zufrieden zu sein scheinen. Sie wissen wohl, meine Liebe, warum ich es so gern sähe, wenn Sie fürs erste noch einen festen Fuß in Wien behielten. Es könnte mich in meinen Anschlägen dahin allein bestärken; da meine hiesigen Umstände doch nur ein *pis-aller* sind.

Ohne eigentlich zu wissen, was mir G. [Gebler] schreiben will oder wird: so bin ich auch schon von anderwärts versichert, dass es mir da nicht leicht fehlen soll, sobald ich mich selbst um etwas bewerben will. Doch das *Selbstbewerben* ist für mich eine gar harte Nuss; und ich würde nur sehr schwer, in Rücksicht auf eine Person, die ich mehr liebe, als mich selbst, dazu zu bringen sein. – Sonderbar ist es bei dem allen, dass weder Sonnenfels noch Gebler selbst wissen, was um sie herum vorgeht; dass sie weder wissen, wer Riedeln berufen hat, noch was der Mann eigentlich da soll. Nunmehr muss er doch wohl auch in Wien angekommen sein; denn es ist länger als sechs Wochen, dass er durch Leipzig gereiset; und bei seiner Ankunft wird es sich doch wenigstens gezeigt haben, wer seine Gönner sind und, was man mit ihm will. Was Sie Näheres davon hören, werden Sie mir wohl melden.

Vor einigen Tagen habe ich einen Brief von Herr Seylern aus Wien bekommen, der mir eine neue Tragödie von dem Herrn O. [Oberst] L. [Lieutenant] von A. [Ayrenhoff] überschickt hat, die mir dieser zuzuschreiben für gut befunden. Der Herr von A. [Ayrenhoff] hat mir damit viel Ehre erwiesen; aber mich auch zugleich in nicht geringe Verlegenheit gesetzt.

Denn was soll ich dem guten Manne antworten? Sein Stück, unter uns gesagt, ist herzlich mittelmäßig; und antworten muss ich ihm doch, und muss ihm verbindlich antworten. Was ist es denn sonst für eine Art von Mann? Schreiben Sie mir doch, was Sie von ihm hören.

Herr Seyler ist höchst unzufrieden mit Wien; und ich habe gleich darauf geraten, dass die schlechte Aufnahme der Madam Hensel daselbst an dieser Unzufriedenheit wohl vornehmlich Schuld haben könnte. Aber wenn diese nicht in Wien bleiben kann: was will sie bei uns in Braunschweig? Hier hat D. [Döbbelin] eine Art von sehr vorteilhaftem festen Engagement vom Hofe erhalten, warum sich der selige Ackermann umsonst bemühte. Wir gönnen es ihm alle gar nicht, und hätten es Ackermanns weit lieber gegönnt. Mein neues Stück hat er dreimal gespielt; aber ich habe es kein einziges Mal gesehen und will es auch so bald nicht sehen. Unterdessen versichern mich alle, dass die Aufführung ganz wider Vermuten gut ausgefallen, und dass diese Truppe noch kein Stück so gut aufgeführt habe. Ich bin begierig zu hören, was man in Wien davon urteilt; und was besonders der allweise Herr von Sonnenfels geruhen wird, darüber zu äußern. Da er Sie, meine Liebe, so freundschaftlich aufgenommen hat, so kann ich auf ihn nicht ganz böse sein, welches ich sonst von Grund der Seele wollte. Denn nach allem, was ich sonst von ihm höre, muss es der unerträglichste Narr auf Gottes Erdboden sein.

Struensee hat noch seinen Kopf, und er wird ihn auch wohl behalten. Man will nämlich wissen, dass ihn die Richter verurteilt hätten, lebendig geviertelt zu werden: aber auf Vorsprache der Königin sei diese Sentenz in eine ewige Gefangenschaft gelindert worden. Indes wenn er auch den Kopf verlöre, so verlöre er itzt eben nicht sehr viel. Denn er beträgt sich durchaus, besonders gegen den heuchlerischen elenden Münter, der ihn bekehren will, als ein Mann ohne Kopf. Bei der Gelegenheit danke ich Ihnen auch noch für die abgeschriebene Rezension von Münters Predigt. Sie hat mir außerordentlich gefallen: und überhaupt freue ich mich, dass mein Urteil über die ganze skandalöse Geschichte immer allgemeiner wird. –

Und nun wieder auf uns selbst zu kommen. – Vor allen Dingen, meine Liebe, bleiben Sie recht gesund und schreiben Sie mir fleißig. Nur das soll mich überzeugen, dass Sie Ihre Gesinnungen gegen mich nicht ändern, und auch von der Aufrichtigkeit und Beständigkeit der meinigen überzeugt sind. Ich umarme Sie tausendmal! Mein Kompliment an den Herrn Schwager.

Dero ganz ergebenster

L.

93 *Wien, den [18. und] 22. April 1772*

Mein lieber Lessing!

Nachgerade wird mir die Zeit schrecklich lang, die ich in Erwartung Ihrer Briefe zubringe. Wissen Sie wohl, dass ich nun bereits in drei Wochen nichts von Ihnen gehört habe? Nein, liebster Freund! so lange müssen Sie das Schreiben nicht aussetzen, wenn Ihnen an meiner Ruhe gelegen ist. Lieber will ich mich nur mit einigen Zeilen begnügen, als so lange in der Ungewissheit sein, wie Sie sich befinden. – Ich denke doch, dass Sie recht wohl sein, und weder von Kolik noch Zahnschmerzen mehr einigen Anstoß haben werden. Wenn dort die Witterung so wie hier ist, so haben Sie sich gewiss schon von allen diesen Plagen durch Spazierengehen befreiet. Solch ein fruchtbares und angenehmes Wetter, als wir seit vierzehn Tagen haben, erinnere ich mich nicht, in vielen Jahren erlebt zu haben. Man hat auch hier schon alle mögliche Gartengewächse, die man kaum mitten im Junius in Hamburg hat.

Höchstens vier oder fünfmal bin ich erst in der Stadt gewesen, weil wir noch immerhin mit Kollationierung der Bücher beschäftiget sind. Wenigstens werden wir noch acht Tage darüber zubringen; sobald dies aber auch zur Richtigkeit ist, so werde ich, vermutlich dem Hofe den Antrag machen, die Fabrik zu übernehmen; nämlich die Seidenfabrik. Die Spallierfabrik ist in gutem Stande, und der Absatz davon nimmt immer mehr und mehr zu, so dass ich mir gewiss meinen Unterhalt davon versprechen darf. Ich werde sie also nicht verkaufen, es müsste denn der Verlust an der Seidenfabrik mich außer Stand setzen, sie zu behalten. Und so arg wird es doch nicht kommen. Das kann ich mir kaum vorstellen, dass ein solch groß Unglück über mich verhängt wäre. Ich denke vielmehr, dass bald sich alles wieder um mich herum aufheitern soll. Und wenn ich Sie versichere, dass ich dieses im Ernste denke, so brauche ich Ihnen weiter nicht zu sagen, dass ich gesund bin. Doch, ich freue mich zu sehr darüber, als dass ich Ihnen nicht ausdrücklich sagen sollte, wie wohl ich sei. Die Wiener Luft scheint mir diesmal besser zu bekommen, wie voriges Mal, oder ob vielleicht die Luft eine halbe Stunde vor der Stadt reiner ist, als in der Stadt? Ich logiere diesmal auf der Fabrik; und diese hat eine so angenehme Lage zwischen lauter Gärten, von allen Häusern abgesondert, dass ich wie auf dem Lande wohne; dabei kann ich zugleich das Vergnügen haben, was einem auf dem Lande abgeht, Leute zu sehen, wenn ich will. Ich darf nur in die Spallierfabrik gehen, so finde ich jede Stunde jemand anders, und zwar alle Gattungen von Menschen, Fürsten, Grafen etc. – und ich kann dem Direktor keine größre Freude machen, als wenn ich ihm Gelegenheit gebe, mich als seine Frau Prinzipalin aufzuführen. – Den meisten, welchen ich Visite gemacht, habe ich gesagt, dass ich mir in den ersten vier Wochen ihre Gegenvisite verbäte; und so sind also sehr wenige, die mich besuchen; unter den wenigen ist die Frau von Sonnenfels die, welche mich am fleißigsten besucht. Ihr Mann ist auch schon einigemal hier gewesen. Ich finde ihn sehr verändert, viel bescheidner. Endlich wird er einsehen, dass man nicht weise handelt, wenn man sich gar zu wenig um das Urteil der Welt bekümmert. Wie ich höre, soll er sowohl beim Kaiser als der Kaiserin jetzt übler angeschrieben sein, als er jemals gewesen. Es soll ihm neuerdings anbefohlen sein, sich um weiter nichts zu bekümmern, als was in sein Amt schlüge.

Gestern ließ sich – nach der Wiener Sprache – der Herr Professor M. [Marquot] bei mir aufführen, der erzählte: *Riedel* würde nicht kommen; ein gewisser Domherr aus Mainz sei kürzlich hier gewesen und habe der Kaiserin eine sehr schlechte Schilderung von seinem Charakter, hauptsächlich aber von seinen Sitten, gemacht, so dass sie gleich befohlen, man möchte es ihm abschreiben. Wenn es wahr ist, so ist es sonderbar. Ich glaube es noch nicht, weil Sonnenfels nichts davon weiß. Kein großes Glück verliert Riedel nicht, wenn es auch wahr ist, doch vielleicht immer ein größers, als er verdient. Sein ganzer Gehalt, der ihm versprochen war, bestand in 1200 Fl. – Professor M. [Marquot] sagt auch: es wäre schade, man habe Sie berufen, bevor man Riedeln berufen, Sie hätten es aber abgeschlagen. Ich glaube nicht, dass er ein Mann ist, der Einfluss hat, sonst würde ich mich hierüber näher mit ihm eingelassen haben. Stellt er was vor, wornach ich mich erkundigen werde, so findet sich dazu noch immer Gelegenheit, denn er wird mich ehestens wieder besuchen.

Den Staatsrat G. [Gebler] habe ich seitdem einmal bei Sonnenfels angetroffen, wo er das Anerbieten erneuerte, mir, wo er nur könnte, dienen zu wollen. Er scheint von der Leidenschaft für die Deutscherin zurückgekommen zu sein. Ich urteile es daraus, weil man mir erzählt: er habe Ihr neues Stück dem jüngern Stephanie verehrt. So viel sagt er mir selbst: sie studierten es bereits, und es würde nächstens aufgeführt werden.

Sonnenfels seiner Sprache nach, hätten Sie es selbst an Stephanie zum Hochzeitsgeschenke überschickt, und das bereits vor fünf Wochen. Diesem konnte ich nun leicht widersprechen, und es schien ihn zu freuen, da er hörte, dass es nicht an dem wäre. Indes möchte ich doch wissen, woher der Diskurs entstanden, und ob nicht gar Stephanie von Berlin aus frühzeitig ein Exemplar erhalten, womit er geprahlt, es von Ihnen bekommen zu haben.

Schon am Sonnabend sollte dieser Brief abgehen; weil ich aber im Schreiben gestört wurde, so musste er bis heute liegen bleiben. – Nun weiß ich schon, wer Herr M. [Marquot] ist. Er ist Professor bei der Handlungs-Akademie, die erst voriges Jahr errichtet worden ist. Es wird unserm Herrn Büsch schmeicheln, wenn er hört, dass sie völlig nach seinem Plan eingerichtet worden ist.

Am Montag ward das Theater zum erstenmal wieder eröffnet, mit der Semiramis. Wir hatten zum Unglück eine Loge, die neunte vom Theater, wo wir auch nicht einen Akteur oder eine Aktrice hätten verstehen können. Es war mir umso ärgerlicher, weil es just ein Stück war, von dem ich nicht viel wusste; denn ich hatte es nie gesehen, und in sechzehn Jahren nicht gelesen. Zum Beschluss gaben sie ein heroisches Ballett. Theseus, oder der frühzeitige Held, von Noverre, das die Langeweile völlig ersetzt, die wir während des Stücks ausgehalten; denn es war ganz vortrefflich. – Die französische Komödie ist völlig abgedankt. Die deutsche Komödie spielet nun auf dem Hoftheater, und auf dem am Kärntner Tore, wechselsweis mit der Opera Buffa.

Ich beschließe diesen Brief mit derselben Klage, womit ich ihn angefangen. Diesen Augenblick ist wieder die Post gekommen, ohne mir etwas von Ihnen zu bringen. Gott gebe, dass es keine Unpässlichkeit zum Grunde hat! Bald befürchte ich es. Wie werde ich mich freuen, wenn ich des Gegenteils versichert werde!

Morgen fange ich an, meine Aufwartung bei den Exzellenzen zu machen. Wären Sie doch hier, um mich zu begleiten, oder mir wenigstens Ihren Rat mitteilen zu können! Noch habe ich hier keinen Herrn Schuback gefunden, und mein S. [Schwager] hat seine Indolenz nicht in Hamburg gelassen, sondern mit hierher gebracht. Vielleicht verlässt sie ihn, wenn die Sache erst entamiert ist; sonst hätte er mögen zu Hause bleiben.

Und nun noch eine Frage: es bleibt doch bei unsrer Abrede, wenn ich die Tapetenfabrik behalte? Sonst schreiben Sie es ja; denn ich bleibe unter keiner andern Aussicht hier als unter dieser.

Mein Schwager empfiehlt sich, und ich bin auf immer
ganz die Ihrige

E. C. König

94 *Wolfenbüttel, den 1. Mai 1772*

Meine Liebe!

Es ist länger als eine Woche, dass ich Ihnen über Prag geschrieben habe; und noch sehe ich mich ohne Antwort. Es will mir gar nicht in den Kopf, oder vielmehr nicht in das Herz, so lange von Ihnen nichts zu hören. Wenn ich nicht von der Art wäre, dass ich mir nicht gern das Schlimmste vorstelle: so würde ich fürchten können, dass Sie krank wären. Doch in diesem Fall würde mir ja wohl Ihr Herr Schwager ein paar Zeilen schreiben. Ich denke also bloß, dass Sie überhäufte Geschäfte haben: und höchstens, dass diese so gut nicht gehen, oder so gut sich noch nicht anlassen, als dass Sie Ihre Freude darüber mit einem Freunde zu teilen nicht erwarten könnten. In diesen Gedanken bin ich ruhig, – oder muss es vielmehr sein.

Auch ich stecke itzt in Arbeit bis über die Ohren, und quäle und püffle mich den ganzen Tag. Ich möchte nämlich, was ich in der Bibliothek angefangen habe – und das ist nichts Geringers, als hunderttausend Bücher in eine völlig andre Ordnung bringen –, gern diesen Sommer zu Stande haben; um vorkommenden Falls so geschwind hier abbrechen zu können, als möglich. Da ich aber dieses, und sonst noch andre Dinge, auf meinen Abzug einrichte: so lasse ich mir doch gegen keine Seele das Geringste davon merken; vielmehr tue ich, als ob ich hier leben und sterben wollte. Und wie leicht kann dieses auch wirklich kommen! Denn ich sehe, dass sich in W. [Wien] die Sachen sehr auf die lange Bank ziehen; und dass man entweder gar noch nicht recht weiß, was man tun will, oder dass man es sich wenigstens noch nicht zu tun getrauet, solange als zwei gewisse Augen noch offen sind. Aber immerhin! Ich will hier sein, wie wir überhaupt in der Welt sein sollten: gefasst, alle Augenblicke aufbrechen zu können, und doch willig, immer länger und länger zu bleiben. Ich werde auch sogar nicht nur willig, sondern auch mit vielem Vergnügen bleiben, mit der einzigen Bedingung – die Sie wissen, meine Liebe.

Aus Hamburg haben Sie ohne Zweifel öfter Briefe als von mir. Sonst könnte ich Ihnen sagen, dass sich Ihre Kinder recht wohl befinden. Madam Sch. [Schmidt] schreibt mir es, eben als sie bei ihr zum Besuche gewesen. Dass Herr Sch. [Schmidt] eine Reise nach Berlin und Leipzig gemacht, und sich itzt abermals in Dresden befindet, das wissen Sie auch wohl schon. Sie können sich leicht einbilden, was er für Aussichten da hat; und ich will ihm von Herzen viel Glück dazu wünschen. Aber mich dünkt, dass er der Mann durchaus nicht ist, dergleichen Dinge zu unternehmen, oder Vorschläge dazu annehmlich zu machen. Doch vielleicht, dass ihn F. [Faber] nur als sein Instrument braucht, welcher mir wohl ehedem gesagt, dass er eben so etwas vorhabe.

Aber nun etwas recht Neues, was Sie wohl schwerlich schon wissen.

– Unser Herr von Kuntzsch ist in Hamburg und geht in allem Ernste darauf um, eine reiche Frau dort aufzujagen. Er hat auch schon wirklich etwas auf der Spur, und ich will nicht viel wetten, dass es ihm nicht damit gelingen sollte. Wenigstens schreibt mir der Vetter – denn Sie können leicht denken, dass er den zu seinem treuen Gefährten daselbst hat –, dass sich die Sache sehr gut anlasse; und wenn ich Ihnen die Person nenne, so haben Sie vielleicht selbst gute Hoffnung. Es ist Mademoiselle Schl. [Schlüter], die Tochter des Sodomitischen »Viehes«, wie ihn K. [Knorre] nennt, das eben vor kurzem verreckt ist. Sie soll vernünftig und gar nicht hässlich sein, und 400,000 Mk. Banko haben. Ein jedes anderes Mädchen von diesem Schlage würden sich die Hamburger wohl schwerlich nehmen lassen. Doch vielleicht, dass hier der Umstand mit dem Vater einem Fremden, der sich daran nicht zu kehren hat, ein gutes Spiel macht. Oder meinen Sie, dass auch geborne Hamburger ebenso delikat nicht sein dürften?

Mit Struensee geht der Handel zu Ende. Ihm und Branden ist das Urteil gesprochen, Hand und Kopf zu verlieren, und geviertteilt auf das Rad geflochten zu werden. Doch hofft man, dass es zur Vollziehung nicht kommen werde, sondern beide wohl mit ewigem Gefängnis abkommen dürften. Die Königin wird geschieden, verliert den Titel Majestät und wird eine Prinzessin von Ahlburg. Man sagt, dass sie nach Celle kommen und da ihren Hof halten werde, der armselig genug sein dürfte.

Nun, meine Liebe, habe ich alles ausgeschüttet, was ich auf dem Herzen und im Körbchen für Sie hatte.

Leben Sie recht wohl; sein Sie in allem recht glücklich. Aber schreiben Sie mir auch bald. – Mein Kompliment an Ihren Herrn Schwager. – Ich bin unveränderlich, wie Sie wissen
ganz der Ihrige

L.

95 *Wien, den 16. Mai 1772*

Mein lieber Lessing!

Stellen Sie sich vor, in welcher Unruhe ich Ihrentwegen habe sein müssen, indem ich erst mit voriger Post, das heißt vor drei Tagen, Ihren Brief über Prag erhalten habe. Schicken Sie in Ihrem Leben keinen mehr auf dieser Route, sondern über Nürnberg.

So ganz vergebens habe ich mir denn doch alle die Grillen nicht gemacht. – Sie sind wirklich krank gewesen. Ich danke Ihnen recht herzlich, dass Sie mir es nicht geschrieben haben; aber ich bitte Sie auch zugleich, mir jetzt um so öfter zu schreiben, weil ich mir sonst immer die Sorgen machen würde, dass Sie krank wären, und es verhehlen wollten. Aber wills Gott! werden Sie keine Ursache mehr dazu haben. Sie waren ja sonst so gesund. Wie kommt es, dass Sie seit einiger Zeit beständig was zu klagen haben? Das anhaltende Sitzen in Wolfenbüttel ist wohl einzig und allein daran schuld. Ich weiß auch gar nicht, was Ihnen auf einmal in den Sinn kömmt, stets auf Ihrem Schlosse zu bleiben, und Braunschweig gar nicht mehr zu besuchen; nicht einmal, um Ihr neues Stück zu sehen, das noch dazu, wie Sie sagen, von D. [Döbbelin] so gut vorgestellt wird, was ich zwar nicht glaube, ehe Sie mir nicht sagen, dass Sie sich selbst davon überzeugt haben; so wie ich mir hier von der Aufführung desselben nicht viel verspreche. Nach dem allgemeinen Urteil soll das deutsche Theater seit einem halben Jahre sehr gesunken sein, und mein Schwager sagt: wenn es jemals mit Recht wäre gelobt worden, so sei es wirklich wieder gefallen. Er findet es unter dem Mittelmäßigen. Ich bin nicht einmal wieder da gewesen, und außer Ihrem neuen Stücke sehe ich gewiss auch keins. – Wie ich höre, werden sie es nächstens aufführen. Mich verlangt selbst, wie man es hier beurteilen wird. Ich habe bisher noch niemand gesprochen, der es gelesen, als den Herrn von S. [Sonnenfels], der lässt ihm alle Gerechtigkeit widerfahren; besonders fand er den Dialog Lessingisch, nämlich vortrefflich, ganz einzig in seiner Art. – Demungeachtet tun Sie ihm nicht Unrecht, wenn Sie ihn für das halten, wofür Sie ihn halten. – Ja wohl ist es sonderbar, dass weder S. [Sonnenfels] noch G. [Gebler] wissen, was um sie herum vorgeht. Ich bin aber nun dahinter gekommen, warum wenigstens G. [Gebler] es nicht wissen will. Er selbst ist derjenige, so Riedeln in Vorschlag gebracht, und weil die Sache so wunderlich läuft, so schämt er sich. Ich habe es nun von einem Mann, der es wohl wissen kann, dass es wirklich an dem ist, was ich Ihnen neulich geschrieben. Riedel kömmt nicht, weil er aber einmal berufen worden, so behält er eine jährliche Pension von 500 fl. – Ich halte ihn für glücklicher so, als wenn er wirklich gekommen wäre. Denn man hat ihn zu etwas machen wollen, was er wohl nie hätte werden können: zu einem andern Winckelmann. Um dieses zu werden, hat er sich einige Jahre in Italien aufhalten sollen. Seitdem ich dieses gehört, wünsche ich kaum mehr, dass man Sie hierher berufen möchte. Mir wäre bange, dass Ihnen der Einfall wieder kommen könnte, nach Italien zu reisen, den Sie dann ganz leicht ausführen könnten. Wenn Sie mich endlich mitnehmen wollten, so ließ ichs angehen, allein das täten Sie wohl nicht?

Von Ihrem neulichen Berufe hierher weiß niemand was; allein ein jeder weiß, dass man Sie lange hier gewünscht, und noch wünscht. Pater Wurz, der ein außerordentlicher Verehrer von Ihnen ist, sagte vor einigen Tagen zu meinem Schwager: Vor einigen Jahren hätte man sich feste Hoffnung gemacht, Sie würden auf Wien kommen; allein Sie wären zu stolz gewesen. Was er damit hat sagen wollen, darnach hat mein Schwager nicht gefragt. Ich aber werde mich bei der ersten Unterredung mit ihm genauer darnach erkundigen.

Was A. [Ayrenhoff] für ein Mann ist, kann ich Ihnen nicht sagen. Seit ich Ihren Brief erhalten, habe ich niemand gesprochen, der mir seinetwegen Auskunft hätte geben können. Der gute Mann wird wohl lange warten müssen, ehe er Antwort von Ihnen erhält; aber antworten Sie ihm denn doch, wenn es Ihnen auch sauer ankömmt, was ich gern glaube, dass es muss.

Von meinen Angelegenheiten kann ich Ihnen das einzige Angenehme melden: dass ich einen Mann gefunden, und zwar einen Mann von großem Gewicht, der, wie ich glaube, beinahe so denkt, wie Herr Schuback. Wenigstens muss ich es daraus schließen, weil er mich den einen Tag seines Beistandes versicherte, und mir den andern gleich Merkmale davon gab. Sein Rat geht dahin, mir fürs erste nicht merken zu lassen, dass ich die Fabrik nicht weiter fortsetzen will oder kann, sondern mich nur zu beschweren, der Absatz sei immer schlecht gewesen, und bis jetzt noch schlecht. So werde man gewiss alle Handreichung tun, mir vom Lager abzuhelfen. Und wäre dieses erst aufgeräumt, so sei natürlicherweise der Fond der Fabrik umso viel geringer, wo sich alsdenn leichter ein Käufer dazu fände; oder man sänne dann auf andere Wege, wie ich mich derselben entschlagen könne. Der Rat ist vortrefflich, und für mich der nützlichste. Allein wie lange kann es auf diese Weise dauern, ehe ich zu den Meinigen zurück, geschweige aus der Verwirrung komme? Und wie wird es mit meinen Kreditoren aussehen? werden die sich so lange gedulden wollen? Schwerlich, dass es einige können, wenn sie auch wollten. – Urteilen Sie also, was ich zu tun habe, um mich in der Fassung zu erhalten, in der ich bleiben muss, wenn ich etwas ausrichten will. – Der Anfang zum Absatz des Lagers ist schon gemacht. Gleich des andern Tages fand der redliche Mann Gelegenheit, einem gewissen Kaufmann zu dienen, wobei er die Bedingung machte, mir einen ansehnlichen Teil Waren abzunehmen, wozu derselbe sich auch willig verstanden. So werden wir also mit langsamer Hand weitergehen. Wie gesagt: wenn meine Gläubiger nur nicht die Geduld verlieren, die meinige will ich schon zu erhalten suchen.

Die Zeit wird ausweisen, ob ich die Tapetenfabrik werde erhalten können. Ich kann nicht tun, was ich will, sondern was ich muss. Warum ich sie hauptsächlich gern erhielt, wäre: sie brächte mich der Erfüllung meiner Wünsche näher. Denn wenn sie auch nur so fortgeht, wie sie geht – und gewiss geht sie besser – so kann ich meine Kinder ganz gut davon erziehen: da hingegen das Kapital, was Herr Sch. [Schuback] für mich zu retten glaubt, wohl sehr vermindert werden möchte. Wenn dieses nicht wäre, so glauben Sie nur, wir würden glücklicher und angenehmer in Wolfenbüttel als hier leben. Je mehr ich Wien kennen lerne, desto weniger gefällt es mir. Doch vielleicht ist die Situation, worin ich nun bin, und in der es mir wohl nirgends gefallen würde, einzig und allein daran Schuld.

Nach den Nachrichten, die ich von Hause habe, ist das Urteil an Struensee und Brand wirklich vollzogen. Mich soll verlangen, was man von dem Prozess bekannt machen wird und was sie mit der Königin vornehmen werden. Sie dauern mich alle recht sehr. Freilich hatten sie ihre Köpfe lange verloren, sonst hätten sie sich in ihrem Glücke besser zu benehmen gewusst!

Und nun rechnen Sie es mir zu keiner Eitelkeit, oder wie Sie es sonst nehmen könnten, wenn ich Sie frage: haben Sie mein Porträt erhalten? Es ist bereits vor sechs Wochen an Sie abgeschickt, und ich wollte nur nicht, dass es verloren ginge.

Ich hoffe, dass eine Antwort auf meinen letzten Brief mir schon ganz nahe ist, und das mit den besten Nachrichten von Ihrem Befinden. Machen Sie sich nur Bewegung, und zerstreuen sich, so werden Sie Ihre dauerhafte Gesundheit bald wieder erhalten, und was noch mehr: schreiben Sie mir ja oft, an meinen Antworten soll es nicht fehlen.

Mein Schwager empfiehlt sich. Ich bin unveränderlich, mit den aufrichtigsten Gesinnungen,

ganz die Ihrige

E. C. König

Eben da ich diesen Brief versiegeln will, bringt man mir Ihr Angenehmes vom 1ten. Ich habe es nur erst flüchtig überlesen, weil ich eilen muss, wenn anders dieser Brief heute noch fort soll. Gottlob, Sie sind wohl, das ist genug, und vermutlich wissen Sie nun auch, dass ich es bin.

Leben Sie wohl! Künftige Woche mehr!

96 *Wien, den 25. Mai 1772*

Mein lieber Lessing!

Ich versprach zwar in meinem Letzten, Ihren Brief, den ich beim Schluss desselben erhielt, schon vorige Woche zu beantworten. Allein es war mir unmöglich. Teils haben mich Geschäfte, und teils meine üble Disposition daran verhindert. Heute nun, da ich mir vorgenommen, mich recht lange mit Ihnen zu unterhalten, musste doch wieder dazwischen kommen, dass ich in die Stadt gefordert wurde, und aus dieser Forderung in die Stadt erfolgt, dass ich diesen Nachmittag mich mit einigen Salzburgern unterreden muss, die binnen einer Viertelstunde hier sein werden.

Demnach hätte ich auch noch heute das Schreiben ausgesetzt, wenn es nicht wäre, Ihnen zu sagen: dass, unerachtet alles Gewäsches, so man von und gegen *Riedeln* gemacht, er doch endlich am Donnerstag hier angekommen ist. Alles, was ich Ihnen seinetwegen geschrieben, ist wahr; auch dieses, dass G. [Gebler] ihn hierher gebracht, und er soll auch der Einzige sein, der der Kaiserin wieder bessere Gesinnungen von ihm beigebracht hat. Alle, die ihn bisher gesehen und gesprochen haben, sind wider ihn eingenommen. Ob G. [Gebler] sich seiner Wahl freuet oder schämet, weiß ich noch nicht. Wie Sonnenfels sagt, so hat er 1500 fl. Gehalt, und ist bestimmt, die Mythologie zu erklären.

Mich soll verlangen, ob er Gnade vor Sonnenfels Augen empfängt. Ich glaube zwar nicht, dass er sich über ihn herauslassen wird, denn er fängt an, den Hofmann zu spielen.

Pater Wurz hat mich besuchen wollen, und ich bin nicht zu Hause gewesen, sonst könnte ich Ihnen vermutlich über die Sache, die Sie interessiert, nähere Auskunft geben. So viel ich glaube, denkt man noch gar nicht ernstlich darauf, und es möchte auch wohl aus dem ganzen Anschlag, wie Sie selbst sagen, nichts werden, solange noch zwei große Augen offen stehen. Indes tun Sie allemal wohl, wenn Sie sich doch auf den Fall, dass es eher geschehen könnte, richten. Dass Sie aber auch in dem entgegengesetzten Fall mit Vergnügen in Wolfenbüttel bleiben wollen, freuet mich mehr, als Sie sich vorstellen können. Die Bedingung, unter der Sie es wollen, wird die Vorsehung in Erfüllung kommen lassen. Ganz gewiss wird sich am Ende alles nach unsern Wünschen lenken. Es siehet zwar noch sehr verwirrt aus. Ich habe noch wenig gute Aussichten; aber sie müssen und werden kommen.

Ich würde schrecklich weitläuftig sein müssen, wenn ich Ihnen erzählen sollte, was seitdem in meiner Sache vorgefallen. Täglich was Veränderliches! Heute der vortrefflichste Anschein, den andern Tag war alles wieder verrückt, und das durch Zufälle, die kein Mensch vorhersehen konnte. Jetzt habe ich wieder die Hoffnung, in ganz kurzem vom ganzen

Lager befreit zu werden, und zwar übernimmt vielleicht der Hof selbst einen Teil davon.

Hundertmal des Tages kommen Sie mir vor, wie Sie unter den Büchern herum kramen. Wie gern wollte ich Ihnen helfen, lieber, als den Großen aufwarten. Ihre Arbeit wird Ihnen wohl sauer, aber glauben Sie nur, dass die meinige mir noch saurer wird. Zum Glück, dass ich überall gütig aufgenommen werde, sonst wäre es vollends arg.

Wenn die Sch. [Schlüter] Verstand hat, so heiratet sie lieber außer Hamburg als in Hamburg, und so reüssiert wohl unser Herr von K. [Kuntzsch]. Ich wünsche es von ganzem Herzen. Wenn der Vetter die Partie macht, so macht er doch einmal was Kluges.

Eben kommt mein Besuch. Leben Sie wohl, liebster Freund. Ich umarme Sie tausendmal, und bin auf immer

Ihre

K.

97 *Wolfenbüttel, den 27. Mai 1772*

Meine Liebe!

Ihren Brief vom 22ten vorigen Monats habe ich zwar bereits vor länger als vierzehn Tagen erhalten. Aber da darin nichts auf meine beiden letztern an Sie nach Wien abgelassenen befindlich, Sie auch ausdrücklich sagen, dass Sie in Wien von mir noch keine Zeile gesehen: so bin ich darüber äußerst ärgerlich gewesen, und habe von Tag zu Tag gewartet, ein zweites von Ihnen zu erhalten, in welchem Sie mir den Empfang meiner Briefe melden würden. Da aber dieses zweite, dem ich so sehnlich entgegen sehe, noch immer ausbleibt: so muss ich nun in allem Ernste besorgen, dass meine Briefe vielleicht gar nicht einmal auf die Post gekommen, und Sie mir aus verdienter Bestrafung, wie Sie glauben, nicht neuerdings schreiben wollen. Was mich in dieser Besorgnis bestärkt, ist mein schurkischer Bediente, den ich endlich wegen hundert liederlichen und infamen Streichen zum Teufel jagen müssen. Wie leicht kann er mir auch da infame Streiche gespielt, und meine Briefe nicht besorgt haben, um die Kleinigkeit für das halbe Franco einzustecken. Wenn ich das wüsste: so hätte er so ohne Prügel gewiss nicht von mir kommen sollen. – Sie glauben nicht, meine Liebe, wie viel Ärgernis mir dieser Kerl seit einiger Zeit gemacht hat. Gott sei Dank, dass ich ihn nunmehr nur los bin, und dass ich einen andern Menschen habe, der außerordentlich gut zu sein scheint.

So hat ein jedes immer seine Plage. Und ich kann mir es einbilden, dass es Ihnen für Ihr Teil am wenigsten daran fehlen wird. Doch was tut ein wenig Plage, wenn man nur gesund ist? Und dass Sie dieses sind, das ist ein Punkt, weswegen ich Ihren Brief, der mich dessen versichert, alle Tage einmal, immer mit neuem Vergnügen durchlese. Wahrlich, wenn die Wiener Luft Ihnen so wohl bekömmt, so wäre das allein eine hinlängliche Ursache, alles anzuwenden, um immer da bleiben zu können. Wo gute Luft ist, können keine ganz bösen Leute sein: Narren aber und Überlästige finden sich überall.

Es kömmt mir sonderbar vor, dass Sie von so Verschiedenen, von Geblern, von Marquot und andern hören müssen: man habe mich nach Wien verlangt, ich sei aber zu stolz oder zu eigensinnig gewesen, den Beruf anzunehmen. An der Sache, wie ich auch aus andern Dingen schließe, muss also gewiss etwas sein: aber sollte sie wohl Leuten sein aufgetragen worden, die mich lieber nicht in Wien hätten, die also vorgegeben, dass sie desfalls an mich geschrieben, ohne es getan zu haben? Es verlohnte sich der Mühe, dahinter zu kommen. Wenigstens dünkt mich, meine Liebe, werden Sie wohl tun, wenn Sie, im Fall, dass man wieder dergleichen sagt, geradezu versichern, wie Sie gewiss wüssten, dass noch nie ein direkter und bestimmter Antrag von Wien aus an mich geschehen sei. Selbst das, was über Berlin geschehen ist, ist nur immer durch die dritte Hand gegangen, wo ich weder gewusst, mit wem ich eigentlich zu tun habe, noch was man eigentlich von mir verlange.

Von dem Staatsrat G. [Gebler] habe ich gestern eine Antwort erhalten, die sehr verbindlich ist, sonst aber nichts enthält, was mir in nur gedachter Sache Licht geben könnte. Das nächste Mal will ich einen Brief an ihn wiederum bei Ihnen einschließen: wenn ich nur erst die neue Ausgabe seiner dramatischen Werke von der Messe werde erhalten, und den mir desfalls getanen Auftrag, ein Exemplar davon an unsern Herzog zu überliefern, werde ausgerichtet haben. Er hat auch mir versprochen, Ihnen bei allen vorfallenden Gelegenheiten, so weit seine Kräfte nur immer reichen, zu dienen: und ich will hoffen, dass er Wort halten wird.

Das Exemplar, welches G. [Gebler] von meiner Emilie durch Sie erhalten hat, ist das einzige, welches ich nach Wien geschickt. Stephanie hat keins *von mir* erhalten; und ich wüsste nicht, wie ich dazu kommen können, ihm ein Hochzeitsgeschenk damit zu machen, da ich ihn kaum kenne. Aber ich habe wohl gehört, dass *Wegner*, den Sie kennen, ihm ein Exemplar geschickt, und das kann er leicht früher erhalten haben, als jenes durch Sie hat können übergeben werden. –

Das schreckliche und grausame Urteil über Struensee und Brand ist nunmehr doch vollzogen worden. Von der Königin heißt es bald, sie soll aus dem Lande, bald wiederum nicht. In der *Görde*, einem Jagdschlosse bei Lüneburg, ist wenigstens alles zu ihrem Aufenthalt daselbst veranstaltet; und man erwartet sie alle Tage in Stade. –

Nun leben Sie recht wohl, meine Liebe. Gott gebe, dass ich bald einen Brief von Ihnen erhalte und dass Sie indes meine Briefe bekommen haben! Meinen Empfehl an Ihren Herrn Schwager. Ich umarme Sie tausendmal, und bin zeitlebens

der Ihrige

L.

98 *Wien, den 15. Juni 1772*

Mein liebster Freund!

Endlich bin ich aus der quälenden Unruhe gesetzt, in der ich wegen des so langen Außenbleibens Ihrer Briefe, besonders die letzten vierzehn Tage hindurch, gewesen bin. Auf vier Briefe keine Antwort zu erhalten, war mir ein Rätsel, welches ich nicht anders, als durch die traurigsten Vorstellungen, auflösen konnte: denn wirklich müssen Sie noch drei Briefe, nach Abgang Ihres letzten, von mir erhalten haben; wovon zwei, wo nicht gar auch der dritte, schon hätten müssen in Ihren Händen gewesen sein. Es ist sonderbar, da alle meine Briefe sonst richtig laufen, dass eben die, woran mir am meisten gelegen, so lange herum schweifen. So wie auch die von Ihnen an mich, die erhalte ich immer um vieles später, als die, so von gleichem Datum aus Hamburg geschrieben sind, da sie doch um zwei Tage früher eintreffen sollten.

So ein arger Schurke Ihr Bedienter mag gewesen sein, so glaube ich nicht, dass er hierbei Unterschleif gemacht hat. Ich habe in allem drei Briefe hierher von Ihnen erhalten: vom 10. April, 1. und 27. Mai. Mehrere werden Sie mir, aus Ihren eignen Briefen zu urteilen, nicht geschrieben haben. Sie werden es selbst ein bisschen wenig finden. Indes könnte ich Ihnen jetzt da ich eben erst einen erhalten, keinen Vorwurf darüber machen. Sie würden mich aber ganz außerordentlich verbinden, wenn Sie das Versäumte in Zukunft wieder einholen wollten. Und Sie würden es gewiss tun, wenn Sie sich nur halb die Freude vorstellen könnten, die jeder Brief von Ihnen bei mir erregt. Ihr gewesener Bedienter hätte eine wirkliche Sünde begangen, und mehr als Schläge verdient, wenn er auch nur einen unterschlagen hätte: denn wenn ich nur gute Nachrichten von Ihnen habe, so überwinde ich alle übrigen Sorgen; so im Gegenteil, wenn sie mir fehlen, mich eine Zentnerlast drückt, und nichts vermögend ist, mich aufzumuntern.

Sie halten vielleicht das, was ich hier sage, für übertrieben; aber Gott ist mein Zeuge, dass es wahr ist! Und bleibe ich hier, wozu man mir vielleicht annehmliche Vorschläge machen wird, so sage ich Ihnen zum voraus, ich tue es in der festen Hoffnung, einst in Ihrer Gesellschaft hier zu leben; weil ich befürchte, dass, wenn ich mich aus dem Gewerbe völlig herauszöge, ich diesem Glück auf immer entsagen müsste.

Die Vorschläge, wovon ich rede, sind folgende. Nämlich man hat mich sondieret: ob ich die Fabrik nicht fortsetzen würde, wenn man mir erst von meinem Lager abhälfe, und der Hof mir alsdenn ein Kapital auf gewisse Jahre ohne Interesse gäbe? Diese beiden Punkte wären nun sehr annehmlich; es war aber noch ein dritter damit verknüpft, wo ich gleich sagte: wenn der damit verbunden sein müsse, so könnten die Vorschläge noch einmal so gut sein; ich würde sie ausschlagen. Könnte der aber wegfallen, so würde ich über die Sache denken, wenn sie mir angetragen würde. – Ich muss nun abwarten, was weiter erfolgt. So viel bin ich gewiss: ich bekomme Hilfe auf eine oder die andere Art, die Fabrik mag in meinen Händen bleiben, oder nicht bleiben. Ich habe zu viele, und darunter wichtige Stützen. Es ist nur zu wünschen, dass meine Gläubiger nicht die Geduld verlieren; denn langsam wird es zugehen, und das kann ich nicht ändern. Der Hof fühlt die Last nicht, die mich drückt, ich mag sie noch so dringend vorstellen; und übereilen lässt er sich auch nicht.

Dem Staatsrat G. [Gebler] habe ich neulich in meinen Angelegenheiten eine Visite gemacht. Es ward von Ihnen kein Wort geredet, bis ich wegging. Da fragte er: ob ich nicht Gelegenheit hätte, ein kleines Päckchen an Sie eingehend zu machen. Ich sagte ja, und so wird er es mir in einigen Tagen zuschicken. Vermutlich sind es zwei neue Stücke, wovon das eine drei Tage hintereinander aufgeführt worden, das andre aber noch unter der Presse ist. Das, so bereits aufgeführt, ist betitelt: *Leichtsinn und Liebe.* Ich habe es nicht auslesen können, und bedaure Sie zum voraus, wenn Sie in die Notwendigkeit gesetzt werden, ihm darüber ein Kompliment machen zu müssen. Indessen machen Sie ihm immerhin ein recht schönes: denn ich glaube, er verziehe einem eher, der an seinem Charakter etwas auszusetzen fände, als an seinen Komödien. Auf der Seite macht sich der Mann recht lächerlich. Es dauert mich, weil sonst die ganze Stadt ihm das Zeugnis eines rechtschaffnen Mannes beilegt. – *Riedel* muss seine schwache Seite auch schon kennen. Wie ich höre, soll er bei der Vorstellung des neuen G. [Geblerschen] Stücks in einem Atem weggeschrieben haben: vortrefflich! göttlich! – vermutlich aus Dankbarkeit.

Von Ihren Angelegenheiten habe ich nicht ein Wort gehört. Ihre Vermutungen können wohl gegründet sein; nicht bei dem neulichen Beruf, aber bei dem, der schon vor einigen Jahren an Sie ergangen sein soll. Denn damals hatte noch einer die Hand mit im Spiele, der Sie gewiss nicht nahe bei sich wünscht, weil er Ihre Vorzüge nur gar zu wohl erkennt, ob er sie gleich nicht eingesteht. – Der Brief, den Sie mir an G. [Gebler] einschließen wollen, wird mir vielleicht Gelegenheit geben, von der Sache mit ihm zu reden. Wenn der mit der Sprache heraus will, so kann ich am besten erfahren, ob einmal ernsthaft darauf gedacht worden, oder nicht. Und macht er den Geheimnisvollen, so will ich sonst wohl dahinter kommen. Sie können leicht denken, dass mir daran gelegen ist.

A. [Ayrenhoff] ist nicht hier, und unter so vielen, bei denen ich nach ihm gefragt, kennt ihn kein Einziger, außer S. [Sonnenfels], der sagt: er sei Obrister und ein sehr stolzer Mann. Das Übrige, was er noch von oder vielmehr gegen ihn sagen möchte, drückt er mit einem Achselzucken aus. Ich habe mehrmals gemerkt, dass man über keinen, der sich anmaßt, Schriftsteller zu sein, S. [Sonnenfels'] Urteil einholen muss; denn die sind ihm alle ein Dorn in den Augen, und das Urteil, das er über sie fällt, ist allezeit trüglich. So möchte das von A. [Ayrenhoff] auch sein.

Kürzlich habe ich die Bekanntschaft von Madam Huberin gemacht, und an ihr eine recht charmante Frau gefunden. Sie hat versprochen, mich nächster Tage zu besuchen. Es wird mich freuen, wenn sie Wort hält.

Was meinen Sie? von ihr habe ich gehört: die H. [Henselin] habe sich mit S. [Seyler] wollen trauen lassen, es sei ihr aber abgeschlagen, und man würde es auch nimmer zugeben, ob sie sich gleich noch viele Mühe, die Erlaubnis zu erhalten, gäben. Zu welchem Ende die sich verheiraten wollen, kann ich nicht begreifen. Sie sollen kürzlich in meine Nachbarschaft gezogen sein. Es sollte mir leid sein, wenn das mir ihre Visite zuwege brächte.

A propos vom Heiraten. Wie stehet es denn mit unsers Herrn von K. [Kuntzschs] Heirat? Weil Sie nichts davon melden, so muss ich denken, dass nichts daraus geworden ist, welches mir leid sein würde. Ich glaube, dass er 400,000 Mk. Banko recht gut nützen, und das Mädchen auch einen recht braven Mann an ihm haben würde.

Und wie mag unser Sch. [Schmidt] in seinen Angelegenheiten fahren? Ich höre weder von ihm noch seiner Frau etwas. Wenn Sie gute Nachrichten von ihnen haben, so teilen Sie sie mir mit. Neuigkeiten schreibt mir kein Mensch aus Hamburg, ob ich gleich mit dreien briefwechsele.

Nimmermehr hätte ich gedacht, dass es mit Struensee und Brand so weit kommen würde. Ich war wie vor den Kopf geschlagen, wie ich das vollzogne Urteil in der Zeitung las. Man mag ihre Verschulden nicht alle bekannt gemacht haben; ist das aber, so däucht mich, man hat sehr grausam mit ihnen verfahren.

Die Königin dauert mich von ganzem Herzen. Besonders wenn sie Struenseen geliebt hat, ist sie in meinen Augen die unglücklichste Person von der Welt. – Mich verlangt nur, was sie mit den übrigen Gefangenen noch machen werden. Dass indes Sturz frei ist, hat mich recht sehr gefreuet; nur weiß ich noch nicht, ob er seine Bedienung behält?

Unsers W.s[Wurmbs] Freund, Graf R. [Rantzau], ist hier für den infamsten und allerabscheulichsten Menschen bekannt. Es ist kein schlechter Streich zu erdenken, den er nicht ausgeübt haben soll. Daher werden die Unglücklichen in Kopenhagen auch durchgehends bedauert, weil sie durch ihn gestürzt worden, und man ihm zutraut, dass er es leicht aus bloßer Bosheit könne getan haben.

Nun, mein liebster Freund, umarme ich Sie tausendmal. Bleiben Sie gesund, und schreiben Sie mir oft, dass Sie es auch sind. Ich wünsche, dass Ihr neuer Bediente sich so gut halte, wie er sich angelassen; sonst jagen Sie ihn in Zeiten weg, und ärgern und plagen sich nicht wieder so lange mit einem Schurken.

Mein Schwager empfiehlt sich, und ich bin mit der aufrichtigsten Liebe

Dero ergebenste

E. C. König

Haben Sie mein Porträt erhalten? Ich bin besorgt, dass es verloren gegangen ist.

99 *Wolfenbüttel, den 27. Juni 1772*

Meine Liebe!

Freilich hätte ich Ihnen öfter schreiben sollen; und wenn ich Ihnen so oft geschrieben hätte, als ich es tun *wollen*, so hätte ich Ihnen auch wirklich sehr oft geschrieben. Aber ich weiß selbst nicht, was bald diesen, bald jenen Posttag, eben in dem Augenblicke, da ich mich hinsetzen wollte zu schreiben, mich leider daran verhindern müssen. Nur das weiß ich, dass die Ursache, warum es seit drei Wochen nicht geschehen, lediglich diese ist, weil ich einen Brief an G. [Gebler] mit beischließen wollte, und auf seine Komödien, wovon ich ein Exemplar unserm Herzog überreichen sollen, von einer Zeit zur andern warten musste. Ich habe sie auch nur vor einigen Tagen erst bekommen, und sie nur erst gestern überreicht; wovon ich ihm die gnädige Aufnahme in Beiliegendem mit mehrern melde. Denn auch ich sehe nun wohl, warum es dem guten Mann zu tun ist. Er will Weihrauch; und es ist ihm gleichviel, wer ihm diesen streuet. Mir aber ist es nicht gleichviel, dass ich das wenigstens im Namen eines Herzogs loben darf, was ich in meinem Namen weder loben kann noch mag.

Inskünftige will ich es aber wohl bleiben lassen, und mich durch solche uns nichts angehende Dinge, um das Vergnügen Ihrer Briefe bringen. Denn wahrlich, meine Liebe, Sie mögen mir von der Freude, die Ihnen die meinigen machen, sagen, was Sie wollen, so kömmt sie doch sicherlich nicht der Freude bei, die mir Ihre Briefe verursachen. Wer hiernächst von uns beiden itzt am meisten aufgemuntert zu werden nötig hat, das wäre noch eine große Frage. Sie haben doch weiter nichts als Sorgen, deren Ende Sie absehen können, auf eine oder die andere Weise. Mir aber ist itzt nicht selten das ganze Leben so ekel – so ekel! Ich verträume meine Tage mehr, als dass ich sie verlebe. Eine anhaltende Arbeit, die mich abmattet, ohne mich zu vergnügen; ein Aufenthalt, der mir durch den gänzlichen Mangel alles Umganges – (denn den Umgang, welchen ich haben könnte, den mag ich nicht haben) – unerträglich wird; eine Aussicht in das ewige, liebe Einerlei – das alles sind Dinge, die einen so nachteiligen Einfluss auf meine Seele, und von der auf meinen Körper haben, dass ich nicht weiß, ob ich krank oder gesund bin. Wer mich sieht, der macht mir ein Kompliment wegen meines gesunden Aussehens: und ich möchte dieses Kompliment lieber immer mit einer Ohrfeige beantworten. Denn was hilft es, dass ich noch so gesund aussehe, wenn ich mich zu allen Verrichtungen eines gesunden Menschen unfähig fühle? Kaum, dass ich noch die Feder führen kann; wie Sie wohl selbst aus dem unleserlichen Briefe sehen werden, den ich mehr wie fünfmal abbrechen müssen.

Mein Trost ist, dass dieser Zustand unmöglich anhalten kann, und dass er sich hoffentlich bei dem Brunnen verlieren wird, den ich in einigen Tagen zu trinken anfangen will.

Aber was klage ich Ihnen da vor? Sie müssen mich wirklich lieber für hypochondrisch halten, als alles so genau nach den Worten nehmen. Wenigstens bin ich noch darüber sehr empfindlich und erfreuet, dass Sie, meine Liebe, sich wohl befinden und die beste Hoffnung haben, in Ihren Angelegenheiten glücklich zu sein. Denn allerdings sollte ich meinen, dass der Vorschlag, den man Ihnen getan, sehr annehmlich wäre; wenigstens was die zwei ersten Punkte anbelangt. Bei dem dritten, den Sie mir verschweigen, kann ich nur auf zweierlei denken: und ob mich schon das Eine nicht so gleichgültig lassen sollte, so will ich Ihnen doch gestehen, dass ich ebenso ruhig dabei bin, als wenn es das Andre wäre. Denn ich bin gewiss versichert, dass Sie zu dem Einen so wenig fähig sind, als zu dem Andern. Doch allem Ansehen nach, wird man auf diesen dritten Punkt auch nicht bestehen, wenn es mit den zwei ersten nur einigermaßen ein Ernst ist. –

Dass Sie die Bekanntschaft von Madam Huberin gemacht, ist mir sehr angenehm. Ich weiß nicht, ob ich Ihnen schon einmal erzählet, dass ich sie als Mademoisell Lorenzin gekannt; ich weiß auch nicht, ob sie selbst sich dessen noch erinnert. Wenigstens sind es nahe an fünfundzwanzig Jahr, dass ich sie zuletzt gesehen, und in einer solchen Zeit kann man, glaube ich, noch vertrautere Bekanntschaften vergessen, als die unsrige gewesen. Sie kann gar wohl noch eine ganz gute Frau sein; aber sie muss auch dabei eine sehr eifersüchtige Aktrice sein, die keine neben sich aufkommen lassen will. Wenn ihre Verdienste ihr dazu einiges Recht geben, so mag es noch hingehen: aber man sagt, dass auch diese nicht so besonders sein sollen. Ich denke auch noch immer, dass es bloße Kabale ist, wenn die Hänselin nicht in allen Stücken mehr Beifall erhält, als sie. Dass diese wieder hieher zurückkomme, hat man für gewiss gesagt: und umso viel weniger begreife ich, warum es lieber als Madam Seylerin, und nicht als Madam Hänselin, geschehen soll.

Unser K. [Kuntzsch] ist noch in Hamburg; aber wie weit es mit seiner Sache ist, weiß ich nicht. Nur so viel weiß ich, dass er für sein Teil sich noch alle gute Hoffnung macht und nur deswegen so lange in Hamburg bleibt. In Hamburg aber muss er sehr geheim zu Werke gehen; denn Sch. [Schmidt] wenigstens wusste nichts davon. Dieser ist vorgestern wieder hier durch nach Dresden gegangen, und wie er mich versichert, so ist er mit seiner dortigen Angelegenheit so gut als zu Stande. Ich will es ihm sehr wünschen; auch war er ganz aufgeräumt, und ich habe ihm versprochen, bei seiner Rückreise im August ihn nach Hamburg zu begleiten: versteht sich, wenn Sie, meine Liebe, schon wieder allda zurück sind.

Von dortigen Neuigkeiten wüsste ich Ihnen sonst nichts zu melden, als dass Nicolini seine erste Pantomime gegeben, und sehr großen Zulauf gehabt. Denn er hat über 900 Taler, in dem großen Komödien-Hause, das er gänzlich umgeworfen, und geräumlicher und schöner eingerichtet, eingenommen; wovon die Ackermannin die Hälfte bekömmt, so wie er wieder von Ackermanns Vorstellungen die Hälfte zieht. Es ist beiden zu gönnen, wenn die Hamburger lange in diesem Geschmacke aushalten wollen. – Das Schicksal der übrigen Staatsgefangnen in Kopenhagen wissen Sie ja wohl auch schon aus den Zeitungen. Sie sind alle auf freien Fuß gesetzt, außer Falkenskiold, welcher auf zeitlebens nach Monkholm gebracht worden. Der Justizrat Struensee kömmt wieder als geheimer Rat in Preußische Dienste. Sturz ist durch Hamburg gekommen, aber hat sich von keinem einzigen seiner Bekannten sprechen lassen. Die Königin ist endlich zur Görde angelangt, allwo sie in einigen Tagen ihre Schwester, unsre Erbprinzessin, besuchen wird. Sie soll munter und unbekümmert sein, und täglich ausreiten. Unsre Erbprinzessin muss sie für völlig unschuldig halten, sonst würde sie sie gewiss nicht besuchen.

Aber ist es möglich, meine Liebe, dass ich Ihnen noch nicht den Empfang Ihres Porträts gemeldet hätte? Ist es möglich, dass ich Ihnen noch nicht für das Vergnügen, das es mir täglich macht, sollte gedankt haben? Unmöglich! Und wenn Sie in den Briefen, die Sie von mir in den Händen haben, nichts davon finden, so ist ganz gewiss einer verloren gegangen: denn ich erinnere mich es noch allzu genau, dass ich, und wie ich davon geschrieben. Die Zahl meiner Briefe trifft ohnedem nicht ein; und ich habe Ihnen sicherlich mehr als dreimal geschrieben. Dass aber meine Briefe meistenteils später eingehen, als sie eingehen sollten, kömmt vielleicht daher, dass ich sie erst nach Braunschweig senden und da auf die Post geben muss. Wenn sie denn nicht gleich daselbst abgegeben werden, so bleiben sie bis zum folgenden Posttage liegen.

Nun denn, meine Liebe, einer guten Sache kann man nicht zu viel tun. Empfangen Sie nochmals meinen zärtlichsten, aufrichtigsten Dank für den zwar stummen und toten, aber für mich doch sehr unterhaltenden, besten, liebsten Gesellschafter in meiner Wolfenbüttelschen Einsamkeit. Ach, wenn – Sie wissen, was ich wünsche! –

Eben da ich mich hinsetzen, und den Brief an G. [Gebler] schließen will, werde ich auf die unvermeidlichste Art daran verhindert. Ich lasse ihn also bis auf den nächsten Posttag; aber diesen Brief sende ich ab. Umso eher muss ich, und will ich auch Ihnen wieder schreiben. Entschuldigen Sie mich indes bei ihm, wenn er gelegentlich meine Antwort schon längst erwartet zu haben äußern sollte. Was ich sonst wünschte, dass Sie meinetwegen mit ihm sprechen möchten, weiß ich selbst kaum. Denn von dem Manne, der Riedeln anhilft, möchte ich mich nicht gern empfohlen oder angebracht wissen. – Ist es wahr, dass der alte van Swieten, wo nicht schon tot ist, doch auf den Tod liegt? Mich dünkt, dass sein Tod auch hier und da etwas verändern dürfte. –

A propos – bei Gelegenheit eines Abgehenden – Hat man Ihnen schon aus Hamburg gemeldet, dass die G. [Grund] nun einmal in allem Ernste guter Hoffnung ist? –

Und das nenne ich doch einen Brief! lang, überflüssig; aber freilich leider kaum zu lesen. Ich will Sie mit Raten und Buchstabieren nicht länger martern, und mich Ihnen empfehlen. Leben Sie recht wohl, meine Liebe. Möchten Sie doch barmherzig genug gegen mich gewesen sein und an mich geschrieben haben, noch ehe dieser Brief in Ihre Hände kommt! – Ich bin mit ganzer Seele auf immer

der Ihrige

L.

100 *Wien, den 15. Juli 1772*

Sie wünschten, ich hätte Ihnen geschrieben, ehe ich noch Ihren Brief erhalten hätte. Das wäre auch sicherlich geschehen, und zwar mehr als einmal, wenn ich nur einigermaßen im Stande gewesen wäre, es zu tun. So aber war ich zeither immer krank, und noch mehr am Gemüte krank, als am Körper. Alles müsste zusammen stoßen, fehlgeschlagne Hoffnungen hier, verdrießliche Briefe von Hamburg, und was nicht alles mehr, um mich fast gänzlich niederzuschlagen. Auch Ihr Brief, dem ich so sehnlichst entgegen sahe, enthält nicht viel Tröstliches für mich. Denn auch Sie sind nicht wohl, und vielleicht übler, als Sie mir sagen wollen. Gott gebe, dass es nicht sei, und dass Sie Ihrem Versprechen, mir den nächsten Posttag wieder zu schreiben, mögen nachgekommen sein, sonst würde es schlecht um mich aussehen: denn ob ich gleich seit einigen Tagen etwas besser bin, so bin ich doch noch nicht so stark, mir traurige Gedanken aus dem Kopfe reden zu können.

Ich hätte gewünscht, dass Sie den Pyrmonter Brunnen an der Quelle getrunken hätten. Nicht der Brunnen allein ist Ihnen nötig, sondern mehr die Zerstreuung, und wenn Sie nun vollends die fatale Arbeit fortsetzen, die Ihnen so nachteilig ist, so fürchte ich, dass der Effekt vom Brunnen wenig oder nichts sein wird. Überhaupt sollten Sie die Arbeit ganz auf die Seite setzen, bis Sie sich geschickter dazu fänden, und wenn die Zeit auch niemals käme, was wäre denn daran gelegen? Ein Andrer kann die Bücher in Ordnung bringen, der sie in Ordnung haben will. Ich meines Teils habe sie, seit ich Ihren Brief erhalten, hundertmal ins Feuer gewünscht.

Ihr neues Stück ist vorige Woche drei Tage nacheinander aufgeführt worden, und zwar mit außerordentlichem und allgemeinem Beifall. Der Kaiser hat es zweimal gesehen, und es gegen G. [Gebler] sehr gelobt. Das muss ich aber auch gestehen, hat er gesagt, dass ich in meinem Leben in keiner Tragödie so viel gelacht habe. Und ich kann sagen: dass ich in meinem Leben in keiner Tragödie so viel habe lachen hören; zuweilen bei Stellen, wo, meiner Meinung nach, eher hätte sollen geweinet, als gelacht werden.

Die Vorstellung ist sehr mittelmäßig ausgefallen. Nur allein die Huberin, die die Rolle der Mutter machte, hat, meines Erachtens, in der größten Vollkommenheit gespielt. Wenigstens ich habe in meinem Leben keine Rolle so ausführen sehen, und bei keiner das empfunden, was ich bei der empfand. Den Prinzen machte Stephanie der Ältere, ich möchte fast sagen: so schlecht wie möglich. Die schöne Szene mit dem Maler, die verliert hier ihren ganzen Wert. Denn die spielt der Prinz und der Maler, beide zugleich so abgeschmackt, dass man sie möchte mit Nasenstübern vom Theater schicken. Stephanie wird täglich affektierter und unerträglicher, besonders in seinem stummen Spiele. Was tut er zuletzt in Ihrem Stücke? Er reißt sein ohnedem großes Maul bis an die Ohren auf, streckt die Zunge lang mächtig aus dem Halse, und leckt das Blut von dem Dolche, womit Emilia erstochen ist. Was mag er damit wollen? Ekel erregen? Wenn das ist, so hat er seinen Endzweck erreicht.

Bei dem Theater wird bald eine Veränderung vorgehen. Der Graf Cohari ist völlig ruiniert, und bereits in Ungarn für unmündig erklärt. Es sind ihm für sich und seine Familie 2000 Tlr. jährlich ausgeworfen; ein großer Abstich von 16 000 Tlr., die er sonst Einkünfte hatte. Man hofft, das Theater werde ihm auf künftigen Winter noch bleiben, damit er sich in etwas heraus reißen kann. Alsdenn, glaubt man, wird es der Kaiser übernehmen. Ich wünschte es. Sie können sich leicht vorstellen, warum.

Dass van Swieten wirklich einmal tot ist, werden Sie nun längst wissen. Seine Stelle, als Leibmedikus, ist durch den D. Störk ersetzt; wer aber die bei der Bibliothek und Zensur erhalten wird, weiß man noch nicht. Ich glaube nicht, dass sein Tod großen Einfluss haben wird, wenigstens nicht in die Sache, worauf Sie wohl denken. Die kommt schwerlich zu Stande, solange nicht eine andere Veränderung vorgeht. Und ich glaube mich nicht zu irren, wenn ich behaupte, dass R. [Riedel] den ganzen Plan verrückt hat. Man findet sich zu sehr mit ihm betrogen, und sagt daher, dass er wirklich nun schon das einzige Mittel, sich zu behaupten, ergreift und umsattelt. Nachher soll er auf drei Jahre nach Rom gehen, und dort lernen, was man glaubte, dass er schon wüsste. Dass Sie dieses aber ja nicht nacherzählen! Man könnte sonst leicht auf den Verdacht geraten, dass es von mir käme. Ich habe so schon einige Mal geglaubt, aus G.s [Geblers] Miene schließen zu können, dass er einigen Wink hat, worauf sich unsre Freundschaft gründet. Vermutlich durch R. [Riedel]. Wie ich höre, soll der beständig um und bei ihm sein, und außer ihm niemanden sehen.

Es gibt mir eine schlechte Idee von G. [Gebler]. Denn außer ihm ist doch auch kein Einziger, der R. [Riedel] nicht für die elendeste und kriechendste Kreatur von der ganzen Welt hält, und es darf nur das Vierteil von dem wahr sein, was man von ihm erzählt, so ist er es gewiss.

Seit einigen Wochen ist ein junger Professor aus Leipzig, namens *Reitz*, hier, um das Kabinett eines gewissen Fürsten in Ordnung zu bringen. Vielleicht kennen Sie ihn.

Die Nachricht von Madam G. [Grund] hat mich erfreut, und so auch die von unserm Freund Sch. [Schmidt]. Wie gut wäre es, wenn der Mann einmal in einen ruhigern Stand käme! Zwar ruhiger wird er dadurch nicht viel mehr werden, aber doch frei von Nahrungssorgen, und dies sind wohl die nagendsten Sorgen, die man in der Welt haben kann; vorausgesetzt, wenn man Kinder hat.

Ich sehe nicht ein, wie ich mir auf das Vergnügen Hoffnung machen könnte, Sie im August in Hamburg zu sehen. Demohngeachtet reisen Sie immer hin. Statt Sie da zu sehen, werde ich die Zufriedenheit haben, von Ihnen zu hören, dass Sie Ihre völlige Gesundheit und Munterkeit wieder daher geholt haben. – Gott weiß, wenn ich hier wegkomme, und ob und wie ich wegkomme! Noch stehe ich immer auf demselben Fleck. Doch, ich habe mir vorgenommen, Sie für diesesmal gar nicht über meine Umstände zu unterhalten und mir überhaupt, während dass ich den Brunnen trinke, so viel möglich, alles Unangenehme aus dem Kopfe zu schlagen. Der Pyrmonter Brunnen greift mich ohnedies allemal stark an. Könnte ich ihn doch in Ihrer Gesellschaft trinken! Diesen Wunsch tue ich sicherlich alle Morgen beim ersten Glas.

Leben Sie wohl, liebster Freund! Ich kriege Besuch, und muss also schließen. Schreiben Sie mir ja bald, ich bitte Sie inständigst.

K.

101 *Wolfenbüttel, den 29. Juli 1772*

Meine Liebe!

Ich habe es seit vierzehn Tagen mehr als einmal versucht, an Sie zu schreiben: aber vergebens. Und es wird ein großes Glück sein, wenn ich endlich doch diesen Brief zu Stande bringe. So sehr hat mich der Brunnen angegriffen, den ich gestern geendet, und von dem ich mir mehr gute Wirkungen verspreche, als ich noch zur Zeit empfinde. – Möchte es aber doch mit mir nur sein, wie es wollte: wenn es nur mit Ihnen so wäre, wie ich wünsche. Ihr letzter Brief verschweigt mir sicherlich mehr, als er mir sagt; und ich muss mir alle Gewalt antun, mir, vornemlich in Betrachtung Ihrer Gesundheit, nicht das Allerschlimmste vorzustellen. In dieser Furcht bestärkt mich, dass ich keine Briefe von Ihnen, sondern nur immer Antworten erhalte. Ich weiß, dass Sie mir doch sonst ein paar Briefe geborgt haben, bis ich Ihnen meine Schuld mit Interessen abtragen konnte. Und dass Sie es itzt nicht tun, daran ist gewiss nicht Ihr bloßes Nichtwollen schuld. Das verwünschte Wien! Wenn es auch Ihnen leere Hoffnungen vorgespiegelt hat, so werde ich ihm auf Zeit meines Lebens gram werden. Könnte ich wenigstens doch nur itzt abkommen, um mich desto geschwinder in Ihrer Gesellschaft von der Neigung zu kurieren, die noch dann und wann für diesen betrügerischen Ort bei mir spricht. Ich käme Ihnen, ehe Sie es sich versähen, über den Hals, möchte doch der Herr von G. [Gebler] davon denken, was er wollte. Da Sie mir nicht melden, dass er eben etwas Besonders für Sie tut, und da er hingegen so viel für den elenden R. [Riedel] tut: so ist er mir herzlich ekel, und es wird mir die äußerste Überwindung kosten, wieder an ihn zu schreiben. Heute tu' ich es schon gewiss nicht; wenn ich gleich weiß, dass ich sonach auch desto länger sein Kompliment über die Aufführung der Emilie werde entbehren müssen. Wie gern will ich es ihm ganz schenken! Und wie gern hätte ich auch die ganze Aufführung dem Wienertheater erlassen wollen. Nach allem, was Sie mir davon schreiben, muss sie ganz abscheulich ausgefallen sein. Der abscheuliche Kerl, der Stephanie! Und das alles lassen sich die Wiener so gefallen? Zwar die Wiener Zuschauer sind mir schon längst so verdächtig, als die Akteurs. Dass sie indes hier und da in meinem

Stücke gelacht haben, ob es gleich eine Tragödie sein soll, verdrießt mich nun wohl nicht: aber freilich, wenn die Akteurs alles ihrige dazu beigetragen, dass die Zuschauer da lachen müssen, wo sie sicherlich hier bei uns nicht gelacht haben, so hat es der Kaiser wohl schwerlich zum Lobe des Stückes gesagt, dass er in keiner Tragödie mehr gelacht habe, als in dieser. O meine Liebe, ich fürchte, ich würde ein noch weit ungebildeter und noch weit undankbares Publikum vor mir haben, wenn das geschehe, was Sie zu wünschen scheinen! Und doch würde ich es darauf wagen, wenn – Sie wissen ja wohl. Aber welche ungewisse Aussichten! –

Was Sie mir von R. [Riedel] schreiben, haben wir hier wirklich zum Teil schon gehört, und zum Teil ist es sogar schon gedruckt. Es fehlte noch, wenn Sie glauben, dass G. [Gebler] Sie leicht selbst in Verdacht haben könnte, wenn er erfährt, dass man seine saubere Kreatur auch hier kennet. Und doch glaube ich nicht, dass er es von R. [Riedel] weiß, was Sie vermuten, dass er von unserer Freundschaft wisse. Wenn davon etwas nach Wien gekommen ist, so ist es ganz gewiss allein durch Wagnern dahin gekommen. –

Bald hätte ich Ihnen etwas nach Wien geschickt, was Sie als den Dank für das mir überschickte Porträt von Klotzen hätten ansehen mögen. Und vielleicht tue ich es mit der nächsten Post doch noch. Sie wissen ja, dass ich voriges Jahr in Berlin mich von Grafen musste malen lassen. Dieses Porträt ist itzt von Bausen in Leipzig gestochen, sehr schön gestochen; ob aber auch ähnlich, und so äußerst ähnlich, als mich die Leute bereden wollen, das werde ich am besten von Ihnen, meine Liebe, erfahren können. –

Gestern hat mich, raten Sie wer? aus Hamburg besucht: Doktor Matsen, den ich in einem Ihrer Briefe einmal für D. Mumssen las. Er ist in Angelegenheiten des Ratsherrn Rickert hier, welcher ein ziemliches bei T. d. H. [To der Horst] zu fordern hat. Dieses Haus hat schon seit einiger Zeit aufgehöret zu bezahlen, und seine Gläubiger in Hamburg sind mit dem Moratorio, das man ihm hier gegeben, sehr übel zufrieden. Aber ich denke doch, dass es dabei bleiben wird und dass D. Matsen wird vergebens hier gewesen sein. Neues hat er mir eben aus Hamburg nicht viel erzählet, was ich glauben könnte, was Sie nicht schon wüssten. Aber was ihn selbst betrifft, haben Sie vielleicht noch nicht gehört: nämlich, dass man sagt, er werde die Mumssen heiraten. Und nach dem zu urteilen, wie er sich über sie äußert, möchte es wohl auch wahr werden. Wenigstens hat er mich versichert, dass B. [Behn] die Mumssen gewiss nicht bekommt; denn auch mit der Mumssen hatte man B. [Behn] schon in Gedanken verheiratet; nicht allein mit der Mamsell Alberti. Sie wissen doch, wen diese nun bekömmt? Nicht den reichen Portugiesen oder Spanier, den Sie ihr so gern gegönnt hätten; sondern einen jungen Doktor namens Häseler in Altona; den Bruder des dortigen Stadtphysici.

Ebert reiset mit Matsen in einigen Tagen zurück nach Hamburg, und er hat mir sehr angelegen, von ihrer Gesellschaft zu sein. Aber was soll ich in Hamburg? Sie, meine Liebe, noch lebhafter vermissen? In jeder von unsern gewöhnlichen Gesellschaften würde mir eine Person fehlen; und mehr als eine würde mir zu viel sein. – K. [Kuntzsch] ist auch noch in Hamburg, und sein Geschäft geht sehr langsam; wenn anders gar geht. – Dass Wutford als Gesandter nach Kopenhagen geht, werden Sie wohl in den Zeitungen gelesen haben? Unsere arme Z. [Zinck]! das geht hart über sie her! Wenn sie alles verloren hat, wird sie endlich doch auch das verlieren, was sie längst gern verloren hätte. Zink ist wirklich schon mehr tot als lebendig. – Nun leben Sie wohl, meine Liebe. Gott beschere mir bald angenehme Nachrichten von Ihnen. Ich umarme Sie tausendmal; und bin zeitlebens

ganz der Ihrige

L.

102 *[Wien, etwa den 10. August 1772]*

Liebster Freund!

Wenn Sie zugegen wären, könnte ich Ihnen vier weitläufige Briefe zeigen, die ich eben ihrer Weitläuftigkeit wegen nicht abgeschickt habe. Denn wenn ich es recht bedachte, so fiel mir ein: was hilft es, dass Du Deinem Freunde Klagen vorbringst, deren Ursachen Er nicht heben kann, so gerne Er es täte, wenn es in seiner Macht stünde. Um nun nicht wieder in die Versuchung zu fallen auch diesen Brief liegen zu lassen, will ich Ihnen nur überhaupt sagen: meine Sachen gehen noch nicht, wie ich wünsche; gegenteils verschlägt sich eine gute Aussicht nach der andern, und seit sechs Wochen her hat jeder Tag eine neue Plage für mich. Nur erst vor einigen Tagen bin ich wieder mit 700 fl. – in ein Falliment verwickelt worden; wo ich mit der größten Vorsichtigkeit mich eingelassen hatte. Hierzu kommt noch, dass Schuback gerne die Sache auseinander gesetzt wissen will, was doch nicht möglich ist, wenn nicht allein ich zur Bettlerin werden, sondern auch sogar meine Gläubiger zu kurz kommen sollen.

Für mich wird ohnedies keine Rettung sein, wenn ich nicht zu Unterstützung der Fabrike vom Hofe Vorschuss erhalte, was ich bis jetzo noch nicht begehret, nun aber in einigen Tagen, und zwar gerade von der Kaiserin, begehren werde. Ich habe bisher geglaubt, meine Geschwister würden mir das ihrige lassen, es scheinet aber, dass besonders der Professor keine Lust dazu hat. Sie dazu überreden mag ich nicht, weil ich sehe, dass alle mein Fleiß nicht beglückt ist. Wenn demnach der Hof nicht die Hand bieten will, so werden vermutlich zwei im Flor stehende Fabriken, bei denen ich alle das Meinige einbüßen werde, eingehen müssen; und das just zur Zeit, wo der Absatz anfängt, ergiebig zu werden. Denn seit meinem Hiersein hat er außerordentlich zugenommen. Ein Kaufmann allein will sich engagieren, mir monatlich für 1000 fl. Ware gegen bare Bezahlung abzunehmen, wenn ich ihm dagegen Pässe für ein Quantum von 8000 fl. ausländische Ware verschaffe, und das auf so viel Jahre, als es der Hof eingehen will. – Wäre es nicht sonderbar, wenn dem ungeachtet alles den Krebsgang ginge? Gewiss! nicht nur sonderbar, sondern sehr hart, und doch kann es leicht so kommen.

Was ich aus G. [Gebler] machen soll, weiß ich nicht. Er bezeugt sich außerordentlich freundschaftlich: aber er scheint mir nicht recht zu trauen, sondern vielmehr zu glauben, meine Verlegenheit sei bloße Verstellung; ich suchte die Hilfe nur, um mit guter Manier von hier los zu kommen. Ich weiß, dass er sogar der Kaiserin erzählet hat, ich sei hieher gekommen, um das Werk anzugeben. In welcher Absicht? kann ich nicht erraten. Sie mag aber gewesen sein, welche sie wolle, so hätte er mir immer einen größern Gefallen getan, wenn er lieber ganz von mir geschwiegen hätte. Denn es ist nichts natürlicher, als dass man den sich selbst überlässt, von dem man vermutet, dass er nach erhaltener Hilfe ins Fäustchen lacht und davon geht.

Demohngeachtet schreiben Sie ihm, tun Sie es mir zu Gefallen. Jetzt erst kann er mir nutzen, wenn er will. Bisher ist noch nichts von meiner Sache in den Staatsrat gekommen, weil ich die ersten Instanzen nicht habe vorbei gehen wollen. Was ich aber nun direkt an die Kaiserin eingeben werde, das wird Sie, wie gewöhnlich, mit sich in den Staatsrat nehmen; wenn er dann das Wort für mich redet, so wird mir gewiss binnen kurzem geholfen.

Wenn ich bei den vielen Verdrießlichkeiten nur noch den Trost hätte, Sie recht gesund und vergnügt zu wissen; aber Sie scheinen mir nichts weniger, als das zu sein. Wenn es nicht gar noch schlimmer mit Ihnen ist, als Sie sagen. Wenigstens wenn es noch nicht schlimmer ist, so kann es leicht schlimmer werden, wenn Sie nicht in Zeiten vorbeugen. Das beste Mittel wäre gewesen, Sie hätten mit Eberten die Reise nach Hamburg gemacht. Beides die Zerstreuung und Bewegung hätten Sie sicherlich kuriert. Folgen Sie meinem Rate und tun Sie es noch. Oder machen Sie eine andere Reise. Die auf hier möchte ich Ihnen nicht raten, wenn Sie anders noch einmal für den hiesigen Ort bestimmt sind. In meiner Gesellschaft müsste er Ihnen durchaus zum Ekel werden. Mir ist er es so, dass ich Gott auf den Knien danken würde, wenn ich ihn diese Stunde verlassen könnte, um ihn auf nimmer wiederzusehen. Aber freilich mag es wohl weniger an dem Orte, als an den Umständen liegen, worin ich jetzt bin. Ich erinnere mich noch wohl der Zeit, da ich lieber an jeden andern Ort gegangen wäre als nach Hamburg, und wenn es jetzt auf meinen Willen ankäme, so vertauschte ich Hamburg nur mit einem einzigen Ort in der Welt, den ich Ihnen wohl nicht zu nennen brauche.

Von R. [Riedel] höre und sehe ich nichts. Man sagt aber neuerdings, W. [Wieland] werde auf hier berufen. So viel ist sicher: dass er mit Sonnenfels fleißig Briefe wechselt, doch glaube ich nicht, dass es diese Ursache zum Grunde habe.

Für die mir mitgeteilten Neuigkeiten von Hamburg danke ich. – Es war mir keine angenehmer, als die, dass Albertis Tochter versorgt wird. Wie gehet es denn der Mutter mit den übrigen Kindern? Haben sie auch ihre Versorgung? – An der Heirat mit der Mumssen und Matsen habe ich nichts auszusetzen, als dass sie zu ungleich an Jahren ist. Sie muss wenigstens acht Jahre älter sein als er. Sonst sind es beide ein paar rechtschaffene Leute, die einander würdig sind.

Bei Gelegenheit erkundigen Sie sich doch genau, wie die Sachen von T. d. H. [To der Horst] stehen. Ich habe zwar keinen großen Posten an ihnen zu fordern, allein ich verliere so viel kleine Posten, dass am Ende nichts für mich über bleibt.

Die gute Z. [Zinck] dauert mich um so mehr, weil ich mich, wie ich glaube, nicht irre, wenn ich in die Beständigkeit des Herrn W. [Woodford] kein großes Vertrauen setze. Was meinen Sie?

Und was meinen Sie? hätte ich nicht Ursache mit Ihnen zu zanken, über die Unschlüssigkeit, worinne Sie gewesen: ob Sie mir Ihr Porträt schicken oder nicht schicken wollten? Ich hoffe, die Sache hat sich zu meinem Besten entschieden, und es ist unterwegs, sonst wahrhaftig! bereden Sie mich nimmermehr, dass Ihnen das Meinige so angenehm gewesen. Vergessen Sie nur auch nicht, dass mir das Original von *Grafen* gehört. Sie haben es mir ausdrücklich zugesagt. Nun, mein Freund, leben Sie wohl, und da Sie überzeugt sind, dass ich Ihnen sonst oft Briefe geborgt habe, so sein Sie erkenntlich, und borgen mir auch wiederum einige, bis ich wieder im Stande bin, Vorschuss zu leisten. Ich wünsche, Ihnen bald was Angenehmes sagen zu können; noch mehr aber wünsche ich zu hören, dass Sie gesund und zufrieden sind. Möchte diese Nachricht unterweges sein!

Ich bin auf immer
Ihre ergebene Freundin

E. C. K.

Herr Sternschütz ist vor einigen Tagen begraben worden. Die Huberin soll über seinen Tod untröstlich sein.

103 *Wolfenbüttel, den 26. Oktober 1772*

Ist es möglich, meine Liebe, ist es in aller Welt möglich, dass ich Ihnen in so langer Zeit nicht geschrieben habe? dass ich es habe aushalten können, in so langer Zeit nichts von Ihnen zu sehen und zu hören? – Wenn Sie argwöhnisch wären! Wenn ich nicht glaubte, dass Sie mich zu wohl kennten! – Besorgt mögen Sie immer um mich gewesen sein; aber wenn Sie je einen argen Gedanken, der meiner und Ihrer unwürdig wäre, von mir gehabt haben: wahrlich, so verdiene ich, dass Sie mir es abbitten. – Nicht wahr, der Wendung hätten Sie sich nicht versehen? Ich verlange Abbitte, und sollte sie selbst tun. – Nun, ja, meine Liebe, ich bitte Sie tausendmal um Verzeihung, wenn ich Ihnen einen einzigen missvergnügten und bekümmerten Augenblick gemacht habe. Gleichwohl würde ich untröstlich sein, wenn ich Ihnen auch ganz und gar keinen gemacht hätte. – Aber, werden Sie fragen, woran lag es denn nun? – An tausend und tausend Dingen, die all so klein sind, dass sie sich gar nicht erzählen lassen; die aber doch zusammengenommen so eine außerordentliche Wirkung auf mich gehabt haben, dass ich, um wenig zu sagen, die ganze Zeit über, die ich nichts von mir hören lassen, so gut als gar nicht gelebt habe. Nicht, dass ich etwa krank gewesen; ob ich mich schon auch nicht gesund befunden. Ich bin schlimmer als krank gewesen: missvergnügt, ärgerlich, wild; wider mich, und wider die ganze Welt aufgebracht; Sie allein ausgenommen. Dazu kam, dass ich mich in eine Arbeit verwickelt hatte, die mir weit mehr Zeit und Anstrengung kostete, als ich voraus sehen können. Seit ein paar Tagen habe ich einen kleinen Stillestand mit dieser Arbeit machen müssen, und vielleicht kommt es eben daher, dass ich mich jetzt ein wenig ruhiger befinde. Ich will mir diese Augenblicke zu Nutzen machen, die ohne Zweifel bald wieder verschwinden dürften, und will mich wenigstens gegen eine Person in der Welt ganz ausschütten. Und wer könnte diese einzige Person anders sein, als Sie? – Sie wissen, meine Liebe, was ich Ihnen oft gestanden habe: dass ich es auf die Länge unmöglich hier aushalten kann. Ich werde in der Einsamkeit, in der ich hier leben muss, von Tag zu Tag dümmer und schlimmer. Ich muss wieder unter Menschen, von denen ich hier so gut als gänzlich abgesondert bin.

Denn was hilft es mir, dass ich hier und in Braunschweig diesen und jenen besuchen kann? Besuche sind kein Umgang; und ich fühle es, dass ich notwendig Umgang, und Umgang mit Leuten haben muss, die mir nicht gleichgültig sind, wenn noch ein Funken Gutes an mir bleiben soll. Ohne Umgang schlafe ich ein, und erwache bloß dann und wann, um eine Sottise zu begehen. – Also hören Sie, meine Liebe, was ich mir für einen Plan gemacht habe. Denn wie es mit Ihnen gehen dürfte, sehe ich nun wohl. Sie werden entweder nie, oder so bald nicht von Wien wegkommen. Wenn ich also hier bleiben und die Hände in den Schoß legen will, so wird aus allem nichts, was ich mir in glücklichen Augenblicken manchmal so möglich und so leicht vorgestellt habe. Dieses einzige folglich kann mich noch retten, oder nichts. – Sie erinnern sich, dass, als ich meine itzige Stelle einnahm, ich mir ausdrücklich vorbehielt, in einigen Jahren eine Reise nach Italien tun zu dürfen. Nun bin ich beinahe drei Jahre hier; und es darf niemanden befremden, wenn ich nun bald auf diese Reise dringe. Dass ich sodann den Weg über Wien nehme, das versteht sich: teils aus der Ursache, die niemand besser weiß, als Sie; teils um mit meinen eigenen Augen da zu sehen, was für mich zu tun sein dürfte. Ich habe neuerlich, durch den Grafen K. [Kaunitz?], welcher mich hier in Wolfenbüttel besuchte, sehr dringende Veranlassungen bekommen, diese Reise nach Wien doch ja einmal zu tun, mit der Versicherung, dass sie unmöglich anders, als sehr zu meinem Glücke ausschlagen könne. Das will ich sehen, um mir selbst nichts vorzuwerfen zu haben. Aber ich will es so sehen, dass ich nicht darauf rechne. Ich bin versichert, dass unser Herzog, wenn ich ihn auf Jahr und Tag um Urlaub bitte, mir ihn ohne Umstände geben, und mir nicht allein meine Pension fortsetzen, sondern auch meine Stelle, solange ich außenbleibe, offen lassen wird. Ja es sollte mich ein Wort kosten, so wollte ich noch eine eigene Zulage zur Reise erhalten. Doch dieses würde mich zu sehr binden, und ich will mich an jenem begnügen lassen. Finde ich es nun in Wien so, dass ich Wolfenbüttel darüber vergessen kann: desto besser. Finde ich es nicht, so habe ich mich doch wieder mit Ihnen, meine Liebe, besprochen, und ich weiß, woran ich bin. – Das Schlimmste hierbei ist nur, dass ich nicht gleich morgen aufpacken kann. Aber dass ich es je eher je lieber können möge, das ist itzt mein einziges Bestreben. Jene ganze Arbeit, von der ich Ihnen gesagt habe, zielt dahin ab; weil ich doch nicht gern die Bibliothek in Unordnung und ohne ein Andenken von mir verlassen möchte. Der Winter wird wohl wenigstens darauf gehen; und ich werde mehr in diesem einen Winter arbeiten müssen, als ich sonst nicht in dreien getan habe. Was schadet das? Eine einzige gute Aussicht kann mich alles ertragen machen. –

Doch, meine Liebe, habe ich auch Recht getan, Ihnen alles das zu schreiben? Sie sehen, wieviel ich von Ihrer Seite dabei voraussetze; wie sehr ich darauf rechne, dass Sie noch immer die nämliche sind.

Möchte Ihnen dieser Brief nur nicht zu einer gar zu unruhigen Stunde zukommen. Möchten Sie wenigstens eine recht ruhige Stunde finden, mir darauf zu antworten. Das Herz bricht mir, wenn ich daran denke, wie wenig Sie ruhige Stunden haben mögen.

Hierbei liegt ein Brief an den St. R. G. [Staats-Rat Gebler]. Ich traue dem Manne noch nicht recht, und dass er noch so wenig für Sie getan hat, macht mich noch misstrauischer in ihm. Melden Sie mir doch, ob Ihnen vielleicht seitdem seine Bekanntschaft etwas genutzt hat.

Neues kann ich Ihnen nichts melden; außer dass vor einigen Wochen des Kommissionsrat [Schmidt] Sohn wieder hier durch nach Dresden ging, und mich versicherte, dass er von Dresden nach Wien gehen werde. Ich höre aber, dass er schon wieder zurück nach Hamburg sein soll. Er war so voller großer Projekte, dass, wenn aus keinem nichts geworden, ich ihn bedaure.

Leben Sie wohl, Liebe; und melden Sie mir es bald, dass Sie wohl leben. Ich bin mit ganzer Seele

der Ihrige

Lessing

104 *Wien, den 26. Oktober 1772*

Mein lieber Freund!

Ich habe es sehr oft vergeblich versucht, an Sie schreiben zu wollen; nie war ich dazu im Stande, und bin es auch jetzo noch nicht. Allein wenn ich auch nicht weiter kommen sollte, so muss ich Sie wenigstens nur bitten, mir zu sagen: woran es liegt, dass ich auf zwei Briefe keine Antwort, ja seit dem 29. Juli keine Zeile von Ihnen gesehen habe? Ich kann mir Sie nicht anders als krank vorstellen. Unmöglich könnten Sie sonst eine unglückliche Freundin so sehr vernachlässigen. Und wie sehr mich der Gedanke martert, brauche ich Ihnen hoffentlich nicht zu sagen. Gott gebe! dass meine Mutmaßungen ungegründet sein mögen, und dass bereits ein Brief unterwegs sein mag, der mich dessen versichert. Sonst versäumen Sie doch keinen Augenblick, wenn es auch nur zwei Zeilen wären, mir Nachricht von Ihnen zu geben, oder geben zu lassen.

Der Brief an G. [Gebler] mag immer zurück bleiben, wenn Sie ihm nicht schreiben wollen. Dieser Brief war eine Zeitlang ein Trost für mich, weil ich Sie darum ersucht hatte und also glaubte, dass der die Ursache sein könnte, warum Sie das Schreiben so lange an mich aussetzten; nunmehro aber will der Trost nicht mehr haften.

G. [Gebler] hat neulich in meiner Sache im Staatsrat referieret, und zwar sehr zu meinem Vorteil. Den vorigen Schnickschnack muss er also nur um etwas zu erzählen angebracht haben.

S. [Sonnenfels] hat nun auch das Einzige, was ihn hier noch einigermaßen in Ansehen erhalten, die *Zensur*, verloren. Er gibt G. [Gebler] die Schuld. Ich glaube aber ehender, dass er es sich selbst beizumessen hat.

Nun leben Sie wohl! und erfüllen Sie meine Bitte, damit ich, nach so viel traurigen Stunden, wieder einmal eine freudige erlebe.

E. C. K.

105 *Wien, den [16. bis] 18. November 1772*

Mein lieber Freund!

Sie haben wohl Ursache sich selbst zu wundern, dass Sie mich unter denen Umständen, worin ich mich jetzo befinde, vier Monate lang haben vergessen können. Denn gestehen Sie es nur! Sie haben mich entweder wirklich vergessen, oder haben wenigstens versucht, mich zu vergessen. Aus Ihrem eigenen Brief schließe ich das. Sie sind, sagen Sie, schlimmer als krank gewesen: missvergnügt, ärgerlich, wild; wider sich und wider die ganze Welt aufgebracht; mich allein ausgenommen. Alles will ich Ihnen glauben, nur nicht das Letztere. Wäre dies! wie wäre es möglich, dass in der langen Zwischenzeit auch nicht einmal ein Funken von Mitleid Sie angefacht hätte, mir einige Nachricht von sich zu geben. Wenn Sie mein trauriges Naturell nicht kennten, so wären Sie noch zu entschuldigen. So wissen Sie aber, dass ich mir immer das Schlimmste vorstelle. Ich habe Sie mir nicht weniger als auf den Tod krank, oder gar tot gedacht; und wie mir bei dieser Vorstellung zu Mute gewesen, habe ich besser empfunden, als ich es beschreiben kann. Demungeachtet verzeihe ich Ihnen von ganzem Herzen; allein bis zur Abbitte komme ich nicht, bis Sie mich besser überführen, dass Sie berechtiget sind, so zu fordern.

Wäre Ihr Brief zu rechter Zeit angekommen, wie er dem Datum nach hätte kommen sollen, so hätte ich ihn vor der Abreise meines Schwagers erhalten, was mir sehr lieb gewesen wäre, weil ich mich alsdenn nicht so gegen ihn verraten hätte, wie ich in der letzten Stunde seines Hierseins getan habe. Nachdem ich ihm alle mögliche Aufträge gemacht hatte, so fragte er mich: was er denn an Sie sagen sollte? Die Frage überraschte mich. Mein Herz war ohnedem schon beklommen, denn die ganze Nacht hatte ich schlaflos zugebracht, und mich mit den Gedanken gequälet, dass er nun bald *Sie* und meine Kinder sehen würde, da ich hingegen in der traurigen Lage allein zurückbleiben müsse, ohne zu wissen, ob ich auch noch einmal das Glück zu genießen hätte. Ich konnte ihm daher nicht antworten, bis ein Strom von Tränen dem Herzen Luft gemacht hatte. Dann so sagte ich ihm: sagen Sie an Lessing in meinem Namen alles, was Sie Ihrem besten Herzensfreunde sagen würden; sagen Sie ihm aber auch zugleich, dass er mir bald und oft schreiben soll. Ich weiß nicht, ob die Art, wie ich das aussprach, oder ob er wirklich in meiner Seele las, was drinnen vorging, ihm Tränen erpresste; genug ich habe in dem Augenblick die ersten Tränen in seinen Augen gesehen, und der Augenblick hat mich auch für vieles mit ihm ausgesöhnt. – Ich wünschte nur, dass ich ihm noch gesagt hätte: Sie wüssten alle meine Umstände, und daher möchte er Ihnen die jetzige Lage der Sachen erzählen. Sie ist zwar noch immer dieselbe; außer dass der Absatz, der seit meinem Hiersein zugenommen, mehr und mehr zunimmt, und dass das Kommerzium auch anfängt, mir Hilfe zu leisten und dass ich überhaupt die Aussicht habe, dass sie mich fernerhin auf das kräftigste unterstützen werden. Meine Freunde haben sich ebenfalls erkläret, mir zu Fortsetzung der Fabrike ihre Kapitalien lassen zu wollen. Es wird nun darauf ankommen, zu was sich die übrigen Gläubiger verstehen. Wollen sich diese den Verlust gefallen lassen, der ehender bei Verkaufung der Fabriken entstehen würde: so will ich das Werk fortsetzen, anders aber nicht. Denn meine Freunde lasse ich nicht für den Rest sitzen, mag es mir denn auch ergehen, wie es will. Nicht wahr, mein lieber Freund, ich habe Recht? In einigen Monaten muss es nun entschieden werden. Entweder ich bleibe ganz hier, oder wenn alles soll verkauft werden, so muss ich doch wenigstens noch sechs Monate hier zubringen; welche Zeit ich mir für eine Ewigkeit vorgestellt habe, bevor ich die glückliche Aussicht hatte, Sie hier zu sehen. Ist es denn aber auch gewiss? Haben Sie Ihren Plan auch in einer recht ruhigen Stunde entworfen? Wenn das auch nicht wäre, so dankte ich Ihnen schon dafür, weil er mir zu einem unendlichen Trost gereicht; vielmehr wenn Sie ihn vollführen, so werde ich Ihnen tausend und tausend Dank sagen. Die Reise nach Italien muss ich mir freilich nicht dabei gedenken, sonst leidet die Freude einen ziemlichen Stoß. Allein ich denke auch, dass es dazu nicht kommen wird. Wenn Sie einmal hier sind, wird man Sie schon festhalten. Der Graf K. [Kaunitz?] muss ein recht braver Mann sein, dass er Sie auf solche gute Gedanken gebracht hat. Wenn er nur in einigen Monaten wieder durch Wolfenbüttel käme, damit er Sie darin befestigte: und wenn Sie nur nicht mehr Schwierigkeiten beim Herzog finden, als Sie sich vorstellen. Ich bin gewiss, dass er Sie ungern verliert, und dass diese Reise den Weg dazu bahnen könne, möchte ihm leicht einfallen. Ohne Ihre Stelle nicht ganz gewiss zu behalten, wollte ich Ihnen überhaupt nicht raten, wegzugehen. Wohl wenn der Kaiser allein regierte, dann wollte ich garantieren, dass Sie hier blieben. Solange aber die Kaiserin lebt, ist es vielen Schwierigkeiten unterworfen, bis ein Protestant angenommen wird. – Für R. [Riedel] hat G. [Gebler] und sein Anhang alles angewandt; die Kaiserin ist aber so gegen ihn eingenommen, dass sie durchaus sich nicht hat bewegen lassen; und man sagt noch dazu für zuverlässig: er habe umsatteln wollen. Mein Schwager wird Ihnen schon erzählt haben, dass R. [Riedel] tausend Dukaten für die Reise kriegt. Er kann damit zufrieden sein, der elende Mensch!

Ich hätte was drum gegeben, wenn man an Sch. [Schmidt jr.] auch die Reise so hätte bezahlen wollen. Den hätte ich recht was ausgefragt. Wenn er in der angstvollen Zeit gesagt hätte: ich habe Lessing gesund gesehen – ich glaube, ich wäre ihm um den Hals gefallen. Aber nach einer kleinen Pause – Nein! ich hätte ihn nichts weiter gefragt.

Sie gestehen ja so schon von selbsten, dass Sie alle Tage schlimmer werden; das glaube ich, denn davon habe ich leider! die Probe; aber dümmer, das glaube ich nicht. Die Einsamkeit macht eine ganz entgegengesetzte Wirkung auf mich – ich werde alle Tage besser. Sie werden daher nicht die nämliche an mir finden. Welch eine Frage! Sie hat mich nicht wenig beleidiget. – Jedoch ich will über diese Frage sowohl als wie über noch einige Stellen aus Ihrem Brief nicht weiter denken. Nur die Stelle, worin Sie versprechen, kommen zu wollen, will ich recht oft überlesen. Sie hat einen solchen Eindruck auf mich gemacht, dass Personen, die mich für einigen Tagen gesehen, und eben wieder besucht haben, so eine Veränderung an mir gespüret, dass sie in mich drungen, um die Ursache zu wissen. Geben Sie meinen Freunden bald wieder Gelegenheit zu einer solchen Neugierde. Nicht wahr? Sie lassen mich nun nicht wieder so lange in Verlegenheit, sondern ersetzen vielmehr durch öfteres Schreiben die vielen Sorgen und Kummer, so Sie mir verursacht.

Selbst war ich seit acht Tagen nicht in der Stadt. Ich habe aber den Brief G. [Geblern] gleich zugeschickt. Ich kenne ihn nicht genug, um ihn beurteilen zu können. S. [Sonnenfels] hält ihn für falsch.

Die Henselin ist schon vor einiger Zeit von hier gereiset. Wenn Sie die einmal sprechen sollten, so würden Sie eine artige Schilderung von den Wienern bekommen. Man hat ihr aber auch so unbillig begegnet, dass es ihr nicht übel zu nehmen ist, wenn sie ein wenig losziehet. Keine einzige interessante Rolle hat man sie spielen lassen, und so wie sie erzählet, hat ihr S. [Sonnenfels] und andere mehr, in die Augen gesagt: sie könne wohl in der Provinz gefallen, aber in der Hauptstadt unmöglich. Und wie Riedel sie das erste Mal sah, rief er aus: mein Gott! nun will ich doch auch Wieland, Lessing, und allen denen Leuten ihren Geschmack nicht mehr trauen; denn so was Abscheuliches habe ich nie gesehen.

Dieser Brief blieb vorigen Posttag liegen, weil ich verhindert wurde, ihn zu schließen. – Unterdessen habe ich einen Brief von Sch. [Schuback] erhalten. Der bleibt immer bei seiner alten Meinung: ich sollte alles verkaufen, und mich nicht daran kehren, es möge herauskommen, was da wolle. Er ist bange, dass ich eine gar zu große Last auf dem Halse behalte. So aber wenn nun alles zu Gelde gemacht würde und er die Masse regulierte, denkt er so für mich sorgen zu können, dass ich zufrieden sein würde. Er hat sich deswegen von allen Gläubigern Vollmacht ausgebeten, die Masse nach seinem Gutdünken auseinandersetzen zu können. Von den meisten Fremden hat er sie auch schon erhalten; allein meine Freunde werden sie ihm schwerlich geben, wie ich von meinem Frankfurter Bruder höre, von dem ich zugleich einen Brief erhalten. Meine Freunde wissen seine Absicht nicht, die ich ihnen auch nicht schreiben mag, wie Sie leicht denken können. Was sagen Sie dazu? ich gestehe gerne, dass ich Sch. [Schubacks] Rat gerne folgte, und mir die große Last vom Halse schaffte. Wenn ich aber auch bedenke, dass ich jetzo die Aussicht habe, bei Fortsetzung des Werks die Gläubiger, so Geduld geben wollen, für Schaden bewahren zu können, so halte ich es für unverantwortlich, wenn ich es nicht tue. – Für beständig die Fabriken zu behalten, ist so meine Absicht nicht. Es wäre denn, dass Ihr Plan reussierte. Sonst aber dächte ich, sie in einigen Jahren in einen solchen

Stand zu setzen, dass es mir alsdenn an Käufern nicht fehlen sollte. Wäre ich vom Anfang hier gewesen, so sollte es mir jetzo schon daran nicht fehlen. Die unbedachtsame Art, wie hier gewirtschaftet worden, können Sie sich gar nicht vorstellen. Ich habe auch von der Seite nicht wenig Verdruss, weil man gewohnt ist, willkürlich zu agieren und nur das zu tun, was bequem fällt.

Nun bitte ich Sie inständig, schreiben Sie mir bald, und sagen Sie mir recht aufrichtig Ihre Meinung: ob ich Sch. [Schubacks] Rat folgen soll oder nicht? Es wird zwar nur zum Teil von mir abhängen; was denn nun aber von mir abhängt, möchte ich gerne nach Ihrem Gutdünken einrichten.

Seit gestern ist die betrübte Nachricht von A. J. [Abt Jerusalems] Sohne hier. Sie hat mich sehr alterieret. Ich bedaure den braven Vater von ganzem Herzen. Nicht wahr? es ist sein einziger Sohn?

Mein ältester Sohn macht mir auch vielen Kummer. Sein Schaden am Fuß hat sich wieder aufgeworfen, und ich weiß nicht, unter welchen Händen er ist, und ob sie wohl gar in Heidelberg einen geschickten Chirurgum haben? Ohne mich hierüber zu beruhigen, hat man mir, doch in ganz besorglichen Ausdrücken, diese Nachricht von Frankfurt erteilt. Gott gebe mir bald eine bessere!

Wo meine andern Kinder hinkommen werden, wenn die Haushaltung nun aufgehoben wird, weiß ich auch noch nicht. Der Professor besteht darauf, ich soll sie nicht hierher nehmen; sondern in der Pfalz in die Kost geben. Sobald ich aber dies tun müsste, so wünschte ich, lieber heut als morgen aus der Welt zu sein. Ich weiß, was mich die Trennung jetzt schon kostet, vielmehr, wenn ich mich auf immer von ihnen trennen sollte.

Eben werde ich durch einen Besuch von einem Herrn aus Prag unterbrochen, von dem ich gehört, dass der Postwagen sich in Prag fünf Tage aufhält. So käme also dieser Brief noch vor meinem Schwager zu Ihnen. Dann machen Sie ihm viele Komplimente; sagen Sie ihm aber nichts weiter, als was er zu wissen nötig hat. Überhaupt wollte ich Sie bitten, diesen Brief zu zerreißen, wegen dessen, was von Sch. [Schuback] darinnen steht.

Nun, mein Lieber, leben Sie wohl, und arbeiten Sie recht fleißig, damit ich Sie so bald als möglich hier sehe. Ich werde es mit dem lebhaftesten Dank erkennen, und Zeitlebens sein ganz die Ihrige

E. C. K.

106 *Wolfenbüttel, den 3. Dezember 1772*

Meine Liebe!

Am vorigen Freitage fiel Ihr Schwager, in doppeltem Verstande, für mich vom Himmel; weil er so unerwartet kam, und weil er von Ihnen kam. Meine erste Frage war: ob er allein sei? und meine zweite: ob er keinen Brief habe? Allein, sagte er: und keinen Brief. Er wollte sogleich durchreisen; aber ich bat ihn, die Post nach Braunschweig fahren zu lassen; ich wolle ihn gegen Abend selbst hinbringen. Das geschah; und des Morgens darauf ging er mit der Hamburger Post wieder ab. Ich hörte die ganze Zeit unsers Beisammenseins nicht auf, ihn zu fragen: aber warum denn keinen Brief? Madame König muss meinen letzten Brief ja schon vor Ihrer Abreise empfangen gehabt haben. – Das, sagte er, wisse er so recht nicht; aber Sie wären die letzten Tage vor seiner Abreise außerordentlich beschäftiget gewesen, und vermutlich würde ein Brief unterweges sein. Mit diesem Troste kehrte ich, sobald er aus Braunschweig war, nach Wolfenbüttel zurück; und mit diesem Trost musste ich mich ein, zwei, drei Tage hinhalten. Denn erst den zweiten dieses habe ich ihn endlich bekommen, Ihren Brief vom 19. des vorigen. Auf dem Kuverte war *Nürnberg* ausgestrichen, und von einer fremden Hand *Prag* dafür geschrieben. Vielleicht ist dieses die Ursache, warum er so spät eingetroffen. Aber ich hätte ihn doch auch sonst schwerlich vor der Ankunft Ihres Schwagers erhalten können; da Sie meinen Brief vor seiner Abreise noch nicht in Händen hatten. – Ich bedaure es sehr, meine Liebe, wenn dieser Umstand Ursache gewesen, dass Sie etwas gegen ihn geäußert, welches Sie lieber gegen ihn nicht möchten geäußert haben. Ich kann Ihnen aber versichern, dass er von dieser Entdeckung, wenn es anders eine für ihn gewesen ist, gegen mich keinen schlimmen Gebrauch gemacht hat. Denn er hat gar keinen davon gemacht, und sich durchaus nichts merken lassen. Sie werden am besten wissen, wie Sie dieses von ihm auslegen sollen. Ich wünschte sehr, dass Sie gut von ihm dächten; noch mehr, dass Sie es von ihm zu denken Ursache hätten. Das gestand er mir mit vieler Aufrichtigkeit, dass er Ihnen in Wien so viel als nichts geholfen; dass es aber nicht an seinem Willen, sondern an der Sache selbst gelegen; und so wie er mir diese vorstellte, mag es auch wohl wahr sein. – Wie sehr habe ich Sie dabei beklagt! Und allerdings, es mag biegen oder brechen, so müssen Sie ein Ende damit zu machen suchen. Auf die rechtschaffenste Art; das versteht sich: aber nicht auf die skrupulöseste. Freilich wäre es am besten, wenn Sie das Werk zu erhalten suchten. Es wäre in einigen Jahren doch immer eine Art von Etablissement für Ihren ältesten Sohn, der es vollends schon aufs Reine bringen könnte, wenn er arbeitsam sein wollte. Und ich sehe nicht, warum es Ihnen Ihre Kreditores sauer machen sollten, es behalten zu können, wenn es gegenwärtig doch nicht ohne den äußersten Verlust aufgegeben oder verkauft werden könnte. Legte sie es aber durch ihre Strenge darauf an, so wäre es auch nicht mehr wie billig, als dass sie den Verlust mit Ihnen teilten. Es geschehe indes das eine, oder das andere: so hoffe ich, Sie doch noch gewiss in Wien zu sehen. Sie fragen mich, ob mein Plan auch in einer recht ruhigen Stunde gemacht sei? Ruhig oder nicht ruhig; genug, er ist gemacht, und ich bin noch in meinem Leben von keinem Plane abgegangen. Freilich werden sich noch Schwierigkeiten dabei äußern; aber diese Schwierigkeiten selbst werden mich desto hartnäckiger machen, ihn durchzusetzen. Wenn sie nur erst schon vorbei wären, diese sechs Monate! Zwar die Zeit wird geschwind genug vergehen. Ich meine, wenn nur schon auch alles das gemacht und geschehen wäre, was in der Zeit geschehen muss. Genug, dass ich es an meinem Fleiße nicht will ermangeln lassen. Die beständige Erinnerung der Absicht, die ich dabei habe, wird mich und kann mich allein gesund und munter erhalten – Und nun von etwas andern. – Sie kommen doch noch von Zeit zu Zeit zu dem Hrn. von S. [Sonnenfels]? Sagen Sie ihm doch, dass seine Korrespondenz mit Kl. [Klotz] gedruckt worden; und dass ich es ihm melden ließe, wenn er es nicht etwa bereits wüsste. Vielleicht versteht er, was ich damit sagen will. Sie können noch hinzufügen, wenn Sie wollen: dass ich mir über eine gewisse Stelle eine öffentliche Erläuterung mit nächsten von ihm ausbitten würde. – Doch warum will ich Ihnen diesen Auftrag machen? Der falsche und niederträchtige Mann könnte leicht Ihnen selbst darüber Feind werden. Besser, dass ich mit nächsten selbst an ihn schreibe. Auch ist eine Stelle in seinen Briefen, wo er sehr nichtswürdig von G. [Gebler] spricht. Es soll mich wundern, was unter den beiden saubern Herren daraus entstehen wird.

Riedel kömmt noch lange gut weg. Wenn er die tausend Dukaten nicht schon voraus verzehrt hat, so kann er sich an einem andern Orte ein besser Schicksal damit machen, als wahrscheinlicherweise in Wien auf ihn gewartet hätte. – Aber nun etwas recht Neues. Zwei von unsern Bekannten heiraten. Raten Sie, wer? Der eine ist Z. [Zachariä]. Und wen? das brauche ich Ihnen wohl nicht zu sagen. Bewundern Sie indes seine Beständigkeit. – Aber der andere? – damit ich Sie nicht lange raten lasse: E. [Ebert]! der göttliche E. [Ebert]! Und wen? die göttliche Mademoiselle G. [Gräfe]. Hätten Sie sich so etwas träumen lassen? Z. [Zachariä] ist noch eher zu entschuldigen; oder vielmehr, Z. [Zachariä] tut auf alle Weise Recht, dass er einer alten eingewurzelten Neigung auf sein Alter mehr Bequemlichkeit und mehr Anständigkeit verschaffen will. Aber E. [Ebert]! Ein Mann, der wenigstens zehn Jahre älter sein muss als ich! das unerträglichste, naseweiseste junge Ding! Manchmal gönne ich es ihm, dass ihm in dem Hause, wo er so lange Zeit schmarotzt hat, der Strick über die Hörner geworfen wird. Aber manchmal denke ich doch auch, dass diese Strafe für ein fettes Maul zu arg ist. – So gewiss indes das eine sowohl als das andere wahr ist, wird es Ihnen nicht befremden, wenn ich Ihnen sage, dass weder Z. [Zachariä] noch E. [Ebert] mir zur Zeit das Geringste davon merken lassen? – Doch wieder auf Dinge zu kommen, die uns angehen. Wenn Sie in Wien bleiben, so müssen Sie wenigstens Malchen und meinen Paten schlechterdings zu sich nehmen. Ich würde es Ihnen verdenken, wenn Sie ganz ohne Ihre Kinder sein wollten. Und warum sollten Sie das? Es ist unmöglich, dass es in Wien an Gelegenheit fehlen sollte, sie da so gut als irgendwo erziehen zu können. Wenn ich mich den Winter auf acht Tage abmüßigen kann, so möchte ich doch wohl noch nach Hamburg reisen. Und dass Ihre Kinder nicht das kleinste Vergnügen sind, auf das ich mich allda freue, versteht sich.

Mit der nächsten fahrenden Post will ich Ihnen nun endlich schicken, was Sie, da Ihr Schwager nun weg ist, wenigstens ohne neugierige Nachfrage erhalten können. Und alsdenn ein Mehreres! Heute muss ich hier schließen, damit ich nur die Post nicht versäume. –

Nun leben Sie recht wohl, meine Liebe; und glauben Sie gewiss, dass es mir nicht möglich ist, anders zu sein, als auf zeitlebens

der Ihrige

Lessing

107 *Wien, den 5. Dezember 1772*

Liebster, bester Freund!

Nun ist mein Schwager schon so glücklich gewesen, Sie zu sehen, und das recht gesund und vergnügt, oder alle meine Wünsche müssen vergebens sein. Tausend und tausendmal habe ich mich an seine Stelle gewünscht. – Er wird Ihnen nicht viel Angenehmes von Wien erzählt haben; denn es hat ihm hier höchst missfallen. Nicht, dass er nicht ausgegangen wäre; er ist alle Tage ausgewesen, allein Sie wissen schon, er muss eine Verplemperung haben, und ich weiß nicht, woran es gelegen, dass ihm diese gefehlt. – Mir hat er beim Abschiednehmen einen rechten Possen gespielt, indem er alle Bekannten ersucht, mich fleißig zu besuchen, und sie haben ihm zu meinem Verdrusse so treulich willfahrt, dass ich seit seiner Abreise nichts als Besuche anzunehmen und Invitationen auszuschlagen habe. Ich hoffe, das nun eingefallene üble Wetter wird mir diese Last wieder vom Halse schaffen. Denn ich bin nun zu nichts weniger, als zu Gesellschaften aufgelegt. Ich bin andern zur Last, und mir selbst. Wenn ich mir ja noch einige ruhige Stunden machen kann, so sind es die, wenn ich für mich allein bin. Was mir am beschwerlichsten fällt, ist die Schwachheit meiner Augen, die ich diesen Winter zum ersten

Mal empfinde. Ich kann bei Licht nicht lange weder schreiben noch lesen, und muss mich daher mit Stricken unterhalten; eine Arbeit, wobei sich gut Grillen machen lassen. Um den verdrießlichen Grillen auszuweichen, habe ich ein Paar seidene Strümpfe für Sie angefangen. Lachen Sie mich aber ja nicht aus! ich will es Ihnen nicht raten. Die Strümpfe kosten mich mehr, als Sie glauben! eine Menge Lügen! Denn wer mich daran stricken sieht, will wissen, für wen sie sind.

Die Briefe, so kürzlich im Druck erschienen, an *Klotzen* von unterschiedenen Personen geschrieben, haben Sie vermutlich schon gelesen und können also urteilen, ob sie verdienen, so viel Lärm zu machen, als sie wirklich hier tun. Doch nur die Sonnenfelsischen, denn von den andern Briefen ist wohl schwerlich noch einer gelesen worden, weil nur zwei Exemplare hier sind, davon eines die Kaiserin hat, und um das andre ein solches Geschicke ist, dass es keiner länger behalten kann, als bis er eben die Sonnenfelsischen Briefe gelesen hat. Ich will hoffen, dass nicht alles darinnen steht, wie man es erzählt, sonst könnte die Sache für S. [Sonnenfels] ernsthaft werden. Ich war gestern in der Stadt, habe aber nicht hingehen mögen, um nicht das traurige Gesicht von der Frau zu sehen. Hören Sie nur! auf welche Art S. [Sonnenfels] die Briefe erhalten hat. – Die Teutscherin ist in dem einen seiner Briefe sehr herunter gemacht. Wie also ihr Freund G. [Gebler] das liest, so lässt er sie gleich rufen, und sie muss hingehen und S. [Sonnenfels] zu Rede stellen, nur als ob sie es gehört hätte, ohne des Buchs zu erwähnen. Er leugnete alles, und sie, die gute S. [Sonnenfels], setzt sich mit ihr aufs Kanapee, und sagt ihr: sie sollte von ihrem Manne so was nicht glauben; sie selbst würde ihn verabscheuen, wenn er fähig wäre, was Übels von ihr zu schreiben. Die T. [Teutscherin] machte die Aktrice, und stellt sich, als wäre sie besänftigt; so wie sie aber zu Hause kömmt, schickt sie S. [Sonnenfels] die Briefe, als ein neu herausgekommenes Buch, zum Durchlesen. Was er hierauf für einen Schritt getan hat, weiß ich noch nicht. – Den jüngern St. [Stephanie] soll er auch sehr schlecht geschildert haben. Der sagt: es würde ihm nicht verdrießen, wenn er nicht in der Zeit so gut Freund mit ihm gewesen wäre.

Einige hundert Exemplare sind mit der Post verschrieben, davon der Erzbischof allein dreißig bestellt haben soll; vermutlich, um sie zu verschenken.

Eben auf den Erzbischof soll auch eine Stelle aus den Briefen gehen. Nämlich diese: – Der Grüne Hut habe ihm viel zu schaffen gemacht, aber der rote noch mehr. – Welch eine Prahlerei! weder der eine noch der andere Hut haben ihm viel zu schaffen gemacht; wohl aber sein unerträglicher Charakter und böses Herz.

Seine Frau bedaure ich von ganzer Seele. Um ihretwegen bin ich der *Klotzin* so böse, wie möglich. Wenn auch die äußerste Not sie zu Herausgebung der Briefe gebracht hat, so verzeihe ich es ihr dennoch nicht.

Der jetzige Zensor, Regierungsrat *Hägelin*, hat Bedenken getragen, sie frei zu geben; allein der St. [Staatsrat] G. [Gebler] hat die Verantwortung ganz auf sich genommen.

Gestern hörte ich Mamsell Jaquet erzählen: Sie wären ein so großer Verteidiger der Madam H. [Hensel], dass Sie hierher geschrieben hätten: Sie wüssten nicht, wie Sie das hiesige Theater beurteilen sollten; entweder müssten die hiesigen Schauspielerinnen lauter Göttinnen, oder auch Kreuzer-Spielerinnen sein, weil eine H. [Hensel] nicht unter ihnen gefallen könne. – Schreiben Sie nur ferner so was, so werden Sie von Madame Huberin schön aufgenommen werden. Seitdem ich in ihrer Gegenwart die Partie der H. [Hensel] genommen, sieht sie mich mit ganz andern Augen an wie sonst und besucht mich auch sogar nicht mehr. Das ist der einzige Fehler, den ich bis jetzt an der Frau kenne, dass sie das Lob anderer nicht vertragen kann.

Seit drei Wochen habe ich keine Briefe vom Hause. Ich weiß nicht, was ich davon denken soll. Von allen schönen Hamburger Frauen hat mich der neu angekommene Englische Legations-Sekretär, Herr E., gestern über zwei Stunden unterhalten. Die Madam S. [Knorres Geliebte?] hat ihm ganz besonders gefallen. Er ist von meinem Geschmack; ich zöge sie auch allen andern vor. Ich hätte ihn gern nach der Gr. [Grundschen] Schwangerschaft gefragt; er war mir aber zu der Frage zu jung. Ist denn wirklich was daran?

Ihre Korrespondenz mit Hamburg muss denselben Gang gehen, wie die mit mir, weil Sie mir von daher nichts Neues mehr schreiben. Was macht denn der Vetter? Er wird wohl immer reicher. Wenigstens sagt man hier: dass das dortige Lotto sehr gewinnt. – Nun mein Schwager in Hamburg ist, werde ich von daher mehrere Neuigkeiten hören. Wenn nur gute! Sie wissen, ich habe einen Ahndungsgeist, und seit acht Tagen prophezeit er mir wieder nicht viel Gutes. Vielleicht liegt es aber nur an meiner Gesundheit. Ich sitze viel, und lebe ein bisschen unordentlich – das heißt – ich verfalle wieder in meine alte Gewohnheit, spät in der Nacht aufzubleiben, ob ich mir gleich alle Tage vornehme, es nicht zu tun.

Nun, mein Liebster, leben Sie wohl, und arbeiten Sie fleißig. Sie wissen, warum ich Sie dazu ermuntere. Wollte Gott! Sie hätten Ihre Arbeit schon geendiget! damit ich mir das außerordentliche Vergnügen, Sie zu sehen, näher denken könnte. –

Schreiben Sie mir bald, und schreiben Sie mir öfters. Sie verbinden dadurch das erkenntlichste Herz, das auf immer sein wird

ganz das Ihrige

E. C. K.

108 *Wolfenbüttel, den 8. Januar 1773*

Meine Liebe!

Sie sehen wohl, dass ich in meinen *üblen* Gewohnheiten unverbesserlich bin. Wenn es nicht etwa unter meine *guten* Gewohnheiten gehört, dass ich schlechterdings an Personen, die ich nur einigermaßen liebe, nicht schreiben kann, wenn ich den Kopf voller Grillen, und das Herz voller Galle habe. Dass ich gegen meine beste Freundin hierin eine Ausnahme machen müsste, wird sie vielleicht verlangen. Aber sie wird es aus allzu großer Güte verlangen, die ich lieber nicht zu erkennen, als zu missbrauchen scheinen will. Genug, dass sie auch so schon mehr von meiner Unzufriedenheit erfährt, als ich mir schmeichlen darf, dass zu ihrer eignen Zufriedenheit gut ist. –

Wahrlich, meine Liebe, ich hätte Ihnen mehr Kummer gemacht, als erspart, wenn ich Ihnen eher geschrieben hätte, als jetzt. Denn nun fange ich eben wieder an, mich aufzuheitern;

und noch vor acht Tagen würde Ihnen jedes Wort verraten haben, in welcher unglücklichen Gemütsverfassung ich mich befunden. Ich kann mir es leider nicht länger bergen, dass ich hypochondrischer bin, als ich jemals zu werden geglaubt habe. Das Einzige, was mich noch tröstet, ist dieses, dass ich aus der Erfahrung erkenne, dass meine Hypochondrie wenigstens noch nicht sehr eingewurzelt sein kann. Denn sobald ich aus dem verwünschten Schlosse wieder unter Menschen komme: so geht es wieder eine Weile. Und dann sage ich mir: »Warum auch länger auf diesem verwünschten Schlosse bleiben?« Wenn ich noch der alte Sperling auf dem Dache wäre, ich wäre schon hundertmal wieder fort. –

Und seit acht Tagen habe ich wohl müssen unter Menschen sein. Zum neuen Jahre bin ich in Braunschweig bei Hofe gewesen und habe mit andern getan, was zwar nichts hilft, wenn man es tut, aber doch wohl schaden kann, wenn man es beständig unterlässt: ich habe Bücklinge gemacht, und das Maul bewegt. – Der einzige Wunsch, bei dem ich diese Zeit über an etwas dachte, war – – Ah, Sie wissen ihn ja wohl, meine Liebe! Sollte denn kein glückliches Jahr mehr für Sie und für mich kommen? –

Noch öfterer hatte ich diese Gedanken, als ich einige Tage darauf, den 6ten dieses, auf Z. [Zachariäs] Hochzeit war. Es hielt schwer, ehe ich lustig werden konnte. Aber endlich riss mich das Beispiel fort; und ich ward es, weil es alle waren. Sie kennen Z. [Zachariä]; aber doch würden Sie sich schwerlich einbilden können, was das für eine angenehme und in allem Betracht herrliche Hochzeit war. Es fehlte an nichts; und zwanzig Dinge waren da, an die kein Mensch gedacht hätte. Wer alles darauf gewesen, können Sie aus den Bogen Verse sehen, den ich um das Bewusste gewickelt, und gestern auf die fahrende Post gegeben habe. Wir haben bis an den andern Tag geschwärmt; und niemand ist zu Bette gegangen, als Braut und Bräutigam. Dass sie auf dem Weghause war, die Hochzeit, versteht sich. Es hat ganz das Ansehen, dass auch die andern Schwestern ihre alten getreuen Liebhaber bewegen werden, den nämlichen Schritt zu tun. Wenigstens ist es mit der einen, die seit vielen Jahren bei einem gewissen O. C. im Hause ist, schon so gut als gewiss. –

Ihr letzter Brief, meine Liebe, ist vom 5ten vorigen Monats; aber es ist keine Antwort auf meinen letzten. In diesem, so viel ich mich erinnere, ließ ich schon etwas von S. [Sonnenfels] und seinen Briefen einfließen, noch ehe ich von Ihnen erfuhr, wie unglücklich er dadurch zu werden Gefahr laufe. Ohne Zweifel haben Sie diese Briefe nun auch selbst gelesen; und Sie werden die Stellen hoffentlich nicht so ganz gleichgültig überhüpft haben, worin der eitle Narr meiner gedenkt. Ich bin besonders über eine nicht wenig aufgebracht gewesen; nämlich über die, wo er sagt, dass ich den Ruhm eines guten Mannes weniger habe, als Kl. [Klotz], und nicht undeutlich zu verstehen gibt, dass ihm, ich weiß nicht, was für Schandflecke meines moralischen Charakters, bekannt wären. Ich war eben im Begriff, einen sehr empfindlichen Brief desfalls an ihn zu schreiben, ja gar diesen Brief drucken zu lassen, als ich den Ihrigen erhielt. Sie haben mich mitleidig gegen ihn gemacht, ohne es zu wollen. Auf wen alle zuschlagen, der hat vor mir Friede. Wenn indes die Sache doch noch besser für ihn ausfällt, als es vor der Hand das Ansehen hat: so wünschte ich doch, dass Sie gelegentlich einmal ihn auf gedachte Stelle brächten, und ihm zu verstehen geben wollten, was verschoben sei, sei darum nicht geschenkt. Denn das habe ich mir allerdings noch vorbehalten, sobald er den Kopf wieder zu hoch trägt, und die Lehre vergißt, die er vielleicht von manchen andern jetzt erhalten wird, ihm sodann es doppelt empfinden zu lassen, wen er auf eine so nichtswürdige Art beleidiget hat. –

Eben erhalte ich einen Brief von G. [Gebler], mit seinem neuen Stücke, die *Versöhnung*. Haben Sie es denn wohl gesehen, meine Liebe? Es ist elender als alles, was er noch geschrieben. Und solch Zeug findet in Wien Beifall? Er meldet mir zugleich, dass ihn der Vorfall mit den Kl. [Klotzschen] Briefen veranlasst habe, durch ein Zirkularschreiben an alle seine Freunde, seine sämtlichen an sie erlassenen Briefe im Original zurück zu fordern. Da er dieses nun auch von mir verlangt, so will ich nächstens alle seine Briefe zusammen geben, und sie ihm mit dem Andeuten zuschicken, dass es wohl das Beste sein dürfte, wenn wir einander ganz und gar nicht mehr schrieben. Mit meinen Briefen kann er machen, was er will. Denn ich bin mir nicht bewusst, an jemanden jemals eine Zeile geschrieben zu haben, welche nicht die ganze Welt lesen könnte. Gleichwohl verdrießt es mich indes, dass, wie ich merke, er meine Briefe in Wien sogleich wieder ausplaudert. Denn es ist allerdings wahr, dass ich so etwas, als Sie von der *Jaquet* gehört haben, wegen der H. [Henselin] an ihn geschrieben habe. Und ich habe Recht, wenn sie mir auch alle einmal dafür die Augen auskratzten. Wenn die H. [Huber] noch auszunehmen ist, so kommt es daher, weil sie als L. [Lorenz] schon eine ziemlich gute Aktrice in Sachsen war, und wenigstens also in Wien nicht geworden ist, was sie ist. –

Sie glaubten wohl gar, meine Liebe, weil ich so lange nicht geschrieben, ich sei in Hamburg? – Aber so fest ich es fast willens war, auf ein paar Wochen hinzureisen: so dürfte nun doch wohl nichts daraus werden. Die Zeit geht mir so schon allzu schnell vorbei: und ich habe noch so viel zu tun! Neues von daher kann ich Ihnen nicht melden. Der Vetter hat mir zwar wieder einmal geschrieben; aber ich bin ihm nun wenigstens auf den achten Brief Antwort schuldig. Und so mache ich es mit allen Freunden, teils aus oben gemeldeter Ursache, teils aus Geiz mit meiner Zeit. Ihnen allein darf ich und will ich diese aufopfern. Welch ein Opfer! werden Sie sagen. Größer, als Sie glauben. Ein Brief ist zwar bald geschrieben; aber noch habe ich keinen an Sie geschrieben, der mich nicht auf acht Tage unruhig, und mir alle Arbeit ekel gemacht hätte. –

Leben Sie recht wohl, meine Liebe; denn sonst behalte ich kaum Platz, Ihnen zu sagen, was ich Ihnen zwar nicht mehr sagen sollte: dass ich Sie über alles liebe, und in Gedanken tausendmal des Tages umarme.

Der Ihrige auf immer

G. E. L.

109 *Wien, den 26. [bis 31.] Januar 1773*

Mein lieber, bester Freund!

Nach einem achttägigen Lager ist es heute der andere Tag, dass ich wieder einige Stunden auf sein kann. Ich schrieb Ihnen doch, so viel mir erinnerlich, dass ich wegen der Forderung des Herrn von W. [Wagener] mich mit ihm ausgleichen wollte. Dieses tat ich gleich des andern Tages, und es gelang mir auf das Beste. Aber eben, weil es so gelang – Sie verstehen es wohl? – so griff es mich mehr an, als wenn der redliche Mann stürmisch und hart gewesen wäre. In dem letztern Falle hätte ihm mein freies Gewissen die Spitze geboten. Allein er zeigte nichts als Mitleid und Eifer, zur baldigen Endschaft meiner Sache das Seinige beitragen zu wollen, und also können Sie leicht denken, dass ich trauriger von ihm ging, als ich zu ihm kam. Ich war so matt, wie ich zu Hause kam, dass ich alle mögliche Anstrengung brauchte, um nur mit einigen Zeilen an S. [Schuback] den Ausgang dieses Geschäfts melden zu können. Nun glaubte ich mich, nach einigen Stunden Ruhe, erholet zu haben, und setzte mich nieder, um an den Prof. [Professor Hahn] zu schreiben; allein über den Brief war ich so elend, dass man mich vom Schreibtisch ins Bett bringen musste. Ich bekam ein heftiges Fieber; und hätte meine eiserne Natur sich nicht durch verschiedene Wege geholfen, so möchte ich wohl nicht so davon gekommen sein, als ich gottlob davon gekommen bin. Ich bin zwar sehr geschwächt, und darf wohl nicht Rechnung machen, vor vierzehn Tagen ausgehen zu dürfen; aber zu befürchten habe ich weiter nichts.

Eben erhalte ich Ihren Brief vom 8ten. Mit so viel Freude ich ihn erbrach, mit ebensoviel Bekümmernis habe ich den Anfang davon gelesen. Sie sind unzufrieden, und wenn Sie unzufrieden sind, so muss die Ursache gewiss groß sein. Dass Sie sie mir verschweigen, ist nicht recht, glauben Sie mir, mein Freund! ob Sie es gleich in den besten Absichten tun. Das Herz wird leichter, wenn man es gegen eine Person ausschüttet, von der man weiß, dass sie aufrichtigen Anteil nimmt. Und das sind Sie doch wohl überzeugt, dass Sie diese Person in mir finden?

Das Einzige, was mich noch einigermaßen beruhiget, ist, dass Sie zugleich sagen: Sie seien hypochondrisch, indem ich aus Erfahrung weiß, dass Hypochondristen nur allzuoft nichtsbedeutender Dinge wegen sich Grillen in den Kopf setzen. Ich will hoffen, dass dies auch Ihr Fall ist; Sie aber auch inständigst bitten, dieser höchst beschwerlichen Krankheit in Zeiten Einhalt zu tun, ehe sie zu tiefe Wurzeln fasst. Verlassen Sie Ihr altes Schloss lieber auf einige Zeit ganz, und gehen Sie nach Braunschweig, wo Sie denn doch mehr Gelegenheit sich zu zerstreuen finden, als auf dem verwünschten Schlosse, und überhaupt in Wolfenbüttel. Hören Sie, bester Freund, folgen Sie mir und sagen Sie mir es recht bald, dass Sie mir gefolgt, und dass Sie die beste Wirkung davon spüren. Gott gebe, dass Sie mich dessen mit Wahrheit versichern können! Wenn das aber nun auch nicht wäre, so sein Sie doch aufrichtiger gegen mich. Ich werde anfangen zu zweifeln, ob Sie mich lieben, wenn Sie mich nicht Ihres ganzen Vertrauens würdigen.

Dem Herrn Prof. Zachariä und seiner Frau machen Sie recht viele Komplimente von mir und sagen Sie ihm zugleich, dass es mich nicht wenig verdrösse, dass er mich nicht zu seiner Hochzeit gebeten. In der Tat, Sie machen eine so angenehme Schilderung von dieser Hochzeit, dass man sich eben in dem Zustande befinden muss, worin ich mich befinde, um nicht alle Hochzeitgäste beneiden zu müssen. Ich hoffe, dass ich das mir Überschickte richtig erhalten werde, und sage Ihnen zum voraus tausend tausend Dank dafür; auch selbst für die Saumseligkeit, mit der Sie es überschickt; denn es hätte zu keiner bessern Zeit kommen können.

Von S. [Sonnenfels] habe ich seitdem keinen Menschen gesehen. Aber eben hat mich des Doktor Seip sein Sohn von Hamburg besucht, und erzählt: die Kl. [Klotzschen] Briefe wären wieder freigegeben. Dies hätte den holländischen Legationsprediger auf die Idee gebracht, auf letzterer Maskerade einen Briefträger vorzustellen. Auf der einen Tasche habe er einen Brief geheftet gehabt, mit der Aufschrift: Briefe auswärtiger Gelehrten an Kl. [Klotz] und auf der andern: Briefe von S. [Sonnenfels] an Kl. [Klotz]. Wenn S. [Sonnenfels] da gewesen ist, so wird er sich wohl ziemlich geärgert haben. Ich kann Ihnen nicht sagen, wie die Sache für ihn abgelaufen ist, ob er so ganz ohne Verweis davon gekommen oder nicht? Dass er aber einen von Ihnen verdiente, weiß ich gewiss, und dass er sich davor fürchtet, ist auch gewiss.

Ganz umsonst hat er der Stelle nicht gleich gegen mich erwähnt, die ich nicht nur nicht ganz gleichgültig, sondern mit höchstem Ärger gelesen habe. Was die lateinische sagen will, möchte ich wohl wissen. Wenn Sie bei kaltem Blute sind, wünschte ich, dass Sie ihm schrieben. Es wird ihn wenigstens abschrecken, seine heimliche tückische Kunstgriffe nicht weiter gegen Sie fortzusetzen. Ob Sie wohl täten, wenn Sie den Brief drucken ließen? werden Sie besser beurteilen können als ich. Wenn es wahr ist, dass die Kaiserin so übel zufrieden gewesen ist, dass die Kl. [Klotzschen] Briefe so viel Aufsehen gemacht: so möchte dies unsrer Absicht schaden. Und ich glaube es fast durch das, was Sie von G. [Gebler] schreiben; denn der muss sicher einen Verweis bekommen haben, wodurch er furchtsam geworden ist, und auf den lächerlichen Einfall kommt, seine Briefe zurückzufordern. Es ist eine Beleidigung für alle Weiber, an deren Männer er geschrieben. Wäre ich, was ich einzig und allein in der Welt zu sein wünschte, ich würde mir die Erlaubnis ausbitten, seinen Brief beantworten zu dürfen. Von S. [Seip] habe ich noch die Neuigkeit gehört: hier liefen Skurrilische Briefe herum wider Sonnenfels, Riedel, Mastalier und noch einige andre. Wenn sie hier geschrieben sind, so bin ich eben nicht neugierig, sie zu lesen. Allein das hiesige Publikum muss ich doch gegen Sie rechtfertigen, in Ansehung der G. [Geblerschen] Stücke. Kein einziges seiner Stücke erhält hier Beifall, und über das letztere schreien sie ganz erbärmlich. Ich habe es weder gelesen noch gesehen, so wie ich überhaupt nur zweimal, und das Ihrer Emilia Galotti zu Gefallen, während meinem Hiersein, im Theater gewesen bin. In der Operette war ich noch kein einziges Mal, obgleich der süße Guardasoni schon seit sechs Monaten dabei engagiert ist; der aber hier nicht so glücklich ist, wie in Hamburg; denn kein Mensch goutiert ihn.

Von meinen Umständen habe ich Sie diesmal gar nicht unterhalten wollen. Denn ich habe mir fest vorgenommen, sie auf einige Zeit so viel möglich zu vergessen, weil ich sonst nicht wieder zu Kräften kommen kann. Allein einen Brief vom Pr. [Professor], den ich gestern erhalten habe, werde ich Ihnen in Abschrift schicken, damit Sie diesen redlichen Mann recht kennen lernen. Um Ihnen aber diesen Brief verständlich zu machen, muss ich Ihnen vorher sagen, dass meine Verwandten mir schon vor einiger Zeit freigegeben, durch den Hamburger Fond – (denn das Warenlager ist verkauft – aber wie?) – die Fremden zu befriedigen, nämlich durch einen Akkord, den sie auch nicht allein eingehen, sondern mir auch nachher, wenn ich die Fabrike mit Nutzen fortsetzen könnte, ihr Geld ferner lassen wollen. Hierauf machte ich einen Anschlag des Werks, den ich meinem Schwager mitgab, mit dem Bedeuten, auf diesen Fuß, und auf keinen andern, die Fabrik zu übernehmen. Wenn die Fremden das zufrieden wären, möchte man sie auszahlen, außerdem aber mir schreiben, so würde ich Anstalt machen, alles zu verkaufen. Er muss aber alles dieses vergessen haben; denn statt den fremden Kreditoren den Anschlag vorzuweisen, schickt er ihn ohne alle Erläuterungen meinem Bruder und schreibt ihm: angelegt folgt der jüngst erwähnte Anschlag, den man im Genehmigungsfall den fremden Kreditoren dergestalt vorzulegen gedenkt, dass die Verwandten, wenn man mit 50 Prozent quittieren wollte, solches vermutlich, obgleich mit ihrem Risiko, bewilligen würden. Und von diesem nichtswürdigen Brief hat er noch das Herz, mir die Abschrift zu schicken. Wenn er sich nur noch die Mühe gegeben hätte, ihm zu sagen, was den Verwandten als Obligationisten zukäme, wenn die Buchschuldner 50 Prozent erhalten. Denn nach der Klassifikation erhalten die alten Obligationen, davon der Bruder 10 000 Gulden hat, ihre volle Bezahlung. Stattdessen geht er mich, im Namen des Herrn Sch. [Schuback], an, ich sollte die Verwandten bewegen, den Fremden mehr als ihnen zukommt, zu geben: mit der Bedrohung: Hr. Sch. [Schuback] würde mich verlassen, wenn die Sache nicht bald zu Ende ginge. Ich war aber so schwach nicht, mich abschrecken zu lassen, sondern bin bei meinem Satz geblieben, und habe Hrn. Sch. [Schuback] die Gründe angegeben, warum ich darauf bestehen müsste. Was nun geschehen wird, muss ich abwarten. Ich fürchte sehr, meine Abwesenheit wird mir großen Schaden bringen, und bin nur froh, dass ich auf den glücklichen Einfall gekommen bin, ehe ich von dem Untereinander was wusste, meine Geschwister von allem zu unterrichten. Diese Information hatte der Pr. [Professor] noch nicht, und schreibt mir doch so freundschaftlich. Ich dachte gewiss, er würde mir in langer Zeit keine Zeile schreiben.

Verzeihen Sie, dass Sie einen sowohl unleserlichen als unverständlichen Brief erhalten. Ich habe sechs Tage daran geschrieben. Wenn ich aber auch noch mehr Zeit darauf verwenden wollte, brächte ich doch nichts Bessers zu Stande. Schreiben Sie mir diesmal doch unverzüglich, um mich aus den Sorgen wegen Ihrer Gesundheit zu setzen. Ich hoffe, Ihnen auch nächstens sagen zu können, dass ich wieder völlig wohl bin.

Ihre ganz ergebene

E. C. K.

110 *Wien, den 6. Februar 1773*

Mein lieber Lessing!

Die Sehnsucht nach Ihren Briefen ist die einzige Ursache, so mich verleitet hat, Ihnen die Unruhe nicht zu ersparen, in welche mein letzter Brief Sie gesetzt haben mag. Ich habe, dieses Eigennutzes wegen, mir seitdem hundert Vorwürfe gemacht; und hoffe durch dieses aufrichtige Geständnis wenigstens denen auszuweichen, die mir Ihr Herz machen könnte. Und um diesen Fehler so viel möglich gut zu machen, will ich eilend Ihnen sagen, dass es sich gottlob! mit meiner Gesundheit bessert. Ein kleines, fast unmerkliches Fieber ist nur noch nach, bei dem sich aber Appetit und Schlaf einfinden. Ich hoffe, in acht Tagen so weit zu kommen, um ausgehen zu können; obgleich der Doktor noch jetzt nichts davon hören will, weil er zu wissen glaubt, dass ich nicht Vergnügens, sondern Geschäfte halber auszugehen verlange, die er mir noch einige Zeit auszusetzen, ernstlich anrät. Ich will ihm folgen, nicht allein weil er es anrät, sondern weil ich weiß, dass Sie mir es auch raten würden.

Wie ich den letzten Brief in die Stadt schickte, brachte mir der Bediente einen von meinem Schwager zurück, in dem er mir schreibt: Herr Lessing wird täglich hier erwartet. Man sagt, er gehe von hier über Wien nach Italien, das wird Ihnen vermutlich nicht unangenehm sein? – Ich kann Ihnen nicht sagen, wie sehr mich diese Nachricht frappierte, ohne eigentlich zu wissen, warum. Ich glaube aber, es kam daher, weil ich dem Bewussten, von dem Sie in einem Ihrer Briefe wünschen, dass ich Ursache haben möchte, gut von ihm zu denken, täglich weniger traue, indem er mir dazu fast untrügliche Gründe immer mehr und mehr darbietet. Dieses war mit die Ursache, warum ich Sie in meinem Letzten bat, Ihre Reise noch aufzuschieben. Doch eine davon war auch, weil ich einigen Anschein von Hoffnung habe, die Tapetenfabrik gut zu verkaufen, wo ich alsdenn auch die Seidenfabrik angeben würde, wenn sie mir so bliebe, wie ich den Anschlag gemacht. Diese letzte Hoffnung benimmt mir aber derselbe Brief, der mir die Nachricht von Ihnen gab.

Ich denke noch, dass meine Vorstellungen den Hrn. Sch. [Schuback] anfeuern sollen, auf mein Bestes mehr zu achten, als mein unwürdiger S. [Schwager] tut, sonst kommen meine Verwandten und ich schlecht weg. In dem letztern Fall wäre ich nicht im Stande, das Werk vor der Hand anzugeben; denn ich würde es wenigstens dahin zu bringen suchen, meinen so rechtschaffnen Verwandten Genugtuung zu verschaffen, wenn ich auch bloß für sie arbeiten, und unterdessen Wasser und Brot essen sollte. Die Aussicht, die ich vor mir habe, Sie bald zu sehen, Ihnen meine Leiden klagen zu können, ist der einzige Trost, den ich mir geben kann, und das erhält mich auch aufrecht. Ich wünsche nur, dass diese Zeit nicht so lange mehr hinausgesetzt sein mag. – Es ist mir eingefallen, ob Sie nicht wohl täten, Ihre Reise über Berlin zu nehmen, um die Bekanntschaft des v. S. [Swieten] zu machen. Ich höre, dass der beständig mit dem Kaiser korrespondiert, und es versteht sich so, dass alles, was diesen Namen führt, bei der Kaiserin ebenfalls viel gilt.

Heute wird ein neues Stück von St. [Stephanie], dem jüngern, aufgeführt – *der Tadler nach der Mode, oder; ich weiß es besser* – eine grobe Satire auf S. [Sonnenfels], der unter dem Namen *Hader* auf die abscheulichste Art geschildert wird. Die Geschichte des Stücks ist: ein dummer und reicher Kaufmann hat den Hader studieren lassen, und ist so für ihn eingenommen, dass er ihm seine Tochter, sobald er eine Bedienung erhalten, geben will. Die Tochter, sowohl als alle seine Freunde, suchen den Alten umsonst zu überreden, dass Hader ein schlechter Kerl sei, bis ihm zuletzt, durch Versehen eines Bedienten dieses letztern, ein Papier in die Hände kömmt, wodurch er überzeugt wird, dass er auch selbst an ihm, seinem Wohltäter, seine boshafte Tadelsucht ausübe. Folglich bekommt er nun die Tochter nicht, und auch der Herzog bekommt Bericht von seinem schlechten Charakter und wenigen Kenntnissen, und versagt ihm also auch den Dienst, warum er angehalten. Dies ist die Auflösung des Stückes, das übrigens

voller Episoden ist, worin fast alle Stände vorkommen, die der Herr Hader alle reformieren und verbessern will. Ich habe es noch nicht im Zusammenhang gelesen und werde es auch schwerlich so weit bringen.
Gestern brachten mir die Schwestern der Frau v. S. [Sonnenfels] dieses Stück selbst, und erzählten zugleich: ihr Schwager habe St. [Stephanie] vor den Statthalter fodern lassen, und ihn zur Rede gestellt; er habe aber behauptet, dass er bei Abfassung des Stücks nicht an ihn gedacht, noch weniger seine Schriften gelesen, aus denen er Stellen angeführt haben sollte, wie S. [Sonnenfels] ihn beschuldigt. Der Statthalter hätte hierauf es dem Willen ihres Schwagers preisgegeben, ob das Stück unterdrückt oder aufgeführt werden sollte. Er hätte das Letztere gewählt, und es würde also heute aufgeführt, wenn die Kaiserin, die gestern das Büchelchen hätte holen lassen, es nicht noch untersagte. Er schmeichelt sich, in dieser ihrer Gnade zu stehen, weil sie ihn nach den Kl. [Klotzschen] Briefen zu sich fodern lassen, und ihm angedeutet hat: ihr Wille sei, er sollte fernerhin die Regierung frequentieren, nämlich, bei der Polizeikommission sitzen. Vermutlich hat sie es aber bloß darum getan, um ihn zu beschäftigen, damit er sich nicht mit so viel unnützem Zeuge abgeben kann. Mir scheint, dass er sich vor Ihnen mehr fürchtet als vor allen übrigen. Nach dem, was ich neulich schrieb, kamen die Schwestern des andern Tages, und lenkten gleich den Diskurs auf Sie, um zu erfahren, ob Sie nicht bereits was gegen ihren Schwager hätten drucken lassen. Um die guten Mädchen zu beruhigen, so versicherte ich sie, dass es noch nicht geschehen sei; ob es aber nicht noch geschehen könnte, dafür wollte ich nicht bürgen.

Für heute muss ich hier abbrechen, weil ich noch einen Brief nach Hamburg zu schreiben habe. Dass Sie wohl, dass Sie vergnügt sind, wird mir hoffentlich ein Brief sagen, der bereits unterweges ist, und der nicht so unrichtig läuft, wie das Bewusste, um welches ich täglich vergebens nach der Post schicke, und was mir alle Abende eine missvergnügte Stunde macht, nachdem der Bediente leer zurückkommt. Ich umarme Sie tausendmal, und bin auf immer

ganz die Ihrige

E. C. K.

111 *Braunschweig, den 15. Februar 1773*

Meine Liebe!

Ich bin seit vierzehn Tagen in Braunschweig, auf ausdrückliches Verlangen des Erbprinzen, und habe Ihnen von einem Tage zum andern von einer Sache Nachricht geben wollen, die für mich, und also auch für Sie, wie ich mir schmeichle, sehr interessant ist. Nur, weil ich Ihnen die volle Gewissheit gern sogleich davon melden wollte, habe ich es noch immer müssen anstehen lassen. Da aber vor einigen Tagen der Erbprinz unvermutet nach Potsdam verreisen müssen, und indes die Betreibung der Sache stille steht: so denke ich, ist es doch besser, dass ich Ihnen nur vorläufig etwas davon melde, als dass ich Sie gänzlich ohne Briefe von mir ließe, welches Sie ohnedem schon länger sind, als es der Inhalt Ihres letztern sollte verstattet haben.

Also mit wenig Worten: es ist hier vor kurzem ein Hofrat gestorben, den der Herzog vornehmlich in solchen Sachen brauchte, welche die Geschichte und die Rechte des Hauses betrafen. Der Erbprinz hat geglaubt, dass, wenn ich wollte, es mir nicht schwer werden könnte, in wenig Zeit die hierzu nötige Kenntnis und Geschicklichkeit zu erlangen. Er trug mir also diese Stelle, mit Beibehaltung des Bibliothekariats, an, und versicherte mich, dass er mich so dabei setzen wollte, dass ich mit möglicher Zufriedenheit mich hier fixieren könnte.

Aber darauf, sagte er, kömmt es sodann auch an! Sie müssen bei uns bleiben, und ihr Projekt, noch in der Welt viel herumzuschwärmen, aufgeben. Ich weiß nicht, ob er Wind bekommen haben musste, was mein gegenwärtiger Plan sei. Aber Sie können sich leicht einbilden, was ich ihm antwortete. Ich nahm seinen Antrag vorläufig an, ohne ihm jedoch zu verschweigen, dass ich allerdings, ohne eine bessere Aussicht, nicht mehr sehr lange allhier dürfte ausgehalten haben. Durch diese Stelle, sagte er, bekommen Sie bei uns einen Fuß auf alles, und es wird nur auf Sie ankommen, ob Sie in ihrer gegenwärtigen Karriere bleiben, oder eine andere einschlagen wollen. Kurz, die Sache ward unter uns so weit richtig, dass sie vielleicht schon völlig zu Stande wäre, wenn, wie gesagt, seine Reise nicht so unvermutet dazwischen gekommen wäre. Er kömmt den 28ten dieses wieder zurück, und sodann, denke ich, kann es nicht lange mehr dauern, dass sich mein künftiges Schicksal nicht wahrscheinlicher Weise auf immer entscheiden sollte.

Ich brauche nicht hinzuzufügen, warum ich Ihnen dieses schreibe. Ich schmeichle mir vielmehr, dass Sie dieses für die vollständigste Antwort halten werden, die ich Ihnen besonders auf die eine Stelle in dem Briefe Ihres Herrn Bruders geben könnte. Desto besser, wenn Sie es sodann so einrichten können, dass Sie auch gar nicht mehr an Wien zu denken brauchen. Ich bin diesen ganzen Morgen von Besuchen belagert, und muss schließen, wenn ich die Post nicht versäumen will. Nächstens ein Mehreres. Ich umarme Sie tausendmal, meine Liebe, und bin ewig

ganz der Ihrige

L.

112 *Wolfenbüttel, den 3. April 1773*

Meine Liebe!

Ich möchte rasend werden! Was werden Sie von mir denken? Was müssen Sie von mir denken? Ich schrieb Ihnen vor länger als acht Wochen, dass allhier etwas für mich im Werke sei, was mein künftiges Schicksal auf einmal bestimmen werde, und hoffentlich so bestimmen werde, wie ich es wünsche. Wie ich es aber wünsche, weiß niemand besser als Sie. Ich glaubte gewiss, dass keine acht, keine vierzehn Tage vergehen könnten, ohne dass ich Ihnen die völlige Gewissheit von der Sache schreiben konnte. Aber diese vierzehn Tage sind viermal vergangen, und Sie haben keine Zeile von mir gesehen. Und wenn ich Ihnen nicht eher wieder schreiben wollte, als bis ich es so kann, wie ich gerne wollte: so könnten leicht noch einmal acht Wochen darüber hingehen; und wer weiß, ob ich Ihnen am Ende doch nicht schreiben müsste, dass ich betrogen worden.

Möchte ich nun nicht rasend werden! Ohne die geringste Veranlassung von meiner Seite, lässt man mich ausdrücklich kommen, tut, wer weiß wie schön mit mir, schmiert mir das Maul voll, und hernach tut man gar nicht, als ob jemals von etwas die Rede gewesen wäre. Ich bin zweimal seitdem wieder in Braunschweig gewesen, habe mich sehen lassen, und verlangt zu wissen, woran ich wäre. Aber keine oder doch so gut wie keine Antwort! Nun bin ich wieder hier, und habe es verschworen, den Fuß nicht eher wieder nach Braunschweig zu setzen, bis man eben so von freien Stücken die Sache zu Ende bringt, als man sie angefangen hat. Bringt man sie aber nicht bald zu Ende, und lässt man mich erst hier in der Bibliothek und mit gewissen Arbeiten fertig werden, mit welchen ich nicht anders als in Wolfenbüttel fertig werden kann und muss, wenn ich nicht alle meine daselbst zugebrachte Zeit verloren haben will: so soll mich sodann auch nichts in der Welt hier zu halten vermögend sein. Ich denke überall so viel wieder zu finden, als ich hier verlasse. Und wenn ich es auch nicht wieder fände. Lieber betteln gegangen, als so mit sich handeln lassen!

Darf ich Sie, meine Liebe, nun noch so viel bitten, dass Sie Mitleiden mit mir haben, und alle schlechte Gedanken von mir, von sich entfernen wollen? Aber notwendig müssen Sie deren haben, denn sonst hätten Sie mir längst mit ein paar Zeilen Nachricht von sich gegeben.

Gott weiß, ich bin schlechterdings unfähig, Ihnen mehr zu schreiben: so voll habe ich den Kopf, und so voll von den verdrießlichsten Dingen.

Wenn Sie jemals, wie ich mir schmeicheln darf, Freundschaft für mich empfunden haben: so lassen Sie mich es ja bald hören, dass Sie deren noch empfinden, und mich bedauern.

Möchte es Ihnen doch nur wenigstens wohl gehen! das ist der uneigennützigste Wunsch, schmeichle ich mir, den jemals ein Freund getan hat. Es gehe mir, wie es gehe: ich werde nie aufhören können, Sie hochzuschätzen und zu lieben.

Dero ganz ergebenster

L.

113 *Wien, den 14. April 1773*

Mein liebster, bester Freund!

Wie sehr mich Ihr Brief vom 3ten, den ich vor einer halben Stunde erhalten, frappieret haben müsse, können Sie sich vorstellen, da ich Sie mir, Ihrem vorhergegangenen Briefe zufolge, in der größten Zufriedenheit dachte, und nun zu meinem höchsten Verdruss gerade das Gegenteil hörte. Ich hoffe aber doch, die Sache werde einen bessern Ausgang nehmen, als Sie sich vorstellen. Denn ich kann mir nicht einbilden, dass der E. [Erb-] P. [Prinz] fähig sei, einen Mann, wie Sie, so zu behandeln. Und ich hoffe Ihre Hitze werde verrauchen, und Sie werden, auch in dem schlimmsten Falle, Wolfenbüttel oder vielmehr die Stelle, die Sie daselbst begleiten nicht eher verlassen, bis Sie einer andern versichert sind. Wenigstens muss ich mir zu meiner Beruhigung schmeicheln, Sie durch meine Bitten dahin vermögen zu können. Und nicht wahr, das darf ich?

Seit mehr als acht Wochen lebe ich in einer eben solchen Ungewissheit wie Sie. Ich habe Käufer zu meiner Seidenfabrik, die mich von einem Tage, von einer Woche zur andern herumziehen. Jetzt sind sie gar verreiset; kommen aber binnen einigen Wochen zurück, wo es sich alsdann bald entscheiden wird, ob etwas oder nichts aus dem Verkaufe wird. Demungeachtet stand ich zeither immer auf dem Sprung, die Reise nach Hamburg anzutreten. Hätte mich mein alter rechtschaffener de Haen, der mein Doktor ist, nicht so ernstlich davon abgehalten, so hätte ich sicher alles liegen und stehen lassen, und wäre davon gereist. Und das darum, weil ich mir fest vorstellte, ich hätte die Auszehrung. Ich wollte mir also durch die Reise meine Genesung, oder wenigstens einen ruhigern Abschied verschaffen. Nun ist es mir lieb, dass ich es nicht getan, weil es scheint, dass ich mich ohne dies wieder erholen soll. Sehen Sie nun die Ursache, warum ich Ihnen nicht geschrieben, und warum ich Ihnen unmöglich schreiben konnte. Seitdem ich Ihnen das letzte Mal geschrieben, habe ich an keinen Menschen, außer an Sch. [Schuback] geschrieben, und hierzu trieb mich die allergrößte Notwendigkeit. Der redliche Freund ist noch nicht mit meiner Sache zu Stande; ich denke aber, dass er es bald sein wird. Die besten Freunde machen die größten Schwierigkeiten: doch nicht meine Verwandten, diese bleiben immer auf ihrer rechtschaffenen Denkungsart gegen mich, aber auch zugleich in ihrer alten Meinung, die Sache eingehen zu lassen. Und wenn ich in der Gemütsverfassung bleibe, worin ich bis jetzo gewesen, so wäre ich auch außer Stande, sie fortzusetzen. Daher wünschte ich umso mehr, dass aus dem vorseienden Verkauf was würde. Denn wenn sie bei ihrer anfänglichen Erklärung bleiben, so käme ich auf diese Weise unendlich besser weg, als wenn ich die Sache so eingehen lassen müsste. Und so dächte ich noch nicht der Hoffnung entsagen zu müssen, die mir so nahe am Herzen liegt. Sie wissen am besten, was ich meine.

Da ich die heutige Post nicht versäumen will, so kann ich Ihnen für diesmal nicht mehr sagen, als dass ich in der größten Unruhe Ihrentwegen sein werde, bis ich bessere und angenehmere Briefe von Ihnen erhalte. Schreiben Sie mir daher um Gotteswillen ja bald, dass Sie gesund sind, und dass Sie meine Bitte stattfinden lassen. Ich bedaure Sie ebensosehr, als ich Sie liebe, und beständig lieben werde.

E. C. K.

114 *Wien, den 21. Juni 1773*

Liebster, bester Freund!

Warum vergessen Sie mich denn so ganz und gar? diese Frage hätte ich schon zwanzigmal an Sie getan, wenn ich Sie nicht in Hamburg vermutet hätte, wo man Sie, wie mir Madam S. [Schmidt] schrieb, schon vor sechs Wochen erwartete; und zwar sollten Sie in Gesellschaft von K. [Kuntzsch] und B. [Bostel] dahin kommen. Diese beiden fand ich nun aber gestern in einem alten Adressblatt, worein mir jemand was eingewikkelt sandte, ohne Sie, als angekommene Fremde angemerket, und vermute Sie also zu Hause, und zwar sehr ungern. Ob ich gleich gestehen muss, dass ich schon manche niedergeschlagene Stunde darüber gehabt, wenn ich mir Sie in Hamburg bei meinen Kindern, bei unsern Freunden dachte, so hätte ich doch gewünschet, Sie möchten die Reise getan haben, weil ich befürchte, dass Sie zuletzt das anhaltende Sitzen unmöglich wieder werden aushalten können. Wenigstens hoffe ich, dass

Sie dem gefassten Vorsatz nicht nachgekommen sind, Braunschweig nicht wieder zu besuchen, bis man Sie in der bewussten Sache dahin ruft. Dass dieses noch nicht geschehen, urteile ich schon aus Ihrem Stillschweigen. Denn gewiss hätten Sie mich an Ihrem Vergnügen Anteil nehmen lassen, weil Sie hoffentlich überzeugt sind, dass kein Mensch in der Welt ist, der das für Sie empfindet, was ich für Sie empfinde. Es vergehet keine Stunde, wo ich nicht an Sie denke.

Nur stelle ich Sie mir leider! gar zu oft vor, wie Sie mir Ihr letzter Brief schildert. Ich habe ihn zwar auf die Seite gelegt, und es nicht mit demselben so gehalten, wie mit denen vorhergehenden, die ich immer so lang las, bis ich einen andern erhielt. Demungeachtet ist mir der Inhalt nur gar zu sehr im Gedächtnis geblieben.

Wenn ich nur das einzige wüsste, ob Sie gesund wären? Ich bitte Sie um Gotteswillen! sagen Sie mir dieses bald, wenn Sie anders wollen, dass meine nun wieder zunehmende Gesundheit von Bestand sein soll.

Alles Übrige wird sich denn auch finden. Ich komme meinem Ziel immer näher, das heißt, mein Lager zu räumen; und obschon der Kauf, von dem ich neulich schrieb, zurückgegangen, so habe ich doch alle Hoffnung, durch Unterstützung des Hofes, mich der Fabrike zu entschlagen. Ich mag nur nicht hieran eher arbeiten, als bis ich mit den fremden Gläubigern völlig zu Stande bin. Bis auf zwei bin ich so weit. Diese zwei aber sind just die ältesten Freunde R. und M. Doch schreibt Sch. [Schuback], dass er auch bald mit ihnen fertig werden würde. Dieser rechtschaffene Mann fährt fort mit allem Eifer für mich zu sorgen. Er hat nun sogar alle mein Gepäck in sein Haus genommen. Denn, außer großen Stücken, Schreinwerk und Betten, habe ich nichts verkaufen lassen.

Wenn Sie den Pyrmonter Brunnen trinken, so wünsche ich, dass er Ihnen so wohl bekommen mag, wie mir. Ich trinke ihn bereits vierzehn Tage, und finde, dass er mich ungemein stärkt. Ich glaube aber, dass die China, die ich drei Monate lang gebraucht habe, schon einen guten Grund gelegt hat.

Madam Sch. [Schmidt] schreibt mir nur glatt weg: dass der K. [Kuntzsch] mit einem Fräulein Z. oder Tur. sich verheirate.

Sagen Sie mir doch, ob die Wahl seiner würdig ist, oder ob allein Interesse dieses Bündnis gestiftet hat.

Von hieraus wüsste ich Ihnen nichts Neues zu schreiben, als dass man durchgehends über Wielands Merkur schmählt. Warum? fragt sich nicht. Denn die Wiener schmählen gemeiniglich, ohne zu wissen warum.

Muss ich Sie noch einmal bitten, mir bald zu antworten, so tue ich es auf das inständigste. Machen Sie es ja nicht mit dieser Antwort, wie mit Ihrem Kupferstich, um den ich drei Monate lang vergebens nach der Post geschickt, und am Ende gar nichts erhalten habe. Sie müssen ihn nicht abgeschickt haben; und doch schreiben Sie mir, Sie hätten es getan. Wenn Sie mir ihn noch schicken wollen, so adressieren Sie ihn gerade an mich, nicht an R. Leben Sie wohl, bester Freund. Ich umarme Sie unter tausend Wünschen, dass Sie wohl, dass Sie vergnügt sein mögen; und bin auf immer

Ihre aufrichtigste Freundin

E. C. K.

115 *Wolfenbüttel, den 27. Juni 1773*

Meine Liebe!

Wenn ich mich entschuldigen soll, dass ich Ihnen so lange nicht geschrieben habe: so muss ich Ihnen eine Beschreibung von einem Leben machen, das gewiss trauriger und elender gewesen, als Sie es immer bei Ihren zeitherigen Unruhen und Kränkungen können erfahren haben. Aber ich bitte Sie, erlassen Sie mir diese Entschuldigung und diese Beschreibung. Denn wenn ich damit anfangen muss, so sehe ich voraus, kömmt auch dieser Brief nicht zu Stande, welches wenigstens der zwanzigste ist, den ich seit acht Wochen an Sie anfange.

Nachdem ich drei Monate zu keinem Menschen gekommen und die ganze Zeit auf der Stube oder der Bibliothek zugebracht, wo ich mehr fleißig sein wollen, als fleißig gewesen: haben mich die Umstände vorige Woche endlich wieder einmal nach Braunschweig genötiget. Ich habe mich sechs Tage da aufhalten müssen und bin gestern wieder gekommen. Heitrer ein wenig: aber um nichts gebessert. Können Sie glauben, dass ich noch immer nicht weiß, woran ich bin? Das Verfahren ist mir unerträglich; und nichts Geringeres als Ihr ausdrückliches Verbot hat mich abhalten können, einen unbesonnenen Schritt zu tun, den ich demohngeachtet doch noch alle Augenblick in der Versuchung bin zu tun. Werde ich ihn auch nicht endlich tun müssen? denn, bei Gott, ich kann es nicht länger ausstehen. Es muss brechen oder biegen.

Ich kenne Sie, meine Liebe, und ich errate sehr wohl, warum auch Sie mir in so langer Zeit nichts von sich wissen lassen, welches Sie ein andermal nicht würden getan haben, wenn die Reihe zu schreiben auch schon ebensowenig an Ihnen gewesen wäre. Erlauben Sie mir nur, dass ich mich mit einem einzigen dabei schmeichle: damit nämlich, dass Sie mir wenigstens Ihre Abreise von Wien, und Ihr vermutliches Durchkommen dieser Gegend, würden gemeldet haben. Man schreibt mir aus Hamburg, dass man Sie alle Tage daselbst erwarte. Aber das kann nicht sein, und es ist unmöglich, dass Sie dieser Brief nicht noch in Wien treffen sollte: Oder wenn es möglich ist – Ich mag mir den Gedanken nicht ausdenken. – Sie werden unter unsern Freunden allhier eine große Veränderung finden. Dass Z. [Zachariä] verheiratet ist, habe ich Ihnen ja wohl schon gemeldet. Nun ist es auch E. [Ebert] und K. [Kuntzsch]. Von des letztern Heirat werden Sie aus Hamburg ohne Zweifel schon mehr gehört haben. Nicht sowohl die Neugierde, seine Frau zu sehen, als vielmehr die Schuldigkeit, mich als seinen Freund von ihr sehen zu lassen, war mit Ursache, warum ich nach Braunschweig musste. Er ist ehegestern mit ihr nach Pyrmont gereiset, und ich denke, er wird glücklich mit ihr sein.

Noch will ich auch die Hoffnung nicht ganz aufgeben, es einmal zu werden. Was meinen Sie, meine Liebe? Sie glauben nicht, wie sehr ich mich nach ein paar Zeilen von Ihnen sehne, und wie sehr ich sie bedarf. Leben Sie so glücklich, als ich es wünsche. Ich bin ganz

der Ihrige

L.

116 *Wien, den 4. August 1773*

Mein liebster bester Freund!

Ganz sonderbar muss es Ihnen vorkommen, dass ich einen Ihrer Briefe vier Wochen unbeantwortet lasse. Es hat aber keine andere Ursache, als diese: ich hoffte von einem Posttag zum andern, Ihnen die Nachricht mitteilen zu können, dass ich meine Fabrik los geworden sei. Eine Nachricht, die, wie ich mir schmeichle, Ihnen nicht ganz gleichgültig, und mir äußerst angenehm sein würde. Allein gewisse Veränderungen, die der Hof im Kommerzialwesen vorzunehmen halb im Sinne hat, haben in der Sache einen Halt gemacht, und ich muss nun auch so lange stille sitzen, bis der Hof seine Entschließung genommen hat. Unterdessen ist das völlig bei mir beschlossen, dass ich mich der Fabriken entschlage, es wäre denn, dass ein einziger Fall sich ereignete; nämlich der, wozu Sie voriges Jahr den Plan entworfen hatten. Allein, wie wenig Hoffnung ist hiezu! Und wie wenig Hoffnung bleibt mir überhaupt übrig, wenn Sie den Schritt täten, den Sie immer noch in Willens sind zu tun! So fest ich mir vorgenommen hatte, Ihnen hierüber nicht weiter zu schreiben, so kann ich es doch nicht lassen, Sie nochmals zu bitten, es wohl zu überlegen, ob Sie sich nicht dadurch noch ein weit unangenehmeres Leben zubereiten würden, als Sie jetzt führen. Gewiss würden Sie das; und zwar in mancherlei Betrachtung, oder Sie müssen aufhören, der Mann zu sein, der Sie stets gewesen sind. Liebster Freund! lassen Sie uns unser Schicksal so geduldig wie möglich abwarten, und unserm Glücke ja keine neue Hindernisse in den Weg legen. Dann, werden Sie sehen, gehet alles gut. Nun genug von einer Materie, die mich, so oft ich darüber denke, auf den ganzen Tag unruhig und untüchtig zu allen Geschäften macht.

Ich wäre neugierig zu wissen, wer Ihnen die Nachricht gegeben, man erwarte mich täglich in Hamburg. Ein Neugieriger oder eine Neugierige muss es sein, die gerne hören wollte, ob Sie noch mit mir im Briefwechsel ständen. Denn ich wüsste nicht von was diese Nachricht hätte veranlasst werden können. Noch ist an diese Reise nicht gedacht. Noch unbegreiflicher ist mir, wie Sie sich vorstellen können, ich würde, ohne Sie zu besuchen, Ihre Gegend passieren können. Aus Ihrem

Briefe schließe ich wenigstens, dass Sie es halb und halb geglaubt. Nein, liebster Freund, das wäre mir so unmöglich, als es unmöglich ist, dass ich jemalen aufhören könnte, Sie zu lieben. Wollte Gott, es wäre erst nur so weit, dass ich reisen könnte, mit tausend Freuden würde ich es Ihnen schreiben.

Meine Sache in Hamburg stehet noch auf demselben Fleck. Die Kinder dorten sind wohl, allein Theodor ist nicht allein sehr krank gewesen, sondern leidet auch noch immer an seinem Fuße. Dieses und dass mein ältester Bruder zwei Anfälle von Blutspeien gehabt, macht mir vielen Kummer. Gott wolle ihn erhalten! Er ist ein Vater von acht Kindern und mein sehr treuer Freund. Der Professor ist auch immer schwächlich. Es bleibt bei Ihrem Sprichwort, dass es ein hundsföttisches Leben ist.

Stephanie, der jüngere, hat wieder ein neues Stück gemacht – den Titel davon habe ich vergessen, – welches er dem Fürsten K. L. [Lobkowiz] zugeeignet, der ihm ein Geschenk von zweihundert Dukaten dafür gemacht. Die Fama sagt zwar, nicht des Stücks, sondern der Frauen wegen, und die mag es auch eher wert sein. Man sagt zwar, das Stück sei ziemlich artig. Ich komme so vom Theater ab, dass ich seit Ihrem Stück nicht darin gewesen bin.

Riedel ist noch immer hier. Kein Mensch weiß, was er macht. Noch habe ich ihn nicht einmal gesehen, und bin auch nicht sehr neugierig, ihn zu sehen; denn zu meiner Strafe muss ich zuweilen mit einigen seiner Gesellschafter umgehen, aus deren Reden ich ihn als einen sehr abgeschmackten Herrn beurteile. Unter denen ist ein Magister S., der nicht zehn Worte spricht, ohne Riedeln anzuführen.

Indem ich eben überlese, was ich geschrieben, finde ich, dass ich den Brief billigst umschreiben sollte, so elend ist er geschrieben. Allein nicht wahr? Sie entlassen mich dessen, und bringen lieber eine Viertelstunde länger dabei zu. Ich habe heute erschreckliche Kopfschmerzen, die man bei der abscheulichen veränderlichen Witterung hier wohl bekommen muss. Nur will ich Sie noch um etwas bitten, was Sie mir gar leicht gewähren können, um das: dass Sie Ihren Bedienten den Schnitt von Ihrer Weste nehmen lassen, und ihn mir einschicken. Ein zwei Finger breites Papier ist hinreichend dazu, denn ich brauche nur den Ausschnitt von dem Vorderteil. Ich habe das Tamburnähen gelernt, und da ich fürchte, dass ich diesen Winter noch hier bleiben muss, so soll das mein Zeitvertreib sein, Ihnen eine Weste zu sticken. Versagen Sie mir dieses Vergnügen nicht. Und schreiben Sie mir denn doch bald wieder. Sie glauben nicht, was ich leide, wenn ich so lange nichts von Ihnen höre. Ich umarme Sie tausendmal in Gedanken, und bin auf immer

Ihre ergebenste

E. C. K.

117 *Wien, den 17. September 1773*

Mein lieber Freund!

Wie hart verfahren Sie mit mir! dass Sie mir nun auf zwei Briefe keine Zeile antworten. Was kann ich mir anders vorstellen? als sie sein krank oder Sie haben mich vergessen. Von diesen beiden Vorstellungen quält mich eine um die andre, so sehr ich mich auch ihrer zu entschlagen suche. Hätte ich Sie vielleicht gar beleidiget? ich wüsste doch nicht; wenigstens mit meinem Willen gewiss nicht. Ich bitte Sie nur um eine Zeile, worin Sie mir aber die Ursache Ihres Stillschweigens aufrichtig sagen müssen.

Möchte ich nur hören, dass Sie gesund sind! Dies ist mein einziger und eifrigster Wunsch. Ich bin unaufhörlich

Ihre ganz ergebene

E. C. K.

Eben da ich diesen Brief zusiegeln will, tritt ganz unvermutet W. [Wurmb] ins Zimmer. Wollte Gott! ich würde so von Ihnen überrascht.

118 *Wolfenbüttel, den 17. September 1773*

Meine Liebe!

In lauter Hoffnung, aus lauter leidiger Hoffnung, verschiebe ich es nun seit acht Wochen von einem Tage zum andern, Ihnen zu schreiben. Warte noch morgen, denke ich alle Abende: morgen kömmt es vielleicht, was Du ihr so gerne melden möchtest. Denn ich weiß nicht, ob Sie es gehört, oder von ungefähr in den Zeitungen gelesen haben, dass vor acht Wochen der einzige Mann in Braunschweig starb, durch den alles und jedes was geschehen sollte geschah. Er war der unglaublichste Verzögerer und Trödler, der je unter der Sonne gelebt, und ihm allein habe ich es Schuld gegeben, dass meine Sache so auf die lange Bank geschoben werde. Der E. [Erb-] P. [Prinz] hatte sich gegen jemand auch wirklich verlauten lassen, dass es nur an ihm liege. Nun also, da er tot war, glaubte ich um so viel gewisser, dass dieser alles beschleunigen werde; wäre es auch nur, um mich von der Wahrheit dieses Vorwandes zu überzeugen. Allein, wie gesagt, jener ist nun schon seit acht Wochen tot, und dieser ist vorgestern auf vier Wochen nach Potsdam gereiset, in welchen sicherlich wieder nichts geschieht.

Und ich sollte Ihnen auch in vier Wochen noch nicht schreiben! Unmöglich. Wenigstens sollen Sie wissen, wie es steht, und hören, dass ich gesund bin, bis auf die Gefahr, für Bitterkeit und Unwillen toll zu werden.

Sie allein haben mich bisher abgehalten, und halten mich noch ab, einen übereilten Schritt zu tun, von welchem ich die schlimmen Folgen alle voraussehe, den ich aber doch ganz unfehlbar schon längst würde getan haben, wenn ich nicht auch zugleich die einzige ernsthafte Hoffnung dadurch zu verscherzen fürchten müsste, die ich noch zeit meines Lebens gehabt. Sie wissen diese Hoffnung, meine Liebe, und wenn Sie jemals daran Teil genommen haben: so beschwöre ich Sie, verbannen Sie jeden argwöhnischen Gedanken, der sich Ihnen von meiner Seite dagegen vorstellen will. Ich habe freilich höchst Unrecht, Sie so oft und so lange ohne Nachricht von mir zu lassen: aber schelten Sie lieber auf meine Nachlässigkeit, und auf meine Kahlmäuserei, mit der ich mich wirklich jetzt nur allzu sehr in Träumereien und unnötige Untersuchungen verliere, die mich um alle meine Zeit, um alle meine Heiterkeit bringen. (Warum habe ich auch keinen Menschen in der Welt, dessen freundschaftlicher Umgang mich davon abzöge?) Schelten Sie, sage ich, lieber darauf, als dass Sie sich die geringste quälende Einbildung machen. Wollen Sie das wohl, meine Liebe?

Doch ich verspreche Ihnen, dass Sie es auf die Zukunft nicht mehr nötig haben sollen.

Solange Sie noch in Wien sind, spreche ich noch immer so gerne mit jedem, der von daher kömmt, oder dahin reiset. Vor einigen Wochen war der junge Graf von Migazzi, eine Neffe des dortigen Erzbischofs, mit einem Jesuiten, der es aber nicht sein wollte, wohl einige Stunden bei mir. Sie können sich leicht einbilden, dass das Gespräch auch auf S. [Sonnenfels] kam, und dass ich mir nicht den geringsten Zwang antat, meine Empfindlichkeit und Verachtung gegen ihn zu verbergen. Ich wünschte nur, dass ihm ein Teil von meinen Reden zu Ohren kommen möchte, damit er doch wüsste, wessen er sich zu mir zu versehen hätte.

Der Herr v. Gebler hat auch wieder an mich geschrieben, und ich bin ihm nun wohl auf drei Briefe eine Antwort schuldig. Was raten Sie mir: ob ich auch ihm lieber gar nicht antworte? denn ich sehe doch, dass dem Manne um nichts zu tun ist, als um Beifall und Schmeichelei, deren ich schon zu viel an ihm verschwendet habe. Ich hoffte, dass seine Stücke besser werden sollten, aber sie werden immer schlechter und kälter. Wenn nichts als solcher Bettel in Wien gespielt wird, so haben Sie sehr recht, das Theater nicht zu besuchen.

Was Sie mir von Ihren Angelegenheiten melden, meine Liebe, davon weiß ich nicht, ob es mich vergnügter oder missvergnügter machen soll. Also noch den ganzen instehenden Winter besorgen Sie aufgehalten zu werden? Wenn denn nur alles so ausfällt, wie Sie es wünschen! der Zeitvertreib aber, den Sie sich auf den Winter machen wollen, ist nicht weit her. Doch will ich Ihnen darin nicht hinderlich sein; und Sie sollen das verlangte Maß mit der nächsten fahrenden Post haben. Ich will es um das wickeln, was ich Ihnen schon so lange zu schikken versprochen, und nun ganz unfehlbar schicken will.

Mit dem Teile von Ihnen, mit dem Sie noch in Hamburg sind, hoffe ich, steht alles gut. Nächstens denke ich mehr davon zu hören. Denn K. [Knorre], welcher seinen Karl nach Zellerfeld auf die Schule bringen will, wird hier durchkommen. Vielleicht lässt er ihn auch hier in Wolfenbüttel auf der Schule. Es kommt mir vor, als ob er doch nicht Lust hätte, sich seine Söhne viel kosten zu lassen. Genug, er sammelt ja für sie.

Lassen Sie sich das Format und die Züge dieses Briefes nicht befremden. Er ist bei Lichte geschrieben, wo ich ganz weitläufig schreiben muss, um noch schreiben zu können; und in so schmalen Zeilen, als nur tunlich, um grade schreiben zu können. Denn meine Augen! meine Augen! Und nun leben Sie wohl, meine Liebe. Melden Sie mir ja bald, dass Sie gesund sind. Ich umarme Sie tausendmal, und bin zeitlebens

ganz der Ihrige

L.

119 *Wien, den 4. Oktober 1773*

Mein lieber Freund!

So sind Sie doch wohl? und haben noch immer Hoffnung Ihren Endzweck zu erhalten? Ich zweifelte an beiden. Denn da Sie in so langer Zeit und auf drei Briefe nicht antworteten, so musste ich wohl glauben, dass Sie außer Stand wären, die Federn zu führen. Nun ich weiß, dass Sie wohl sind, wünsche ich nur auch nun bald zu hören, dass Ihre Aussichten nach Wunsch ausgefallen, damit Sie Ursache haben, zufriedener und ruhiger zu sein, als Sie jetzt sind. So viel Freude mir Ihr Brief gab, so machte er mich doch auch zu gleicher Zeit sehr traurig, indem ich Ihr Missvergnügen daraus wahrnahm. Aber, liebster Freund! könnten Sie sich denn nicht vergnügtere Tage machen? Mich däucht, es steht bloß bei Ihnen. Warum entfernen Sie sich so ganz von Ihren Freunden? Haben oder wollen Sie deren keine in Wolfenbüttel haben, so ist Ihnen ja Braunschweig so nahe, wo Sie sich wenigstens bei einigen manche angenehme Stunde machen könnten. Ich hoffe, der V. [Vetter] K. [Knorre] wird Sie wieder ins Gleis bringen. Nach dessen Abreise erwarte ich einen Brief voller Neuigkeiten; denn wenn sie auch ziemlich alt wären, würden sie doch für mich neu sein, weil ich von Hamburg fast gar nichts sehe und höre, als was meine Geschäfte betrifft. Doch gestern hatte ich einen Besuch von des Lieutenant M. [May] Sohn, der mir ein und anders erzählte, hauptsächlich aber eine Nachricht brachte, die mich sehr rührte. Nämlich diese: dass unser guter Z. [Zinck] verrückt sei, und nun in Scheffbek lebe. Er dauert mich. Ob er zwar vielleicht jetzt glücklicher lebt, als er viele Jahre lang nicht gelebt hat, so ist es doch betrübt, dass ein so braver Mann ein solches Ende nehmen muss. Bei unserer langsamen Korrespondenz veraltern die Geschichten und werden vergessen, sonst hätte ich längst einer gegen Sie erwähnt, weil Sie den Mann kennen, den sie betrifft. Nun muss ich sie aber gleichwohl nachholen, weil ich seit drei Tagen entdecket, dass ich einen Teil dieser Geschichte mit ausmache. Schon im vorigen Winter, während dass ich krank war, kam ein Bekannter zu mir, und fragte mich, ob ich einen namens Wagener in Hamburg kenne? Mir fiel der Schurke, der sich mit B. [Bubbers] einmal ligieren wollte, gar nicht ein, bis er mir sagte, er habe eine Tapetenfabrik hier errichten wollen; nun kannte ich ihn. Ich musste aber vorher beinahe einen Eid ablegen, dass er mir ganz gleichgültig sei, ehe mein Freund mir Folgendes erzählte. Ein gewisser Kommerziensekretär Herr von T. [Taube], der dem W. [Wagener] in seinem Gesuche dermalen gedient, habe gestern einen Brief von ihm erhalten, voller Schmähungen über B. [Bubbers] und T. [Taube], die ihn als Spitzbuben hintergangen hätten, wofür er bei dem Hamburger Magistrat Gerechtigkeit gesucht, die ihm aber auch versagt worden wäre. Er sei dadurch in solche elende Umstände versetzet, dass er nicht einmal diesen Brief, noch viel weniger ein Paket Schriften, so er ihm zugleich sandte, frankieren könne. So wie dieser Brief versiegelt sei, wolle er seinem kummervollen Leben ein Ende machen. Die Pistolen lägen bereits geladen auf dem Tische. Er bäte sich von ihm diese letzte Gefälligkeit aus, die Schriften, so er ihm sende – (die lauter Kalumnien über den Rat und viele Kaufleute enthalten sollen) drucken zu lassen, und ihn soviel möglich an seinen Feinden zu rächen. Ich hörte diese Geschichte an, wie die Geschichte eines von Bosheit rasenden Menschen. Und sagte: dem ist es noch kein Ernst, sich zu erschießen, und so war es auch. Acht Tage darauf kam wieder ein Brief, in welchem er sagte: Die Ungewissheit, wie es in jenem Leben mit uns aussehen möchte, wenn wir das gegenwärtige Leben durch Hilfsmittel verkürzten, hätte ihn bisher abgehalten seinen Entschluss zu vollführen; nunmehro sei er aber entschlossen, und in weniger als eine Viertelstunde werde er nicht mehr sein.

Gleich nach Empfang des ersten Briefes lief der Sekretär T. [Taube] vom Präsidenten bis zum untersten Rat; ließ den Brief lesen, und meinte, ob man nicht etwas zur Rettung des Mannes tun könnte! Alle lachten ihn aus, wie Sie leicht denken können, weil für einen, der sich erschossen, wohl nicht mehr viel zu tun ist.

Unterdessen ist es mir ärgerlich, dass der Brief durch so viele Hände gegangen. Denken Sie! was der Boshafte darin sagte. Indem er klagt, dass Verdienste nicht belohnt würden, kömmt er auf mich, die das Glück hätte, die Tapetenfabrike zu haben, das ich nicht verdiente, weil ich sie dem Staate nicht erhalten haben würde, wenn Lessing mich geheiratet, wie er nach dem Tode meines Mannes willens gewesen; was er aber nun nicht tun würde, weil er gefunden, dass meine Umstände nicht so wären, wie er sich vorgestellt. Meinem Freunde habe ich es sehr verdacht, dass er mir diese Anekdote dermalen nicht gleich erzählte, weil ich alsdann die häufigen Fragen, die an mich geschehen, besser hätte beantworten können. Allein er entschuldiget sich damit, dass er sie für wahr gehalten, und ihr meine damalige Krankheit zugeschrieben habe. Es ist mir nur leid, dass ich diesen schlechten Menschen in Gedanken behalten muss, bis ich einige Herren, die den Brief gelesen, gesprochen; denen ich notwendig begreiflich machen muss, dass Bosheit dahinter steckt, weil es mir sonst an meinem in Werk seienden Vorhaben, die Fabrik zu übertragen, schaden könnte. – Nun, lieber Freund, bin ich wirklich im Begriff, alles zu verkaufen; es kommt nur darauf an, ob ich mit dem Käufer eins werde. Wie sehr ich es wünsche, kann ich Ihnen gar nicht sagen. Wenn ich mir vorstelle, dass ich den Winter nur noch hier bleiben muss, so läuft mir der Angstschweiß vom Gesicht, will geschweigen noch länger. Meine Kinder bedürfen meiner. Madam Mollinier schreibt: Engelbert würde zu groß, um länger unter ihrer Aufsicht zu bleiben, und sie hat Recht. Was soll ich aber für eine Veränderung mit ihm vornehmen? bis ich selbst weiß, wo mir ein Wohnplatz angewiesen ist. Theodors Fuß ist so schlimm, als er nie gewesen. Diese Nachricht hätte mich diese Tage beinahe auf der Stelle getötet, so bestürzt wurde ich. Ich schrieb auch gleich an den Professor, ob er ihn nicht wollte zu sich kommen lassen? oder ob ich ihn nicht sollte auf hier kommen lassen? damit er unter bessere Hände käme. Ich warte mit Ungeduld auf Antwort.

Nicht wahr? ich bin eine fatale Korrespondentin? Nichts als Unangenehmes. Was kann ich aber dafür, dass alle Arten von Unglück mich treffen. Haben Sie Mitleiden mit mir, und erleichtern Sie mein Unglück durch gute und öftere Nachrichten von Ihnen. Das Format verzeihe ich, aber die Nachlässigkeit nicht, die zu weit getrieben, der Gleichgültigkeit gar zu ähnlich sieht.

Zur Stärkung der Augen ist mir neulich ein Mittel gesagt, das außerordentlich gut sein soll. Über die Blätter von blauen Kornblumen soll man kochendes Wasser gießen, und sie wie Tee anziehen lassen, und sich nachher, wenn das Wasser kalt ist, die Augen öfters damit auswaschen. Ich glaube, man kauft getrocknete Kornblumen in der Apotheke. Wenn das ist, so machen Sie den Versuch. Noch besser wird es sein, wenn Sie bei dem Gebrauch dieses Mittels zugleich Ihre Augen schonen, und statt des vielen Lesens und Schreibens, den vorstehenden Winter bei guter Gesellschaft in Braunschweig passieren.

Wenn Ihnen so viel daran gelegen, dass S. [Sonnenfels] wissen soll, wie Sie über ihn denken, so nehme ich es über mich, es ihm wissend zu machen. Seine Frau allein ist schuld, dass ich es bisher nicht getan habe; weil die alles Unangenehme, so er erfährt, entgelten muss. Es ist der abscheulichste Mensch, der nur auf der Welt ist. Gestern hat mich die Frau besucht, die nebst ihm und den Schwestern zwei Monate in Mähren bei ihren Freunden war. Sie sieht elend aus, und das, wie mir die Schwester erzählt, aus lauter Verdruss, so er ihr gemacht. Die Eleonore hat sich auf dieser Reise mit dem einzigen Sohn des Baron N. [Neffzern] verheiratet, einem Majoratsherrn von 300.000 Gulden, der seit drei Jahren nichts gewünscht, als sie zu besitzen. Ich glaube, sie wird glücklich sein, und sie verdient es; sie ist ein artiges Mädchen, deren Gesellschaft mir sehr abgehet, weil sie die einzige war, die mich hier unterhalten hat.

Sie fragen mich, ob sie Geblern antworten sollen? Sie werden mich verbinden, wenn Sie es tun, weil er mir in Kurzem sehr nützlich wird sein können. Ich sehe ihn wohl für so klein an, dass er mich Ihre Sünden entgelten ließe.

Sie wissen vermutlich schon, dass R. [Riedel] Winckelmanns Werke herausgibt? Ein hiesiger Bankier, Baron Frieß, schießt das Geld vor, und zwar auf die genereuse Art, dass der Vorteil, so aus dem Werke fließt, der hiesigen Akademie der Künste anheim fällt. Mit der Subskription werden sie nicht weit kommen, weil sie keinen Preis des Werks bestimmen.

Leben Sie wohl, bester Freund, und wenn Sie sich meiner erinnern, so denken Sie zugleich, dass Ihre Briefe zu meiner Ruhe das Mehreste beitragen können. Ich bin zeitlebens

Ihre ergebenste Freundin

E. C. König

Nun will ich doch sehen, ob der Posttag mir das Versprochene mitbringt. Ich zweifle, ich zweifle!

120 *Wolfenbüttel, den 1. Dezember 1773*

Meine Liebe!
Was soll ich sagen, dass ich Ihnen abermals so lange nicht geschrieben haben? Noch immer die alte Leier: Ich bin missvergnügt, ärgerlich, hypochondrisch, und in so einem Grade, dass mir noch nie das Leben so zuwider gewesen. Soll ich fortfahren, Ihnen das so recht zu beschreiben? Ich bin seit vier Monaten so gut wie gar nicht aus Wolfenbüttel und aus meinem verwünschten Schlosse gekommen. Ich bin nur zweimal auf ein paar Stunden in Braunschweig gewesen; denn ich habe es verredet, in meiner gegenwärtigen Lage niemals wieder eine Nacht in dem Braunschweig zu bleiben, wo man sich gegen mich (Sie wissen wer) auf eine Art beträgt, die mir unerträglich fällt; auf eine Art, die ich zu anderer Zeit, unter andern Umständen, um alles in der Welt so lange nicht ertragen hätte. Ich will ihm daher schlechterdings nicht in die Augen zu kommen Gefahr laufen. Wenn er mich bei der Nase geführt haben will, so hab er es! Aber ich werde es ihm in meinem Leben nicht vergessen. Künftigen Januar wird es ein Jahr, dass er mir den ersten Antrag eigenhändig tat. So lange warte ich nur noch, um ihm alsdenn meine Meinung so bitter zu schreiben, als sie gewiss noch keinem Prinzen geschrieben worden.

Was kann ich aber indes tun, als mich unter meine Bücher vergraben, um unter ihnen, wo möglich, alle Aussicht in die Zukunft zu vergessen? Ich habe auch nun weit länger als an Sie, meine Liebe, an keinen Menschen in der Welt geschrieben; weder an meine Brüder, noch an meine Mutter, noch an sonst jemanden. Ich antworte auch keinem Menschen, der in irgendeiner andern Sache an mich schreibt, als in Sachen der Bibliothek. Dass meine Korrespondenz nach Hamburg also auch völlig abgebrochen ist, versteht sich. Doch ist diesmal K. [Knorre] mir eine Antwort schuldig, nicht ich ihm. Er wollte Michaelis nach dem Harze reisen, und seinen Sohn nach Wolfenbüttel auf die Schule bringen. Aber er ist nicht gekommen, und soll mir seit acht bis zehn Wochen auf meinen Brief antworten, in welchem ich ihm meldete, dass ich bei dem hiesigen Rektor alles abgeredet hätte. Am besten würde ich tun, wenn ich an alle meine Bekannte, von deren vielen ich auch nicht einmal einen Brief zu sehen verlange, ein Zirkulare ergehen ließe, mich für tot zu achten. Denn wahrlich, meine Liebe, es ist mir fast unmöglich zu schreiben. Mehr als zehn Briefe habe ich selbst an Sie angefangen, und sie wieder zerrissen. Wer weiß, was diesem noch geschieht, ehe ich die Seite herunter bin? Doch, es fällt mir auch länger unmöglich, ohne Nachricht von Ihnen zu sein. Und ein Brief muss doch einmal fertig werden, mag er doch werden, wie er will. Die einzige gute Nachricht kann ich Ihnen schreiben, dass ich sehr gesund bin. Ich glaube, der Ärger hält mich gesund. Möchte ich ein Gleiches doch auch von Ihnen versichert sein. Nicht zwar, was den Ärger anbelangt; denn der, weiß ich, bekömmt Ihnen nicht so gut, als mir. Dieses ärgerliche Wesen verrät sich in jedem Worte, das ich spreche oder schreibe. Ich muss es also lieber darauf ankommen lassen, ob der Hr. von Gebler klein genug ist, es Ihnen empfinden zu lassen, dass ich mir so wenig mit ihm zu tun mache; als dass ich an ihn schreibe, und ihm Dinge schreibe, die seiner Eitelkeit ganz gewiss nicht schmeicheln würden, und die er Ihnen wieder empfinden zu lassen, sich wohl noch mehr berechtiget zu sein glauben dürfte.

Dass der Baron v. B. [Bender? Birkenstock?] aus Wien jetzt in hiesigen Gegenden ist, werden Sie vielleicht wissen. Er war vor einiger Zeit in Braunschweig, und kam nach Wolfenbüttel, wo er auch mich sprechen wollte, aber ich ließ mich verleugnen. Endlich hat er sich hinter den Hrn. von K. [Kuntzsch] gesteckt, dass wir uns einander ein Rendezvous auf dem Weghause gaben. Der Mann gefällt mir besser, als mir noch sonst ein Wiener gefallen hat. Jetzt ist er in Hannover, wo er, wie ich höre, den Winter bleiben wird.

W. [Wagener], dessen lächerlich traurige Geschichte Sie mir in Ihrem Letzten schreiben, habe ich immer für einen dummen Kerl gehalten. Aber nun sehe ich, dass er auch ein boshafter Schurke ist. Ein einziger Umstand in seiner Klätscherei ärgert mich; aber indem ich an diesen denke, werde ich so wild, dass ich meinen Brief gleich schließen muss. Sonst schreibe ich noch gewiss Dinge, die mich ihn zu zerreißen nötigen.

Leben Sie recht wohl, meine Liebe; und sein Sie lieber ein wenig gegen mich unwillig, als dass Sie Mitleiden mit mir haben sollten, wenn Ihnen dieses Mitleid den geringsten Kummer machen sollte. Ich bin dennoch

ganz der Ihrige

L.

121 *Wien, den 23. Dezember 1773*

Mein liebster Freund!

Ohne Ihre Antwort abzuwarten, hätte ich gewiss den dritten Brief nachgeschickt, wenn ich nicht in gleicher Verfassung gewesen wäre, in der Sie sich mir schildern. Denn ich mag mir für Vorstellungen machen, welche ich will, so beruhigen sie mich nicht, wenn Ihre Nachrichten so lange außen bleiben. Zwar diesesmal machte ich mir halbe Hoffnung, statt eines Briefes, Sie selbst zu sehen, indem der Jesuit, der den Graf Migazzi auf seinen Reisen begleitet hat, erzählet haben soll: Sie würden nächstens die Reise nach Italien über hier machen. Obschon – wie Sie leicht denken können – diese Hoffnung mir nicht viel Zufriedenheit geben konnte, so freuete ich mich doch, Sie einmal wieder zu sehen, und meinen Kummer in Ihren Schoß ausschütten zu können. Jetzt muss ich auch diesem Gedanken entsagen, weil Sie in Ihrem Briefe nichts davon erwähnen, was Sie ohne Zweifel getan haben würden, wenn diese Reise so nahe wäre. Nur wünsche ich, dass gar nichts daraus werden möge, sonst könnte es kommen, dass wir uns unterweges begegneten; denn ich habe seit gestern eine fast gewisse Aussicht, auf eine ziemlich gute Art, und bald, die Seidenfabrik an Mann zu bringen. Gott gebe, dass es doch einmal dazu kommen möge. Vor vier Wochen war ich bereits in Unterhandlung, und die Sache war so weit, dass gar nicht zu zweifeln stand, sie würde zu Stande kommen. Doch hat sie ein nichtswürdiger Anlass zernichtet. Diese zernichtete Hoffnung brachte mich ganz um das Bisschen Gesundheit, so ich wieder gesammlet hatte. Seitdem habe ich die China wiederum gebrauchen müssen, von der ich denn doch seit einigen Tagen eine ziemlich gute Wirkung spüre. Alles mein Unglück wollte ich gern ertragen, wenn nur Sie glücklich und zufrieden wären. Sie können nicht glauben, wie nahe es mir geht, dass ich mir Sie nicht anders, als in einer so traurigen Gemütsverfassung vorstellen kann, die mich fast zweifeln macht, dass Sie so gesund sind, als Sie es sich einbilden. Es ist unartig, dass ich Ihnen dieses sage; allein die Furcht, Sie möchten sich verwahrlosen, bringt mich dazu. Unmöglich können Sie gesund sein, sonst würden Sie Lust und Kräfte haben, dem aufgebrachten Wesen (das in jeder Zeile Ihres Briefes sich äußert) zu widerstehen. Es ist wahr, man hat Ihnen übel mitgespielt oder vielmehr in der Art verfehlt, wie man einen Mann, wie Sie, behandeln sollte. Solange aber die Stelle, die man Ihnen angeboten, nicht vergeben ist, solange haben Sie auch nicht Ursache, so entrüstet zu sein, als Sie sind. Dass der Bewusste schon bei dem Antrage Sie zu hintergehen gesucht haben sollte, kann ich nicht glauben, ich müsste mir denn ihn zugleich als den Niederträchtigsten gedenken. Eher glaube ich, dass andere Geschäfte ihn die Sache vergessen lassen, und niemand ihn daran erinnert, weil Sie es nicht tun. Und wenn es wahr ist, was mir kürzlich ein Fremder, der diese Gegenden passiert ist, erzählte: dass das Haus so sehr derangiert ist, dass es bald zu einer d. C. kommen könnte, so wundere ich mich nicht, wenn Angelegenheiten von der Art vergessen werden. Indessen ist es mir leid, dass Sie es sind, die darunter leiden. Hundertmal habe ich schon gewünscht, dass von der ganzen Sache nie die

Rede gewesen wäre. Doch vielleicht nimmt sie noch eine bessere Wendung, als es jetzt das Ansehen hat. Möchte es nur bald sein! damit ich Ihrem nächsten Briefe nicht wieder so lange entgegen sehen darf. Mit einer angenehmen Nachricht, die Sie mir zu geben hätten, würden Sie doch wohl eilen; nicht wahr? Mit dem Zirkulare verschonen Sie mich; das nehme ich nicht an. Auf alles in der Welt täte ich eher Verzicht als auf Ihre Briefe. Es ist auch wohl Ihr Ernst nicht, dass Sie es an mich richten wollten? Sonst müsste ich Sie für einen recht grausamen Mann halten, und der sind Sie nicht.

B. [Baron] von B. [Bender? Birkenstock?] ist ein ganz guter Mann, und würde sich leicht zu einem der besten Männer bilden, wenn er beständig in guter Gesellschaft wäre. Vor seiner Reise nach England und Frankreich hat er mir besser gefallen, als jetzt. Sie wissen wohl schon die Absicht dieser Reise? dass er sich eine Frau sucht. Wenn K. [Kuntzsch] eine schöne vernünftige Schwester hätte, so könnte er sie nicht besser versorgen. Auf Geld sieht er nicht, sonst würde er wohl in Hamburg hängen bleiben. So aber glaube ich es nicht, denn ich kenne dorten keine Person, die die Vorzüge hat, die er fodert. Mir ist es lieb, dass Sie ihn gesprochen, so hat er doch die Komplimente, so ich ihm beim Abschiedsschmaus an Sie mitgegeben, ausrichten können.

Von meinen Kindern habe ich durch einen, der sie kürzlich gesehen, die besten Nachrichten, und so auch von Madam Sch. [Schmidt]; diese hat mir einen sehr muntern Brief geschrieben, woraus ich urteilen muss, dass Sie recht vergnügt ist, was mich ungemein freut. Unter den Neuigkeiten, die sie mir meldet, ist auch diese: dass Madam Schl. Witwe geworden. Möchten doch alle üble Ehen sobald getrennt werden! Hierbei fällt mir unser guter Zink ein. Von dem schreibt sie mir, er sei schon so gut als tot.

Leben Sie nun recht wohl, und lassen Sie mit diesem alten Jahre allen Ihren Verdruss fahren. Aber schreiben Sie mir auch, dass Sie es getan, damit ich mich mit Ihnen freuen kann, so wie ich mich jetzt mit Ihnen betrübe. Ich bin auf immer

Ihre aufrichtigste Freundin

E. C. K.

122 *Wien, den 26. März 1774*

Mein lieber Freund!

Bald muss ich denken, dass Sie ganz und gar auch mich vergessen, sonst wäre es wohl nicht möglich, dass Sie ganze vier Monate verstreichen ließen, ohne eine Zeile an mich zu schreiben. Schon längst hätte ich mich um die Ursache dieses Stillschweigens erkundigt, wenn nicht eben dieses Stillschweigen und eine gewisse Periode in Ihrem letzten Brief den Verdacht bei mir erweckt hätten, als wären Nachrichten von mir Ihnen vielleicht so unwillkommen, als willkommen mir die Ihrigen sind. Und ungeachtet dieser Argwohn noch nicht gehoben, so kann ich es doch nicht länger anstehen lassen. Ich muss wissen: was Sie machen und wie Sie sich befinden? ob Vergnügen oder Missvergnügen Sie abgehalten, so lange nichts von sich hören zu lassen! Im erstern Fall will ich Ihnen gerne vergeben, allein nicht im letztern. Denn Sie müssen nicht missvergnügt sein – wenigstens nicht auf so lange, als Sie es nun bereits sind; und denn so glaube ich auch, einen gegründeten Anspruch auf Ihr Vertrauen machen zu dürfen, und fände mich darum beleidiget, wenn Sie mir deswegen nicht schrieben, weil Sie mir nichts Angenehmes zu schreiben hätten. Wie lange hätte ich denn von meiner Seite die Korrespondenz unterbrechen müssen. Ich habe Ihnen wenig oder gar nichts Angenehmes zu sagen gehabt, und bin auch noch jetzt in einer Lage, dass ich nicht weiß, woran ich bin. Zwar habe ich dermalen einen Abnehmer für die Seidenfabrik, allein er fodert Begünstigungen vom Hofe, von denen ich noch nicht weiß, ob ich Sie erhalten werde?

Ich bin bereits vor drei Wochen darum eingekommen, es hat mich aber vor vierzehn Tagen ein Fieber befallen, das mich verhinderte, der Sache nachzugehen. Jetzt bin ich Gottlob! wieder auf der Besserung und werde also, womöglich, künftige Woche die fatale Beschäftigung vornehmen, Reverenze zu machen. Wenn diese ihren Endzweck erreichen, so bringe ich es wenigstens so weit, dass meine Verwandten ohne Schaden bleiben, das ist das Einzige, wornach ich jetzt strebe. Wie es mir ergehen wird, darauf denke ich nicht. Nicht aus Unbesonnenheit, sondern weil ich rasend würde, wenn ich diesem Gedanken öfters nachhinge. Er kömmt mir auch nur selten, und ich danke Gott, dass ich es so weit gebracht habe. Mein Schwager hat, seinem letzten Briefe nach, wohl ein Vergnügen gehabt, warum ich ihn beneide; nämlich dieses: Sie zu sehen. Ob er Ihnen gesagt, dass ihm mein Heidelberger Bruder die erste Stelle beim Mannheimer Lotto, die sehr einträglich sein soll, verschaffen will, und ob er Lust hat, sie anzunehmen, verlangt mich zu hören. Ich besorge, ich besorge, dass sein Hang für Hamburg ihn abermal eine Sottise begehen macht. A propos von Mannheim, wissen Sie denn schon, dass der Kurfürst verschiedene geschickte Gelehrte beruft, um die Heidelberger Universität damit zu zieren? und zwar sieht er nicht auf die Religion. Man hat mir keinen genannt, als meinen Bruder, dem man nun zum zweiten Mal den Antrag macht, den er aber sicher nicht annehmen wird; es wäre denn, dass er glaubte, die Vaterlandsluft sei seiner Gesundheit zuträglicher. Ich wünschte es zwar, weil es nun das Ansehen hat, als ob auch ich darinnen leben müsse. Hätten Sie nicht auch Lust, dorten eine Professur anzunehmen? Wenn das wäre, so müssen Sie mir nur sagen, wie und auf was Art, so wollte ich die Anleitung dazu geben, und der Prof. M. [Mayer], dessen Sie sich erinnern werden, würde mit Vergnügen die Hand dazu bieten. Wirklich habe ich im Ernste darauf gedacht, wie ich nur vom Bruder hörte, dass man auf geschickte Männer sänne, die man berufen wolle, und habe ihn auch sogleich gefragt: von welcher Gattung man sie suchte? worüber er mir vermutlich in einigen Tagen Antwort geben wird. Vielleicht lachen Sie über meinen Einfall; allein er wäre so uneben nicht, wenn Sie ihn genehmigten und er erfüllet würde. – Es ist doch rühmlich vom Kurfürsten, dass er die Schätze der Jesuiten so nützlich zu verwenden sucht. Aus dem Überschuss von ihren Einkünften sollen die Salaria bestritten werden.

Die hiesige Schaubühne wird den zweiten Ostertag mit einer neuen Tragödie von Staatsrat Gebler eröffnet. Vermutlich hat er sie Ihnen schon geschickt; ich weiß nicht einmal, wie sie betitelt ist, so wenig bekümmere ich mich um das Theater. Weil es Schande gewesen wäre, so lange hier gewesen zu sein, und kein Noverrisches Ballett gesehen zu haben, habe ich das letzte, so er gegeben, die *Horazier*, mit angesehen, und muss gestehen, dass es mir gefallen hat, aber noch weit mehr gefallen haben würde, wenn alles harmoniert hätte. Das Theater hatte nicht Raum genug, und dann so stachen die Dekorationen mit der Kleidung, die sehr prächtig war, so sehr ab, dass es anstößig war.

Das Spaßhafteste war das Lärmen nach dem Beschlusse, wo Parterre und Galerie mit heller Stimme eine Viertelstunde lang Noverre, Noverre! rief, bis er sich endlich zeigte, und einen Bückling machte. Wäre er nicht erschienen, ich glaube, sie hätten das Theater gestürmt. Ich habe mich nicht wenig gewundert, dass in Gegenwart des Kaisers ein solches Getöse entstand.

Um nun von einem braven Mann auf einen Stümper zu kommen, auf S. [Sonnenfels], so kann ich Ihnen sagen, dass der nun vollkommen unterrichtet sein wird, wie Sie von ihm denken, denn Müller, der Akteur, mit dem Sie von ihm gesprochen, hat getreulich der ganzen Stadt erzählt, wie Sie sich über ihn ausgedrückt, und S. [Sonnenfels] hat zu viel Überträger an der Hand, als dass es ihm nicht zu Ohren gekommen sein sollte. Wiewohl er gegen mich sich noch nichts hat merken lassen.

Was machen die jungen Eheleute, Prof. Z. [Zachariä], E. [Ebert] und Kammerherr K. [Kuntzsch]? Sind sie vergnügt, und geben sie dem Prediger was zu verdienen? Machen Sie ihnen bei Gelegenheit meine Empfehlung. Um was ich Sie nochmals auf das dringendste bitte, ist: dass Sie mich nicht länger auf Briefe warten lassen, die mich Ihres Wohlseins, Ihrer Zufriedenheit und Freundschaft versichern, sonst werde ich nicht länger bleiben

Ihre beste Freundin

E. C. K.

123 *Wolfenbüttel, den 8. April 1774*

Meine Liebe!

Bei allem, was heilig ist! wenn ich die ganzen langen vier Monate, in denen ich nicht an Sie geschrieben, einen einzigen vergnügten oder nur ruhigen Tag gehabt hätte, so könnte mir selbst mein Stillschweigen nicht anders als sehr *schurkisch* vorkommen. Das wäre der wahre Ausdruck dafür! Und nun, wollen Sie mich noch für schuldig halten? Verwünscht sei jedes Wort, das Ihnen in meinem letzten Briefe zu dem geringsten Verdachte Anlass gegeben! Aber daraus sehen Sie auch, wie dumm und unbesonnen ich in den Tag hinein schreibe und rede, wenn ich das Herz voll Verdruss und Galle habe. Was kann ich denn besser tun, als dass ich meine Raserei nur in der Stille abwarte, und keinem Menschen damit beschwerlich falle? Aber Ihnen sollte ich es doch sagen. Sie? Gerade Ihnen am wenigsten. Und wahrlich, ich schriebe Ihnen noch nicht, wäre nicht ein einziger Umstand in Ihrem Briefe, auf den ich zu jeder andern Zeit gewiss nicht geachtet hätte. Nämlich der mit Heidelberg.

Was Sie mir davon melden, ist mir ganz neu; und ich wünschte allerdings, dass man mit auf mich einiges Absehen haben wollte. Denn hier ist es länger nicht auszuhalten. Es wird von Tag zu Tag schlimmer, und die bereits seit anderthalb Jahren verkümmerten Salaria werden es gewiss mit nächsten noch mehr werden. Von dem Erbprinzen, wie ich ihn nunmehr kenne, wenn er heute oder morgen zur Regierung kommen sollte, kann ich mir gewiss versprechen, dass er die ganze Bibliothek mitsamt dem Bibliothekar lieber verkaufen wird, sobald sich nur ein Käufer dazu findet. Aber, wie ist es anzufangen, dass man dort an einen Mann denkt, dessen Namen man vielleicht nicht anders, als in der Komödie gehört hat? Die verwünschte Komödie! Zwar erinnere ich mich des Prof. Mayers sehr wohl. Als er mich auf seiner Rückreise hier besuchte, äußerte er sogar, dass man mich zu Mannheim zu haben wünschte oder gewünscht hätte. Allein an ihn nun zu schreiben? Mich anzubieten? Ich würde mit mehrerer Freudigkeit in den Tod gehen. Und zu was sollte ich mich auch anbieten? Ein Mensch, wie ich, wenn er sich anbietet, scheint überall sehr überflüssig zu sein; wenigstens mag man ihn nicht anders, als so wohlfeil haben wie möglich. Dieses bei Seite gesetzt, ist Ihr Einfall allerdings sehr gut. Und ich habe nicht darüber gelacht, meine Liebe. Ich würde mich im Ernst darüber haben freuen können; wenn ich es nicht verschworen hätte, mich jemals wieder auf Hoffnung zu freuen. Wissen Sie indes unter der Hand etwas dabei zu tun: so haben Sie alle

Vollmacht; und ich bitte Sie recht sehr darum, mir es wenigstens zu schreiben, was Sie mehr von der Sache hören sollten.

Ihren Herrn Schwager habe ich nicht gesehen. Denn Sie meinen doch, dass er hier durchgereiset sein dürfte? Wenn er in Hamburg zu bleiben wünscht, so wünschen sich andere umso mehr heraus. Wie es unserm Sch. [Schmidt] geht, werden Sie vermutlich schon wissen. Das Herz will mir zerspringen, wenn ich besonders an sie und die Familie denke. Er mag freilich wohl nicht so in allen Dingen zu entschuldigen sein. Aber K. [Knorre] hat auch an ihm gehandelt – wie – wie K. [Knorre]. Was kann ich Schlimmers sagen?

Der Staatsrat von Gebler hat mir seine neue Tragödie nicht geschickt. Und vermutlich wird er mir sie auch nicht schicken; weil ich ihm auf solche Geschenke den Dank schuldig zu bleiben pflege. S. [Sonnenfels] mag es immer wissen, wie ich von ihm denke; ja ich habe Müllern sogar gebeten, es jedermann zu sagen, wie ich von ihm denke. Es ist mir sehr lieb, dass er es getan hat.

Unsere neu verheirateten Freunde verhalten sich, wie Sie wohl erraten können. E. [Ebert] und Z. [Zachariä] sehr untätig; aber der K. [Kammerherr v.] K. [Kuntzsch] geht mit seiner Frau, die guter Hoffnung ist, morgen auf seine Güter nach Sachsen, wo sie niederkommen soll und er wenigstens sechs Monate bleiben wird. Auch dieses, dass ich ihn nicht mehr in Braunschweig weiß, ist mir sehr unangenehm. Ich verliere an ihm den einzigen Freund, gegen den ich mich wenigstens auslassen konnte.

Nun leben Sie recht wohl, meine Liebe; und lassen Sie mich es bald wieder wissen, dass doch wenigstens noch eine Seele auf der Welt lebt, der ich nicht gleichgültig bin. Ich bin

ganz der Ihrige

L.

124 *Wien, den 11. Mai 1774*

Mein lieber Freund!

So habe ich denn keine angenehme Nachrichten mehr von Ihnen zu erwarten! Immer Klagen! Ich bedaure Sie herzlich, und wahrhaftig mehr als mich selbst. Wollte Gott! ich könnte zu Ihrer Zufriedenheit was beitragen. Angelegener würde ich mir in der Welt nichts mehr sein lassen. Seitdem ich Ihnen geschrieben, habe ich von Heidelberg keine Zeile erhalten; auch nicht von dem Professor aus Utrecht. Ich weiß nicht, hat er den Beruf angenommen oder nicht? Werden mehrere Gelehrte, und von welcher Gattung, nach Heidelberg berufen oder nicht? Kurz, ich weiß nichts. Wäre ich gegenwärtig, so sollte es mich wenig kosten, Ihre Wünsche zu erfüllen, wenn anders der Antrag so ist, wie man ihn mir erst gemeldet. So aber meinem Bruder darüber zu schreiben, ohne zu wissen, wozu Sie sich eigentlich verwenden möchten, kann ich nicht, und möchte es aus verschiednen Ursachen nicht tun. Ich wünschte, Sie hätten sich näher erklärt und bestimmter gesagt: welche Professur Sie übernehmen möchten. Noch lieber wäre mir, wenn Sie an meinen Bruder, den Professor, schrieben, und sich bei ihm erkundigten, ob man wirklich einen Mann von Ihrer Gattung nach Heidelberg suchte? Er wird Ihnen nicht allein die bestimmteste Auskunft geben; sondern auch, wenn was für Sie zu tun wäre, die Sache, wie seine eigene, betreiben; Sie in Vorschlag bringen, und sich überhaupt mit dem größten Nachdrucke verwenden. Auf seine Verschwiegenheit dabei können Sie sicher zählen. Er ist überhaupt ein so redlicher Mann, dass Sie sich ihm ohne Bedenken anvertrauen können. Wenn Sie wollen, können Sie ihm auch sagen: dass Sie die Nachricht von mir hätten. Ich habe ihm zwar seit dem Brief, den Sie noch in Händen haben, keine Zeile von Ihnen geschrieben. Wenn es so elend in B. [Braunschweig] steht, und die Aussichten für Sie noch schlechter sind, wenn der E. [Erb-] P. [Prinz] zur R. [Regierung] kommt, so wären Sie allemal, auch bei einem mäßigen Gehalt, doch besser an jedem andern Orte.

Ich muss jetzt, meiner Umstände wegen, einen ganz neuen Plan entwerfen, indem Veränderungen im Kommerzialwesen vorgefallen sind, die meinen alten Plan gänzlich unbrauchbar machen. Nunmehr weiß ich wieder gar nicht, wenn und wie ich von hier komme. Ich möchte rasend werden! mehr aber meiner Geschwister als meinetwegen. Wären nur die beruhigt, mir möchte es dann gehen, wie es immer wollte.

Die Nachricht wegen Sch. [Schmidt] war mir ein Donnerschlag. Ich wusste nichts davon, und weiß auch eigentlich noch nicht, worin das Unglück, so sie betroffen, besteht. Freilich kann ich erraten, dass ihre Umstände schlecht sein müssen, doch erwarte ich, dass der Frauen Vermögen gerettet sein wird. Ich erbitte desfalls eine umständlichere Nachricht von Ihnen. Dass K. [Knorre] zu ihrem Unglücke beigetragen, ist abscheulich. Ob ich gleich ihm wenig Menschenliebe zutraue, so hätte ich mich doch dessen nicht zu ihm versehen, dass er bei so alten Bekannten nicht Nachsicht gebrauchen sollte. Wie wenig beneide ich den Mann um sein Geld, wenn seine Gemütsart so ist!

Geblers Stück, *Tamos*, hat den größten Beifall hier erhalten. Ob es ihn verdient, weiß ich nicht. Ich habe es weder gesehen noch gelesen. Sie tun nicht wohl, dass Sie den Mann so vernachlässigen. Ausgenommen seine Eitelkeit, hat er recht viele gute Eigenschaften. Er ist ein dienstfertiger und treuer Freund. Binnen vierzehn Tagen werde ich einen merkwürdigen Auftritt hier erleben; den Einzug des türkischen Interims-Nuntius.

Er ist bereits auf hiesigem Boden; allein er reist so gemächlich, dass er alle Tage nur zwei Meilen macht. Man wird froh sein, wenn sich dieser Gast bald wieder empfiehlt. Er kostet dem Hofe, ohne Logis und Lebensmittel, täglich hundert Dukaten, von dem Tage an, da er die hiesigen Lande betrat. Der Ratsherr V. [Voght] müsste Hofmarschall sein. Hier könnte er seine Komplimente besser anbringen, als bei der Herzogin von Meklenburg; er dürfte nur statt dem *schon*, *nur* gebrauchen. Nun, mein liebster Freund, leben Sie recht wohl, und schreiben Sie mir ja recht bald wieder. Niemand auf der Welt ist so sehr Ihre Freundin, als

Ihre ergebene

E. C. K.

125 *Wien, den 13. Juli 1774*

Mein lieber Freund!

Den Überbringer dieses empfehle ich Ihnen als einen rechtschaffenen Mann. Es ist der Herr von Herrmann aus Straßburg, der nach Petersburg gehet, um den Prinzen Daschkow abzuholen und ihn auf seinen Reisen zu begleiten. Seit drei Monaten hatten wir verabredet, die Reise nach Hamburg zusammen zu machen. Noch bin ich aber leider nicht so weit, und muss also zurückbleiben. Urteilen Sie, wie sauer es mir ankommen muss, auch nur diese wenige Zeilen zu schreiben, die ein Mann überbringt, den ich Ihnen so sicher selbst vorzustellen dachte. Ich hoffe, er trifft Sie gesund. Von Sch. [Schuback] und meinen Kindern hat er mir versprochen Nachricht zu erteilen. Ich erwarte sie mit Ungeduld und wünsche nur, dass sie zu meiner Zufriedenheit ausfallen möge!

Leben Sie wohl, bester Freund! Ich bin
Ihre ganz ergebene

E. C. K.

126 *Wien, den 28. Dezember 1774*

Wie ist es möglich, wie ist es nur immer möglich, mein lieber, bester Freund, dass Sie mir in so vielen Monaten auch nicht eine Zeile schrieben. Vergebens schicke ich täglich, in der Erwartung eines Briefes von Ihnen, auf die Post. Niemals kommt einer. Haben Sie sich vielleicht vorgenommen, gar nicht mehr an mich zu schreiben; so melden Sie mir wenigstens das, damit ich mich nicht mit vergeblichen Hoffnungen quäle.

Wenn mir nicht der Herr von Herrmann angezeigt hätte, dass er Sie vergnügt und gesund gesehen habe, so wäre ich besorgt, Sie müssten krank sein; so aber weiß ich nicht, was ich denken soll. Zuweilen kann ich mich nicht erwehren, wunderliches Zeug zu denken. Dem sei nun aber wie ihm wolle, so weiß ich doch, und bin es fest überzeugt, dass Sie Teil an meinem Schicksale nehmen, und sich also freuen werden, wenn Sie hören, dass ich endlich der größten Bürde, der Seidenfabrik, los bin, und zwar zu bessern Bedingungen, als ich niemals geglaubt. Käme ich von der Spallierfabrike eben so, so könnte ich von Glück sagen. Daran zweifle ich aber, zumal weil ich mich damit nicht lange aufhalten, sondern sie dem ersten Besten losschlagen werde. Ich würde vielleicht am Ende doch eben das verlieren, und noch obendrein unnützes Geld verzehrt haben. Und mich plagt das Heimweh, so wie es mich noch nicht geplagt hat. Seit vier Wochen kam die Marter noch dazu, dass ich mir oft vorstellen musste, weder Sie noch meine Kinder jemalen wiederzusehen, weil ich solche Zufälle hatte und leider noch heute gehabt habe, die mich einen Schlagfluss vermuten ließen. Diese Abend befinde ich mich etwas leichter, und setze mich deswegen auch gleich nieder, an Sie zu schreiben, was ich schon vier Wochen lang tun wollte, nämlich, solange ich der Fabrik los bin.

Alsdenn hätte ich Ihnen aber nur *eine* gute Zeitung mitteilen können, da ich jetzt noch eine zweite habe, diese ist: mein Oheim, dem ich zehntausend Gulden nebst vierjährigen Interessen schuldig bin, hat dem Herrn Sch. [Schuback] ein Dokument zugestellt, worin er meinen Kindern die ganze Schuld schenkt, doch gehört es nur den Kindern solange, bis niemand mehr an mich zu fodern hat, alsdann aber bin ich die Eigentümerin davon. Ist das nicht ein großmütiges Betragen von einem Manne, der Kinder hat! Herr Sch. [Schuback] hat ihn selbst auf seiner Reise gesprochen, der schreibt mir: er habe sich ganz besonders gütig über mich ausgedrückt, und eine väterliche Liebe gegen mich geäußert. Er zeigt es auch tätig, dass er mich liebet. Gott segne ihn dafür! Sehen Sie, mein Freund, wie viele Ursachen ich hätte, vergnügt zu sein, und doch bin ich es wider meinen Willen nicht. Die heitern Augenblicke treffen sparsam bei mir ein. Ich stelle mir vor, der viele Verdruss, den ich vier Monate lang gehabt, (denn mir drohte ein Prozess, und ich weiß nicht was alles), hat so viel Übels sich bei mir sammeln lassen, dass ich lange zu tun haben werde, ehe ich wieder zurechte komme. Der Reisewagen könnte wohl das Beste bewirken, wenn der erst angespannt vor der Türe stände. Ich brauche auch China über China, damit ich nur die Krämpfe aus dem Kopfe bringe, dass die mich nicht aufhalten, wenn ich etwan fertig würde. Ich rechne, Sie zu eben der Zeit wieder zu sehen, in welcher ich Sie vor drei Jahren verlassen habe. Wie werde ich mich freuen, wenn ich Sie gesund und vergnügt finde? Aber werden Sie sich denn auch freuen? Die Frage sollen Sie mir eben nicht geradezu beantworten; daraus will ich es nur abnehmen, wenn Sie mich nicht länger ohne Briefe lassen.

Herr von Herrmann schrieb mir: Sie wünschten die Briefe zu haben, die zwischen Noverre und Angelino gewechselt worden. Bis jetzt habe ich mich vergebens darum bemühet; ich denke, sie aber doch noch zu erhalten, und bringe sie Ihnen selbst, weil für die kurze Zeit es nicht der Mühe wert wäre, sie voraus zu schicken. Wollten Sie sonst noch was haben, so melden Sie es mir. Ehe ich es vergesse, muss ich Sie noch bitten, mir zu sagen: ob unser K. [Kammerherr] von K. [Kuntzsch] noch in Dresden ist? Ich wünschte, diesen Ort nicht zu passieren, ohne ihn zu sehen, und seine Frau kennen zu lernen, wenn er noch da wäre. Nach unserer lieben Sch. [Schmidt] muss ich Sie auch fragen; denn mein Schwager ist der trägste und unempfindlichste Mensch. Ihr Unglück hat er mir gemeldet, aber auch weiter mit keinem Worte, wie es ihr gehet. Möchte sie doch auch so großmütige Verwandten haben, wie die meinigen sind! Vermutlich treffe ich sie in Leipzig. Wie wird es mir sein, wenn ich sie sehe! da mir schon das Herz blutet, wenn ich nur an sie denke. Ist denn ihr Mann so ein elender Mensch, wie mir ihn K. [Knorre] schildert? Sogar die Frauenkleider habe er mitgenommen, schreibt er mir. Ich denke doch nicht. Nur unbesonnen und leichtsinnig stelle ich ihn mir vor.

Leben Sie wohl, bester Freund, und treten Sie das neue Jahr so vergnügt und gesund an, als es Ihnen wünscht

Ihre ganz von Herzen ergebene

E. C. K.

127 *Wolfenbüttel, den 10. Januar 1775*

Ja wohl, meine Liebe, würde ich selbst nicht begreifen, wie es möglich gewesen, dass ich in so langer Zeit nicht an Sie schreiben können, wenn ich nicht von einem Tage zum andern mich gar wohl zurück erinnern könnte, wie es unterblieben. Vorigen ganzen Sommer habe ich mich mit dem Fieber geschleppt: aber doch hatte das Fieber nur wenig Schuld. Hätte ich Ihnen eine einzige kleine eben nicht angenehme, nur nicht eben sehr unangenehme Nachricht von mir geben können: so würde ich gerade während dem Fieber die beste Zeit gehabt haben, es zu tun. Aber Ihnen, meine Beste, den Kopf noch wüster zu machen, mit Dingen, die ich selbst gerne aus meinem Kopfe hätte, und an die ich doch notwendig denken muss, wenn ich an Sie denke: wenn ich das auch in der größten Hitze des Fiebers gekonnt hätte, ich würde mich selbst verachten. Wollte ich mich noch jetzt nur einigermaßen weiter darüber erklären: so käme sicherlich auch dieser Brief nicht zu Stande; und der soll doch zu Stande kommen. Gott sei Dank, dass ich Sie also allmählich wieder auf dem Wege zur Ruhe weiß. Diese drei Jahre waren ein garstiger Traum für Sie; aber wirklich, man muss selbst so gut sein als Sie, und ebenso guten Leuten angehören als Sie: wenn das Schlimmste endlich doch nur ein Traum gewesen sein soll. Wie sehr fürchte ich, dass dieses gar nicht der Fall von unsrer armen Sch. [Schmidt] ist; denn wenn es ihr für ihre Person auch schon an Entschlossenheit und Standhaftigkeit nicht fehlen möchte: so hat sie sich doch von den Ihrigen nur sehr schlechte Hilfe zu versprechen. Hilfe höchstens; aber Hilfe ohne Mitleiden. Und was ist das für eine unerträgliche Hilfe! Noch ist sie in Hamburg, und denkt gegen Ostern nach K. [Kopenhagen? Kiel?] zu gehen, wo sich ihr Mann aufhält, und seiner Art nach Projekte macht, denen er nicht gewachsen ist. Indessen sieht er, wie er sich durchhilft; und er hat Gelegenheit gehabt, auch mich in nicht geringe Verlegenheiten zu verwickeln. Ob er so schlecht ist, als ihn K. [Knorre] beschreibt, daran will ich lieber noch zweifeln. Unglück kann zu vielem bringen: und wer von ihnen beiden ohne seinen Nachteil großmütig hätte handeln können, das weiß ich. –

Den K. [Kammerherrn] von K. [Kuntzsch] werden Sie mit seiner Frau hier finden. Er ist glücklich, da seine Frau ein sehr gutes Kind ist, das ihn herzlich liebt. Zachariä hat ein großes Haus angelegt, und nimmt junge Russen mit ihren Hofmeistern bei sich in Pension. Ich denke, dass er sich bei dieser Lebensart nicht übel befinden soll: denn seine Frau versteht wenigstens alles was dazu gehört. Um die Possen zwischen Angelino und Noverre bemühen Sie sich nur gar nicht. Die Programme des letztern zu seinen Balletten habe ich wohl einmal zu haben gewünscht: aber was sonst zwischen ihnen vorgefallen, geht mich gar nichts an. –

Sie wollen es selbst nicht, meine Liebe, dass ich es Ihnen mit Worten viel beteuern soll, wie sehr ich mich freuen werde, Sie wieder zu sehen. Wenn ich anders noch weiß, was sich freuen heißt! Gesund werden Sie mich finden, und gesünder, als ich leider! vermuten darf, Sie zu finden: ich scheine also auch meinen Bekannten so vergnügt, als man nur sein kann. Aber Gott gebe, dass sie nicht einmal sagen mögen: wir haben uns schrecklich mit ihm betrogen. So weit bin ich schon, dass ich sehe, alle mein Kummer, alle meine Bemühung, mich aus den verwünschten Umständen zu setzen, ist vergebens. So geschehe denn, was geschehen soll! Entziehen Sie mir nur, meine Liebe, Ihre gute Meinung nicht: und wenn das nämliche auch noch von einigen andern Personen, die ich schätze und liebe, hoffen darf: so bin ich zu allem sehr gefasst. –

Nun leben Sie von einem Tage zum andern immer vergnügter und gesünder. Das Schlimmste ist überstanden. Aber Sie melden es mir doch noch, wenn Sie hier durchzukommen gedenken! sonst könnte es leicht kommen, dass ich abwesend wäre.

Ihr ganz ergebenster

L.

128 *Wien, den 16. Februar 1775*

Mein liebster Freund,

anstatt ich glaubte, in diesen Tagen Sie zu umarmen, muss ich Ihnen sagen, dass ich seit meinem Letzten, keine Stunde gesund gewesen, und es auch noch nicht bin. Doch bessert es sich. Vor drei Tagen wäre ich noch nicht im Stande gewesen, nur eine Zeile zu schreiben. – Ihr Brief hat mir viel Kummer gemacht, weil ich aus demselben schließe, dass Sie immerfort missvergnügt sind, und leider! wohl auch Ursache dazu haben. Warum sagen Sie mir aber nicht die Ursache! Sie wäre ja vielleicht noch zu heben. Mündlich hoffe ich, mehr Vertrauen bei Ihnen zu finden. Wer weiß zwar, ob ich Sie auch wohl zu sprechen bekomme, weil Sie eine Reise vorhaben, und meine Umstände noch nicht so sind, dass ich meine Abreise so bestimmen könnte. Ich habe noch viel zu tun, denn alles ist liegen geblieben. Sollten Sie verreisen, so bitte ich, mir die Freundschaft zu erweisen, es mir zu melden, damit ich alsdenn einen andern Weg als über Braunschweig nehme. Denn dahin zu kommen, und Sie nicht zu finden, könnte eben keine gute Folgen für mich haben. Eben war mein rechtschaffener Doktor der Herr von Haen bei mir, und hat mich versichert, dass es sich jetzt recht geschwinde bessern würde, und ich noch vor Ostern zu Hause sein könnte. In Nervenzuständen lässt sich eben nicht so leicht was bestimmen. Indes will ich es zu meiner Beruhigung glauben. Ich wende meinerseits alles an, um es dahin zu bringen – täglich brauche ich für zwei Reichstaler Medizin. Sagen Sie niemanden was von meiner Krankheit, damit es nicht etwan nach Hamburg kömmt, dass ich so übel gewesen bin. Meine armen Kinder würden sich nur betrüben. Sie werden so schon in Sorgen gewesen sein, weil ich so lange nicht habe schreiben können.

Leben Sie wohl, bester, liebster Freund, und erhalten Sie mich in Ihrer Freundschaft, die mir über alles schätzbar ist. Wenn Sie einiges Mitleiden mit mir haben, so schreiben Sie mir bald. Ich bin unausgesetzt

Ihre ganz ergebene

K.

129 *Berlin, den 7. März 1775*

Meine Liebe!

Die Nachricht von Ihrer Krankheit würde mich unendlich beunruhiget haben, wenn Sie mir nicht zugleich Ihre Hoffnung gemeldet hätten. Hat es also mit dieser seine Richtigkeit: so ist es ein Glück für mich, dass jene sich eben jetzt eingestellt hat. Denn wenn Sie bei völliger Gesundheit Ihre Rückreise bereits angetreten hätten: so würde ich Sie, allem Ansehen nach, verfehlt haben, welches mir nun wohl nicht arrivieren soll. Wie Sie sehen, schreibe ich Ihnen dieses nämlich aus Berlin, wo ich nur noch einige Tage bleibe, um von da nach Dresden zu gehen, wo ich mich ebenfalls höchstens acht Tage aufhalten werde. Und wo meinen Sie, dass ich alsdenn hinzugehen gedenke? Wenn Sie nur noch vier Wochen in Wien bleiben: so habe ich das Vergnügen, Sie in Wien zu sehen. Oder vielmehr: ich bitte Sie, meine Liebe, da Sie sich so lange in Wien aufgehalten haben, dass Sie sich mir zu Liebe, auch noch diese kurze Zeit daselbst verweilen wollen. – Indes schreibe ich Ihnen, – um Sie völlig von meiner Seite zu beruhigen – von dieser abenteuerlichen Reise jetzt nur soviel, dass ich eigentlich noch immer in Wolfenbüttel bin, und auch wirklich wieder dahin zurückzukehren gedenke, und dass ich also in Wien nichts suche, was Sie im geringsten meinetwegen verlegen machen könnte. Ich bringe von dem hiesigen kaiserlichen Gesandten, dem Herrn von Swieten, zwar eine Menge Empfehlungsschreiben mit: aber ich habe es ihm auch schon selbst erkläret, dass ich einen nur ganz gemeinen Gebrauch davon zu machen gedächte, indem er versichert sein könnte, dass mich nichts als meine partikulären Angelegenheiten dahin zögen. – Und nun habe ich keine Zeit, Ihnen auch nur ein Wort mehr zu schreiben. Aber von Dresden aus schreibe ich Ihnen zuverlässig noch einmal, und will allda noch eine Antwort von Ihnen erwarten, die ich Sie in die Walthersche Buchhandlung zu adressieren bitte. In vierzehn Tagen, meine ich, kann diese Ihre Antwort dort sein, und so lange wenigstens wird es doch wohl dauern, ehe ich mich auf den Weg nach Wien machen kann. Wie sehr ich mich freue, Sie endlich wieder zu sehn, meine Liebe, brauche ich Ihnen nicht zu sagen. Gott gebe nur, dass ich Sie recht gesund finde! Ich umarme Sie auf das innigste, und bin zeitlebens, wie es auch immer mit mir werden mag, einzig

der Ihrige

L.

130 *[Wien, 15. März 1775]*

Mein liebster Freund,

ich habe nur eben eine halbe Viertelstunde Zeit, wenn ich mit heutiger Post Ihnen sagen will, wie sehr ich mich freue, Sie zu sehen; und doch wollte ich die heutige Post nicht um vieles versäumen. Denn ich muss Sie inständigst bitten, Ihren Aufenthalt in Dresden zu verkürzen, und lieber dasige Geschäfte

bis zum Rückwege zu versparen. Ihnen zu Gefallen bliebe ich gerne hier; denn was täte ich Ihnen nicht zu Gefallen? Allein ich habe erst gestern die Erinnerung vom Herren Sch. [Schuback] erhalten, dass nun Ostern die Pension meiner Kinder aufgekündigt sei. Dieserwegen muss ich trachten um diese Zeit zu Hause zu sein. Ich sehe zwar noch nicht, wie ich bis dorthin fertig werden. Meine Sachen stehn just so, dass ich sie in vierzehn Tagen, vielleicht aber auch erst in vier Wochen endigen kann. Indes je eher Sie hieher kämen, je lieber wäre es mir. Wir könnten aldenn die Rückreise so zusammen machen. Gott, wenn mir dieser Wunsch gewährt würde! Noch ist mirs wie ein Traum, dass ich das Vergnügen haben soll, Sie hier zu sehen. Ich umarme Sie indes tausendmal in Gedanken, und erwarte die Erfüllung Ihres Versprechens, mir von Dresden aus zu schreiben, ganz gewiss. Leben Sie wohl, bester Freund, ich bin ganz
die Ihrige

K.

Ich logiere jetzt in der Stadt im Regenspurger Hofe im zweiten Stock bei Herr von Luz, dass Sie ja keine Minute in Wien sind, ohne mich es wissen zu lassen.

131 *Wien, den 17. März 1775*

Mein lieber Lessing!
Eben höre ich, dass der Brief, den ich ehegestern an Sie abgeschickt habe, nun mit dem heutigen zugleich ankömmt, und da es mir mehrmalen arriviert ist, dass Briefe, die nicht am ordentlichen Posttage abgegeben werden, später und wohl gar nicht angekommen sind, so will ich lieber noch einmal schreiben, und die Versicherung wiederholen, dass keine Freude größer sein kann, als die, so ich empfinde, wenn ich denke, meinen besten Freund in wenig Tagen zu sehn. – Wochen! muss ich zwar sagen – Ihre Sehnsucht möchte denn der meinigen gleichen, dass Sie Ihren Aufenthalt in Dresden abkürzten, und darum bitte ich Sie inständigst, wenn es nur immer möglich ist. Ich möchte gar zu gern die Rückreise in Ihrer Gesell-

schaft machen. Wüsst' ich die Absicht Ihrer Reise, so könnte ich erraten, ob ich mir auf dieses Vergnügen Hoffnung machen dürfte; aber so will ich mir so viel möglich diesen Gedanken noch aus dem Sinne reden; denn bei der Schwäche meines Körpers, die sich noch gar nicht geben will, laufe ich Gefahr, einem Gedanken nachzuhängen – besonders wenn er mir so sehr am Herzen liegt – der fehlschlagen könnte. Und wenn Sie etwa hier was suchten, wie leicht könnte er dann nicht fehlschlagen! In Ihren guten Willen setze ich das beste Vertrauen, dass, ungeachtet die Herren sonst nicht gerne mit Frauenzimmern reisen, Sie eine Ausnahme machen würden. Ich werde mir dagegen gefallen lassen, in Dresden, und wo Sie wollen, mich aufzuhalten. Es fällt mir eben ein, dass in der Gegend Ihre Heimat ist. Ein doppeltes Vergnügen könnten Sie mir machen, wenn Sie diese zu besuchen aufschöben, damit ich dann die Freude mit Ihnen teilen könnte, Ihre Anverwandten zu sehn. In ein, zwei Tagen wird sichs entscheiden, wie und wenn ich fertig werde. Ich wollte, dass es schon entschieden wäre, damit ich Ihnen bestimmter sagen könnte, wenn ich von hier gehe. Ein für allemal aber ist es gewiss, dass ich auf Ostern, oder wenigstens einige Tage nach Ostern zu Hause sein muss.

Die Gasthöfe sind hier so schlecht, dass, wenn Sie sich aufzuhalten denken, es nötig sein wird, ein Zimmer für Sie zu mieten. Wenn Sie das wollen, so schreiben Sie es mir; sonst aber treten Sie im Ochsen bei der neuen Maut ab. Da sind Sie am besten, und auch in meiner Nachbarschaft.

Leben Sie wohl, und reisen Sie so glücklich wie ich es wünsche! aber gewähren Sie mir auch die Bitte bald zu kommen, und vergessen Sie nicht mir aus Dresden zu schreiben. Ich bin auf zeitlebens

ganz die Ihrige

E. C. K.

Können Sie das Geschmiere auch lesen? Feder, Tinte samt der Schreiberin, taugen alle nichts.

132 *Dresden, den 24. März 1775*

Meine Liebe!

Ich danke Ihnen, dass Sie mich also noch in Wien erwarten wollen. Und wenn ich doch nun fliegen könnte! Aber so kann ich auf keine Weise eher, als übermorgen früh (den 26ten) von hier nach Prag abgehen. In Prag will ich nur einen einzigen Mann sprechen, und brauche mich also über einen Tag nicht daselbst aufzuhalten. Wie geschwind ich aber von Prag aus, mit der allergeschwindesten Gelegenheit oder Post, in Wien sein kann, werden Sie besser wissen, als ich. Wenigstens glaube ich doch wohl, wo nicht mit Ablauf des Monats, dennoch den ersten oder zweiten des künftigen Monats eintreffen zu können. – Von den Absichten meiner Reise, die nicht sowohl meine Absichten als vielmehr *Andrer* Absichten mit mir sind: von diesen mündlich. Genug, wenn ich Sie vergnügt und gesund gefunden habe: so ist mein vornehmster Wunsch erfüllt; und ich sehe nicht, was mich abhalten könnte, die Rückreise mit Ihnen zu machen, wenn Sie nur nicht schlechterdings vor den Feiertagen in Hamburg sein müssen.

Wenn Sie es nun besser und schicklicher finden, dass ich auf die 14 Tage, welche ich längstens in Wien zu bleiben gedenke, nicht in dem Gasthofe logiere, sondern ein besonderes Zimmer habe: so haben Sie die Güte, mir eines mieten zu lassen. Vors erste werde ich doch immer im Ochsen abtreten, aber Ihnen meine Ankunft sogleich wissen lassen. – Nun leben Sie bis dahin recht wohl meine Liebe, und schließen von meinem Verlangen, Sie zu umarmen, aus dem Ihrigen.

Ganz der Ihre

L.

133 *[Wien], den 31. März 1775*

Meine Liebe!

Ich hoffe, dass ich noch eher eingetroffen, als Sie mich erwartet. Urteilen Sie daraus auf meine Sehnsucht, Sie zu umarmen.

Ihrer Anweisung nach, bin ich in dem *Ochsen* abgetreten, aber es ist der *goldne Ochse*, und ohne Zweifel nicht der rechte. Haben Sie ein Zimmer für mich bestellen lassen, so haben Sie die Güte, mir es anzuweisen. Vor allen Dingen aber lassen Sie mich mit einem Worte wissen, wenn ich Ihnen nach Tische am gelegensten komme. Denn zu Ihnen muss doch notwendig mein erster Gang sein, den ich in Wien mache.

Dero ergebenster

L.

134 *Wien, den 29. April 1775*

Mein liebster, bester Freund!

Ich begleite Sie von Station zu Station mit meinen Gedanken und den besten Wünschen für Ihre Gesundheit und Zufriedenheit. Wenn aufrichtige Wünsche jemals sind erhört worden, so werden die meinigen gewiss erhört, und Sie reisen so glücklich und vergnügt, als langweilig und vielleicht traurig ich reisen werde. Denken Sie nur! an dem für mich so betäubten Abschiedstag, musste ich auch noch einen Brief von Sch. [Schuback] erhalten, worin er mir seine Abreise nach Lissabon meldet, die auf den künftigen Tag angesetzt war. Da er vor Ende Juli nicht zurück kömmt, so entschloss ich mich auf der Stelle, meinen Weg nunmehro über Heidelberg zu nehmen, wohin ich schwerlich Gesellschaft finden, und wornach ich mich auch nicht aufhalten werde, sondern, wenn, wie ich hoffe, ich mit Winklern diese Woche zu Ende komme, so reise ich Montags oder Dienstags von hier. Wien liegt mir auf dem Rükken, seitdem ich meinen besten Freund darin vermisse. Ich kann wohl mit Wahrheit sagen, die wenigen Tage, die ich mit Ihnen hier zugebracht, sind darin die einzigen vergnügten gewesen. Gott mag es Ihrem P. [Prinz] L. [Leopold] verzeihn, dass er mich um Ihre Gesellschaft gebracht hat, ich verzeihe es ihm nimmermehr. Heute habe ich mit einem schweren und finstern Kopfe etliche dreißig Abschiedsvisiten gemacht. Unter andern bei Baron Gebler, der voraussetzte, dass ich Ihnen schreiben würde, und mir also hunderttausend Empfehlungen an Sie auftrug, und zugleich die Bitte, Sie möchten ihm schreiben, und den Ort anzeigen, wohin er Ihnen antworten, und die Briefe, so für Sie kämen, schicken könnte. Diese Briefe müssen von ihm kuvertiert, und nicht bloß adressiert sein.

Dies sagte er mir, indem er sich zugleich anbot, meine Briefe an Sie zu befördern. Er hat mich beinahe auf die Folter gelegt, ihm zu sagen: ob Sie ihm auch gewogen wären? So ernstlich, ich es ihm beteuerte, so hat er doch diese Frage gewiss sechsmal wiederholt, und immer dabei gesagt: Ich bin ihm von ganzem Herzen gut, und wünsche nur, dass wir ihn hier behalten. Und ich dachte in meinem Herzen, ich wünsche es nicht; denn mein lieber Lessing schickt sich besser zu der Wolfenbüttler Bibliothek, als unter die Hofschranzen; wenigstens wird ihn jene länger unterhalten, als diese. Nicht wahr ich habe recht?

Bei de Haen bin ich heute auch gewesen. Er war betroffen, wie er hörte, dass Sie abgereist wären. Ich habe Sie auf das Beste entschuldigt, und versichert, dass Sie sich vorgenommen hätten, bei Ihrer Zurückkunft ihn zu allererst zu besuchen. Machen Sie mich nur nicht zur Lügnerin und besuchen Sie ihn gewiss. Er ist Ihnen jetzo schon so gut, was wird er nicht von Ihnen halten, wenn er Sie näher kennen lernt? Sein Äußerliches, sagte er, indem er von Ihnen redete – verrät schon den rechtschaffenen Mann und den wahren Gelehrten. – Was mir das Unangenehmste bei meinen Visiten war, ist, dass ich durchgehends hörte: Der Kaiser würde wenigstens bis Ende Juni ausbleiben. So hätte ich also wenig Hoffnung, dass Sie mich von Heidelberg abholen könnten, was ich doch so sehnlich wünschte, und zwar aus vielen Ursachen wünschte. Wenn das gar nicht angehen sollte, so seien Sie doch so gütig, liebster Freund, und schreiben es mir in Zeiten, damit ich mich nicht vergebens aufhalte. Ohne die Aussicht, Sie da zu sehen, halte ich mich schwerlich länger als vierzehn Tage in meiner Vaterstadt auf. Sie sollen die genaueste Nachricht von dem, was ich tue, hier in Wien – und zwar bei Baron Gebler – antreffen, den ich bitten werde, wenn Sie sich allenfalls sehr lange in Italien aufhalten sollten – die Briefe durch Vockelt dahin befördern zu lassen. Erinnern Sie sich nur auch fleißig an Ihr Versprechen, mir recht oft schreiben zu wollen. Mit zwei Zeilen bin ich zufrieden, die mir sagen: dass Sie wohl sind, und mich lieben; denn ich weiß wohl, dass man auf der Reise zu sehr zerstreut wird, um lange Briefe schreiben zu mögen. Eine Neuigkeit muss ich Ihnen noch melden, die heute über Tisch erzählt wurde: dass Madam E. nebst ihrem Schwager oder Bruder und der Wetzlarischen Familie sich nächstens zu der allein seligmachenden Religion bekehren würden. Der dies gute Werk bewirket, spielt dem Teufel keinen kleinen Possen, weil zwei so hübsche Frauenzimmer darunter sind, von denen er doch auch ein Liebhaber sein wird?

Baron D. beklagt sehr, dass er keine Gelegenheit gehabt hat, Sie kennen zu lernen. Baron B. ist sein Schwager. Sie würden mich recht verbinden, wenn Sie bei Ihrer Retour sich durch diesen bei ihm aufführen ließen. Er gehört unter die Zahl derer, die mir viele Freundschaft erwiesen haben, und Sie werden einen der artigsten Östreicher an ihm finden.

Von hier werde ich Ihnen schwerlich mehr schreiben können; es wäre denn, ich müsste mich länger aufhalten, als ich denke. Bis jetzo hoffe ich künftigen Donnerstag abreisen zu können.

Ihre Briefe adressieren Sie, wie vorhin, an K. [Künert] und C., die ich ersuchen werde, mir sie gleich nach Heidelberg zu schicken. Wollen Sie mir aber direkte schreiben, so adressieren Sie den Brief an Joh. Georg Hahn. Mit dem innigsten Verlangen sehe ich dem versprochenen Briefe aus Salzburg entgegen. Ich hoffe, dass er mir die besten Nachrichten von Ihnen bringen wird. Leben Sie wohl, bester, allerbester Freund, und lassen Sie sich tausendmal in Gedanken umarmen, von

Ihrer ganz ergebensten Freundin

E. C. K.

Eben meldet sich ein Reisegesellschafter, der einem ganz einfachen und guten Menschen gleich siehet. Er sieht aus wie ein Handlungsbursche, der eben ausgelernt hat, und spricht doch von einer Frau, die er in Holland habe. Kann weder recht Deutsch noch Holländisch. Ich werde mich nach ihm erkundigen und mich freuen, wenn er ein ehrlicher Mann ist, weil er mir just zum Reisegefährten anständig wäre.

135 *Mailand, den 8. Mai 1775*

Meine Liebe!

Verzeihen Sie mir, dass ich Ihnen weder aus Salzburg noch aus

Brescia habe schreiben können. Nur an diesen beiden Orten haben wir uns einen einzigen Tag aufgehalten, welcher mit Besuchen hingegangen. Gestern sind wir hier in Mailand angelangt, und ich befinde mich noch recht wohl, außer dass meine Augen von der Sonne und dem Staube, die wir so häufig unterwegens gehabt, sehr gelitten haben. Den 12ten gehen wir nach Venedig ab, wo wir den 20ten einzutreffen gedenken. Dass unsre Reise von da wieder zurück geht, ist vors erste so gut, als ausgemacht. Und so viel von mir!

Wenn ich doch nun, so bald als möglich, versichert sein könnte, dass Sie sich, meine Liebe, recht wohl, recht sehr wohl befinden. Es geht fast keine Stunde hin, wo ich nicht einmal Gelegenheit finde, es zu bedauern, dass ich nicht lieber mit Ihnen reise. Denn Nutzen werde ich nur sehr wenig von meiner Reise haben, da ich überall mit dem Prinzen gebeten werde, und so alle meine Zeit mit Besuchen und am Tische vergeht. Heute haben wir bei dem Erzherzoge gespeiset. Nur der Vorteil, den ich vielleicht von dieser Reise künftig in Wolfenbüttel haben dürfte, kann mir eine solche Lebensart erträglich machen.

Ob, wenn und wie Sie abgereist sind, meine Liebe, hoffe ich nächstens durch ein paar Zeilen von Ihnen zu erfahren. Ich werde nicht eher ruhig werden, bis ich Sie gesund an Ort und Stelle weiß. Alles übrige, hoffe ich, soll sich zu unsrer beider Vergnügen wohl geben, es sei nun da oder dort. Behalten Sie mir nur Ihre Liebe, als woran ich nicht sowohl zweifle, als warum ich vielmehr nicht aufhören muss, Sie zu bitten, weil diese Ihre Liebe mein einziges Glück in der Welt machen kann.

Hiermit umarme ich Sie tausendmal. Ich erwarte mit Sehnsucht Ihre Briefe, die Sie, wenn Sie noch in Wien sein sollten, nur rekte an Vockelten schicken dürfen, außerdem aber nach Wien unter dem Kuverte des Staatsrats Geblers. Auch hoffe ich eine weitläufigere Beschreibung Ihrer Reise von Ihnen zu erhalten, als ich Ihnen von der meinigen geben kann. Wenn meine Augen nur wieder besser werden, so ist alles gut. Ich küsse Sie nochmals tausend und tausendmal in Gedanken, und bin zeitlebens

ganz der Ihrige

L.

136 *Venedig, den 2. Juni 1775*

Meine Liebe!

Wir sind den 23ten vorigen Monats glücklich allhier angekommen. Wenn ich Ihnen aber erst heute schreibe, so ist die Schuld nicht sowohl an den Zerstreuungen, die ich täglich und stündlich gehabt, als vielmehr daran, dass ich mich die ganze Zeit hier in Venedig nichts weniger als wohl befunden habe. Endlich habe ich vorgestern zur Ader gelassen (welches, wie Sie sich erinnern werden, ich schon in Wien tun wollte) und nun ist mir gestern und heute wieder so ziemlich wohl. Ich hoffe auch, dass sich alles wieder völlig geben wird, da wir morgen Venedig verlassen, und wieder in eine bessre Luft kommen. – Aber nun lassen Sie sich das Schlimmste klagen, meine Liebe. Wir kehren nicht gleich wieder nach Wien zurück, sondern gehen noch erst nach Florenz: so dass, wenn ich alles auf das kürzeste überschlage, wir schwerlich eher als in der Mitte des Julius wieder in Wien sein können. Der Prinz kann und will sich nicht eher wieder in Wien sehen lassen, als bis alles daselbst seinethalben regulieret ist. Und das hat man nun davon, wenn man sich mit Prinzen abgibt! Man kann niemals auf etwas Gewisses mit ihnen rechnen; und wenn sie einen einmal in ihren Klauen haben, so muss man wohl aushalten, man mag wollen oder nicht.

Wenn Sie also nicht länger in Heidelberg bleiben wollen, als Sie mir schreiben – (Ihren Brief vom 29. April habe ich erst hier in Venedig erhalten) – so bleibt mir nichts übrig, als dass ich Sie gleich nach meiner Zurückkunft in Hamburg wieder aufsuche. Gott gebe nur, dass sich alles andre so schickt, als ich es zu unsrer beider Besten wünsche!

Darin haben Sie vollkommen recht, dass auf die Länge Wolfenbüttel mehr mein Ort ist, als jeder andrer, und dass mittelmäßige Umstände in Wolfenbüttel für uns beide vorteilhafter sein werden als noch so glänzende in Wien, oder anderwärts. Ganz gewiss werde ich auch also alles darauf anlegen, um in Wolfenbüttel zu bleiben. Nur auf den Fuß, wie ich bisher gewesen, kann ich es unmöglich. Daher ich denn auch, bloß in dieser Rücksicht, nicht alles so gar weit von mir werfen werde, was man etwa in Wien mir antragen möchte. Antragen sage ich; denn anbieten werde ich mich gewiss nicht, sondern in allen Stücken mich so daselbst zu betragen fortfahren, als ich einmal angefangen.

Dass ich den rechtschaffenen Haen nicht noch besucht, habe ich mir schon mehr als einmal vorgeworfen. Ich will es aber gewiss wieder gut zu machen suchen, und bei meiner Zurückkunft mir seine Bekanntschaft angelegen sein lassen. Auch dem Baron D. will ich mich durch seinen Schwager aufführen lassen, da Sie ihm Verbindlichkeiten zu haben versichern.

Einer von meinen ersten Gängen hier in Venedig ist nach St. Christoforo gewesen, um zu sehn, wo unser Freund ruht, und seinem Andenken auf seinem Grabe eine aufrichtige Träne zu schenken. Der nämliche Mann, in dessen Armen er gestorben, hat mich herausgebracht, von welchem ich dann auch die gewisse Versicherung erhalten, dass es mit seinem Tode sehr natürlich zugegangen. Ich weiß, dass Sie einmal nicht ohne Argwohn waren, und desfalls ruhig zu sein wünschten. Das können Sie nun. Wegen eines kleinen Denkmals, das Sie auf sein Grab noch müssen setzen lassen, mündlich ein Mehreres.

Meinen Brief aus Mailand, hoffe ich, werden Sie erhalten haben, und vermutlich noch in Wien. Gott gebe, dass Sie dieser nirgend anders, als in Hamburg findet, in Gesundheit und Ruhe unter Ihren Kindern! Wie Ihre Reise abgelaufen ist, bin ich äußerst begierig zu erfahren. Ich bin den ganzen Weg mehr mit Ihnen gefahren, als mit dem Pr. [Prinzen]; das glauben Sie mir doch wohl? Wenn mir das Opfer, das ich dem Pr. [Prinzen] gemacht habe, nicht auf eine andre Weise wieder ersetzt wird, so werde ich es zeitlebens bedauern. Denn wahrlich von der Reise selbst habe ich weder viel Vergnügen, noch viel Nutzen.

Ich hoffe, dass ein Brief von Ihnen an mich unterwegens ist. Auch schreibe ich Ihnen noch gewiss einmal aus Italien. Und nun, meine Liebe, lassen Sie sich tausendmal von mir in Gedanken umarmen und erhalten Sie mir Ihr Herz, dessen ganzen Wert ich kenne und in dessen Besitze allein ich noch auf den Rest meines Lebens glücklich zu sein hoffen darf. Leben Sie wohl, leben Sie recht wohl, und küssen Sie Ihre Kinder für mich in meiner Seele

der Ihrige

G. E. L.

137 *Heidelberg, den 5. Juni 1775*

Mein lieber Freund!

Bis den 3. Junius bin ich ohne Ihre Briefe gewesen, das ist ebensoviel gesagt: als ohne Ruhe und Zufriedenheit. Freilich ist es nicht ganz Ihre Schuld. Hätten Sie aber Ihr Versprechen gehalten und von Salzburg zwei Zeilen geschrieben, so hätte mich der Brief noch in Wien getroffen, und ich wäre vergnügt da abgereist. So müssen Sie das nicht tun, und Ihr Brief muss auch noch, Gott weiß wo, so lange aufgehalten werden. Vielleicht hat mein Brief, den ich den Donnerstag nach Ihrer Abreise an Baron Vockelten schickte, ein ähnliches Schicksal; fast vermute ich es, sonst würden Sie schon darauf haben antworten können. Wenn das aber auch ist, so hat es nicht viel zu bedeuten; denn die Zerstreuung, worin Sie nun leben, lässt Ihnen wohl wenig Zeit übrig, an mich, oder an meine Briefe zu denken. Ich denke desto mehr an Sie, und versichre Sie auf das heiligste, dass das die erste heitre Stunde war, in der ich Ihren Brief erhielt, die ich gehabt, seitdem ich Sie verlassen habe. Besonders freut mich, dass Sie wohl sind. Wenn Sie das nur bleiben! und wenn Sie mir nur öfters schreiben, dass Sie es sind, so hoffe ich mit Ihnen, dass sich alles Übrige zu unserm Vergnügen geben soll.

Den 7. Mai bin ich von Wien abgereist, in Gesellschaft eines Buchhändlers aus Geldern, und bin mit ihm den 13ten glücklich in Heidelberg angelangt. Das kalte nasse Wetter, so wir gehabt, hat die Reise ziemlich unangenehm gemacht, besonders die Nächte. Ohne Ihren Fußsack – wofür ich noch zu danken habe – wär ich erfroren. Das will aber alles nichts sagen gegen den Schrecken, so ich gehabt, wie ich hieher kam, und meinen Theodor im Bette mager und abgezehrt fand. Sein Fuß war seit sechs Wochen übler geworden, als er gewesen war. Man wartete nur auf mich, um ihn mit meiner Genehmigung nach Landau zu einem dasigen berühmten Chirurgus, namens Rabaton, zu bringen. Dieses habe also gleich in Gesellschaft meines Bruders getan, und bin, Gott sei Dank! mit der tröstlichen Hoffnung zurück gekommen, dass der Schaden zwar langsam und schwer, aber doch heilbar sei. Der Theodor ist bei dem Mann im Hause, der eine Haushaltung hat, und ihn also gleich beköstiget. Für Kost, Logie, Medikamente und

Verpflegung muss ich monatlich drei *Louis neuf* und einen großen Taler bezahlen. Wenn er ihn nicht kuriert, weiter nichts; kurieret er ihn aber, so bekommt er noch ein Gratial von 25 *Louis neuf*. Das wird nun freilich ein Kapital wegnehmen; denn unter einem Jahre wird er nicht davon kommen. Was ist aber zu machen? die erste Pflicht der Eltern ist für die Gesundheit der Kinder zu sorgen: wenn er diese nur erhält, so wird er mich so viel nicht mehr kosten, denn er ist schon ein sehr brauchbarer Mensch. – Seit meiner Zurückkunft von Landau bin ich auch in Mannheim gewesen, um die dortigen Verwandten zu besuchen, und nun sitze ich hier und darf von keiner Abreise reden, ohne dass mein Bruder mir den Einwurf macht: ich könne doch bei der Abwesenheit des Herrn Sch. [Schuback] nichts ausrichten; sollte ihm also den Gefallen erzeigen, bis Ende Juli hier zu bleiben. Das werde ich aber nicht tun. Die Schwägerin aus Holland werde ich abwarten. Die ist bereits in Hanau, und kömmt in acht oder vierzehn Tagen her. Hauptsächlich werde ich mich nach Ihren Briefen richten. Wenn Sie mich abholen wollen, so bleibe ich, bis Sie kommen; und reisen Sie grade nach Braunschweig, so eile ich, Sie da zu sehn. Ich hoffe, Sie werden vor Ihrer Abreise aus Venedig geschrieben haben, was Sie machen und wo Sie hin reisen: ob Ihr Weg Sie näher zu mir, oder noch weiter von mir führt. Ich wünsche das Erstere. Denn solange Sie in Italien sind, werde ich nicht ruhig sein. Darauf verlasse ich mich wenigstens, dass wenn Sie weiter gehen sollten, Sie mir wenigstens öfters schreiben werden. Sie können mir keinen größern Gefallen in der Welt tun. – Die Briefe adressieren Sie nur immer an K. [Künert], wenn Sie sie auch an Baron Vockelten beischlagen. Denn wenn ich von hier reisen sollte, so zeige ich dem Herrn K. [Künert] an, wohin er sie mir schicken soll.

Wissen Sie denn schon, dass K. [Klopstock] den Durlacher Hof verlassen hat? Er hat schriftlich vom Markgrafen Abschied genommen unter dem Vorwand, der Abschied käme ihm zu hart an, als dass er ihn persönlich nehmen könnte, und doch beriefen ihn dringende Ursachen nach Kopenhagen zurück. Die Mannheimer Herrn Gelehrten halten sich sehr darüber auf, dass er keinen von ihnen besucht hat ohneracht er sich da acht Tage aufgehalten, sondern bloß mit Virtuosen umgegangen ist. Der Pater Mayer hält sich nun in Mannheim auf. Ich habe ihn aber nicht gesprochen, weil er eben in Schwetzingen war. Wenn Sie her kommen, besuchen wir ihn zusammen. Ich möchte Sie gerne recht dringend nötigen, mich abzuholen, wenn ich nur wüsste, dass Sie es gerne täten. Sie wissen, dass ich Sie nicht gerne geniere, deswegen tun Sie, was Ihnen Vergnügen macht.

Mein hiesiger Bruder wünscht nichts sehnlicher, als Sie kennen zu lernen. Er hatte einen Wink von unsrer Freundschaft, ohne dass er es mich merken ließ, bis ich etwan zehn Tage bei ihm war, da machte er mir Vorwürfe, dass ich so geheimnisvoll gegen ihn wäre. Er war aber auch gleich wieder zufrieden, wie ich ihm die Ursachen angab, warum ich nicht von der Sache hätte reden wollen, bis ich wüsste, wie meine Umstände ausfielen. Sie glauben nicht, welch ein rechtschaffner und liebreicher Bruder das ist, und wie sehr er mich liebt. Vielleicht haben wir auch noch das Vergnügen, unsern Professor zu sehn. Er war halb willens herauszukommen, allein der Umstand kam dazwischen, dass Herr Gaubius seine Professur niederlegte. Nun wollen sie ihn an die Stelle haben, und Gaubius sähe gerne, dass er sie annehme; ihm ist aber nichts darum zu tun, er will sich also nicht entfernen, um womöglich sich davon loszumachen.

Ich hoffe Ihre Augen werden wieder gut sein. Es ist wohl kein Wunder, dass Sie in der offnen Kalesche gelitten haben; wozu denn auch noch die hübschen italienischen Mädchen was beigetragen haben können. Leben Sie wohl, liebster Freund, ich umarme Sie tausendmal in Gedanken, und bin zeitlebens

ganz die Ihrige

E. C. K.

Ich habe verschiedenes Zeug zurück lassen müssen, weil ich keinen Platz hatte. Wenn Sie es mitnehmen könnten, so wäre es mir lieb; es hat aber nichts zu sagen, wenn es zurück bleibt. Den Regenschirm haben Sie mir doch wohl nicht zugeschickt? Ich will und brauche ihn nicht, und frage nur darnach, damit er nicht etwa unter den Bedienten bleibt.

138 *Heidelberg, den 2. Juli 1775*

Mein liebster, bester Freund!

Ich habe also nicht so ganz vergebens besorget! Sie sind wirklich in Venedig unpass gewesen, und wer weiß! waren Sie übler, als Sie mir haben melden wollen. Wenigstens besorge ich es, und es vergeht keine Stunde im Tage, wo mich dieser Gedanke nicht verfolgt und quält. Ich bin auch so missmutig und verdrießlich, dass ich mich oft über mich selbst ärgere, dass ich einem Bruder, der mich so außerordentlich zärtlich liebt, nicht eine vergnügte Miene zeigen kann. Wenn Sie nur Wort gehalten und mir aus Italien noch einmal geschrieben hätten, so würde ich doch vielleicht, oder vielmehr, Gott gebe es, hier noch beruhigt werden. Denn vor drei oder vier Wochen komme ich wohl nicht von hier. Morgen kommen meine beiden Schwägerinnen: des Professors Frau mit drei Kindern und des Bruders von Frankfurt Frau mit zwei Kindern. Noch ist auch einige Hoffnung, dass der Professor selbst kömmt. Erhielten wir Nachricht, dass er fest entschlossen sei, nicht zu kommen, reise ich wohl den 18. Julius schon von hier, weil ich keine Hoffnung mehr habe, dass Sie mein Begleiter sein können. Wie leid mir dieses tut, können Sie gar nicht glauben; zumal ich Sie auch nicht in Braunschweig treffen werde! Ich will dem Prinzen noch alles verzeihen, wenn er Sie nur in Wien nicht auch noch so lange aufhält. Wirklich wenn Ihnen unsre Angelegenheit recht am Herzen liegt, so müssen Sie sich, mein Lieber, nicht lange aufhalten lassen. Sobald ich mit meinem Geschwister auseinander gesetzt bin, welches im August, gleich nach der Zurückkunft des Herrn Sch. [Schuback] geschehen wird, so muss ich auch einen sichern Entschluss fassen, wo ich meinen Wohnplatz nehmen will. Erst mit dem ganzen Train auf hier zu ziehen, mich hier einzurichten, und nach einigen Jahren wieder zu verändern, würde unendlich viele Schwierigkeiten und Kosten nach sich ziehen. Es wäre noch ratsamer, ich bliebe ein Vierteljahr länger in Hamburg. Eben deswegen, und noch so vieler Dinge wegen, wünschte ich Sie zu sprechen, bevor ich nach Hamburg gehe. Wenn es daher möglich ist, so machen Sie, dass ich Sie in Wolfenbüttel treffe. Sollten Sie wider Vermuten eher nach Wien zurückgekommen sein, so dass Sie mich hier noch antreffen könnten, so kommen Sie doch auf hier. Ich bitte Sie auf das inständigste. Wer weiß, ob hier im Lande sich nicht ein Platz für Sie fände? Der bei der Bibliothek ist wirklich mit einem Lutheraner besetzt. Es ist ein gewisser Herr Lamey aus Straßburg, der zugleich Sekretär bei der Akademie ist. Er steht auf 1000 Tlr. nebst freier Wohnung und Holz. Und wenn Sie auch eine Stelle bekämen, die nur die Hälfte einträge, so würden wir, meine Revenüen mit dazu gerechnet, anständiger und besser hier im Lande damit leben können, als in Wien mit 4000 Gulden. – Allemal ziehe ich Wolfenbüttel auch diesem vor, ob ich gleich just nicht zu sagen weiß, warum? Es wäre denn dieses einzige, dass wir dort frei und ungenierter leben könnten, wie hier, wo wir Verwandte fänden, nach denen wenigstens *ich* mich würde ein bisschen richten müssen. Doch auch dieses und alles Übrige will ich mir gern gefallen lassen, wenn wir nur unsern Wunsch erreichen.

Zu Ende künftiger Woche gehe ich nach Landau, um meinen Theodor zu besuchen. Gottlob! seine Briefe lauten gut; er spürt schon einige Besserung. Die Hamburger Kinder sind untröstlich, dass ihre Mutter so lange ausbleibt; sind aber alle recht wohl. – Grüßen Sie alle Wiener Freunde von mir, vorzüglich Herrn de Haen, Baron D. und wenn Sie etwa den Herrn Hofrat von D. sprechen sollten. Ich Armselige habe so lange in Wien Trübsal geblasen, und nun ich gerne da sein wollte, sitze ich hier. Ich umarme Sie tausend- und tausendmal in Gedanken, und bin solange ich lebe einzig

die Ihrige

E. C. K.

Dies ist der zweite Brief, den ich an Geblern adressiere. Vermutlich werden Sie sie zusammen erhalten. Noch eins! Sie können sicher rechnen, dass, wenn Sie mir geschrieben haben sollten, Sie wollten mich hier abholen, ich Sie erwarte, wenn es auch bis in den Monat August dauern sollte. In dieser ungewissen Hoffnung habe ich schon eine Gesellschaft ausgeschlagen, und werde sie alle ausschlagen, bis ich zuletzt wahrscheinlicherweise allein reisen muss. Leben Sie wohl! und erneuern Sie die Freundschaft mit Madam H. [Huber] nicht zu stark, sonst gibt mir mein guter oder böser Geist ein, dass ich es nicht besser mache. Eben lässt sich ein Professor aus Holland bei mir melden, dem ich vor zwanzig Jahren eben nicht ganz gleichgültig war. Wenn ich ihn aber zu meiner Rache wählen sollte, so müsste sich mein Geschmack in dieser Zeit sehr verändert haben.

139 *Florenz, den 10. Juli 1775*

Meine Liebe!

Ich bin in der äußersten Verlegenheit, dass ich bis auf den heutigen Tag keinen andern Brief von Ihnen habe, als den vom 29. April aus Wien. Ich weiß also nicht, ob und wie Sie abgereist sind, und darf gar nicht daran denken, dass Sie wohl gar eine Krankheit an der Abreise und am Schreiben bisher gehindert. Meine beiden Briefe, den einen aus Mailand, und den andern aus Venedig, werden Sie doch wohl erhalten haben. Jenen habe ich an den jungen Herrn von Lutz eingeschlossen, und den andern unter der alten Adresse von Künerts abgehen lassen. Diesen dritten schreibe ich bloß, um Ihnen zu melden, dass ich endlich wieder auf der Rückreise zu sein glaube. Denn wir gehen noch heute von hier nach Turin ab. Sollte es das Unglück wollen, dass wir uns da eine Zeitlang aufhalten müssten: so schreibe ich Ihnen noch einmal von da aus, um Ihnen zuverlässig zu melden, wenn ich wieder in Wien zu sein hoffen darf. Wahrhaftig, ich sehne mich herzlich wieder nach Deutschland. Denn in dieser Hitze in Italien herum reisen, um sich zu besehen, welches man an Ort und Stelle doch wenigstens die Nacht nicht tun kann, ist eine Sache, die mich gewaltig mitnimmt. Gesund bin ich zwar noch so ziemlich, aber es ist mir doch immer, als ob das so lange nicht mehr dauern könnte. Ich habe es unzählige Mal bereut, dass ich mich auf eine ungewisse Aussicht wieder auf einmal so weit von Ihnen trennen lassen. Und wenn es nun vollends auch mit dieser Aussicht nichts wäre – Merken Sie es, dass ich Ihnen in einer hypochondrischen Stunde schreibe? Gott gebe nur, dass ich von Ihnen keine unangenehme Nachricht erhalte, wenn ich endlich welche erhalte. Jetzt tröste ich mich bloß noch damit, dass Sie vielleicht Ihren Brief an mich an Geblern und nicht an Vockelten gegeben und dass ihn jener in Italien herum laufen lässt, ohne zu wissen wo ich bin. Denn dass Sie mir vor Ihrer Abreise gar nicht sollten geschrieben haben, kann ich mir kaum einbilden. Wäre es indes doch, nun so haben Sie gewiss andre Ursachen dazu gehabt, als Unwillen wider mich. Nicht wahr? Aber so komme ich auch immer wieder auf den schrecklichen Gedanken zurück, dass Sie krank sind, und sehr krank. Er verwirrt mich so, dieser Gedanke, dass ich kein Wort weiter hinzusetzen kann. Ich umarme Sie tausendmal; und wenn ich mich Ihrer Liebe jemals schmeicheln dürfen: so machen Sie, dass ich wenigstens in Wien Nachricht von Ihnen finde.

L.

140 *Frankfurt, den 3. August 1775*

Mein lieber Freund!

Ich kann gar nicht begreifen, warum ich so lange nichts von Ihnen höre, und mache mir tausend und tausend sorgenvolle Gedanken, ob Sie nicht gar an einem elenden Orte krank liegen, weil Sie Venedig schon nicht allzuwohl verlassen haben. In Wien sind Sie nicht, sonst hätten meine Freunde Ihrer erwähnt, und ich habe erst gestern Briefe daher gehabt, die Ihrer mit keinem Worte gedenken. Gott gebe, dass ich mich umsonst quäle! Morgen früh reise ich direkte nach Hamburg, in Gesellschaft eines dänischen Majors, dessen Namen ich nur einmal gehört und wieder vergessen habe. Er hat einen Sohn von zwölf Jahren bei sich, der auch mit uns reist. Er sieht einem braven Mann ähnlich, und doch hat es mich schon gereut, dass ich mich zu seiner Gesellschaft habe bereden lassen, weil ich ihn gar nicht kenne, und unter uns gesagt, für einen Spieler halte. Wenn mich der Himmel gesund nach Braunschweig führt, so werde Ihnen von da aus ein Mehreres von ihm melden. Jetzt muss ich abbrechen, weil ich packen muss. Nun bitte ich Sie noch auf das inständigste, schreiben Sie mir doch gleich, wenn ehe Sie denken in Braunschweig zu sein, damit ich weiß, wohin ich Ihnen Nachricht geben kann. Ich hoffe, dass Sie dann Ihr Versprechen erfüllen, und mich sogleich in

Hamburg besuchen. Je eher das wird geschehen können, je lieber wird es mir sein.

Ich umarme Sie tausendmal in Gedanken, und bin auf ewig die Ihrige

E. C. K.

Ich habe meiner Nichte gebeizte Nachthandschuh versprochen. Die Frau von Lutz lässt wohl 4 Paar von mittlerer Größe kaufen, und Sie sind so gut und bringen Sie mit. Machen Sie dieser lieben kleinen Frau und meinen sonstigen Bekannten recht viele Empfehlungen von mir.

141 *Hamburg, den 5. [bis 11.] November 1775*

Mein liebster Freund!

Bis gestern habe ich Ihrentwegen in einer Ungewissheit gelebt, die mich äußerst marterte. Bald erzählte man mir, Sie sein in Korsika, bald in Rom, wo Sie für beständig bleiben würden. Endlich las ich vorige Wochen in den Zeitungen: Sie wären von Mailand nach Rom zurückgekommen, um sich den Winter dort aufzuhalten. Gestern aber erhielt Bostel vom K. [Kammerherrn] v. K. [Kuntzsch] einen Brief, worin er ihm meldet: Sie sein in Rom, würden ehstens nach Neapel gehn und binnen sechs Wochen in Braunschweig eintreffen. Diese Nachricht hat mich wieder in etwas ermuntert, ob ich gleich wider meinen Willen noch öfters daran zweifelte. Warum schreiben Sie mir denn gar nicht? Haben alle die vortrefflichen Sachen, die Sie gesehn, Ihre Seele so eingenommen, dass Sie mich gänzlich darüber vergessen haben? Ihre letzten Worte haben Sie sicherlich vergessen, wo Sie so heilig versprachen, mich durch öftere Briefe zu beruhigen. Sie wissen doch wohl, dass alles Leiden und Trübsal, so mir zustoßen kann, durch einige Zeilen von Ihnen gemildert werden kann. Warum vernachlässigen Sie mich denn so ganz und gar? Vielleicht denken Sie jetzt wieder so, wie Sie schon einmal gedacht haben. – Wollte Gott ich könnte dann auch so denken! –

Dass ich Ihnen nicht geschrieben, hat zum Grund, dass ich nicht wusste, wohin ich Ihnen schreiben sollte, und weil Sie in

Ihrem letzten Brief sagten: Wenn Sie sich länger in Italien aufhalten würden, so schrieben Sie nochmalen daher; ich möchte nur machen, dass Sie einen Brief von mir in Wien träfen. Da nun drei schon da liegen, zwei bei Geblern und einer bei Herr von Lutz, so unterließ ich das weitere Schreiben. Zudem bin ich gleich nach meiner Ankunft krank geworden. Jetzt bin ich nicht krank, aber auch nicht gesund; ich bin in einem Zustande, der der ärgerlichste ist, den man sich denken kann. Meine Tochter, – das beste Mädchen von der Welt! – ist jetzt fast immer nicht wohl. – Mein Bruder ist äußerst schwermütig. Ich erhalte Briefe von ihm, die mich vor Wehmut außer mir selbst bringen. Er bereut, dass er den Beruf nach Leiden angenommen, und ist schon auf dem Punkt gewesen, völlig abzudanken, und sich in unser Vaterland zu retirieren. Ein Brief von mir hat ihn noch abgehalten. Aber warum unterhalte ich Sie mit so traurigen Geschichten? Warum? Weil keine freudige in meiner Seele Platz findet. Die Stunde, da ich hier ankam, hätte ich an Sie schreiben müssen; sie war eine von den frohen, deren ich in sechs Jahren wenig genossen. Sie glich der Stunde, wie mir Ihr Billett in Wien gebracht wurde, worin Sie mir Ihre Ankunft meldeten.

Vor acht Tagen schrieb ich das nämliche Blatt, welches zu zerreißen ich große Lust hätte, wenn ich nicht vorher wüsste, dass ich so leicht keinen Brief wieder anfinge. Es mag daher so viel abgeschmacktes Zeug darin stehen, als immer will, so soll es bleiben, und ich verlasse mich auf Ihre Güte, dass Sie mich entschuldigen.

Seit den acht Tagen habe ich am Kopfe sehr gelitten; die Hamburger Luft will mir gar nicht anschlagen, und dennoch habe ich mich entschlossen, den Winter hier zu bleiben; wohne auf dem Neß, woselbst ich gegen dem Kaisershof über zwei Zimmer gemietet habe. Malchen ist bei mir; die beiden Söhne habe ich in der Kost gelassen, doch Fritzen nur bis Weihnachten; dann nehm ich ihn auch zu mir. Dies ist gar ein allerliebster Junge, fast glaube ich an die Alteweiber-Meinung: Die Gevatter hätten Einfluss auf die Kinder. Wenigstens war keines meiner Kinder im 7ten Jahre so klug, wie er.

Nun will ich Ihnen nur noch in der Kürze erzählen, wie ich unsre hiesigen Zirkel angetroffen. Madam B. [Büsch] nebst ihrem Mann ganz gesund, eben aus den Wochen kommend, aus denen sie sich aber zu früh heraus gewagt, wofür sie zwei Monat lang ganz schrecklich hat büßen müssen. Wirklich war sie so elend, dass ich öfters in der größten Besorgnis ihrentwegen war. Jetzt ist sie wieder so gut, dass sie ausfahren kann. Sie hat diesen Mittag bei mir gespeist, und hat mir unendlich viele Empfehlungen an Sie aufgetragen, mit der Bitte: Sie möchten Hamburg bald besuchen. Madam G. [Grund] hat seit meinem Hiersein ihr zweites Wochenbett mit einem jungen Sohn gehalten und hat also nun ein Pärchen allerliebster Kinder, von denen sie auch eine recht brave Mutter ist. Ihr ganzes Hauswesen ist umgekehrt. Statt in der Karte zu spielen, macht sie nun Kinderhemden. Ihr Mann ist gesund, und hat keine andre Sorgen, als die: seine Frau möchte zu viel Kinder bekommen. V. [Vetter] K[Knorre] ist der Alte, schmeichelt seiner G. [Gustava] übermaßen und überhäuft sie mit Geschenken, damit ihre Geduld über den ausschweifenden Umgang mit Madam S. nicht erschlafft wird und erreicht auch soweit seinen Endzweck, dass sie, dem Äußerlichen nach, Contenance behält. Ich bedaure und bewundre sie. Was Sie mir vom Krebsschaden erzählt haben, ist nichts; er befindet sich wohl, und ist dick und fett geworden. Madam Z. [Zinck] ist seit acht Monaten keine höchstbetrübte Witwe. Sie ist wohl, und sieht noch immer sehr gut aus. Nun komme ich auf unsre gute liebe Sch. [Schmidt], die ist noch immer hier, und wird durch die wohltätigen Hamburger so gut erhalten, dass sie bis jetzt keinen Mangel gelitten. Von M. [Mannes?] hat sie ein ganzes Haus, so sie frei bewohnt. Ihr Mann ist durch K. [Kammerrat] F. [Faber] beim P. Lotto mit 400 Tlr. Gehalt angestellt worden, wo er nun ist, und seinen ältesten Sohn bei sich hat. Die übrigen Kinder sind bei ihr, und die ältesten unterstützen sie mit durch ihre Handarbeit. Dieser Tage hat K. [Kammerrat] F. [Faber] ein Diner bei ihr gegeben, wozu ich, alles Weigern ungeachtet, kommen musste. Gott weiß aber, wie mir dabei zu Mute war. Zwar ihr Ansehen flößt kein Mitleiden ein. Sie ist dieselbe, die sie immer gewesen; lacht von ganzem Herzen. Aber eben das Lachen geht mir durch Mark und Bein. Ihre grausamen Verwandten, die Stiefmutter ausgenommen, tun ihr nicht das mindeste Gutes, so sehr Sch. [Schmidt] noch letzte

Messe in sie gesetzt hat. So viel haben sie sich erkläret: wenn sie ihren Mann ganz verlassen wollte, so würden sie sich ihrer annehmen. Vermutlich weil sie wissen, dass sie das nicht so leicht tut. In Parenthese muss ich Sie doch auch fragen: ob die Neuigkeit wahr ist, die ihr ihre Tochter dieser Tagen aus Leipzig schrieb? Die allgemeine Sage dorten sei: Ein gewisser Mann, den Sie leicht erraten werden – heiratete die Wittib von P. [Prof.] R. [Reiske]. – Nun geschwind auf etwas anders, und zwar noch ein paar Worte von S. [Schmidt]. Seine Frau las mir, und das nach ihrer eilfertigen Weise, vor ungefähr sechs Wochen, einen Brief von ihm vor, worin er unter andern auch klagte: dass Sie den Wechsel nicht bezahlt hätten, sonst er doch einiges Geld bekommen hätte. Da ich nun weiß, dass Sie den Wechsel, der auf Ihre Schuld läuft, eingelöset haben, so denke ich, spricht er von dem andern, den Sie auf sein Bitten angenommen haben. Wäre das: so müsste man aus seinem Brief schließen, dass er noch kein Geld für den Wechsel erhalten. Sie könnten sich also ganz leicht aus dem Schaden herausziehen, wenn der Inhaber ein ehrlicher Mann ist, und Sie sich mit ihm erklärten.

Ich bin noch nicht ganz ins Reine. Das heißt: Ich habe mich noch nicht mit meinen Geschwistern berechnet, weil Herr Sch. [Schuback] nach seiner Ankunft gar zu viele Geschäfte gefunden, die ihn gehindert, an die meinigen zu denken. – Binnen vierzehn Tagen aber hoffe ich, das Ende zu sehen. Alsdenn wollte ich Ihnen gerne genaue Nachricht von allem geben, wenn ich erst sicher wäre, dass Sie die Briefe erhielten. So aufs Ungewisse mag ich es nicht tun; ich denke immer, dass Sie sich noch eine Zeit lang in Wien aufhalten werden. Ist das, so schicken Sie mir doch ungesäumt Ihre Adresse dahin, oder wohin ich Ihnen sonsten schreiben sollte. – Gott! wie werde ich mich freuen, wenn ich wieder einmal Ihre Überschrift an mich sehe! dass Sie aus Turin an Ihren Bruder geschrieben, und seitdem nicht wieder – worüber er auch erbärmlich klagt – hat mir eben W. [Wessely] aus einem Briefe von ihm vorgelesen. Sie böser Mann! zuletzt wird die ganze Welt über Sie schimpfen, und ich werde nicht schimpfen aber weinen. Gewiss, wenn Sie wüssten, wie sehr Sie mich durch Ihr Stillschweigen quälen, Sie würden sich dem größten Vergnügen entziehen, um sich mit mir zu unterhalten, und mich zu beruhigen. Das kann ja mit so wenig Worten geschehen. Sagen Sie mir nur: ich bin gesund, und Ihr Freund, so bin ich zufrieden. Ich hoffe, dass Sie das gewiss bald tun werden; ja ich verlasse mich ganz fest darauf. Ich habe noch einige Kleidungsstücke und dergleichen in Wien. Sollten Sie sie nicht alle mit sich nehmen können, so würde es mir doch lieb sein, wenn Sie meinen Pelz mitbrächten. Versteht sich, Sie müssen mir ihn in selbst eigner Person auf hier bringen. Ein ehrlicher Mann hält sein Wort, und Ihr Wort habe ich. Grüßen Sie alle meine Wiener Freunde herzlich und bleiben Sie stets der Freund

Ihrer ganz ergebenen

K.

142 *Wien, den 26. Dezember 1775*

Meine Liebe!

Ich beteure Ihnen bei allem, was heilig ist, dass ich seit Ihrem Briefe vom 29ten April, den ich in Venedig erhielt, während meines ganzen Aufenthalts in Italien, weiter keinen Buchstaben von Ihnen gesehen habe. Was konnte ich, was durfte ich also anders glauben, ohne Ihnen Unrecht zu tun, als dass Sie tot, oder wenigstens so krank sein müssten, dass Sie mir unmöglich einige Nachricht von sich zukommen lassen könnten? Mit diesen schwarzen Gedanken habe ich mich geschleppt bis den 7ten dieses Monats, da ich auf unsrer Rückreise in Bologna einen Brief von dem K. [Kammerherrn] v. K. [Kuntzsch] fand, aus welchem ich ersehe, dass Sie, ich weiß nicht wenn, Braunschweig gesund und wohl passieret wären. Sogleich beschloss ich von München aus, wo ich ohnedem nicht weiter mit dem Prinzen gehen konnte, geraden Weges nach Wien zu gehn, wo schlechterdings, sagte ich mir, Briefe von Ihnen liegen müssen. Vorgestern abends bin ich hier angekommen, und habe es wirklich, Gott sei Dank gefunden, dass man mir Ihre Briefe mit der unverantwortlichsten Nachlässigkeit bloß vorbehalten hat. Zwei Briefe einer vom 5. Junius und der andere vom 2ten Julius lagen bei dem Staatsrat Gebler, und ein dritter vom 3. August bei dem H. v. L. [Lutz]. Es sind nur kahle Entschuldigungen dieser Herren, dass sie niemals gewusst, wo ich recht wäre. Sie hätten die Briefe nur an Vockelten schicken, und den für die weitere Bestellung sorgen lassen dürfen.

Mein letzter Brief an Sie, meine Liebe, wo ich mich recht besinne, war aus Livorno, in welchem ich Ihnen meldete, dass, gewisser Umstände wegen, der Prinz noch nicht zurückgehen könne, und dass wir indes eine Reise nach Korsika machen, und von Korsika über Genua nach Turin gehen würden. Als wir nach Turin kamen, war das Schicksal des Prinzen noch nicht entschieden; wir gingen also von Turin über Bologna und Loreto nach Rom; von Rom nach Neapel, und von Neapel wieder zurück nach Rom, wo endlich der Prinz Befehl von seinem Vater erhielt, so schleunig als möglich zurück zu kommen. Wie alles dieses zusammenhängt, kann ich Ihnen nur mündlich erklären, und ich habe ohnedem, um mit der heutigen Post zu schreiben, nur noch kaum so viel Zeit, ein paar Worte über Dinge, die uns näher angehen, hinzuzufügen. Ich werde nur wenig Tage in Wien bleiben, und um gewisse Fragen und Ausholungen zu vermeiden, zu niemanden von dem großen Geschmeiße kommen, sondern mich lediglich auf die Bekannten meinesgleichen einschränken. Auch hieraus werden Sie schon abnehmen, dass ich von allen Projekten auf hier abstrahiere, besonders da man mir von Braunschweig aus die besten Versicherungen machen lassen, und wenigstens der alte Herzog mir gewiss wohl will. Ein *pis-aller* will ich mir indes immer aussparen, wozu ich neuerdings aus Dresden einen sehr guten Anlass erhalten habe. Denn auf den bisherigen Fuß kann ich weiter in Wolfenbüttel schlechterdings nicht bleiben, so gern ich auch immer daselbst bleiben zu können wünschte, und aus den nämlichen Ursachen es wünschte, aus welchen Ihnen, meine Liebe, dieser Ort vor allen andern gefällt.

Ich gehe längstens den 1. Jan. von hier über Prag und Dresden nach Berlin, und denke vor Ablauf des Monats gewiss wieder in Wolfenbüttel zu sein. Schreiben Sie mir mittlerweile, meine Liebe, ich beschwöre Sie, nach Berlin, und adressieren Sie Ihren Brief nur in die Vossische Buchhandlung. Ich brenne vor Verlangen, es von Ihnen selbst zu erfahren, dass Sie sich gesund und wohl befinden, und mir Ihre Liebe, trotz der fatalen Reise, nach wie vor schenken. Ihre Freundinnen, an die Sie hier schreiben, wissen nicht anders, als dass Sie gesund sind: aber Malchen soll krank sein? – Arme Mutter! wie sehr bedaure ich Sie; – mit der nächsten Post schreibe ich Ihnen *gewiss, ganz gewiss* wieder. Ich umarme Sie tausendmal, und bin zeitlebens

der Ihrige

L.

143 *Hamburg, den 9. Januar 1776*

Mein lieber Freund!

Endlich einmal haben Sie mich aus der schrecklichen Unruhe gesetzt, worin ich beinahe sechs Monate Ihrentwegen, – oder besser zu sagen: meinetwegen lebte. Denn dass Sie vergnügt und wohl waren, habe ich teils durch die Zeitungen, teils durch Nachrichten, so andre von Braunschweig erhielten, vernommen. Dass mir diese Nachrichten die erfreulichsten waren, die ich erhalten konnte, brauche ich Ihnen wohl nicht zu beteuren. Das muss ich Ihnen aber doch gestehen, dass ich mich am Ende umso mehr betrübte, wenn ich dachte: Lessing ist wohl, ist vergnügt, und vergisst dich in dieser Lage, wie er dich schon einmal in der entgegengesetzten vergessen, oder doch versucht hat, vergessen zu können. Dass meine Briefe Ihnen nicht sollten zugekommen sein, konnte ich nicht denken, weil *Sie* mir ausdrücklich geschrieben hatten: ich sollte sie an Geblern adressieren. Folglich musste ich glauben, dass Sie diesen angewiesen haben würden, auf welche Weise er sie besorgen müsste. Einer fehlt denn doch noch, den ich unter dem 11. Novbr. an die kleine B. beischlug, mit dem Ersuchen, ihn Baron Vockelten zuzuschicken. Der wird gewiss nach Italien zu spät gekommen sein, und also nach Braunschweig zurückgehen. Suchen Sie ihn ja zu bekommen; denn so viel mir erinnerlich, steht viel dummes Zeug darin, was ich eben nicht wollte, dass andre lesen sollten. So fehlt auch mir der Brief, den Sie aus Livorno geschrieben zu haben meinen, dem ich aber nicht nachspüren kann, weil ich nicht weiß, an wen er adressiert war.

Ich habe in allem drei Briefe erhalten, den letzten aus Florenz vom 13. Julius, worin Sie der Korsikanischen Reise mit keinem Worte erwähnen, sondern nur sagen, dass Sie des andern Tages nach Turin abgehen würden. Nun kein Wort mehr von Briefen. Gottlob! dass Sie die Reise glücklich überstanden, und ich Sie wieder in Deutschland begrüße, und zwar als meinen lieben, getreuen Freund. Mir hat das Herz hundertmal gebebt, wenn mir einfiel: Welschland möchte Ihnen so sehr gefallen, dass Sie den Entschluss fassen könnten, Ihren Wohnplatz dorten aufzurichten: zumal da ich in diesem fatalen Wahn so oft durch andre bestärkt wurde, besonders durch die Zeitungen, worin unter andern vielen schönen Sachen von Ihnen, zugleich gesagt wurde: dass Sie den Vorsatz gefasst, einen weitläuftigen Plan auszuführen.

Aus meinen Briefen wissen Sie nun, dass ich seit Mitte August hier bin und bis Ostern hier zu bleiben denke. Bis dahin hoffe ich meine hiesigen Geschäfte zu endigen. Bisher habe ich noch gar nichts getan, weil ich ganz unfähig war, etwas zu tun; indem ich keinen Tag recht wohl gewesen, und mein liebes Malchen beständig krank war, und noch ist. Mein Bruder und andre Doktores sagen zwar, dass es nicht viel zu sagen habe. Ich habe aber schon einmal die Unart an mir, mir immer das Schlimmste vorzustellen, und mir dadurch so oft vergebliche Sorgen zu machen. Sie sollen mir diesen Fehler abgewöhnen. Ist das aber auch nicht eine vergebliche Hoffnung? Ich denke nicht. Alles Unglück wird der Himmel nicht über mich verhängt haben; nein! ich hoffe vielmehr, dass sich bald alles nach unsern Wünschen lenken soll. Ich bitte Sie nochmals auf das inständigste, trachten Sie, in Wolfenbüttel zu bleiben. Es ist von allen den Orten, wohin Sie denken, der einzige, an dem wir leben können, wie wir wollen. Sobald ich Sie da angekommen weiß, schreibe ich Ihnen, und vermutlich kann ich Ihnen alsdann ganz genau sagen, wie meine Umstände ausgefallen sind. Ich würde Sie bitten, von Berlin aus hieher zu kommen, ich will es aber nicht tun, weil ich nicht weiß, ob Sie das nicht genieren würde. Wenn es anginge, würden Sie sich ohnedies an Ihr Versprechen erinnern, zumal da Sie überzeugt sind, dass kein größeres Vergnügen für mich in der Welt ist, als wenn ich Sie sehe.

Ich muss schließen, weil in dem Augenblick die K. [Knorre] kömmt, mich zur B. [Büsch] abzuholen, die leider! wieder sehr elend ist. Ich befürchte, ich befürchte, dass es einen betrübten Ausgang mit ihr nimmt.

Leben Sie wohl! Ich umarme Sie tausend und tausendmal in Gedanken, und bin auf ewig

ganz die Ihrige

E. C. K.

Morgen früh erhalte ich, wills Gott! Ihren so sichern Brief. Ich freue mich schon im Geist. Wie steht es denn mit meinen in Wien zurückgelassnen Sachen?

144 *Dresden, den 23. Januar 1776*

Meine Liebe!

Je heiliger ich verspreche zu schreiben, desto gewisser werde ich daran verhindert. Ich hatte den ersten Januar einen Brief mit den besten Wünschen an Sie angefangen: aber da liegt der Anfang noch, und nun kann ich ihn doch nicht so ausschreiben, als ich ihn angefangen habe. Also nur das Wichtigste: Ich blieb in Wien bei meinem Entschlusse, von meinen großen und vornehmen Bekannten diesesmal keinen einzigen zu sprechen, als ich unvermutet erfuhr, dass der B. v. S. [Swieten] aus Berlin angekommen sei. Mit diesem war die Ausnahme unvermeidlich; ich ging also zu ihm, und er überredete mich, mit ihm wenigstens zum Fürst K. [Kaunitz] zu gehen. Des Tages darauf ließ mich der Fürst zum Essen bitten: und um da nicht erscheinen zu dürfen, was tat ich? Ich ließ mich entschuldigen, weil ich den nämlichen Tag noch schlechterdings abreisen müsste, und reiste wirklich ab, so gern ich auch noch einige Tage geblieben wäre.

Es war der 5te, da ich von Wien abreiste, und den 10ten bin ich über Prag allhier in Dresden angekommen. Weil ich das vorige Mal und schon seit elf Jahren, meine alte Mutter nicht gesehen hatte, so konnte ich diesesmal unmöglich so wieder bei ihr vorbeireisen. Aus dem einen Tage, auf welchen ich sie besuchen wollte, wurden viere; und so hat sich mein Aufenthalt in Dresden wohl bis heute verziehen müssen. Ich habe indes alle Ursache, sehr damit zufrieden zu sein. Ich habe den Kurfürsten selbst gesprochen, und dem Minister, Grafen v. S. [Sacken], habe ich versprechen müssen, wenn ich jemals Wolfenbüttel verließe, nirgends anders, als nach Dresden zu kommen. Der Kurfürst hat mir die Stelle des Hrn. von Hagedorn, die 1800 Tlr. einträgt, und welcher blind und krank ist, zugedacht, und bis dahin, wenn ich eher käme, sollte schon auch für mich Rat werden.

Dieses nun ist recht gut, um in B. [Braunschweig] auf etwas fußen zu können, wenn man das nicht für mich tun will, was man gegenwärtig vielleicht zu tun gesonnen, und was mir immer unter allen das Liebste sein würde. Und damit Sie sehen, dass ich nicht eitle Schlösser in die Luft baue, so lege ich Ihnen hier einen Brief von K. [Kuntzsch] mit bei, über den ich mir zugleich Ihren Rat ausbitte. Was er mir darin vorschlägt, ist freilich das Kürzeste, um aus allen meinen Verlegenheiten auf einmal zu kommen: nur ist mir das dabei unerträglich, dass ich, solange der Abzug dauerte, gebunden sein würde und andre vorteilhafte Gelegenheiten aus den Händen lassen müsste.

Aus diesem Briefe von K. [Kuntzsch] werden Sie, meine Liebe, zugleich ersehen, dass ich Ihren letzten Brief nicht anders, als sehr spät muss erhalten haben. Er ist zweimal in Wien gewesen, von wannen er das letztemal mir endlich hier in Dresden zu Händen gekommen ist: Rechnen Sie mir es also nicht zu, wenn ich keinen einzigen von allen Ihren Aufträgen für Wien ausrichten können. Ihre hinterlassene Kleidung konnte ich unmöglich alle mitbringen; und was Sie am liebsten davon gehabt hätten, wusste ich nicht. Hr. von L. [Lutz] wird sie Ihnen nächstens sämtlich überschicken.

Der Einfall Ihres ältesten Sohns ist so unrecht gar nicht, wenn er nur erst völlig und sicher kuriert ist. Wenn er dieses schon jetzt wäre: so könnte ich vielleicht in B. [Braunschweig] jetzt für ihn tun, was Sie in Wien getan haben wollten. Denn Sie werden es wohl wissen, dass B. [Braunschweig] 4000 Mann in Englischen Sold gibt.

Morgen, als den 24ten, gehe ich unfehlbar von hier nach Berlin ab, wo ich bereits eine Antwort von Ihnen auf mein Letztes zu finden hoffe, und vermutlich so lange bleiben werde, dass ich auch auf diesen Brief Ihre Antwort dahin bekommen kann. Adressieren Sie nur alles in die Vossische Buchhandlung, weil ich nicht weiß, wo mein Bruder, bei dem ich logieren will, jetzt wohnt.

Ich habe den festen Vorsatz, Ihnen sogleich nach meiner Ankunft in Berlin zu schreiben. Gott gebe, dass ich ihn erfülle! In einem andern Ton will ich nun gar nicht mehr an meine Freunde zu schreiben versprechen.

Leben Sie recht wohl, meine Beste, und erhalten Sie mir Ihre Liebe, die wirklich das größte Gut, meine Glückseligkeit allein ausmachen kann. Ich umarme Sie tausendmal in Gedanken, und bin auf immer

ganz der Ihrige

L.

145 *Hamburg, den 30. Jänner 1776*

Sobald die unglückliche Entscheidung käme, dass unsere Wünsche nicht erfüllt würden, verkaufe ich einen großen Teil meiner Sachen, die ich entbehren könnte, und den übrigen Bettel schicke ich fort; so aber halte ich es an mich, weil alle diese Dinge bis Braunschweig keinen großen Transport kosten und uns sehr zu statten kommen würden. Mein Bruder, der Professor, fragt in seinem letzten Brief: ist Herr Lessing noch nicht von seiner großen Reise zurück? Die Frage verdrießt mich, weil sie Mehreres in sich enthält, was ich nicht geradezu beantworten kann.

Wenn Sie sich einige Tage in Berlin aufhalten, so rechne ich sicher darauf, von daher einen Brief zu erhalten. Sonst schreiben Sie mir unfehlbar sogleich von Braunschweig. – Ich brenne vor Begierde, Ihre dortige Ankunft und wie Sie von dem Herzog empfangen worden, zu hören. Jetzt müssen Sie wieder in die alte Ordnung kommen, und mir – da wir so nahe sind – wöchentlich schreiben. Nicht wahr? das werden Sie auch tun? Ich umarme Sie tausend und tausendmal in Gedanken, und bin unverändert

ganz die Ihrige

E. C. K.

Haben Sie W. [Wagener] nicht besucht? Ich vermute es fast, indem er mir kürzlich, und während Ihres Aufenthalts in Wien, zweimal geschrieben, ohne ein Wort von Ihnen zu sagen. Es würde ihn sehr kränken, und mir würde es um so leider sein, weil er mich kürzlich wiederum sich sehr verpflichtet hat, indem er mir einen Posten von 1040 Rtlr. beigetrieben, auf den ich eben nicht groß rechnete. Leben Sie wohl.

146 *Berlin, den 11. Februar 1776*

Meine Liebe!

Ich bin über 14 Tage in Berlin, ohne Ihnen zu schreiben – immer noch der alte Fehler, den ich wohl schwerlich ablegen werde, als bis ich Ihnen nicht mehr zu schreiben brauche. – Wenn aber üble Laune, Unentschlossenheit und Ekel gegen alles, was um uns ist, Krankheiten sind: so bin ich die ganze Zeit über recht gefährlich krank gewesen, und Sie müssen mir diesmal schon wieder verzeihen. Hierzu kam, dass ich mich anfangs nur drei oder vier Tage aufhalten zu wollen dachte: ich wollte bloß die Kälte ein wenig abschlagen lassen, die mich von Dresden aus so schrecklich mitgenommen hatte, dass mich am warmen Ofen schauderte, wenn ich nur daran dachte, dass ich in eben der Kälte weiter reisen sollte. Und jetzt fiel auf einmal das jetzige nasse mir noch unerträglichere Wetter ein! Ein Tag verging nach dem andern; bis ich nun endlich so weit bin, dass ich, trotz Weg und Wetter, dennoch in ein paar Tagen abreisen muss und will. – Das ist, meine Liebe, das Vornehmste, was ich Ihnen zu melden habe; *jetzt* zu melden habe. Das eigentlich Wichtige für uns muss sich die ersten Tage in Braunschweig entscheiden. Und dann trauen Sie mir doch zu, meine Liebe, dass ich keinen Augenblick versäumen werde, Ihnen davon Nachricht zu geben? Wenn ich dann, wenn ich eigentlich weiß, was und wie ich Ihnen schreiben kann, Ihnen zu schreiben verschiebe, wenn ich dann nachlässig bin: so sollen Sie mir es nie vergeben – so will ich mir selbst es nie vergeben – so will ich mich selbst *verachten* – was ich wahrlich jetzt noch nicht tun kann, weil ich es doch am besten wissen muss, wie viel es mich kostet, wie nahe es mir geht, wenn ich schlechter *scheinen* muss, als ich bin.

Freilich wären noch zwanzig Dinge in Ihrem Briefe, auf die ich Ihnen antworten müsste – aber wenn ich jetzt damit anfangen soll: so kömmt sicherlich dieser Brief auch diesen Posttag nicht fort. Man lässt mich so wenig zu Hause, und wenn ich zu Hause bin, so bin ich so wenig allein – Gott! wenn wird dieses Leben einmal aufhören! Wenn werde ich einmal in Ruhe und Einsamkeit Ihnen und mir selbst leben können.

Ganz der Ihrige

L.

147 *Braunschweig, den 26. Februar 1776*

Endlich, meine Liebe, bin ich am 23ten dieses glücklich wiederum in Braunschweig angelangt. Ich sage glücklich; das heißt, ohne auf der Reise bis dahin Schaden genommen zu haben. Ob ich sonst zur glücklichen oder unglücklichen Stunde wieder gekommen, davon weiß ich noch nichts, die nächsten Tage werden es lehren. Denn noch habe ich mich bei dem Herzoge und der Familie kaum melden können, und den Erbprinzen habe ich eigentlich noch gar nicht gesprochen. Außer diesem haben sie sich alle sehr gefreuet, mich wieder zu sehen, auch alle sehr gnädig empfangen: aber Sie begreifen wohl, wie wenig das alles noch sagen will. Meinerseits bin ich fest entschlossen, mir den Vorschlag des Hrn. v. K. [Kuntzsch], den Sie selbst gebilliget haben, gefallen zu lassen. Nur kömmt es darauf an, die Sache so einzuleiten, dass ich mich nicht dabei wegwerfe. Ich werde also, wenn mir kein anderer Anlass vorkömmt, noch acht oder vierzehn Tage ruhig warten, und sodann dem Herzoge geradeheraus schreiben, dass mich das gänzliche Derangement meiner Affären nötige, eine Verbesserung zu suchen, und da ich diese in Braunschweig nicht abzusehen wisse, ich genötigt sei, um meinen Abschied zu bitten. Will man etwas für mich tun, so wird man es auf diese Erklärung gewiss tun. Will man nicht – ja nun freilich, so werde ich meinen Abschied bekommen. –

Ja, meine Liebe, an diese Zukunft kann ich nicht denken, ohne die Feder wegzuwerfen. Gott gebe, dass diese Zeilen Sie mit den Ihrigen gesund und vergnügt finden mögen. Ich schreibe Ihnen, wo nicht posttäglich, doch wöchentlich gewiss: oder ich habe Sie nie geliebt.

Ganz der Ihrige

L.

148 *[Hamburg, etwa 1. März 1776]*

Mein liebster Freund!

Nicht umsonst habe ich mich vor dem ersten Brief aus Braunschweig gefürchtet; er hat mir auch in der Tat Schrecken und Angst verursacht. Die Art, wie Sie Ihre Sache dem Herzog vorzutragen denken, scheint mir gar zu gefährlich. Mich däucht, ich würde sie nicht wählen, wäre ich auch in den verworrensten Umständen, und das sind Sie doch nicht; Ihre Schulden müssten sich denn höher belaufen, als mir bekannt ist. Sonst wüsste ich nicht, wie Sie um lumpichte tausend Rtlr. Ihre Ehre so in die Schanze schlagen wollten, Ihre Affären gegen den Herzog für völlig derangiert anzugeben. Das hieße sich, nach meiner Meinung, wegwerfen, aber nicht, wenn Sie dem Herzog schrieben: Sie reichten mit Ihrer Besoldung nicht, und hätten bis jetzt immer das Ihrige zugesetzt, fänden sich daher genötigt, um Erhöhung der Besoldung zu bitten. Ich bin gewiss, dass Sie keine abschlägige Antwort erhalten; so wie ich fast gewiss bin, dass, wenn Sie es auf die sich vorgesetzte Weise anfangen, die Sache sehr übel ausschlagen könnte. Wäre kein E. [Erb-] P. [Prinz] vorhanden, so würde ich so sehr noch nicht fürchten, aber da Sie glauben, dass dieser Ihr Gönner nicht ist, so geben Sie ihm ja die Waffen in die Hand, Ihnen zu schaden. Und gesetzt, Sie erhalten, warum Sie ansuchen, woran ich ohne Zittern nicht denken kann, wo wollen Sie dann Ihre Verbesserung suchen? In Dresden? Schwerlich werden Sie dorten, vor dem Ableben des Hagedorns, so viel erhalten, als Sie jetzt haben. Sechshundert Taler, nebst freier Wohnung und Feuerung, ist eben keine so kleine Besoldung, besonders an einem Ort, wo man leben kann, wie man will, und das kann man wohl in Wolfenbüttel besser, als in Dresden.

Legen Sie ja alles zum Besten aus, was ich Ihnen hier sage, wenn ich mich auch vielleicht nicht so ausgedrückt, wie ich sollte. Ihre Wohlfahrt liegt mir zu sehr am Herzen, als dass ich Sie nicht nochmalen um alles, was Ihnen lieb ist, bitten sollte: sich nicht zu übereilen, und bei kaltem Blute zu überlegen, was Sie tun wollen, ehe Sie anfangen zu handeln. Ich habe seit acht Tagen schrecklich an Koliken gelitten, und bin so entkräftet, dass ich nicht außer dem Bette sein kann. Lassen Sie mich um Gottes willen nicht lange auf Ihre Briefe warten. Ich habe keinen ruhigen Augenblick, bis ich bessere Nachrichten von Ihnen habe.

Setzen Sie dann auch das Vertrauen in mich, was ich wahrhaftig verdiene, mir Ihre ganze Lage, so wie sie ist, zu melden. Haben Sie vielleicht dringende Schulden, so kann ich Ihnen gleich mit 40, auch 50 Louisdors an die Hand gehen, wenn Sie sie nur so zu haben wissen, dass es der Welt nicht in die Augen fällt; Sie hätten sie schon, wenn ich es anzustellen gewusst hätte.

Leben Sie wohl, ich umarme Sie tausend und tausendmal in Gedanken.

K.

Der Brief sollte gestern morgen fort; die Post war aber bereits abgegangen. Seitdem hat mich die Schm. [Schmidt] wiederum, vielleicht zum fünfzigsten Mal, gebeten: Sie an die Kiste mit Büchern zu erinnern. Ich wünschte, dass Sie sie selbst abholen möchten. Mein lieber Freund, wie gerne wollte ich Sie sprechen! Dass die verwünschte italienische Reise kommen musste, unsre Reisegesellschaft zu stören! Ich lebte gewiss nicht in der Ungewissheit, worin ich jetzt lebe, und die ich fast nicht mehr ertragen kann. Adieu.

149 *Braunschweig, den 2. März 1776*

Können Sie glauben, meine Liebe, dass ich noch in Braunschweig bin? Und dass ich noch in nichts, auch nur den kleinsten Schritt weiter bin? Vorgestern abends traf ich den E. [Erb-] P. [Prinzen] auf der Gasse. Er bezeigte sich sehr freundlich, mich wieder zu sehen, er versicherte, es sei ihm nichts gesagt worden, dass ich bei ihm gewesen; und setzte hinzu, dass er mich notwendig zu sprechen habe, und dass er mich unfehlbar rufen lassen wollte, wenn ich noch einige Tage hier bliebe. Ich antwortete ihm, dass ich bis Sonntag bliebe. Aber noch hat er nicht geschickt, und wird wohl auch nicht schikken. Indes will ich doch mein Wort halten, und erst Montag früh nach Wolfenbüttel abgehen. Schickt er noch, so soll er alles hören, was ich auf dem Herzen habe: schickt er nicht, so hat er längstens auf die Mittwoche einen Brief von mir, dergleichen er wohl nicht oft dürfte bekommen haben.

Ich schreibe Ihnen dieses bloß, meine Liebe, nur um Ihnen zu schreiben. Sie werden unruhig sein, aber lange kann diese Unruhe nun doch nicht mehr dauern. Meinen vorigen Brief haben Sie doch erhalten? Da ich schon Antwort darauf haben könnte, und ich weiß, wie pünktlich Sie im Antworten sind: so bin ich für Ihre Gesundheit besorgt. Nur ein Wort, dass Sie sich mit den Ihrigen wohl befinden! – Ich umarme Sie, und bin

ewig der Ihrige

L.

150 *Wolfenbüttel, den 10. März 1776*

Meine Liebe!

Ich will keinen Augenblick anstehen, Sie meinetwegen ganz aus aller Unruhe zu ziehen. Ich habe ihn doch getan, den Schritt, den Sie so sehr befürchteten. Aber freilich habe ich ihn mit mehr Behutsamkeit getan, als Sie aus meinem Schreiben urteilen konnten, dass ich es tun würde. Denn vor allen Dingen habe ich mich an den E. [Erb-] P. [Prinzen] gewandt, und diesem sein Betragen gegen mich, seit drei Jahren, so handgreiflich vorgelegt, dass es ihm äußerst pikieren müssen. Das würden Sie mir, meine Liebe, vielleicht nun gerade abgeraten haben. Aber es hat seine Wirkung getan. Meine Äußerung, dass ich bei dem regierenden Herzog meinen Abschied fordern wolle, ist ihm sehr unerwartet gewesen, und er scheint im Ernst alles tun zu wollen, um es nicht dahin kommen zu lassen. Ich schicke Ihnen mit künftiger Post die Abschrift meines Briefes, und das Original des Prinzen, welches ich gestern an K. [Kuntzsch], gewisser Ursachen wegen, geschickt habe. Sie werden daraus sehen, dass ich mich nur noch bis zu seiner Rückkunft von Halberstadt gedulden und unterdes keinen Schritt weiter tun soll. Diese erfolgt aber erst den 27ten dieses. So lange kann ich auch wohl noch warten. –

Für Ihr gütiges Anerbieten, meine Liebe, mir mit guter Art Geld zu überschicken, danke ich Ihnen herzlich. Aber ich werde keinen Gebrauch davon machen. Ich hätte schon behutsamer in diesem Punkte mit Ihnen sein sollen. Dieses sage ich nicht aus Misstrauen in Sie, sondern bloß in Absicht meiner eignen Beruhigung. Auch können Sie gewiss versichert sein, dass ich auch nicht einmal 1000 Rtlr. schuldig bin. Wenn ich den Sch. [Schmidtschen] Wechsel vom Halse hätte, so könnte ich mich für so gut als ganz rein halten.

Nächstens ein Mehreres. Ich umarme Sie tausendmal, und bin ewig

ganz der Ihrige

L.

151 *Wolfenbüttel, den 22. März 1776*

Meine Liebe!

Eine notwendige Reise nach Braunschweig hat mich verhindert, Ihnen eher wieder zu schreiben. Der Oberste W. [Warnstedt] war von Frankfurt wieder gekommen, wohin er den Prinzen zu seinem Regimente begleitet hatte, und mit diesem hatte ich noch verschiedne Dinge, von unsrer Reise her, in Richtigkeit zu bringen. Ehegestern bin ich erst wieder gekommen, und ob ich gleich kein Briefchen von Ihnen vorgefunden, so schreibe ich Ihnen doch, und bin ganz ruhig, wenn ich nur glauben darf, dass Sie gesund sind. –

Hier sind sie also, die versprochenen Briefe, sie liegen alle drei in dem Kuverte des P. [Prinzen], und Sie müssen sie lesen, wie sie nummeriert sind. Es soll mich verlangen, was Sie zu dem Briefe des P. [Prinzen] sagen werden. Er ist noch sehr auf Schrauben gestellt, aber gleichwohl versichern mich alle, die ihn gelesen, und den P. [Prinzen] kennen, dass er mich nimmermehr gehen lassen werde, und dass ich meine Saiten nunmehr immer so hoch spannen könne, als ich wolle. Es wird sich zeigen. Der 27te ist ja nicht mehr so weit.

Madam Sch. [Schmidt] hat an mich wegen des Kasten geschrieben. Wenn ich doch nur in Hamburg jemanden wüsste, der alles, was darin ist (denn voll ist er nicht), in einen kleinern Kasten packen ließe und mir diesen mit dem ersten besten Fuhrmann hierher sendete. Sie möchte ich nicht gern, meine Liebe, mit so etwas beschweren. Gleichwohl sind mir die Schwarten etwas wert, und ich würde sie ungern verlieren. Aber entschuldigen Sie mich bei M. [Madam] Sch. [Schmidt], dass ich ihr heute nicht antworte; es soll das nächste Mal gewiss geschehn.

Jetzt sehe ich erst, dass ich Ihnen in Wien doch eine Kommission ausgerichtet habe. Die nämlich, mit den Handschuhen. Ich gebe sie unter Ihrer Adresse heute zugleich mit auf die Post. Wenn sie allzu trocken geworden sein sollten, so hat man mir schon in Wien gesagt, dass Sie dieselben nur mit Mandelöl wieder einschmieren lassen dürften.

Leben Sie wohl, meine Liebe. Ich umarme Sie tausendmal. Küssen Sie statt meiner, meinen Paten.

Der Ihrige

L.

152 *Hamburg, den 26. März 1776*

Mein lieber Freund!
Ich freue mich von Herzen, dass der wichtige Schritt endlich geschehen, und so gut ausgefallen ist. Denn so viel ich aus des Pr. [Prinzen] Brief urteile, werden Sie nunmehr alles erhalten, warum Sie ansuchen; weil Sie gewiss nichts Unbilliges begehren werden, was Ihnen nicht ähnlich sieht. Sie meinen, der Brief sei auf Schrauben gestellt. Das finde ich nicht. Was ich aber dafür halte: der Pr. [Prinz] glaubt, es wären Ihnen große Anträge gemacht, für die er Sie nicht werde schadlos halten können. Und mag er sich das immer einbilden! Desto besser für Sie. Ich habe in meinem Leben nach nichts mehr verlangt, als nach dem Ausgang dieser Sache. Versäumen Sie ja keinen

Augenblick, ich bitte Sie auf das inständigste, mir von der Unterredung mit dem Pr. [Prinzen] Nachricht zu geben. Wenn ich nunmehr etwas saumselig im Antworten bin, so rechnen Sie es mit den vergangenen Zeiten ab, wo ich manchmal sechs Monate auf Ihre Antworten lauerte, und lassen Sie mich's nicht entgelten. Ich sitze schon seit vierzehn Tagen, und Gott weiß, wie lange es noch dauern wird – unter alten Schreibereien; eine Arbeit, wobei ich ganz dumm werde, der ich mich aber unterziehen muss, wenn ich einen Haufen Transportkosten für die alten Scharteken ersparen will. Wenn ich diesen Bettel vom Halse habe, dann bin ich ganz fertig, und aller der fatalen Arbeiten überhoben, die gar nicht für mich sind.

Madam Sch. [Schmidt] empfiehlt sich Ihnen und siehet einer Antwort von Ihnen mit Vergnügen entgegen. Mit ersterer Fuhre sollen Ihre Bücher abgehen. Ich werde sie vorher ordentlich packen, und die Kiste gut verwahren lassen, weil Madam Sch. [Schmidt] sagt, dass sie aufgegangen und einige Bücher herausgefallen wären. Verzeihen Sie, dass ich mich dieser Kommission anmaße, ob Sie gleich mir sie nicht haben auftragen wollen. Ich tue es auch nur, weil sie von so wenig Wichtigkeit ist, und M. [Madam] Sch. [Schmidt] den Kasten gern los sein wollte, indem sie künftige Woche umziehen muss. Sonst bin ich eben so voreilig nicht.

Ihr Pate küsst Ihnen die Hand. Es ist ein schnakischer Patron. Gestern wurde er rot, wie ein Welscher Hahn, weil ich ihm Ihren Brief nicht vorlesen wollte, und behauptete, Herr Lessing hätte ihn gewiss in der Absicht mit geschrieben, dass er ihn lesen sollte. Ich muss schließen, weil ich meinen Schwager erwarte, der so gefällig sein will, mir heute bei meiner Arbeit beizustehen. Die Briefe sende ich hiermit zurück, und bin für die Mitteilung höchstens verbunden. Wenn ich Sie nicht vorher so sehr geschätzt und geliebt hätte, als man lieben kann, so würden Ihre Briefe an den P. [Prinzen] mich dahin gebracht haben. Bei der Durchlesung habe ich Sie hundertmal in Gedanken umarmt. Das tue ich auch nun, und bin ewig

ganz die Ihrige

E. C. K.

153 *Hamburg, den 3. April 1776*

Mein liebster Freund!

Warum erhalte ich keine Nachricht von Ihnen? Sie sind doch wohl, und haben neuerdings hoffentlich nicht Anlass, missvergnügt zu sein? Heute vor einem Jahre hätte ich diese Fragen mündlich an Sie tun können. Gott! um wie viel vergnügter war ich damals, als jetzt. Eben besucht mich Madam K. [Knorre], die sich Ihnen bestens empfiehlt. Weil ich also am weitern Schreiben verhindert werde, so hätte ich auch diesen Anfang liegen lassen, wenn ich Ihnen nicht sagen müsste, dass ich heute mit dem Fuhrmann Gottlieb Behr von Wimsen Ihre Kiste abgeschickt hätte. Sie wiegt 1 Schiff-Pf. 3 LPf. das Schiff-Pfund ist zu 4 Rtlr. bedungen, versteht sich, nach Wolfenbüttel zu liefern.

Schreiben Sie mir um des Himmels willen recht bald. Ich umarme Sie, und bin auf immer

ganz die Ihrige

E. C. K.

154 *Wolfenbüttel, den 11. April 1776*

Meine Liebe!

Würde ich Ihnen wohl so lange nicht geschrieben haben, wenn ich Ihnen was Gewisses zu schreiben gewusst hätte? Ich hoffte von einem Tage zum andern, dass ich es endlich können würde – und doch kann ich es noch nicht weiter, als dass ich wohl sehe, dass mich der Pr. [Prinz] durchaus nicht lassen wird, und dass er bloß ungewiss ist, wie er am besten mit mir fertig werden soll.

Gleich nach seiner Zurückkunft schickte er den Hrn. von K. [Kuntzsch] an mich, um mich von meinem Entschlusse abzubringen, und mir Vorschläge zu machen. K. [Kuntzsch] schlug mir vor, 1. 200 Taler Zulage. 2. Befreiung von allem Abzuge, und Zurückgabe des bisherigen erlittnen Abzuges, welches doch auch über 300 Tlr. beträgt. 3. Vorschuss von 800 bis 1000 Tlr. auf die Zulage. 4. Ein anderes Logis, oder Entschädigung am Gelde. Ich sagte ihm, dass das alles recht gut sei, aber dass es mir der Pr. [Prinz] notwendig selbst anbieten müsse, weil ich schlechterdings nicht die geringste Bitte darum verlieren wollte; dass ich auch nicht länger dadurch gebunden sein wollte, als es meine Umstände etwa erlaubten, weil das doch die Verbesserung noch nicht wäre, die mich bewegen könnte, auf alle andere Verzicht zu tun.

Dieses alles hat ihm der Herr v. K. [Kuntzsch] haarklein wieder gesagt und fast, erzählte mir dieser, wäre er ärgerlich darüber geworden. Endlich erklärt er sich doch, dass er an mich schreiben, mich kommen lassen und mündlich die Sache mit mir in Richtigkeit bringen wolle.

Nun denken Sie, was geschieht! Am Sonnabende, als am siebenten, bekomme ich einen Brief von ihm, der am fünften geschrieben war, in welchem er mich auf den sechsten des Morgens zu sich bestellt, weil er den achten, als den Sonntag, notwendig wieder verreisen müsse. Diesen Brief, wie gesagt, bekomme ich erst den siebenten, und war den sechsten und siebenten selbst in Braunschweig gewesen, von wannen ich des Abends zurückkam und den Brief fand, der erst vor ein paar Stunden angekommen war. Sollte ich nun nicht leicht glauben, dass er meine Anwesenheit in Braunschweig gar wohl gewusst, und dass er mir erst den siebenten unter falschem Dato geschrieben, damit ich gar nicht mehr Zeit haben könne, ihn zu sprechen? Denn den Sonntag ist er wirklich wieder nach Halberstadt abgereiset, und man sagt, dass er sobald nicht wieder kömmt. Der Brief indes, den er mir schrieb, ist äußerst verbindlich, und ich habe ihm noch des Sonnabends abends mit einer Staffette darauf geantwortet. Ich schicke Ihnen das nächste Mal die ganze Korrespondenz, die jetzt der Herr v. K. [Kuntzsch] noch bei sich hat, und vielleicht, dass indes eine Antwort von ihm einläuft, in der er sich näher erklärt. –

Machen Sie doch an Madame K. [Knorre] mein recht großes Kompliment, und ihm, dem Vetter, der endlich einmal wieder an mich geschrieben hat, sagen Sie, dass ich ihm gewiss den nächsten Posttag antworten würde.

Sie glauben nicht, meine Liebe, wie ärgerlich, verdrießlich und unruhig ich jetzt bin. Ich habe so viel zu arbeiten, und kann nichts machen. Ich muss auch jetzt nun abbrechen, wenn ich diesen Posttag noch schreiben will.

Aber Sie befinden sich doch recht wohl wieder, meine Liebe? Und was macht Malchen, von der Sie mir gar nichts schreiben? Ich umarme Sie tausendmal, und bin zeitlebens
ganz der Ihrige

L.

155 *Hamburg, den [etwa 15.] April 1776*

Mein bester, liebster Freund!

Gottlob! die Sorge, in welcher ich wegen Ihrer Gesundheit war, ist gehoben. Ich konnte mir gar nicht ausreden, Sie müssten krank sein, weil ich in drei Wochen keine Nachricht erhielt, die Sie mir doch wenigstens wöchentlich zu geben, und das mit dem Zusatze: oder Sie hätten mich nie geliebt, so heilig versprochen hatten. Nochmal Gottlob! dass die Angst umsonst gewesen und Sie sich wohl befinden. Ich glaube gar gerne, dass die ungewisse Lage, worin Sie sich befinden, Ihnen wenig Mut und Lust zum Arbeiten lässt. Sie macht auf mich denselben Eindruck. Was ich tue, ist erzwungen, und fällt mir doppelt hart, weil ich noch immer an der fatalen schmutzigen Arbeit der alten zwanzigjährigen Papieren bin. Noch habe ich in der Welt nichts getan, was mich in übeln Humor gesetzt hätte, als diese Untersuchung der alten Scharteken, wobei einem soviel Verdrießliches in die Hände fällt. Wären Sie doch hier! Sie würden mir gewiss helfen. Haben Sie doch schon einmal mir zu Gefallen eine alte Frau vier Stunden lang unterhalten, warum sollten Sie dies nicht auch tun? Bei dieser Gelegenheit muss ich Ihnen sagen, dass eben diese Frau von Tr. zur höchsten Betrübnis ihres Mannes vorigen Monat gestorben ist. Im Ernste, er soll über ihren Tod sehr traurig sein; welches ich aber unmöglich glauben kann, wenn ich mich der Szenen erinnere, die unter ihnen vorgefallen sind.

Eine wirklich erfreuliche Nachricht habe ich von Wien erhalten. Die kleine Frau von L. [Lutz] ist in gesegneten Umständen. Doch hat diese Nachricht mich nicht so sehr erfreut, als mich die von de Haens Tode betrübt hat. An diesem rechtschaffenen Manne habe ich einen wahren und aufrichtigen Freund verloren.

Ich bin unvermerkt in die Wiener Welt verfallen, die mir im Grunde jetzt doch weniger am Herzen liegt als das, was Ihr Brief enthält. Aus denen Anträgen, die der E. [Erb-] P. [Prinz] Ihnen durch K. [Kuntzsch] hat machen lassen, urteile ich sicher, dass er Ihr Gönner ist und Sie gern erhalten will. Weil aber Ihr erster Brief ihn nur gar zu deutlich überzeugt hat, wie unerlaubt er gegen Sie gehandelt, so will er Sie nicht gerne eher sprechen, als bis er glaubt, Ihnen Genüge getan zu haben. Daher glaube ich gar gerne, dass er ärgerlich wurde, wie er aus der Antwort von K. [Kuntzsch] hörte, dass Sie nicht so leicht zu befriedigen wären. Ob dieser Freund auch alles so genau hätte überbringen sollen? weiß ich nicht. Ich vermute ganz gewiss, dass der Brief unrecht datiert worden, und mit Absicht Ihnen so spät behändigt worden ist. Wenn es durch Versehen geschehen wäre, sollte es mich sehr verdrießen; zumalen Sie glauben, dass der Pr. [Prinz] lange ausbleiben wird. Es wird sich aus der Antwort des Pr. [Prinzen] vieles schließen lassen. Wenn er Ihnen nun gleich ernstliche Anträge macht, so irren Sie gewiss nicht, und er hat nur der Unterredung auszuweichen gesucht: wenn er Sie aber nur durch Komplimente hinzuhalten sucht, so weiß ich nicht, was ich von ihm denken soll. Nach der jetzigen Lage, worin der Hof sich befindet, dünken mich seine Anerbietungen sehr annehmlich; freilich, besser ist besser! wenn das Bessere nur ohne Verscherzung des minder Bessern zu erhalten ist.

Von meinen Umständen habe ich Ihnen längst eine genaue Nachricht versprochen, die ich aber eben, weil ich sie genau geben will, noch nicht geben kann. Jetzt liegt die Schuld an meinem Schwager, der seit sechs Wochen die Handlungsbücher bei sich liegen hat, um sie abzuschließen; aber immer überhäufte Arbeit vorschützet, dass es noch nicht geschehen. Ungefähr glaube ich zwischen 4 bis 500 Tlr. Louisdor Renten zu behalten, wenn ich mein Kapital auch nur zu 4 Prozent belege. Hiervon nächstens das Eigentliche!

Ihren Ring habe ich ganz vergessen. Heute fand ich ihn, und werde ihn künftige Woche, nebst denen sogenannten antiken Steinen, die Sie in Wien gesehen, an Sie abschicken. Der Jude plagte mich, die geschnittenen Steine mitzunehmen, um einen Versuch zu machen, sie anzubringen; ich werde aber überall damit ausgelacht. Die Abrede ist, dass, wenn ich sie nicht anbringe, ich sie seiner Frau schicken sollte. Sie sind dann wohl so gut, und lassen sich beim Hrn. von V. [Voigt] erkundigen, wo diese anzutreffen, und überliefern sie ihr dann gegen Schein. Der Jude heißt P. [Philipp] A. [Abraham].

Ich denke, die Bücherkiste sollen Sie bereits wohl konditioniert erhalten haben, so wie ich die beiden Paar Handschuhe, wofür ich Ihnen Dank sage.

Eben höre ich von M. [Mannes?], dass unser Professor Zachariä krank sein soll. Ich hoffe nicht, dass seine Krankheit von Dauer sein werde. Machen Sie ihm und K. [Kammerherrn] v. K. [Kuntzsch] gelegentlich mein Kompliment. Versäumen Sie dann auch ja nicht, mir bald und wenigstens einmal die Woche zu schreiben. Sie werden dadurch unendlich verbinden diejenige, die ewig sein wird

Ihre ganz ergebene

K.

Vielleicht sind Sie mit Ihrem Ringe besser zufrieden, als ich es bin, weil der abgeschmackte Juwelier ihn anders gefasst hat, als er gewesen. Nämlich er war *à jour* gefasst, jetzt ist aber der Stein ganz eingefasst, und vermutlich mit Folio unterlegt, was er zwar leugnete, weil er aber blendet, wenn man darauf sieht, so ist es wohl gewiss.

156 — *Wolfenbüttel, den 19. April 1776*

Meine Liebe!

Bloß um Ihnen nicht wieder Unruhe zu machen, schreibe ich Ihnen heute. Denn in der Tat habe ich jetzt kurz vor der Messe noch alle Hände voll zu tun, weil ich verschiedene Dinge fertig machen muss, die vor dem Jahrmarkte unvollendet geblieben waren. Auch habe ich Ihnen weiter nichts Neues zu melden; denn der Pr. [Prinz] hat nicht geantwortet. Hier haben Sie indes sein Schreiben, welches ich mir mit dem Nächsten wieder ausbitte. Es ist mir lieb, dass Sie ihm noch so viel gute Gesinnung gegen mich zutrauen. Und beinahe dürfte ich selbst nicht mehr daran zweifeln, weil er noch vor seiner Abreise den geheimen Rat von F. [Féronce] über meine Angelegenheit gesprochen hat. Die Zeit, bis das Ding zur Reife kömmt, wird mir nun auch verzweifelt lang werden, und indes werde ich noch manchen kleinen Verdruss haben. – Die Bücherkiste ist noch nicht angekommen. Die geschnittenen Steine dürfen Sie mir nur schicken, weil ich bereits weiß, wo des Mannes Frau in Braunschweig anzutreffen ist.

Sie befinden sich mit den Ihrigen doch noch wohl? Ich umarme Sie tausendmal, und bin ganz

der Ihrige

L.

157 *[Hamburg] Am Freitag [19. April 1776]*

Mein lieber Freund!

Eben offerieret mir M. [Mannes], das kleine Schächtelchen mit der Lotto-Stafette fortzuschicken, die aber den Augenblick abgehet. Was ich also wegen der darin sich befindenden Steine zu erinnern habe, schreibe ich mit morgender Post. Indes können Sie es immer eröffnen. Der Ring ist mit darin. Leben Sie wohl. Ihre Briefe erwarte ich sehnlich, und bin, wie Sie schon wissen

Ihre ganz ergebene

K.

158 *Hamburg, den 20. April 1776*

Mein lieber Freund!

Mit gestriger Lottostafette habe ich die geschnittenen Steine, nebst Ihrem Ringe abgeschickt. Ich denke, Sie werden sie erhalten haben, und nicht ungütig nehmen, dass ich Sie mit dieser Kommission belästige. Inliegend folgt die Notiz, so mir Philipp Abraham über die Steine zugestellt, worauf die Frau den Empfang quittieren wird, die ich mir dann wieder zurück erbitte, um meinem Gläubiger die Zurückgabe anzeigen, und ihn zu anderweitiger Bezahlung anhalten zu können. Ich glaube schon gesagt zu haben, dass der ältere Herr von Voigt die

Frau kennt. Wüsste ich die Steine auch nur zur Hälfte anzubringen, so wollte ich sie gerne für voll annehmen. Nicht wahr? da ist wohl keine Hoffnung? Wenigstens sagen alle, die sie gesehen, sie wären wenig oder nichts wert.

Mit heutiger Post dachte ich sichere Nachricht von Ihnen zu erhalten. Dass sie ausgeblieben, beunruhiget mich, weil ich daraus schließe, dass Sie noch keine Antwort von dem E. [Erb-] P. [Prinzen] haben. Wann nur seine gegen Sie geäußerten Gesinnungen aufrichtig sind! und der Ausgang der Entscheidung sich nicht ins lange hinausziehet!

Ich habe an die vier Monate keinem meiner Brüder eine Zeile geschrieben, weil ich nicht weiß, was ich ihnen schreiben soll. Zum Glücke, dass die Mannheimer Regierung stille sitzet, sonst wäre ich gezwungen, eine kategorische Antwort zu geben.

An Herr und Madame K. [Knorre] habe ich Ihren Auftrag überbracht. Sie zweifeln, ob Sie Ihr Versprechen erfüllen und antworten werden. Der Vetter hat sich aber vorgenommen, dass, wenn Sie nicht antworten, er posttäglich schreiben will, bis er einen Brief von Ihnen erhält. Ich glaube aber, dass es bei der Bedrohung bleibt; denn als er sie machte, hatte er das Nesselfieber, und musste die Stube hüten, jetzt schlumpert er schon wieder herum, und ist umso mehr beschäftiget, weil an dem Herrn von B. sich ein Rival – hervortut, den er mit aller Sorgfalt abzuwenden sucht. Mit seiner Nase will es gar nicht gut werden. Ich fürchte, dass es übel damit ausschlägt. Die Tante ist noch immer die geduldige und liebenswürdige Frau. So oft sie sich der ihr so beschwerlichen Gesellschaft nur immer möglich entziehen kann, besucht sie mich. Zu der Gesellschaft habe ich sie ausdrücklich gebeten, mich niemals zu nötigen; denn sie bestehet aus einem Ausschuss von höchst fatalen Menschen, dass ich es für eine Strafe ansehen würde, wenn ich mit ihnen umgehen müsste. Ihr ganzes Amüsement besteht in überaus hohem Spiel, wobei sich, wie Sie leicht denken werden, der V. [Vetter] nicht übel stehet.

In den Weihnachten hatten sie Partie nach Jersbeck gemacht, bei welcher K. [Knorre] 6000 Mark Banko gewonnen haben soll. – Dass das Hamburger Lotto nicht wieder zu Stande kommt, und fast einhellig von der Bürgerschaft abgeschlagen worden – obschon der Rat so triftige Vorstellungen dafür gemacht hatte – wissen Sie wohl schon? – Wenn zugleich alle fremde Lottos mit fortgeschafft würden, so wäre wohl nichts Heilsamers für hiesige Einwohner, die noch immer weg wie die Rasenden spielen. So aber weiß ich nicht, ob man Recht getan hat, zumal das Altonaer Lotto vor der Türe sitzt. Wenn in der gestern gezogenen Braunschweiger Lotterie die Nummern 20, 51, 60, 63 gezogen sind, so habe ich eine Quaterne von 4 Schillingen gewonnen. Auf flehentliches Bitten von Fritze habe ich seit zwei Jahren diesmal zum erstenmal wiederum gesetzt.

Der arme Fritz! hat diese ganze Woche ein heftiges Fieber gehabt, was anfänglich ein hitziges Fieber zu werden drohte. Gottlob! Heute ist er wieder munter. Er und Malchen – den Engelbert habe ich nicht bei mir – empfehlen sich Ihnen. Sie wünschen mit mir, Sie bald zu sehen. Wäre es denn nicht möglich, dass Sie auf acht Tage nur einen Sprung auf hier täten? Ich wünschte es so sehr als man etwas wünschen kann. In Ihrer Affäre müssten Sie freilich nichts versäumen. Das wollte ich nicht um wieviel. Nehmen Sie es in Überlegung; geht es denn an, so machen Sie mir das Vergnügen. Ich bitte Sie auf das inständigste darum, und bin auf immer

Ihre ganz ergebene

E. C. K.

159 *Hamburg, den 27. April 1776*

Mein lieber Lessing!

Ich danke Ihnen, dass ungeachtet der überhäuften Geschäfte, Sie mir dennoch geschrieben haben. So bin ich auch für die Mitteilung des Briefes verbunden, über dessen Inhalt ich mich gefreuet habe, weil er die beste Gesinnung von Seiten des E. [Erb-] P. [Prinzen] verrät. Verzeihen Sie, dass ich ihn nicht ehender zurück geschickt habe. Ich war diese ganze Woche hindurch nicht im Stande, nur zwei Minuten auf einer Stelle zu sitzen, so bekam ich Schmerzen in der Seite, und es brach mir ein Angstschweiß aus, dass ich gleich aufspringen musste. Das viele Sitzen, was ich bisher getan habe, vielleicht auch ein bisschen Erkältung, sind wohl Ursache daran. Heute ist mir etwas leidlicher, wiewohl ich nicht ganz frei davon bin.

Auf die Gewährung meiner Bitte, Sie hier zu sehen, darf ich mich also nicht freuen, weil Sie so viele Arbeit haben. Es tut mir recht leid, und meine Hypochondrie hat dadurch einen neuen Schwung erhalten. Leben Sie denn nur vergnügt und vergessen Sie nicht, dass ich es zu wissen wünsche, dass Sie vergnügt sind. Ich bin

Ihre ganz ergebene

E. C. K.

160 *Wolfenbüttel, den 2. Mai 1776*

Meine Liebe! Ich will doch diese Woche nicht ganz vorbei gehen lassen, ohne Ihnen wenigstens ein paar Worte zu schreiben.

Endlich habe ich die Bücherkiste erhalten, und ich danke Ihnen recht sehr für alle Mühe und Kosten, die Sie dabei gehabt haben.

Auch habe ich die Schachtel mit den geschnittenen Steinen und dem Ringe richtig erhalten. Letzterer ist allerdings ein wenig plump ausgefallen, und gleichwohl werden Sie genug dafür haben bezahlen müssen. Mit den erstern will ich nach Vorschrift verfahren, sobald ich nach Braunschweig komme. Wüsste ich, dass die Sache dringend wäre, so sollte ich gerne auch ausdrücklich darum herüber.

Der E. [Erb-] P. [Prinz] ist noch nicht wieder gekommen, hat auch noch nicht wieder geschrieben. Etwas Näheres in dieser Sache kann ich Ihnen also nicht melden. Inzwischen, wenn Sie doch selbst aus seinem Briefe geurteilt haben, dass sie nicht ganz übel für mich ausfallen kann: so dächte ich, könnten Sie auch schon Ihrem Geschwister mit aller Zuverlässigkeit schreiben. Auch in Mannheim, dächte ich, könnten Sie sich nun wohl erklären. Aber mir ist hierbei eingefallen, ob Sie nicht alles, was Sie von daher zu ziehen hätten, als das Vermögen Ihrer Kinder im Lande lassen, und sich so noch den Abzug ersparen könnten. Wenigstens, meine Liebe, muss ich sehr darauf dringen, dass Sie das Kapital, welches der Onkel

Ihren Kindern geschenkt hat, nie wieder an sich nehmen, sondern sich schlechterdings aller Ansprüche darauf begeben. Hierüber, und noch über manches Andre, hätte ich Ihnen allerdings noch viel zu sagen, welches sich mündlich am besten sagen ließe. Ich sage also zu dem Vorschlage, Sie in Hamburg zu überraschen, gar nicht *Nein.* Vielmehr ist es mein Einfall schon vorher gewesen. Nur sehen Sie wohl, dass es diesen Monat nicht geschehen kann; dass es nicht eher geschehen kann, als bis ich mit dem E. [Erb-] P. [Prinzen] völlig zu Stande bin. Ich wünsche mir bald gute Nachricht von Ihrer Gesundheit, und umarme Sie tausendmal.

Der Ihrige

L.

161 *Hamburg, den 5. Mai 1776*

Mein lieber Lessing!

Nichts könnte mich heute zum Schreiben bringen als die Furcht, durch allzu langes Stillschweigen mich Ihrer Briefe beraubt zu sehen. Denn ich bin durch eine Diarrhöe, die mich seit zwei Nächten kein Auge zutun lassen, dermaßen entkräftet, dass ich kaum die Feder halten kann. Wenn nur die Witterung sich bessern wollte, dass ich den Pyrmonter Brunnen anfangen könnte. Ich war erst willens, ihn an der Quelle zu trinken, nun aber werde ich ihn im alten Lande auf Herrn Sch. [Schubacks] Landgute trinken, weil mich dieser Freund so dringend gebeten, seiner Frau auf einige Wochen Gesellschaft zu leisten, die sich über den Verlust eines ihrer liebsten Kinder, welches sie in verwichener Wochen verloren, gar nicht trösten kann. Was mir dabei nicht ansteht, ist, dass wir acht Tage vor Pfingsten dahin gehen sollen, welches vielleicht eben die Zeit sein könnte, in der Sie hier sein könnten. Wenn das wäre, so änderte ich die Sache noch. Nämlich ich erklärte mich mit Herren Schuback, was ich sonst lieber anstehen ließe, bis wir uns mündlich gesprochen. Schreiben Sie mir darum unfehlbar mit Rückpost, ich bitte Sie, wenn Sie glauben, hier eintreffen zu können. Ich sehe gar wohl ein, dass bevor Sie nicht mit dem Pr. [Prinzen] in Richtigkeit sind, Sie sich nicht entfernen können, sonst hätten Sie bereits weit dringendere Anforderungen um Erfüllung Ihres Versprechens von mir erhalten. Ich wünsche nur, dass er nicht gar zu lange mehr ausbleiben möge. Den übrigen Inhalt Ihres Briefes beantworte ich lieber mündlich. Machen Sie, dass dieses bald geschehen könne. Ich bin zeitlebens

Ihre ganz ergebene

K.

162 *Wolfenbüttel, den 16. Mai 1776*

Meine Liebe!
Ich bin Ihres Befindens wegen äußerst besorgt. Gott gebe, dass Sie völlig wieder hergestellt sein mögen. Nehmen Sie aber doch ja umso viel mehr den Antrag des Herren Schubacks an, Ihren Brunnen in aller Ruhe und Gemächlichkeit zu trinken. Ich kann es noch nicht sagen, wenn ich eigentlich nach Hamburg kommen kann. Lieber komme ich sodann einige Wochen später. Wer weiß, wie lange es sich ohnedem verziehen wird. Denn wenn der Pr. [Prinz] nicht bald wieder kömmt, und mich nicht bald aus meinen hiesigen Verlegenheiten reißt, so halte ich es nicht länger aus.

Ich gehe heute nach Braunschweig, wo ich Ihr Geschäfte mit der Jüdin nicht vergessen werde. Ich schreibe Ihnen von da aus, wenn mich alle die Verdrießlichkeiten, die mich erwarten, nicht verhindern.

Der Ihrige auf immer

Lessing

163 *Hamburg, den 19.–31. Mai 1776*

Mein lieber Freund!
Mit meiner Gesundheit hat es sich gebessert. Wüsste ich nur auch, wie Ihre Verdrießlichkeiten abgelaufen wären oder wenigstens, worin sie bestehen. Wiewohl ich es halb errate, weil Madame Sch. [Schmidt] mir gestern erzählte, ihr Mann sei in Braunschweig. Nicht wahr? durch diesen sind Sie beunruhiget

worden. Schaffen Sie sich ihn doch um des Himmels Willen vom Halse, und erlauben mir, dass ich Ihnen so viel übermache, als hierzu erfordert wird. So wie Sie ihn in der Folge bezahlen würden, können Sie mir es ja auch wiedergeben, wenn Sie wollen; meinetwegen samt den Zinsen. Ich finde die Delikatesse ganz sonderbar, dass Sie lieber einem fatalen Menschen als mir schuldig sein wollen. Ich wünschte nur, dass ich es selbst überbringen könnte, so hätten Sie es schon, und hätten es wohl annehmen müssen, wenn Ihnen an meiner Freundschaft im mindesten gelegen wäre. So aber weiß ich nicht, wie ich es fortbringe, dass kein Gerede wird. Mit der Post? so erfährt es B. [Bostel] und mit der Lotto-Stafette M. [Mannes] und durch ihn Madam Sch. [Schmidt] und zugleich die ganze Stadt. Es ist am besten, dass Sie selbst auf hier kommen, und das können Sie, wenn Sie wissen, dass der E. [Erb-] P. [Prinz] so bald noch nicht kommt. Sobald Sie den aber erwarten, so rate ich es Ihnen nicht. Sonst aber tun Sie mir den Gefallen, und bringen die Feiertage hier zu. Wir haben uns denn doch noch viel zu sagen, und ich muss Sie wahrhaftig bald sprechen, um mein Arrangement machen zu können, an dem ich schon zu arbeiten anfing, worin mich aber Ihr letzter Brief wieder irre macht. Ich gehe erst den Sonnabend nach den Feiertagen ins alte Land; dann können Sie wieder nach Braunschweig reisen. Tun Sie das, Sie werden mich unendlich verbinden. Ich mache meine sichere Hoffnung darauf. Machen Sie nicht, dass diese mir auch wieder fehlschlägt, wie die Hoffnung, die ich mir in verwichener Woche machte. Man hatte Miss … von Braunschweig geschrieben, es würden einige dasige Bekannte den 12ten abreisen, um auf hier zu kommen. Ich stellte mir sicher vor, Sie wären einer davon; aber vergebens habe ich Sie sehnsuchtsvoll erwartet. Es klärte sich nachher auf, dass es den H. [Herzog] F. [Ferdinand] bedeutete, der meinetwegen hätte zurückbleiben können; denn ich habe ihn –

Diesen Brief schrieb ich am 19. so weit, und wurde daran verhindert, indem mich eine Krankheit überfiel; man brachte mich zu Bette, welches ich auch in 13 Tagen nicht verlassen. Heute bin ich zum erstenmal auf, bin aber so matt, dass ich nicht von einem Stuhle zum andern gehen kann. Dass ich nichts von Ihnen höre, befördert meine Besserung nicht. Schreiben Sie mir doch um des Himmels Willen was Sie machen? Ob Ihre Verdrießlichkeiten gehoben sind? Künftige Post denke ich schon mehr Kräfte gesammelt zu haben, dann schreibe ich Ihnen ganz gewiss; es wäre denn, dass ich keinen Brief von Ihnen erhielte. Dann müsste ich aber auch denken, dass Sie nach meinem nicht verlangten. Leben Sie wohl.

Ihre ergebene

K.

164 *[Hamburg, den 4. Juni 1776]*

Mein lieber Freund!

Ich kann mich gar nicht erholen, und will also auf Anraten des Medikus versuchen, ob ich auf dem Lande meine Kräfte wieder sammeln kann. Morgen gehe ich mit Madam Sch. [Schuback] auf ihr Gut im York, wo ich vierzehn Tage mich aufzuhalten denke, und wo ich gewiss alle mögliche Verpflegung haben werde. Diese würdige Freundin hat in meiner Krankheit recht schwesterlich für mich gesorgt, sie ist gewiss die einzige, durch die ich erhalten bin.

Aber Sie, mein Freund, scheinen mich ganz zu vergessen. In so vielen Wochen habe ich keine Zeile von Ihnen gesehen. Wüsste ich nicht durch Zachariä, dass Sie wohl wären, so müsste ich mir vorstellen, Sie sein krank. So aber weiß ich gar nicht, was ich denken soll. So viel sage ich Ihnen, dass ich sehr bekümmert bin, und dass, wenn Ihnen an meiner Ruhe im mindesten gelegen ist, Sie nicht versäumen müssen mir mit der ersten Post zu schreiben. Der Brief kann unter gewöhnlicher Adresse laufen; ich habe die Verfügung gemacht, dass er mir richtig zukommt. Ich bin zeitlebens

ganz die Ihrige

K.

165 *Braunschweig, den 5. Juni 1776*

Meine Liebe!

Ihr letztes, das sich mit so guter Gesundheit anfängt, und mit so schlechter sich endet, verursacht mir nicht wenig Kummer. Gott gebe, dass die Besserung angehalten und Sie sich jetzt wieder völlig hergestellt befinden mögen. Sie sind so besorgt um mich, dass ich es für Sie, schon aus bloßer Dankbarkeit, nicht genug sein kann. Aber beruhigen Sie sich nur meinetwegen. Mein Verdruss befällt mich immer am lebhaftesten, wenn ich an Sie schreibe; und da entfahren mir denn manchmal Ausdrücke, die die Sache ärger zu machen scheinen, als sie ist. – Für Ihre Bedenklichkeiten, mir das Geld zu übermachen, bin ich Ihnen mehr verbunden, als ich Ihnen für das Geld selbst sein würde. Ich glaube auch in der Tat, es nun nicht nötig zu haben. Denn endlich habe ich den E. [Erb-] P. [Prinzen] nun gesprochen und kann mit ihm zufrieden sein. Eigentlich zwar hat er nichts mehr getan, als was er mir gleich anfangs durch den Herrn von K. [Kuntzsch] antragen ließ; allein seine übrigen Äußerungen schienen doch so aufrichtig zu sein, dass ich nicht wüsste, warum er mich zum Besten haben, und mit leeren Hoffnungen hinhalten sollte. Der alte H. [Herzog] ist seit einigen Tagen gefährlich krank. Der Schlag hat ihn auf der rechten Seite gerührt, und wenn dieser Zufall wiederkommen sollte, wie er denn gemeiniglich wiederzukommen pflegt, so ist es, allem Ansehen nach, mit ihm aus. Der Pr. [Prinz] gab mir diese Aussicht deutlich genug zu verstehen, und ließ noch merken, zu wie mancherlei er mich sodann zu brauchen gedächte. Das glaube ich ihm denn wohl auch, und allenfalls ist es freilich einerlei, ob ich mich hier oder anderswo mit Versprechungen speisen lasse. Vor einigen Tagen hat sich dazu ein Fall ereignet, der mir auch nicht gleichgültig ist. Eine alte Frau von Börner, die gleich neben dem Schlosse ein Herzogliches Haus bewohnete, ist gestorben. Das Haus ist also leer, und das soll denn nun wohl niemand anders bekommen, als ich.

Das Schlimmste bei allem dem aber ist dieses, dass ich nun doch noch in meiner gegenwärtigen Lage bis zu Johannis warten muss. Denn mit Johannis fängt das Kammerjahr an, und eher können keine neue Arrangements gemacht werden. Ich kann also auch nicht eher meinen Vorschuss erhalten, nicht eher bezahlen und reisen. Doch diese drei Wochen werden auch noch zu verleben sein. Sobald ich hier fortkommen kann, sein Sie versichert, meine Liebe, dass ich nicht einen Augenblick zaudern werde, mich auf den Weg zu Ihnen zu machen.

Ihre Brunnenkur ist nun wohl auch derangiert worden? Wenn Sie indes nur noch anfangen, so haben Sie bis zu meiner Überkunft Zeit genug. Ich selbst bin nicht übel willens, noch den Brunnen zu trinken, und zwar auf einem Garten bei Braunschweig, wo ich jetzt fast öfterer bin, als in Wolfenbüttel. Ich mache gewöhnlich meinen Weg zu Fuße hin und her, und wenn ich dabei nichts esse, befinde ich mich außerordentlich wohl. Solche Kur ist wenigstens sehr wohlfeil.

Leben Sie wohl, meine Liebe. Ich wünsche, dass Sie dieser Brief recht gesund treffen möge, und umarme Sie tausendmal.

Der Ihrige

L.

P. S. Schwerlich wohl kann Sch. [Schmidt] in Braunschweig sein. Wenigstens hat er sich von mir nicht sehen lassen.

166 *York, den 18. Juni 1776*

Mein liebster Freund!

Ich habe nunmehro schon dreizehn Tage auf dem Lande zugebracht. Die ersten Tage wollte weder die Landluft noch der Brunnen anschlagen, vielmehr wurde ich elender, und dachte nichts Gewissers, als ich würde wieder nach der Stadt zurückkehren müssen. Nun aber ist es ganz anders; ich esse mit dem größten Appetit, schlafe ruhig, und fühle, dass meine Kräfte täglich zunehmen. Der Pyrmonter Brunnen ist doch für mich jedesmal ein außerordentlich gutes Mittel. Sollten Sie ihn auch angefangen haben, so wünsche ich, dass Sie einen ebenso guten Effekt davon haben mögen. Es hat mich herzlich gefreuet, dass Sie endlich den E. [Erb-] P. [Prinzen] gesprochen, und mit ihm übereingekommen sind. Noch weit mehr aber hat mich die Hoffnung erfreut, die Sie mir geben, Sie bald hier zu sehen. Ich zähle jeden Tag bis Johannis. Ich endige meinen Brunnen den Tag nach Johannis, und so gerne man mich noch hier behalten will, so werde ich doch den folgenden Tag gleich nach der Stadt gehen; es wäre denn, dass ich zwischen der Zeit Briefe von Ihnen erhielt, die mir sagten: Sie reiseten später. In dem Fall hielte ich mich wohl ein paar Tage länger hier auf, größtenteils darum, weil Herr Sch. [Schuback] gerne sieht, wenn ich seiner Frau so lange wie möglich Gesellschaft leiste. Sie schreiben mir also ganz gewiss, nicht wahr? und bestimmen den Tag Ihrer Abreise? denn überraschen müssen Sie mich ja nicht. Gott gebe, dass ich Sie gesund umarme. Bis dahin tue ich es in Gedanken und bin zeitlebens

Ihre ganz ergebene

K.

167 *Wolfenbüttel, den 23. Juni 1776*

Meine Liebe!

Ihren Brief vom 18ten dieses habe ich erst gestern spät erhalten. Morgen ist schon Johannis, und Sie erwarten vor Johannis doch von mir Antwort. Da dieses unmöglich ist, möchte es Ihnen doch von selbst eingefallen sein, was ich Ihnen so sehr raten möchte. Nämlich noch einige Tage bei Ihrer Freundin auf dem Lande zu bleiben, da Ihnen der Brunnen und die freie Luft so gut anschlagen. Meine Sache ist zwar nun so völlig reguliert, als sie es hat werden können, aber nun habe ich noch so viel zu tun und voraus zu besorgen, wenn ich vierzehn Tage ruhig will abwesend sein können, dass es mir unmöglich ist, den Tag meiner Abreise schon festzusetzen. Worüber Sie sich vielleicht am meisten wundern werden, ist dieses, dass ich nicht umhin gekonnt, den Hofratstitel mit anzunehmen. Dass ich ihn nicht gesucht, sind Sie wohl von mir überzeugt; dass ich es sehr deutsch heraus gesagt, wie wenig ich mir daraus mache, können Sie mir auch glauben. Aber ich musste endlich besorgen, den Alten zu beleidigen. Ich schreibe Ihnen gewiss, ehe ich abreise, und werde Ihnen vielleicht wohl noch mehr als einmal schreiben können. Bis dahin werde ich nichts sehnlicher wünschen, als Sie recht gesund und wohl zu finden. Ich umarme Sie tausendmal in Gedanken auf Abschlag und bin auf immer

der Ihrige

L.

168 *[Hamburg, 6. Juli 1776]*

Mein lieber Freund!

Mit Ihrem Briefe vom 23ten v.M. ist es mir ergangen, wie Ihnen mit dem meinigen. Ich habe ihn ehegestern erst erhalten. Und habe deswegen acht Tage lang in der Sorge gelebt, Sie möchten in Hamburg eingetroffen sein, unterdessen ich mich in York aufhalten musste, weil Madame Sch. [Schuback] eine Unpässlichkeit zugestoßen war, die die Überfahrt über die Elbe nicht erlauben wollte. Gottlob! sie ist besser, und wir sind die Mittewoche herübergekommen. Ich, was meine Gesundheit anbelanget, so gebessert, dass alle meine Bekannten sich wundern. Die Hoffnung, Sie bald zu sehen, hat wohl mehr dazu beigetragen, als die Landluft und der Pyrmonter Brunnen. Ich zähle jede Minute, die mich diesem angenehmen Augenblicke nähert. Machen Sie nur, dass ich bald aufhören kann zu zählen. Meine Tochter ist noch auf dem Lande, ich bin also nur bloß in Gesellschaft meines Fritzen, (denn dass Engelbert in der Kost ist, wissen Sie wie ich glaube), der sehr verlanget, Sie kennen zu lernen.

Die Sache wegen der Jüdin haben Sie wohl vergessen, weil Sie davon nichts melden. Hätten Sie sie noch nicht gesprochen und ihr die Steine überliefert, so möchte es nun wohl zu spät sein, weil ich die Abrede mit ihrem Manne genommen, sie um die Zeit, wie ich sie an Sie schickte, wieder zurückzugeben oder zu behalten. Doch können Sie es immer noch versuchen.

Nun wünsche ich, dass dies für diesesmal der letzte Brief sein möge, dass ich Sie bald gesund umarmen und Ihnen mündlich sagen könne, wie sehr ich bin

Ihre ganz ergebene

E. C. K.

169 *Braunschweig, den 11. Juli 1776*

Meine Liebe!

Endlich hat mich Ihre Antwort beruhiget, und ich freue mich, dass Ihre Gesundheitsumstände an der Verzögerung derselben nicht schuld gewesen. Fahren Sie nur fort, sich auch in der

Stadt ebenso wohl zu befinden, damit ich Sie so treffe, wie ich wünsche. Schwerlich aber wird mir es eher möglich sein, als vor Anfang August abzureisen. Den dritten desselben geschieht es indes ganz gewiss. Und zwar komme ich in Gesellschaft des Herrn Professor Eschenburgs. Wo meinen Sie, dass ich logieren soll? in meinem alten schwarzen Adler? oder auf Kaysershof?

Die Sache mit der Jüdin habe ich nicht vergessen gehabt. Es war mir bei meinem letzten Schreiben bloß entfallen, Ihnen davon zu melden, wie Sie aus der Beilage sehen werden, der Quittung der Frau, die selbst nicht schreiben kann, und einem Briefe derselben an ihren Mann, den sie ihm mit zu überschicken bittet. Die Frau hat alles selbst von mir in Empfang genommen, und die Quittung hat ein sichrer Mann, den ich kenne, für sie unterschrieben.

Ich werde abgehalten diesesmal mehr zu schreiben. Nächstens aber ein Mehreres; besonders wenn Sie mich nicht lange auf Ihre Antwort warten lassen. Morgen schreibe ich ohnfehlbar an den Vetter. Ich umarme Sie und bin auf immer

der Ihrige

L.

170 *Hamburg, den 13. Juli 1776*

Mein lieber Lessing!

Ob ich gleich zwischen Kisten, Koffern und alten Papieren sitze mit dem festen Vorsatze, mich durch nichts stören zu lassen, um heute mit dieser Kramerei völlig fertig zu werden und künftige Woche alle Tage spazierengehen zu können, weil mir die Bewegung durchaus notwendig ist, so will ich doch gleich den ersten Tag Ihren Brief beantworten, damit ich mir nicht vorzuwerfen habe, wenn das *Nächstens ein Mehreres* eben nicht so ganz nächstens erfolgen möchte. Das Vornehmste, was ich Ihnen zu sagen habe, ist das, dass ich mich freue, wie nur die Auserwählten sich freuen können, dass ich endlich den bestimmten Tag Ihrer Überkunft weiß, und mir noch halb und halb schmeicheln darf, dass er wohl gar näher herangerückt werden dürfte. Mein Lieber, wenn Sie eher kommen können, so tun Sie es ja; erstlich weil ich wünschte, Sie so bald zu sehen, als nur immer möglich ist; dann fürchte ich immer eine Anmahnung von der Mannheimer Regierung, gegen die ich mich nicht wohl erklären kann, und auch nicht will, bis ich Sie gesprochen habe. Das Logis rate ich Ihnen im Kaysershof zu nehmen. Es ist zwar etwas Gefahr für mich dabei, weil die Wirtin eine sehr hübsche Frau ist, aber umso genauer kann ich Sie auch beobachten. Zum voraus will ich mir ausbitten, dass Sie alle Mittage mein Gast sein wollen; der Wirt leidet nicht dabei, weil er auch mein Wirt ist.

Den Abend werde ich Sie leider Ihren übrigen Freunden überlassen müssen, wo es mich denn manchmal verdrießen wird, so ganz allen Umgang abgebrochen zu haben; nicht des Umgangs wegen, sondern bloß weil ich für jetzt darum Ihre Gesellschaft werde entbehren müssen. Der Vetter wird sich freuen, wenn Sie ihm geschrieben haben. Erst vor wenig Tagen schmählte er auf Sie, dass Sie ihm so viel Briefe nicht beantworteten. Er hat heute ein tödliches Ärgernis. Die Schl. reiset nach Herrn von Bl. Gute, 22 Meilen weit. Vermutlich wird der arme Vetter seinen Abschied bekommen.

Für die Besorgung der Sache bei der Jüdin danke ich. Noch eins: Wenn Sie Kaysershof wählen, so schreiben Sie mir es in Zeiten, und wie viel Zimmer Sie brauchen, weil Sie Eschenburg mitbringen. Ich will sie bestellen; denn manchmal ist es da sehr besetzt.

Ich hoffe Sie gesund zu umarmen, und bin auf immer

Ihre ganz ergebene

K.

171 *Wolfenbüttel, den 16. Juli 1776*

Meine Liebe!

Eher zu kommen ist mir nun nicht möglich. Aber ich komme auch zuverlässig nicht später. Denn wenn ich auch für meine Person nun schon einiger Tage eher kommen könnte, so kann ich es doch nicht Herrn Eschenburgs wegen, mit dem ich es schon zu gewiss gemacht habe, dass wir zusammen reisen wollen. Die Anmahnung aus Heidelberg wird denn nun auch noch so lange zurückbleiben. Und wenn sie auch kommt, so ist die Antwort ja wohl ein paar Tage noch zu verschieben.

Wegen des Logis werde ich Ihrem Rate folgen. Aber da Herr Eschenburg noch seine Mutter in Hamburg hat, bei der er notwendig logieren muss, so werden Sie nicht nötig haben, mehr als Stube und Kammer für mich zu bestellen; versteht sich nicht eher, als auf den Tag unserer Ankunft, die ich Ihnen vorher noch einmal melde. Dass Sie sich in Hamburg vieler Gesellschaft entzogen haben, ist auch für mich ebenso gut, weil ich nicht Lust habe, viel unter Leute zu kommen. Wen ich nicht notwendig werde besuchen müssen, der soll vor mir wohl Friede haben.

Dem Vetter habe ich diesen Augenblick nun endlich geschrieben. Denn vermutlich wird er es doch wohl sein, bei dem wir am öftersten zusammen kommen dürften. Und damit ich auch nicht vergesse den Brief abzuschicken, will ich ihn nur gleich mit einschließen.

Ich umarme Sie meine Liebe und Ihre Kinder, und bin der Ihrige

L.

172 *Hamburg, den 27. Juli 1776*

Mein liebster Freund!

Ich hoffe Sie sind recht wohl; und bleiben Ihrem Vorsatz getreu, künftigen Sonnabend abzureisen, weil es doch nicht eher geschehen kann. – Ich kenne Herr Eschenburg nicht. So viel Vorteilhaftes mir aber von ihm gesagt wird, und so gut ihm die hiesigen Damen sind, so bin ich ihm doch ein bisschen böse, dass er die Ursache ist, dass Sie Ihre Reise aufgehoben haben. Wenn er erst ein Frauenzimmer wäre, würde ich Zeter über ihn schreien. Für das Logis will ich sorgen, sobald ich den Tag weiß. Dass Sie den nicht haben zum Voraus bestimmen wollen, macht mich besorgt, die Reise könnte noch aufgeschoben werden. Ich will es indes nicht hoffen, sondern mir fest vorstellen, Sie morgen über acht Tage gesund zu umarmen. Wie ganz ausschweifend ich mich auf diesen Augenblick freue, kann ich nicht sagen.

Viele Empfehlungen von meinen Kindern. Ich werde vom Schreiben verhindert. Leben Sie wohl, bester Freund.

Ihre ganz ergebene

E. C. K.

173 *Braunschweig, Freitag, den 2. August 1776*

Meine Liebe!

Dieses bloß Ihnen zu melden, dass ich morgen, Sonnabend den 3. August, unfehlbar von hier abreise. Nur kann ich Ihnen nicht sagen, ob früh oder gegen Abend. Auch weiß ich nicht, ob es Herr Eschenburg, der krank gewesen ist, wird aushalten können des Nachts zu reisen. Freilich kann ich die Zeit meiner Ankunft nicht so genau bestimmen. Wenn alles gut gehet, bin ich wenigstens längstens den Montag Abend in Hamburg. Für diese Zeit lassen Sie nur das Quartier bestellen, und bleiben wenigstens hübsch zu Hause, damit mein erster Gang in Hamburg kein Fehlgang wird. Dass ich Sie mit den Ihrigen nicht anders als recht gesund und vergnügt finden werde, daran will ich nun einmal gar nicht mehr zweifeln. Auch daran nicht, dass Sie mich lieben.

Der Ihrige

L.

174 *Hamburg, den 30. August 1776*

Mein liebster, allerliebster Freund!

Mit so viel guten Wünschen, als ich Ihnen nachgeschickt habe, können Sie nicht anders als glücklich gereiset und vollkommen gesund in Wolfenbüttel angelangt sein. Wie es aber dem armen Eschenburg ergangen sein mag, weiß der Himmel! Dem ist wohl in seinem Leben so viel Böses auf einmal nicht gewünscht worden, als an dem Tage Ihrer Abreise. Ihm allein ward die Schuld gegeben, dass Sie den vermaledeiten Weg über den Teig nach dem Zollenspieker genommen und daher dem Schinken-Krug nicht vorbeikamen, wo zwei verlassene Frauen Sie vier Stunden lang erwarteten, bald einen zu Pferde, dann einen zu Fuß nach dem Tore schickten, sich nach Ihnen zu erkundigen, und immer die Nachricht bekamen: Sie wären noch nicht passiert. Ja, mein Lieber! die K. [Knorre] und ich, wir säßen, glaube ich, noch auf dem Schinken-Krug, wenn wir nicht endlich einen Bauer gefunden hätten, der uns versicherte, Sie wären schon halb neun aus dem Tore gefahren.

Der ganze Ham und Horn wurde aufgeboten, uns nach dem Zollenspieker zu fahren, allein Heuernte und was nicht alles, war schuld, dass wir keine Pferde bekamen. So lange blieben wir ziemlich ruhig, bis wir gewiss wussten, dass wir, ohne unsern Endzweck erreicht zu haben, zurückkehren mussten. Denn K. [Knorres] Pferden mochte ich es nicht zumuten, weil wir die Kutsche hatten, uns weiter zu bringen. – Dann aber fing ich auch an, auf das Ärgste über Eschenburg zu schmählen, dem ich allein die Schuld beimesse, weil ich versichert bin, dass Ihnen jeder Weg gleich ist, und der Wirt mich versicherte, dass kein Hamburger Kutscher jemals über den Deich führe, man müsste es denn vorher mit ihm ausmachen. Also Eschenburg hat es mit ihm ausgemacht, dabei bleibt es! und ich bin so lange recht böse auf ihn, bis er sich rechtfertiget, und kann er das nicht, so soll mein Zorn ewig auf ihm ruhen! Nun genug von der höchst ärgerlichen Sache, die mir den Kopf so schwer gemacht hat, dass ich ihn kaum aufrecht halten kann. Sonst, mein Lieber, bin ich wohl. Sie sind es doch auch? und geben mir bald die Versicherung, dass Sie es sind? Auch diese, dass Sie Ihr Versprechen erfüllen, und sobald als möglich mich abholen werden? Einen Brief, der noch hierher gelaufen, schicke ich Ihnen hierbei, auch die Adressen an meine Verwandten, die Sie zurückgelassen.

Malchen trägt mir auf, Ihnen alles Verbindliche zu sagen, und Sie ihrer Ergebenheit zu versichern. Fast fällt es ihr ebenso schwer, als ihrer Mutter, sich in Ihre Abwesenheit zu schikken. Ich umarme Sie tausend und tausendmal in Gedanken, und bin von ganzem Herzen

die Ihrige

K.

Die Madame Sch. [Schmidt? Schuback?] dankt Ihnen von ganzem Herzen.

Braunschweig, Freitags Abends um neun Uhr
175 *[30. August 1776]*

Meine Liebe!
Eben diesen Augenblick sind wir glücklich angelangt. Dieses will ich Ihnen doch lieber mit zwei Worten melden, als gar nicht. Denn noch diesen Abend muss der Brief auf die Post, und ich bin herzlich müde, obschon übrigens gesund. Wie sehr sehne ich mich, auch von Ihnen bald gute Nachricht zu erhalten. Schwan ist noch nicht da, aber er ist unterweges, und muss nächster Tage eintreffen. Der E. [Erb-] P. [Prinz] hat das Fieber, und ich werde ihn schwerlich morgen zu sprechen bekommen. – Auf dem Montag ein Mehreres; denn ich denke noch morgen nach Wolfenbüttel zu gehen.

Leben Sie wohl, meine Liebe. Ich umarme Sie mit Ihren Kindern tausendmal

der Ihrige

L.

176 *Hamburg, den 31. August 1776*

Mein Lieber!
Hätte ich doch erst Briefe von Ihnen, die mir sagten, Sie wären glücklich angelangt, und befänden sich wohl. Bis ich sie habe, kann ich weder schlafen noch essen. Bin ich nicht eine unruhige Kreatur? Ja, das bin ich. Und die Mannheimer Sache beunruhigt mich auch, weil ich fürchte, dass das stille einsame Leben, womit ich mir schmeichelte, in ein sehr tubulentes verwandelt werden wird. Denn nun weiß ich auch schon, dass man Sie fürs Theater engagieren will. Mein Bruder aus Heidelberg schreibt es mir heute. Ich lege den Brief mit bei. Aus diesem Briefe schließe ich, dass die Herren Abgesandten Sie wohl schon einige Tage in Wolfenbüttel mögen erwartet haben, sie müssten denn einen Umweg genommen haben. Es

wäre mir lieb. Umso eher erführe ich Ihren Entschluss. So viel ist gewiss, der Antrag ist sehr vorteilhaft; ohne was wir durch den Decem gewännen, bekämen Sie anderthalbmal so viel Besoldung, als Sie jetzt haben, und das in einem Lande, in welchem man für wenig Geld gut leben kann. –

Wolfenbüttel kenne ich nicht, allein wenn es nach Braunschweig zu rechnen wäre, so glaube ich, dass man in Heidelberg mit der Hälfte so weit käme als in Wolfenbüttel mit dem Ganzen. In Mannheim ist es etwas teurer. Doch, wenn Sie die Stelle beim Theater annähmen, so wünschte ich auch, dass Sie Mannheim zum Wohnplatz wählten. Notwendig müssten Sie doch oft in Mannheim sein, ich würde also Ihres Umgangs wenig genießen, wenn wir in Heidelberg wohnten, und das ist doch, was ich am sehnlichsten wünsche, und warum ich Sie zum Voraus bitte. Das Übrige richten Sie alles nach Ihrem Genie und Willen ein. Wie ich oft gesagt habe, ich ziehe mit Ihnen aus der Welt. Montag über drei Wochen – dass Sie den äußersten Termin nicht vergessen, – sage ich Ihnen mündlich, was ich leider! jetzt nur schriftlich tun kann, dass ich Sie über alles hochschätze und liebe, und ewig sein werde

Ihre ganz ergebene

E. C. K.

Meine Kinder empfehlen sich Ihrer Liebe. Ob Sie den Brief meines Bruders werden lesen können, ist die Frage. Den vom Professor bitte ich mir zurück, weil ich ihn wirklich noch nicht recht gelesen habe.

Mein Bester! ich hoffe, es wird noch Zeit sein, die Beilage auf der Post anzubringen. Was sagen Sie von meinem Bruder? Ist es nicht brav, dass er mir mit vergnügten Zeitungen so entgegen eilet?

177 *Wolfenbüttel, den 2. September 1776*

Meine Liebe!

Die paar Worte, die ich noch eben Zeit hatte, Ihnen am Freitage abends zu schreiben, werden Sie hoffentlich erhalten, und meine glückliche Überkunft daraus ersehen haben. Da ich weder den H. [Herzog] noch den E. [Erb-] P. [Prinzen] sah, und mich daher bei jenem nur schriftlich melden konnte: so eilte ich sofort nach Wolfenbüttel. Das Haus ist noch nicht leer; denn die Auktion ist noch nicht gehalten. Ich will mich auch jetzt weiter nicht darum bekümmern, sondern sobald ich Schwanen gesprochen, das bewusste andere Haus mieten.

Schwan ist gestern in Göttingen angekommen, und wird vermutlich morgen oder übermorgen hier sein. Längstens also auf künftigen Donnerstag kann ich Ihnen mehr von der Sache schreiben. Dörings sind noch nicht wieder zurück, sondern sind nach Paris gegangen. Ich habe also die Doktorin Topp gebeten, mir eine Köchin zu mieten. – Trauen Sie mir zu, meine Liebe, dass ich alles auf das Möglichste beschleunigen werde. Es liegt mir selbst zu viel daran. Lassen Sie mich nur bald erfahren, dass Sie sich mit Ihren Kindern recht wohl befinden. Ich umarme Sie tausendmal, meine liebste, beste Frau, und bin ewig

der Ihrige

L.

178 *Wolfenbüttel, Dienstag den 3. September 1776*

Meine Liebe!

Ich habe Ihnen am Freitage und gestern ein paar Worte geschrieben. Diesen Augenblick erhalte ich Ihre drei Briefe mit den Einschlüssen, und diesen Augenblick will ich auch nach Braunschweig. Ich werde Ihnen also wiederum nur ein paar Worte schreiben können. Schwan ist noch nicht da; wenn aber seine Anträge die nämlichen sind, welche Ihre Herren Brüder wissen wollen: so werde ich in einer Verlegenheit sein, aus der Sie allein, meine Liebe, mich ziehen können und müssen. Auf Ihre Entscheidung soll schlechterdings alles ankommen. Darauf machen Sie sich nur also gefasst. – Ich kann kein Wort mehr hinzusetzen, als dass ich Sie tausendmal umarme. Malchen mit eingeschlossen.

Der Ihrige

L.

179 *Hamburg, den 4. September 1776*

Mein Lieber!

Ich bin von Herzen froh, dass ich Sie glücklich und gesund in Wolfenbüttel weiß, und erkenne mit Dank, dass Sie, müde und matt von der Reise, mir doch noch einige Zeilen geschrieben haben; obschon es nichts geholfen; denn heute erst habe ich ihn mit dem zweiten Brief zugleich erhalten. Meine drei Briefe haben Sie doch bekommen? und sind folglich durch mich ehender von der Mannheimer Sache unterrichtet worden, als durch die Herrn Abgeordneten. Ich verlange mit der größten Ungeduld zu erfahren, zu was Sie sich entschließen. Gebe Gott! dass Sie das Beste wählen! Unterdessen ist mir angenehm, höchst angenehm, aus Ihrem Briefe urteilen zu können, dass Sie bei der Meinung bleiben, die Sache möge kommen, wie sie komme, dass deswegen unsere Verbindung nicht brauche aufgeschoben zu werden. Ohne dass ich verlange, in Ihrer Gesellschaft zu leben, könnte ich mich auch unmöglich bequemen, diesen Winter hier zu bleiben, wo ich ohne alle Kommodität lebe und das Meinige dabei zusetze.

Seitdem Sie weg sind, habe ich von allen unsern Bekannten, außer Madame Sch. [Schuback] keine Seele gesehen, noch gesprochen. Diese gute Frau ist ordentlich bekümmert, bis sie weiß, ob ihr Wunsch erfüllt wird, dass wir uns auf dem York trauen lassen. Ihr Mann versichert, dass er ihr oft sagte, es würde nichts daraus werden, weil er überzeugt sei, die Sache läge ihr so am Herzen, dass wenn nichts daraus würde, es ihrer Gesundheit nachteilig sein würde. Für Herrn Sch. [Schuback] habe ich ein goldenes Etui gekauft, und die Inschrift sauber einschreiben lassen. Nur wünschte ich, dass er es schon hätte.

Es ist schon Stadtkündig, wie ich von Malchen höre, dass Madame B. die glückliche Schöne ist, der K. [Knorre] sein Schnupftuch zugeworfen hat. Sie haben also recht geraten.

Vergessen Sie nicht, mir zu melden: wie viel Lohn ein Hausmädchen dorten bekömmt. Das ist keine Kommission für Sie. Wem soll ich sie aber auftragen?

Leben Sie wohl! meine Kinder empfehlen sich Ihrer Liebe, und ich umarme Sie tausendmal, und bin

ganz die Ihrige

K.

Noch eins! Sie gehören unter die langsamen Reisenden. Wer, der Geier! braucht drei Tage von hier nach Braunschweig.

180 *[Braunschweig] Freitags, den 6. September 1776*

Meine Liebe!

Gestern endlich ist Schwan angekommen; und um Ihnen mit wenigen alles zu sagen – (denn solange er hier bleibt, dürfte ich Ihnen schwerlich umständlich schreiben können, und in einer Stunde fahre ich mit ihm herüber nach Wolfenbüttel) – so wird die Sache grade so gehen, als Sie es am liebsten gewünscht haben, und wie es daher auch mir am angenehmsten ist. Man hat es nämlich selbst wohl eingesehen, dass es Schwierigkeiten haben würde, mich sogleich völlig aus hiesigen Diensten, in dortige zu ziehen; und begnügt sich also, mich zum ordentlichen Mitgliede der Akademie zu machen und mir eine jährliche Pension von 100 Louisdor anzutragen, wenn ich an den Arbeiten der Akademie Teil nehmen, und jährlich einmal oder wenigstens alle zwei Jahre einmal, den öffentlichen Versammlungen in Mannheim persönlich beiwohnen wolle; mit jedesmaliger Entschädigung der Reisekosten und dortiger Auslösung. Alles, wozu mich dieses verpflichten würde, wäre eine einzige Abhandlung des Jahrs für die Akademie, die ich entweder einschicken oder selbst bringen könne. Von Aufsicht über oder von Arbeiten für das Theater, ist gar nicht die Rede gewesen; und man denkt bloß, wenn ich einmal nach Mannheim käme, dass ich mich wohl von selbst würde reizen lassen, meinen guten Rat zu ihren neuen Theateranstalten zu geben. Und das versteht sich. Nicht wahr, meine Liebe, ich habe also wohl getan, und Sie billigen es, dass ich den Antrag auf diesen Fuß, ohne alles weiteres Bedenken, angenommen habe? Die hundert Louisdor machen mit dem, was ich hier habe, auch ja wohl 2000 Gulden Pfälzisch Geld, und auf das, was es dort wohlfeiler ist, muss ich meine völlige Freiheit rechnen, in der ich hier bleibe. Das akademische Diploma habe ich bereits in Händen, und das übrige wird der Baron von Hompesch nächstens einrichten. Da dieser zugleich erster Finanzminister ist, so hat mich Schwan versichert, dass es keine

Schwierigkeit haben werde, Ihnen, sobald Sie meine Frau wären, die Dezimation zu erlassen, indem ich als ein ordentliches Mitglied der Akademie angesehen werden müsste, das die meiste Zeit nur außer Landes zu sein die Erlaubnis habe. Dass mir dieser Umstand besonders lieb ist, können Sie glauben, da er Ihnen eine Aufopferung erspart, die Sie doch nur mir zu Liebe machten, und wofür ich Sie schwerlich sogleich schadlos halten könnte.

So viel also vorläufig hiervon. Morgen geht Schwan wieder fort, und alsdenn will ich mit Ernste an unser vornehmstes Geschäfte denken. Diese ersten acht Tage sind in Erwartung der Dinge mit Nichtstun vergangen. Der Brief von Ihrem Herrn Bruder aus Leiden folgt anbei zurück. Empfehlen Sie mich ihm, bis ich künftige Woche selbst an ihn schreibe.

Ich umarme Sie tausendmal, meine Liebe, und bin auf immer der Ihrige

L.

P.S. A propos! Da habe ich noch den letzten Tag in Hamburg ein Billett auf die Wandsbecker Ziehung genommen. Hier ist es. Lassen Sie doch nachsehen, ob etwas darauf gewonnen worden.

181 *Hamburg, den 7. September 1776*

Mein Lieber!

Ich sollte mich zur Entscheidung gefasst machen? Nein mein Bester. Das haben Sie nur in der Übereilung hingeschrieben. Bei reiferm Nachdenken werden Sie finden, dass die Sache für Sie weit interessanter ist, als für mich – Sie allein können wissen, ob die Arbeit, die man Ihnen aufträgt, nach Ihrem Geschmack ist, ob Sie ein unruhigeres Leben dem ruhigeren vorziehen. Das weiß ich alles nicht; Sie aber wissen, dass ich mich in alles schicken kann, und dass ich keinen andern Wunsch habe, als mit Ihnen ruhig und zufrieden zu leben, in welchem Land, in welchem Orte ist mir gleich viel. Also lassen Sie sichs ja nicht wieder einfallen, mir die Entscheidung auftragen zu wollen, sondern wählen Sie, was Ihr Geschmack und die Vernunft Sie wählen heißt. Ich wünschte nur, dass Herr Schwan bald käme, damit man wüsste, woran man wäre. Der 25te rückt bald heran; dann muss ich meine Zimmer räumen, weil sie bereits an einen andern vermietet sind. Und schwerlich geht Madame Sch. [Schuback] auf den York eher als sie gewiss weiß, dass Sie ihre Wünsche erfüllen, und auf dem York möchte ich auch nicht lange sein, wenn es so kalt bleiben sollte, wie es jetzo ist. Bei Knorres hätte ich mit Malchen wohl Platz, aber nicht meine Söhne. Es blieb mir also nichts übrig, als mich bei Grundschüttel zu logieren; und wer mag sich gerne im Gasthof aufhalten? Ich wenigstens nicht. Machen Sie also, mein Lieber, dass ich wenigstens weiß, ob es mit dem York Ihr Ernst ist, oder nicht? Bliebe es dabei, dass Sie auf den York kommen wollten, so richtet sich Madame Sch. [Schuback] darnach ein – die alle Tage darnach fragen lässt – und ich gehe gegen die Zeit, wenn ich die Zimmer räumen muss, mit ihr hinaus. Versteht sich, wenn Sie nicht lange ausbleiben wollten. Sie erinnern sich doch, dass Sie ihr binnen acht Tagen Nachricht versprochen haben?

Auch erinnern Sie sich wohl noch, dass Sie mir versprochen haben – an meine Verwandten zu schreiben? Tun Sie mir die Liebe, und vergessen es nicht. Ich habe ihnen allen – außer Gaubius nicht, gleich den Tag nach Ihrer Abreise geschrieben: Sie würden ihnen von Hause schreiben. An Gaubius will ich mit Ihrem Briefe zugleich schreiben.

Gestern habe ich einige Wagen mit F. [Frederking] an Sie gesandt. Sie tragen wohl Ihrem Bedienten auf, dass er zusieht, ob alles recht überliefert wird. Zu dem Ende begleite ich inliegend eine Note. Sollte etwas nass geworden sein, so muss die äußere Emballage abgemacht werden. Ich sollte nicht denken, dass an das Zeug was kommen kann, weil ich es außerordentlich habe verwahren lassen. Morgen hoffe ich gewiss Briefe von Ihnen zu erhalten. Vielleicht können Sie mir schon sagen, ob die Nachrichten meiner Brüder falsch oder wahr sind. Und wäre das nicht, wenn Sie mir denn nur sagen: dass Sie gesund sind, und mich lieben. Ich bin ewig

ganz die Ihrige

E. C. K.

Von Malchen viele Empfehlungen.

182 *Wolfenbüttel, den 10. September 1776*

Meine Liebe!

Meinen Brief vom Freitage haben Sie hoffentlich erhalten, und ich wünsche nochmals, dass die Sache so nach Ihrem Vergnügen ausgefallen sein möge. Je mehr ich ihr wenigstens nachdenke, desto mehr werde ich überzeugt, dass ich mich so der wenigsten Unruhe aussetze, und alles hier mit Geduld ansehen kann. Ein einziges, glaube ich, habe ich Ihnen dabei zu melden vergessen, dass ich nämlich versprechen müssen, schon instehenden Winter, etwa im Januar, oder Februar kommenden Jahres, auf kurze Zeit nach Mannheim zu kommen. Und auch das habe ich zugesagt, in der Hoffnung, dass Sie diese Reise gerne mitmachen würden, sollte es auch nur um Theodors wegen sein, von dem ich aus dem Briefe Ihres zweiten Herrn Bruders mit Vergnügen ersehen, dass es sich mit seiner Besserung recht wohl anlässt, und er entschlossen ist, sie in Landau abzuwarten.

Meinem jetzigen Überschlage zufolge hoffe ich, längstens den 6. Oktober bei Ihnen zu sein: und wenn Sie, meine Liebe, weiter nichts darwider haben, und Sie überzeugt sind, dass es Madam Sch. [Schuback] ein wahrer Ernst ist, so nehme ich ihr freundschaftliches Anerbieten umso viel lieber an, da ich mich auf dem Rückwege von Hamburg ein wenig erkundigt habe, wo wir sonst unsere Verbindung vollziehen könnten, und so erfahren habe, dass, da es doch auf Braunschweigischem Grund und Boden geschehen müsste, (weil anderwärts die herzogliche Erlaubnis nichts helfen würde,) es nicht eher als zwei Stationen vor Braunschweig geschehen könnte. Wenn Sie also Ihre Zimmer auch den 25ten dieses räumen müssen: so bleibt ja wohl Madam Sch. [Schuback] so lange auf dem York, zumal, wenn, wie ich hoffe, wir gut Wetter behalten.

Warum ich aber schwerlich eher kommen können, ist das die Ursache. Mein angewiesnes Haus wird nur erst vor Michaelis leer, und alles wohl überlegt, habe ich für das Beste befunden gleich dahinein zu ziehen, als sich erst in einem fremden Hause herumzusielen. In Ordnung, sobald es leer ist, soll es bald sein. Denn da es jetzt auch sehr gut möbliert und mit Hausgeräte versehen ist, so ist meine Meinung, alles, was wir ohngefähr nötig haben, aus der Auktion zu erstehen: Spiegel, Stühle, Schränke, kurz alles was gut und nicht eben teurer ist, als wenn man es neu anschaffte.

Auf eine gute Köchin stelle ich überall aus, und gestern ist mir eine vorgeschlagen worden, die sehr gut sein soll, aber 30 Taler verlangt. Wenn ich nicht bald eine ebenso gute wohlfeiler finde, so miete ich sie. Einem Mädchen pflegt man hier, 10 bis 12 Taler und 4 bis 5 Taler Biergeld, auch, wenn sie sich gut aufführt, einen heiligen Christ zu geben. An Ihre Herren Brüder und den Onkel schreibe ich ohnfehlbar nächster Tage. Des Briefschreibens hat jetzt bei mir kein Ende, und immer bleiben freilich darüber die notwendigsten liegen. Die abgesandten Sachen, sein Sie ohne Sorgen, will ich gewiss in gute Verwahrung nehmen. Ich breche ab, um die Post nicht zu versäumen, und nächstens ein Mehreres! Ich umarme Sie tausendmal, und meine besten Grüße an Malchen.

Ganz der Ihrige

L.

183 *Hamburg, den 11. September 1776*

Mein lieber Lessing!

Ich mache Ihnen tausend tausend Wünsche zu der neu erhaltenen Würde, und freue mich herzlich, dass die Sache so ausgefallen ist, wie es wenigstens für erst gewiss am besten ist. Nunmehro haben Sie Anlass, mein Vaterland kennen zu lernen. Gefällt es Ihnen, so können Sie immer den Wechsel treffen, und wie mich deucht, mit mehrerm Anstand, als jetzt, da die Herrschaft noch so ganz kürzlich gezeigt hat, wie sehr sie Sie liebt und schätzt. Und Sie stehen sich auch wirklich so besser, als mit bloßen zweitausend Gulden, ohne die Freiheit gerechnet, in der Sie bleiben, die gewiss viel wert ist. Dann ist noch ein Hauptumstand. In Braunschweig denkt und regiert der Herzog selbst; in M. [Mannheim] hingegen die Minister, mit denen dazu nicht selten getauscht wird, und man sich folglich jeden Monat, jedes Jahr, auf einen andern Herrn gefasst machen muss. Nein! es ist sicher so besser. Nur eins haben Sie mir zu melden vergessen. – Wird die Frau auch mit frei gehalten? Sonst wird sie Ihnen zur Last fallen. Denn es versteht sich ja wohl, nicht wahr? dass wenn Sie in ihr Vaterland reisen, Sie sie nicht zurück lassen können? Hierbei fällt mir ein, ob Sie nun auch den Wiener Wagen behalten wollen? Er ist ungemein bequem. Sagen Sie mirs in Antwort, so lasse ich ihn zur weiten Spur einrichten; denn so wirft man zu leicht mit um. – Künftigen Sonnabend geht Madame Sch. [Schuback] auf den York. Ungeachtet ich noch viel zu tun habe, werde ich sie doch begleiten. Ich komme aber den Montag sicher zurück. Wenn Schwan so abgereiset ist, wie Sie melden, so hoffe ich noch vor Sonnabend zu hören, wenn Sie auf hier zu kommen gedenken, und ob es noch bei der Abrede vom York bleibt. Madam Sch. [Schuback] wollte hiernach ihren Aufenthalt im York einrichten, und wünscht also sehnlich es zu wissen.

Dass ich zu wissen wünsche – eben nicht, ob Sie auf den York kommen wollen, aber wie bald Sie kommen wollen, brauche ich Ihnen wohl nicht zu sagen. Durch jeden Augenblick, den Sie eher kommen, werden Sie mich unendlich verpflichten, das wissen Sie so. Also denke ich, dass auch Sie Ihre Abreise so viel nur immer möglich beschleunigen werden.

Leben Sie indessen recht wohl, und überzeugt, dass ich Sie über alles liebe und hochschätze.

Ihre ganz ergebene

E.

Ihre Nummern haben nichts gewonnen.

184 *Wolfenbüttel, den 13. September 1776*

Meine Liebe!

Es fehlt nicht viel, so müsste ich meinen ganzen letzten Brief widerrufen. Doch werden Sie nur nicht unruhig: in der Hauptsache widerrufe ich nichts. Ich bin den 6ten, höchstens den 8ten künftigen Monats gewiss bei Ihnen: nur das Übrige muss denn so gut gehen, als es kann, und Sie müssen nicht verdrießlich werden, wenn es ein wenig konfus geht. Die Ursache davon ist, weil die Auktion in dem mir angewiesenen Hause erst auf den 26ten dieses angesetzt ist, und leicht 14 Tage dauern könnte. Das Haus ist folglich um jene Zeit noch nicht leer, viel weniger bewohnbar. Ich habe also auf meinen ersten Gedanken zurück kommen müssen, und habe wirklich in dem benachbarten Hause, wovon ich Ihnen gesagt, die ganze erste Etage monatsweise gemietet. Sie ist völlig und gut möbliert, und auch genugsame reinliche Betten sollen Sie finden, wenn die Ihrigen nicht zu gehöriger Zeit eintreffen könnten, dass Gebrauch davon zu machen wäre. Nur freilich würde ich selbst da schwerlich mit wohnen können, und ich müsste in meinem jetzigen Logis so lange bleiben. Überhaupt bin ich mit dem angewiesenen Hause, nachdem ich es genauer in Augenschein genommen, nicht sehr zufrieden. Doch auch dem ist abzuhelfen, und alles soll auf Sie ankommen, meine Liebe. Ist es Ihnen zu klein und zu alvätrisch; nun gut, so ziehen wir in die Stadt, wo sehr gute und schöne Häuser um ein billiges zu mieten sind.

Was sagen Sie zu der Mannheimer Reise? Denn auf meine beiden letzten und wichtigsten Briefe, bin ich noch bis jetzt ganz ohne Ihre Antwort, nach der mich recht sehr verlanget. Mit der nächsten Post schicke ich Ihnen die Briefe an Ihre Herren Brüder ganz ohnfehlbar. Ich will sodann auch die Antwort des Herzogs beilegen, dem ich die Mannheimer Geschichte doch melden musste, und die eines Umstandes wegen merkwürdig ist. Um Erlaubnis zu unserer Verheiratung habe ich ihm noch nicht geschrieben, er wird aber hoffentlich schon etwas davon wissen. Der Syndikus Sylm ist jetzt hier, der es an alle erzählt, die es von ihm hören wollen, dass unsere Hochzeit ganz ohnfehlbar sehr bald, und zwar auf dem York, sein werde. Diesen letzten Umstand kann er doch unmöglich anders woher, als aus dem Schubackschen Hause selbst wissen.

Ich hoffe, meine Liebe, dass Sie sich recht wohl und gesund befinden. Ich umarme Sie mit Ihren Kindern auf das herzlichste, und bin auf immer

ganz der Ihrige

L.

185 *Braunschweig, den 17. September 1776*

Meine Liebe!

Ein unvermuteter Besuch von G. [Gleim] aus H. [Halberstadt] hat mich um drei volle Tage gebracht, in welchen ich doch auch gar nichts in unserer Sache tun können. Dass mir der Mann doch immer so ungelegen kommen muss! Sie erinnern sich, als Sie mit Ihrem Herrn Bruder in Braunschweig waren, kam er mir ebenso unerwartet über den Hals. Damals hatte er einen Maler mit, und diesesmal hatte er gar seine Nichte bei sich.

Es ist mir also unmöglich, die Briefe an Ihren Onkel und Ihre Brüder, die schon so gut als fertig sind, noch heute beizuschließen; und ich antworte Ihnen bloß, um durch die Überschlagung des Posttages Sie nicht noch etwas Schlimmeres argwohnen zu lassen. Denn wohl und gesund befinde ich mich, welches ich auch von Ihnen und den Ihrigen hoffe.

Dass Ihnen die Entscheidung der Mannheimer Sache so am liebsten gewesen ist, hat mich sehr gefreut. Es ist auch wohl gewiss, dass ich so am besten fahre; und dass man es hier im Ernste meinet, mich gerne zu behalten, werden Sie aus beiliegender Antwort des Herzogs sehen; nämlich aus dem Zusatze *seiner ihm dermaleins noch zu bestimmenden Geschäfte*: welchen Zusatz aller Wahrscheinlichkeit nach der E. [Erb-] P. [Prinz] mit veranlasst hat, um mir zu verstehen zu geben, mich jene Konnexion nicht zu weit verbinden zu lassen. Dem allen nach, denke ich, sind meine Aussichten so, dass ich ruhig sein kann, wenn ich noch ein paar Jahre lebe. Ohne das würde ich Sie, meine Liebe, jetzt freilich in Unruhe und Kosten setzen, die Sie einmal bereuen müssten. Dieserwegen bin ich auch wahrlich jetzt um ein bisschen längeres Leben so bekümmert, als ich es noch nie gewesen. Doch etwas muss man bei allen Unternehmungen in der Welt wagen.

Was ich von Theodoren aus Ihrem und seinem Briefe ersehe, ist mir herzlich lieb, und darin bin ich auch völlig Ihrer Meinung, dass es sehr nötig ist, ihn unter der Aufsicht des Wundarztes noch einige Monate zu lassen, um gewiss zu sein, dass seine Heilung von Dauer ist. Unsere Reise nach Mannheim, von der ich Ihnen in meinem Vorletzten geschrieben, würde sich sodann auch hierein gut passen. Aber womit beschäftiget er sich indes? Und womit hat er sich bisher beschäftiget? Wenn er noch gesonnen ist, das Militäre zu ergreifen, so raten Sie ihm doch, Mathematik und Zeichnung zu studieren, wozu er in Landau vielleicht Gelegenheit haben dürfte. In Wolfenbüttel soll es ihm sodann an Gelegenheit nicht fehlen, sich noch fester darinnen zu setzen, und ein Bürgerlicher kann mit solchen Kenntnissen im Kriegsstande noch immer am sichersten sein Glück machen.

Auch ist Ihr Einfall, meine Liebe, mit dem Wiener-Wagen recht gut. Nur die Reise anhero könnten Sie darin doch nicht tun? Wenn ich indes ohne eigenen Wagen bis auf den Zollenspieker käme, so könnten wir zwei in dem Wiener-Wagen zurück reisen, und Ihre Kinder mit dem Mädchen müssten in einem andern folgen, welchen andern ich Ihnen auch nur bis Celle zu verdingen raten wollte, weil ich es so einrichten könnte, dass man uns grade von Zelle aus nach Wolfenbüttel abholte, um Braunschweig auf dieser Tour zu vermeiden. Doch hierüber wissen Sie vielleicht bessere Einrichtungen, die Sie mir nur aber bald melden müssen.

Nächstens mehr! Ich umarme Sie tausendmal und bin
auf immer der Ihrige

L.

186 *Hamburg, den 18. September 1776*

Mein Lieber!

Gestern Abend bin ich müde und nass vom York zurückgekommen. – Der Ort ist sehr angenehm, die Leute, unter denen ich gewesen bin, vortrefflich; aber bei der Fahrt über die Elbe, von Kranz bis auf den York, ist das fatal, dass man sich bei schlechtem Wetter ein paar Stunden beregnen lassen muss. Dass ich einen Brief von Ihnen vorfand, diente mir gestern sehr zu Erholung, wiewohl ich nicht leugnen kann, dass der Anfang mich ein wenig erschreckte. Es fiel aber doch am Ende gut aus. Zwar haben Sie Ihre Hieherkunft zwei Tage weiter hinausgesetzt, ich schmeichele mir aber, wenn ich Sie recht inständig bitte, dass Sie dahin trachten auf den sechsten, nicht erst auf den achten hier zu sein. Versteht sich auf dem York, wohin ich den 5ten gehe, und woselbst alles schon arrangieret ist. Der Pastor hat bereits die Erlaubnis, uns trauen zu dürfen. Nämlich, wenn Sie eine Herzogliche Erlaubnis haben, und ich den Schein vorzeige, dass ich aus hiesigem Nexu bin. Dies letztere wird Herr Sch. [Schuback] binnen einigen Tagen bewirken – und wie er glaubt, werde ich mit 30–40 Taler davon kommen – und für das Erstere werden Sie sorgen.

Es ist nicht nötig, aber Herr Sch. [Schuback] meint, dass es eine Art von Kompliment wäre, wenn Sie die Herzogliche Erlaubnis einige Tage vorher einschickten, um sie in Stade vorzuzeigen, weil doch die Stader Herren aus bloßer Achtung für Sie, nur unter der Hand, ohne weitläufiges Anfragen, die Sache zugestanden haben, die sonst bei weitläufigem Anfragen wohl Schwierigkeiten hat. Machen Sie das, wie Sie wollen, aber Ihre Hierherkunft, die lassen Sie mich bestimmen. Den 6ten erwarte ich Sie ganz sicher auf dem York. Den 8ten habe ich zu unserm Hochzeittag bestimmt, weil er sich auch für Herrn Sch. [Schuback] am besten passet und er einige Tage alsdenn bei uns bleiben kann, ohne einen seiner Hauptposttage zu versäumen, welche montags und freitags sind. Überdies habe ich noch einen Bewegungsgrund, den ich Ihnen aber nur mündlich sagen kann, warum ich diesen Tag und keinen späteren wünsche. Ich rechne daher ganz sicher darauf, dass Sie meine Bitte gewähren, zumal da Sie kein ander Hindernis haben, als das Haus. Allein darüber sein Sie nur ganz ruhig. Die Wohnung mag sein wie sie will, in noch so großer Unordnung, sie soll bald in Ordnung sein, wenn ich zugegen bin. Und was Ihr angewiesenes Haus betrifft: wenn es auf mich ankömmt, so vertausche ich es mit keinem Palaste in der Stadt, wenn es auch noch so altväterisch und klein wäre. Ich würde ja bei einer solchen Entfernung die Erlaubnis verlieren, Sie in der Bibliothek besuchen zu dürfen. Dafür wollte ich lieber ungemächlich wohnen.

Die Betten will ich in Zeiten hinschaffen. Es wird aber die Frage sein, ob sie in die Bettstellen passen? In dem Fall ist es gut, dass dorten welche sind. Aber, mein Lieber, auf unsere Reise habe ich gedacht, wie wir sie anstellen wollen. Hier werde ich schwer und sehr kostbar einen Kutscher finden, der uns bis Wolfenbüttel brächte; dann wissen die Leute auch die Wege nicht. Wäre es nicht ratsamer, Sie suchten dorten einen viersitzigen Wagen zu bekommen, und nähmen Postpferde, mit denen man doch besser aus der Stelle kommt, als mit einerlei Pferden? Oder wollen Sie, dass ich hier einen kaufen soll, weil doch die Mannheimer Reise auch so nahe ist? Ich denke nur, man kömmt dort wohlfeiler an, wie hier. Zwar fügt es sich zuweilen, dass auch hier ein Wagen um einen billigen Preis zu erhalten ist, wenn man sich in Zeiten darnach umsieht. Deswegen melden Sie mir mit umgehender Post Ihre Gedanken.

Ich begreife nicht, wie Sie meine Antworten auf Ihre beiden letztern Briefe noch nicht haben. Ich habe keine Post versäumet, sie zu erteilen. Überhaupt habe ich, seitdem Sie von hier sind, alle Mittwochen und Sonnabende geschrieben. Mit der Dienstags- und Freitagspost schreibe ich deswegen nicht mehr, weil die Briefe nicht eher in Ihre Hände kommen, als wenn ich sie an den Hauptposttagen absende.

Dass die Sache wegen des Yorks verplaudert worden, verdrießt mich. Den Tag nach Ihrer Abreise erzählte mir Madam Sch. [Schwalb] Sie selbst hätten es Doktor Gr. [Grund] gesagt. Ich glaubte es aber nicht, sondern mutmaßte, dass es vielmehr durch die Tochter des S. [Syndikus] Sch. [Schuback] an die Sch. [Schwalb] gekommen sei. Madam Sch. [Schuback] ist es auch ärgerlich, und sie hat ordentlich untersucht, woher das Gewäsche käme, und am Ende entdeckt, dass es aus K. [Klopstocks] Munde kommt, also vermutlich durch die B. [Büsch].

Ich lege hier einen Brief vom Professor mit bei, der mir viel Vergnügen macht, weil er mit so viel Heiterkeit geschrieben ist, als ich in vielen Jahren keinen von ihm erhalten habe. –

Sie haben meine Neugierde erregt weil Sie sagen: die Mannheimer Geschichte sei eines Umstandes wegen merkwürdig – nun erwarte ich auch, dass Sie meine Neugierde befriedigen. –

Bei jeder Zeile dieses Briefes habe ich beinahe einmal aufstehen müssen. Jetzt kommt gar Madam Sch. [Schmidt?, Schuback?]. Also leben Sie wohl, mein liebster, bester Freund, und kommen Sie nur gewiss den 6. Oktober. Wenn Sie mir diese

Bitte gewähren, so will ich das ganze Jahr keine weitere an Sie tun, ohne Sie erst um Erlaubnis zu fragen.

Ganz die Ihrige

K.

187 *Wolfenbüttel, den 20. September 1776*

Meine Liebe!

Hier kommen endlich zwei von den versprochenen Briefen. Dass sie nicht alle viere kommen, ist die Ursache, dass ich leider den Zettel verworfen habe, worauf ihre Adresse steht. Wenn ich ihn nicht wieder finde, so schreibe ich Ihnen entweder die Briefe das nächste Mal ohne Aufschrift, oder Sie sind wohl so gut und schreiben mir die Adresse noch einmal.

Es ist mir lieb, wenn Sie versichert sein können, dass Madame Sch. [Schuback] unsere Annahme ihres Anerbietens im Ernste angenehm ist. Aber ich verlasse mich nun auch völlig darauf, dass sie keine Umstände machen, und schlechterdings keine Gäste und Zeugen dazu bitten wird, außer ihren dortigen Anverwandten und Herrn König. Nach geschehener Verbindung müssen wir uns so kurz als möglich aufhalten: oder, wenn Sie, meine Liebe, noch ein paar Tage dort bleiben können und wollen, so gehe ich allein wieder voraus, und komme Ihnen bis Celle wiederum entgegen, welches beinahe das Beste sein würde, weil es sonst mit unserm hiesigen Empfange ein wenig konfus hergehen möchte. Überhaupt ist es nun hohe Zeit, uns über die Reise zu vergleichen. Ich weiß nicht einmal, wo der York liegt, und ob ich über den Zollenspieker muss oder nicht.

Ihre Sachen sind gestern trocken und wohlbehalten angekommen, und stehen in guter und sicherer Verwahrung.

Sie sind mir, meine Liebe, immer noch auf meinen zweiten letzten Brief Antwort schuldig; und ich weiß also jetzt nichts mehr hinzuzusetzen – (auch sind mir die Finger ganz verklommen, so kalt ist es schon auf meinem Zimmer) als dass ich Sie tausendmal in Gedanken umarme, und die Zeit nicht erwarten kann, da ich Ihnen gar nicht mehr zu schreiben brauche.

Ganz der Ihrige

L.

188 *Hamburg, den 21. [24.?] September 1776*

Mein Lieber!

Sie müssen durch die gütige Antwort des Herzogs recht sehr geschmeichelt sein. Ich wenigstens dachte bei Überlesung derselben: Wer wollte nicht lieber diesem Fürsten dienen, der so freundschaftliche Gesinnungen zeigt, als einem K. [Kurfürsten] v. der Pf. [Pfalz], der, wenn er auch freundschaftliche Gesinnungen zu hegen vielleicht im Stande ist, doch die Gabe nicht hat, sie äußern zu können. Ja mein Lieber! je mehr ich der Sache nachdenke, je froher werde ich, dass sie so ausgefallen ist. – Nur um eines muss ich Sie bitten, verschonen Sie mich mit den traurigen Anmerkungen. Zwar führt die, so Sie in Ihrem Letzten gemacht haben, einen Beweis Ihrer Liebe mit sich; aber demungeachtet hat sie viele traurige Ideen bei mir hervorgebracht, und das Wort *reuen* hat mich geärgert. – Wer bereut eine Sache, die er mit Überlegung und von ganzem Herzen tut, der Ausgang sei denn auch welcher er wolle?

Wegen der Reise habe ich mich nun genauer informieret. Einen Kutscher kann ich bekommen, aber nicht unter 45 Taler Courant, auch vielleicht nicht unter 50 Tl. – Da versteht sich aber, dass er sich selbst beköstigen muss. – Die Post kommt ohngefähr 38 Tl. Louisdor. Nun kann ich einen Reisewagen – Gr. [Grundschöttel] hat deren drei stehen – für 60 Taler bekommen. Es fragt sich also, ob ich nicht besser tue, ich kaufe einen Wagen? besonders weil wir auch zu der Mannheimer Reise, wegen Theodor, eine Kutsche haben müssen. Was sie kostet, würde beinahe an diesen beiden Reisen erspart. Ich will indes nichts tun, bis ich Ihre Antwort habe, die Sie mir aber auch gleich geben werden. Dem Wienerwagen lasse ich weitere Spur geben. Es wird nur 7 bis 8 Taler kommen. Wollen Sie ihn auch nicht behalten, so ist er doch umso viel verkäuflicher. –

Die gute Knorrin will mich diesen Augenblick zum Spazierengehen abholen, und Malchen befiehlt, ich soll spazieren gehen; deshalb ich nur geschwinde so weit geschrieben. Sie ist da und empfiehlt sich Ihnen. Nach der Promenade ein Mehreres!

Bei meiner Nachhausekunft finde ich zu meinem großen Vergnügen Ihren Brief vom 20ten; dass Sie aber wiederum über das Außenbleiben meiner Antworten klagen, begreife ich nicht. Die Briefe müssen in Braunschweig liegen bleiben, sonst müsste der, den ich am 14ten geschrieben habe, doch den 20ten schon angelangt sein; den vom 18ten konnten Sie nun freilich noch nicht haben. Nun, denke ich, werden beide in Ihren Händen sein; dann werden Sie auch wissen, dass ich gleichfalls an die Reise gedacht habe. Wie ich aber damals dachte, denke ich nun nicht mehr. Ich halte nunmehro für das Beste einen Wagen hier zu kaufen. Denn bringen Sie einen mit, so müssen Sie ja vier Pferde nehmen, da Sie sonst wohl mit zwei fortkommen. Die Route auf dem York gehet bei guter Jahreszeit, wenn der Weg trocken, über Harburg, sodann durch die Marsch nach dem York, der 4 Meilen von Harburg liegt. Diesem Weg ist aber gegen den 6ten Oktober wohl nicht mehr zu trauen. Folglich gehen Sie von Celle aus gerade nach Buxtehude, das eine Meile von York liegt. Die Stationen, so Sie zu passieren haben, hat mir niemand nennen können; in Celle wird man sie aber ohne Zweifel wissen.

In Buxtehude werde ich Sie den sechsten einholen; vielleicht noch etwas weiter, wenn ich die wahre Route erfahre oder wenn nicht zwei Wege sind, dass ich Sie verfehlen könnte, wie mirs das letztemal auf dem Schinkenkruge ging. – Es ist wohl nicht Ihr wahrer Ernst, wenn Sie vorschlagen, vor mir abreisen zu wollen. Was sollte mich wohl in York halten, wenn Sie nicht mehr da wären! Der konfuse Empfang schreckt mich auch nicht. Ich bin nun beinahe sieben Jahre an ein konfuses Leben gewöhnt, so dass ich es auch noch wohl eine Weile aushalten kann. Die Umstände bei unserer Verbindung habe ich mir so ernstlich verbeten, dass ich versichert bin, es werden keine gemacht werden.

Ich habe neuerdings den Auftrag von Madame Sch. [Schuback] Sie zu versichern, dass durch die Gewährung Ihrer Bitte Sie sie auf lebenslang verpflichtet hätten. Glauben Sie nur ganz sicher, dass es sowohl ihr als sein Ernst ist. Selbst der alte Bürgermeister nimmt Anteil und freuet sich, dass seine Verwandten bei unserer Verbindung sein sollen. Nun dächte ich, mein Lieber, wären Sie des Lesens müde; es wäre Zeit, dass ich abbräche.

Ich umarme Sie in Gedanken tausend und tausendmal, und zähle sicher darauf, dass ich morgen über vierzehn Tage Sie mündlich versichern kann, dass ich von ganzem Herzen bin, und ewig sein werde

Ihre ganz ergebene

K.

189 *Wolfenbüttel, den 23. September 1776*

Nun wohl, meine Liebe,

so will ich denn den 6ten gewiss bei Ihnen sein, und auch alle das Übrige sollen Sie einrichten, wie Sie wollen. Aber wahrlich wegen unserer Anherkunft hat mich Ihr letzter Brief ein wenig in Verlegenheit gesetzt. Ich habe wirklich geglaubt, dass Sie sehr leicht einen Kutscher in Hamburg fänden, der Sie wenigstens bis Celle brächte, wohin diesen Leuten die Wege ja wohl bekannt sein müssen. Freilich will ich hier wohl einen viersitzigen Wagen entweder zu kaufen oder geliehen bekommen; allein einen viersitzigen Wagen, wenn ich auch nur alleine bin, lässt kein Postmeister unter vier Pferden fahren. Hierher aber würden wir wohl sechse nehmen müssen, wenn wir alle in einem Wagen fahren wollten. Wenigstens müssten Sie alsdenn doch noch Ihren Wiener Wagen mitbringen, in welchem wir allein führen, oder ich wieder allein vorausginge. Denn ich rechne darauf, dass Sie Ihr Mädchen mitbringen, (und rate es Ihnen recht sehr, wenn Sie sich etwa anders besinnen wollten,) und so wären wir 6 Personen, die unmöglich alle in einem Wagen Raum haben. Haben Sie ja die Güte, mir hierauf mit erster Post ganz positiv zu antworten, weil ich nicht gerne in Ungewissheit abreisen möchte. – Könnten Sie in Hamburg Ihren Wiener Wagen gegen einen leichten viersitzigen gut vertauschen, so würde das vielleicht auch nicht übel sein, und ich dürfte sonach bloß in einer Halbchaise zu Ihnen kommen.

Auch verlasse ich mich darauf, dass Sie anfangs nicht ungeduldig werden wollen, und ich, unserer Abrede nach, keine fremde Gesellschaft auf dem York finde. Denn ich muss Ihnen bekennen, dass ich mir auch nicht einmal einen neuen Rock machen lasse. Ich komme gerade, wie Sie mich in Hamburg gesehen haben.

Übermorgen erst habe ich mir vorgenommen, an den Herzog wegen der Erlaubnis zu schreiben, die ich zuverlässig den andern Tag darauf zu erhalten hoffe. Sobald ich sie habe, will ich sie Ihnen schicken, und Sie können davon Gebrauch machen, wie Sie wollen.

Der Brief Ihres Herrn Bruders hat auch mich recht sehr gefreuet, und es ist mir lieb, dass er gleichfalls mit meiner Wahl zufrieden ist. Ich schließe ihn hier wieder mit bei. Meinen Brief an ihn und den Onkel werden Sie nun wohl erhalten haben. Ich umarme Sie tausendmal und bin auf immer

der Ihrige

L.

An Malchen meinen besten Gruß, das versteht sich, wenn ich sie auch nicht nenne.

190 *Hamburg, den 25. September 1776*

Guten Morgen, mein Lieber!

Ich schreibe mit Tages Anbruch, weil ich heute zu Knorres ziehe, und also viel zu kramen habe, so dass ich sonst vielleicht den heutigen Posttag versäumen müsste. Die Arbeitsleute kamen aber doch so frühe, dass ich den Brief abbrechen musste. – Nun habe ich Ihren Brief vom 23ten zu beantworten. Herr Sch. [Schuback] war eben bei mir, wie ich ihn erhielt, und war froh, dass Sie zu Ihrer Ankunft keinen spätern Tag als den 6ten bestimmt haben; der 5te wäre ihm aber noch lieber, weil dann den 6ten unsere Verbindung, und er am 7ten in der Stadt sein könnte. Wenn Sie es also so einrichten können, so tun Sie es: Sie müssen es aber auch mit der Rückpost schreiben, damit sich Sch. [Schubacks] darnach einrichten können. Für einen viersitzigen Wagen will ich sorgen, und wir fahren dann mit der Post; kann ich meinen Wienerwagen gut anbringen, so verkaufe ich ihn. Dies schreibe ich Ihnen mit nächster Post – und Sie bringen dann eine Chaise mit, worin wir die Rückreise machen. – Ihr Bedienter kann alsdenn bei den Kindern bleiben, wenn ich ja kein Mädchen mitbringe – denn wenn ich eine Unbekannte nehmen soll, so nehme ich sie lieber dorten, als dass ich sie von hier mitnehme, nicht wahr? Ich will mich indes recht ernstlich darum bemühen, weil Sie mir es raten.

Heute habe ich Schuback noch recht ernstlich gebeten, niemanden mit nach dem York zu nehmen, und las ihm zum Überfluß, was Sie darüber geschrieben. Er war betroffen, weil er O. [Ochs?] gebeten hat. Dieser kommt also auch, aber sonst auch niemand. Und für diesen brauchen Sie auch keinen neuen Rock. Sie kennen ihn ja recht gut. Eine neue Weste und Beinkleider finden Sie vor. Malchen hat zwar sehr gebeten, es Ihnen nicht zu schreiben. Ich tue es aber, wenn Sie allenfalls noch einen Rock wollten machen, oder die Knöpfe müssten ändern lassen. Denn ich weiß nicht mehr, ob Gold oder Silber darauf war – ich sah Ihnen nicht nach dem Kleide. – Ich mag zwar kaum so unbescheiden sein, Sie darum zu bitten, weil Sie schon die erste Bitte, auf den 6ten zu kommen, willfahrt haben; aber wenn Sie wüssten, wie dankbar ich Ihnen dafür bin, so würden Sie sich auch den zweiten Dank wo möglich erwerben.

So wie Sie sich auf meine Geduld verlassen wollen, so verlasse ich mich bei diesem Briefe auf die Ihrige. Denn notwendig müssen Sie ihn buchstabieren. Ich kann mir aber nicht helfen; mein Blut ist in solcher Wallung, dass mir die Hände wie ein Espenlaub zittern. Ich bin jetzo eine fatale Kreatur die nicht viel ausrichten kann. Deswegen wäre es mir eben nicht angenehm, wenn die Köchin so gar unwissend wäre.

Meine Kinder küssen Ihnen die Hand, und ich umarme Sie tausendmal in Gedanken, und sehne mich recht sehr nach dem Tage, da ich es wirklich tun kann.

Die Ihrige

K.

191 *Braunschweig, den 26. September 1776*

Meine Liebe!

Ich sehe aus Ihrem letzten, dass wir wegen unserer Anherreise ziemlich zusammen kommen. Freilich wird es das Beste sein, wenn Sie dorten eine gute nicht allzu schwere viersitzige Kutsche kaufen, die uns auf unsern Reisen nach Mannheim dienen kann. Ob Sie aber so noch auch den Wienerwagen behalten wollen, stehet bei Ihnen. Wenn Sie ihn nicht behalten wollen: so muss ich eine zweisitzige Chaise mitbringen. Behalten Sie ihn aber, so komme ich ohne eignen Wagen, und wir fahren darin zusammen anher. Das also sein Sie nur so gut, in Ihrem Nächsten zu bestimmen. Bis nach Celle werde ich wohl von Wolfenbüttel aus uns Pferde müssen lassen entgegen kommen, weil sie von Celle aus die Poststation in Braunschweig schwerlich werden überfahren dürfen.

Gestern habe ich einen Brief von dem Baron von Hompesch aus Mannheim erhalten, worin er mich sehr bittet, sobald als möglich zu kommen. Ich möchte aber aus hundert Ursachen nicht gerne eher als im Januar.

Ihren Auftrag an den Hofrat Spies will ich, wo mir möglich, heute noch besorgen. Jetzo muss ich nur eilen, diesen Brief zu schließen, weil ich sonst in Gefahr bin die Post zu versäumen.

Ich umarme Sie, und bin auf immer
ganz der Ihrige

L.

192 *Hamburg, den 28. September 1776*

Mein Lieber!
Ein Reisewagen ist gekauft, so gut ich ihn für einen billigen Preis finden konnte, und den Wienerwagen behalte ich auch, weil ich ihn nur für einen ganz geringen Preis anbringen könnte. Folglich brauchen Sie keine Chaise. Mein Schwager kömmt Ihnen mit dem Wienerwagen bis Harburg entgegen, und Sie fahren zusammen auf den York. Denn gestern habe ich meinen Harburger Spediteur gesprochen, der oftmals im Winter den Weg nach dem York gemacht hat. Der versichert, dass er zu allen Zeiten gut zu befahren sei, hingegen sei der von Celle gerade nach dem York zu allen Zeiten beschwerlich und öfters gefährlich. Es sind gar keine Poststationen auf dieser Route. Deswegen schicke ich diesen Brief in duplo, heute, und morgen mit der Hannöverschen Post, weil die Briefe mit heutiger Post manchmal so spät in Ihre Hände gekommen

sind, und ich die mit der Hannöverschen so geschwind erhalten habe, damit Sie ums Himmels Willen nicht auf die schlimme Route kommen. Ich weiß nun nicht, gehe ich donnerstags, freitags oder erst sonnabends auf den York, weil es von Madame Sch. [Schuback] und ihren Geschäften abhängt. Dieser Ungewissheit wegen sind Sie wohl so gut, und schreiben meinem Schwager Friedrich Wilhelm König, ob, und wenn er Sie in Harburg abholen soll? Damit er sich nicht vergeblich da aufzuhalten hat. Bin ich alsdenn noch hier, so erfahre ich durch Sie, was Sie tun wollen. Es ist sein eigener Einfall, Sie einholen zu wollen. Ich hätte ihn nicht darauf gebracht, indem ich nicht weiß, ob es Ihnen angenehm ist. Und ist es Ihnen nicht angenehm, so schreiben Sie es ihm nur rein ab. Eben erhalte ich Ihren Brief vom 26ten. Wegen unserer Reise hätte ich nun weiter nichts zu erinnern, als dass es nun schwerlich angehn wird, dass wir mit der Post nach Celle kommen, und mit Pferden von Wolfenbüttel wieder wegfahren. Sie sind also wohl so gut und sagen auch in meines Schwagers Briefe ganz positiv: ob Sie die Pferde nach Celle bestellen? und ich lasse ihm denn die Ordre in diesem Fall, hier oder in Harburg, Pferde zu bestellen, die uns bis Celle bringen. – Ein Mädchen habe ich noch nicht, allein heute habe ich eine gesehen, nach der ich mich erkundigen werde, und bekommt sie ein gutes Zeugnis, so will ich sie mieten. Es ist eine Holsteinerin. Die Hamburgerinnen, die etwas taugen, verlassen ihre Vaterstadt so leicht nicht. – Ich bin Ihrer Meinung, die Mannheimer Reise müsste wenigstens so lange verschoben werden, bis wir etwas in Ordnung sind. Ich wünsche Sie gesund zu umarmen und bin auf immer

ganz die Ihrige

E. C. K.

193 *Wolfenbüttel, den 30. September 1776*

Meine Liebe!

Wenn ich Ihnen heute nicht zum letztenmal überhaupt schreibe, so wird es doch wahrscheinlich so zum letztenmale sein, dass ich keine Antwort mehr von Ihnen darauf erhalten kann.

Und gleichwohl bin ich doch noch über so viele Punkte ungewiss! Doch ich werde ja wohl noch heute oder morgen Briefe von Ihnen erhalten, und was ich wissen will und muss, endlich daraus erfahren.

Vor allen Dingen nun – hier ist die Herzogliche Erlaubnis! Machen Sie damit was Sie wollen, oder lassen Sie Herrn Sch. [Schuback] damit machen was er will. Weitere Attestate von dem hiesigen Consistorio wird der Prediger in York hoffentlich nicht verlangen.

Die beiden Briefe an Ihre Herren Brüder folgen nunmehro desgleichen. Es ist ein wenig seltsam, dass sie über Hamburg gehen sollen: aber ich setze voraus, dass Sie selbst ein Wort darzu schreiben.

Da ich einmal Briefe mit beischließe, so will ich gleich noch ein paar beilegen. Den Brief des Herrn von Hompesch, und des Spaßes wegen, einen Brief vom Herrn von K. [Kuntzsch].

Gestern ist der zweite Transport von Ihren Sachen wohl behalten angekommen. Wenn diese beide Kisten nichts als Bücher enthalten, so hätte ich Ihnen eine so große Bibliothek nicht zugetraut; und es wäre wohl ebenso gut gewesen, wenn Sie sie in Hamburg in die Auktion gegeben hätten. Denn Bücher sollen Sie hier genug finden. Ob der dritte Transport noch während meines Hierseins anlagen wird, ist die Frage. Aber der Kaufmann, an den er hier in Wolfenbüttel adressiert wird, soll ihn schon indes in gute Verwahrung nehmen. Die Absendung alles Übrigen tun Sie allerdings besser, noch zu versparen. Überhaupt wundert sich der hiesige Kaufmann, dass Sie die Sachen nicht zu Wasser über Lüneburg gehen lassen, welches nicht halb so viel würde gekostet haben. Doch Sie haben ohne Zweifel hierzu Ihre Ursachen gehabt. Dass indes auch alles gut verwahret bleiben soll, dafür sein Sie ganz unbesorgt. –

Wegen meiner Abreise endlich werde ich kaum etwas ändern können. Mein Vorsatz ist sonnabends den 5ten Oktober erst von hier abzugehen, da ich den 6ten bei guter Zeit in Buxtehude zu sein gedächte. Wenn ich nun aber auch den vierten abends abreisen wollte, so könnte ich doch schwerlich eher als in der Nacht vor dem sechsten anlangen, und ich hätte mir zwei schlaflose Nächte gemacht, die ich mir jetzt eben nicht bieten möchte, weil ich mich so ganz vollkommen wohl nicht befinde. Mein Gedanke wäre, es bliebe dabei, dass ich erst den sechsten abends käme, und gleich den andern Tag, den siebenten, ließen wir uns in aller Geschwindigkeit trauen, sollte es auch im Hause des Predigers sein, ohne alle die Gäste abzuwarten, die Herr Sch. [Schuback] gebeten. Aber dieses müsste so lange unter uns bleiben, damit es das völlige Ansehn eines impromptu hätte.

Bekomme ich heute noch von Ihnen einen Brief, so schreibe ich Ihnen auch gewiss noch morgen. Wenigstens schreibe ich zuverlässig noch vor meiner Abreise, besonders wenn es mir möglich sein sollte, sie 24 Stunden eher anzustellen. Dass ich es sehr gerne täte, weil es Ihnen und Herrn Sch. [Schuback] so angenehmer sein würde, das versteht sich. Nach dem ersten Entwurfe, dass wir den 8ten erst getrauet würden, hätte ich geglaubt, dass wir längstens den 10ten abreisen könnten, da ich denn den 13ten Pferde von Wolfenbüttel aus auf die letzte Station bestellte, die uns bei Braunschweig vorbei und gerades Weges anhero brächten. Wenn ich daher doch noch auch auf diesen Brief Antwort von Ihnen haben könnte!

Melden Sie mir aber ja auch darin, wie es mit Ihrer Gesundheit stehet. Ihr letzter Brief macht mir viel Besorgnis! doch vielleicht waren das auch nur überhingehende Wallungen. Ich umarme Sie und bin ewig

der Ihrige

L.

ANHANG

Reisenotizen von Eva König
1770-1772

[Seite 1]
D. 11ten August 1770. bin ich morgens halb Sechs Uhr von Hamburg abgefahren. Bis auf den Tollenspieker sind 4 Meillen. Vom Hop bis Winsen 1 Meile wird mit einem halben Thlr [Thaler] bezahlt. Hier mus man sich für eine Caracterissirte Persohn ausgeben, wenn man gerade auf Lüneburg, und in Winsen nicht andere Pferde nehmen will. Von Winsen sind es drey Meillen bis Lüneburg. Von da auf Ebsdorf 4, auf Suerburg 2, auf Össingen 3, auf Gamsen 3, und auf Braunschweig 4 Meillen. Im Hanöverischen bezahlet man für das Pferd die Meille 7 gg. [gute Groschen] in Ld'or [Louisd'or] a 14 M. [Mark] oder # [Dukaten] a 8 [?]. Im Braunschweigischen 8 gg. in Ld'or a 15 [?] oder # a 2 Thlr 20 gg., doch hierüber [Seite 2] machet man an einigen Orten Schwierigkeiten, besonders beym Wechselen, geben sie einen selten mehr als 18 gg.; darum thut man wohl wenn man Ld'or zu sich nimmt.

D. 12ten August Abends gegen 5 Uhr kahm ich, weil ich die ganzte Nacht durchgefahren hatte, in Braunschweig an. Logirte in der Rose.

D. 14ten fuhr ich aus Braunschweig, und war gegen sechs Uhr abends vor Wolffenbüttel. H. [Herr] Lessing war so gütig und lies mir seinen Peltz aus der Stadt hohlen, den ich mit nahm. Der, wenn ich ihn nicht wieder mit brächte, ihm erstattet werden muß. – Um zehen Uhr Abends war ich in Hessen vier Meillen von [Seite 3] Braunschweig. Hier Traf ich den Bothen mit dem ich zugleich ettwas nach zwölfen abfuhr. Um sechs Uhr des Morgens war ich in Blanckenburg. Sind von Hessen vier Meillen. Um sieben Uhr kahm der Bothe an. Die folgende Station ist 2 Meillen, und heißet Haselfeldt. Ist die schlechteste so ich gehabt. Eine halbe Stunde hinter Blankenburg gehet der Hartz an, wo man denn nichts als Berge und hohle Wege zu passiren hat. Auf der Station brachte ich 3½ Stunden zu. Von Haselfeldt auf Nordthaußen 3 Meillen, noch weit schlechter als die voriegen. Ich fuhr nicht nach Nordthaußen hinein sondern sogleich nach dem Posthaus woher sonsten doch die Pferde gehohlet werden worauf man manchmahl drey Stunden wartten muß.

[Seite 4]

Hier wurde ich gleich befördert, und hier gingen auch die gute Wegen an. Nach Sondershausen sind zwey Meillen. Von da nach Langensaltz sind zwar vier Meillen, man hat mich aber nur vor drey bezahlen lassen. Auf Sachsen Gotha sind zwey Meillen. Hier kahm ich d. 16ten Mittags um 12 Uhr an. Den andern Morgen um vier Uhr ging ich auf Arnstadt, welches 3 Meillen sind; von da auf Ilmenau 2 Meillen. Diese beyde Stationen waren überaus schlecht, weil es anhaltend gerechnet hatte. In Arnstadt traf ich einen sehr gefälligen Postmeister, der mich überaus gut bewirthete, und nichts davor nahm, [Seite 5] ohneracht meine Pferde nicht bey ihm bestellet waren. Nicht zu vergeßen wann ich wieder dahin komme, daß ich nach der Briefpost frage. Der Mann heißet Grafft. Von Arnstadt nach Ilmenau sind 2 Meillen schlechter Weeg. Hier muste ich von ein Uhr Nachmittag bis Nachts zwölfe auf Pferde wartten. Auf Frauenwaldt sind 2 Meillen; der abscheulichste Weg, den ich gehabt habe, durch den Türinger Waldt. Zum Unglücke hatte ich auch da die schlechtesten Postillions. Unter dem einen verstehe ich den Wegweiser, der leuchten solte; er hatte aber nur eine Laterne und kein Licht. Unterdeßen das der Tannenzapfen zum Leuchten suchte, legte der Postillion sich hinter den Wagen und schlief; wenngleich die Pferde an einen abhängigen Weg stunden, wo sie nur einen [Seite 6] Schritt vorwärts hätten thun dörfen, so wäre der Wagen ins Rollen gekommen, und ich wäre im Türinger Waldt geblieben. Von Frauenwaldt nach Eißfeldt sind 2½ Meillen. Von da bis Coburg 2½ Meillen und derʃÁantze Weg nichts als steinigte Gebürge und hole Wege. Von Coburg bis Gleuchen 2, von da bis Rattelsdorf 2, und bis Bamberg 2 Meillen. Von Coburg aus war alles mit Wasser überschwemmt, und nur erst eine halbe Stunde vor Bamberg geht der gemachte Weg an; den sie aber bis Coburg verbeßern wollen.

NB in Gotha mus man im Mooren einkehren. In Coburg im Schwanen. In Bamberg im Posthauß.

Von Bamberg auf Altentorff 2, auf Erlangen 3 und auf Nürnberg 3 Meillen. D. 21ten August [Seite 7] morgens um 2 Uhr kam ich hier an, und logirte im Bitterholtz. Den 24ten reißte ich wieder ab. Erste Station ist 4 Meillen und heisset Roth. Bleyfeldt 2 M. Diffurdten 2 M. Monheim 2. M. Donawerth 3 M. Meydingen 3. M. Den Nachmittag um 3 war ich von Nürnberg abgegangen; ruhete die Nacht vier Stund aus, und war des andern Tags Abends um 7 Uhr in Augspurg. Von Bleyfeldt gehet erst der gute Weg an. In Augsburg logirte ich im Mooren. Von Augsburg bis München sind 8½ Meillen. Die erste Station heist Erensburg 2½ M. Schwabehausen 3 M. München 3. M. Um 10 Uhr fuhr ich aus, und war Abends um 7 Uhr in München. Hier logirte ich bey Albers.

[Seite 8]

D. Septembr um ½ zehn Uhr bin ich aus München gefahren, und den andern Morgen ½ Sechs war ich in Regenspurg. Sind 19 Meillen.

auf Unterbruk	3 Meillen
auf Pfaffenhoffen	4 d^{to}
auf Geissenfeldt	3 d^{to}
auf Neustadt	3 d^{to}
auf Sahl	3 d^{to}
auf Regenspurg	3 d^{to}
Die nähere Route ist	
auf Freissingen	4 Meillen
" Mosburg	2 d^{to}
" Landshut	2 d^{to}
" Ergulspach	3 d^{to}
" Buchhaussen	2 d^{to}
" Eglofsheim	2 d^{to}
" Regenspurg	2 d^{to}

Erste Station von Regensburg auf Saltzburg

Pfader 3 Meillen

[Seite 9]

Hier fand ich einen Brief mit folgender Aufschrifft: Dissen Briff zu Hanten an den H. Vetter Mair in Bfaffer hierbey allss mein Vill gelibdter Herr Vetter in Han Mair in Bfaffer.

2te	Station	Straubingen	3 Meillen
3te	"	Marckhoffen	2¼
4te	"	Au	2
5te	"	Landshut	2
		Große Station	

mus ich beym Rückweg recht wieder Nacht machen

6te	Station	Vilßbyburg	2 M
7te	"	Neumarkt	2 "
8te	"	A Ötting	3 "

[Seite 10]

9te	"	Burghausen	2 M
10te	"	Lauffen	4 "
11te	"	Saltzburg	2⅛"

hier habe ich im Sternbrey Logiret.

1te Station von hier nach Passau

	Neumarkt	3 Meillen.
2te	Mattikoffen	3 M.
3te	Altheim	3 dto
4te	Scharding	3 dto
5te	Passau	2 dto

Hier Logirt man im Trauben bey H. Glatzel.
NB in Schardingen habe ich den gröbsten Postmeister gefunden.
[Seite 11]
Von Passau nach Lintz

1te	Station	Eissenbirn	2 Meillen
2te	"	Beyerbach	4 dto
3te		Erending	3 dto
4te		Lintz	3 —

Nach Wien

1te Station	Ens	3 dto
2te dto	Strenberg	2 dto
3te dto	Amstedt	3 dto
4te dto	Kemmelbach	2 dto
5te dto	Molck	3 —
6te	St Pölten	2 —
von hier noch		8 —

bis Wien 4 Stationen

[Seite 12]

Wien

Burgerstorf	2 M.
Schardshausen	

[Seite 13]

Aus Wien d. 19ten Febr. 1771

d. ersten Tag bis Mölk	
Meillen	11
d. 20ten bis Lintz	13
	St 24

d. 21ten Mittag um 12 Uhr aus Lintz nach Saltzburg

1te	Station Wels	M	4
2te	Lambach	"	2
3te	Fecklenburg	"	3
4te	Frankenmarkt	"	2
5te	Neumarkt	"	3
6te	Saltzburg	"	3
		St	17

[Seite 14]

d. 27 ^{ten} Febr. Morgens aus Saltzburg

1te	Stat. Wagingen	M	4
2te	Stein	"	2
3te	Frawertsheim	"	2
4te	Wasserburg	"	2
5te	Ibsperg		2
6te			$2^{1}/_{4}$
7te	München		$2^{1}/_{4}$
		St.	$16^{1}/_{2}$

[Seite 15]

d. 23 ^{ten} von Nürnberg morgens 7 Uhr abgefahren

1te	Stat. Fahrenberg	2 M.
2te		$1^{1}/_{2}$

3te	3 "
4te Uffenheim	2¼ "
5te Bätte	4 "
6te Mergentheim	2 "
7te Adelsheim	4 "
8te Neckar Els	3 "
9te Wimmerspach	2 "
10te Heydelberg	2 "
	25¾

[Seite 16]

d. 20ten April aus Ffort

1te Friedberg	3 M
2te Butschbach	2 "
3te Giesen	2 "
4te Marburg	3 "
5te Halsdorff	2 "
6te Jersberg	2 "
7te Wergel	2 "
8te Cassel	3
9te Minden	2 –
10te Göttingen	3
11te Nordheim	2 –
12te Seesen	3 –
13te Lutter	2 –
14te Bahren	2 –
15te Braunschweig	2 –

[Seite 17]

1772 d. 17 February bin ich von Hamburg abgereißet, und d. 4ten Mertz in Nürnberg angelanget.
Von da bin ich nach Saltzburg gegangen
Die Route nach Saltzburg.

Von Nürnberg nach Feucht	1 Station
Fastbau	1 " –
Deining	1 " –
Daßwang	1 " –
Kelheim	2 –

Landshut	2 " 3/4
Biburg	1 " 1/4
Neumarkt	1 " –
Alt Ötting	1 " 1/2
Burghaussen	1 –
Dittmaring	1 " 1/4
Lauffen	1 " 1/4
Saltzburg	1 " 1/4
Station	17 1/4

[Seite 18]

Die Route von Augsburg nach Regenspurg.

Von Augsburg nach Eige	1 1/2 Post
Weithafen	1 1/2 "
Geißenfeldt	1 1/2 "
Neustadt	1 1/2 "
Saal	1 1/2 "
Regenspurg	1 1/2 "
	9 Posten.

(transkribiert von Elke Bauer und Elisabeth Blakert)

Erläuterungen

Zu den Briefen

Abgekürzt zitierte Literatur

BLK: *Meine liebste Madam. Gotthold Ephraim Lessings Briefwechsel mit Eva König 1770-1776.* Hg. von Günter und Ursula Schulz. München 1979.

BW: Gotthold Ephraim Lessing, *Werke und Briefe in zwölf Bänden.* Hg. von Wilfried Barner [u. a.]. Bd. 11/1-2 und 12: Briefe von und an Lessing. Hrsg. von Helmuth Kiesel [u. a.]. Frankfurt a. M. 1987-1994. (Zitiert: BW I-III.)

Daunicht: Richard Daunicht, *Lessing im Gespräch. Berichte und Urteile von Freunden und Zeitgenossen.* München 1971.

KBW: Friedrich Gottlieb Klopstock, *Werke und Briefe.* Historisch-kritische Ausgabe. Abt. Briefe: Bd. 5/1-2 (1767-1772). Hg. von Klaus Hurlebusch; Bd. 6/1 (1773-1775). Hg. von Annette Lüchow. Berlin/New York 1989-1992 und 1998.

Kopitzsch: Franklin Kopitzsch, *Grundzüge einer Sozialgeschichte der Aufklärung in Hamburg und Altona.* Hamburg 1982 (2., erg. Aufl. 1990).

Redlich: *Lessing's Briefe. Erster Theil: Briefe von Lessing. Zweiter Theil: Briefe an Lessing.* Hg. und mit Anmerkungen begleitet von Carl Chr.[istian] Redlich. Berlin o. J. [1879]. (Zitiert: Redlich I-II.)

Schneider: Heinrich Schneider, *Lessing. Zwölf biographische Studien.* Salzburg 1950. (Darin u. a.: Lessing und Wolfenbüttel; Lessings bibliothekarische Arbeit; Eva Lessing in Wien.)

Schulz: Ursula Schulz, *Lessing auf der Bühne. Chronik der Theateraufführungen 1748-1789.* Bremen/Wolfenbüttel 1977.

Zechmeister: Gustav Zechmeister, *Die Wiener Theater nächst der Burg und nächst dem Kärntnerthor von 1747 bis 1776.* Wien 1971.

1 B: – A: Nr. 2

1. *ich danke:* Für die am Schluss des Briefes erwähnten Lebensmittel.
2. *Unser V.[Vetter]:* Der »Vetter« Otto Heinrich Knorre (1724–1805) war ein Hamburger Hausfreund der Familie König.
3. *fast an keinen geschrieben:* Lessing war ein notorisch säumiger Briefschreiber, zumal er der brieflichen Kommunikation stets die gesprächsweise vorzog.
4. *mein Pate:* Lessings Patenkind Friedrich Wilhelm König jr.
5. *fertigen:* geschickten, bereitwilligen.
6. *reisen Sie noch diesen Sommer:* Eva König reiste im August 1770 nach Wien. Der Anlass bestand darin, eine Hinterlassenschaft ihres am 20. Dezember 1769 verstorbenen Mannes Engelbert König zu regeln, d. h. eine erst 1768 gegründete Seidenfabrik und eine 1769 eröffnete Tapetenfabrik in Wien zu übernehmen oder zu verkaufen. Es handelte sich um Einrichtungen, die zu den größten ihrer Art in Wien gehörten (siehe Schneider, S. 239). Auf der Hinreise hielt Eva König sich vom 12. bis 14. August in Braunschweig auf, wo sie mit Lessing zusammentraf.
7. *kleine Ausflucht nach Göttingen oder Berlin:* Sie kam nicht zu Stande. Erst im September 1771 reiste Lessing von Hamburg aus nach Berlin.
8. *traktieren:* Hier: etwas Bestimmtes erörtern, behandeln. Der konkrete Bezug ist nicht bekannt.
9. *Schlosse:* Das aus dem späten 13. Jahrhundert stammende und im 16. Jahrhundert ausgebaute Wolfenbütteler Schloss, in dessen oberstem Geschoss Lessing von Mai 1770 bis Oktober 1776 fünf Zimmer, mit Blick zum Schlossplatz, bewohnte. Es wurde seit der 1754 erfolgten Verlegung des Hofes nach Braunschweig sonst kaum noch genutzt.
10. *gar nicht gelegen:* Seit dem Zusammenbruch des Hamburger Nationaltheaters 1769, bei dem Lessing als Dramaturg verpflichtet gewesen war, hatte er ein distanziertes Verhältnis zur Bühne. Siehe auch »Hamburgische Dramaturgie« letztes Stück.

11. *Italiener in Hamburg:* Das dort gastierende Opernensemble von Giuseppe Bustelli.
12. *Messe:* Seit 1681 alljährlich im Februar und August.

2 B: Nr. 1 A: –
1. *12. Juni:* Diese Datumsangabe aus dem Erstdruck geht wahrscheinlich auf einen Lesefehler zurück, vielleicht für den 17. Juni.
2. *Komplimententon:* Konventioneller Höflichkeitsstil; im Gegensatz zum sonstigen freundschaftlichen Briefstil Lessings gegenüber Eva König.
3. *meinen Bruder:* Johann David Hahn.
4. *Pyrmont ... der Brunnen:* Der im ausgehenden 17. Jahrhundert als Heil- und Kurbad gegründete Ort war im Zeitalter der Aufklärung ein beliebter Treffpunkt der gebildeten Schichten. Die Titelgestalten von Lessings »Ernst und Falk« führen wahrscheinlich dort ihre »Gespräche für Freimäurer« (1778). Mit dem Pyrmonter Brunnenwasser wurden schwunghafte Handelsgeschäfte betrieben, deren Reingewinn zwischen 1744 und 1800 von 2153 auf 14 672 Reichstaler anstieg (nach Reinhold P. Kuhnert, *Urbanität auf dem Lande. Badereisen nach Pyrmont im 18. Jahrhundert.* Göttingen 1984, S. 101 f.). Fachleute rühmten an diesem Wasser, »daß es die natürlichen Absonderungen, Abführungen und Auswürfe (Secretiones et Excretiones) durch alle Scheidungs- und Reinigungswerkzeuge unsers Leibes häufig vermehret« und so »*Hauptwirkungen, welche zu Wiederbringung der Gesundheit erfodert werden*«, erfülle (Johann Philipp Seip, *Beschreibung der Pyrmontischen Mineralwasser und Stahlbrunnen, derselben Historie, mineralischer Gehalt, Arzeneykräfte, Gebrauch und Nutzen, beydes vom Trinken und Baden.* 4. neuvermehrte Aufl. Hannover und Pyrmont 1750, S. 99 und 301). Einem späteren Autor nach hat man es »als das erste Heilmittel bei der Bleichsucht, bei der allgemeinen Schwäche, die zu Folge von Blutverlust oder von schweren Fiebern zurückbleibt [...], anerkannt; bei Nervenkrankheiten, Hypochondrie und Hysterie ist es [...] ein herrliches Mittel« ebenso bei »Neigung zu Magenkrampf und zu Coliken« (Friedrich Ludwig Kreysig, *Ueber den Ge-*

brauch der natürlichen und künstlichen Mineralwässer von Karlsbad, Ems, Marienbad, Eger, Pyrmont und Spaa. Leipzig 1825, S. 262 f.). Ebendiesen Beschwerden waren die beiden Biefpartner, wie sich dem weiteren Verlauf ihrer Korrespondenz entnehmen lässt, oft ausgesetzt.

5. *ein Tenorist:* Domenico Guardasoni.
6. *die Sache ... unser Freund ... Sie:* Nicht ermittelt.

3 B: – A: –

1. *die uns erwiesenen Höflichkeiten:* Eva König und ihr Bruder Johann David Hahn hatten Lessing vom 19. bis 23. Juli in Braunschweig besucht.
2. *den Freitag:* 10. August. Eva König begann ihre Reise nach Wien (siehe 6. Erläuterung zu Nr. 1) am Folgetag.
   in Braunschweig: Dort Aufenthalt vom 12. bis 14. August; siehe die Reisenotizen im Anhang dieses Bandes.
   Rose: Gasthaus in Braunschweig, Kohlmarkt 1.

4 B: – A: Nr. 6

1. *Schaffer:* Bei »den Land- und Postkutschen [...] derjenige, welcher mit der Kutsche an den bestimmten Ort fährt, die Aufsicht über dieselbe hat, und die unter Weges vorfallenden Kosten und Einkünfte dem Eigenthümer berechnet« (Johann Christoph Adelung, *Grammatisch-kritisches Wörterbuch*, Bd. 3. Wien 1808, Sp. 1328).
2. *Den Nürnberger Boten:* Gemeint ist wohl eine Nürnberger Post- und Reiselinie.
3. *Pedant:* Bezeichnung für Hofmeister, Privatlehrer.
4. *die B. [Bode] anhören müsste:* Anspielung auf seine Übersetzung *Yoricks empfindsame Reise* von Lawrence Sterne.

5 B: – A: –

1. *in Gotha:* Dort Ankunft am 16. August mittags; siehe Anhang.
2. *der Bote*: Siehe 2. Erläuterung zu Nr. 4.
3. *noch ist kein Pferd zu sehen:* Zum Fortgang der Reise in Nr. 7, 2. Absatz.

6 B: Nr. 4 A: Nr. 7

1. *vom V. [Vetter] einen Brief:* Nicht überliefert.
2. *aus Braunschweig reiseten:* Eva war am 14. August von Braunschweig abgereist.
3. *in der Komödie:* Im Hamburger Theater, das Konrad Ernst Ackermann 1765 erbauen ließ, 1767 verpachtete und nach dem Bankrott des Pächterkonsortiums (durch das Lessing nach Hamburg gerufen worden war) 1769 wieder als Direktor übernahm.
4. *ehemals erbuntertänigen Stadt:* Hamburg, obwohl freie Reichsstadt, war bis 1768 zur Erbhuldigung an Dänemark verpflichtet, das benachbarte Altona blieb es bis 1866.
5. *Triumph der guten Frauen:* Lustspiel von Johann Elias Schlegel.
6. *Madame H. [Hensel] ... hat sich mit ihm ausgesöhnt:* Sophie Friederike Hensel heiratete in zweiter Ehe Abel Seyler zwei oder drei Jahre später.
7. *des Bürgermeisters:* Hamburg hatte im 18. Jahrhundert vier Bürgermeister. 1770 war ältester und präsidierender Bürgermeister Martin Hieronymus Schele, präsidierender erster Bürgermeister Nicolaus Schuback; die beiden präsidierenden zweiten Bürgermeister waren Peter Greve und Vincent Rumpff. Wer von ihnen die nachfolgend erwähnte Weisung gab, hat sich nicht ermitteln lassen.
8. *mit Gewalt erbrochen:* Abel Seyler hatte für Juli und August 1770 einen Pachtvertrag für das so genannte alte kleine Theater beim Dragonerstall, das ebenso baufällig wie zu diesen Sommermonaten schlecht besucht war, so dass eine Aufführung in Anwesenheit des dänischen Hofstaates ihm als letzte Rettung erschien. Weiteres berichtet Friedrich Ludwig Wilhelm Meyer in seiner Biographie *Friedrich Ludwig Schröder. Beitrag zur Kunde des Menschen* (Bd. 1, Hamburg 1819, S. 214): »Aber die königlichen Umgebungen weigerten sich ihm solchen [Theaterbesuch] zu erwerben, wenn er kein ungefährdetes Obdach anweisen könne. Er vermochte so viel über sie, seinen Wunsch als Ansinnen des Königs an den Senat gelangen zu lassen, und einige Gönner [...] gewannen über die Mehrheit desselben, daß Ackermanns Bevollmächtigtem die Schlüssel des Schauspielhauses abge-

fordert wurden, und da dieser vorgab sie nicht zu besitzen, dasselbe von Obrigkeit wegen erbrochen, und Seylern eingeräumt ward. – Seyler gab zwei Vorstellungen zu erhöhten Preisen, die zwar seiner Hoffnung wenig entsprachen, ihn aber doch in den Stand setzten nach Lübeck abzureisen, und wenigstens seine Garderobe nicht im Stich zu lassen.«

9. *Schade:* Vielleicht Erratum der Erstausgabe, für das man »Schande« lesen könnte.
10. *Reise ... Absicht:* Der Heidelberger Astronom Christian Mayer hatte im Auftrag der Zarin Katharina II. in St. Petersburg einen Venusdurchgang (am 3. Juni 1769) beobachtet und auf dem Rückweg vom 9. bis 15. August 1770 in Hamburg Station gemacht.

7 B: Nr. 6 A: Nr. 8

1. *in Nürnberg:* Vom 21. bis 24. August; siehe Anhang.
2. *nicht ... in der Traube:* sondern im »Mohren« seit dem 26. August; siehe Anhang.
3. *Von Ilmenau ... meinen Brief:* Nr. 5.
4. *hinter Bamberg:* Zur Reise von Ilmenau bis Bamberg vgl. Anhang.
5. *Amourette:* Liebelei.
6. *Sonntag ... Freitag:* 26. und 31. August.
7. *München ... vielleicht einige Wochen:* Der Aufenthalt dauerte vom 1. September bis gegen Monatsmitte; siehe Nr. 9.
8. *zu Wasser oder zu Lande:* Eva König wählte die letztere Reisemöglichkeit.

8 B: Nr. 7 A: Nr. 12

1. *Pater St. [Sterzinger]:* Lessings Briefwechsel mit Ferdinand Sterzinger ist nicht überliefert. Sterzinger war ein entschiedener Bekämpfer des Hexenwahns und des Aberglaubens.
2. *Ihnen gesagt:* Vermutlich während des letzten Zusammenseins in Braunschweig, zwischen dem 12. und 14. August.
3. *Alles in der Welt hat seine Zeit:* Nach Prediger 3,1: »Ein jegliches hat seine Zeit«.
4. *Vater ist gestorben:* Johann Gottfried Lessing starb am 22. August 1770 in Kamenz.

5. *in eine Arbeit verwickelt:* Lessing saß an der Herausgabe des *Berengarius Turonensis*, dessen Manuskript er in der Wolfenbütteler Bibliothek entdeckt hatte.
6. *Herr C. [Calau] hat sein Bestes getan:* Benjamin Calau hatte Eva König auf ihrer Rückreise von Pyrmont während ihres Aufenthalts in Braunschweig zwischen dem 19. und 23. Juli 1770 im Auftrag von Gleim porträtiert, der auch Lessing porträtieren ließ (vgl. Getrud Rudloff-Hille, *Die authentischen Bildnisse Gotthold Ephraim Lessings*, Kamenz 1983, ^{2}1991, S. 7 und 17–19). Das Porträt befindet sich jetzt in der Herzog August-Bibliothek in Wolfenbüttel.
7. *Wisque:* Ältere, französische Bezeichnung für das englische Kartenspiel Whist. Lessing war ein leidenschaftlicher Liebhaber verschiedener Tischspiele und des Lottos.
8. *Maler in München:* George(s) de Marées (auch: Desmarées). Von ihm ließ sich Eva König, wie sie es anscheinend mit Lessing vor der Wien-Reise abgesprochen hatte, Anfang September porträtieren; siehe Nr. 9, 4. Absatz.
9. *Lotterie ... Pächter:* Bei der Zahlenlotterie oder genuesischen Lotterie (Lotto) werden aus 90 Zahlen, die so genannten Nummern, die sich einzeln in Kapseln verschlossen befanden, an festgesetzten Tagen jeweils 5 Nummern gezogen, die gewinnen, während alle anderen verlieren. Der Spieler kann entweder eine einzige Nummer (Auszug, ital. estratto) oder zwei (*Ambe*, Treffer mit zwei von fünf gezogenen Nummern), drei (*Terne*, Treffer mit drei von fünf gezogenen Nummern), vier (*Quaterne*, Treffer mit vier von fünf gezogenen Nummern) oder gar fünf (*Quinterne*, Treffer mit fünf von fünf gezogenen Nummern) besetzen und unter Einsatz einer innerhalb bestimmter Grenzen beliebig hohen Summe darauf wetten, dass eben diese 2, 3, 4 oder 5 Nummern zusammen gezogen werden. Die Lotterie zahlt meist bei Auszug 14, bei bestimmtem Auszug 57, bei Ambe 250, Terne 5000, Quaterne 64 000 für 1; Quinterne ist oft nicht erlaubt. Die Nummern können zwar mit beliebig hohen Summen besetzt werden, doch behält sich die Lottokasse für den Fall der Überhäufung einer Nummer eine Beschränkung vor. Das Verhältnis von Losen zu Gewinnen beim Lotto (90:5) ist darauf zurück-

zuführen, dass man in Genua seit dem 15. Jahrhundert auf die Auslosung der Mitglieder des Großen Rats (5 aus 90 Namen) wettete. Die erste Geldlotterie wurde 1530 vom florentinischen Staat unternommen.
Da die Lottogesellschaften dem Handelsrecht unterlagen, mussten sie eine *Oktroy*, eine Konzession, haben.
»Nachdem in Berlin 1763, in Mannheim 1764 ein Lotto eingerichtet war, entstanden 1768-1771 in deutschen Städten mehr als 20 ähnliche Anstalten. Das Privileg des Hamburger Lottos erhielt am 30. Mai 1770 auf 10 Jahre *Franz Peter Hiß* [...], der vorher mit seinem Schwager Albrecht Ochs an der Seyler'schen Theaterentreprise [am Hamburger Nationaltheater] betheiligt gewesen war. [...] Das Hamburger Lotto erlebte im Ganzen 99 Ziehungen, die erste am 11. Juli 1770, die letzte am 1. März 1776.« (Redlich I, S. 369)
Der Abschluss eines neuen Lottokontrakts wurde von der Bürgerschaft abgelehnt (siehe Nr. 158, vorletzter Absatz). Nicht nur in Hamburg, sondern auch andernorts hatten sich inzwischen – aus aufklärerisch gemeinsinniger Sicht – kritische Einwände gegen »die Lotteriesucht« gemehrt.
10. *die bewusste Person ... Der Alte:* Dorothea Ackermann und ihr Vater. Siehe auch Nr. 10, vorletzter Absatz.

9 B: – A: Nr. 10
1. *zwei Briefe:* Nr. 5 und 7.
2. *Umweg über Straubingen:* Zur Reiseroute vgl. Anhang.
3. *73jährigen Mann:* Der Münchener Maler George(s) de Marées.
4. *kaum einen Ihrer Briefe nach Wien:* Die Stelle scheint darauf hinzudeuten, dass Eva König ihren Reisezweck (siehe 6. Erläuterung zu Nr. 1) rasch zu erledigen hoffte. Sie musste indes bis Mitte Februar 1771 bleiben; siehe Nr. 26.

10 B: Nr. 9 A: Nr. 13
1. *nachgemalte Adresse:* Siehe Nr. 8, 4. Absatz.
2. *Rate ... in meinem Vorigen:* Nr. 8, 7. Absatz.
3. *Götze ... Alberti:* Letzterer hatte 1769 beim Bußtagsgebet in der Hamburger Katharinenkirche den Spruch aus Psalm 79,6 (»Schütte deinen Grimm auf die Heiden, die dich

nicht kennen, und auf die Königreiche, die deinen Namen nicht anrufen«) ausgelassen, der seinem aufklärerischen Toleranzverständnis widersprach, und war darüber mit Goeze in Streit geraten. »Goeze trat gegen diese eigenmächtige Änderung einer von ihm für völlig unangreifbar gehaltenen Tradition mit aller Vehemenz ein [...]. Seine Klage über Albertis Vorgehen fand freilich beim Senat keine Resonanz. Goeze legte daraufhin das Seniorat [das Amt eines Kirchenältesten], das er seit 1760 innegehabt hatte, nieder« (Kopitzsch, S. 464). Lessing wurde durch den Streit zu dem – verschollenen – Fragment *Eine Predigt über zwei Texte* veranlasst (siehe Daunicht, S. 282).

4. *etwas Jungen:* Wilhelm Knorre, getauft am 18. August 1770.
5. *Ackermann ist nun auch hin:* Nach Hamburg. Konjektur für »hier« (so im Erstdruck). »Nach Meyer, Fr. L. Schröder, I, S. 215 hatten die Braunschweiger Vorstellungen bereits am 17. Septbr. aufgehört, und am 25. Septbr. spielte die Gesellschaft zum ersten Mal wieder in Hamburg« (Redlich I, S. 372).
6. *Zufall mit K. [Kuntzsch]:* Siehe Nr. 8, drittletzter Absatz. Johann Joachim Gottfried Joseph von Kuntzsch war seit 1760 Assessor bei der Fürstlichen Justizkanzlei in Braunschweig, seit 1763 Kammerjunker, später Kammerherr.

11 B: – A: –

1. *zwölf Meilen bis Passau:* Siehe die Aufstellung für die Reise von Salzburg bis Passau im Anhang.
2. *der Direkteur:* Nicht ermittelt.
3. *Ihre Minna sechsmal hintereinander:* Bei Schulz nicht verzeichnet.
4. *Die Anzeige:* Ein Theaterzettel der Salzburger Aufführung des Lustspiels »Medon« von Christian August Clodius, Nr. 14 beigelegt.

12 B: Nr. 8 A: –

1. *den meinigen gar nicht gekannt:* Heinrich Caspar Hahn, der Vater Eva Königs, war bereits am 5. November 1738, zwei Jahre nach ihrer Geburt, verstorben.
2. *unangenehme Arbeit:* Die Edition *Berengarius Turonensis.*

13 B: Nr. 10 A: Nr. 16

1. *ungewiss, ob ich eines davon wieder kriege:* In den Erblanden der Habsburger Monarchie bestand bis 1780/81 eine strenge Bücherzensur, und es gab ein fortlaufend aktualisiertes Verzeichnis verbotener Druckschriften; siehe 6. Erläuterung zu Nr. 16.
2. *undeutliche Schreiberei ... Namen Nocker:* Siehe Nr. 8, 4. Absatz.
3. *den Herren Vons:* Herren wie Karl Friedrich von Thiereck; siehe ebenda.
4. *der Vater:* Konrad Ernst Ackermann; Bezug zu Nr. 8, drittletzter Absatz, und zu Nr. 10, vorletzter Absatz.
5. *Mitleiden ... beim Nachtwächter:* Nichts ermittelt.
6. *Ihrer Lotterie:* Wohl in Braunschweig geplant.
7. *das Münchner:* Porträt Eva Königs von George(s) de Marées; siehe 8. Erläuterung zu Nr. 8.
8. *Ihr Porträt:* das Lessing-Porträt von Calau; siehe 6. Erläuterung zu Nr. 8.
9. *in der Komödie:* im Theater am Kärntnertor.
10. *Soliman den Zweiten:* Komödie von Charles Simon Favart. Eva König hatte die Aufführung am 30. September 1770 im Kärtnertor-Theater besucht.
11. *eine Neue:* Sophie Körner.
12. *Der Schwedische Prediger:* Christoph Gerhard Suck.
13. *Komödie ... so nahe:* Sie befand sich im Wolfenbütteler Schloss, der derzeitigen Wohnstätte Lessings.
14. *meinen Orden:* Nicht ermittelt.
15. *Dortchen:* Ackermanns Tochter.

14 B: – A: –

1. *Anzeige von Medon:* Ein in Nr. 11 angekündigter Theaterzettel der Salzburger Aufführung des Lustspiels von Christian August Clodius.
2. *Bodenburgische Gesellschaft*: die nach der Prinzipalin Gertrud Bodenburg benannte Theatertruppe.

15 B: – A: Nr. 18

1. *[Sonnenfels] hat die Zensur verloren:* Er war erst am 15. März durch Joseph II. zum Wiener Theaterzensor ernannt wor-

den. Warum er dieses Amt so rasch wieder verlor, hat sich bis heute nicht eindeutig klären lassen: »Zweifellos hatte sich Sonnenfels durch sein wenig diplomatisches Bestreben, alles ihm wesentlich Erscheinende nur in eigener Instanz richtig zu überwachen und zu entscheiden, nicht wenige Gegner erworben, die nur auf eine Gelegenheit warteten, gegen ihn zu intervenieren. Und so scheint es die glaubwürdigste Version, er sei durch die Freigabe von Weisses Lustspiel ›Die Matrone von Ephesus‹ zu Fall gekommen [nach der Uraufführung einer Bearbeitung durch Stephanie d. Ä., am 13. September 1770 auf dem Kärntnertor-Theater], da [... man] eine taktlose Anspielung auf die persönliche Situation Maria Theresias [d. h. auf ihre Witwenschaft] zu entnehmen glaubte und die Monarchin, davon in Kenntnis gesetzt, für die Absetzung des mit so wenig Fingerspitzengefühl amtierenden Zensors Sorge trug. [...] Damit war für den nunmehr 37jährigen Sonnenfels die Zeit des Mitbestimmens in Theaterangelegenheiten zu Ende.« (Hilde Haider-Pregler, »Die Schaubühne als ›Sittenschule‹ der Nation. Joseph von Sonnenfels und das Theater.« In: *Joseph von Sonnenfels*. Hg. von Helmut Reinalter. Wien 1988, S. 191-244, Zitat S. 238).

2. *Soliman:* Die in Nr. 13 erwähnte Komödie von Charles Simon Favart, die am 29. September 1770 am Kärntnertor-Theater ihre Premiere hatte.
3. *Schnupftuch anstößig ... Absicht, warum er es ihr gibt:* In II/15 des Stücks überreicht der Sultan an die Französin Roxelane sein Taschentuch als Gunst- und Liebesbeweis, doch sie gibt es einer anderen Europäerin weiter; »sie scheinet es zu verschmähen: das ist Beleidigung« (Lessing im 35. Stück der *Hamburgischen Dramaturgie*). Es soll aber wohl auch veranschaulichen, wie sie den Sultan noch fester zu gewinnen sucht; und tatsächlich trägt sie am Ende unter drei Europäerinnen den Sieg davon, wird Sultanin und stößt althergebrachte Bräuche um.
4. *in meinem Vaterlande:* Heidelberg.
5. *Ihr Chevalier:* Gestalt aus *Minna von Barnhelm* (IV,2).
6. *Klopstock:* Kam nicht nach Wien.

16 B: Nr. 13 A: Nr. 17

1. *Ihr Mädchen:* Siehe Nr. 11.
2. *der Schwedische Gesandtschaftsprediger:* Christoph Gerhard Suck.
3. *meinen ehrlichen Götzen:* Lessings Beziehung zu Johann Melchior Goeze war bis zu dessen Ende 1777 begonnener Polemik gegen die *Fragmente eines Ungenannten* eher freundschaftlich.
4. *die Mine:* Siehe 3. Erläuterung zu Nr. 10.
5. *verzweifelte Arbeit:* Die Herausgabe des *Berengarius Turonensis.*
6. *in dem nächsten Wiener Verzeichnisse ... wohl angezeigt*: Gemeint ist der *Catalogus librorum prohibitorum (Verzeichnis verbotener Bücher)*, der zwischen 1754 und 1780 in mehreren Auflagen bzw. Nachtragsbänden erschien. Lessings *Berengarius Turonensis* kam nicht hinein laut H. [einrich] H. [ubert] Houben, *Verbotene Literatur von der klassischen Zeit bis zur Gegenwart*, Bd. 1. Berlin 1924 (Reprint: Hildesheim 1965), S. 514.
7. *das Burleske:* Die beliebten Harlekinaden, die bereits Gottsched bekämpft hatte, was für Lessing »selbst die größte Harlekinade war, die jemals gespielt worden« (*17. Literaturbrief*).

17 B: Nr. 16 A: Nr. 18

1. *Brutus:* Trauerspiel von Joachim Wilhelm von Brawe; am 20. August 1770 im Theater am Kärtnertor aufgeführt.
2. *[Sonnenfels] sagt:* In seiner ausführlichen Analyse *Ueber die Vorstellung des Brutus bei dem Auftritte Hrn. Lang des Aeltern. Im Jahre 1770* (wiederabgedruckt in: Sonnenfels, *Gesammelte Schriften*. Bd. 9. Wien 1786, S. 69-114). Josef Michael Lange, durch Vermittlung von Sonnenfels ans Kärntnertor-Theater engagiert, hatte in Brawes *Brutus* am 20. August 1770 debütiert. Dieses Trauerspiel würdigte Sonnenfels sehr (S. 75): »Das Stück selbst ist von einer Stärke, dergleichen vielleicht wenig auf die Bühne gebracht worden.« Lessing hatte im 81. *Literaturbrief* (7. Februar 1760) von der Hochschätzung einiger seiner Freunde für das damals noch ungedruckte Stück gesprochen.

3. *die Hausplage:* Lustspiel von Joseph Bernhard Pelzel; ab dem 10. November 1770 mehrmals im Theater am Kärtnertor aufgeführt.
4. *beiden Herren:* die zuvor erwähnten »bewundernswürdigen Grafen«.
5. *vorigen Posttag:* laut Redlich II, S. 400, der 12. November.
6. *meinem seligen Manne:* Engelbert König, gestorben am 20. Dezember 1769, während einer Reise, in Venedig.
7. *die Rückreise ... drei Wochen:* Sie erfolgte erst am 18. Februar 1771; siehe Nr. 26.
8. *meine Mutter:* Eva Katharina Hahn.
9. *Kurfürst ... Theater:* Ein durch Karl Theodor von der Pfalz unterstütztes Theater, das Mannheimer Nationaltheater, wurde erst 1779 eröffnet und zuerst von dem pfälzischen Geheimen Rat Wolfgang Heribert Reichsfreiherr von Dalberg (1750–1806) geleitet, der zur Oberaufsicht 1780 noch die künstlerische Leitung übernahm. Überregionale Aufmerksamkeit erregte die Bühne spätestens 1782, durch die Uraufführung von Schillers *Räubern*.
10. *wer es geschrieben:* der zitierte Text stammt aus einem Brief von Johanna Christina Schmidt in Hamburg.

18 B: Nr. 15 und 17 A: Nr. 20

1. *in der Erfurter Zeitung ... eine sehr prächtige Ankündigung:* Ein titelloser Beitrag von Sonnenfels in Stück 10 bis 12 (S. 79–93) des Jahrgangs 1770 der von Friedrich Just Riedel herausgegebenen *Erfurtischen gelehrten Zeitung*. Dem Autor zufolge muss Wien Ausgangspunkt für die dringend gebotene Verbesserung des Nationaltheaters der Deutschen sein: »Soll Deutschland ewig verurtheilt seyn, ohne anständiges Schauspiel zu bleiben? Wien allein kan sich diesen Ruhm erwerben [...].« (S. 82) Pathetisch wird Kaiser Joseph II. um Unterstützung dafür gebeten, *»daß in Zukunft keine extemporirten Stüke«* und *»auch keine Stüke von so rasenden Inhalte, wo Teufel und Hexenwerke den Knoten schürzen und auflösen, aufgeführt werden sollen« (S. 92).*
2. *aus Ihrem Briefe:* Nr. 15.
3. *Dem Stücke ... bin ich selbst nicht gut:* Favarts Komödie *Soliman* hatte Lessing in der *Hamburgischen Dramaturgie* (Stück 33–35) einer scharfen Kritik unterzogen.

4. *Hausplage:* Siehe 3. Erläuterung zu Nr. 17.
5. *andere Aussichten:* Abel Seylers Truppe spielte die folgenden Monate, bis September 1771, in Hannover, Hildesheim, Osnabrück und Wetzlar.
6. *auf den Montag wird gezogen:* Der übliche Ziehungstag der Hamburger Lotterie war jedoch der Mittwoch.
7. *Wieder geschrieben ... heute einen Brief bekommen:* Beide Briefe sind nicht überliefert.

19 B: – A: Nr. 21
1. *zu Ende des Januars wieder in Hamburg:* Eva König traf dort erst wieder Ende April 1771 ein.
2. *jede Nummer mit einem Mädchen besetzt:* »Nach § 8 des Hamburger Lottocontracts wurden die 90 Nummern der Zahlenlotterie mit den Namen von 90 armen Mädchen besetzt, die zur Hälfte vom Senat, zur Hälfte von Privilegierten ernannt wurden; jedes Mädchen, dessen Nummer gewann, bekam 20 Mark.« (Redlich I, S. 391)
3. *Blocksberg:* Wohl der rund 40 km südlich von Wolfenbüttel gelegene Brocken im Harz.

20 B: Nr. 18 A: –
1. *ein gewisser Herr von M.:* Von München; Identität ungeklärt.
2. *verratene Freundin:* Es handelt sich um Johanna Christina Schmidt aus Hamburg.
3. *Affäre mit St.:* Wohl nicht identisch mit der in Nr. 34 erwähnten Unterschlagung von Johann Christian Steinbrück.
4. *die Roxellane:* Siehe Nr. 15.
5. *für die Logen:* Für das unterhaltungslustige Publikum auf den teuersten Plätzen.
6. *das Theater:* Theater am Kärntnertor.
7. *Den zweiten Feiertag ... Hausvater:* Diderots Schauspiel *Der Hausvater,* in der Übersetzung Lessings, wurde bereits am 25. Dezember aufgeführt.
8. *Worte ... zählen:* Vgl. Nr. 18, vorletzter Absatz.
9. *Execution:* Gerichtsvollziehung, Pfändung.

21 B: Nr. 19 A: Nr. 22

1. *nicht minder:* Konjektur für »nicht wieder« (Erstdruck).
2. *point ... gens:* (frz.) »Rechtschaffene Leute haben kein Glück.«
3. *bei allen Mädchen das Herrenrecht:* Anspielung auf den Hamburger Lottokontrakt (siehe 2. Erläuterung zu Nr. 19), den Otto Heinrich Knorre anscheinend für sich ausnutzte, um mit den Gewinnerinnen anzubändeln.
4. *meine alte Köchin:* Name nicht ermittelt.
5. *in Trauer:* Ein Jahr nach dem Tod ihres Mannes trug Eva noch Trauer.
6. *Amourette:* Bezug auf Nr. 8, drittletzter Absatz, und auf Nr. 10, vorletzter Absatz.
7. *neulich schrieben:* In Nr. 18.
8. *neue Zeitung ... schreibt: Der Wandsbecker Bothe* (1771–72; 1773–75), herausgegeben von Matthias Claudius.
9. *bei Leisching:* Claudius arbeitete mit Polycarp August Leisching an der Zeitung *Hamburgische Addreß-Comtoir-Nachrichten*.

22 B: Nr. 21 A: Nr. 23

1. *das hässliche Verlachen:* Vgl. *Hamburgische Dramaturgie* (Stück 28): »Aber lachen und verlachen ist sehr weit auseinander. Wir können über einen Menschen lachen, bei Gelegenheit seiner lachen, ohne ihn im geringsten zu verlachen.«
2. *Garten verkauft:* Otto Heinrich Knorre verkaufte sein Gehöft am Hammerbaum am 15. März 1771.
3. *dass Ackermann tot sei:* Er starb erst am 13. November 1771.
4. *Mamsell mit ihrem Bruder nach Wien:* Charlotte oder Dorothea Ackermann und ihr Halbbruder (aus der ersten Ehe der Mutter) Friedrich Ludwig Schröder. Sie gingen nicht nach Wien.
5. *die Rezidive:* Die Rückfälligen.

23 B: Nr. 22 A: Nr. 25

1. *van Swieten ... schon tot gesagt ... der die Zensur hat:* Gerard van Swieten starb am 18. Juni 1772. Sein Nachfolger als Wiener Bücherzensor wurde Franz Karl von Hägelin.
2. *Gemahls Tod:* Kaiser Franz I. Stephan war am 18. August 1765 gestorben.

3. *Sie für den Autor hielten:* Hingegen war Lessing der Übersetzer des Diderotschen Stücks.
4. *Schwiegerin von Sonnenfels:* Er hatte vier Schwägerinnen; Antonie Breitschopf, Karolina Josefa von Hay, Maria Eleonore Freifrau von Neffzern und Elisabeth Tschiaska von Sternstein.
5. *Zensor:* Franz Karl von Hägelin, Nachfolger von Sonnenfels als Wiener Theaterzensor.
   Der Geschmack der Komödie: Von Karl Edler von Marinelli.
6. *der draußige Direkteur:* Das Leopoldstädter Theater, das als permanente Bühne mit eigenem Ensemble erst seit Oktober 1781 existierte, unterstand Franz Anton von Häring, der die so genannte »Theatraldirektion über beyde Theater [Burg- und Kärntnertor-Theater] und übrigen öffentlichen Ergötzungen« innehatte. »Vergangenen Winter, auch noch im Frühjahre hatte Herr Menninger, Prinzipal der sogenannten Baadner Trupp[e] von der Direktion Erlaubniß, gegen Abgabe eines Theiles von der Einnahme, in der Leopoldstadt zu spielen. Er führte sehr wenig regelmäßige Stücke auf, und stellte fast täglich Bourlesquen und extemporirte Stücke vor.« (Johann Heinrich Friedrich Müller: *Genaue Nachrichten von beyden Kaiserlich-Königlichen Schaubühnen und anderen öffentlichen Ergötzlichkeiten in Wien.* Preßburg/Frankfurt/Leipzig 1772, S. 19 und 110.)
7. *Doktor:* Anton de Haen.

24 B: – A: –

25 B: Nr. 23 A: Nr. 28
1. *sagte der Fuchs:* In Aesops Fabel vom Fuchs und den Trauben, adaptiert in Lessings *Fabeln. Drei Bücher* (1759) unter dem Titel »Die Traube«.
2. *Schrittschuhen:* Schlittschuhe. Klopstock an Gleim, 16. November 1770: »Ich habe eine grosse, erhabne, wichtige, schwere Sache vor, ich will [...] unsre jüngsten u leichtesten Damen hier zu Schrittschuhläuferinnen machen« (KBW 5/1, S. 257).
3. *Lesegesellschaft ... bei der Frau von W. [Winthem]:* Bei dieser Nichte und Freundin Klopstocks kam seit der Jahres-

wende 1770/71 eine von ihm und Johann Georg Büsch gemeinsam begründete Lesegesellschaft namens »Teone« zusammen, »die weder den Lesezirkeln noch den Lesekabinetten entsprach, vielmehr den Typus der literarischen Vereinigung verkörperte [...]. Bemerkenswert ist nicht zuletzt, daß zwei – der bisherigen Forschung zufolge – von den Lesegesellschaften durchweg ausgeschlossene Gruppen in dieser Organisation vertreten waren – die Frauen und mit den Gymnasiasten auch die Studierenden.« (Kopitzsch, S. 408 und 412 f.) Eine Art Statut der Gesellschaft teilte Klopstock in der Beilage seines Briefes an Johann Caspar Lavater vom 1. Mai 1771 mit (KBW 5/1, S. 272 ff.), woraus sich ergibt, dass Vorlesungen deutscher Literatur im Mittelpunkt der Zusammenkünfte standen. Die Lesegesellschaften gehörten zu den verbreitetsten Formen aufklärerischer Sozietäten gemeinnützigen und zugleich geselligen Charakters im letzten Drittel des 18. Jahrhunderts. Klopstocks Gründung geriet nur zeitweilig ins Zwielicht, weil sein öffentlicher Umgang mit Johanna Elisabeth von Winthem, geb. Dimpfel, verschiedentlich Ärgernis erregte; siehe 6. Erläuterung zu Nr. 54.

26 B: – A: Nr. 27

1. *Künftigen Montag:* 18. Februar 1771. Den Reisenotizen zufolge war die Abfahrt am 19. Februar; siehe Anhang.
2. *besoffenen Urschel:* Siehe Nr. 11.
3. *die Pferde-Geschichte:* Nicht ermittelt.
4. *unter Kuvert von Herrn Hahn:* An die Adresse von Johann Georg Hahn.
5. *mein Porträt:* Von Calau; siehe 6. Erläuterung zu Nr. 8.
6. *Pelz:* Siehe Nr. 4.

27 B: Nr. 26 A: –

1. *Heidelberg ... nicht am missvergnügtesten:* Bezug auf die im letzten Absatz von Nr. 17 angekündigte Absicht Eva Königs, ihre Mutter zu besuchen.
2. *Mutter ... an dem Orte:* Justina Salome Lessing in Kamenz.

3. *im Sterne:* Gasthof »Zum goldenen Stern« am Kohlmarkt 2 in Braunschweig, gleich neben der »Rose«.
4. *auf dem Gerüste:* Wo die öffentliche Ziehung der Lottozahlen erfolgte.
5. *das Histörchen aus Hamburg:* Das Histörchen von den durch den Teufel gezogenen Nummern besagt, es sei eine mitternächtliche Ziehung gewesen, wobei die Zahlen 9, 50, 56, 88 und 90 gezogen worden seien.
6. *Sache mit dem Dänischen Lotto:* Nicht ermittelt.
7. *[Knorre] schreibt:* Brief nicht überliefert.
8. *General-Kollekte:* Stelle des Haupteinnehmers beim Lotto; Johann Friedrich Schmidt bekam sie nicht, sondern Fedder Karstens in Hamburg.
9. *Mayer ... Werke, die er in Petersburg drucken lassen:* Siehe Register.
10. *der Pfälzische Hof selbst ein deutsches Theater:* Siehe vorletzte Erläuterung zu Nr. 17.
11. *von Kassel oder Nürnberg aus noch einmal schreiben:* Nicht geschehen.

28 B: Nr. 25 A: –

1. *abgereiset bin:* Siehe 1. Erläuterung zu Nr. 26.
2. *bereits 63 Meilen zurückgelegt:* Siehe die Aufstellung der Fahrt von Wien bis München, im Anhang.
3. *hier aufgehalten:* In München, seit Anfang März, zufolge der Reisenotiz (siehe Anhang) erfolgte die Abfahrt von Salzburg am 27. Februar.
4. *unter vier Wochen nicht nach Hause:* Am 19. April war Eva König noch in Frankfurt (siehe Nr. 29), in Hamburg traf sie, nach einem Aufenthalt in Braunschweig und vielleicht auch Wolfenbüttel (siehe Nr. 29), wahrscheinlich am 28. April ein; siehe 1. Erläuterung zu Nr. 30.
5. *Klopstockischen Schrittschuhe- und Lesegesellschaften:* Siehe 2. und 3. Erläuterung zu Nr. 25.
6. *unvermutete Geschäfte:* Nicht ermittelt.
7. *schreibe ich Ihnen von Heidelberg:* Nicht geschehen oder Brief nicht überliefert.
8. *Rosenwirt in Braunschweig:* Gasthaus »Zur Rose« Kohlmarkt 1.

29 B: – A: –

1. *Morgen reise ich von hier:* Bestätigt durch die Reisenotizen, siehe Anhang.
2. *künftigen Mittwoch oder Donnerstag:* 24. oder 25. April.
3. *mit mir nach Hamburg:* Lessing kam dorthin erst am 31. August; siehe Nr. 43.

30 B: – A: Nr. 32

1. *den Sonntag:* 28. April.
2. *[Kuntzsch] ... sein Auftrag:* Der Auftrag bestand darin, eine wohlhabende Frau für ihn zu suchen. Er heiratete am 27. Mai 1773 in der Hamburger St. Petri-Kirche Albertine Friederike von Düring.

31 B: – A: Nr. 33

1. *meinten Sie doch:* Vielleicht gesprächsweise in Wolfenbüttel oder Braunschweig, denn im vorletzten Absatz von Nr. 25 wird Gustava Knorre nicht direkt erwähnt.
   Französischen: Über eine französische Lesegesellschaft zu dieser Zeit in Hamburg ist nichts Näheres bekannt.
2. *Der Lottologist ... das Blatt:* Johann Karl May, der Herausgeber der Wochenschrift *Lottologie oder kritische Beyträge zur Lotterie-Lehre* (Hamburg 1770–71), in deren 27. Stück Otto Heinrich Knorre mit publizistischen Attacken gedroht wurde (worauf Lessing sich in Nr. 33 bezieht): »Stralsund – das liebe Stralsund – wenn Sie ferner prahlen, so werden Stralsund und der Strohkerl, den Sie so oft wiederholen, eine prächtige Figur im Publicum machen. Auch Ihr Herr Bruder, von dem man noch nicht weiß, wo er geblieben ist, wird in einem Gespräche im Reiche der Todten [...] eine Rolle zu Ihrem Ruhme spielen.« (Redlich II, S. 459) Knorre war 1758–61 in Stralsund tätig.
3. *explizieret:* Verständigt, ausgesprochen.
4. *Médisance:* (frz.) Verleumdung, üble Nachrede, Schmähsucht.
5. *Torzettel:* Aushang mit den Namen eingetroffener und abgefahrener Reisender.
6. *einen Monat früher:* Lessing fuhr erst am 31. August nach Hamburg; siehe Nr. 43.
7. *seinen Auftrag:* Siehe 2. Erläuterung zu Nr. 30.

32 B: Nr. 30 A: Nr. 33

1. *den Sonntag*: 28. April.
2. *Louischen ... Karoline:* Louise und Karoline Wiesenhaver.

33 B: Nr. 31 und 32 A: Nr. 34

1. *Unsere Briefe sind einander begegnet:* Nr. 30 und 31.
2. *Aufenthalt in Braunschweig:* Etwa 24. bis 26. April 1771.
3. *diesen Sommer nach Hamburg:* Abreise dorthin am 31. August.
4. *in meinem alten schwarzen Adler:* In diesem Gasthaus in der Großen Johannisstraße hatte Lessing sich Anfang Dezember 1766 nach seiner Ankunft in Hamburg einquartiert. Auch 1771 scheint er dort logiert zu haben; siehe die Nachschrift zu Nr. 48.
5. *endlich abgeschrieben:* Brief nicht überliefert.
6. *mit einem so ungefälligen Peter:* Nicht identifiziert.
7. *an den V. [Vetter] schreiben:* Nicht geschehen oder nicht überliefert.
8. *Lottologist ... Bruders:* Siehe 2. Erläuterung zu Nr. 31.
9. *des Parnasses:* In der griechischen Mythologie ist dieses Gebirge der Sitz der Musen, weshalb der Name zum Synonym für Kunst wurde.
10. *Ich datiere immer recht:* Bezug auf den Anfang von Nr. 32.

34 B: Nr. 33 A: Nr. 35

1. *[Steinbrück] ... auf den Staubbesen angeklagt:* Auf die Strafe des Stäupens, d. h. der öffentlichen Züchtigung mit einem Rutenbund. Laut Redlich (II, S. 467) erging am 12. Juni wegen Unterschlagung eine Zuchthausstrafe, die bereits am 2. Dezember ausgesetzt wurde, vielleicht auf Intervention des Ehepaars Knorre (siehe Nr. 45 und 46). Jedoch verstarb Steinbrück etwa zwei Wochen später; siehe Nr. 62.
2. *der Bruder:* Von Otto Heinrich Knorre.
3. *des Altonaer Lottos:* Wohl des (unbekannten) Pächters oder Einnehmers der dortigen Lotterie.
4. *Chevalier:* Der Chevalier war der *Hamburger Neuen Zeitung* vom 21. Juni zufolge Baron de Bartig.
5. *Ich bin aber auf der Spur:* Wegen »seines Auftrags« siehe zweite Erläuterung zu Nr. 30.

6. *neuen Akteur:* Der neue Schauspieler war Johann Franz Hieronymus Brockmann.
7. *die Rabe:* Ein Gasthaus vor dem Dammtor, an der Außenalster.
8. *Brunnen:* Kur mit Pyrmonter Quellwasser.

35 B: Nr. 34 A: Nr. 37
1. *einmal aus Wien überschrieben:* In Nr. 17.
2. *kontinuiert:* Nochmals gesetzt.
3. *Herzogin von Weimar:* Anna Amalia von Sachsen-Weimar-Eisenach; sie stammte aus dem Braunschweiger Herzogshaus.
4. *Cour:* Aufwartung bei Hofe.
5. *Interims-Sentenz:* Zwischennachricht.
6. *Besuch aus Leipzig:* Das Ehepaar Reiske, das vom 6. bis 21. August zu Bibliotheksstudien nach Wolfenbüttel kam.
7. *Keller:* Gemeint ist der Ratsweinkeller im Eimbeckschen Haus, das wegen Baufälligkeit 1769 abgerissen und gerade neu aufgebaut worden war.
8. *Betragens mit Sch. [Schmidt]:* Siehe Nr. 31.
9. *mein Repräsentant:* Der neue Hamburger Schauspieler Brockmann.
10. *Ihr Porträt:* Von Marées; siehe 8. Erläuterung zu Nr. 8.
11. *was ich habe:* Eva Königs Porträt von Calau; siehe 6. Erläuterung zu Nr. 8.

36 B: – A: Nr. 37
1. *Brief von Madam Sch. [Schmidt]:* Nicht überliefert.
2. *ein Glück mit mir teilen:* Ein Lottoglück; siehe Nr. 34.
3. *Weimarische Herrschaft:* Herzogin Anna Amalia und ihr Gefolge.

37 B: Nr. 35 und 36 A: Nr. 39
1. *letzten Unterredung:* Am 26. April 1771 in Braunschweig.
2. *den Pyrmonter:* Siehe vierte Erläuterung zu Nr. 2.
3. *der Fürstliche Besuch:* Aus Weimar.
4. *Basedow ... in Dessau ein Seminarium:* Erst 1774 gründete er das Dessauer Philanthropin, ein Erziehungsinstitut auf ideeller Grundlage der aufklärerisch reformerischen Päd-

agogik des Philanthropismus, dessen Grundprinzipien Erweckung von Wissbegierde und Lernfreude sowie sinnliche Erkenntnis und praktische Erfahrung durch Unterricht, Sport und Spiel waren.

5. *Repräsentanten:* Der Schauspieler Brockmann.
6. *Begegnung:* Konjektur für »Bewegung« (Erstdruck).
7. *blöden:* Unscharfen, kurzsichtigen.
8. *mein Porträt:* Von Marées; siehe 8. Erläuterung zu Nr. 8.
9. *was Sie haben:* Eva Königs Porträt von Calau; siehe 6. Erläuterung zu Nr. 8.
10. *die Heirat:* Siehe 2. Erläuterung zu Nr. 30.

38 B: – A: Nr. 39

1. *Plaudereien, so in der Stadt herum gehen:* Vielleicht über das Zerwürfnis zwischen Johann Friedrich Schmidt und Otto Heinrich Knorre (siehe Nr. 31, zweiter Absatz), das erst durch Vermittlung Eva Königs Anfang August behoben wurde; siehe Nr. 40.

39 B: Nr. 37 und 38 A: Nr. 40

1. *Zufalle:* Krankheitsanfall, Zustand.
2. *unmöglich gewesen, das Geringste zu schreiben:* Wodurch auch die Arbeit am ersten Band der Werkausgabe *Vermischte Schriften* (erschienen im Herbst 1771 in Berlin) unterbrochen wurde.
3. *Mein Arzt:* Johann Friedrich Julius Topp.
4. *traktieret:* Bewirtet.
5. *Garten ... verkaufen:* Siehe 2. Erläuterung zu Nr. 22.
6. *das Neue vom Jahre:* Es handelt sich um eine Sendung frischer Heringe (siehe Nr. 40), aus den ersten Fängen nach der Laichzeit im Frühsommer.

40 B: 39 A: –

1. *Halbscheid:* Hälfte.
2. *Thümmel ... Gutes stiftet:* Die genannte Verserzählung handelt von einem naiven jungen Mädchen, das eine Zeitungsmeldung über Impfung (Inoculation) gegen Pocken liest und daraufhin Rat sucht, ob sie sich mit der neuen Methode gegen die der Schönheit so gefährliche Erkran-

kung schützen solle. Ein vermeintlicher junger Arzt ›inoculiert‹ ihr seine Liebe und heiratet sie nach erfolgreicher ›Behandlung‹. Inwieweit Eva König auf konkrete Parallelen zum Ehepaar Zinck anspielt, ist nicht zu ermitteln.

3. *Pelz:* Siehe Nr. 4.
4. *sagten Sie ja einmal:* Am Schluss von Nr. 22.
5. *Tag Ihrer Ankunft:* 3. September.
6. *Sie schreibt Ihnen vermutlich:* Der Nr. 42 zufolge geschriebene Brief ist nicht überliefert.

41 B: – A: Nr. 42

1. *Ihre Sinngedichte ... ein Erzweiberfeind:* Weibliche Eigenheiten und (angebliche) Schwächen zu verspotten, gehörte zu den tradierten Themen der Epigrammatik des 18. Jahrhunderts (und darüber hinaus).
2. *Das Mädchen, das Sie sich wünschen:* Vgl. Lessings Sinngedicht »Das Mädchen«.
3. *Eimbeckischen Hause:* Siehe 7. Erläuterung zu Nr. 35.

42 B: Nr. 40 und 41 A: –

1. *Besuch aus Leipzig:* Siehe 6. Erläuterung zu Nr. 35.
2. *der 28. dieses:* Lessing reiste erst am 31. August ab.
3. *noch erst nach Hannover:* Anlass unbekannt. Der Abstecher dorthin unterblieb; siehe Nr. 43.
4. *nach Vechelde zu dem Herzog Ferdinand:* Wo dieser seit 1767 einen Sommersitz hatte und selbständig Hof hielt. Der Anlass für die Audienz ist nicht bekannt.
5. *aus Wien übermacht:* Siehe Nr. 17 und 35.

43 B: – A: –

1. *künftigen Dienstag:* 3. September. Während seines zweiwöchigen Aufenthalts verlobte sich Lessing mit Eva König und wurde in die Freimaurerloge »Zu den drei Rosen« eingeführt, deren Mitglied er am 15. Oktober wurde.

44 B: – A: Nr. 46

1. *Meine Mutter ist tot:* Eva Katharina Hahn starb am 8. September 1771.

2. *die vielen Zerstreuungen:* In Berlin, wohin Lessing in Begleitung des Ehepaars Knorre am 17. September gereist war. Er blieb dort bis Anfang Oktober bei seinem Bruder Karl Gotthelf und beendete die Arbeit am ersten Band der *Vermischten Schriften.*

45 B: – A: Nr. 46

1. *[Steinbrück] los geben:* Siehe 1. Erläuterung zu Nr. 34.
2. *Tag Ihrer Ankunft:* Es war abgesprochen worden, dass Lessing von Berlin zurückkommen würde nach Hamburg, wo er Anfang Oktober eintraf.

46 B: 44 und 45 A: –

1. *meines Bruders:* Karl Gotthelf Lessing.

47 B: – A: Nr. 49

1. *28. oder 29. Oktober:* Der Brief wurde »in der Nacht um zwölf Uhr« beendet.
2. *Mittewoch:* 30. Oktober.
3. *gleich geschrieben:* Dies geschah; siehe Nr. 48.
4. *der Salzburger Brief:* Nicht bekannt.
5. *das Wiener Werk:* Eine der beiden von Engelbert König in Wien hinterlassenen Fabriken.
6. *scheinet es näher zu geben:* Scheint nachzugeben bei den Mitansprüchen auf die Wiener Fabriken.
7. *B.schen Entreprise:* Eine Lotterie in Frankfurt.
8. *Antwort auf meines Bruders Brief:* Wahrscheinlich die Verlobung und die Erbschaftsangelegenheit in Wien betreffend; nicht überliefert.

48 B: – A: Nr. 50

1. *am Dienstage:* 29. Oktober.
2. *schwarzen Adler:* Siehe 4. Erläuterung zu Nr. 33.

49 B: 47 A: Nr. 51

1. *Überkunft:* Rückkunft, Heimkehr.
2. *meiner Burg:* Siehe 9. Erläuterung zu Nr. 1.
3. *Frankfurtschen Hoffnung:* Siehe 7. Erläuterung zu Nr. 47.
4. *Akademie:* Friedrich Christoph Wurmb hatte 1768 eine

»Handlungs-Akademie«, eine Privatschule zur praktischen Ausbildung von Kaufleuten, gegründet, »deren pädagogischer Leiter Büsch wurde. Wurmb, der mit dem Institut seine Finanzverhältnisse vergeblich zu verbessern suchte, schied 1771 aus, so daß Büsch die alleinige Verantwortung übernahm« (Kopitzsch, S. 365).

5. *Brief Ihres Herrn Bruders:* Nicht bekannt.

50 B: 48 A: Nr. 52

1. *ein neuer Zwist:* Nicht ermittelt.
2. *Embarras:* Geldverlegenheit.
3. *Wiener Post:* Briefwechsel mit Wienern wegen der von Engelbert König geerbten Fabriken.
4. *Sonnabend:* 2. November.

51 B: 49 A: Nr. 53

1. *14. November:* Konjektur für »12.«(Erstdruck), die sich aus dem erwähnten Tod Ackermanns (13. November) ergibt.
2. *Sozietät ... Handlung ... Haus:* Offenbar ein Handelshaus.
3. *sich das Bein abnehmen zu lassen:* Ackermann hatte sich eine schwere Knöchelverletzung zugezogen, die er selbst zu behandeln versuchte, wobei sich der Zustand aber so verschlechterte, dass ein Fuß amputiert werden musste. Wenig später starb Ackermann.
4. *Lomber:* L'hombre, ein Kartenglücksspiel.

52 B: 50 A: Nr. 54

1. *1771:* Konjektur für »1772« (Erstdruck).
2. *Man lässt sich ... erkundigen:* Wie Lessing von seinem Bruder Karl Gotthelf am 9. November mitgeteilt wurde.
3. *nach Wien zu kommen:* An eine zu bildende Akademie der Wissenschaften und Künste. Lessings Berufung kam nicht zustande. 1771/75 wurde lediglich aus bestehenden Akademien einzelner Künste eine »Kaiserliche Akademie der vereinigten bildenden Künste« unter dem Protektorat des Fürsten Kaunitz geschaffen, da die Regierung wegen der großen Staatsverschuldung durch den Siebenjährigen Krieg (1756–63) nach wie vor wirtschaftlichen und militärischen Belangen Vorrang gab.

4. *mit heutiger Post:* Der überlieferte Antwortbrief an den Bruder datiert vom 14. November.
5. *Vorsicht:* Vorsehung.

53 B: 51 A: Nr. 55
1. *seligen Freund:* Engelbert König.
2. *auf den Plotz:* Plötzlich.
3. *Wachtmeister ... Franziska:* Gestalten aus *Minna von Barnhelm*. Der Wachtmeister Paul Werner war eine Paraderolle von Ackermann seit der Hamburger Uraufführung des Lustspiels (30. September 1767).
4. *Provenzeröl:* Olivenöl aus der Provence.
5. *kleine Kiste:* Absendung in Nr. 55 und Erhalt in Nr. 59 bestätigt.

54 B: 52 A: –
1. *begleiteten:* Bekleideten.
2. *Agrement:* Annehmlichkeit, Vergnügen.
3. *attachieret:* fesselt, anzieht.
4. *ihr Bruder:* Dr. med. Johann Friedrich Grund, Evas Hausarzt.
5. *Ort:* Der Ratsweinkeller; siehe 7. Erläuterung zu Nr. 35.
6. *Alberti und Kl. [Klopstock] wieder ausgesöhnet:* Ihre zwanzigjährige Freundschaft wäre fast zerbrochen, als Alberti an Klopstocks Umgang mit Johanna Elisabeth von Winthem öffentlich Anstoß nahm. Zu ihrer unterschiedlichen Sicht auf diese Vorgänge siehe Klopstocks Brief an Johann Arnold Ebert vom 29. Juni 1771 (KBW 5/1, S. 286 f.) und Albertis Brief an denselben vom 11. September 1771 (KBW 5/2, S. 864 ff.). Wie die Divergenzen im einzelnen beigelegt wurden, ist nicht bekannt.
7. *die Rezension von Claudius über Klopstocks Oden:* Erschienen in »Der Wandsbecker Bothe« 1771, Nr. 175, 177 und 179. Die Kernstelle lautet: »Wenn man ‘n Stück zum erstenmal liest, kömmt man aus dem hellen Tag in eine dämmernde Kammer voll Schildereien; anfangs kann man wenig oder nichts sehen, wenn man aber drin weilt, fangen die Schildereien nach und nach an, sichtbar zu werden, und affizieren einen recht [...].« (Matthias Claudius, *Sämtliche Werke*, München 1968, S. 52)

55 B: 53 A: Nr. 56

1. *[Kloster] in Italien:* Diesen um 1768 einsetzenden Wunschgedanken Lessings bestätigt auch sein Freund Friedrich Nicolai (vgl. Daunicht, S. 254 f.).
2. *beide:* Neben der Tapetenfabrik hatte Eva König noch eine Seidenfabrik geerbt.
3. *P.:* »Wohl verlesen oder verdruckt für B. = *Bubbers.*« (Redlich II, S. 514).
4. *neulich:* Nr. 54, vorletzter Absatz. Siehe die Erläuterung dazu.
   ihr Bruder: Johann Friedrich Grund.

56 B: 55 A: Nr. 57

1. *in der bewussten Sache:* Siehe 3. Erläuterung zu Nr. 52.
2. *Brief von Berlin erhalten:* Nicht überliefert.
3. *sechs oder achthundert Taler allhier:* Hinzu kam, dass Lessing dieses Wolfenbütteler Bibliothekarsgehalt für das laufende Jahr noch nicht erhalten hatte, so dass er eine Wechselschuld bei seinem Berliner Verleger Christian Friedrich Voß aufnehmen musste.
4. *an jenem dritten Orte:* In Wien.
5. *einen überlästigen Besuch:* Nicht bekannt.

57 B: 56 A: Nr. 61

1. *spoliierten:* Beraubten.
2. *Tratten:* Gezogene Wechsel.
3. *Herr K. [König]:* Friedrich Wilhelm König, der Schwager.
4. *meine Vaterstadt:* Heidelberg.

58 B: – A: Nr. 61

59 B: – A: Nr. 62

1. *keinen Posttag wieder überschlagen:* Wie bei Nr. 56.
2. *Stücken ... die er von mir aufgeführet:* Nur eine Braunschweiger *Minna*-Aufführung am 22. November 1771 ist bei Schulz (S. 208) nachgewiesen.
3. *dort:* In Hamburg.
4. *Vorrat:* An Hülsenfrüchten; siehe Nr. 53 und 54, Nachschrift.

5. *Kiste:* Eine Bücherkiste; siehe Nr. 53, vorletzter Absatz.
6. *Akademie der Wissenschaften:* Die geplante Akademie der Wissenschaften kam damals nicht zu Stande. Siehe 3. Erläuterung zu Nr. 52.
7. *Parentation:* Trauer-, Leichenrede.
8. *girieret:* Auf andere Wechsel umgeschrieben.

60 B: – A: –
1. *Bräune:* Entzündungen im Mund und Hals, hauptsächlich Diphtherie.
2. *gute Nachrichten:* Es ist zu vermuten, dass Cornelius Hornbostel seine Berichte schönte, weil er durch eine nachlässige Geschäftsführung darauf hinarbeitete, die Fabriken für Eva König unrentabel werden zu lassen und selbst zu erwerben (vgl. Schneider, S. 236 f.), was ihm schließlich gelang; siehe Nr. 126 und 134.
3. *falliert:* »Bankrott gemacht«.

61 B: Nr. 57 und 58 A: Nr. 62

62 B: Nr. 59 und 61 A: Nr. 65
1. *kostbar:* Kostspielig.
2. *Ihr Bruder:* Johann Friedrich Grund.
3. *alter Schwiegervater:* Diedrich Wilhelm To der Horst. Sein Handelshaus wurde am 6. Dezember 1771 für Bankrott erklärt.
4. *Braunschweigern ... auf der Höhe:* To der Horst auf der Höhe, eine Filiale des Hamburger Handelshauses.
5. *sie hätten ein Moratorium:* Eva Königs Sorgen bezogen sich auf den Bankrott des Braunschweiger Lottos (6. Dezember 1771), an dem Wurmb, To der Horst, Vater und Sohn, beteiligt waren.
6. *Oktroy:* Bewilligung, Konzession.
7. *wie das Frankfurter:* Siehe Nr. 47 und 49.
8. *W. hat:* Wohl irrtümlich im Erstdruck für »V. [Vetter = Knorre] hat«.
9. *vorigen Sonntag:* 15. Dezember.
10. *Miß Sara zu Gefallen:* Hamburger Aufführung vom 26. November 1771 (Schulz, S. 219).

11. *Narration:* Erzählung. Gemeint ist die Nr. 59 erwähnte »Parentation«.
12. *berufen ... Wieland:* Kaiserin Maria Theresia persönlich wandte sich gegen eine – von ihm selbst erhoffte – Berufung (vgl. Thomas C. Starnes: *Christoph Martin Wieland. Leben und Werk.* Aus zeitgenössischen Quellen chronologisch dargestellt. Bd. 1. Sigmaringen 1987, S. 416.

63 B: – A: Nr. 65
1. *der Wechsel:* Siehe Nr. 50.
2. *remboursieren:* Zurückerstatten.
3. *Suffisance:* Hinreichende Menge (an Kapital).

64 B: – A: Nr. 68
1. *das in Augsburg gebrochene Haus:* Zusammenhang nicht ermittelt.
2. *ihre Umstände:* Siehe Nr. 63, 2. Absatz.
3. *Renten:* Einkünfte aus Kapitalien, Grundstücken u. ä.
4. *die Reise:* Nach Wien, wegen der geerbten Fabriken.
5. *Riedel ... in Wien:* »In der ›Hamb. Neuen Zeitung‹, St. 206 vom 26. Decbr. 1771 steht unter der Rubrik *Gelehrte Sachen*: ›Wien. Se. Maj. der Kaiser haben hieselbst eine Akademie der Wissenschaften und Künste gestiftet, zu deren Protector der Fürst von Kaunitz ernannt und der Prof. Riedel aus Erfurt als K. K. Rath und Mitglied dieser Akademie mit einem ansehnlichen Gehalt berufen worden.‹« (Redlich II, S. 529)
6. *die Religion verändert hat:* Zum Katholizismus übergetreten ist. Darüber ist nichts bekannt. Gegen eine Konversion Riedels spricht zum einen, dass ihm in seinem Berufungsdekret vom November 1771 freie Religionsausübung zugesichert wurde; und zum zweiten, dass er seiner Stelle an der Kaiserlichen Kunstakademie bald wieder verlustig ging (siehe 3. Erläuterung zu Nr. 101).
7. *Ihnen vom Lotto geschrieben:* Brief nicht überliefert.
8. *Fritze:* Friedrich Wilhelm König jr.
9. *einige Ihrer Stücke ... versprochen:* Nachdem eine zweite Auflage der *Lustspiele* (Berlin 1770) erschienen war, bereitete Lessing als weitere Sammlung den Band *Trauerspiele. Miß Sara Sampson. Philotas. Emilia Galotti* (Berlin 1772) vor.

65 B: Nr. 62 und 63 A: Nr. 67

1. *zahlreichen unerzogenen Familie:* Johanna Christina Schmidt hatte aus erster Ehe vier Töchter und aus der zweiten weitere sechs Kinder.
2. *Verlassung seines Hauses:* Am Ende der Hamburger Zeit 1767-70, während der Lessing als Mieter bei Schmidt gelebt hatte.
3. *Ausflucht:* Reise.
4. *dort einzubekommen hoffte:* Siehe 3. Erläuterung zu Nr. 56.

66 B: – A: Nr. 69

1. *Weghaus:* Gasthaus im Dorf Klein-Stöckheim, an der Straße zwischen Wolfenbüttel und Braunschweig, wo sich Lessing oft mit seinen Braunschweiger Freunden, gleichsam auf halbem Wege, traf.
2. *dieses Ungewitter:* Siehe Nr. 63, 2. Absatz.
3. *schreibt man mir ... [Knorren] habe ich ... geschrieben:* Beide Briefe sind nicht überliefert.
4. *in verschiedenen ... Zeitungen:* Zum Beispiel in Hamburg; siehe 5. Erläuterung zu Nr. 64. In einem Brief an den Bruder Karl Gotthelf vom 31. Dezember 1771 zitiert Lessing eine Meldung der *Erfurtischen gelehrten Zeitungen.*
5. *Sulzer ... Garve:* Ihre Berufung nach Wien war ein Gerücht.
6. *Akademie:* Die Berliner Akademie wurde 1700 auf Anregung von Gottfried Wilhelm Leibniz (1646–1716) von König Friedrich I. gestiftet, aber erst 1711 als »Societät der Wissenschaften« eröffnet und 1744, unter Friedrich II., in »Königliche Akademie der Wissenschaften« umbenannt.
7. *ob an Klopstocken kein Antrag geschehen:* Offiziell wahrscheinlich nicht, da er schon kaum Resonanz gefunden hatte auf einen 1768 nach Wien gesandten Entwurf zur Unterstützung der Wissenschaften durch Kaiser Joseph II.
8. *Moratorio:* Siehe Nr. 62.

67 B: Nr. 65 A: Nr. 68

68 B: Nr. 64 und 67 A: Nr. 70

1. *dem dritten:* Erwähnt im drittletzten Absatz von Nr. 64, aber nicht überliefert.

2. *zu dem neuen Jahr ... hingemusst:* Wohl zur Braunschweiger höfischen Neujahrsaudienz.
3. *Himten:* Getreidemaß; in Braunschweig 31,5 Liter (nach Fritz Verdenhalven: *Alte Maße, Münzen und Gewichte aus dem deutschen Sprachgebiet.* Neustadt a. d. Aisch 1968, S. 27).

69 B: Nr. 66 A: Nr. 71
1. *alten Schlosse:* Siehe 9. Erläuterung zu Nr. 1.
2. *Frau Mutter:* Gemeint ist Maria Theresia, als Mitregentin Josephs II.
3. *[Sonnenfels] wieder am Brette:* Nach der Enthebung vom Amt des Theaterzensors; siehe 1. Erläuterung zu Nr. 15. Nicht Sonnenfels, sondern der Freiherr von Gebler war Riedels Gönner und Fürsprecher in Wien; siehe Nr. 96, 2. Absatz.
4. *Anschläge:* Anstalten, Pläne.
5. *die Reise zu tun:* Sie begann am 17. Februar in Begleitung Friedrich Wilhelm Königs.
6. *von Matsen was geschrieben:* Siehe Nr. 57, vorletzter Absatz.
7. *ein junger Mensch:* Johann Hartwig To der Horst; siehe Nr. 66, 3. Absatz.

70 B: Nr. 68 A: Nr. 73
1. *vier oder achten Monaten:* Eva König musste rund drei Jahre in Wien bleiben, von März 1772 bis Mai 1775.
2. *aufs Handwerk reisen:* Gemeint sind wohl Absichten auf Hazardspiele, denn Soldatenwerbungen für Sachsen gab es im Hamburg nicht.

71 B: Nr. 69 A: Nr. 72
1. *Briefe aus Berlin:* Nicht überliefert.
2. grund*gelehrten:* Hervorgehobene erste Silbe, um ein Wortspiel mit dem Namen (Grund, Johann Friedrich) zu verdeutlichen.
3. *darauf geantwortet:* In einem Brief an den Bruder Karl Gotthelf Lessing vom 31. Dezember 1771.
4. *Klotz ... dasmal klüger:* Als bei übereilten Angriffen auf Lessing, wodurch er dessen *Briefe antiquarischen Inhalts* (Berlin 1768–69) veranlasste.
5. *gestorben:* Am 31. Dezember 1771.

72 B: Nr. 71 A: Nr. 76

1. *daraus schloss:* In Nr. 69, zweiter Absatz.
2. *wieder emporschwingen:* Siehe 3. Erläuterung zu Nr. 69.
3. *zu Ende dieses Monats:* Vielmehr erst am 17. Februar; siehe 1. Erläuterung zu Nr. 84.

73 B: Nr. 70 A: Nr. 75

1. *Stern ... Rose:* Gasthäuser am Braunschweiger Kohlmarkt.
2. *das Haus, worin ich:* Gasthaus »Zum schwarzen Adler« Friesenstraße 59. Lessing bevorzugte es, weil es ihn an einen liebgewordenen gleichnamigen Hamburger Gasthof (siehe 4. Erläuterung zu Nr. 33) erinnerte.
3. *Niederlage:* Niederlassung, Unterkunft.
4. *Messe:* Seit 1681 alljährlich im Februar und August.
5. *Tag Ihrer Ankunft:* 22. Februar, zufolge Nr. 85.

74 B: – A: Nr. 76

1. *17. Januar:* Konjektur für »11.« (Erstdruck), gemäß Nr. 72 vom 14. Januar.

75 B: Nr. 73 A: –

1. *unser seliger Freund:* Engelbert König.
2. *ein andermal sagen:* Nicht getan, es sei denn, der unschlüssige Schwager (siehe Nr. 79) war gemeint.
3. *noch zwei Briefe zu beantworten:* Geschehen in Nr. 76.

76 B: Nr. 72 und 74 A: Nr. 77

1. *Ipecacuanha:* Brechwurz.
2. *schreibt man mir:* Der Bruder Karl Gotthelf Lessing, in einem Brief vom 11. Januar 1772.
3. *Gebler ... hat ... an mich geschrieben:* Der Ende 1771 oder Anfang Januar 1772 geschriebene Brief, der eine mehrjährige doch sporadische Korrespondenz eröffnete, ist nicht überliefert.
4. *zwei neue Stücke:* Gemeint sind *Leichtsinn und gutes Herz* und *Die Versöhnung*; siehe Register.
5. *mein neues Stück: Emilia Galotti* wurde am 13. März 1772 in Braunschweig uraufgeführt; Lessing wohnte der Aufführung nicht bei (siehe Nr. 90, 2. Absatz).

6. *von Hamburg abzugehen:* Am 17. Februar; siehe 1. Erläuterung zu Nr. 84.

77 B: Nr. 76 A: 78

1. *brauchen Sie so lange:* die Brechwurz.
2. *den 16ten vielleicht:* Eva König und ihr Schwager kamen am 22. Februar (Nr. 85 zufolge) nach Braunschweig.
3. *da auch einen Lessing:* Den in Berlin lebenden Bruder Karl Gotthelf Lessing.
4. *sein Departement:* Gebler war im Staatsrat für die innere Verwaltung der Habsburger Monarchie zuständig.
5. *zugedacht ... Mamsell Al. [Alberti]:* Johann Peter Behn schloss seine vierte Ehe, bereits im November 1772, mit Sophie Margarete Warncke(n).
6. *guter General:* Freiherr Jahnus.
7. *Veränderungen ... in Kopenhagen ... Komplott:* In der Nacht vom 16. zum 17. Januar 1772 war es zu einer Palastrevolte gekommen, bei welcher der regierungsunfähige König Christian VII. gezwungen wurde, die Verhaftung seiner Frau und des Grafen Struensee samt einiger seiner Anhänger anzuordnen. Die Veranlassung dazu gab einerseits ein Hausmachtbestreben und andererseits eine aufklärerisch-reformerische Politik des Grafen, der innerhalb weniger Jahre vom königlichen Leibarzt zum mächtigsten Staatsmann Dänemarks aufgestiegen war und einflussreiche Widersacher fand, mit des Königs Stiefmutter und Stiefbruder an der Spitze. Struensee wurde des Ehebruchs mit der Königin angeklagt, den er – ebenso wie sie – eingestand, daraufhin zum Tode verurteilt und zusammen mit seinem engsten Vertrauten Brandt am 28. April 1772 auf die in Nr. 94 mitgeteilte grausame Weise hingerichtet, während die übrigen Verhafteten freigelassen und einige, darunter die geschiedene Königin, verbannt wurden.
8. *[Bernstorff] noch keine Stafette:* Er war einer derjenigen Staatsmänner, die durch Struensee verdrängt worden waren und hoffte nun auf seine Zurückberufung (die er allerdings nicht mehr erlebte).

78 B: Nr. 77 A: 80

1. *Aus Ursachen:* Vielleicht wegen der Anfang Februar beginnenden Braunschweiger Messe, die mit Repräsentationspflichten verbunden war.
2. *ihre vorigen Bekanntschaften:* Siehe Nr. 11.
3. *Bekanntschaft mit ihm noch ganz neu:* Siehe 3. Erläuterung zu Nr. 76.
4. *neue Tragödie ... nachschicken: Emilia Galotti* wurde mit Nr. 90 übersandt.
5. *[Behn] mir selbst gemeldet:* Brief nicht überliefert.
6. *Revolution:* Im alten Begriffssinn von »Umwälzung«.
7. *noch mehr als einmal:* Siehe Nr. 81 und 83.

79 B: – A: Nr. 81

1. *auf den 15ten festgesetzt:* Die Abreise erfolgte am 17. Februar; siehe 1. Erläuterung zu Nr. 84.
2. *einen Brief vom Professor:* Der Brief ist von ihrem Bruder Johann David Hahn in Utrecht.

80 B: Nr. 78 A: Nr. 83

1. *andre Zeitungen gedruckt:* Es handelt sich vermutlich um die *Hamburgische Neue Zeitung* vom 24. Januar 1772.
2. *coûte qui coûte:* »Koste es, was es wolle«.

81 B: Nr. 79 A: Nr. 84

1. *die Messe hier:* Die Braunschweiger Frühjahrsmesse. Die beiden großen Messen Braunschweigs begannen am Montag nach Lichtmess (2. Februar) und Montag nach Laurentii (10. August).
2. *elenden Wirtshause:* Siehe 2. Erläuterung zu Nr. 73.
3. *Rose ... Sterne:* Gasthäuser am Braunschweiger Kohlmarkt.
4. *letzten Erklärung:* Im Brief an den Bruder Karl Gotthelf Lessing vom 31. Dezember 1771.
5. *es näher zu geben:* Nachzugeben.

82 B: – A: –

83 B: Nr. 80 A: –

1. *dahinter ... etwas anders:* Sophia Maria Zinck unterhielt, vielleicht schon zu diesem Zeitpunkt, ein Verhältnis mit dem Baronet Woodford; siehe Nr. 101, vorletzter Absatz.

84 B: Nr. 81 A: –

1. *Montag oder Dienstag:* 17. oder 18. Februar. Die Abfahrt war, den Reisenotizen zufolge (siehe Anhang), am 17. Februar.
2. *konfiszierten Text von Götze: Predigt* oder *Text am 5ten Sonntage nach Epiphanias über die Religion*, eine Streitschrift für die Relevanz der biblisch fundierten Satans-Lehre und gegen Julius Gustav Albertis *Anleitung zum Gespräch über die Religion, in kurzen Sätzen, besonders zur Unterweisung der Jugend* (Hamburg 1771). Zur Beschlagnahmung kam es (nach Georg Reinhard Röpe, *Johan Melchior Goeze. Eine Rettung.* Hamburg 1860, S. 120) auf folgende Weise: »Der Entwurf [der Predigt] war wie gewöhnlich dem Buchdrucker Bode, dem Freunde Albertis und Basedows, schon am Dienstag zum Druck übergeben. Dieser aber, der sonst Satz und Abdruck sehr gemächlich betrieb, so daß der Text gewöhnlich, wie er selbst sagt, erst Freitag Abend fertig war, um am Sonnabend ausgegeben zu werden, *hatte diesmal schon am Mittwoch den Druck vollendet*, an demselben Tage schon allerlei Leuten Exemplare mitgetheilt; am Freitag, den 7. Febr. vormittags war, nach Bodes eigener Erklärung, ›sein Haus voll von Leuten, die sich um die Texte rissen‹, und um zwei Uhr sandte der Senat einen Polizeidiener, der die ganze Auflage *confiscirte.*«Die Konfiskation erfolgte, um die Fortsetzung früherer Kontroversen (siehe 3. Erläuterung zu Nr. 10) zu unterbinden. Jedoch es erhoben sich nach Albertis Tod (1772) Stimmen gegen seine *Anleitung.* (Siehe Kopitzsch, S. 466 f.)

85 B: A: Nr. 89

86 B: – A: Nr. 90

1. *Yorik:* Anspielung auf den fiktiven Berichterstatter und auf den Autor (Lawrence Sterne) von *Sentimental Journey* (sie-

he Register), worin Absonderliches und scheinbar Nebensächliches ironisch ausgebreitet wird.

2. *heute Ihr Geburtstag:* Vielmehr am 22. Januar.

87 B: – A: Nr. 90

1. *die Namen der Schiffer:* Anspielung auf eine umfangreiche Rubrik zum Schiffsverkehr, in der Zeitung *Hamburgische Addreß-Comtoir-Nachrichten.* Die Bemerkung über die Namen der Schiffer bezieht sich vermutlich auf die so genannte Sundische Liste, die die Namen der vorbeifahrenden Schiffe und Schiffer enthielt.
2. *Frankfurter ... Kritik über Münters Predigt:* Die Rezension ist weder im Jahrgang 1771 der *Frankfurter Gelehrten Zeitungen* noch in deren berühmter, vom Goethe-Kreis publizierten Fortsetzung *Frankfurter gelehrte Anzeigen* 1772 enthalten. Möglicherweise befindet sie sich im *Frankfurter Journal* (auch: *Journal in Frankfurt am Mayn*) Ende 1771 oder Anfang 1772, von dem jedoch für diesen Zeitraum (laut Zeitschriftendatenbank) keine deutsche Bibliothek ein Exemplar besitzt. Somit bleibt auch ungewiss, um welche Predigt Münters es sich handelt.
3. *das Porträt:* Von George(s) de Marées.

88 B: – A: Nr. 90

1. *gestern Abend:* Den Reisenotizen zufolge (siehe Anhang), war die Ankunft bereits am 4. März.
2. *von hier nach Salzburg:* Zur Reiseroute vgl. Anhang.
3. *neues Stück:* Es war *Emilia Galotti.*

89 B: Nr. 85 A: –

1. *Augsburg nach Regensburg:* Zu den Stationen vgl. Anhang.
2. *Montag:* 9. März.
3. *Wahl eines Erzbischofs:* Gewählt wurde am 14. März Hieronymus Graf Colloredo.
4. *der letztverstorbne Erzbischof:* Siegmund Christoph Graf von Schrattenbach.
5. *Klotzen ... Kupferstich:* Von Johann Michael Stock (abgebildet bei Kurt Wölfel: *Lessings Leben in Daten und Bildern.* Frankfurt a. M. 1967, Abb. Nr. 204).

90 B: Nr. 86–88   A: Nr. 91

1. *März:* Konjektur für »May« (Erstdruck).
2. *neues Stück: Emilia Galotti.*
3. *Brief an ... [Gebler]:* Nicht überliefert.
4. *vorgewesenen Rufe:* Siehe 3. Erläuterung zu Nr. 52.
5. *schreibe ich gewiss an ... [Knorre]:* Nicht geschehen oder Brief nicht überliefert.
6. *keine einzige Nummer:* »Bezeichnend ist für die Lottomanie, daß Königs auf der Durchreise gleich in Braunschweig eingesetzt haben. Die erwähnten Nummern sind nämlich die der 10. braunschweigischen Ziehung.« (Redlich I, S. 489)
7. *In Kopenhagen ... die Inquisiten:* Siehe vorletzte Erläuterung zu Nr. 77.
8. *hundsf-:* Hundsföttisch.

91 B: –   A: Nr. 92

1. *Am Freitag:* 27. März.
2. *Regensburger Freund:* Nicht identifiziert.
3. *Bedienung ... begleiteten:* Amt oder Stellung bekleideten.
4. *auch schreiben:* Nicht geschehen oder nicht überliefert.
5. *der Beruf:* Der Ruf, die Einladung (nach Wien), wobei es sich um einen inoffiziellen Vorgang handelte.
6. *Riedel ... auf der Reise:* Er ging am 7. Mai 1772 von Erfurt nach Wien ab, wo er am 21. Mai eintraf (siehe Nr. 96).
7. *in der Vorstadt auf der Fabrik:* Die Seidenfabrik befand sich in der Wiener Vorstadt, in einem abgelegenen großen Gebäude, das einem Kaffeesieder namens Josef Benko gehörte.
8. *wenn sie es geben:* Wiener Aufführungen des Trauerspiels *Emilia Galotti* im Kärntnertor-Theater, erfolgten während des Jahres 1772 laut Schulz, S. 243: 15. Mai, 4.-6. und 23. Juli, 30. August und 24. Oktober. Das erste Datum ist falsch, da die Premiere Zechmeister (S. 535) zufolge erst am 4. Juli war.
9. *Über Sonnenfels ... ein abscheuliches Pasquill:* Titel und Autor nicht ermittelt.
10. *Wache vom Theater:* Bis ins 19. Jahrhundert hatten die Theater Wachsoldaten aus der örtlichen Garnison, die die – ohnehin oft lautstarken – Publikumsreaktionen notfalls zügeln mussten.

11. *seine Frauenzimmer:* Im Hause von Sonnenfels lebten zu jenem Zeitpunkt zwei seiner vier Schwägerinnen: Maria Eleonore Hay, ab 1773 verheiratete Neffzern, und Karolina Josefa Hay, seit 1778 verheiratete von Birkenstock.
12. *Neapolitanische Gesandte:* Marchese della Sambuca.
13. *bereits öffentlich enthauptet:* Die Hinrichtung erfolgte erst am 28. April 1772.

92 B: Nr. 91 A: Nr. 95
1. *Particulier:* Von seinem Vermögen lebender Privatmann.
2. *Anschlägen:* Anstalten, Pläne.
3. *pis-aller:* Notbehelf.
4. *Riedeln ... in Wien angekommen:* Er traf erst am 21. Mai ein; siehe Nr. 96.
5. *Brief von Herr Seylern:* Nicht überliefert.
6. *neue Tragödie von ... [Ayrenhoff]:* Es ist das Trauerspiel *Antiope*, Lessing gewidmet.
7. *muss ihm verbindlich antworten:* Nicht geschehen oder nicht überliefert.
8. *Mein neues Stück ... dreimal gespielt: Emilia Galotti* gab es in Braunschweig am 13. März (Uraufführung), am 16. März und am 6. April 1772 (Schulz, S. 208). Die Premiere sah Lessing nicht wegen Zahnschmerzen (vgl. Nr. 90, 2. Absatz), bei der zweiten Aufführung war er krank und fühlte seinen »Kopf [...] noch warm « von dem Stück (16. März 1772, an Johann Arnold Ebert; BW II, S. 381), und noch beim dritten Mal blieb er fern, weil er sich außerstande fühlte »zu urteilen, was in meiner eigenen Arbeit gut oder schlecht sei« (22. April 1772, an den Bruder Karl Gotthelf; BW II, S. 403).
9. *was ... Sonnenfels geruhen wird, darüber zu äußern:* Dies geht aus dem weiteren Briefwechsel nicht hervor.

93 B: – A: Nr. 97
1. *in der Stadt gewesen:* Eva Königs Quartier lag in einer Wiener Vorstadt.
2. *Kollationierung der Bücher:* Vergleich der Geschäftsbücher.
3. *Spallierfabrik*: Tapetenfabrik.
4. *Direktor:* »Nach Königs Tod führte Hornbostel beide Fabriken selbständig fort« (Schneider, S. 234).

5. *Riedel würde nicht kommen:* Er traf am 21. Mai in Wien ein; siehe Nr. 96.
6. *Domherr aus Mainz:* Jordan Simon, ein Widersacher Riedels aus dessen Erfurter Zeit.
7. *Ihr neues Stück ... nächstens aufgeführt:* Die Premiere der *Emilia Galotti* am Wiener Kärntnertor-Theater erfolgte am 4. Juli, laut Zechmeister, S. 535 (nicht am 15. Mai, wie bei Schulz, S. 243, angegeben).
8. *Stephanie zum Hochzeitsgeschenke:* Gottlieb Stephanie hatte die Schauspielerin Anna Maria (oder Marianne) Myka (1751 oder 1753–1802) geheiratet.
9. *Sonnabend:* 18. April.
10. *Büsch ... nach seinem Plan:* Siehe vorletzte Erläuterung zu Nr. 49.
11. *Montag:* 20. April.
12. *Semiramis:* Tragödie von Voltaire.
13. *Opera Buffa:* Komische Oper, im Gegensatz zur Ernsten Oper (Opera seria) mit einfacheren Handlungs- und Musikformen.
14. *entamiert:* Angefangen.

94 B: – A: Nr. 95 und 96
1. *püffle mich:* Ich plage mich ab; bin belastet.
2. *Bücher in eine völlig andre Ordnung:* Lessing plante eine Umstellung der Neuerwerbungen seit dem späten 17. Jahrhundert bis hin zu seiner eigenen Amtszeit. »Als Lessing starb, war die Umstellung keineswegs vollständig durchgeführt, aber [...] als Zwischenordnung [...]. Solche Zwischenzustände sind bei derartigen weitgreifenden Unternehmungen unvermeidlich, wobei freilich dahingestellt bleiben muß, ob Lessing die neue Aufstellung immer in dem erwünschten Maße gefördert hat, oder ob die Arbeit in den letzten Jahren vor seinem Tode nicht ziemlich ins Stocken geraten war.« (Schneider, S. 81)
3. *zwei gewisse Augen:* Die der Kaiserin Maria Theresia.
4. *mit der einzigen Bedingung:* Mit Eva König zusammenzuleben.
5. *[Schmidt] schreibt mir:* Nicht überliefert.
6. *ehedem gesagt:* Wahrscheinlich während Lessings Hamburger Aufenthalt in der ersten Septemberhälfte 1771.

7. *schreibt mir der Vetter:* Nicht überliefert.
8. *Mademoiselle Schl. [Schlüter]:* Ihre Heirat mit Johann von Kuntzsch kam nicht zu Stande.
9. *Umstand mit dem Vater:* Nicht ermittelt.
10. *Urteil gesprochen:* Am 25. April, vollstreckt am 28. April 1772.
11. *Die Königin ... nach Celle:* Karoline Mathilde von Dänemark kam am 4. Juni in Stade an und begab sich von dort auf das Jagdschloss Göhrde (südöstlich von Lüneburg), bevor sie dann nach Celle kam.

95 B: Nr. 92 und 94 A: –
1. *auf Ihrem Schlosse:* Siehe 9. Erläuterung zu Nr. 1.
2. *wie man es hier beurteilen wird:* Siehe Nr. 100. Während vor allem in Norddeutschland zahlreiche Rezensionen über *Emilia Galotti* erschienen, hielt man sich in Österreich – wie auch sonst protestantischen Autoren gegenüber – zurück. Bekannt geworden sind die Rezensionen aus der *Wiener Realzeitung* 1772, auszugsweise wiederabgedruckt bei H. [einrich] M. [oritz] Richter, *Geistesströmungen*, Berlin 1875 (^{2}1876), S. 257–260. Der anonyme Rezensent fragt zwar, wie viele seiner Zeitgenossen, warum Emilia sterben müsse, rühmt aber Handlungsführung, Charaktergestaltung und Sprachkunst des Trauerspiels.
3. *von einem Mann:* Nicht identifiziert.
4. *Riedel kömmt nicht:* Er traf am 21. Mai in Wien ein; siehe Nr. 96.
5. *Einfall ... nach Italien zu reisen:* Am 24. September 1768 hatte Lessing seinem Bruder Karl Gotthelf mitgeteilt (BW I, S. 540): »Auf den instehenden Februar gehe ich mit dem ersten Schiffe von hier [Hamburg] nach Livorno, und von da gerades Weges nach Rom.« Das Vorhaben zerschlug sich. Als Lessing dann 1775 nach Italien reiste, war es eine ihm unliebsame Dienstverpflichtung (siehe 2. Erläuterung zu Nr. 134).
6. *einen Mann gefunden ... gewissen Kaufmann:* Beide nicht identifiziert.

96 B: Nr. 94 A: –

1. *in die Stadt:* Siehe 1. Erläuterung zu Nr. 93.
2. *Riedeln ... am Donnerstag hier angekommen:* Am 21. Mai.
3. *zwei große Augen:* Die der Kaiserin Maria Theresia.
4. *vielleicht der Hof:* Soweit aus dem Briefwechsel ersichtlich und auch sonst bekannt, übernahm der Wiener Hof keine größeren Posten aus den Lagerbeständen der Fabriken von Eva König.

97 B: Nr. 93 A: Nr. 98

1. *Briefe vielleicht gar nicht einmal auf die Post gekommen:* In Nr. 98 bestätigt Eva König den Erhalt von Nr. 92, 94 und 97.
2. *mein schurkischer Bediente:* Name unbekannt.
3. *nunmehr ... einen andern:* Joseph Pörtner.
4. *[Gebler] ... eine Antwort:* Nicht überliefert.
5. *Auftrag ... an unsern Herzog:* Ein brieflicher Auftrag dazu ist nicht überliefert.
6. *Königin ... Stade:* Siehe letzte Erläuterung zu Nr. 94.

98 B: Nr. 97 A: Nr. 99

1. *Unterschleif:* Unterschlagung, Veruntreuung.
2. *bleibe ich hier:* Eva König verließ Wien am 7. Mai 1775 für immer.
3. *ohne Interesse:* Ohne Zins.
4. *noch ein dritter:* Wohl der Übertritt zum Katholizismus.
5. *drei Tage hintereinander aufgeführt ... Leichtsinn und Liebe:* Geblers Lustspiel *Leichtsinn und gutes Herz* war am 13. Januar 1772 im Kärntnertor-Theater uraufgeführt worden (laut Zechmeister, S. 532).
6. *das andre:* Das Trauerspiel *Die Osmonde*, Uraufführung am 8. August 1772 im Kärntnertor-Theater (laut Zechmeister, S. 536).
7. *Beruf*: Konjektur für »Brief« (Erstdruck).
8. *schon vor einigen Jahren:* Am 13. April 1769 schrieb Lessing seinem Freund Friedrich Nicolai (BW I, S. 604): »Noch muß ich Ihnen sagen, daß mir von Wien aus sehr ansehnliche Vorschläge gemacht werden. Sie werden aber leicht erraten, daß sie das Theater betreffen, um das ich mich nicht mehr bekümmern mag.« Zum Hintergrund dieses

Wiener Angebots, Lessing für eine geplante ständige deutsche Bühne im Kärntnertor-Theater zu gewinnen, vgl. Daunicht, S. 276 f. (Bode an Klopstock, 11. April 1769; KBW 5/1, S. 134 f.). Zu Lessings Desinteresse, bedingt durch das Scheitern des Hamburger Nationaltheaters (1769), kam hinzu, dass das Wiener Unternehmen nur ein halbes Jahr dauerte.

9. *noch einer:* Sonnenfels.
10. *[Kuntzsch] ... das Mädchen:* Siehe 8. Erläuterung zu Nr. 94.
11. *mit den übrigen Gefangenen:* Siehe Nr. 99, 6. Absatz.
12. *Sturz frei ... ob er seine Bedienung behält:* Er war am 19. Mai 1772 aus der Haft entlassen und nach Holstein verbannt worden, verlor also sein 1768 angetretenes Direktorat des dänischen Generalpostamtes.
13. *Ihr neuer Bediente:* Joseph Pörtner.

99 B: Nr. 98 A: Nr. 100

1. *Brief an Gebler:* Wurde erst am 25. Oktober 1772 geschrieben.
2. *Komödien:* Geblers *Theatralische Werke.*
3. *Eine anhaltende Arbeit:* Siehe 2. Erläuterung zu Nr. 94.
4. *Brunnen:* Pyrmonter Quellwasser.
5. *Madam Huberin ... als Mademoisell Lorenzin gekannt:* 1747/48 in Leipzig bei der Theatertruppe von Friederike Karoline Neuber (1697–1760). Es scheint nicht nur eine Bekanntschaft, sondern eine Jugendliebe Lessings gewesen zu sein, wie sein Gedicht »Das Bild, an Herr H.« nahe legt.
6. *schon wieder allda zurück sind:* Eva König traf erst Mitte August 1775 wieder in Hamburg ein.
7. *Nicolini seine erste Pantomime gegeben:* »Harlekins Reise nach der Hölle« aufgeführt am 22., 25. und 26. Juni sowie am 6. Juli 1772.
8. *unsre Erbprinzessin:* Auguste von Braunschweig-Wolfenbüttel.
9. *sicherlich mehr als dreimal geschrieben:* Siehe 1. Erläuterung zu Nr. 97.
10. *der alte van Swieten ... schon tot:* Er war am 18. Juni 1772 gestorben.
11. *die G. [Grund] guter Hoffnung:* Am 18. Oktober 1772 wurde eine Tochter Augustina Karolina geboren.

100 B: Nr. 99 A: Nr. 101

1. *niemals:* Konjektur für »einmal« (Erstdruck).
2. *neues Stück ... drei Tage nacheinander: Emilia Galotti* am Kärtnertor-Theater, vom 4. bis 6. Juli, laut Schulz, S. 243 (die dort zuvor vermerkte Aufführung vom 15. Mai iat eine Fehlangabe).
3. *Szene mit dem Maler:* 1. Aufzug, 4. Auftritt.
4. *wird es der Kaiser übernehmen:* Dies erfolgte (laut Zechmeister, S. 94–100) erst 1775–76 in zwei Schritten; zunächst durch die Beauftragung des Obersthofmeisters Johann Joseph Fürst Khevenhüller-Metsch (1703–1776) mit der Oberdirektion des Burg- und des Kärntnertor-Theaters, dann mit der Übernahme dieser Funktion durch die kaiserliche Niederösterreichische Regierung.
5. *Stelle ... bei der Bibliothek und Zensur:* Erstere erhielt Adam Franz Kollár von Kereßten, letztere Franz Karl von Hägelin als Nachfolger van Swietens.
6. *die Sache, worauf Sie wohl denken:* Lessings – noch immer ungewisse – Berufung nach Wien (wie die nachfolgende Erwähnung Riedels beweist); siehe 3. Erläuterung zu Nr. 52.
7. *eine andere Veränderung:* Wahrscheinlich die Alleinregierung Kaiser Josephs II., die jedoch erst 1780, nach dem Tod seiner Mutter Maria Theresia, begann.
8. *umsattelt:* Konvertiert; siehe 6. Erläuterung zu Nr. 64.
9. *das Kabinett eines gewissen Fürsten:* Die dem Freiherrn von Heß gehörende Münz- und Antiquitätensammlung.
10. *reisen Sie immer hin:* Lessing war erst wieder vom 5. bis 28. August 1776 in Hamburg.

101 B: Nr. 100 A: Nr. 102

1. *mit Interessen:* Mit Zinsen, Vergütungen.
2. *gern ... die ganze Aufführung dem Wienertheater erlassen:* »Denn daß man ein Stück von mir in Wien ohne Veränderungen aufführen werde; das habe ich nach dem, was meine Stücke beständig daselbst erfahren, gar nicht zu erwarten.« (Lessing an Gebler, 25. Oktober 1772; BW II, S. 461)
3. *schon gedruckt:* Nicht ermittelt. Vorerst hat sich nur eine spätere Meldung über Riedel in der von Lessing – Nr. 18

und 66 zufolge – gelesenen *Erfurtischen gelehrten Zeitung* vom 5. November 1772 (S. 723) auffinden lassen: »*Wien*. Nachdem die neue Einrichtung der kayserlichen Kunstakademien noch verschoben worden, so haben Ihre Majestät die KayserinKönigin [sic] dem Herrn Rath *Riedel*, welcher vorher mit einem ansehnlichen Geschenk begnadiget worden, in einem Hofdecret vom 17ten Oktober die Anweisung ertheilet, ›daß Allerhöchstdieselben sich seiner geschickten Feder künftig zu andern Ausarbeitungen bedienen würden [...]‹«. Riedel erhielt jedoch keine feste Anstellung, so dass er fortan und zunehmend auf die Mildtätigkeit einiger Wiener Gönner angewiesen war.

4. *Porträt von Klotzen:* Kupferstich von Johann Michael Stock; siehe Nr. 89.
5. *mich von Grafen musste malen lassen:* Im September 1771 in Berlin, entweder Eva König zuliebe und als Gegengabe für ihr Porträt von George(s) de Marées oder im Auftrag des Verlegers Philipp Erasmus Reich. »Das Bild existiert in einer ganzen Anzahl von Wiederholungen«, da Anton Graff gemeinhin Repliken anfertigte und obendrein von Schülern Kopien herstellen ließ (Gertrud Rudloff-Hille, *Die authentischen Bildnisse Gotthold Ephraim Lessings*, Kamenz 1983, ^{2}1991, S. 20). Als beste Ausführungen gelten die Bilder in der Staatsbibliothek Preußischer Kulturbesitz Berlin, in der Universitätsbibliothek Leipzig und in der Herzog August Bibliothek Wolfenbüttel.
6. *für D. Mumssen las:* Siehe Nr. 69, vorletzter Absatz, und Nr. 71, 3. Absatz.
7. *die Mumssen ... Mamsell Alberti ... Häseler in Altona:* Die Kaufmannswitwe Katharina Konstantia Mumssen schloss Ende 1773 ihre zweite Ehe mit Johann Karl Alberti, dem Onkel von Johanna Wilhelmine Alberti, die bereits Ende 1772 Peter Wilhelm Hensler heiratete.
8. *reichen Portugiesen oder Spanier:* Nicht ermittelt.
9. *[Kuntzsch] ... sein Geschäfte:* Siehe 8. Erläuterung zu Nr. 94.
10. *Wutford ... arme Z. [Zinck]:* Sie unterhielten eine Liebesbeziehung.

102 B: Nr. 101 A: –

1. *Falliment:* Bankrott.
2. *Vorschuss ... von der Kaiserin:* Über Hilfeleistungen seitens der Regierung siehe Nr. 105, 2. Absatz.
3. *Ein Kaufmann allein will sich engagieren:* Sein Name ist unbekannt, die Handelsbeziehung mit ihm kam nicht zu Stande.
4. *das Werk anzugeben:* Die beiden Fabriken aufzugeben.
5. *R.:* Konjektur für »V**« (Erstdruck).
6. *[Wieland] werde auf hier berufen:* Er übersiedelte am 18. September 1772 von Erfurt nach Weimar, wo er bis zu seinem Lebensende blieb.
7. *dass er mit Sonnenfels fleißig Briefe wechselt:* Von diesem Briefwechsel ist nichts überliefert; lediglich vier Briefe von Sonnenfels sind erschlossen; siehe: *Wielands Briefwechsel.* Bd. VI/3. Bearbeitet von Siegfried Scheibe. Berlin 1995, S. 1876 (Register).
8. *das Original von Grafen:* Und nicht nur der Kupferstich von Johann Friedrich Bause, den Lessing in Nr. 101 und nochmals in Nr. 106 ankündigte.
9. *Herr Sternschütz ... begraben:* Er war am 4. August 1772 gestorben. Danach die Datierung vorliegenden Briefes.

103 B: – A: Nr. 105

1. *in eine Arbeit verwickelt:* Es war die umfangreiche Neuordnung der Bibliothek. Siehe 2. Erläuterung zu Nr. 94. Eva König traf er erst am 31. März 1775 in Wien.
2. *Reise nach Italien:* Siehe 5. Erläuterung zu Nr. 95.
3. *Brief an ... [Gebler]:* Vom 25. Oktober 1772.
4. *des Kommissionsrat Sohn:* Ein namentlich nicht bekannter Sohn von Johann Friedrich Schmidt.

104 B: – A: –

1. *vorigen Schnickschnack:* Siehe Nr. 102, 2. Absatz.

105 B: Nr. 103 A: Nr. 106

1. *wenigstens noch sechs Monate hier:* Es wurden noch rund zweieinhalb Jahre, bis zum Mai 1775.
2. *umsatteln:* Konvertieren; siehe 6. Erläuterung zu Nr. 64.

3. *in der Stadt:* Siehe 1. Erläuterung zu Nr. 93.
4. *Die Henselin ist schon vor einiger Zeit*: Sophie Hensel spielte in Wien vom 11. Januar bis zum 28. Oktober 1772 und kehrte dann zur Seylerschen Truppe nach Weimar zurück.
5. *vorigen Posttag:* Wohl Montag, der 16. November. Wenn der Brief zwei Tage später fortgesetzt wurde, kann Lessing ihn durchaus am 2. Dezember erhalten haben; siehe Nr. 106.
6. *Frankfurter Bruder:* Der Kaufmann Johann Heinrich Hahn.
7. *betrübte Nachricht:* Karl Wilhelm Jerusalem hatte sich am 30. Oktober aus unglücklicher Liebe erschossen. Goethe verarbeitete einige der Vorgänge in dem Roman *Die Leiden des jungen Werthers* (Leipzig 1774). Lessing edierte und bevorwortete Jerusalems *Philosophische Aufsätze* (Braunschweig 1776).
8. *alterieret:* Erschreckt, bestürzt.
9. *Mein ältester Sohn:* Theodor Heinrich König.

106 B: Nr. 105 A: –

1. *vorigen Freitage:* 27. November.
2. *Sie doch noch gewiss in Wien zu sehen:* Lessing kam am 31. März 1775 nach Wien. Etwa fünf Wochen später reiste Eva König nach Hause zurück.
3. *[Sonnenfels] ... Korrespondenz mit Kl. [Klotz]:* In *Briefe Deutscher Gelehrten an den Herrn Geheimen Rath Klotz. Erster Theil* Cosmopolis [Halle/Saale] 1773 (erschienen 1772), S. 1-46.
4. *eine gewisse Stelle:* Ebenda, S. 32 (Sonnenfels an Klotz, 24. Juli 1769): »Sie haben einen Ruhm zu verliehren; und das haben Ihre Gegner nicht. *Leßing* allein ist ein Mann, der um die Literatur verdient ist, aber *Leßing* hat vielleicht nicht den Ruhm, der noch wesentlicher ist, den Ruhm eines so guten Mannes.«
5. *von G. [Gebler] spricht:* Vielleicht ebenda, S. 30 (Sonnenfels an Klotz, 5. März 1769): »Warum heißt er [Riedel] den sehr kleinen **** einen gnädigen Herrn? einen Staatsmann? und spricht: daß er auf Schriftsteller und Gelehrte hinab sehe? der gute Mann muß sehr glücklich seyn, daß er der Verfasser einiger Blätter ist, die die Journalisten so gut waren zu loben, welche aber wegen der häufigen Lokalspasse bey uns wenig Anziehung haben.«

6. *[Zachariä] ... Beständigkeit:* Er heiratete am 6. Januar 1773 seine langjährige Verlobte Henriette Wegener; siehe Nr. 108, vierter Absatz.
7. *[Ebert] ... Mademoiselle G. [Gräfe]:* Ihre Hochzeit war am 18. Mai 1773.
8. *wenigstens zehn Jahre älter ... als ich:* Vielmehr sechs Jahre.
9. *in dem Hause:* Des Braunschweiger Postrats Gräfe und seiner Frau.
10. *fettes Maul:* Ebert galt in seinem Freundeskreis als ein Naschmaul.
11. *meinen Paten:* Friedrich Wilhelm König, der jüngste Sohn.
12. *noch nach Hamburg reisen:* Siehe 10. Erläuterung zu Nr. 100.
13. *endlich schicken:* Den Kupferstich von Johann Friedrich Bause nach dem Lessing-Porträt Anton Graffs; siehe 4. und 5. Erläuterung zu Nr. 101.

107 B: Nr. 106 A: Nr. 108

1. *Briefe ... an Klotzen ... die Sonnenfelsischen:* Siehe 3. Erläuterung zu Nr. 106.
2. *Die Teutscherin ... sehr herunter gemacht:* S. 39 f. heißt es (Sonnenfels an Klotz, 3. September 1769): »Diese *Teutscherin* ist gleichfalls ein Mädchen, die nie eine Bühne betreten hat, mit der unangenehmsten und unverständlichsten Stimme von der Welt, einer unverständlichen Aussprache, ohne Einsicht mit gezwungenen Geberden, welche sie von Noverren gelernet hat, der eine Tänzerinn ganz wohl unterrichten wird, aber die Geberde der Schauspielerinn ist von jener sehr unterschieden.«
3. *jüngern St. [Stephanie] ... auch sehr schlecht geschildert:* S. 40 (im selben Brief): »Der jüngere *Stephani* hat viel Natur zu dem mürrischen Alten [...] – auch zu den Bauren [...]; solche Rollen spielt er unverbesserlich, aber wenn er nur den geringsten Anstand in einer Rolle haben muß, da ist er nicht zu sehen: er weiß keinen Fuß zu setzen, hat nur zwo Hände zu viel, und ganz keine Geberde, die was taugte, also im hohen Komischen und Tragischen ganz unbrauchbar: aber auch in chargirten [emotionsstarken] Väterrollen nicht zu sehen, denn er faselt unerträglich, lärmt, trippelt, daß mir darüber der Schweiß ausbricht.«

4. *Erzbischof:* Christoph Graf von Migazzi.
5. *aus den Briefen:* Konjektur für »aus dem Briefe« (Erstdruck).
6. *Der Grüne Hut ... der rote noch mehr:* S. 3 f. (Sonnenfels an Klotz, 25. Oktober 1768): »Gleich der Parthey des grünen Huts stund die furchtbarere Parthey des rothen Huts gegen mich auf, als ich auf meinem Lehrstuhle, und in meinem Wochenblatte, der Mann ohne Vorurtheil [Wien 1765], die ketzerischen Lehren vorzutragen anfieng: daß der geistliche Stand in engere Gränzen gezwungen, daß seinen Erwerbungen Ziel gesetzt, daß die Zahl der Studierenden, als die Pflanzschule der Geistlichen, und der Müßiggänger beschränket; daß die geistlichen Güter steuerbar seyn: im Nothfalle des Staates die Kirchenschätze dem Regenten in die Hände geliefert; daß die Freystätte aufgehoben; die Verführung der Jugend unter dem Titel Beruf gehindert; daß die Ehen befördert, und alle Sorgen des Regenten auf die Bevölkerung gerichtet seyn sollten.« Der »grüne Hut«, zeitgenössisches Synonym für den Hanswurst nach einem Stück seiner typischen Bekleidung, ist die Spottfigur in der gegen Sonnenfels gerichteten Dramensatire *Der auf den Parnaß versetzte grüne Hut* von Christian Gottlob Klemm, der sich auf die Seite der Fürsprecher der historisch gewachsenen volksnahen Hanswurst-Tradition geschlagen hatte, während Sonnenfels die Gegenseite der Theaterreformer repräsentierte.
7. *der Klotzin so böse:* Dass sie die Erlaubnis zur Veröffentlichung der Briefe gab.
8. *Regierungsrat:* Konjektur für »Regimentsrath« (Erstdruck).
9. *hierher geschrieben:* In Lessings Brief an Gebler vom 25. Oktober 1772 heißt es (BW II, S. 460 f.): »Wien hat jetzt die einzige Person, von welcher ich glaube, daß sie die *Orsina* [in *Emilia Galotti]* würde gut gemacht haben; und diese einzige Person hat gerade diese Rolle nicht gemacht, hat überhaupt keine Rolle in dem Stücke gemacht. Was soll ich davon denken? Entweder ist das Wiener Theater auf einer Staffel der Vollkommenheit, von der ich mir keinen Begriff machen *kann*; oder auf einer Staffel der Mittelmäßigkeit, von der ich mir keinen Begriff machen *will.* Ich

bin kein persönlicher Freund von Madame *Hänselin*. Aber ich muß ihr die Gerechtigkeit widerfahren lassen, daß ich noch keine Actrice gefunden, die das, was sie zu sagen hat, mehr versteht, und es mehr empfinden läßt, daß sie es versteht.«

10. *Kreuzer-Spielerinnen:* Schauspielerinnen untersten Ranges, wie der Kreuzer das kleinste österreichische Währungsstück war.
11. *Herr E.:* Vielleicht Hugh Elliot.
12. *Gr. [Grundschen] Schwangerschaft:* Siehe 11. Erläuterung zu Nr. 99.
13. *dazu ermuntere:* Damit Lessing bald nach Wien kommen könne; siehe aber 2. Erläuterung zu Nr. 106.

108 B: Nr. 107 A: Nr. 109

1. *verwünschten Schlosse:* Siehe 9. Erläuterung zu Nr. 1.
2. *Bogen Verse:* Vielleicht handschriftlich und ungedruckt? Unzutreffend jedenfalls ist der Hinweis (BLK, S. 345), diese Verse seien abgedruckt in Zachariäs *Hinterlassenen Schriften* (hg. von Johann Joachim Eschenburg, Braunschweig 1781), weil das dort S. 37 zu findende Gedicht »Ein Kind der Flora bey Ueberreichung einiger Blumen an das Brautpaar und die Gäste bey der Hochzeit des Verfassers« keine Aufzählung der Anwesenden enthält.
3. *das Bewusste:* Es war der Stich von Bause nach dem Porträt von Graff. Siehe 13. Erläuterung zu Nr. 106.
4. *Weghause:* Siehe 1. Erläuterung zu Nr. 66.
5. *die andern Schwestern:* Christiane Elisabeth und Elisabeth Antoinette Wegener; letztere blieb unverheiratet.
6. *O. C.:* Vielleicht Lese- und Druckfehler der Erstausgabe für »O. R.«, Oberst [Johann Heinrich] Richter.
7. *die Stellen ... worin der eitle Narr meiner gedenkt:* Außer der schon früher erwähnten (siehe 4. Erläuterung zu Nr. 106) sind es noch drei Stellen. Erstens S. 9 (Sonnenfels an Klotz, 30. November 1768): »Man hat mir von Prag Ihre Streitschriften gegen *Leßingen* gesendet: sie sind noch in der Revision: ich weiß etwas von dem Unterschiede Ihrer Meynungen [...]; aber wer hätte glauben sollen, daß es zu einem öffentlichen Bruche kommen sollte. Ich weiß nicht,

mit welchen Waffen von beyden Seiten gekämpft wird: Ansehen, Geist und Feuer ist auf beyden Seiten: sollte man nicht von *Leßingen*, dessen Hitze bekannt ist, sagen: Multa quidem nobis facimus mala saepe poëtae [Oft fügen wir Dichter uns selbst großen Schaden zu]. Ich darf das Vt Vineta egomet caedam mea [um die Axt einmal an meine eigenen Reben zu legen] nicht weglassen – cum laedimur vnum / Si quis amicorum est ausus reprehendere versum – [wenn wir schon verletzt sind, nur weil einer der Freunde es wagte, einen einzigen Vers zu tadeln; (verkürzte Zitate aus Horaz, *Epistulae* II, 1, 219-222)].« Zweitens S. 13 f. (Sonnenfels an Klotz, 17. Dezember 1768): »Unsere hiesigen Schriftsteller sind eben so unartig, als ihre *Leßings* [...].« Drittens S. 37 f. (Sonnenfels an Klotz, 3. September 1769): »*Weisse* [...] hat mir unlängst geschrieben, und mich versichert, ich gehörte unter die klaßischen prosaischen Schriftsteller Deutschlands: meine Dramaturgie [*Briefe über die wienerische Schaubühne*, Wien 1768-69, mit einem umfangreichen Schlusswort an Klotz] wäre gewissermaßen nutzbarer, als die Leßingische [...].«

8. *sodann es doppelt empfinden zu lassen:* Lessing publizierte auch späterhin nichts gegen Sonnenfels.
9. *Brief von G. [Gebler]:* Nicht überliefert.
10. *Vetter ... wieder einmal geschrieben:* Nicht überliefert.

109 B: Nr. 108 A: Nr. 111

1. *26. Januar:* Der Schlussaussage »sechs Tage daran geschrieben« zufolge wurde der Brief entweder vom 21. bis 26. oder vom 26. bis 31. Januar verfasst. Für letzteren Zeitraum spricht, dass Nr. 110, vom 6. Februar, »eilend« nachgesandt wurde.
2. *Kl. [Klotzschen] Briefe:* Siehe 3. Erläuterung zu Nr. 106.
3. *holländischen Legationsprediger:* Der Geistliche der holländischen Gesandtschaft in Wien; Johann Friedrich Mieg.
4. *wie die Sache für ihn abgelaufen ist:* Siehe Nr. 110, vorletzter Absatz.
5. *Stelle ... die lateinische:* Siehe das erste Zitat in der 7. Erläuterung zu Nr. 108.
6. *Skurrilische Briefe:* Diese sonderbaren Briefe konnten leider nicht ermittelt werden.

7. *das letztere:* Geblers Lustspiel *Die Versöhnung*, erwähnt im drittletzten Absatz von Nr. 108.
8. *Obligationisten ... Obligationen:* Gläubiger und Schuldverschreibungen.

110 B: – A: –

1. *der Doktor:* Anton de Haen.
2. *der Bediente:* Nicht ermittelt.
3. *hier erwartet:* In Hamburg.
4. *die Auflösung des Stückes:* Aus heutiger Sicht lässt sich ergänzen: »Dieses nicht eben humorgesegnete und langatmige Stück weist Stephanie allerdings als intimen Kenner der Theaterschriften seines einstigen Mentors und Fürsprechers aus. Dessen Theorien als wirklichkeits- und theaterfremd auszuspielen, mußte dadurch für den nur oberflächlich informierten Zuschauer ungemein an Glaubwürdigkeit gewinnen, ihn sogar übersehen lassen, welcher Manipulationsakt hier in Szene ging. Allerdings muß hinzugefügt werden, daß Stephanie mit dieser Art von Polemik nicht einmal bei jenen ›Wissenden‹ ein Ruhmesblatt erwarb, die für Sonnenfels keine Zuneigung hegten.« (Hilde Haider-Pregler, »Die Schaubühne als ›Sittenschule‹ der Nation. Joseph von Sonnenfels und das Theater.« In: *Joseph von Sonnenfels*. Hg. von Helmut Reinalter. Wien 1988, S. 191-244, Zitat S. 239).
5. *die Schwestern der Frau v. S. [Sonnenfels]:* Siehe drittletzte Erläuterung zu Nr. 91.
6. *Statthalter:* Christian August Graf Seilern-Aspang.
7. *nicht noch untersagte:* Es blieb (laut Zechmeister, S. 541) bei der Uraufführung am 6. Februar 1773, im Kärntnertor-Theater.

111 B: Nr. 110 A: –

1. *Erbprinzen:* Karl Wilhelm Ferdinand von Braunschweig-Wolfenbüttel.
2. *ein Hofrat gestorben:* Der Landeshistoriker Joachim Dieterich Lichtenstein war am 23. Januar 1773 gestorben.
3. *mein gegenwärtiger Plan:* Über Wien nach Italien zu reisen.
4. *diese Stelle:* Lessing wurde, nach langem Hinhalten, über

das er sich im vorliegenden Briefwechsel vielfach erbittert äußert, nicht Lichtensteins Nachfolger im Amt eines Hofhistoriographen oder Landeshistorikers, sondern bekam erst Mitte 1776 eine Gehaltsaufbesserung und einige Vergünstigungen; siehe Nr. 167. Die Verzögerungen waren weniger persönlich bedingt als vielmehr durch eine schwere Finanzkrise des Braunschweiger Hofes, der man u. a. durch Menschenhandel, d. h. durch Soldatenverkauf, zu begegnen suchte; siehe letzte Erläuterung zu Nr. 144.

5. *Herrn Bruders:* Vielmehr Schwagers.

112 B: – A: Nr. 113

1. *gewissen Arbeiten:* Wohl für die Sammlung *Zur Geschichte und Litteratur. Aus den Schätzen der Herzoglichen Bibliothek zu Wolfenbüttel*, deren »Erster Beytrag« 1773 in Braunschweig erschien; drei weitere Beiträge oder Bände folgten noch zu Lessings Lebzeiten, zwei wurden von Freunden postum ediert. In dieser Reihe veröffentlichte Lessing wertvolle Manuskripte und einige seltene Drucke aus dem Bestand ›seiner‹ Bibliothek; aber auch die *Fragmente eines Ungenannten*, bibelkritische Aufsätze des Hamburger Gelehrten Hermann Samuel Reimarus (1694–1768), die die größte Kontroverse in Lessings streitbarem Leben, den Fragmentenstreit mit dem Hamburger Hauptpastor Johann Melchior Goeze und mit anderen Theologen, auslösten.

113 B: Nr. 112 A: –

114 B: Nr. 111 und 112 A: –

1. *in Gesellschaft von K. [Kuntzsch] und B.[ostel]:* Aus der Fremdenliste entnimmt man, dass beide am 24.5.1773 in Hamburg eintrafen. Drei Tage später heiratete Kuntzsch Albertine Friederike von Düring.
2. *bewussten Sache:* Das Angebot des Erbprinzen; siehe Nr. 111.
3. *die China:* China- oder Fieberrinde; eines der gebräuchlichsten Heilmittel im 18. und 19. Jahrhundert, gewonnen auch chinin- und alkaloidhaltigen Rinden der Baumgattung Cinchona und verarbeitet zu Pulvern, Tinkturen und

Extrakten. Bevorzugt angewendet u. a. bei Schwäche- und Fieberzuständen, wie sie auch Eva König in ihren Briefen beschreibt.

4. *Kupferstich:* Der Kupferstich von Bause. Siehe 13. Erläuterung zu Nr. 106.
5. *doch schreiben Sie mir, Sie hätten es getan:* In Nr. 101 kündigte Lessing den Kupferstich indirekt an, und in Nr. 118 versprach er, ihn nunmehr gleich abzusenden. Jedoch musste Eva König in der Nachschrift zu Nr. 119 nochmals mahnen.

115 B: – A: Nr. 116

1. *woran ich bin:* Mit dem Angebot des Erbprinzen; siehe Nr. 111.
2. *Z. [Zachariä] verheiratet:* Siehe Nr. 106 und 108.
3. *auch E. [Ebert]:* Siehe 7. Erläuterung zu Nr. 106.

116 B: Nr. 115 A: Nr. 118

1. *voriges Jahr den Plan:* Anscheinend das mündlich abgesprochene Vorhaben einer baldigen Hochzeit. Sie wurde jedoch erst im Oktober 1776 möglich, nachdem sich Lessings Position in Wolfenbüttel – auch materiell – verbessert und Eva König ihre Wiener Geschäftsprobleme gelöst hatte.
2. *den Schritt ... zu tun:* Gemeint ist, Wolfenbüttel, im Ärger über den Braunschweiger Hof, zu verlassen; siehe Nr. 112 und 115.
3. *Reise nicht gedacht:* Eva König reiste erst Anfang Mai 1775 in Wien ab und Anfang August von Heidelberg nach Hamburg.
4. *Ihrem Sprichwort:* Siehe Nr. 86, drittletzter Absatz, und Nr. 90, letzter Absatz.
5. *Stephanie, der jüngere ... neues Stück:* Wohl das Lustspiel *Der Deserteur aus Kindesliebe*, am 31. Juli 1773 am Kärntnertor-Theater uraufgeführt.
6. *Ihren Bedienten:* Joseph Pörtner.
7. *Tamburnähen:* Nähen mit oder auf einem Stickrahmen.

117 B: – A: –

118 B: Nr. 116 A: Nr. 119

1. *so gerne melden:* Eine Entscheidung über die angebotene Nachfolge des Braunschweiger Hofrats Joachim Dieterich Lichtenstein; siehe Nr. 111.
2. *Mann in Braunschweig starb:* Der Minister Heinrich Bernhard Schrader von Schliestedt starb am 19. Juli 1773.
3. *Kahlmäuserei:* Stubenhockerei, Stubengelehrsamkeit.
4. *Neffe des dortigen Erzbischofs:* Vincent und Christoph Graf von Migazzi.
5. *Jesuiten, der es aber nicht sein wollte:* Vielleicht derjenige Besucher der Wolfenbütteler Bibliothek, der sich ins Gästebuch neben Vincent Graf von Migazzi am 1. September 1773 als »Monsieur Canal« eintrug.
6. *Verachtung gegen ihn:* Wegen der Briefäußerungen an Klotz; siehe 4. Erläuterung zu Nr. 106 und 7. Erläuterung zu Nr. 108.
7. *Gebler hat ... geschrieben:* Brief nicht überliefert.
8. *gar nicht antworte:* Der nächste, überlieferte Brief Lessings an Gebler stammt vom 31. März 1775.
9. *schicken will:* Siehe 13. Erläuterung zu Nr. 106.

119 B: Nr. 118 A: Nr. 120

1. *Kalumnien:* Verleumdungen.
2. *geschweigen noch länger:* Eva König musste bis Mai 1775 in Wien bleiben.
3. *Schwestern:* Siehe 11. Erläuterung zu Nr. 91.
4. *Winckelmanns Werke:* Die *Geschichte der Kunst des Altertums* mit einer Vorrede von Riedel, erst 1776 erschienen.
5. *Akademie der Künste:* Siehe 3. Erläuterung zu Nr. 52.
6. *das Versprochene:* Siehe 13. Erläuterung zu Nr. 106.

120 B: Nr. 119 A: Nr. 121

1. *verwünschten Schlosse:* Siehe 9. Erläuterung zu Nr. 1.
2. *verredet:* Gelobt.
3. *Sie wissen wer:* Der Erbprinz Karl Wilhelm Ferdinand von Braunschweig-Wolfenbüttel, der sich immer noch nicht über die Nachfolge des Hofrats Joachim Dieterich Lichtenstein (siehe Nr. 111) geäußert hatte.
4. *alsdenn ... bitter zu schreiben:* Wenn dieser Brief geschrieben wurde, so ist er nicht überliefert.

5. *meine Brüder:* Gottlob Samuel, Johannes Theophilus und Karl Gotthelf Lessing.
6. *hiesigen Rector:* Jakob Friedrich Heusinger.

121 B: Nr. 120 A: –
1. *der Jesuit:* Siehe 5. Erläuterung zu Nr. 118.
2. *die China:* Siehe 3. Erläuterung zu Nr. 114.
3. *der Bewusste:* Erbprinz Karl Wilhelm Ferdinand.
4. *d. C.:* In BLK, S. 346, aufgelöst zu »deklarierter Conkurs oder designatio creditorum [Forderungsaufstellung der Gläubiger]«.
5. *einen, der sie kürzlich gesehen:* Vielleicht Theodor Heinrich König auf der Durchreise nach Heidelberg, wo sein Fußleiden behandelt werden sollte; siehe Nr. 119.
6. *Zink ... so gut als tot:* Er starb am 10. Februar 1775.

122 B: – A: Nr. 123
1. *gewisse Periode in Ihrem letzten Brief:* Vielleicht der vorletzte Absatz von Nr. 120.
2. *Kurfürst:* Karl Theodor von der Pfalz.
3. *Bruder:* Johann David Hahn. Er ging nicht an die Heidelberger Universität.
4. *Schätze der Jesuiten so nützlich zu verwenden:* Nach der Aufhebung des Jesuitenordens durch Papst Clemens XIV. am 21. Juli 1773.
5. *Salaria:* Besoldungen, Gehälter.
6. *zweiten Ostertag:* 4. April.
7. *neuen Tragödie von Staatsrat Gebler: Thamos, König in Egypten*, uraufgeführt am 4. April 1774 im Kärntnertor-Theater.
8. *mit angesehen:* Im Burgtheater, wo Noverres Ballett, mit Musik von Joseph Starzer (laut Zechmeister, S. 547) am 6. Januar 1774 uraufgeführt worden war.
9. *Müller ... mit dem Sie ... gesprochen:* Über ein Gespräch mit Johann Heinrich Friedrich Müller zu jener Zeit findet sich kein Beleg bei Daunicht.
10. *dem Prediger was zu verdienen:* Durch Kindstaufen. Nur Albertine Friederike von Kuntzsch war schwanger; siehe Nr. 123, vorletzter Absatz.

123 B: Nr. 122 A: Nr. 124

1. *seit anderthalb Jahren verkümmerten Salaria:* Am 23. Januar 1774 hatte Lessing den Herzog Karl von Braunschweig-Wolfenbüttel darum gebeten, »drei Quartale von der mir gnädigst ausgesetzten Besoldung [...] vorausbezahlen zu lassen« (BW II, S. 611).
2. *Erbprinzen ... zur Regierung kommen:* Karl Wilhelm Ferdinand von Braunschweig-Wolfenbüttel wurde erst 1780 Regent.
3. *Bibliothek mitsamt dem Bibliothekar lieber verkaufen:* Entsprechende Verhandlungen sind belegt durch einen Brief Karl Gotthelf Lessings an seinen Bruder vom 15. November 1777 (BW III, S. 108): »Hier wollte man mir sagen, daß der König [Friedrich II. von Preußen] dem Herzoge die Wolfenbüttelsche Bibliothek abkaufen werde. Die Rechtsgelehrten mögen Dich als Principale [Vorsteher] oder als das Accessorium [Zubehör, Beiwerk] betrachten, Du wirst allezeit mit verkauft.« Die Bibliothek, berühmt wegen ihrer einzigartigen Sammlung von Büchern aus dem 17. Jahrhundert, blieb schließlich doch in Wolfenbüttel.
4. *hier besuchte:* Siehe Nr. 6.
5. *unserm Sch. [Schmidt] geht:* Er scheint sich in großer Geldverlegenheit befunden zu haben, zu der Otto Heinrich Knorre mit beitrug.

124 B: Nr. 123 A: –

1. *Beruf angenommen oder nicht:* Siehe 3. Erläuterung zu Nr. 122.
2. *auch sagen:* Ein Brief Lessings an Johann David Hahn ist nicht abgegangen oder nicht überliefert.
3. *Brief, den Sie noch in Händen haben:* Abschriftlich übersandt mit Nr. 109; siehe dort vorletzter Absatz.
4. *wenn ... ich von hier komme:* Erst im Mai 1775.
5. *türkischen Interims-Nuntius:* Beg Efendi Süllejman.
6. *[Voght] ... besser ... als bei der Herzogin von Mecklenburg:* »Ueber die komischen Mißverständnisse, die seine Derbheit bei der Bewirthung der Herzogin von Mecklenburg in seinem Hause veranlaßt, cursirten in Hamburg allerlei drolli-

ge Anekdoten, z. B. daß er den hohen Besuch durch das Springen einer Fontaine in seinem Garten habe ehren wollen, aber vor der Zeit durch die Ankunft der Fürstin überrascht [worden] sei und nun seine Begrüßungscomplimente wiederholt durch die Ordre für seinen Bedienten unterbrochen habe: ›Krischaan, treck den Pluck uth!‹« (Redlich II, S. 752)

125 B: – A: –

1. *1774:* Konjektur für »1773« (Erstdruck), aufgrund der Erwähnung Johann von Herrmanns in Nr. 126, 2. Absatz.

126 B: – A: Nr. 127

1. *Seidenfabrik, los bin:* Sie wurde am 7. Oktober 1774 von dem bisherigen Direktor Cornelius Hornbostel für 29 000 Florin übernommen. Einzelheiten dazu bei Schneider, S. 242 f.
2. *Spallierfabrike:* Konjektur für »Spiegelfabrike« (Erstdruck).
3. *Zeitung:* Nachricht, Neuigkeit.
4. *Oheim:* Vielleicht Johann Konrad Kaltschmidt.
5. *Briefe ... zwischen Noverre und Angelino:* Druck nicht ermittelt. Lessings Interesse an dem französischen Ballettmeister hatte während der Hamburger Zeit zu einer gemeinsamen Übersetzung mit Bode geführt: *Briefe über die Tanzkunst und über die Ballette, vom Herrn Noverre. Aus dem Französischen übersetzt* (Hamburg und Bremen 1769).
6. *[Schmidt] ... Ihr Unglück:* Die Geldprobleme ihres Mannes; siehe Nr. 123, drittletzter Absatz.

127 B: Nr. 126 A: Nr. 128

1. *Dingen, die ich selbst gerne aus meinem Kopfe hätte:* Gemeint sind wahrscheinlich Lessings Unzufriedenheit in Wolfenbüttel und seine Verärgerung über die ständigen Hinhaltungen durch den Braunschweiger Hof.
2. *Programmes des letzteren zu seinen Balletten:* Sie wurden, so weit sich feststellen ließ, erst 1776 gesammelt ediert; siehe Register.

128 B: Nr. 127 A: Nr. 129

1. *noch vor Ostern zu Hause:* Eva König traf erst Mitte August in Hamburg ein; siehe Nr. 143, 3. Absatz.

129 B: Nr. 128 A: Nr. 130 und 131

1. *arrivieren:* Widerfahren, zustoßen.
2. *Berlin ... Dresden ... Wien:* Lessing war im Februar über Leipzig nach Berlin gereist, wo er sich bei seinem Bruder Karl Gotthelf aufhielt und das durch Prinz Friedrich von Preußen ergangene Angebot eines Amtes in der Finanzverwaltung ablehnte. Am 14. März traf Lessing in Dresden ein und erhielt dort Aussichten auf eine Nachfolgerschaft des fast erblindeten Direktors der Kunstakademie, Christian Ludwig von Hagedorn; siehe auch Nr. 144, 2. Absatz. Wien erreichte Lessing am 31. März (siehe Nr. 133) und sah nach dreijähriger Trennung seine Braut wieder.
3. *partikulären:* Privaten.
4. *von Dresden aus schreibe ich:* Siehe Nr. 132.

130 B: 129 A: Nr. 132

1. *die Pension meiner Kinder:* Die Pension der Kinder bei Olimpe Molinié war aufgekündigt worden.
2. *im Regenspurger Hofe:* Der Gasthof lag »mitten in der Stadt, in der Nähe des Stephansdomes [...] an dem Vereinigungspunkte der (oberen) Bäckerstraße und (unteren Bäckerstraße) Sonnenfelsgasse mit dem Lugeck« (H. [einrich] M.[oritz] Richter, *Geistesströmungen*, Berlin 1875 (^{2}1876), S. 208 f., Fußnote).

131 B: 129 A: Nr. 132

1. *arriviert:* Widerfahren, zustoßen.
2. *Ihre Anverwandten zu sehn:* Zu einem gemeinsamen Besuch in Lessings Heimatstadt Kamenz kam es nicht, so dass Eva König ihre (zukünftige) Schwiegermutter Justina Salome Lessing nie persönlich kennen gelernt hat.
3. *auf Ostern:* Siehe Erläuterung zu Nr. 128.

132 B: 130 und 131 A: –

1. *einen einzigen Mann:* Der einzige Mann, den Lessing in Prag treffen wollte, war Ignaz Edler von Born.
2. *eintreffen zu können:* In Wien, am 31. März; siehe Nr. 133.
3. *Absichten meiner Reise:* Einladungen nach Berlin, Dresden und Wien, wo Lessing Fürsprecher hatte, die ihn an diese Orte zu ziehen hofften. Er seinerseits suchte nach einer Verbesserung seiner (Wolfenbütteler) Lebens- und Finanzlage, um endlich heiraten zu können. Vgl. Lessings Brief an Kuntzsch vom 17. –25. März 1775; BW II, S. 704.

133 B: 130 und 131 A: –

134 B: – A: Nr. 136

1. *begleite:* Konjektur für »begleitete«(Erstdruck).
2. *von Station zu Station:* Einer Italienreise, zu der Lessing während seines Wiener Aufenthalts durch Maximilian Julius Leopold Prinz von Braunschweig-Wolfenbüttel gebeten worden war. Lessing an seinen Bruder Karl Gotthelf, 7. Mai 1775 (BW II, 715): »Als ich ungefähr zehn Tage in Wien war (wo ich überall die allerbeste Aufnahme erhalten, auch gleich die ersten Tage den Kaiser und die Kaiserin gesprochen hatte:) langte der jüngste Prinz von Braunschweig [am 14. April] daselbst an, welcher in seinen Angelegenheiten eine Reise nach Venedig machen wollte [siehe erste Erläuterung zu Nr. 136]. Weil er mir nun sehr anlag, ihn dahin zu begleiten, mit der Versicherung, bei seinem Vater alles gut zu machen, so habe ich es endlich getan, in Betrachtung, daß meine Umstände dadurch nicht schlimmer werden können, und ich auf diese Weise (gesetzt, daß wir auch nicht weiter reisen, als Venedig) dennoch wenigstens einen Vorschmack von Italien bekomme.« Die Reise ging aber weiter, bis Neapel, und dauerte viel länger als vorgesehen, so dass sie Lessing – nicht zuletzt wegen der neuerlichen Trennung von seiner Braut – zunehmend zu einer belastenden Pflichtübung wurde, die ihm die Freude am Italienerlebnis trübte. Erst am 24. Dezember traf er wieder in Wien ein. Die beste und umfassendste dokumentarische Darstellung bietet der Kata-

log *Eine Reise der Aufklärung. Lessing in Italien 1775* (2 Bde., hg. von Lea Ritter Santini, Berlin 1993).

3. *Abschiedstag:* 25. April; vgl. Daunicht, S. 363, Nr. 618 f.
4. *mit Winklern ... zu Ende komme:* Er übernahm, zusammen mit Cornelius Hornbostel, die von Engelbert König hinterlassene Tapetenfabrik.
5. *montags oder dienstags:* 1. oder 2. Mai. Eva König verließ Wien am 7. Mai; siehe Nr. 137, 2. Absatz.
6. *Kaiser ... bis Ende Juni ... also wenig Hoffnung ... Heidelberg:* Demnach war die Italienreise zunächst auf kaum zwei Monate veranschlagt und Lessing hätte auf die Rückkehr des Kaisers warten müssen, um ihm eine Abschiedsvisite machen zu dürfen; siehe Nr. 136, 3. Absatz.
7. *in meiner Vaterstadt:* Vom 13. Mai (siehe Nr. 137, 2. Absatz) bis 4. August 1775.
8. *Briefe aus Salzburg:* Siehe Nr. 135, 1. Absatz.
9. *eben ausgelernt:* Konjektur für »aber ausgelernt« (Erstdruck).

135 B: – A: Nr. 137

1. *Salzburg ... Brescia ... einen einzigen Tag aufgehalten:* Am 28. April und am 6. Mai, laut Reisetagebuch des Prinzen; abgedruckt bei Walter Deeters, »Des Prinzen Leopold von Braunschweig Italienreise. Ein Beitrag zur Lessing-Biographie«, in: *Braunschweigisches Jahrbuch*, Bd. 52, Wolfenbüttel 1971, S. 140-162, siehe S. 160.
2. *den 20ten:* Die Ankunft in Venedig war am 23. Mai; siehe Nr. 136, erster Satz.
3. *unsre Reise von da wieder zurück:* Siehe 2. Erläuterung zu Nr. 134.
4. *Erzherzoge:* Ferdinand Erzherzog von Österreich.
5. *rekte:* Richtig, direkt.
6. *nur wieder:* Konjektur für »mir wieder« (Erstdruck).

136 B: Nr. 134 A: Nr. 138

1. *bis alles daselbst seinethalben regulieret ist:* Prinz Leopold wollte in Italien eine Entscheidung seines Vaters, des Herzogs Karl I. von Braunschweig, darüber abwarten, was zu unternehmen sei, nachdem Maria Theresia es abgelehnt

hatte, den jungen Prinzen in österreichische Militärdienste aufzunehmen. Dieses Eintrittsgesuch vorzubringen, war der Zweck einer überstürzten Reise nach Wien gewesen und die Ablehnung hatte zu dem Entschluss geführt, vorerst nach Italien weiterzureisen. Unterdessen korrespondierte der Herzog mit seinem Schwager König Friedrich II. von Preußen, der sich gewillt zeigte, dem Neffen Leopold ein preußisches Regiment in Frankfurt an der Oder zu übertragen.

2. *29. April:* Konjektur nach Nr. 134 für »2. April« (Erstdruck).
3. *aufführen lassen:* Vorstellen lassen.
4. *St. Christoforo:* San Cristoforo della Pace: Augustinerkirche aus dem 15. Jahrhundert mit altem Friedhof, auf einer Insel in den nördlichen Lagunen, zwischen Murano und dem Stadtgebiet Venedigs.
5. *unser Freund ... Tode sehr natürlich:* Engelbert König war an einem Nervenfieber infolge Erkältung gestorben, während seine Witwe argwöhnte, er sei vergiftet worden. Dieser Argwohn erwuchs wohl einer Erinnerung an das Schicksal Winckelmanns, der 1768 in Italien einem Raubmord zum Opfer gefallen war.

137 B: Nr. 135 A: Nr. 142

1. *mein Brief:* Nr. 134; hatte Lessing erreicht, während Nr. 137 und 138 in Wien bei Freiherrn von Gebler liegen blieben und Nr. 140 bei Herrn von Lutz; siehe Nr. 142, 1. Absatz.
2. *Buchhändlers aus Geldern:* Nicht identifiziert.
3. *mein Bruder:* Johann Georg Hahn.
4. *Schwägerin aus Holland:* Christina Elisabetha Hahn.
5. *[Klopstock] den Durlacher Hof verlassen:* »Klopstock ist schon lange von Karlsruhe weg, aber nicht Verdrusses wegen, sondern weil einer seiner Brüder [Karl Christoph, 1737-1803], der zehn Jahre zu Madrid gewesen war, ihn unvermuthet überfiel und ihn überredete, einen Monat früher, als er sonst würde gethan haben, mit ihm nach Hamburg zu reisen.« (Friedrich Heinrich Jacobi an Sophie von La Roche, 21. April 1775; zit. nach Redlich II, S. 794)

6. *schriftlich vom Markgrafen Abschied genommen:* Brief Klopstocks an Karl Friedrich Markgraf von Baden, Anfang April 1775 (nach dem Konzept in: KBW 6/1, S. 201-202). Es heißt darin: »Das Abschiedn.[ehmen] ist mir schon lange eine sehr traurige Sache gewesen [...]. Die Freundschaft ruft mich nach Hamb.[urg] u nach Kopenh.[agen] zurük [...].«
7. *unsern Professor ... nichts darum zu tun:* Johann David Hahn wurde dann doch Nachfolger seines Onkels Hieronymus David Gaub.

138 B: – A: Nr. 142

1. *2. Juli:* Konjektur für »29. Juli« (Erstdruck), nach Nr. 142, 1. Absatz.
2. *einem Bruder:* Johann Georg Hahn.
3. *Bruders von Frankfurt Frau:* Johann Heinrich Hahns Frau Anna Christina.
4. *Akademie:* Die Heidelberger Akademie der Wissenschaften wurde 1762 gestiftet von Kurfürst Karl Theodor von der Pfalz auf Anregung Andreas Lameys, der erster ständiger Sekretär der Institution wurde.
5. *Freundschaft mit Madam H. [Huber]:* Siehe 5. Erläuterung zu Nr. 99.
6. *Professor aus Holland:* Nicht identifiziert.

139 B: – A: –

1. *10. Juli:* Konjektur für »10. Juni« (Erstdruck), da der Aufenthalt in Florenz vom 17. Juni bis zum 10. Juli dauerte. Weil Lessing aber nicht unbedingt erst am Abreisetag frühmorgens schrieb, stammt de Brief vielleicht auch vom 18. oder 20. Juni.
2. *Rückreise ... Turin:* Eine verfehlte Hoffnung; siehe 2. Erläuterung zu Nr. 134.
3. *an Geblern ... gegeben:* Eine zutreffende Vermutung; siehe 1. Erläuterung zu Nr. 137.

140 B: – A: Nr. 142

1. *Nichte:* Eine Tochter von Anna Christina Hahn in Frankfurt am Main, vielleicht Eva Königs Patenkind Eva Katharina Hahn.

141 B: – A: –

1. *bis 11.:* Zufolge Nr. 143, 1. Absatz.
2. *las ich ... in den Zeitungen:* Die Mitteilung, dassLessing den Winter in Rom zu verbringen beabsichtige, hatten beide örtlichen Blätter, der *Hamburgische unpartheyische Correspondent* und die *Hamburgische Neue Zeitung* am 27. Oktober gebracht.
3. *binnen sechs Wochen in Braunschweig eintreffen:* Es wurde vielmehr der 23. Februar 1776.
4. *Warum schreiben Sie ... gar nicht:* Ein Brief Lessings, Mitte Juli aus Livorno, ging verloren; siehe Nr. 142, 2. Absatz.
5. *drei schon da liegen:* Siehe 1. Erläuterung zu Nr. 137.
6. *Ankunft:* Mitte August; siehe Nr. 143, 3. Absatz.
7. *Meine Tochter ... Mein Bruder:* Maria Amalia König und Johann David Hahn.
8. *Ihr Billett in Wien:* Nr. 133.
9. *Neß:* Konjektur für »Nest« (Erstdruck), nach dem Hamburger Straßennamen Auf dem Neß (»Landzunge«).
10. *die beiden Söhne:* Johann Engelbert und Friedrich Wilhelm (»Fritzen«) König.
11. *Gevatter hätten Einfluss auf die Kinder:* Taufpate von »Fritzen« war Lessing.
12. *Madam Z. [Zinck] ... keine höchstbetrübte Witwe:* Ihr Mann war am 10. Februar 1775 gestorben.
13. *P. Lotto:* Preußischen Lotto.
14. *Ein gewisser Mann ... heiratete die Wittib ... [Reiske]:* Das Gerücht kam bald nach Reiskes Tod (14. August 1774) auf, da die Witwe in ihrem Bekanntenkreis brieflich eine Liebesneigung zu Lessing bekundete.
15. *oder wohin:* Konjektur für »aber wohin« (Erstdruck).
16. *aus Turin an Ihren Bruder geschrieben:* Der Brief an Karl Gotthelf Lessing ist nicht überliefert. In Turin hielt sich Lessing vom 13. August bis 4. September auf.

142 B: Nr. 137, 138 und 140 A: Nr. 143

1. *Braunschweig passieret:* Gegen Mitte August.
2. *Brief ... aus Livorno:* Nicht überliefert. In Livorno war Lessing vom 13. bis 18. Juli.
3. *Schicksal des Prinzen:* Siehe 1. Erläuterung zu Nr. 136.

4. *nur wenige Tage in Wien:* Vom 24. Dezember 1775 bis 5. Januar 1776.
5. *pis-aller:* Ein letzter Ausweg.
6. *aus Dresden einen sehr guten Anlass:* Siehe 2. Erläuterung zu Nr. 129 und Nr. 144, 2. Absatz.
7. *wieder in Wolfenbüttel:* Erst Anfang März 1776.
8. *mit der nächsten Post ... wieder:* Siehe dazu den Anfang von Nr. 144.

143 B: Nr. 142 A: Nr. 144

1. *Einer fehlt:* Nr. 141.
2. *13. Julius:* Versehen im Erstdruck; siehe 1. Erläuterung zu Nr. 139.
3. *durch die Zeitungen ... weitläuftigen Plan:* Im *Hamburgischen unpartheyischen Correspondenten* war am 5. Dezember 1775 berichtet worden (und zuvor schon am 2. Dezember in den *Berlinischen Nachrichten*: »Neulich [am 25. September] ist der Deutsche Gelehrte, Herr Leßing, ausdrücklich vor den Pabst [Pius VI., 1717-1799] gerufen worden, der sich eine lange Zeit mit ihm unterhalten hat. [...] Die gelehrte Welt kann sich sicher Hoffnung machen, daß Leßing seine Zeit nicht müßig in Rom zubringen wird. Es ist ein großer Plan im Werk, den er ausführen will, ausführen kann, und, wenn ihm die Vorsicht [d. h. Vorsehung] das Leben fristet, gewiß ausführen wird.« Genaueres wusste das *Journal. In Frankfurt am Mayn* am 4. Dezember zu berichten (zit. nach Maria Belli-Gontard, *Vor mehr als hundert Jahren. Merkwürdige und interessante Abdrücke aus den in ganz Deutschland zuerst erschienenen Zeitungen*. Frankfurt a. M. 1870, S. 187): »Der Deutsche Gelehrte, Herr Lessing, hat den Vorsatz, eine genaue Beschreibung des jetzigen Roms und aller seiner Merkwürdigkeiten herauszugeben.« Das war wohl mehr ein Gerücht als ein ernsthaftes Projekt Lessings.
4. *bis Ostern:* Eva König verließ Hamburg mit ihren Kindern und mit Lessing am 14. Oktober 1776, sechs Tage nach der Hochzeit.
5. *Mein Bruder:* Johann David Hahn.

144 B: Nr. 143 A: Nr. 145

1. *das vorige Mal:* Beim Dresdener Aufenthalt vom 14. bis 26. März 1775.
2. *den Kurfürsten selbst gesprochen:* Friedrich August III. von Sachsen (siehe dazu auch Daunicht, S. 374, Nr. 643 und 644).
3. *Brief von K. [Kuntzsch]:* Nicht überliefert.
4. *der Abzug:* Wohl bestimmte Steuern; siehe Nr. 154, 2. Absatz.
5. *Einfall Ihres ältesten Sohnes:* Der älteste Sohn ist Theodor, der noch immer in Landau war und eine militärische Laufbahn einschlagen wollte; aus der überlieferten bzw. im Erstdruck zugänglich gemachten vorliegenden Korrespondenz nicht ersichtlich.
6. *[Braunschweig] 4000 Mann in Englischen Sold:* Es handelte sich um den Verkauf von Soldaten (insgesamt 4700), die auf englischer Seite im nordamerikanischen Unabhängigkeitskrieg (1773–76) eingesetzt wurden. Auch andere deutsche Fürsten unternahmen, ebenfalls zur Sanierung ihrer schlechten Staatsfinanzen, solche Soldatenverkäufe, die in der zeitgenössischen aufklärerischen Publizistik und Literatur heftig debattiert wurden. Besondere Bekanntheit erlangte die so genannte Kammerdienerszene (II/2) in Schillers bürgerlichem Trauerspiel *Kabale und Liebe.*

145 B: Nr. 144 A: Nr. 146

1. *Sobald:* Der Anfang des Briefes ist beim Erstdruck weggelassen worden, wie sich aus Nr. 147 (»Vorschlag des Hrn. v. K. [Kuntzsch], den sie selbst gebilliget haben«) ergibt.
2. *Braunschweig ... Ankunft:* Siehe Nr. 147.

146 B: Nr. 145 A: –

147 B: – A: Nr. 148

1. *Braunschweig, den:* Konjektur für »Berlin, den« (Erstdruck).
2. *Herzoge ... Erbprinzen:* Karl und Karl Wilhelm Ferdinand von Braunschweig-Wolfenbüttel.
3. *Vorschlag ... gebilligt haben:* Siehe 1. Erläuterung zu Nr. 145.

148 B: Nr. 147 A: Nr. 150

1. *Dresden ... Hagedorns:* Siehe Nr. 144, 2. Absatz.

149 B: – A: –

1. *Sonntag:* 3. März.

150 B: Nr. 148 A: Nr. 152

1. *an den E. [Erb-] P. [Prinzen] gewandt:* Der Brief ist nicht überliefert.
2. *Original des Prinzen:* Ebenfalls nicht überliefert.

151 B: – A: Nr. 152

1. *Frankfurt ... Regimente:* Gemeint ist Frankfurt an der Oder; siehe auch 1. Erläuterung zu Nr. 136.
2. *das nächste Mal gewiss:* Der Brief wurde nicht geschrieben oder ist verloren.
3. *von unsrer Reise her:* Oberst Friedrich Karl Bogislaus von Warnstedt hatte den Prinzen auf der Italienreise begleitet.
4. *Handschuhen:* Siehe Nr. 140, Nachschrift.
5. *meinen Paten:* Friedrich Wilhelm König jr.

152 B: Nr. 150 und 151 A: –

1. *des Pr. [Prinzen]:* Des Erbprinzen Karl Wilhelm Ferdinand von Braunschweig-Wolfenbüttel.

153 B: – A: Nr. 154

1. *1 Schiff-Pf.:* 1 Schiff-Pfund entspricht 280 Hamburger Pfund = 154,345 kg (nach Fritz Verdenhalven, *Alte Maße, Münzen und Gewichte aus dem deutschen Sprachgebiet.* Neustadt a. d. Aisch 1968, S. 46).
2. *LPf.:* Bei Verdenhalven (S. 33) ist, aber nur für Hannover, das Gewichtsmaß Ließ-Pfund verzeichnet, das 6,552 kg betrug; für Hamburg hingegen das Gewichtsmaß Last, es entsprach 3000 kg.

154 B: Nr. 153 A: Nr. 155

1. *Brief von ihm ... geantwortet:* Beide nicht überliefert.
2. *Ich schicke:* Konjektur für »Ich schreibe« (Erstdruck).
3. *Vetter ... an mich geschrieben:* Nicht überliefert.

4. *nächsten Posttag antworten:* Nicht geschehen oder nicht überliefert.

155 B: Nr. 154 A: Nr. 156

1. *April:* Konjektur für »August« (Erstdruck).
2. *versprochen hatten:* Siehe Nr. 147, letzter Satz.
3. *eine alte Frau vier Stunden lang unterhalten:* Bezug nicht ermittelt.
4. *de Haens Tode ... Wiener Welt:* Der Wiener Arzt Eva Königs starb erst am 4. September 1776.
5. *meinem Schwager:* Konjektur für »meinem Schergen« (Erstdruck).
6. *so genannten antiken Steinen:* Anscheinend wertlose Abdrükke oder Nachbildungen von Gemmen, die Lessing gleichwohl Anschauungsmaterial für seine Antike-Studien lieferten.
7. *Folio:* Blatt; Metall-, Glanzblättchen.

156 B: Nr. 155 A: Nr. 159

1. *den 19.:* Konjektur für »den 14.« (Erstdruck).
2. *Messe:* In Braunschweig.
3. *verschiedene Dinge fertig machen:* Vor allem die Aufsatzsammlung von Karl Wilhelm Jerusalem; siehe 7. Erläuterung zu Nr. 105.

157 B: – A: Nr. 160

1. *Steine ... Ring:* Siehe Nr. 155, Nachschrift.

158 B: – A: Nr. 160

1. *der Ausgang der Entscheidung:* Siehe Nr. 165.
2. *Mannheimer Regierung stille sitzet:* Hinsichtlich der Besteuerung der in Heidelberg hinterlegten Erbschaftsgelder Eva Königs. »Aus einer Aktennotiz des Heidelberger Stadtrats am 18. 3. 1773 geht hervor, daß diese Steuern von 1591 Gulden erlassen werden können, falls Eva sich entschließe, sich im Kurpfälzischen niederzulassen« (BW II, Kommentar, S. 1116). Sie wurden erlassen, als Lessing Aufnahme in die Mannheimer Akademie fand; siehe Nr. 180.
3. *Die Tante:* Gustava Knorre.

159 B: Nr. 156 A: –

160 B: Nr. 157 und 158 A: Nr. 161

1. *2. Mai:* Konjektur für »2. März« (Erstdruck).
2. *nun wohl erklären:* Über die bevorstehende Hochzeit und die Übersiedlung von Hamburg nach Wolfenbüttel.
3. *der Onkel Ihren Kindern geschenkt:* Siehe Nr. 126 mit der 4. Erläuterung.

161 B: Nr. 160 A: Nr. 162

1. *im alten Lande:* Gemeint ist die fruchtbare Flussmarsch an der Unterelbe zwischen Harburg und Stade.
2. *[Schubacks] Landgute:* In Jork lag der Familienbesitz Schubacks, den er von seinem Großvater geerbt hatte, der dort Landwirt war. Dort heirateten Lessing und Eva König, auf dringliche Einladung des Ehepaars Anna Elisabeth und Johannes Schuback, am 8. Oktober 1776.
3. *Verlust eines ihrer liebsten Kinder:* Marianne Schuback, gestorben am 1. Mai 1776.

162 B: Nr. 161 A: Nr. 163

1. *Geschäfte mit der Jüdin:* Frau Abraham; siehe Schluss von Nr. 155 und von Nr. 156.

163 B: Nr. 162 A: Nr. 165

1. *durch diesen ... beunruhigt:* Bei Johann Friedrich Schmidt hatte Lessing eine Wechselschuld; siehe Schluss von Nr. 150. Schmidt kam jedoch nicht zu Lessing; siehe Nr. 165, Nachschrift.
2. *die Feiertage:* Pfingsten, 26. und 27. Mai.
3. *H. [Herzog] F. [Ferdinand]:* Von Braunschweig-Wolfenbüttel.

164 B: – A: –

1. *4. Juni:* Dies war der auf den 31. Mai, auf den Abschlusstag von Nr. 163, folgende Posttag (laut Redlich II, S. 830).

165 B: Nr. 163 A: –

1. *gleich anfangs ... antragen ließ:* Siehe Nr. 154, 2. Absatz.
2. *mit ihm aus:* Herzog Karl starb erst am 26. März 1780.

3. *Haus ... bekommen:* Der Herzog wollte dieses Haus der verstorbenen Frau von Barner als Dienstwohnung für Lessing und seine Amtsnachfolger erwerben, nahm aber davon Abstand, weil es zu baufällig war.
4. *Johannis:* Der Fest- und Ehrentag Johannes des Täufers am 24. Juni.
5. *Kammerjahr:* Rechnungsjahr der fürstlichen Kammern, der Finanzverwaltungen.

166 B: – A: Nr. 167
1. *18. Juni:* Konjektur für »13. Juni« (Erstdruck), im Zusammenhang mit der Datierung von Nr. 164.
2. *nach der Stadt:* Hamburg.

167 B: Nr. 166 A: Nr. 168
1. *18. Juni:* Dieselbe Konjektur wie im vorigen Brief.
2. *Meine Sache ... völlig reguliert ... Hofratstitel:* Kabinettsbefehl des Herzogs Karl vom 17. Juni 1776 an Finanzminister Féronce: »Demnach wir gnädigst resolviret haben, des Hofraths Lessing Besoldung aus fürstlicher Cammer-Casse auf 909 Thaler zu erhöhen, so habet Ihr bei gedachter Casse zu verfügen, daß demselben sothane jährliche Besoldung von 909 Thlrn. in quartaligen Ratis von Johannis dieses Jahres an zu rechnen, mithin Michaelis dieses Jahrs zum ersten Mal ausgezahlet und gehörigen Orts in Ausgabe berechnet werden.«(zit. nach Redlich I, S. 646) Nunmehr war Lessings Stellung in braunschweigischen Diensten – nicht nur materiell – so gesichert, dass der Heirat mit Eva König nichts mehr im Wege stand.
3. *den Alten:* Herzog Karl.

168 B: Nr. 167 A: Nr. 169
1. *Mittewoche:* Wahrscheinlich der 3. Juli, zufolge der Absicht, gleich nach dem Johannestag zurückzukehren (siehe Nr. 166), was aber laut vorliegendem Brief unmöglich war. Er dürfte deshalb am nächsten Hauptposttag (Sonnabend; siehe Nr. 186, 4. Absatz) nach dem 3. Juli, also am 6. Juli, geschrieben worden sein, zumal Lessings Antwort (Nr. 169) vom 11. Juli datiert.

2. *Sache wegen der Jüdin:* Siehe Erläuterung zu Nr. 162 und Nr. 169, 2. Absatz.

169 B: Nr. 168 A: Nr. 170

1. *Anfang August abzureisen:* Siehe Nr. 173.
2. *alten schwarzen Adler:* Siehe 2. Erläuterung zu Nr. 73.
3. *an den Vetter:* Siehe Nr. 171, vorletzter Absatz.

170 B: Nr. 169 A: Nr. 171

1. *Nächstens:* Konjektur nach Nr. 169, letzter Satz, für »des Nächstens« (Erstdruck).
2. *Anmahnung von der Mannheimer Regierung:* Siehe 2. Erläuterung zu Nr. 158.
3. *Wirtin:* Anna Katharina Grundschöttel.

171 B: Nr. 170 A: Nr. 172

1. *Dem Vetter habe ich ... geschrieben:* Brief nicht überliefert.

172 B: Nr. 171 A: Nr. 173

1. *künftigen Sonnabend:* 3. August. Es blieb bei dem Abreisetermin; siehe Nr. 173.

173 B: Nr. 162 A: –

174 B: – A: Nr. 178

1. *Tage Ihrer Abreise:* Wohl der 28. August, da Lessing am 30. August bereits seine Ankunft in Braunschweig meldete (Nr. 175) und für die Rückreise nicht mehr als die in Nr. 173 angegebenen Tage benötigt haben dürfte.
2. *Teig:* Deich.
3. *Zollenspieker:* Tollenspieker (d. h. Zollspeicher); an der Südspitze von Kirchwerder ging damals die am meisten benutzte Fähre über die Elbe nach Hoopte, nördlich von Winsen an der Luhe.
4. *Schinken-Krug:* Wirtshaus in dem Dorf Horn, südlich von Hamburg.
5. *Der ganze Ham und Horn wurde aufgeboten:* Das heißt, überall in diesen beiden Dörfern wurde gefragt.
6. *Einen Brief:* Nicht bekannt.

175 B: – A: Nr. 179

1. *Schwan ... muss nächster Tage eintreffen:* Der Mannheimer Verlagsbuchhändler fungierte im Auftrag des Kurfürsten Karl Theodor von der Pfalz als Vermittler dabei, Lessing entweder an das aufzubauende Nationaltheater (siehe vorletzte Erläuterung zu Nr. 17) oder an die 1763 gegründete Kurpfälzische Akademie der Wissenschaften in Mannheim zu ziehen (siehe Schwans Erinnerungsberichte bei Daunicht, S. 408 und 424 f.). Er traf am 5. September in Braunschweig ein; siehe Nr. 180. Obwohl Lessing Mitte Januar 1777 für rund zwei Monate nach Mannheim reiste, kam die von ihm und Eva König zeitweilig erwogene Übersiedelung dorthin nicht zustande, weil die schließlich auf eine Übernahme der Heidelberger Universität hinzielenden Verhandlungen am Einspruch katholischer Widersacher des Protestanten Lessing scheiterten und er mit einer Abfindung heimgeschickt wurde.
2. *Montag ein Mehreres:* Nr. 177.

176 B: – A: Nr. 178

1. *Bruder aus Heidelberg:* Johann Georg Hahn.
2. *die Herren Abgesandten:* Schwan und seine Begleiter.
3. *Decem:* (Lat.) Zehnt; hier die Erbschaftssteuer in Heidelberg (siehe 2. Erläuterung zu Nr. 158), die durch eine Amtsübernahme Lessings in Mannheim wegfallen würde.
4. *Montag über drei Wochen:* 23. September. Lessing kam erst unmittelbar vor dem Hochzeitstermin am 8. Oktober, und zwar gleich zum Trauungsort Jork bei Hamburg.
5. *Zeitungen:* Nachrichten, Neuigkeiten.

177 B: – A: Nr. 179

1. *Das Haus:* Der Frau von Barner; siehe 3. Erläuterung zu Nr. 165.
2. *die Auktion ist noch nicht gehalten:* Sie begann am 24. September, laut Mitteilung der *Braunschweigischen Anzeigen* vom 18. September 1776.
3. *das bewusste andere Haus:* Des Verlagsbuchhändlers Johann Christoph Meißner, Schlossplatz 2. Lessing und seine Frau bezogen das Obergeschoss Mitte Oktober 1776. (Ein

reichliches Jahr später zog die Familie in das Haus neben der Bibliothek um, in dem sich heute ein Lessing-Museum befindet.)

178 B: Nr. 174 und 176 A: Nr. 181

1. *drei Briefe:* Einer von ihnen ist nicht überliefert oder in der Erstausgabe unterdrückt worden.

179 B: Nr. 175 und 177 A: Nr. 182

1. *wie viel Lohn ein Hausmädchen dorten bekömmt:* In Wolfenbüttel; siehe Nr. 182, letzter Absatz.

180 B: – A: Nr. 183

1. *neuen Theateranstalten:* Siehe 8. Erläuterung zu Nr. 17.
2. *Baron von Hompesch:* Zu seiner etwas zwiespältigen Rolle bei den weiteren Verhandlungen mit Lessing siehe Daunicht, S. 423 f.
3. *Decimation:* Die Erhebung des »Zehnten«, hier der Erbschaftssteuer, in Heidelberg, siehe 2. Erläuterung zu Nr. 158.
4. *ersten acht Tage:* Seit der Rückkehr von Hamburg.
5. *Brief von Ihrem Herrn Bruder:* Einen – nicht bekannten – Brief von Johann David Hahn hatte Eva König übersandt und in Nr. 176 (Nachschrift) zurückerbeten.
6. *Wandsbecker Ziehung:* Im Lotto.

181 B: Nr. 178 A: Nr. 182

1. *York ... Wünsche:* Siehe 2. Erläuterung zu Nr. 161.
2. *Abreise:* Siehe 1. Erläuterung zu Nr. 174.
3. *Ihrem Bedienten:* Joseph Pörtner.
4. *Emballage:* Verpackung.
5. *Nachrichten meiner Brüder:* Johann Georg und Johann David Hahn; siehe Nr. 176.

182 B: Nr. 179 und 181 A: Nr. 186

1. *Brief vom Freitage:* Nr. 180.
2. *kurze Zeit nach Mannheim:* Siehe 1. Erläuterung zu Nr. 175.
3. *Reise gerne mit machen:* Lessing fuhr allein nach Mannheim.
4. *Briefe Ihres zweiten Herrn Bruders:* Johann Georg Hahn; siehe Nr. 176.

5. *die herzogliche Erlaubnis:* Nach feudalem Recht brauchte Lessing als Beamter eines Fürsten dessen Heiratserlaubnis, die er jedoch erst am 25. September einholen wollte; siehe Nr. 189, dritter Absatz. Sein Brief und die herzogliche Antwort, die Lessing mit Nr. 193 übersandte, sind verschollen.
6. *angewiesnes Haus:* Der Frau von Barner; siehe 3. Erläuterung zu Nr. 165.
7. *Michaelis:* 29. September, Festtag zu Ehren des Erzengels Michael.
8. *Auktion:* Siehe 2. Erläuterung zu Nr. 177.
9. *einen heiligen Christ:* Ein Weihnachtsgeschenk.
10. *Herrn Brüder ... Onkel:* Johann David und Johann Georg Hahn sowie Hieronymus David Gaub. Sie sollten über die bevorstehende Hochzeit informiert werden.

183 B: Nr. 180 A: Nr. 185
1. *neu erhaltenen Würde:* Als ordentliches Mitglied der Mannheimer Akademie der Wissenschaften.
2. *Wiener Wagen:* Viersitzige geschlossene Kutsche.
3. *Künftigen Sonnabend:* 14. September.

184 B: – A: Nr. 186
1. *Auktion in dem mir angewiesenen Hause:* Siehe 2. Erläuterung zu Nr. 177 und 3. zu Nr. 165.
2. *benachbarten Hause:* Siehe letzte Erläuterung zu Nr. 177.
3. *Antwort des Herzogs:* Nicht überliefert.
4. *eines Umstandes wegen:* Siehe Nr. 185, 3. Absatz.

185 B: Nr. 183 A: Nr. 188
1. *einen Maler:* Benjamin Calau; siehe 6. Erläuterung zu Nr. 8.
2. *Briefe ... Brüder:* Siehe 10. Erläuterung zu Nr. 182.
3. *des Wundarztes:* Name nicht ermittelt.

186 B: Nr. 182 und 184 A: Nr. 189
1. *Kranz:* Früher Dorf gegenüber von Blankenese.
2. *Pastor ... Erlaubnis, uns trauen zu dürfen:* Der Eintrag im Trauungsregister des Pfarramtes Jork vom 8. Oktober 1776 lautet (zitiert nach Daunicht, S. 411): »Herr *Gotthold Eph-*

raim Leßing Herzoglich Braunschweig-Lüneb:[urgischer] Hof-Rath und Bibliothekarius zu Wolfenbüttel und Frau *Eva Catharina Koenig* geb: v: Hahn aus der Pfaltz weil:[and] Herrn Engelbrecht Koenigs Kaufmanns in Hamburg nachgelassene Wittwe. *Im Hause copulirt.* – Nota. Die Copulation ist mit Genehmigung des zeitigen [derzeitigen] Pastoris und Pastoris Adjuncti hieselbst von dem Herrn Pastore Wehber zum Borstel in des Kaufmanns Johann Schuback Hause in der hiesigen Bürgerschaft verrichtet worden. Und hat gedachter Herr Pastor Wehber versichert, daß die nöthigen Conceßiones zu dieser Copulation vom [Dänisch-]Königlichen Consistorio zu Stade, vom Braunschweigischen Hofe und dem Hamburgischen Rath gehörig beigebracht worden.«

3. *Herzogliche Erlaubnis:* Siehe 5. Erläuterung zu Nr. 182.
4. *Nexu:* Verband, hier im Sinne von bürgerlicher Zugehörigkeit (zur Freien und Hansestadt Hamburg).
5. *noch einen Bewegungsgrund:* Nicht ermittelt.
6. *Wohnung ... angewiesenes Haus:* Siehe letzte Erläuterung zu Nr. 177 und 3. zu Nr. 165.
7. *kostbar:* Kostspielig.
8. *eines Umstandes wegen:* Siehe Nr. 185, 3. Absatz.

187 B: – A: Nr. 188

1. *zwei von den versprochenen Briefen:* Siehe Nr. 185, 2. Absatz. Zufolge Nr. 189, vorletzter Absatz, an Johann David Hahn und Hieronymus David Gaub.
2. *Herrn König:* Friedrich Wilhelm König, der Schwager.
3. *zweiten letzten Brief Antwort:* Nr. 185 und 188.

188 B: Nr. 185 und 187 A: Nr. 191

1. *[24.(?)]:* Da Nr. 187 schwerlich nur einen Tag unterwegs war, das Datum 20. September aber durch vorliegenden Brief (3. Absatz) bestätigt wird, scheint dessen Datierung ein Versehen der Erstausgabe zu sein.
2. *Antwort des Herzogs:* Der in Nr. 184, zweiter Absatz, angekündigte und wohl mit Nr. 185 übersandte (verschollene) Brief.
3. *am 14ten geschrieben:* Nicht überliefert.

4. *das letztemal auf dem Schinkenkruge:* Siehe 4. Erläuterung zu Nr. 174.
5. *der alte Bürgemeister:* Nikolaus Schuback.

189 B: Nr. 186 A: Nr. 190
1. *wegen der Erlaubnis:* Siehe 5. Erläuterung zu Nr. 182.
2. *Brief Ihres Herrn Bruders:* Der in Nr. 186 mitgesandte Brief von Johann David Hahn.
3. *Onkel:* Hieronymus David Gaub.

190 B: Nr. 189 A: Nr. 193
1. *den 6ten unsere Verbindung:* Es blieb beim 8. Oktober.
2. *Ihr Bedienter:* Joseph Pörtner.

191 B: Nr. 188 A: Nr. 192
1. *dorten:* In Hamburg.
2. *Brief von ... Hompesch:* Nicht überliefert, aber referiert bei Karl Gotthelf Lessing (*Gotthold Ephraim Lessings Leben, nebst seinem noch übrigen litterarischen Nachlasse.* Hg. von K. G. Lessing. Erster Theil. Berlin 1793 [Reprint: Hildesheim 1998], S. 369 f.): »Herr Schwan hatte kaum Lessings Entschluß nach Schwetzingen überbracht, so schrieb schon der Pfälzische Minister Herr v. Hompesch unter dem 18ten Septembr. an Lessingen: wie angenehm dem Churfürsten dieser Entschluß sey, und wie sehr er selbst dessen persönliche Bekanntschaft wünsche. Er bat auch dringendst: Lessing möchte seine Reise nach Manheim so viel wie möglich beschleunigen, weil das Manheimer Nationaltheater noch diesen Winter zu Stande kommen und eröffnet werden müsse. Da es aber an Schauspielern fehle, so ersuche er ihn zugleich, dergleichen zu engagiren, und sie im November nach Manheim zu schicken. – Lessing antwortete: er befürchte sehr, sich gleich dieses ersten Auftrags nicht allzugut entledigen zu können. Es sey nehmlich bey den Schauspielern eine unverbrüchliche Sitte, daß sie alle ihre Veränderungen nur gegen die Adventszeit oder die Fasten vornehmen dürften, und bis dahin schlechterdings gebunden wären. Von jetzt (den 27sten Septbr.) bis zum November nur einigermaßen erträgliche

Subjekte zu finden, würde sehr schwer halten, indem es lauter solche seyn würden, die ganz und gar müßig lägen, und sich außer allem Engagement befänden; welches denn, wie natürlich, immer die allerelendesten oder schlimmsten zu seyn pflegten.«Dennoch hatte Lessing bei seinem Bruder Karl Gotthelf bereits am 26. September angefragt, ob er aus Berlin Schauspieler vermitteln könne. Zur Reise nach Mannheim, Mitte Januar 1777, siehe 1. Erläuterung zu Nr. 175.

192 B: Nr. 191 A: –

1. *Donnerstags:* 3. Oktober.

193 B: Nr. 190 A: –

1. *die Herzogliche Erlaubnis:* Siehe 5. Erläuterung zu Nr. 182.
2. *der Prediger in York:* Siehe 2. Erläuterung zu Nr. 186.
3. *Herren Brüder:* Johann Georg und Johann Heinrich Hahn.
4. *Brief des Herrn von Hompesch:* Siehe 2. Erläuterung zu Nr. 191.
5. *Brief vom Herrn von K. [Kuntzsch]:* Nicht überliefert.
6. *Kaufmann:* Nicht identifiziert.
7. *den siebenten:* Die Trauung fand der ursprünglichen Verabredung gemäß am 8. Oktober statt.
8. *abreisen:* Die Frischvermählten reisten am 14. Oktober zusammen mit den Kindern nach Wolfenbüttel.
9. *anhero:* Hierher; nach Wolfenbüttel.

Zu den Reisenotizen Eva Königs

Eva Königs Reiseaufzeichnungen stehen auf den Seiten 1–18 eines kleinformatigen, teilweise unbeschriebenen Notizbuches (15,4 x 9,8 cm) von insgesamt 172 Seiten, in dem hauptsächlich Kochrezepte, ferner Haushaltskosten und Briefsendungen vermerkt sind. Es befindet sich in der Herzog August Bibliothek Wolfenbüttel: Dauerleihgabe Henneberg Nr. 7.

Der hier gebotenen originalgetreuen Textwiedergabe durch Elke Bauer und Elisabeth Blakert ging voran ein auszugsweiser Abdruck bei Richard und Bruno Henneberg: *Geschichte der Familie Henneberg (Braunschweig).* Als Manuskript gedruckt. Gießen 1909, S. 209 f.

Die Kochrezepte werden als Einzeledition (Göttingen: Wallstein Verlag 2001) herausgegeben von Elke Bauer und Elisabeth Blakert.

[Seite 1]
Tollenspieker: Zollspeicher; an der Südspitze von Kirchwerder.
Meillen: Eine Meile betrug im Durchschnitt 7,4 Kilometer.
Hop: Hoopte.
Caracterissirte Persohn: Mit einem Ehrentitel oder einer besonderen höfischen bzw amtlichen Würde.
Ebsdorf ... Suerburg ... Össingen: Ebstorf, Suderburg, Oesingen.
[Seite 2]
Logirte in der Rose: Siehe Brief Nr. 3.
[Seite 3]
Bothe ... Haselfeldt: Siehe Brief Nr. 4.
[Seite 4]
Langensaltz: Bad Langensalza.
[Seite 5]
Ilmenau ... auf Pferde wartten: Siehe Brief Nr. 5.
[Seite 6]
Gleuchen: Gleußen
[Seite 7]
Bleyfeldt ... Diffurdten ... Donawerth: Pleinfeld; Dietfurt; Donauwörth.
Augspurg: Siehe Brief Nr. 7.
Erensburg ... Schwabehausen: Eurasburg; Schwabhausen.

[Seite 8]
D. Septembr: Gegen Mitte des Monats.
Regenspurg: Siehe Brief Nr. 9.
Unterbruk ... Sahl: Unterbrück; Saal.
Freissingen ... Ergulspach ... Eglofsheim ... Pfader: Freising; Ergoldsbach; Alteglofsheim; Pfatter.
[Seite 9]
Brief mit folgender Aufschrifft: Zusammenhang nicht ermittelt.
Bfaffer ... Vilßbyburg ... A Ötting: Pfatter; Vilsbiburg; Altötting.
[Seite 10]
Saltzburg: Siehe Brief Nr. 11.
Neumarkt ... Mattikoffen: Neumark am Wallersee; Mattighofen.
[Seite 11]
Beyerbach ... Erending ... Strenberg ... Amstedt ... Molck: Peuerbach; Eferding; Strengberg; Amstetten; Melk.
[Seite 13]
Mölk ... Fecklenburg ... Neumarkt: Melk; Vöcklabruck; Neumark am Wallersee.
[Seite 14]
Wagingen ... Frawertsheim ... Ibsperg: Waging; Frabertsham; Ebersberg (?).
München: Siehe Brief Nr. 28.
[Seite 15]
Fahrenberg ... Bätte: Nicht identifiziert.
Wimmerspach: Neckarwimmersbach.
[Seite 16]
Ffort: Frankfurt a. M.; siehe Brief Nr. 29.
Butschbach ... Jersberg ... Minden ... Nordheim ... Bahren: Butzbach; Jesberg; Hannoversch-Münden; Northeim; Salzgitter-Barum (?).
[Seite 17]
Nürnberg ... Saltzburg: Siehe Brief Nr. 88 und 89.
Fastbau: Neumarkt?
Biburg ... Neumarkt ... Dittmaring: Vilsbiburg; Neumarkt-St. Veit; Tittmoning.
[Seite 18]
Eige ... Weithafen ... Neustadt: Aichach; Waidhofen; Neustadt an der Donau.

Gebräuchliche Zahlungsmittel

Banko: in Hamburg gebräuchlicher Zusatz zu einer Münzbenennung, um ihren höheren Wert gegenüber anderem umlaufendem Geld zu bezeichnen
Courant: Kleingeld in Silber, im Unterschied zur kupfernen Scheidemünze
fl.: Florin, Goldgulden
Gulden: deutsche Silbermünze seit dem 15. Jahrhundert
Louisdor: französische Goldmünze seit Ludwig XIII. (1640) mit wechselndem Goldgehalt; 1793 wurde das Königsbild durch die ›Republik‹ ersetzt. Die Münze wurde bis 1794 geprägt.
Louis neuf: französische Goldmünze seit 1785
Rtl.: Reichstaler; verbreitetste deutsche Silbermünze

Editorische Notiz

Acht Jahre nach Lessings Tod veröffentlichte sein Bruder Karl Gotthelf Lessing die zweibändige Sammlung *Freundschaftlicher Briefwechsel zwischen Gotthold Ephraim Lessing und seiner Frau* (Berlin 1789).Dieser Erstdruck lieferte die Grundlage für alle späteren Ausgaben, da die Handschriften der Briefe nicht überliefert bzw. bisher nicht bekannt geworden sind. Jedoch sind die beiden durch Druck- und offenkundige Lesefehler belasteten Bände inzwischen durch mehrere Neudrucke und durch Gesamtausgaben des Briefwechsels Lessings (siehe die Literaturangaben zu Beginn der »Erläuterungen zu den Briefen« textkritisch gut, kommentatorisch hingegen weniger umfassend aufgearbeitet worden.

Den Brieftexten des vorliegenden Bandes wurde die noch immer maßgebliche historisch-kritische Edition zugrunde gelegt: *Gotthold Ephraim Lessings sämtliche Schriften. Hg. von Karl Lachmann. 3., aufs neue durchgesehene und vermehrte Auflage, besorgt durch Franz Muncker. Bd. 17–18: Briefe; Bd. 19–21: Briefe an Lessing.* Leipzig 1904–1907. Die Textkonstitution wurde unter Wahrung des Lautstandes, individueller Eigentümlichkeiten, historischer Namensschreibungen und Einhaltung der Zeichensetzung der historisch-kritischen Ausgabe behutsam der neuen Rechtschreibung angepasst. Verschiedene Datierungen Munckers und der späteren Forschung konnten durch den Herausgeber präzisiert werden. Hinzufügungen des Herausgebers in den Brieftexten wie auch in Zitaten innerhalb der Erläuterungen stehen zwischen eckigen Klammern.

Für die Erläuterungen wurden die dort vorab und an den betreffenden Einzelstellen genannten Ausgaben sowie Fachpublikationen dankbar genutzt. Einige Lücken sind leider noch geblieben, indes als solche gekennzeichnet, um weitere Ermittlungen anzuregen. Bei indirekt genannten Personen und Werken schlagen die Erläuterungen eine Brücke zum Register, das sich in ein kommentiertes Verzeichnis der Personen und ihrer Werke und in ein Ortsregister aufteilt.

Der Anhang bietet erstmalig Eva Königs Reisenotizen 1770–72 in textkritischer und vollständiger Wiedergabe nach der Handschrift, die von Elka Bauer und Dr. Elisabeth Blakert

(Wolfenbüttel/Marburg) kollationiert wurde, wofür ihnen an dieser Stelle nochmals gedankt sei. Der Text wurde originalgetreu belassen, um beispielhaft einen Eindruck von der Schreibweise der Freundin und Braut Lessings geben zu können.

Ein besonderer Dank gilt Eva Königs Nachkommen, den Besitzern der in der Herzog August Bibliothek Wolfenbüttel aufbewahrten Handschrift, für die Erlaubnis zum Abdruck.

Ausgewählte Literaturhinweise

Albrecht, Wolfgang: *Gotthold Ephraim Lessing*. Stuttgart, Weimar 1997

Barner, Wilfried (u. a.): *Lessing. Epoche – Werk – Wirkung*. München 1975 ([5]1987)

Becker-Cantarino, Barbara: »Lessing und Wien«. In: *Humanität und Dialog. Lessing und Mendelssohn in neuer Sicht*. Hg. v. Ehrhard Bahr. Detroit, München 1982, S. 327-340

Biegel, Gerd (Hg.): *Lessing in Braunschweig und Wolfenbüttel*. Braunschweig 1997

Buchholtz, Arend: *Die Geschichte der Familie Lessing*. 2 Bde. Berlin 1909

Daunicht, Richard: *Lessing im Gespräch. Berichte und Urteile von Freunden und Zeitgenossen*. München 1971

Dialog in Briefen und andere ausgewählte Dokumente zum Leben Gotthold Ephraim Lessings mit Eva Catharina König. [Bearb. v. Helmut Rudloff.] Kamenz 1981

Eigenmann, Susanne: *Zwischen ästhetischer Raserei und aufgeklärter Disziplin. Hamburger Theater im späten 18. Jahrhundert*. Stuttgart 1994

Fratzke, Dieter: *Lessings Lebensweg in musealen Bildern*. Hg. v. Wolfgang Albrecht. Kamenz 1994 (Katalog des Lessing-Museums Kamenz)

Grimm, Gunter E.: »Botschaften der Einsamkeit – Briefe Lessings aus Wolfenbüttel«. In: *Lessing Yearbook* XXX/1998. Göttingen 1999, S. 141-149

Grunow, Heinz: *Meine liebste Madam. Essay über Eva und Gotthold Ephraim Lessing*. Wolfenbüttel 1977

Henneberg, Richard und Bruno: *Geschichte der Familie Henneberg* (Braunschweig). Als Manuskript gedruckt. Gießen 1909 (S. 202-260 über Eva König und ihre Tochter Maria Amalia, verh. Henneberg)

Hildebrandt, Dieter: *Lessing. Biographie einer Emanzipation*. München, Wien 1979 (auch: Frankfurt a. M. 1982; Gütersloh 1982; Reinbek 1990)

Hillen, Gerd: *Lessing-Chronik. Daten zu Leben und Werk*. München, Wien 1979

Hoppe, Karl: *Das Geistesleben in Braunschweig zur Zeit Lessings*. Braunschweig 1929

Horvath, Eva: »Die Frau im gesellschaftlichen Lebens Hamburgs. Meta Klopstock, Eva König, Elise Reimarus«. In: *Wolfenbütteler Studien zur Aufklärung*. Bd. 3. Bremen, Wolfenbüttel 1976, S. 175-194

Jens, Walter: *In Sachen Lessing. Vorträge und Essays*. Stuttgart 1983

Kopitzsch, Franklin: »Lessing und Hamburg. Aspekte und Aufgaben der Forschung«. In: *Wolfenbütteler Studien zur Aufklärung.* Bd. 2 und 3. Bremen, Wolfenbüttel 1975 und 1976, S. 47-120 und 273-325

– : »Gotthold Ephraim Lessing und Hamburgs Gelehrte 1767-1781«. In: *Gelehrte in Hamburg im 18. und 19. Jahrhundert.* Hg. v. Hans-Dieter Loose. Hamburg 1976, S. 11-55

Kuhles, Doris: *Lessing-Bibliographie 1971-1985.* Unter Mitarb. v. Erdmann v. Wilamowitz-Moellendorff. Berlin, Weimar 1988 (bis 1971 siehe: Seifert)

Lessing, Karl Gotthelf: *Gotthold Ephraim Lessings Leben, nebst seinem noch übrigen litterarischen Nachlasse.* Erster Theil. Berlin 1793 (Reprint: Hildesheim, Zürich, New York 1998)

Milde, Wolfgang: *Gesamtverzeichnis der Lessing-Handschriften.* Bd 1. Heidelberg 1982

Muncker, Franz: *Lessings persönliches und literarisches Verhältnis zu Klopstock.* Frankfurt a. M. 1880

Raabe, Paul: *Spaziergänge durch Lessings Wolfenbüttel.* Zürich 1997

– : »Lessings letztes Lebensjahrzehnt«. In: *Humanität und Dialog. Lessing und Mendelssohn in neuer Sicht.* Hg. v. Ehrhard Bahr. Detroit, München 1982, S. 103-120

Raabe, Paul/Manuel Lichtwitz (Hg.): *Gotthold Ephraim Lessing. 1729 bis 1781.* Ausstellung im Lessinghaus Wolfenbüttel. Wolfenbüttel 1981

Reifenberg, Bernd: *Lessing und die Bibliothek.* Wiesbaden 1995

Ritter Santini, Lea (Hg.): *Eine Reise der Aufklärung. Lessing in Italien 1775.* 2 Bde. Berlin 1993

– : *Italienische Gegenwart. Gotthold Ephraim Lessing auf Reisen.* Heidelberg 1997

Roloff, Ernst August: *Lessing und das Collegium Carolinum zu Braunschweig.* Braunschweig 1929

Rudloff, Helmut: *Des Dichters Alltag. Zeitgenossen über Lessing.* Eine Textcollage. Kamenz 1996

Schmidt, Erich: *Lessing. Geschichte seines Lebens und seiner Schriften.* 2 Bde. Berlin 1884-92 (^{4}1923; Reprint: Hildesheim 1983)

Schneider, Heinrich: *Lessing. 12 biographische Studien.* Salzburg 1950 (auch: Bern 1951; München 1951)

Seifert, Siegfried: *Lessing-Bibliographie.* Berlin, Weimar 1973 (Fortsetzung siehe: Kuhles)

Steinmetz, Horst: »Literaturgeschichte und Sozialgeschichte in widersprüchlicher Verschränkung. Das Hamburger Nationaltheater«. In: *Internationales Archiv für Sozialgeschichte der Literatur.* Jg. 4. Tübingen 1979, S. 24-36

Personenregister

Erfasst sind alle in den Briefen direkt oder indirekt genannten Personen und ihre Werke. (Bei indirekten Nennungen dienen die Erläuterungen als Brücke zum Register.) Umschriebene Namen und Kosenamen sowie abweichende Namensschreibungen haben ein eigenes Stichwort, von dem aus auf den Beleg in der offiziellen Form oder in der heute üblichen Schreibung verwiesen wird. Diesem Beleg sind die von den Korrespondenten gebrauchten Namensformen und -schreibungen nach dem Personen- oder Ortsnamen in Klammern hinzugefügt. Mitglieder einer Familie sind unter ihrem Familiennamen alphabetisch nach Vornamen geordnet. Fürsten und Könige stehen unter ihren Ländern, deutsche Kaiser unter ihren Vornamen. Bei Personen mit mehreren Vornamen ist der Rufname, soweit bekannt, *kursiviert*. Die Zahlenangaben beziehen sich auf die Seiten.

sachsen mit Berlin und Brandenburg: 7, 43, 79(?), 149
Yoricks empfindsame Reise durch Frankreich und Italien. Aus dem Englischen [des Lawrence Sterne] übersetzt (4 Bde., Hamburg und Bremen 1768-69): 7
Bodenburg, Gertrud, geb. Marianne Meyrer (1741-1781), Theaterprinzipalin und Schauspielerin: 24
Boeck, Sophie Elisabeth, geb. Schulz (1745-1800), Schauspielerin, seit 1764 Frau des Schauspielers Johann Michael Boeck (1743-1793): 12(?)
Börner *siehe* Barner
Borgeest (Borgest), Joachim Barthold (1701-1771), Jurist, dann Braunschweigischer Postkommissar und Holsteinischer Postdirektor in Hamburg: 64
-, seine Frau, geb. Wolff (gest. 1771): 61, 66-67
Born, Ignaz Edler von (1742-1791), seit 1770 Beisitzer im Prager Münz- und Bergmeisteramt, 1779 Wirklicher Hofrat im Münz- und Bergwesen der Wiener Hofkammer, Freimaurer: 267
Bostel, Anna Dorothea, geb. Borgeest, Frau des Folgenden: 67
-, Johann Joachim (1732-1783), aus Hamburg gebürtig, 1766 braunschweigischer und holsteinischer Postagent und seit 1771 Postdirektor in Hamburg als Nachfolger seines Schwiegervaters: 14, 67, 79(?), 94, 96, 99, 233, 281, 311
Brand *siehe* Brandt
Brandes, Esther Charlotte, geb. Koch (1742-1786 oder 1787), Schauspielerin, seit 1764 Frau des Schauspielers und Dramatikers Johann Christian Brandes (1735-1799): 12(?)
Brandt (Brand), Enevold Graf (1739-1772), 1760 dänischer Kammerherr, 1770 im Kabinett Struensees, mit ihm zusammen hingerichtet: 169, 177, 180-181, 185, 188-189
Braunschweig-Lüneburg-Wolfenbüttel Erbprinzessin von, Auguste, geb. Prinzessin von England (1737-1813), Schwester der dänischen Königin Mathilde, seit 1764 verheiratet mit Karl Wilhelm Ferdinand: 192
–, Ferdinand Prinz von (1721-1792), Bruder Karls I., preußischer Feldmarschall im Siebenjährigen Krieg, lebte dann zurückgezogen auf seinem Lustschloß Vechelde: 82, 311
–, Karl I. Herzog von (1713-1780), Regent seit 1735: 4, 124, 185, 190, 204, 208-209, 229, 286, 291, 293, 294, 296, 313, 315, 324, 330, 332, 333, 335, 338, 341, 345
–, Karl Wilhelm Ferdinand Erbprinz von (1735-1806), Sohn und Thronfolger (als Karl II.) des Vorigen: 229-230, 232, 240, 246, 249, 254, 256, 293, 294, 295-299, 300-301, 303, 304-305, 306, 307, 308, 309-310, 311, 313, 314, 322, 324, 333
–, Maximilian Julius *Leopold* Prinz von (1752-1785), jüngster Bruder des Vorigen, 1776 Regimentschef in preußischen Diensten in Frankfurt an der Oder: 268, 271, 272, 273, 277, 285, 286, 297
–, Philippine Charlotte, Herzogin von, geb. Prinzessin von Preußen (1716-1801), Schwester Friedrichs II. von Preußen, seit 1733 verheiratet mit Karl I.: 165
Brawe (Brave), Joachim Wilhelm Freiherr von (1738-1758), Jurastudent in Leipzig, Dramatiker: 19, 31
Brutus (in: Brawe: Trauerspiele. Berlin 1768): 31
Der Freygeist (Berlin 1759; auch in: Trauerspiele): 19, 31
Breitschopf, Antonie, geb. Hay (geb. 1743), Schwägerin von Sonnenfels: 48(?)

D., Baron in Wien, Schwager des Barons von B.: 270, 273, 278
D., Hofrat von, in Wien: 278
Dahl (Daal), Peter Heinrich (1724-1794), Arzt, in Hamburg seit 1760: 94
Dänemark, Christian VII. (1749-1808), 1766-72 regierender König von Dänemark und Norwegen, dann wegen zunehmender Geistesverwirrung entmachtet: 9, 12, 55, 146
–, Karoline Mathilde, geb. Prinzessin von England (1751-1775), Schwester der Prinzessin Auguste von Braunschweig-Lüneburg-Wolfenbüttel, 1766-72 Frau des Vorigen, dann wegen Ehebruchs verbannt: 9, 171, 177, 181, 185, 189, 192
Daschkow, Michael Fürst (18. Jh.), in St. Petersburg: 258
De Marées (oder Desmarées), George (1697-1776), Porträtmaler, seit 1730 in München: 14, 16, 22, 72, 74, 160, 162, 166, 181, 189, 192
Eva Katharina König (Porträtgemälde, Öl, 1771): 16, 22, 72, 74, 160, 162, 166, 181, 189, 192
Denis, Johann Nepomuk Kosmas *Michael* (1729-1800), österreichischer Jesuit und Schriftsteller, 1761 Professor der Rhetorik und 1785 Kustos der kaiserlichen Bibliothek in Wien: 136
Dessau, Fürst von *siehe unter* Anhalt-Dessau
Deutscher, Deutscherin *siehe* Teutscher
Diderot, Denis (1713-1784), französischer Philosoph, Ästhetiker und Schriftsteller, Mitautor der »Encyclopédie«: 40, 42, 48
Le père de famille, comédie en cinq actes et en prose, avec un discours sur la poésie dramatique (Der Hausvater, Komödie in fünf Akten und in Prosa, mit einem Gespräch über die dramatische Dichtkunst; dt. 1759 von Lessing): 40, 42, 48
Dimpfel, Johann Albrecht (1722-1782), seit 1762 Senator in Hamburg: 74
–, Frau und Kinder des Vorigen: 74
Döbbelin (oder Doebbelin), Karl Theopohil (1727-1793), Schauspieler und Prinzipal mehrerer wandernder Theatergruppen, seit 1775 Theaterleiter in Berlin, dort 1783 Regisseur und Hauptdarsteller bei der Uraufführung des »Nathan«: 107-108, 116, 133, 171, 178
–, Katharina Friederike, geb. Klinglin (1749-1793), 1762-72 Frau des Vorigen, Schauspielerin: 108
Döring, Dorothea Eleonore Lucia, geb. von Spangenberg (1746-1822), Frau des Folgenden: 121, 128, 129, 324
–, Johann von (1741 oder 1751-1818), Drost (Vogteiverwalter) in Wolfenbüttel, 1781-90 in Altona, dann in dänischen Diensten: 324
Doktor von Eva König in Hamburg *siehe* Grund, Johann Friedrich
Düring, Albertine Friederike von *siehe unter* Kuntzsch
Duval, Kapitän in dänischen Diensten, 1772 verstrickt in die Struensee-Affäre: 150

E., Madame, in Wien: 270
Ebert, Johann Arnold (1723-1795), aus Hamburg gebürtig, seit 1753 Professor der englischen und griechischen Sprache am Collegium Carolinum in Braunschweig, 1769/70 Vermittler der Berufung Lessings nach Wolfenbüttel, 1780 Hofrat, Schriftsteller und Übersetzer: 6, 18, 28, 61, 77, 79, 199, 201, 214, 236, 253, 255
–, Louise Antoinette, geb. Gräfe (1752-1826), Frau des Vorigen seit 1773: 214, 236

Haen, Anton van (1703 oder 1704-1776), aus Haag gebürtiger Mediziner, 1754 Professor an der medizinischen Klinik in Wien, 1772 k. k. Leibarzt als Nachfolger Gerard van Swietens, Eva Königs Hausarzt in Wien: 48, 49, *226*, *232*, *263*, *269*, *273*, *278*, *302*
Hänselin *siehe* Hensel
Haering (oder Häring), Franz Anton von (18. Jh.), k. k. Wirklicher Hofsekretär, 1770-71 Leiter der Wiener Theatraldirektion: 48
Häseler *siehe* Hensler
Häselin *siehe* Hensel
Hagedorn, Christian Ludwig von (1713-1780), Kunstschriftsteller, Radierer, 1764 kursächsischer Legationsrat und Generaldirektor der Kunstakademien und Kunstkabinette in Dresden: *290*, *294*
Hahn, Anna Christina, geb. Wahler (1740-1785), Frau von Johann Heinrich H.: *277*
–, Christina Elisabetha, geb. Leisler oder Leister, Frau von Johann David H.: *275*, *277*
–, Eva Katharina, geb. Gaub (1702-1771), Mutter von Eva König: 32, 83, 85
–, Eva Katharina (geb. 1762), Tochter von Johann Heinrich H.: *281*(?)
–, Heinrich Caspar (1688-1738), Vater von Eva König, Handelsmann in Heidelberg: 20
–, Johann David (»der Professor«) (1729-1784), mittlerer Bruder Eva Königs, 1753 Professor der Physik in Utrecht, 1775 der Medizin in Leiden: 4-5, 6, 107, 114, 126-127, 147, 148, 151, 200, 211, *222*, *224*, *225*, *238*, *244-245*, *252*, *256*, *276*, *277*, *282*, *284*, *288*, *291*, *306*, *308*, *323*, *324*, *327*, *328*, *330*, *332*, *333*, *336*, *341*, *345*
–, seine Kinder: *238*
–, Johann Georg (1727-1784), ältester Bruder Eva Königs, führte die väterliche Handlung in Heidelberg fort, größter Gläubiger der Fabriken seiner Schwester: 53, 106, 114, 147, 151, 200, *238*, *252*, *256*, *270*, *274-275*, *276*, *277*, *284*, *306*, *308*, *322*, *323*, *324*, *328*, *329*, *330*, *332*, *333*, *345*
–, Johann Heinrich (1731-1794), jüngster Bruder Eva Königs, Kaufmann in Frankfurt am Main: 114, 147, 151, 200, 210, *277*, *284*, *306*, *308*, *324*, *328*, *332*
Hay, Karolina Josefa (um 1753-1788), Schwägerin von Sonnenfels, heiratete 1778 den Akademierat und Zensor Johann Melchior von Bir(c)kenstock (1738-1809: 48(?), 169, *228*, *245*
Hell, Maximilian (1720-1792), österreichischer Jesuitenpater, 1755 Astronom der Sternwarte in Wien, später in Klausenburg: 136
Hensel (Hänselin), Friederike Sophie, geb. Spaarmann (1738-1789 oder 1790), Schauspielerin, zuerst verheiratet mit dem Schauspieler Johann Gottlieb Hensel (1728-1787), dann ab 1772 mit Abel Seyler: 9, 61, 168, 171, 188, 191, 210, 217, 221
Hensler (Häseler), Peter Wilhelm (1742-1779), Bruder des Folgenden, Steuerbedienter in Altona, dann Landsyndikus in Stade: 199
–, Philipp Gabriel (1733-1805), Bruder des Vorigen, Stadtphysikus in Altona, Klopstocks Arzt, später Professor an der Universität Kiel: 199
Her(r)mann, Johann von (1738-1800), seit 1764 als Naturforscher und Mediziner aus Straßburg, Mitglied der Akademie der Wissenschaften in Petersburg, Begleiter des Fürsten Daschkow, 1774 in Wien und bei Lessing: *257-258*, *260*
Herrnschmidt, Georg Ludwig (1712-1779), seit 1766 Pastor an der

St. Michaelskirche in Hamburg, 1770 Senior: 18
Herzog *siehe* Braunschweig-Lüneburg-Wolfenbüttel, Karl I.
Heß, Freiherr von, in Wien, Münzen- und Antiquitätensammler: 196
Heusinger, Jakob Friedrich (1719-1778), Rektor in Wolfenbüttel: 247
His (Hiß), François Pierre (1725-1803), 1767-69 Mitunternehmer des Hamburger Nationaltheaters, 1770-76 Lotteriedirektor: 22
Hompesch-Bollheim, Franz Karl Freiherr von (1741-1800), bayerischer Hofbeamter, seit 1775 pfalzbayerischer Finanzminister: 326, 343, 345
Hornbostel, Cornelius Christian Gottlieb (1742-1809), aus Hamburg gebürtig, Faktor, Inspektor und dann Direktor der Königschen Seidenfabrik in Wien, die er zusammen mit der Tapetenfabrik 1774 käuflich erwarb: 20, 111, 173
Hoym, Johann Ernst Friedrich von (1720-1780), Wiener Hofbeamter, 1770 Geheimer Rat, Berghauptmann: 97
Huber, Christiane Friederike, geb. Lorenz (1729 oder 1730-1799), Schauspielerin, debütierte 1741 in Wien, 1744-48 in Leipzig und dort 1747 nähere Bekanntschaft mit Lessing, seit 1748 in Wien, 1757 verheiratet mit dem Schauspieler Joseph Karl Huber (1726-1760), seit 1775 mit dem Theaterdiener Joseph Weydner: 23, 188, 191, 194-195, 202, 217, 221, 278

Iselin, Reinhard Baron von (1714-1781), dänischer Kaufmann: 55

Jahnus (Janus) von Eberstädt, Christiane Dorothea, geb. Reichsgräfin von Auersperg (1721-1804), seit 1751 zweite Frau des Folgenden: 146
–, Franz Maximilian Freiherr von (1711-1772), österreichischer Offizier, 1763 Kommandant von Hamburg: 144, 146
Jaquet, Anna (1753-1804), Schauspielerin am Wiener Burgtheater seit 1768: 217, 221
Jerusalem, Johann Friedrich Wilhelm (1709-1789), Vater des Folgenden, seit 1742 Hofprediger und Prinzenerzieher in Braunschweig, 1749 Abt, 1771 Vizepräsident des Wolfenbütteler Konsistoriums: 211
–, Karl Wilhelm (1747-1772), Sohn des Vorigen, Assessor an der Wolfenbütteler Justizkanzlei, 1771 Sekretär des braunschweigischen Gesandten in Wetzlar, beging Selbstmord aus unglücklicher Liebe: 211
Joseph II. (1741-1790), ältester Sohn von Maria Theresia, ab 1765 Mitherrscher, seit 1780 römisch-deutscher Kaiser, Repräsentant des österreichischen aufgeklärten Absolutismus, des sogenannten Josephinismus: 108, 124, 135, 167, 173, 195, 198, 209, 227, 253, 269

Kaiser *siehe* Joseph II.
Kaiserin *siehe* Maria Theresia
Kaltschmidt, Johann Konrad (18. Jh.), vielleicht ein Onkel von Eva König, württembergischer Münzmeister: 259(?), 308(?)
Kaufmann, in Wien: 180
Kaufmann, in Wien, 1772 Interessent an Eva Königs Fabriken: 200
Kaunitz-Rietberg, Christian Gottlob (1736-1811), Sohn des Folgenden, österreichischer Schriftsteller und Publizist: 204(?), 208(?)
–, Wenzel Anton Dominik Graf (1711-1794), Vater des Vorigen,

österreichischer Staatsmann, seit 1753 Staatskanzler, engster Vertrauer der Kaiserin Maria Theresia, aufklärerischer Reformpolitiker: 289
Klemm, Christian Gottlob (1736-1811), Wiener Schriftsteller und Journalist: 217
Der auf den Parnaß versetzte grüne Hut. Ein Lustspiel in drey Aufzügen (anonym, Wien 1767): 217
Klopstock, Friedrich Gottlieb (1724-1803), 1751-70 mit Unterbrechungen in Kopenhagen, dann hauptsächlich in Hamburg, heiratete 1792 seine Nichte Johanna Elisabeth von Winthem: 26, 51, 57, 66, 99, 100, 102, 124, 129, 162, 275, 336
Der Messias (Epos, erschienen 1748-73): 66
Oden (Hamburg 1771): 100
Klotz, Christian Adolph (1738-1771), klassischer Philologe, Publizist, seit 1765 Professor der Beredsamkeit in Halle/S., Kritiker und Gegner Lessings: 45, 135, 137, 164, 166, 198, 213-214, 216-217, 220, 223, 224, 228
–, Johanna Maria, geb. Sachse, Frau des Vorigen: 217
Knorre, Gustava (»Gustavchen«) Karolina Ulrika, geb. Behrens (1736-1796), seit 1754 Frau von Otto Heinrich K.: 18, 61, 66, 68, 84, 86, 91-92, 120, 133, 283, 289, 300, 301, 306, 321, 338, 341
–, Karl Ulrich Friedrich (1758-1813), ältester Sohn des Folgenden, später Jurist und russischer Hofrat in St. Petersburg: 84, 94, 120, 124, 241, 247
–, Otto Heinrich (»Vetter«) (1724-1805), 1751 Münzmeister in Schwerin, seit 1761 in Hamburg: 3, 4-5, 9, 12, 14, 36-37, 38, 41, 45, 51, 55, 61, 66, 68, 71, 73-74, 77, 79, 82, 84, 85-86, 91-92, 94, 109, 115, 116, 120, 124, 128, 129, 133, 134, 141, 166, 177, 218, 221, 241, 242, 247, 255, 257, 260, 261, 283, 301, 306, 318, 319, 321, 325, 328, 341
–, Otto Heinrich (jun.) (1759-1818), Sohn des Vorigen, ab 1782 Arzt in Hamburg: 84, 94, 120, 124
–, Wilhelm (geb. 1770), Sohn vom »Vetter« Knorre: 18, 84, 94, 120, 124
–, Bruder vom »Vetter« Knorre: 66, 68
König, Engelbert (1728-1769), Hamburger Kaufmann, seit 1756 verheiratet mit Eva Katharina, geb. Hahn (1736-1778): 31, 63, 96, 101, 273
–, Friedrich Wilhelm (»Schwager«) (1737-1797), jüngster Bruder und Teilhaber des Vorigen, braunschweigisch-lüneburgischer Postmeister in Hamburg als Nachfolger von Borgeest und Bostel: 6, 17, 53, 55, 87, 90, 93, 105, 106, 109, 110, 112, 115, 119, 127, 132, 143, 145-146, 148, 151, 152, 155, 156, 158, 159, 160, 163, 166, 172, 175, 176, 177, 178, 179, 181, 185, 189, 207-208, 209, 211, 212-213, 215, 218, 225, 226, 227, 230, 252, 255, 260, 299, 303, 337, 343, 344
–, *Friedrich* Wilhelm (Fritz, Fritze) (1768-1855), jüngster Sohn von Engelbert und Eva K., Patenkind Lessings, später Stiftsvikar in Braunschweig: 3, 5, 6, 52, 54, 59, 63, 96, 98, 102, 111, 112, 127, 130, 132, 161, 176, 180, 211, 214-215, 233, 238, 244, 250, 258, 259, 263, 265, 273, 278, 282, 298, 299, 307, 308-309, 316, 320, 323, 324, 325, 328, 332, 334, 342
–, Johann *Engelbert* (1765-1796), dritter Sohn von Engelbert und Eva K., später Kaufmann in Frankfurt am Main: 5, 6, 52, 54, 59, 63, 96, 98, 102, 111, 112, 121, 127, 129, 130, 132, 161, 176, 180,

211, 215, 233, 238, 244, 250, 258, 259, 263, 265, 273, 278, 282, 307, 308-309, 316, 320, 323, 324, 325, 328, 332, 334, 342
–, Maria *Amalia* (Malchen) (1761-1848), zweite Tochter von Engelbert und Eva K., seit 1782 verheiratet mit dem Braunschweiger Postrat Konrad Georg Henneberg (1750-1820): 3, 5, 6, 16, 52, 54, 59, 63, 96, 97, 98, 102, 111, 112, 127, 129, 130, 132, 161, 176, 180, 211, 214-215, 233, 238, 244, 250, 258, 259, 263, 265, 273, 278, 282, 287, 288, 307, 308-309, 316, 320, 321, 323, 324, 325, 328, 329, 330, 332, 334, 338, 341, 342
–, Theodor Heinrich (1757-1809), ältester Sohn von Engelbert und Eva K., später in österreichischen Diensten: 5, 6, 52, 54, 59, 63, 96, 102, 111, 112, 114, 130, 132, 161, 176, 180, 211, 213, 238, 244-245, 259, 274-275, 278, 290, 308-309, 329, 333-334, 338
Körner, Sophie (geb. 1751 oder 1753), Schauspielerin, seit 1770 in Wien: 23
Koes, Georg Detlef Friedrich, Königlich Preußischer Bankdirektor in Hamburg, 1771 Pächter des dänischen Lottos: 53, 55
Kohary (Cohari), Johann Graf (1733-1800), 1770-72 (inoffiziell bis 1776) Geschäftsführer und Pächter des Wiener Burg- und Kärntnertor-Theaters: 195
–, seine Familie: 195
Kollár (seit 1775) von Kereßten, Adam Franz (1723-1783), Wiener Bibliothekar und Historiker, seit 1748 an der k. k. Hofbibliothek, 1772 k. k. Hofrat und Nachfolger Gerard van Swietens als Bibliotheksdirektor: 195
Küner, Johann Jakob von (1731-1781), Bankier in Wien bis 1776, nach Konkurs in Memmingen: 270, 275, 279
Kuntzsch, Johann Joachim Gottfried Joseph von (18. Jh.), 1760 Assessor in Braunschweig, 1763 Kammerjunker, später Kammerherr, Freund Lessings: 4, 14-15, 18, 22, 24, 42-43, 45-46, 59-60, 62, 63, 69, 70, 75, 177, 183, 188, 191-192, 199, 233, 234-235, 236, 248, 250, 253, 255, 260, 261, 281, 285, 290, 293, 297, 300-301, 303, 304, 313, 345
–, Albertine Friederike von, geb. von Düring, Frau des Vorigen seit 1773: 236, 255, 260, 261
Kurz, Johann Joseph Felix (seit etwa 1775) Freiherr von, genannt Bernardon (1717-1786), Wiener Schauspieler, Prinzipal und Dramatiker, ab 1774 in Warschau: 39-40
Asmodeus, oder der krumme Teuffel (Wien 1771): 39-40
–, Theresia, geb. Morelli (geb. um 1720), zweite Frau des Vorigen seit 1758, Balletteuse: 23

Lamey, Andreas (1726-1802), Historiker, 1744-63 in Straßburg, 1761 Universitätsbibliothekar, seit 1763 ständiger Sekretär der auf seine Anregung gestifteten Heidelberger Akademie der Wissenschaften, 1768 Hofrat: 278
Legationsprediger, holländischer, in Wien 1773: 223
Leisching, Polycarp August (1730-1793), Vetter von Klopstock, Unternehmer und kursächsischer Legationsrat in Altona, 1767 Gründer der »Hamburgischen Addreß-Comtoir-Nachrichten« und der »Hamburgischen Neuen Zeitung«: 43, 147, 150
Lessing, Gotthold Ephraim (1729-1781)
Berengarius Turonensis: oder Ankündigung eines wichtigen Werkes desselben, wovon in der Herzoglichen Bibliothek zu Wolfen-

büttel ein Manuscript befindlich, welches bisher völlig unerkannt geblieben (Braunschweig 1770): 13, 21, 29, 30-31
Der Hausvater. Ein Schauspiel in fünf Aufzügen (in: Das Theater des Herrn Diderot. Aus dem Französischen. Zweiter Theil. Berlin 1760): 40, 42, 48
Emilia Galotti. Ein Trauerspiel in fünf Aufzügen (Berlin 1772): 141, 143, 146, 162, 165, 168, 171, 174, 178, 185, 194-195, 197-198, 224
Minna von Barnhelm, oder das Soldatenglück. Ein Lustspiel in fünf Aufzügen. (Verfertiget im Jahre 1763.) (Berlin 1767): 9, 12, 19, 26, 40, 96
Miß Sara Sampson. Ein bürgerliches Trauerspiel in fünf Aufzügen (in: G. E. Lessing: Schrifften. Sechster Theil. Berlin 1755): 116
Sinngedichte: 81
Zur Geschichte und Litteratur. Aus den Schätzen der Herzoglichen Bibliothek zu Wolfenbüttel. Erster [und] Zweyter Beytrag (Braunschweig 1773; insgesamt, bis 1781, sechs Bde.): 231
–, Gottlob Samuel (1739-1803), Bruder des Vorigen, Jurist, seit etwa 1775 Justitiar des Domänenamts in Ramslau: 247
–, Johann Gottfried (1693-1770), Vater von Gotthold Ephraim L., seit 1718 Prediger und Katechet und seit 1733 Pastor primarius in Kamenz: 13, 20
–, Johannes Theophilus (1732-1808), Bruder von Gotthold Ephraim L., erst Hauslehrer, dann 1768 Konrektor in Pirna und ab 1778 in Chemnitz: 247
–, Justina Salome, geb. Feller (1703-1774), Frau von Johann Gottfried L. seit 1725: 54, 266, 289
–, Karl Gotthelf (1740-1812), Schriftsteller und Übersetzter zunächst in Berlin, Herausgeber und Biograph seines Bruders Gotthold Ephraim, seit 1779 Münzdirektor in Breslau: 85, 141, 143, 247, 284, 291
Lichtenstein, Fürst von *siehe* Liechtenstein
Lichtenstein, Joachim Dieterich (1706-1773), 1739 Oberamtmann des Residenzamtes in Wolfenbüttel, 1744 braunschweigischer Hofrat und Bürgermeister von Helmstedt, Landeshistoriker: 229
Liechtenstein (Lichtenstein), Joseph Wenzel Fürst (1696-1772), österreichischer Offizier und Staatsmann, 1735-41 Gesandter in Berlin und Versailles, 1744 Chef und Reformer der Artillerie: 97
Lobkowitz, Joseph Maria Karl Fürst (1725-1802), österreichischer Feldmarschall im Siebenjährigen Krieg, 1763-77 Gesandter in St. Petersburg, 1785 Kapitän der K. K. Leibgarde: 238
Lohmann, Vater von Katharina Elisabeth Behn: 144
Lorenz *siehe* Huber
Luther, Martin (1483-1546): 11
Lutz (Luz), von, Besitzer des Regensburger Hofes in Wien, Lugeck Nr. 4: 265, 279, 282, 286, 290
–, seine Frau: 281, 302

M., Herr von, in Wien: 37, 234
Major, dänischer, Mitreisender Eva Königs von Frankfurt nach Hamburg: 280
–, sein Sohn: 280
Malchen *siehe* König, Maria Amalia
Mann, in Wien, Berater Eva Königs: 179-180
Mannes, Inhaber des Generalkontors für das hamburgische Lotto und auswärtige Lotterien: 123, 283(?), 304(?), 305, 311

Marées *siehe* De Marées
Maria Theresia (1717-1780), seit 1736 verheiratet mit Franz I. Stephan, ab 1740 römisch-deutsche Kaiserin, Königin von Ungarn und Böhmen, Erzherzogin von Österreich: 25, 48, 129, 163, 170, 173, 176, 182, 200-201, 209, 216, 224, 227, 228
Marinelli, Karl Edler von (1744-1803), Wiener Schauspieler, Prinzipal und Dramatiker, 1781 Begründer der ersten stehenden Volksbühne in Wien: 48
Der Geschmack der Komödie ist unbestimmt. Lustspiel in drei Aufzügen (Wien 1774): 48
Marquot (oder Marquet), Franz (18. Jh.), Professor an der Wiener Handelsakademie: 173-174, 184
Mastalier, Karl (1731-1795), Jesuit, Professor der Literatur in Wien, Schriftsteller: 224
Matsen, Nikolaus (1739-1794), Hamburger Jurist, Mitbegründer der Hamburger Armenanstalt, 1775 Ratssekretär, 1784 Syndikus: 106, 116, 131, 134, 198-199, 202
May, Friedrich Arnold (geb. 1756), Sohn des Folgenden, Offizier in österreichischen Diensten und ab 1783 in Hamburg: 242
–, Johann Anton (1720-1794), Vater des Vorigen, seit 1741 Offizier in Hamburg: 242
May, Johann Karl (»Lottologist«) (1731-1784), Kaufmann und Publizist in Altona und anderen Orten, Herausgeber der Zeitschrift »Lottologie«: 61, 66
Mayer, Christian (1719-1783), Jesuit, Professor der Mathematik und Astronom in Heidelberg: 9, 12, 55, 252, 254, 276
Expositio de transitu Veneris per discum solis (Petropoli 1769; Abhandlung über den Durchgang der Venus durch die Sonne): 55
Nouvelle méthode pour lever, en peu de temps et à peu de frais, une Carte géographique et exacte de toute la Russie (Saint-Pétersbourg 1770; Neue Methode, um, in kurzer Zeit und mit geringen Kosten, eine zuverlässige geographische Karte von ganz Rußland aufzunehmen): 55
Mecklenburg-Schwerin, Louise Friederike Herzogin von, geb.Prinzessin von Württemberg (1722-1791), seit 1746 verheiratet mit Herzog Friedrich von M.-S. (1717-1785): 257
Meißner, Johann Christoph (1691-1771), seit 1721 fürstlich privilegierter Buchhändler in Wolfenbüttel: 324, 332, 335
Mieg, Johann Friedrich (1744-1819), holländischer Gesandtschaftsprediger in Wien, seit 1776 in Heidelberg: 223
Migazzi zu Wall und Sonnenthurn, Christoph Bartholomäus Anton Graf (1714-1803), seit 1757 Erzbischof von Wien, 1761 Kardinal: 217, 241
–, Vincent Graf von (gest. 1784), Neffe des Vorigen, Geheimer Rat, Feldzeugmeister und Kommandeur von Tirol, 1773 Besuch in Wolfenbüttel: 241, 248
Miß, in Hamburg: 311
Molière, Jean Baptiste, eigentlich Poquelin (1622-1673), französischer Dramatiker: 61
Molinié (Mollinier), Olimpe Henriette, geb. de Marinon (1728-1806), Leiterin einer französischen Internatsschule in Hamburg: 244
Müller, Johann Heinrich Friedrich (1738-1815), seit 1757 Schauspieler in Wien, Dramatiker, persönlicher Bekannter Lessings: 253, 255
Münter, Balthasar (1735-1793), 1760 Hofdiakon in Gotha, ab 1765 Hauptprediger der deutsch-evan-

gelischen Gemeinde in Kopenhagen: 159-160, 171
Mum(s)sen, Jakob (Onkel Toby) (1737-1819), seit 1767 Physikus in Hamburg, 1784-89 in Kopenhagen, dann in Altona, gehörte zum Freundeskreis Klopstocks: 124, 129, 130, 134, 198
Mumssen (Mumsen), Johann Bernhard (gest. 1772), Kaufmann in Hamburg: 162
–, Katharina Konstantia Elisabeth, geb. Häckel (geb. 1734), Frau des Vorigen seit 1756, in zweiter Ehe ab 1773 verheiratet mit dem hannoverschen Gerichtsprokurator Johann Karl Alberti (1728-1793): 162, 199, 202
Murr, Christoph Gottlieb von (1733-1811), Jurist, Historiker und Schriftsteller, seit 1760 Zollamtmann in Nürnberg: 9, 11

Nachtwächter, in Hamburg (?): 22
Neffzern, Baron in Wien: 245
–, Konrad Thomas Freiherr von (1740-1814), Sohn des Vorigen, k. k. Hofrat und Vizepräsident der Hofkammer: 245
–, Maria Eleonore Freifrau von, geb. Hay (1747-1832), Frau des vorigen seit 1773, eine Schwägerin von Sonnenfels: 48(?), 169, 228, 245
Nichte Johanna Christina Schmidts: 39
Nicolini, Philipp (geb. um 1720), italienischer (?) Pantomime und Ballettmeister, seit 1753 Direktor der braunschweigischen Hofschauspieler, 1756 in Hannover, 1771-73 in Hamburg und Umgebung: 192
Harlekins Reise nach der Hölle (Pantomime, Hamburger Aufführung 1772): 192
Nocker, Franz Joseph (seit 1750) Reichsgraf von, Bruder des Folgenden, Mitinhaber eines Münchener Bankauses, vermutlich Geschäftspartner von Engelbert König: 12, 13, 22
–, Johann Paul Ignaz (seit 1750) Reichsgraf von, Bruder und Teilhaber des Vorigen: 12, 13, 22
Noverre, Jean George (1727-1810), französischer Ballettmeister, zunächst in Berlin, Paris und London, 1770-76 in Wien: 175, 252-253, 260, 261
Gli Orazi e i Curiazi (Ballett, Wien 1774, mit Musik von Joseph Starzer; Die Horatier und die Kuriatier): 252-253
Recueil de Programmes de Ballets de Mr. Noverre (Vienne 1776; Sammlung von Ballettprogrammen des Herrn N., Wien): 261
Theseus oder der frühzeitige Held (Tragisches Ballett, Wiener Erstaufführung 1772): 175
Nürnberger Bote: 7

Ochs, Albrecht (1716-1780), Schwager und zweitweilig Teilhaber von François Pierre His, ab 1768 in Basel und häufig in Hamburg: 342(?)
Österreich, Karl Anton Joseph *Ferdinand* Erzherzog von (1754-1806), vierter Sohn von Maria Theresia, Bruder Josephs II.: 271
Osten-Sacken, Karl (seit 1786) Fürst von der (1725-1794), kursächsischer Gesandter in Stockholm, 1777 preußischer Staats- und Kriegsminister: 290

Pelzel, Joseph Bernhard (1745-1804 oder 1809), kaiserlicher Beamter und Expeditor beim Zollamt in Wien, Dramatiker: 31, 34
Die Hausplage. Ein Lustspiel in fünf Handlungen (Wien 1770): 31, 34
Pfalz, *Karl Theodor* Philipp Kurfürst von der (1724-1799), Regent seit

1742, ab 1777 Kurfürst von Bayern: 32, 34, 56, 252, 338
Pörtner, Joseph, seit 1772 Bedienter Lessings: 184, 189, 238, 328, 341
Polen(t)z, von, sächsischer Oberstleutnant, 1772 Besuch in Hamburg: 133
Poppert, Wolf Levin, jüdischer Kaufmann in Hamburg: 118-119(?)
Preisler (Preißler), Johann Martin (1715-1794), seit 1744 dänischer Hofkupferstecher und Professor an der Malerakademie in Kopenhagen: 11
Martin Luther (Kupferstich nach Lucas Cranach, in: Johann Andreas Cramer: Luther, eine Ode. Kopenhagen 1771): 11
Prinz *siehe* Braunschweig-Lüneburg-Wolfenbüttel, Karl Wilhelm Ferdinand
Professor *siehe* Hahn, Johann David
Professor in Holland, Jugendbekanntschaft Eva Königs: 279

R., in Wien: 234, 235
Rabaton, Hugo (gest. 1779), französischer Arzt am Militärhospital in Landau: 274-275
Rantzau-Ascheberg, Schack Karl Reichsgraf zu (1717-1792), Offizier in dänischen Diensten, 1752-56 Chef des Kronprinzenregiments, 1766 Generalleutnant: 68(?), 145, 147, 189
Regensburger Freund von Eva König: 167
Reiske, Ernestine Christine, geb. Müller (1735-1798), Frau und Mitarbeiterin des Folgenden und mit ihm 1771 Besuch in Wolfenbüttel: 70-71, 81, 284
–, Johann Jacob (1716-1774), Arabist und Gräzist, seit 1748 Professor der arabischen Sprachen und seit 1758 Rektor des Nikolai-Gymnasiums in Leipzig, Freund Lessings: 70-71, 81, 284
Reitz, Friedrich Wolfgang (1733-1790), Philologe, seit 1772 Professor der Philosophie in Leipzig, 1773 Aufenthalt in Wien: 196
Richter, Johann Heinrich (gest. 1776), braunschweigischer Oberst, heiratete sieben Tage vor seinem Tod Elisabeth Antoinette Wegener: 219(?)
Rickert *siehe* Rücker
Riedel, Friedrich Just(us) (1742-1785), Schriftsteller und Publizist, 1768 durch Vermittlung von Klotz Professor der Philosophie an der Universität Erfurt, ab 1772 mit dem Titel kaiserlicher Rat in Wien, Mai bis Oktober 1772 Lehrtätigkeit an Kunstakademien, nach 1780 Vorleser des Fürsten von Kaunitz, Herausgeber Winckelmanns (siehe dort): 45, 120, 124, 129, 136, 141, 167, 170, 173-174, 179, 182, 187, 193, 195-196, 197, 198, 201, 209, 210, 214, 224, 238, 246
Rücker (Rickert), H(e)inrich (1721-1809), Hamburger Kaufmann, 1767 Senator, 1771 Besuch in Wolfenbüttel: 74, 198

S., Madame, in Hamburg, Geliebte von Otto Heinrich Knorre (»Vetter«): 217
S., Magister in Wien: 238
Sachsen, Friedrich August III. Kurfürst von (1750-1827), Regent seit 1768, ab 1806 König als Friedrich August I.: 290
Sachsen-Weimar-Eisenach, Anna Amalia Herzogin von, geb. Prinzessin von Braunschweig-Lüneburg-Wolfenbüttel (1739-1807), 1756-58 verheiratet mit Ernst August II. Konstantin Herzog von S.-W.-E. (1737-1758), dann bis 1775 Regentin: 70, 72, 74
Sacken *siehe* Osten-Sacken
Sambucca, Giuseppe Bologna della, um 1770 Vertreter des Königs-

258, 259, 265, 268, 275, 277, 284, 309, 310, 315, 325, 332, 335, 336, 339, 341, 342, 345, 346
–, Marianne (1774-1776), Tochter des Vorigen: 309
–, Nikolaus (1700-1783), Vater von Jakob und Johannes S., in Hamburg seit 1737 Senator, 1754 Bürgermeister, 1774 Ältester Bürgermeister und Generalissimus: 339
Schuch, Marianne, geb. Jaquemain (geb. 1749 oder 1750), Schauspielerin, Frau des Schauspielers Wilhelm S. (1746-1776), dann seit 1780 des Schauspielers Steingrübel: 5
Schwager von Eva König *siehe* König, Friedrich Wilhelm
Schwalb, August Gottfried (1741-1777), Bruder von Margarethe Auguste Büsch und Katharina Cäcilia Grund, Hamburger Kaufmann und Kunstsammler: 92
–, Elisabeth, geb. Busse (1745-1799), Frau des Vorigen: 336
–, Mademoiselle, wohl eine Tochter: 23(?)
Schwan, Christian Friedrich (1733-1815), Verlagsbuchhändler und pfalzbayerischer Hofkammerrat in Mannheim, 1776-77 Mittler bei Berufungsverhandlungen mit Lessing, 1779 Mitbegründer des Mannheimer Nationaltheaters: 322, 324, 326-327, 328, 331
Schwieten *siehe* Swieten
Seilern-Aspang, Christian August Graf (1717-1801), österreichischer Staatsmann, 1745 Reichshofrat, dann Statthalter von Niederösterreich, 1779-91 oberster Justizpräsident in Wien: 228
Seip, Johann Christoph (1717-1776), Vater des Folgenden, Hamburger Arzt: 223
–, Philipp Friedrich Wilhelm (1749-1807), Sohn des Vorigen, seit 1775 Arzt in Hamburg: 223, 224
Seyler, Abel (1730-1801), aus der Schweiz stammender Kaufmann, 1767 Direktor des Hamburger Nationaltheaters, 1769 Gründer einer eigenen Schauspielergesellschaft, 1772 Heirat mit Friederike Sophie Hensel, 1775 Direktor des Gothaer Hoftheaters: 9, 12, 32, 34-35, 43, 168, 170-171, 188, 191
Sillem (Sylm), Garlieb (1726-1792), Lizentiat, seit 1767 Syndikus in Hamburg, gehörte zum Klopstock-Kreis: 332
Simon, Jordan, eigentlich Johann Georg Alban (1719-1776), 1745-71 Professor für Kirchenrecht und -geschichte an der Universität Erfurt, dann Domherr in Mainz, zuletzt Professor an der Universität Prag: 173
Sonnenfels, Joseph Alois (seit 1746) von (1733-1817), aus Mähren stammender österreichischer aufklärerischer Staatsmann, seit 1763 Professor für Polizei- und Kameralwissenschaft an der Universität Wien, 1768 Sekretär der k. k. Zeichnungs- und Kupferstecher-Akademie, März bis Oktober 1770 Theaterzensor, 1770-72 Mitglied der Bücherzensurkommission, 1779 Hofrat sowie Mitglied und Berichterstatter der Studien- und Zensur-Hofkommission, 1780 Wirklicher Hofrat, später Präsident der Akademie der Bildenden Künste, Schriftsteller und Publizist, Theater- und Rechtsreformer: 23, 24-26, 29-30, 31, 32, 34, 39, 42, 45, 48, 129, 135, 136, 141, 164, 166, 167, 168-169, 170, 171, 173-174, 178, 182, 188, 206, 210, 213-214, 216-217, 220, 223-224, 227-228, 241, 245, 253, 255
–, Maria Theresia, geb. von Hay (1748-1820), seit 1763 Frau des Vorigen: 40, 169, 173, 216, 217, 228, 245

Spediteur aus Harburg: 343
Spies, Anton Ferdinand (1711-1790), braunschweigischer Hofrat: 343
Stahl, Godefried (geb. 1739), Jesuitenpater, Mitarbeiter und Begleiter von Christian Mayer: 9
Starzer, Joseph (1726-1787), Wiener Komponist, Mitarbeiter und Nachfolger von Noverre: 252-253
Gli Orazi e gli Curiazi (Ballettmusik, 1774, zu: Die Horatier und die Kuriatier; siehe Noverre): 252-253
Steinbrück, Madame, in Hamburg: 59, 62, 63, 69, 70,
Steinbrück, Johann Christian (gest. 1771), Notar in Hamburg: 39(?), 68, 84, 86, 116
-, seine Eltern: 84
Stephanie, Christian Gottlieb d. Ä., eigentlich Stephan (1734-1798), Bruder des Folgenden, Schauspieler und Dramatiker in Wien: 23, 25-26, 195, 197
Die Liebe in Corsica, oder welch ein Ausgang! Drama in fünf Aufzügen (Wien 1770): 25-26
–, Gottlieb d. J., eigentlich Johann Gottlieb Stephan (1741-1800), Bruder des Vorigen, Regisseur und Dramatiker in Wien: 174, 185, 216, 227-228, 238
Der Deserteur aus Kindesliebe. Ein Lustspiel in drey Aufzügen (Wien 1773): 238(?)
Der Tadler nach der Mode oder Ich weiß es besser. Lustspiel in fünf Aufzügen (Wien 1773): 227-228
Sterne, Lawrence (1713-1768), englischer Schriftsteller, ein Lieblingsautor Lessings: 157
A sentimental journey through France and Italy by Mr. Yorik (anonym, 2 Bde., London 1768, dt. 1768 von J. J. C. Bode: Yoriks empfindsame Reise durch Frankreich und Italien): 157
Sternschütz, Johann Edler von (1739-1772), Wiener Schauspieler und Dramatiker: 202
Sterzinger, Don Ferdinand (1721-1786), Priester im Theatinerorden, 1759 Professor für Kirchenrecht in München, Vorkämpfer gegen Hexen- und Aberglauben: 13
Stock, Johann Michael (1737-1773), Zeichner und Kupferstecher, seit 1764 in Leipzig: 164, 166, 198
Christian Adolf Klotz (Kupferstich, um 1770): 164, 166, 198
Störk, Anton Freiherr von (1731-1803), Wiener Mediziner, seit 1772 als Nachfolger Gerard van Swietens kaiserlicher Leibarzt: 195
Struensee, Johann Friedrich (seit 1771) Graf von (1737-1772), aus Halle/Saale gebürtiger dänischer Staatsmann, 1757 Stadtphysikus und Armenarzt in Altona, 1767 Leibarzt des Königs Christian VII. von Dänemark, 1770 Konferenzrat und Kabinettssekretär der Königin Mathilde, 1771 Geheimer Kabinettsminister, 1772 gestürzt und hingerichtet: 146, 166, 169, 171, 177, 180-181, 185, 188-189
–, Karl August (1735-1804), Bruder des Vorigen, 1757 Lehrer für Mathematik und Philosophie an der Ritterakademie Liegnitz, 1771-72 Deputierter im Finanzkollegium Kopenhagen, dann Rückkehr in preußische Dienste, 1791 Minister für das Kommerzial- und Fabrikwesen: 192
Sturz, Helfrich Peter (1736-1779), Staatsbeamter und Schriftsteller, 1765 Sekretär der Deutschen Kanzlei im Kopenhagener Außenministerium und 1768 Direktor des Generalpostamtes, 1772 im Gefolge der Struensee-Affäre nach Holstein verbannt, 1773 Regierungsrat in Oldenburg,

Verfassers herausgegeben und dem Fürsten Wenzel von Kaunitz-Rietberg gewidmet [durch Friedrich Just Riedel] von der Kaiserlichen Königlichen Akademie der Bildenden Künste (2 Theile, Wien 1776): 246
Winckler (Winkler), Johann Dietrich (1711-1784), 1758 Hauptpastor in Hamburg, 1779 Senior: 18
Winkelmann *siehe* Winckelmann
Winkler *siehe* Winckler
Winkler, Johann Christoph (1720-1797), Kupferstecher der Universität Wien, übernahm 1774 mit Hornbostel die Wiener Tapetenfabrik von Engelbert und Eva König, stach Textvignetten zu Riedels Ausgabe (1776) von Winckelmanns »Geschichte der Kunst des Alterthums«: 268
Winthem, Johanna Elisabeth von, geb. Dimpfel (1747-1821), seit 1765 Frau des Kaufmanns Johann Martin von Winthem (1738-1789), Nichte Klopstocks und seit 1791 seine zweite Frau: 51, 99
Woodford (Wutford), Ralph Baronet (um 1735-1781), britischer Gesandter in Hamburg 1763-72, in Kopenhagen 1772-74: 102, 199, 202
Wurmb, Friedrich Christoph (1730 – vor 1793), seit 1757 Handelsmann in Hamburg, 1765 preußischer Kommerzienrat, 1772 auch hessisch-hanauischer Geheimer Kommerzienrat, nach Konkurs 1772 Umsiedlung nach Dänemark: 74, 90-91, 92, 94, 97, 101, 109, 115, 144, 147, 189, 239
Wurz, Ignaz (1731-1784), Jesuitenprediger, 1764-76 Professor der geistlichen Beredsamkeit an der Universität Wien: 179, 182, 183
Wutford *siehe* Woodford

Y., beim Ulmer Lotto: 115

Zachariä, Henriette Sophie Elisabeth, geb. Wegener (1735-1825), Schwester von Christine Elisabeth und Elisabeth Antoinette Wegener, seit 1773 Frau des Folgenden: 214, 219, 223, 236, 261
–, Just Friedrich Wilhelm (1726-1777), Schriftsteller und Publizist, seit 1748 Lehrer und ab 1761 Professor der Schönen Wissenschaften am Collegium Carolinum in Braunschweig, 1775 Kanonikus, Direktor der Waisenhausbuchhandlung, enger Freund Lessings: 4, 75, 90, 123, 128, 129, 131, 146, 149, 214, 219, 223, 236, 253, 255, 261, 312
Zeil, Ferdinand Christoph Graf von (1719-1786), 1745 Domherr und 1753 Domdechant in Salzburg, dann Fürstbischof von Chiemsee: 163-164
Zinck (Zink), Barthold Joachim (1718-1775), 1746-73 kurhannoverischer und später auch braunschweigischer Legationsrat in Hamburg, Schriftsteller und Publizist, Redakteur des »Hamburgischen unpartheyischen Correspondenten«, Freund Lessings: 60, 80, 99, 133, 150, 154, 199, 242-243, 250
–, Sophia Maria, geb. Grund (1739-1807), Schwester von Johann Friedrich Grund, seit 1758 Frau des Vorigen, Übersetzerin, gehörte zum Klopstock-Kreis: 60, 98, 102, 103-104, 107, 109, 110-111, 113, 114, 133, 150, 154, 199, 202, 283
–, Tochter der Vorigen, geboren 1771 und wenige Tage später gestorben: 107, 113, 114

Ortsregister

Erfaßt sind alle Ortsnamen, einschließlich der Absenderorte der Briefe. Die Zahlenangaben beziehen sich auf die Seiten.